天道

体悟老子

刘志豪 ◎编著

中国文史出版社

图书在版编目（ＣＩＰ）数据

天道：体悟老子 / 刘志豪编著 . —北京：中国文史
出版社，2023.12
ISBN 978-7-5205-4271-5

Ⅰ . ①天… Ⅱ . ①刘… Ⅲ . ①《道德经》—研究
Ⅳ . ① B223.15

中国国家版本馆 CIP 数据核字（2023）第 166188 号

责任编辑：方云虎

出版发行：**中国文史出版社**
社　　址：北京市海淀区西八里庄路 69 号院　邮编：100412
电　　话：010-81136606　81136602　81136603（发行部）
传　　真：010-81136655
印　　装：廊坊市海涛印刷有限公司
经　　销：全国新华书店
开　　本：787×1092 毫米　1/16
印　　张：35.5
字　　数：656 千字
版　　次：2024 年 1 月第 1 版
印　　次：2024 年 1 月第 1 次印刷
定　　价：128.00 元

序

　　作为一个老子《道德经》的资深读者，我广泛阅读了大量国内外著名学者的译注，让我受益颇深。

　　刘志豪先生译注的老子《道德经》让我耳目一新。他从多角度诠释，把自己人生经历的感悟、历史经典的演变过程及老子朴素的哲学思想融入书中，让读者更容易理解、学习、贯通，也使其书更具吸引力。在当今纷繁复杂的社会中，静下心来，尤其是年轻人，读一读刘志豪先生译注的老子《道德经》，会让你茅塞顿开，能收能放，在平静中找到你困惑中的亮点。因为在这部译注中，我看到了刘先生博览群书，费尽心血，彻夜冥想，把自己人生苦涩的经历蜕化成蝶的过程演绎给读者，可让青年人少走弯路。刘先生洞察透视社会的未来和社会经济发展的趋势有独特见解，识小见大，小故事窥见大智慧。我非常认同刘先生讲的："天下万物运行的规律法则，就是遵从天下万物的运行规则做人，就是'遵道贵德'。为什么古话说富不过三代！为什么人世间有些家族能够传承百年甚至上千年？人人都希望提升自身的社会层次、地位，如何实现这些愿望？路在哪里？敲门砖在何处？"刘先生在自己的书中提了很多问题？然后巧妙地用老子《道德经》的智慧进行了剖析。剖析的过程，就是让大家如何看懂《道德经》，如何应用《道德经》。尤其是年轻人，哪怕学会应用一句《道德经》，都会在今后的人生路上受益无穷。

　　《资治通鉴》讲："才为德者资，德为才之帅。"意思是德是境界与才能的基础，就是老子讲的"厚德载物"。

　　刘先生在本书讲得更加具体，做事不能只利于自己。要懂得付出和奉献的度；要利于自己，但更重要的是要利于他人。这样就会有更多的机会和人才来到你身边，聚集大家的能量，就会把事情做大做强。刘先生把老子的"舍得"思想也讲得非常好，就是要做一个懂得奉献和付出的人，一味地索取只会让自己的人生之路越走越窄。虽然奉献有可能失去些什么东西，但要明白，失去的同时，老天会让你以另一种方式得到。只有经历了才会感悟到，刘先生就是这样走过来的。书中告诉我们，给予他人的帮助越多，得到自我内心满足感就越多。要用老子的辩证思维来审视人生的舍与得。

天道：体悟老子

　　人要"知足常乐"，看懂了，用心了，我们就会少走弯路。我非常喜欢刘先生的一句话那就是："自然法则是让万物受益，而不是伤害，要做一个真实的人，求真务实，实事求是，而不去跟别人争名夺利。做一个懂得奉献和付出的人，是做人的美德。"

　　从古到今几千年，翻译的《道德经》上百万种，没有一个人能正确地翻译《道德经》，就是因为角度、立场不同，翻译出来的就会有差异。《道德经》博大精深，像水一样，滋养万物，处下不争。像宇宙一样，包含天下，为而不恃。每个人的角度、立场不同，认知和见解也就不同。政治家说它是治国论著，哲学家说他是哲学论著，军事家说他是军事论著，教育家说他是教育论著，企业家说它是经济论著……每个人几乎都能找到自己需要的东西。著名的德国哲学家尼采曾这样形容："《道德经》就像一个储藏丰富宝藏的井泉，只要放下汲桶，唾手可得。"他的意思是，每个人学习《道德经》，都可以找到他自己需要的知识。世界各阶层人物都把它奉为至宝。

　　所以要广泛地学习名家译注的《道德经》，学习每个人译注《道德经》的长处，学习到了，人家就是你的老师，你认为不对的，也不见得就是人家不对，站的角度不同就不一样，同样的一句话，道家练功的人和人世间的如何做好人，肯定有差别，谁对谁错说不清。所以，看别人译注的《道德经》，不要去给人家挑毛病，给别人挑毛病，其实就是自己出了毛病。因为大家都不是老子。

　　世界上的人都在追求成功，但所有的成功都不是偶然，刘先生讲的，自然法则是绝对公平的，人的境界到了哪里，自然法则随即赋予哪一境界的智慧，便会随即敞开哪一境界的大门。刘先生译注的《道德经》，让人可以从中受益，可以让人如何轻松学习《道德经》，帮助你踏入成功这一境界。

张云程

2023 年 1 月

自 序

　　我是中华人民共和国的同龄人。幼年时期，受祖母的黄帝老子思想教诲，又受伯父的孙武思想传承，在父亲的孔子思想耳濡目染中成长；青少年时期，经历了30年（1949年到1978年）的无产阶级专政，人民公社，反右，"大跃进"，"四清"运动，"文化大革命"，知青"上山下乡"，批林、批孔、批大儒，打倒"四人帮"，批"两个凡是"、激情昂扬的艰苦岁月；中年时期，参与了40年的改革开放，以经济建设为中心，胆子再大一点，步子再快一点的经济振兴、民族繁荣、丰衣足食的全民创业时代；晚年迈进了深化改革开放，道路自信、理论自信、制度自信、文化自信，自立、自强、自觉、求新务实的新世纪；从头至尾见证并受益着互联网信息化以及大数据技术带来的万象更新。世界上的知识浩如烟海，我们的人生精力、时间都是有限的，从世人主体重点知识角度去看，世界上有规律论、方法论、人性论、辩证法，我们要想掌握这些核心知识，就要在《老子》的"道"中不断探求。我认为，人生的成就、寿命最终取决于自己"道""德"的体悟境界和认知水平。

　　"道"是天下万物运行的规律法则，遵从天下万物的运行规则做人处事就叫"德"，"尊道贵德"是人生追求成功和长寿的基石。为什么古话说富不过三代？为什么人世间有些家族能够传承百年甚至上千年？人人都希望提升自身的社会层次、地位，如何实现这些愿望？路在哪里？敲门砖在何处？如何让我们的家庭实现一代比一代富强，让我们的孩子不断站在更高的起跑线上？如何洞察透视社会的未来和社会经济的发展趋势，走上财富地位之长治久安？如何让自己的境界更高，使自己的人生如沐春风？认真阅读并深刻领悟《老子》就能找出所有问题的答案！

　　读完《老子》后我总结出五十九个字："道隐无名，有生于无；守柔曰强，物壮则老，无为而无不为；慈、俭、不敢为天下先；知足不辱，知耻不殆，多藏必厚亡；作而不辞，利而不害，为而不争，圣人不积。"《老子》流传到今天已有2000余年。2000年来，人们对它的学习和研究成果不计其数。那么，为什么《老子》一书历经2000年而仍有如此多的人去学习研究并且一代代地流传下来呢？究其原因，当然是其内容所富含的哲理性以及人性思想的深刻性。有人认为它是东方文化宝典的代表，中国哲学的祖根；有人认为它是一本讲政治谋略的兵书；也有人认为它是一部长篇哲理诗；而在我看来，它是一本指导人生做人做事的百科全书，更是一本警示社会进步的发展之书。其中的内容既通俗易懂、实用性强又耐人寻味；既富含高深哲理，又贴近世人生活，不同的人读后则会有不同的感悟和收获。

《老子》中富含太多太多的智慧，仅凭字面上的阅读和理解是不够的，必须更深入地研读、实践，才能体会和感受其真正的含义。《老子》一书中令我感触最深的一句话是："无为而无不为。"其意思是：君子做人做事，知道哪些事不可以做，哪些事可以做，应当知道和了解某件事可以做才去做，知道某件事不能做就不去做。而我的理解很简单，"有所为"就是有所作为；"有所不为"就是有时候需要放弃。比如，对自己有利而违背道德的事情固然无法阻止念想，但是一定不要去做；想做而又力不从心的事，最好不要做，这也是一种智慧。所以鸡蛋碰石头的事就应该绕开，应提高自己眼力，看出美丽面纱下潜在的危险，不被其表象所迷惑。"道常无为而无不为"，老子认为，君不为，民才有所为。汉文帝与汉景帝尊黄老之学，实施清静无为与民休养生息的政策，老百姓安居乐业，财富迅速积累起来，才有"文景之治"的盛世。汉武帝南征北战，建立了丰功伟业，却把国力财力都耗尽了，才导致了西汉末期的混乱。可见无为并非不为，而是君不为，老百姓就能够五彩缤纷地多为。

老子强调要尊重自然法则，顺势而行。"人法地，地法天，天法道，道法自然。"道就是规律，规律从自然而来，只有遵循自然法则，人才可有所为。违背了自然规律，必然会受到天地的惩罚。比如工业发展造成的环境污染，到今天才被大家认识。教育也是这样，只有遵循教育规律，遵循儿童成长的规律，顺其天性、因材施教才更有成效。老子说："不言之教，无为之益，天下希及之。"教育不是教师更多地施教于学生，而是以身示教，教会学生自己学习，自己体会，收益才会更大。

老子以朴素的辩证法、方法论来审视世界，审视人生，多次强调作而不辞、生而不有、为而不恃、功而不居。一个人要踏踏实实做事，不求华丽的辞藻；做了一点事，不能居功自恃，应该谦虚谨慎，正确对待自己。能正确对待自己是最不容易的事，所以老子说："知人者智，知己者明。"许多人犯错误，往往是因为缺乏自知之明，遇到一点挫折就失去信心，不想承担任何责任。有了一点成绩，就忘乎所以、居功自傲。

老子以辩证思维来审视人生的祸与福，所谓"祸兮福之所倚，福兮祸之所伏"。所以我们要居安思危，顺利的时候要想到会遇到的各种挑战，遇到困难的时候要想到前途的光明！老子还告诉我们，有一点是可以避免因犯错误而招致祸害的，就是我们常常讲的"知足常乐"。"罪莫大于可欲，祸莫大于不知足，咎莫大于欲得。故知足之足，常足矣。"灾祸往往源于贪婪，现在落马的高官也好、小吏也罢，不都是因为贪婪吗？

天之道，利而不害；圣人之道，为而不争。自然法则是让万物受益，而不是伤害；高尚人的准则是默默工作，做一个真实的人，求真务实，实事求是，而不去跟别人争夺权利。做一个懂得奉献和付出的人，给予是一种美德，奉献是一种品质。一味地索取只会让人生之路越走越窄。虽然奉献有可能失去些东西，但失去的同时，就是另一种方式的得到。可能失去了"物质"，但是却赢得了"精神"，给予他人的帮助越多，得到自我内心的满足感也就越多。当然奉献与付出不是毫无保留的，一味地付出，不计回报并不是完全可取的，要懂得付出和奉献的度；做一个为而不争、不厚藏的人，顺其自然、踏踏实实，努力过就好。要明白"越努力越幸运"，但也要懂得非己莫强求。得到了好好珍惜，得不到不去强求，失去了顺其自然，安静地体会人生的美好，修养自己，不断提高和完善自己的"德"！

《老子》五千言，谈玄说妙、言简意丰、涵盖古今，它蕴含人生高深的境界，丰富的处世哲理。阅楚简《老子》、帛书《老子》，语丛没有断句，没有目录，定81章尚且存疑。而本书以"天道""人道"为主题，定69篇再论《老子》。它涵盖着从上古以来，天、地、人的伦理、哲学、政治、经济、军事、教育、科技、文化、艺术、医学、社会科学、自然科学、修身处世之道等都有阐发。《庄子·天运》中，孔子向老子问礼后曰："吾乃今于是乎见龙，龙合而成体，散而成章，乘云气而养乎阴阳。予口张而不能嘤。予又何规老聃哉？"本书再组《老子》原文、译文、体悟，体悟力求详尽，译文则尽量保持朴实，直译意译结合，将抽象的"道"具象化，深刻体悟"道"的精髓，力求能使众人读有所获，读有所思，在获得知识的同时，有所启迪。因个人水平、知识、能力有限，我参考了先人的释义，借鉴了先人的智慧，对这样综罗百代、广博精微的《老子》所涉及的角度、高度、深度理解有限，失误之处在所难免，敬请广大读者多提宝贵意见，不吝指正，本人表示由衷感谢！

刘志豪

2022 年春，于北京

目 录
CONTENTS

目录

第一章　道法自然

原文：

　　有物混成，先天地生。寂兮寥兮，独立不改，周行而不殆，可以为天下母。吾不知其名，强字之曰"道"，强为之名曰"大"。大曰"逝"，逝曰"远"，远曰"反"。故道大，天大，地大，人亦大。域中有四大，而人居其一焉。人法地，地法天，天法道，道法自然。

译文：

　　有一种浑然一体的东西，无形无名，无上无下，无头无尾，无左无右，不变不易，不明不暗地虚无一气，是为混成之物。在天地之前就已经出生。无始、无终、无声、无形、无味、无象，不增不减、若存若亡、周流变化，循环往复而不停歇。它是天地万物的根本，是生天生地的始祖（本源），众生之父母，万物的母体。不知道它的名字，勉强称它为"道"吧，再勉强给它起个名字叫作"大"。它广大无边，而运行不止，在九霄之上而不为高，在六极之下而不为低，运行不止就是延伸悠远，天地万物都切身所赖，须臾不可离，故谓返，就会回到初始状态——本原。最远的就是最近的，最后的就是最初的。

　　道是天地万物的起源始祖，但生物之后它仍涵于万物之内，所谓"大""逝""远""反"都是"道"的别名。道与天地万物而共存，故谓道大，天大，地大，人亦大，道生天地万物之后，道的整体运行法则及属性，仍然混融于天地万物之中，道与天地万物是一个整体。因人为万物之灵，故人代表万物，人因有私情，私欲，心区量小，不容丝毫异己，故时有祸福之遭遇。大地深厚宽广，公而无私，能承载任何事物，故人须取法天地宽广深厚、公而无私的胸怀，方可和天地一样久长，人法地就是此意。因为人有私情私欲，故应取法地之至公的自然之德，地应取法天无不覆的无为之道。大地虽然承载了万物生长，但因地势有高低、软硬，故有沧桑之无常。因之是取法天道无不覆的容量，意指大地须效法天道运行万物，永健而不衰竭的功能。"地法天"就指此。

1

天道：体悟老子

天应以法大道虑无清静的真一体性。天道运行虽然如此，但还有四时变更，寒暑交替之无常，那么还需要师法大道，包罗三才，运化群生。它没有任何主观、意气、感情、私欲的人为因素，故"天法道""道法自然"就指此。而自然本身便是如此，所以道就是自然本身，自然便是道。一切自然而然，自然之外别无他物。

故"人法地，地法天，天法道，道法自然"是天地万物由"有"返回于"无"的归根过程。现在的一些宇宙学者评论说这是宇宙的生成论。

道本自然"无为而无不为"，道法自然。老子认为"道"无声无形，先天地生，运行不息是万物之"母"。天、地、人、道为宇宙四大存在。道生万物，万物最后复归于道，周而复始，循环不已，生生不息。

体悟：

从这一章我们可以意识到老子告诉我们"道"先天地而生，周行不息，是天地之母，称为"大道"。自然是事物本来的面目、根本法则。自然是万物的表象，"道"是万物生存必须遵循的内在规律。它蕴含在自然之中，互为表里。"道"整体的运行法则、自然属性，仍混融在天地万物之中，"道"与天地万物是一个整体。人是万物之灵，故人代表万物。因人有私欲、私情，心区量小，不容丝毫异己，故有祸福遭遇。"道"始终不离开我们，却一直不主宰我们，任我们自化，人人均咎由自取。这是我们的人生规律。在老子的思想体系中，"道"居于核心地位。他论述了"道"的性质和"道"的规律，并探讨了"道"的运行和人与"道"之间的关系，天地宽广深厚，公而无私，任何事物都能承载，意指：人依据地理环境选择生活方式，靠山吃山、靠水吃水，人需要有像大地那样的胸怀，安静沉稳，厚德载物，生养万物而不居其功，宽广深厚，公而无私，方可平安长久，人法地就是此意。

因人们都有私欲私情，所以人们都应该像天那样有大公自然之德。地虽然承载长生万物，但因地势（高、低）、地形、地貌的不同，人法地便会沧桑无常，因此取法"天道"无不覆的容量；大地则要取法于天的运作，如冷暖寒热、阴晴雨雪、晨昏昼夜，周而复始、生生不息，这都是由天来决定的；大地不言，只是跟随天的变化默默地调整自己。事实上，人也应该效法于天，努力而为，永不停息，此所谓顺天之道。效法天"道"运行万物，永健而不衰竭的功能；天取法"大道"虚无清静的真一体性；"道"是无边无际的空虚，所以才能容实。

天"道"运行，虽然如此，但天有四季更迭，寒暑易节之变化，还需师法"大道"，包括无形、无声、无象的变化，运化众生这一运动中，没有任何主观、意气、感情、私心狂欲等人为的因素，故天法道，道法自然。本章人法地、地法天、天法道、道法自然是天地万物由"有"返回"无"的归根过程。在此，老子提出了"自然"。"自然"是老子最早提出的，这个"自然"并不是我们现在所说的"自然科学"的"自然"，它是指万物中一种最好的内涵、规律状态与方式。"自然"二字是应该分开来讲的："自"当自在讲，"然"这样的意思。"自然"就是事物的本来面目，它本来如此，没有什么，也不为什么，它无始无终，不生不灭，就是这个世界上万物的本然。在"自然"中，宇宙万物包括天、地、人都有生有灭，有始有终；在"自然"中产生了时间、空间，产生了我们所能认知，所无法认知的一切；"自然"不需要效法谁，是"道"运行的表现，是道效法的对象，就是自然而然。

在老子的思想体系里，"道"是处于核心地位，是宇宙万物的根本法则，那么为什么老子会提出"道法自然"的说法呢？自然是万物的表象，与"道"互为表里。"道"就是万物必须遵循的规律，它蕴含在"自然"之中，而"道"也是本来如此的，即也是本然，所以"道法自然"就是"道"本来的样子。"道法自然"并没有贬损"道"的高贵之处，"道"依然是至高无上，是万物之母，而且本来如此。无论"道"是精神的，还是物质的，老子都是世界人类思想史上最早的阐述天地万物起源的哲学家。他隐约地发现了宇宙中存在着一种无形的巨大力量，在控制引导着宇宙万物，就将它称为"道"。

"道"这一思想的提出，体现了中华民族的卓越智慧。"道"是无处不在和永恒运转的，是"域中"的最高法则，包括领导者在内的所有人类都要效法"道"。人间的一切规律都源于天，上天的规律则源于道，效法"道"的含义就是顺其自然。顺其自然不等于向自然屈服，而是按自然规律办事，按"道"的规律法则来顺应大自然，做到人与大自然的和谐共生共存。"道"就是自然本身，自然便是"道"。一切自然而然，自然之外别无他物。

"有物混成"既体现了"道"先天的混沌未分的状态和性质，也体现了"道"与万物的浑然一体、不可分离，是一个高妙的论断。"道"的浑然一体，有助于我们对"道"的深刻理解和体悟。"道"是先于时间空间而存在，尔后这个人间世界上才有了"无"。"道"与"无"是浑然一体的，但"道"又支配着"无"，推动"无"生"有"，这就叫"道"生一；同时，"道"与"有"又是浑然一体的，并推动"有"的运行，化生出阴阳，这就叫一生二。阴阳生克化合，又生出万物，是为三生万物，这里"道"与三生万物也是浑然一体的。"道"是永恒存在的，是无和有、阴和阳、万物的根源，而无和有、阴和阳、万物之中都有"道"的存在。我们无法观察"道"，但是我们都可以认识无和有、阴和阳、或万物，并且从这些事物中认识和体验"道"。随后，老子又强调了"道"不可以由感官来进行察觉，虽然我们感觉不到它，但它又无处不在，它支配着这个世界，制约着天下万事万物的运行，也影响着我们人世间的一切行动。如果我们对万事万物循"道"而行，一切都会自然化育，生机勃勃；如果我们背"道"而驰，必然会受到惩罚毁灭。

老子说："人法地，地法天，天法道，道法自然。""道法自然"才能成就长期的事业，周文王顺天随化，顺道而为使西周民风淳朴的故事，尤能说明这个道理。周文王姬昌，季历之子，在位五十年。商纣王时期为西伯侯，积德行善，顺天道而为，广施恩义，因崇侯虎向纣王进谗言，被囚于羑里多年，后得释归。姬昌在治岐期间，对内奉行德治，对外招贤纳士，许多从其他部落以及从商朝逃来的贤士都先后归附姬昌，为后来的伐纣兴周大业积累了众多的人才资源。姬昌自己生活勤俭，还亲自到田间劳动，兢兢业业治理自己的家国。岐周在他的治理下，国力渐渐强大。姬昌在渭水河出猎，巧遇年已耄耋的姜尚。文王与他长时间交谈中，彼此聊得很投机，谈天论地，方知姜尚确有治国之才，并任命他为军师，共同筹划了灭商策略。姬昌得姜尚的辅佐后，先后调解虞芮两国的纠纷，第二年出兵伐犬戎，打败西戎诸夷，灭了几个小国。第三年攻打密须（今甘肃省灵台县），解除了北方和西方的威胁。第四年西伐戡黎（今山西黎城县）。第五年伐邘（今河南省沁阳市）。伐戡黎、伐邘实质上构成了对商都朝歌的直接威胁。第六年灭崇国（今陕西省户县），将周的都城由岐山周原东迁至渭水平原，新建丰都（今陕西省西安市沣河西岸）。接着又向南扩展势力至长江、汉江、汝水流域，完成了对商都安阳的钳形包围，周人对商朝已经形成围攻之态势。姬昌因长年操劳过度，不幸死去，死后葬于毕（今陕西省西安市与咸阳市之间渭水北岸）。但文王死前已为伐纣做好了充分的准备，其子姬发率兵伐纣，牧野一战终于打败纣王，灭了商朝，建立了中国史上著名的周王朝。文王姬昌是周王朝的实际创立者。中国尊崇上古圣贤之君，"三代"之法，是古人津津乐道的话题。周文王姬昌就是人们心目中的完美形象。孔子称姬昌为"三代之英"，还感慨道："郁郁文哉，吾从周！"孟子称姬昌为圣人，五百年才出一个。武王继承文王之治，实行仁政，敬老爱幼，礼贤下士，勤于政务，国泰民安，物阜民丰，路不拾遗，夜不闭户，父子相亲，人皆礼让，以道治化，道法自然，使治下民风淳朴，使社会百年太平。

"吾不知其名，强字之曰'道'，强为之名曰'大'。"这个"大"，不是普通的大小意义上的那个"大"，而是它代表着一种没有极限的"大"，是一种玄奥广大的空旷形象。它所表述的实际上是"道"的一种性质，或者说是"道"的一个基本特点。"大道"

广大无边，又周而复始，生生不息，它能向遥远的时空无限地伸展；当它运行到最遥远的时空时，它也不会消失，而是又返了回来。这就是"大道"，它不停地运动，周而复始地运行，宇宙万物，生旺衰亡，都源于"道"，最终都将会回归于"道"。大是"道"的基本性质，由它所生的天、地、人也同样拥有这一性质。所以，老子列出来道大、天大、地大、人大这四大。在中国古老的哲学中，有天、地、人三才的说法，在这里，老子又加入了"道"，这样就为三才提供了一个本源，使三才学说升级为四大学说。人与道、天、地同大，道就在其中运行，这就充分肯定了人类价值的崇高，为人的向"道"发展和自我的提升确立了理论依据。而在另一方面，老子也指出了人与"道"之间进行沟通的可能性，这个沟通的中介，就是介于人与"道"之间的天和地。

总而言之，"道"以其早于天地存在的先验性，与天地人混成的内存性，独立存在的永恒性和生化主宰万事万物的超越性，使中国道家学说指向哲学探索的终极，体现了人类思想所能达到的最高顶峰。本章中"人法地，地法天，天法道，道法自然"是天地万物由"有"返回"无"的归根过程，现在的宇宙学者评论说这是宇宙的生成论。本章对于"道"的体解有几个重要的叙说：一、"有物混成"，这说明"道"是浑朴状态的。"道"并不是不同分子或各个部位组合而成的，它本是个圆满自足的和谐体，对于现象界的杂、多而言，它是无限的完美，无限的整合。二、"道"是个绝对体，它绝对对峙。现象界的一切事物都是相对峙的，而"道"则是独一无二的，所以说："独立不改。""道"是一个动体，周流不息（"逝"）地运转着，但它本身不会随着运转、变动而消失。三、"道"是无声无形的（寂兮寥兮）。王弼说得好："名以定形，混成无形，不可得而定。"事实上是无法立名的，如今勉强给它立个名"道"。四、"道"不仅在时序上先于天地存在，而且天下也是"道"所产生的（"先天地生""为天下用"）。五、"道"是循环运行的，它的运动终则有始，更新再始。六、用"大"来勉强形容"道"（强为之名曰"大"）。这个"大"，指幅度或广度之无限延展。宇宙有四大：道大、天大、地大、人大。这四大的可贵之处，就在于自然而行。所谓"道法自然"，就是说："道"以自然为归，"道"的本性就是自然。"自然"这一观念是老子哲学的基本精神。

第二章　玄牝之门

原文：

　　谷神不死，是谓玄牝。玄牝之门，是谓天地根。绵绵若存，用之不勤。天地之间，其犹橐龠乎？虚而不屈，动而愈出！

译文：

　　"谷"是空虚之意，"神"是指道的变幻无穷的妙用，不可测度的特性。太空是虚无之体，变化的妙用确是不生不灭，不计年劫多少，永恒存在无止期，永不会消亡，故称"不死"。"玄"是指虚无自然之无极，神奇的意思。"牝"是指母性生殖器，其中隐含着阴、阳二气的太极，也是指天地万物从无到有的一个阶段。"玄牝"在这里指的是"道"所具有的神秘而玄妙的生养万物的伟大力量。无极一动是太极，太极一静是无极。这是宇宙从无到有、从有到无而演化的纵向关系。无极一动，化为太极。太极中含着阴、阳二气，二气合和，化生万物。"绵绵"是连续不断的意思。"若存"是似有非有、似无非无的意思。"不勤"是其造化之机自然而然，不求而得，穷竭不为而成功的意思。无极与太极的一动一静，是天地万物的总根，其中造化之机，连续不断，自然而然，汇万品类，无不由此而始生。

　　至虚的真空妙气潜藏着无限生机，它永恒存在而不会泯灭，它是生化天地万物之母。这一生化万物之母，是天地所从以出的宇宙本根。它虽空洞杳冥，无形无象，其妙用则无穷无尽。称它为"大道"是博大无边，无所不能，变幻莫测，永恒不灭的，这就是微妙的母性。为什么叫谷神呢？因为它生生不息，看似虚无，其实蕴藏神奇的妙用。宇宙万物以它为母体而诞生，因此称它为天地万物产生的根源。它若隐若现地存在于天地之间，具有繁衍生命的无尽的作用。用"谷"象征"道"既是空虚的又是实在的；用神比喻"道"生万物，绵延不绝，说明"道"的作用无穷无尽，孕育万物而生生不息。"橐龠"意指风箱。以风箱的功能，比喻自然的功能，自然是生生不息的。"不屈"意指不竭。严复说："屈音掘，竭也。虚而不屈，虚而不可竭也。"天地之间，岂不像个风箱吗？空虚但不会穷竭，运作起来而生生不息。天地之间是一个虚空的状态。

虽然是"虚"状的，而它的作用却是不穷竭，这个"虚"含有无尽的创造的因子。所以说"动而愈出"天地运行，万物便生生不息了。这个"动"（在虚空中的"动"）便成为产生万有的根源了。可见老子所说的"虚"，不是个消极的观念，反是个积极的观念。

体悟：

老子所说的"谷神不死"，我们多数人都有见"神"字就想，当然认定为被人格化的神仙，这是我们的固定思维模式在起指导作用。简单来说就是我们将人的形象神化后所臆想出来的天神形象。而老子的"谷神"中的"神"则是指他所推崇的"道"所具有的变幻无穷、不可测度的特性。"谷"是指山谷空虚之意，此处指虚空，也就是自然之"道"。"谷"也是古代母系氏族中对女性生殖崇拜的象征。古代"溪谷"常用来代指女性或女性生殖器官，这对于有生殖崇拜的古人来说是十分重要且神圣的。这里的"牝"亦指母性生殖器官。因为它不是一般意义上的女性生殖器，所以才称它为"玄牝"。由此来看"谷"和"牝"都留有母系氏族对生殖崇拜的影子。在老子看来二者不单单是可以繁衍万物的母体，他又将"道"中"无与虚"的含义融合其中。所以以"谷神与玄牝"为名来解释"道"的繁衍，脱化众生的功能，却又不见其实体的牝，虽然产生万物，万物却难觅其踪影。

"道"如"玄牝之门"，是具有神秘且巨大繁衍能力和母性的包容能力。母性的力量是伟大而无穷的，老子看到了这一点并以此来比喻宇宙间和生生不息的万事万物。不难看出我们对母体的依恋和崇拜，因此才会歌颂、赞扬母性。这种对母性的依赖和渴望是人与生俱来的精神需求，潜藏着人类依赖自然之力，合二为一的美好愿望。这与老子对"牝"的认识有微妙的联系。他将"道"比作万事万物的母源，让我们能切身体会到"道"的源源无穷、绵绵不断，产生万物又推动万物运行，形象地说明"道"的作用是无穷无尽的。它孕育着宇宙万物而生生不息，并用不可思议的生殖力创造了世间万物，却没有痕迹可循。在本章中，老子用极为简洁的言语描述了"道"的特征。

他用"谷"来象征"道"的那种虚空（精神）状态，又用"神"来比喻"道"生万物（物质），绵延不绝之貌。老子再次说明了"道"作为万物始源的地位，"玄牝之门，是谓天地根"。无论从时间上还是空间上看，"道"（精神与物质的规律）都是永恒的，"玄"是老子对于"道"的这种状态的描述，这也说明了他自己对于"道"的认识已经点到为止。他没有因为这种无穷无尽的奥秘而感到迷茫，因为这个奥秘本身（万事万物变化的规律）就是天地万事万物的根源。

形容"道"的玄妙深远，因应无穷，永不枯竭，永不停息。这是一种在无限的空间支配万物发展变化的力量，其作用无处不在，无穷无尽。这种支配万物发展变化的力量，其实就是对立统一的规律。修道即修心，若能虚怀若谷，反求诸己，自我对照，心绪波动处，不增不减，不迎不拒，不加阻挡也不帮助，纯任天然，便是空灵的妙用了。这种生生不息的作用表现不是突然的，而是缓慢柔和的，并连绵不绝，永不间断。似乎看不见摸不着，所以叫"绵绵若存"。把人体比作一个空谷，或者皮囊。动静之间，随时感知。"道"生生不息的作用，才会永不穷尽。天地之间清晰可辨的万事万物，都是有一个生化变灭的过程，但"道"确是永恒的，无所谓生，亦无所谓亡，同时也由于其行迹不可察知，因而也是无所谓变化的，"道"是一种具有超越性质的存在。老子的哲学思想的玄妙精神也正体现在这里。"玄牝之门，是谓天地根"等观点所做的阐述，意在指明"大道"之无处不在、无处不至，而又无可辨识、不可言说的根本属性。"用之不勤"是"道"的造化之机，自然而然、不求而得、不为而成的意思。它虽空洞杳冥、无形无象，其妙用则无穷。它无所谓生，亦无所谓亡，同时也由于其形迹不可察知，因而也是无所谓变化的，道是一种具有超越性质的存在。老子哲学思想的玄妙、精深也正体现在这里。

《庄子·知北游》中有这样一段对话。东郭子向庄子请教说："人们所说的道究竟存在于什么地方呢？"庄子说："大道无所不在。"东郭子说："必须指出具体存在的地方才行。"庄子说："在蝼蚁之中。"东郭子说："怎么处在这样卑琐的地方呢？"庄子说："在稻田稗草里。"东郭子说："怎么越来越低下了呢？"庄子说："在瓦块砖头中。"东郭子说："怎么越来越微屑了呢？"庄子说："在屎尿里。"东郭子听庄子说到这里，就不再继续往下问了，因为如果他再问下去，庄子就会说出更加卑琐之物，那是他不想再听到的。庄子见东郭子静默不语，就解释道："先生的提问本来就没有触及'道'的本质啊。"继而接着说："对于'道'，你不可以只在某一事物中寻求它，世间万物没有什么是可以脱离'道'而存在的啊。"

《庄子·知北游》中还记载了有关泰清问道的对话。泰清向一个叫作无穷的人请教："你了解道吗？"无穷回答说："我不了解。"泰清又去向一个叫作无为的人请教，无为回答说："我了解道。"泰清又问："既然你了解道，道也有名数可言吗？"无为说："当然有。"泰清接着问："如果有的话，道的名数又是什么样子的呢？"无为说："据我所知，道可以处于尊贵，也可以处于卑贱，可以聚合，也可以离散，这就是我所了解的道的名数。"尔后，泰清又去请教一个叫无始的人，说："像这样，对于道，无穷的不了解和无为的了解，谁对谁错呢？"无始回答说："不了解是深奥玄妙，了解是浮泛浅薄；不了解处于道的范畴之内，了解却恰恰处于道的范畴之外。"于是，泰清仰头慨叹道："不了解就是了解，了解却是不了解啊！有谁懂得不了解的了解呢？"无始回应泰清说："道不可能被听见，听见了就不是道；道也不可能被看见，看见了就不是道；道亦不可以言传，能言传的就不是道。要懂得有形之物之所以具有形体，正是因为它产生于无形的道啊！因此大道是不可以称述的。"无始又接着说："有人向他询问大道，他便随口回答的，乃不了解道，就是询问大道的人，也是不曾了解过道的。道其实是无可询问的，问了他也无从回答。无可询问却一定要问，这就是在询问空洞无形的东西；无从回答却勉强回答，这就是说对大道并不了解。内心无所得却期望回答空洞无形的提问，像这样的人，对外不能观察广阔的宇宙，对内不能了解自身的本原，所以就不能越过那高远的昆仑，也不能遨游于清空宁寂的太虚之境。"

在这段对话中，泰清、无穷、无为、无始等，都是庄子围绕着"道"所拟构的人名。当然，这番对话也是庄子为了论述"道"的本质而编造的。庄子与东郭子、泰清与无始等人的对话，实际就是对老子所说的"道冲而用之或不盈"，"玄牝之门，是谓天地根"等观点所做的具体阐发，意在指明大道之无处不在，无往不至而又不可辨识，不可言传的根本属性。本章用简洁的文字描写形而上的实存之道。一、用"谷"来象征道体的"虚"状。用"神"来比喻道生万物的绵延不绝。二、"玄牝之门""天地根"，是说明道为产生天地万物的始源。三、"绵绵若存，用之不勤"，是形容道的功能，孕育万物而生生不息。

"天地之间，其犹橐籥乎？虚而不屈，动而愈出！"天地之间，岂不像是手拉动的一个风箱？只要拉动就可以鼓出风来，它空虚而不枯竭，鼓风越多，越是生生不息。风霜雨雪、电闪雷鸣，皆为天地二气激发涤荡。因为各自受到外力的自然作用所致，万物生生不息，无不依赖此气，乘虚而来，还虚而去，在永不停息的变动中循环旋转，相互作用。风箱的作用在于使炉火更旺。如果用风箱的原理来修身，则生命会更富有激情，生命力会更强。运用这个道理来修身治国，则会万物多彩、生生不息。老子为了说明"道"之公平，指出了天地万物多彩生灭的变化之理，并不是有谁主宰，有意为之。虚空并非不动，而是反对人为躁动，人为躁动则火灭，天地自然之动（"道"作用于自然之动）目的在于保持永恒的生命活力。本段所阐述的道理是无为而无不为，告诫我们要遵循自然规律行事。在人生的道路上，在追求财富的过程中，我们都应贯彻这一思想，遵循自然的客观规律，信守"大道"，保持对虚静的深刻认知，不做有违"大道"的事情。

如春秋时期，有两户人家，一家住在齐国，姓国，十分富有，远近闻名；一家住在宋国，姓向，非常贫穷，无人知晓。一天，姓向的穷人听说齐国有这么一家姓国的人家，很有钱，便专程从宋国跑到齐国，向姓国的请教致富的方法。姓国的富人告诉他说："我之所以能够积累起这么多财富，其实是因为我很善于'偷盗'，我只花了一年的工夫就不愁吃穿了；两年下来，我就已经吃穿相当富足；而三年之后，我就土地成片，粮食满仓，成了方圆百里的大户了。而在我富有之后，便向周围的穷人施舍财物，大家也都得到了我的好处。"姓向的人听了便觉得自己已经知道致富方法了，还没有来得及听姓国的进一步解释，便匆匆离开了。他以为姓国的致富靠的就是偷盗，他将姓国的"偷"理解为翻越别人家的院墙，撬开别人家的房间，然后将自己能看到的并且手又能拿到的东西，统统拿到自己家里，归自己所有。如此，便会快速致富了。他回家以后，到处偷窃。如此，过了段时间，有一次，他便被官府逮住了，人赃并获，他也因此被判了罪。这个可怜的人，不但清退了全部赃物，而且还要坐牢，没收他以前积累的所有家产。本来就穷的他这下就彻底成了一个穷鬼。姓向的想来想去，觉得是姓国的人欺骗了自己，最终导致了这个结局。于是，他又千里迢迢地到齐国，找到姓国的并责备他说："你骗我，说偷可以致富，我按照你说的办法去做了，却犯了法，害得我连以前的穷家和所有产业都没有了！"姓国的一听便哈哈大笑，问他道："那你是怎么去偷的呀？"姓向的于是便将自己翻墙撬门偷盗人家财产的全部经过讲给姓国的听，姓国的一听，又好气又好笑地对他说："哎呀，你怎么这么糊涂啊！你那天根本没有弄懂我所说的'善于偷盗'是什么意思，便着急走了。现在你仔细听着，我给你解释清楚。我们都知道，天有四季变化，地也随着四季而产生丰富的物产，我'偷'的就是这天时和地利呀！雨水霜露，有助于我庄稼的生长，山林提供我建造房屋的材料，湖泽的养殖供给我水产业的鱼虾龟鳖。而无论是庄稼和林木，还是鱼虾龟鳖，我都能够在陆地上'偷'，这些东西都是大自然的产物，原本并不属于我。我正是依靠自己的辛勤劳动，在自然界里获取财富就是'偷'大自然的财富，而那些金银宝石、珍珠宝贝、粮食布匹，却是别人积累起来的财富，你用不劳而获的手段去占有别人的劳动成果，这当然是犯罪啦！所以，你因偷盗罪而受到了处罚，这只能怪你自己呀！"姓向的听了这番话，非常惭愧地离开了。

再谈一个故事。从前，在南美洲地区有一个年轻人，一心想要发财。在他的脑海中，最快的发财手段莫过于学会炼金术了，于是他便投入自己仅有的金钱投资到炼金实验中。就这样学习折腾了几年，也没有什么成果，而他则变得一贫如洗，连饭都快吃不起了，靠邻居们的接济度日。一次，他听一个过路的人说住在某山里的一个智者会炼金术，于是他又燃起希望，生磨硬泡地跟人借来一些盘缠便出发了，去向那个智者学习炼金术。几个月后，他来到了智者面前，很诚恳地向其请教炼金术。智者听他讲述完自己的经历之后，便认真地说："的确如人们传言的那样，我已经学会了炼金术，但是，我一直并未能炼出金子。"那年轻人迷惑地问道："那是为何？""因为炼金的材料还不齐全。"智者答道。"那么还差什么呢？""现在唯一缺的就是三公斤香蕉叶下的白色茸毛。而这些茸毛必须是你自己种的香蕉上的。如果你能够收集到这些东西，到时我们便一块儿来炼金。"这个年轻人一听，便高兴地回家了。他一回到家，便立刻在自己家已经多年荒废的田地里种上了香蕉。另外，为了尽快收集齐香蕉茸毛，他还开垦了许多地来种植。每当香蕉成熟后，他便小心地将白色茸毛刮下来保存好。同时，为了能生活，他也顺便将这些香蕉都弄到市场上卖掉了。结果几年之后，他的日子也逐渐阔绰起来。一次，当他又一次从市场上带着卖香蕉得来的金币回家的时候，突然间领悟了智者的意思，正是点化他通过艰苦的劳动来获得金子。明白这个道理后，他更加勤奋地劳动，最终成为当地有名的富翁。

　　这两则寓言故事，一个是中国的，一个是南美的，其所要告诫人们的道理都是相同的：那便是要想获得财富，只能凭借天、地、人的自我虚静勤俭劳动，这才是老子所说的"大道"；而偷盗之术、炼金术则是代表了邪径，不仅不能达到目的，反而会有"偷盗不实之理，理想不实之理"，使人遭遇到灾难。进一步讲，无论做任何事情，都有一个"大道"可走，舍弃"大道"，而走邪径，都是表面聪明，其实是愚蠢的行为。庄子曰："天籁，地籁，人籁。"橐龠和籁因中空，其中有自然之妙用，动则声生，静则音止。动可吹出美妙无穷的曲子，静则无声无息，一切为零。天地之间中空犹如橐龠亦如籁，静则无生息，动则生万物，千变万化，妙用无限量。

第三章　众妙之门

原文：

　　道可道，非常道；名可名，非常名。无名天地之始；有名万物之母。故常无欲，以观其妙；常有欲，以观其徼。此两者同出而异名，同谓之玄。玄之又玄，众妙之门。

译文：

　　老子所谓"道"实为阴阳未判之前的混元无极，是宇宙之起源，天地之本始，万物之根蒂，造化之枢机。它无形无象，无色无臭，无所不在，无所不备，充塞宇宙，不增不减，永恒长存。它无形而不可名，但真实存在，老子为了使人们承认它，研究它，掌握它，运用它，故以"道"命名。天有日月星辰、风云雷雨；地有东西南北、山川湖海；天地之间有飞禽动植、人间社会。这些有形有相之事物，有生有灭，有成有毁，不能永恒常存，这些可生可灭的万事万物，属可"道"的范围，因有形，处于可变化之中，故谓"非常道"，用言辞表达的道就不称其为永恒的常"道"。"名"指"道"之命名，此名实为常名。有物才有名，为了区别事物才安名立字，由于这些名称概念所代表的事物都是可生可灭的，因而标志它们的名称概念也必然是可生可灭的"可名"。由"可名"代表的万事万物生灭运化，变动不羁，故凡"可名"皆"非常名"，叫得出就不称其为永恒的常名。"无"是天地混沌未开的初始，无形无象故称"无"。"有"是指宇宙天地，有形、有象的具体事物，是最早的实物，万物由天地而生，故有形有名的天地谓之"万物之母""万物的根源"。

　　我们可以称它为"无"，因为它是天地的本始；也可称它为"有"，因为它是万物产生的根源。我们要从"无"中去观察领悟"道"的奥妙，要从"有"中去认识"道"的端倪，体察"道"的端倪边际。"常无"是指未被后天情欲凿丧的先天体性，至清至静，在杳杳冥冥之中以有洞观万物，至微至妙的造化之机。"常有"是指先天的虚无体性而动，变为后天的情欲。心智可以思虑，耳目可以见闻，均属事物粗糙的形体和外壳——"徼"，因此，从人们欲望消解的角度，可以探寻到它的踪迹和边际。这二者实际上出于同一源头而名称不同，它们都是很玄秘的，玄秘至深，这正是宇宙间一切奥妙的源头。

　　"玄"无征兆，无端倪，无形象，无边际至为深远。"又玄"至微又微，至远又远，至隐又隐，无法估量。玄之又玄，深不可测的虚空之中含藏着生育之机，万化之妙，万事万物及其流行变化莫不由此而生出，故此真空妙相谓"众妙之门"。"道"只可意会，难以言传。只有慢慢体会，才能领悟到它的妙用。这就是天地万物之无穷奥妙及变化规律的总门——"道"。

体悟：

　　老子首先向我们讲述了一个中国古典哲学中相当重要的概念，即"名"。与"名"相对立的概念是"实"的问题，名与实之争在中国古典哲学中占据了十分重要的地位，并形成了一个哲学流派——名家。大自然统领一切"命名"，称"道"。文子曰："道者，虚无、平易、清静、柔弱、纯粹、素朴，此六者，道之形象也。""道"是在运动变化着的形态名称。形态名称也随之发展变化更改变动，万物初始，无形无态无名称；万物生成，所有实物都具有了名称。老子认为"有"与"无"同出而异名，"有"和"无"是理解老子的两个重要概念，是对道的具体称呼；表明"道"生成宇宙万物的过程，即道由无形向有形转换的过程。其实"有"与"无"实际上就是一回事，"道"是承载"有、无"的母体，是一个平台。

　　在此之上，形而上的"道"与形而下的"名"有无相生，绵延不断，衍生出了纷繁世界，气象万千。这个观点确实惊世骇俗，但其意蕴深邃超远。老子的"道"中同时包含了"无"和"有"。他认为可以通过"无"和"有"两种方法去认识"道"。"常无欲，以观其妙"中的"观"字是认知的意思，"其"代指"道"讲，意思是从"道"的本体"无"为切入点认知事物，就可以收获"道"的奥妙精髓。"常有欲，以观其徼"是从"道"的作用"有"入手来认知事物，就能收获"道"的广大与精深，从而体悟万物的奥妙，认知万物发展变化所能达到的范围、程度、边际。

　　体悟与认知是人们获取信息的两大途径，两者交叉反复，就进入了众多的精神思想领域。关于"道"字，古汉语解释：一指"道路"。《说文》："道者，径路也。"二指抽象的规律。《左传》："天道远，人道迩。"三指宇宙本源。《易经》："一阴一阳谓之道。"许多人都能从"无"的角度为切入点去感受事物，认知世界，从而产生了许多哲学家。古人常以哲学、数学的方法去感悟事物和真理。"常无"即常常保持虚静，虚静则容易感知万物。这也是一个人是否灵巧机智的关键，很多内心恬淡虚无的人常能觉察到吉凶之事的端绪。因为哲学是起源于哲学家的感悟，并以此为依据建立起一套理论去认知万事万物，并没有实践作为基础。所以老子认为首先用感性的方式，即哲学、数学的方法去认知世界，就会得到"妙"，也就不足为奇。同时对以"常有"的方法去认知事物，也表现出极大的理解和认知，并没有否定。

老子说的"常有"，按通俗意思讲即是使用科学的实验方法，如物理、化学、生物、医学等，用实践为基础的手段去认知事物，就会得"徼"（事物的界限、踪迹）。也就是体悟与认知两大获取信息的途径，两者交叉反复，就进入了众多精神思想领域，"哲学是形而上之道，是终极意义，科学是形而下之名，是现实意义"，所以"众妙之门"是形而上之"道"。"道"是宇宙之源，是基础，是本体，代表着最终、唯一、绝对，具有极为深邃的内涵，也有着非常广阔的外延，涵盖着宇宙、自然和社会的全部道理和规则。没有任何事物可以脱离"道"而独立存在。不论万物如何变化，或消或长，"道"不会受到任何影响。老子哲学思想的中心表达"道"，是一种物质的东西，是构成宇宙万物的元素。"道"是不可以用语言来说明白的，而须从"有"与"无"中来领会、体悟。"道"是永远运动变化的，而非静止的；宇宙万物包括自然界、人类社会和人的思维等一切进化过程都遵循一定规律而发展变化。几千年来，"有、无"互为生灭的观念，一直是中国传统文化中的普遍哲理。"道"的玄妙幽深不可穷究，至远难察，至深难测。天地由此而生万物，当前则是，转眼即非。无形无状，无可端倪，玄妙而又玄妙，成为天地万物变化的总源。由此观察"道"的本体和作用。

老子文中蕴藏着极为渊深的智慧，其中名言警句就非常之多。可谓俯拾皆是，"道可道，非常道"，也就是说可以用语言表述出来的"道"就不是永恒的、终极的"道"。而所谓永恒的终极的"道"，它又指的是什么呢？它指的是宇宙的本体，是世间万物的缘起，是超越一切具体的道理和规律的根本性的、终极性的"道"。正因为如此表达，老子才说这样的"道"是不可以言说的。"名可名，非常名"的意思是，那些能够命名的事物样态，都不是永恒的样态。有生必有死，这是宇宙的必然规律，任何事物都不可能例外。老子所谓的"名可名，非常名"指的不仅仅是事物的形体不会永恒的存在，同时也意味着，事物的价值也并非永恒。理由很简单，事物本身都不存在了，它的价值又怎么可能还会存在呢？由此可见，老子的智慧是远远超越了世俗的层面，"道"直接就指向了终极，引领我们看得更远，思考得更深。如果我们都在日常生活中能将目光放得更远一些，将自己的想法放得更开阔一些，对待很多问题也就会是另外的一种态度了。当我们都真正达到了老子的思想境界之后，人世间的那些虚名、情、权、利又何足挂齿呢？又何必为其而扰攘纷争呢？

"道可道，非常道。""名可名，非常名。"这两句话之间是并列的关系，它所表达的也是同一个含义，只是这个含义被分作"道"与"名"两个层面来论说。那么

"道"与"名"之间又是什么样的关系呢？简明地说，"道"是抽象的层面，规律、思想、意境等看不到、摸不到。而"名"是具象的层面，社会现实看得到、摸得到。"名"之中蕴含着"道"，而"道"则由"名"来体现。从一定意义上来讲，也可以说成实质与表象的关系。"道"与"名"所代表的实质与表象之间的关系启迪着我们在认识事物的时候要弄清楚什么是实质、什么是表象，哪一实质对应着哪一表象，而哪一表象又反映着哪一实质。如果我们没有厘清实质与表象之间的对应关系，做起事来就难免会出很多差错。

　　用三个故事来说明此问题。一、孔子问道。老子提出了"道可道,非常道"的观点，可见、可言的事物都不能长久，而只有不可观、不可见的事物才能够永恒，才能够真正称得上是"道"。孔子向老子问礼的故事，可以说明这个问题。孔子"问礼于老子"，是中国古代文化史上的一段佳话，这两位圣哲的对话，对古代思想的发展具有重要意义。据传孔子曾多次向老子问礼，而确凿可信的只有两次，第一次是在鲁昭公二十四年（公元前 518 年），地点在周都洛邑（今河南省洛阳市）。鲁人南宫敬叔跟随孔子前往周都洛邑，鲁昭公给他们一辆车，两匹马，还有一名童仆同行，一起前往洛邑学习用礼。孔子在洛邑见到了老子。此时老子在周朝担任"守藏室之官"，对周礼非常精通。孔子向老子请教了很多问题，例如，出丧的时候遇上日食怎么办，小孩子死了该葬到近处还是远处，国家有丧事的时候不避战争对不对，等等。老子根据事实和情理，给孔子做了明确的解答。老子也十分欣赏孔子，认为他是一个虚心求知的人。孔子在洛阳住了几天，临行前，老子又对孔子说："我听说富贵之人用财物送人，品德高尚之人用言辞送人。我不是富贵之人，只能盗用品德高尚之人的名号，用言辞为你送行。"老子说："聪明深察的人常常受到死亡的威胁，那是因为他喜欢议论别人的缘故；博学善辩、见识广博的人常遭困厄危及自身，那是因为他喜欢揭发别人罪恶的缘故。做子女的要忘掉自己而记挂着父母，做臣子的要忘掉自己而心存君王。"（《史记·孔子世家》）在这里，老子告诉孔子刚而易折、忘身而身存的道理。孔子从洛邑返回鲁国后，投到他门下的弟子也逐渐增多了。这是有信史记载的孔子第一次向老子问礼。第二次向老子问礼载于《史记·老子韩非列传》。孔子到周天子所在地洛邑去见老子，就有关礼的问题向老子请教。老子说："你所讲的这些都是前人先辈流传下来的，这些人与他们的骨头早都已经腐朽了，只有他们说过的话还在流传，而且君子有机会的时候就要一展宏图，生不逢时就像蓬草一般随风飘荡。我听说，精明的商人将珍宝深藏起来而不露声色，君子有高深的道德，而外貌却看起来好像很愚笨的样子。去掉你的骄傲之气和各种欲念，以及各种不切实际的想法，这些都不利于你的身心发展。我所能

15

告诫你的，只有这些而已。"二、"名实之辩"。老子说："名可名，非常名。"认为可以讲得出自己的具体特征的，就不是永恒不变的"名"。这揭示了本体与现象、语言（名）和世界（实）之间的差别。先秦时代的诸子百家都曾对名与实的关系展开过一场著名的"名实之辩"。名实之辩指的是当时对于语言和世界的关系之争。在这场争论中颇有论色的有：道家、儒家、墨家和名家。道家的观点是"世界既不是现实的社会秩序，也不是可以用肉眼看到的客观实际，而是超越经验的道和无限"。世界本是混沌的，而语言使其变得清晰；世界本是黑暗的，而语言使其变得光明。语言让世界变得可以言说，可以把握。可是，在让世界变得清晰和光明的同时，语言还无法表现出世界的无限和丰富。老子文中就提出了"名可名，非常名"的论述，可以说是道家的代表观点。庄子进而主张"大道称"，但又认为"名者，实之宾也"，肯定实对名的决定作用。儒家观点认为，所谓的语言符号系统就是"名分"，所谓的"世界"就是贵贱有差、上下有别的社会秩序。所谓"正名"，就是通过语言来调和现实世界的矛盾，为社会提供规范，使之纳入"唯上智与下愚不移"的等级秩序中。孔子是这方面观点的代表人物，曾明确提出过"正名"的主张。儒家的另一个代表人物荀子提出了"制名以指实"的主张，将名区分为大共名、大别名和小别名，分析了"名实乱"的表现，对名实问题进行了较为详尽的论述。儒家关心的是社会，看重的是父子、君臣之间的伦理纲常关系。否则就会导致天下大乱。墨家则主张坚持经验主义，强调"闻之见之"，"取实与名"。用现在的话来说，就是从实际出发，与时俱进。现实的世界是基础，语言符号不过是现实世界的反映。现实的情况发生了变化，语言符号自然要发生变化。墨家的代表人物墨子主张"非以其名也，以其取也"。着眼对事物本身的把握，后期墨家将概念区分为达名、类名、私名，认为它们所反映的实有不同范围。名家是先秦百家中颇有影响力的一个学派。他们不探究名、实关系，而是把注意力集中在语言的本身上，从而注重语言的概念。不再关注语言所蕴含的内容，而是看重语言本身的逻辑技巧，从而形成了中国古代历史上著名的诡辩论。这一场对名实辩论大战，是因不同理解而展开的长期争论，有助于中国古代哲学的名辩思潮的形成，由此推动了中国哲学的认识论、辩证法和逻辑学的发展。三、大家都很熟悉"狐假虎威"这个故事，在故事中，老虎就犯了此种错误。从表面来看，狐狸的确把那些动物都给吓跑了，可实质又是怎么一回事呢？是因为有老虎在它旁边。老虎只注意到了狐狸吓跑了百兽的表象，却忽视了狐狸"仗虎之威"的实质，而把这种威力错误地划归给狐狸了。

最后，老子强调："此两者同出而异名，同谓之玄。玄之又玄，众妙之门。""此两者"就是"有"与"无"，也就是万物的起源和母体。它们虽然名称不一样，但都出自同一个来源，都是十分玄妙的，玄妙而又玄妙，它就是宇宙万物之一切奥妙的总的由来。或者，简单地说，这"众妙之门"就是"道"。老子提醒我们，无论做什么事情，都要有两种思路，一是要有超脱的眼界思路，二是要有深入事物的敬业精神。治理社会也好，经营企业也罢，抑或从事任何一项工作，都要有超越性的眼光和思路。任何一个成功的领导者，都不会沉浸在具体的事物之中，而忽视对大的发展方向和最终根本利益的超越性思考，那是不可能获得成功的。在思考这样超越性的战略问题的时候，他处于"常无欲以观其妙"的思维状态，也即是放开具体事务，综合各种信息，重点观照事物的本质和根源。事实上，人类所有伟大的立项理论，乃至重大发明，都是在一种"虚静"的、"忘我"的、"超脱"的状态下，也就是"常无"的状态下获得的。因为只有在这种状态下，才能洞察万物的"妙"。阅读思想家、科学家们的自传，不难发现这一共同点。有了宏大深远的眼光和战略思维，抓住事物的本质，看清事物的根由和事物发展方向，仅仅是取得成功的一个方面。另一方面，还要有"常有欲，以观其徼"的能力。前者说"常无"是战略，后者"常有"是战术。在具体生活、生存的社会实践中，"常有"的思维要求我们无论做任何事情，都要有深入了解事物全过程的能力与精神，唯有深入、全知、深知事物的各个层面，才能制定出切实可行的行动方案，步步深入地把握战略并落到实处，最终完成战略构想。把握"有"与"无"，经常性地"超脱"思维和"深入"实践，重视"战略"，更重视"战术"，才合乎老子的教诲，才能算是真正理解"众妙之门"——"道"。本章旨在说明：一、"道"具有不可言说性，"道"是不可概念化、具象化的东西。二、"道"是天地万物的根源和始源。许多人以为老子的道理很玄虚，所谓"玄之又玄"。其实老子这句话说明在那深远而又深远的根源之处，就是万物所从出的"道"。老子说"道"不可名，事实上他已经给了我们一个概念："道"之不可言说性与概念性等。老子说"道"这个形而上之实存体是个浑然状态的东西，无以名之，勉强用一个"道"字来称呼它。老子说到道体时，惯用反显法。他用了许多惊艳世界的名词去说明，然后又一一否定，表示这些惊艳世界的名词都不足以形容说清，由此反显出"道"的精深奥妙性。

第四章 道冲不盈

原文：

道冲，而用之或不盈。渊兮，似万物之宗。锉其锐，解其纷；和其光，同其尘。湛兮，似或存。吾不知谁之子，象帝之先。

译文：

"道"这种虚无妙气虽无形象，无端倪，不可见，却无所不在，无所不备，体性圆满，妙用无穷。"道"深不可测，广不可量，似有非有，似无非无。它却是万物、万事生化的根本，主宰万物的宗主。它不显聪明才智，不露棱角锋芒，它排解自己的纷忧，把自己混于尘俗之中。大千世界，无处没有矛盾，没有纷争，"道"则若和气药润滑剂，处处起着消除矛盾和解纠纷之作用，促成宇宙万物的和谐与统一。天下事物，阴阳刚柔，美丑善恶，是非曲直各具其性。"道"则含光内敛，体性圆明，在方为方，在圆为圆，在美为美，在丑为丑。超脱一切，包容一切，又内涵于一切事物之中，不局限于哪一个方面，"道"之妙用，无形无象，无方位，无始终，又好像根本就不存在，但它的的确确存在，是宇宙万物的本根，我们不知道它是何物所生，产生于何处，似乎在天地出现之前就存在了，好像是天地的宗祖。这说明"道"是自始已存，自根自本的自然存在物。

体悟：

老子这一章重复论述"道"与天地和万物的自然规律，即"道"的作用。"道"包容运生一切，不求私欲，运用万物，"道"就像深不见底的深渊，永远注不满却也永远不会亏空，是用之不竭的，也像可纳百川的大海，又像无穷无尽的神秘难测的空虚，因为大海永不满溢，所以才有千万条河渠流汇于此。"用之或不盈"，指"道"的作用不可穷尽，无始无终，永远不会消逝，永远没有穷尽的时候。"道"的境界是空虚的，它的妙用永无止境。而"道"的虚幻也正是它的源泉所在（因地而异的方法），正是因为它的虚无，才使得它的作用无穷无尽，深邃可包容世间万物，乃万事万物的根本，

　　既然"道"深不可测,如何理解"道"? 如何传播"道"? 老子从"道"的作用告知我们,使我们能更好地去理解何谓"道"。

　　"道"收敛锐气,排除纷争,藏蓄光芒,混同尘垢。我们如何来理解老子的这句话十分重要,先来说一个例子。现代著名的思想家及哲学家梁漱溟先生以大街上的斗鸡来作比喻讲述人生的不同修养阶段。他说,人这一辈子要先解决人和物的关系,再解决人和人的关系,最后再来解决人和自己内心的关系。也就像一只出色的斗鸡那样,要想修炼成功,需要有一个漫长过程。第一个阶段,表面上装得很凶狠、很强大,没有底气还气势汹汹,就像无赖叫嚣的街头小混混,其实他内心很软弱、很空虚。其实要想知道一个人真正缺少的是什么,就首先要看他所炫耀的是什么。事实往往就是这样,当一个人在炫耀着自己于某方面如何富有的时候,其实恰恰是在向别人表示自己在这一方面是很空虚、很匮乏的。如"此地无银三百两"的民间故事。

　　第二阶段,自己有了一些小本事,不再仅仅是街头的小混混了,自己就往往会表现得锋芒毕露,斗狠好胜,俨如指点江山激扬文字的年轻人,颇有一种"当今之世,舍我其谁"的英雄气概,也可以将这种表现的人称他为恃才傲物。这样的人是不受众人欢迎的,为什么呢? 一个人一旦太过于张扬自己,相形之下,别人在他眼中的分量也就会变得越来越轻了。换句话说,也就是对待他人也就没有那么尊重了。事实是人与人之间的尊重是相互的,你不去尊重别人,别人也就不会尊重你。除了你有很高的地位,但如果是那样的话,别人对你表现出来的尊重是慑于你的权势,他并非发自内心对你尊重。另外,盛气凌人、心直口快、锋芒毕露很容易得罪人,这实际上还是一种不成熟的表现。

　　第三阶段,就已经不那么争强好胜了,但眼睛里精气还盛,说明气势未消,依然容易有冲动的可能。我们偶尔也会遇到这种现象,就是很有身份的两个人打起来,他们就像小孩子一样,你一言我一语地相互骂战,甚至会你打我一拳,我踢你一脚地动起手来。这个时候我们大家都很不理解他们的行为:为什么呢? 这两位先生平时都是文质彬彬的,完全给他人一副谦谦君子的形象啊,怎么这会儿这么粗鲁呢? 这其实就是个人修养还不到家的表现,就如同冬天的河面那样,看上去全都结冰了,可是在薄薄的一层冰下面,都是不可载人的静水,也可以说,人修养到这一阶段,还未能做到气定神闲,淡然自若。

　　最后这一个阶段,这就是"呆若木鸡"的境界了,堪称"猝然临之而不惊,无故加之而不怒",这也可以理解为孔子所说的"从心所欲不逾矩"之意。人生修养到这个阶段,才算是真真正正、彻彻底底地争强好胜之锐气全无,也再无任何自我炫耀之心,也无丝毫冲动的欲望了，通达随和，达到"无为而无不为"。这也正是老子所说的"道"的特质，"挫其锐，解其纷，和其光，同其尘"。要想更好地理解体会"道"，必须从"冲"入手去理解"道"，这便是入门的关键。"冲"是虚无而没有形状的一种状态，冲字是由"水"加"中"字而组成，所以"冲"字解是要居中守中的意思，在万事万物中取平衡的方法。"冲"的象形在水中间之意。犹如来自远处的溪流，涓涓不休汇成百川之渊，永远没有满盈，似乎是万物之源。虚而有物，就像我们心灵的世界，虽然不能直接感知，但内心的遐思可以自由翱翔，快乐无边。在浩瀚无际的道境之中，蕴藏着天地万物的本元。万河万川奔流入海，又从海中蒸发变为雨，落入万千河流，如此永远循环着，保持着一个永久平衡状态，这是"冲"的"中和"之理。"道"的本体是虚空，"道"的功用是中和。"道"的冲和，在于避免过和不及，否则，便会物极必反。

老子的"道"是维持平衡状态，调和万物之阴阳。当揭示了"道"的虚无、"中和"后，继而"挫其锐，解其纷，和其光，同其尘"，直接点明了"道"的作用和功效，从而体现了东方哲学滋润、宠辱不惊、去留无意的处事方法和体系。达到不锋芒毕露，不怨天尤人，心胸宽广，包容存在，做事做人留有余地，不执着求全，包容万事万物之大容的高度。"道"要求我们做到冲虚谦下、纯任自然、不盈不满、来而不拒、去而不留、应物无方、不留痕迹。凡有太过尖锐，特别凝滞的心念，便须顿挫而使之平息。纷纭扰乱的思绪，必须及时开解。如此休养纯熟，保持澄澈自然，可与世俗同流而不合污，若存若亡，自掩光华而周游于尘境"有无"之间。畅游于道的境界，彻悟人生真谛，获取大智慧，消除锐气与妄念，一切纷争都得以解决。为人处世，一切不为太过。此心、此身始终是"用之或不盈"。"道冲，而用之或不盈。"所谓的冲，就是空虚的意思，"道"是空虚的，而正因为如此，"道"才是没有穷尽的。

"名可名，非常名"我们已经知道，凡是可以名状的事物都不是永恒的，可以名状就意味着一种切实的存在，而所有实在的事物都会有穷尽的时候。比如，金钱再多总会有用尽的时候；乌龟再长寿，生命也有终结的那一天。只有空虚的存在，才是永恒的，才是取之不尽、用之不竭的。比如说，国家是个实体，人们对国家历史的追述，对其兴亡的探究是虚的，但这种探究没有终点；金钱是实在的，我们对金钱运动规律的把握是虚的，但是研究金钱确实是人类永恒的话题。所谓"道冲不盈"，正是指这种"虚空"永无止境。以合于"道"的观点看待人世间一切，喜怒悲欢得以调和，不论美丑善恶，荣辱贵贱，取而代之的是不卑不亢，是清醒觉悟。领会得"道"之人，往往装疯卖傻、蓬头垢面混迹于尘世。这种思想后来构成小说中的情节，对民风民俗影响很大，如济公喝酒吃狗肉、孙膑吃粪等高人隐士的逸事，都从"和光同尘"的观念演绎而来，描绘出有"道"高人的另一面目。

这一章老子主要描述了"道"的具体形象，道是不可名状的，是渊深的、精湛的；它不露锋芒，神光内敛，纯朴如尘。老子通过对道的描述，体现了他为人处世的基本观点，即不露锋芒，纯朴如尘。这也就是我们通常所说的"藏锋"。藏锋是一种自我保护的方式，也是道的精髓的一种体现。谁掌握了它的精髓，谁就获得了安身立命的法宝。藏锋的关键不是藏身而是藏心。曾国藩就是如此，尽管他一直站在第一线，但是始终能把一颗饱经风霜的心置于"安全袋"中，做到藏心即藏身。曾国藩是清朝后期著名政治家，他一生在官场中沉浮，时时能够感受到来自各个方面的威胁。尤其是当宫廷内有什么变动的时候，他便会产生"草木皆兵"的感觉。不过，曾国藩凭着自己的精明和敏锐总能渡过险难，这在很大程度上与他善于藏锋的特点有着很大关系。他在镇压太平天国的斗争中开始崭露头角，从此一发不可收拾，逐渐成为清朝统治者的股肱之臣。清同治三年（1864），曾国藩率领湘军攻破天京（今江苏省南京市）。他官文列于捷疏之道，其中就暗含着谦让之意，尤其是在裁撤湘军的问题上，曾国藩的藏锋表现得更为明显。倘若不裁湘军，恐怕功高震主，最终会引火上身。如果裁撤湘军，自己手里没有军队，那么就会任人宰割。就在这时，曾国藩想到了李鸿章的淮军，他认为李鸿章与自己有师徒的情谊，假如能保存淮军，那么自己也就有了靠山。于是，曾国藩叫李鸿章的淮军按兵不动，然后奏请朝廷裁撤湘军。曾国藩攻克天京以后，七月初四"定议裁撤湘勇"。七月初七，他又上了一本奏折，里面说道："臣统军太多，即拨裁撤三四万人，以节糜费。"从当时的材料来看，曾国藩裁撤湘军的理由是湘军已成"强弩之末，锐气全消"，而这完全是个借口，实则为了明哲保身。时人王定安听说这件事后，说到：曾国藩向来谦和恭谨，他说湘军战斗力衰弱，只不过是为了保全自己。后来左宗棠、刘锦棠平定关外回寇，威震西域，席宝田平定黔中，王德榜与法朗西（法兰西）转战越南，皆用湘军。他说："湘军战斗力衰弱，这怎么可能呢？依我看来，曾国藩的话不过是自谦罢了。"占领天京后，他统领的湘军大概有十二万人。不过，左宗棠的湘军进入浙江后，已呈独立状态，早在攻陷天京之前，江忠义、席宝出所属一万人已调至江西，归沈葆桢指挥。鲍超、周宽世所属两万余人到达江西后，随即也被编入沈葆桢的麾下；余下的只有曾国荃统率的五万湘军，而这些人也正是朝廷最为担心的。于是曾国藩从自己身边的这五万湘军开始进行裁撤。曾国藩先是留湘军将领张诗日麾下的一万余人驻守江宁，让刘连捷、朱洪章、朱南桂率领一万五千余人抵达皖南地区,裁撤了助攻天京的萧庆衍部(李续宾旧部)近万人和韦俊的两千余人。但从实际情况来看，曾国藩奉命北上山东围剿捻军，当时江宁（今江苏省南京市）还

天道：体悟老子

没撤走的湘军还有十六营八千余人，但只有张诗日一营愿随曾国藩北上，其余都不愿跟随前往，于是曾国藩又裁撤了其余的七千五百多人。之后又陆续裁撤了刘连捷、朱洪章、朱南桂三军。此时，曾国藩能够调动的军队只剩下张诗日一营和刘松山老湘营六千多人了。曾国荃在攻陷天京时立下大功，所以在湘军中有极大威望，清政府对他也十分忌惮，害怕他趁机扩充自己的势力，所以既想让他早离军营而又不想让他到浙江担任巡抚。曾国藩无奈之下，在裁撤湘军的同时，奏请曾国荃因病开缺，回籍调养。清政府很快便批准了曾国藩所奏，并赏赐曾国荃人参六两，以示慰藉，而曾国荃却大惑不解，愤愤不平之情溢于言表，他甚至还在众人面前大放厥词，这导致曾国藩十分难堪，曾国藩只得对他好言相劝。早在裁撤湘军之前，曾国藩就曾写信给李鸿章说："唯湘勇强弩之末，锐气全消，力不足以制捻，将来戡定两淮，必须贵部淮勇任之。国藩早持此议，幸阁下为证成此言。兵端未息，自须培养朝气，涤除暮气。淮勇气方强盛，必不宜裁，而湘勇则宜多裁速裁。"曾国藩书中的意思很隐晦，只有李鸿章才能明白他的苦衷：朝廷对手握兵权的湘淮将领怀有猜忌之心，舆论又推波助澜，朝廷欲杀之而后快。如果湘淮二军一并裁撤，那么日后曾国藩一定任人宰割；如果保留淮军而裁撤湘军，则对清廷可以起到极大的牵制作用。李鸿章既窥见了清廷的真正意图，又明白了曾国藩的良苦用心，于是决定投双方之所好，坐收渔人之利。李鸿章致函给曾国藩，表示支持裁撤湘军而保留淮军的决策。

曾国藩在官场中不露锋芒还表现在他的急流勇退上。曾国藩晚年的时候，心情十分矛盾，他不想做官，但是又不能不做；他想上疏请辞，但是语气又不能过硬，可是倘若语气不硬，又怎么能够获得恩准呢？即使获得恩准，一旦遇有战事的时候，自己岂不是还要被征召吗？进退不能，一时令曾国藩陷入两难境地，不知道该如何是好。曾国藩之所以不愿做官，用他的话来说，就是"凡做大官，处安荣之境，即时时有可危可辱之道，古人所谓富贵常蹈危机也……平世辞荣避位，即为安身良策。乱世辞荣避位，尚非良策也"。不久，他上疏告病请求退休，李鸿章听说曾国藩打算辞官，立即写信说："奏章的语气不可太坚决，这样除了让人觉得心机太重之外，没有别的用处，而且未必马上就能退休，即使退休一两年，其他地方如果发生战争，仍然免不了朝廷征召，到那时就更加进退两难了。"曾国藩觉得李鸿章的这些话都切中事理，这使他陷入思考之中，他想到了一个办法，那就是今后不再做官，也不打算回老家享清福，只求在军营中照料杂事，维系军心。不居高位，不享大名，这样一来，他就可以避免大祸大谤了。曾国藩只求能把自己闲置起来，不进不退，这样既可以消除心腹们的后顾之忧，也可以避免其他同僚说自己的闲言碎语；既不至于让皇帝为难，也不至于让自己处于被动的处境之中；既可以保持自己晚节和清誉，又可给自己带来体恤皇上的名声，可谓一箭三雕了。

我们从老子对"道"的作用来说，会体会到"道"只可意会而不可言传，因"道"会因时因地因天因人而变化，它玄之又玄，神秘难测，但又确实左右着世间万事万物发展、成功与失败。我们从另一个角度来讲，"道冲不盈"提醒我们，不要过于追求完美和圆满，因为完美和圆满都是到了一个极限，是不能持久的。我们的现实生活中，往往对虚空有一种恐惧，而喜欢追求圆满。这样的想法和行为，显然是违背"大道"的。这种做法固然会带给我们一时的满足，但带给我们自己更多的是灾祸。关于这一点，司马光在编写《资治通鉴》时曾经感叹说："汉初三杰，萧何曾被送进监牢，韩信被吕后诛杀，张良假托修道成仙得以免祸。"其实这里面的道理很简单，因为任何具象的事物都有兴旺衰亡的规律。也就是有上坡必然有下坡，有上台的那一天，必然有下台的那一天，所有事情一旦发展到一定的极限，必然会走向反面，日中则昃，月盈则亏，既是大自然的规律，更是人类社会生存、生活的发展规律。所以我们在兴旺发达之时要居安思危，切莫妄自尊大；成功成名时更要保持清醒的头脑，切莫骄傲自满。人世间任何事情，都不要做得太绝太满，最好多留点余地，名满天下更应该谦虚待人，富甲天下更应该怜孤惜贫，唯有如此，才算合乎"大道"。

老子思想指导人们，在人类社会生活中，只有保持着谦虚的姿态，才可以获得不断地进步。谈论谦虚时，首先应该有一个深刻的理解，什么是真正的谦虚？所谓谦虚，是建立在正确的人生观认识之上。这个认识包括对自然规律的认识，也包括对人类社会和自我的认识。爱因斯坦有一个很好的比喻，如果我们把现有的知识比喻成一个圆圈的话，圆圈外面就是我们不知道的东西，所以知道得越多就越会感到自己的无知。爱因斯坦的感悟与老子2500年前的"道冲不盈"的哲学思想异曲同工。因为懂得谦虚这个道理，才可明白自己的长短之处，也就会明白自己需要努力的奋进方向，谦虚的人生态度，能帮助你一如既往地汲取知识和智慧，不断地充实完善自己，也就会孜孜以求地不断创新和进步。而那些不懂得"大道"的骄傲者则恰恰相反。他们往往看不到天外有天、人外有人，他们只见到百川，而不知道汪洋大海，因而迟迟没有在自己的弱项上奋起直追，耽误了自己的进步和完善。谦虚正是我们对世界认识不断扩大的前提下拥有的一种珍贵品质。王安石有一篇短文《伤仲永》，讲述了一个叫方仲永的神童的故事。他五岁时就写出了震惊乡里的诗篇，可谓是一个读书天才。但很不幸的是，他的父亲以他的天才作为赚钱的工具，不再让他继续学习。到最后，方仲永成为一个很平庸的人。在这篇文章的最后，王安石大为感慨，暗自想到，方仲永五岁就

天道：体悟老子

能作诗，天资不可谓不高，可因缺乏后天的再教育，以致沦落为一个普通人；至于普通的人，天资与方仲永相去甚远，如果后天再不努力学习的话，恐怕就连做一个平常人的资格都不够了吧！我们都可以借用老子的话对方仲永的悲剧进行深刻的反思。方仲永之所以日后毫无长进，就是因为他的父亲以自己的儿子为神童而自足，在骄傲自满的情况下，拒绝对儿子施与教育，结果儿子方仲永虽然天赋超常，却因蹉跎岁月马齿徒增，学问知识没有任何长进，最终就和常人无异了。这就是违背了"冲而不盈"的根本法则——"道"。

虽然老子没有确切地告诉我们什么是"道"，"道"又从何而来，但我们可通过他的论述体会到"道"无处不在，它蕴藏着无限的创造因子，因而它的作用无穷无尽，它永远保持在一个不溢不满的平衡状态。它的空虚是相对于有形世界而言的，它虚无有物，它的奥妙之处只能由人的心灵去慢慢体会。"道"是虚无的，又是客观存在的，正是它的"虚"才成就了万物，所以"空"能生"有"。当我们真正体会到自然之"道"的真谛时，就可以适用于尘世，挫锐解纷，和光同尘。也许，当人们了解了大道世界的本质规律时，便可有效地指导安排自己的命运。老子说，"道"深沉幽邃、若有若无，它在天帝之先就已经存在了。这再一次肯定了"道"的不可捉摸的特性，也同时指出"道"是万物的本原，它的存在先于一切。"道"涵盖着世界的所有起源和终极。在这里，老子击破了神造之说。

要深刻理解体会《老子》中的"道"，本文中"冲"字如何理解是关键，"冲"是虚无而没有形状的状态，冲字是"水"加"中"字组成，所以冲是要居中守中，在万事万物中取平衡的方法。"冲"的象形在水中间之意。万股水流入海，又从海中蒸发变为雨落入千万河流，如此不断循环着，保持着一个平衡状态，这是"冲"的"中和"之理。"道"的本体是虚空，"道"的功用是中和。"道"的冲和在于避免"过和不及"，因为物极必反。老子"道"是维持平衡状态，调和万物的阴阳，揭示了"道"是虚无、"中和"后，他又"挫其锐，解其纷，和其光，同其尘"说出了"道"的作用，体现了东方人的圆润，宠辱不惊，去留无意的处事方法。做到不锋芒毕露，不怨天尤人，心胸宽广，做事做人，留有余地，不可执着则求全，便是所谓的存在就合理，包容一切的存在。明白了"道"与"德"的作用性质，就要时刻用"道"与"德"的规则勉励自我，规划自己的人生，修身养性，尽可能把握好自我。深刻领悟"道"与"德"的运行法则，言谈举止淡化乃至去除物欲的痕迹，以返璞归真为目的，不为一己之利或一己之求，强行索取与占据。视物欲为累赘，任其去它该去的地方。

老子再次为我们阐述了"道"，但由于"道"是难以用语言来描述的，因此他列举了"道"的一些表象上的作用，即"挫其锐，解其纷，和其光，同其尘"，并以此作为突破口来讲解"道"中玄妙的道理，"道"是虚空无形的，但它却无处不在，"道"是一个永恒而又无限的绝对体，它是万物产生的本源，即使真的有天神存在，那也不过是"道"的产物。本章说明道的创造性，不念丝毫占有性并述及道与各物的自发性，这种自发性不仅是道所蕴含的特有精神，也是老子哲学最基本的精神。

第五章　不自为大

原文：

大道泛兮，其可左右。万物恃之以生而不辞，功成而不有。衣养万物而不为主，常无欲，可名于小；万物归焉而不为主，可名为大。以其终不自为大，故能成其大。

译文：

大道像泛滥的河水一样，无所不至，无所不达，无所不通。它可左可右，可上可下，可顺可逆，在方为方，在圆为圆，向无定向，形无定形，任其物性，顺其自然。它生化万物，万物依赖于它而生生不息，创造世界天地而不推辞，它做出了巨大成就而不自以为有功，不贪图虚名，养育了万物而不加主宰，它成就了一切，却说不出它的功劳究竟在哪里。它不求名利，无私无欲，永远保持没有欲望的状态，可称它为"渺小"，万物都归附于它，却都感受不到它的拘束限制，而它自己不为主宰，可以称它为"大"。由于它从来不自大，所以能成就其真正的伟大。

体悟：

本章主要说明了大与小之间的辩证法。换句话说，无论大小，万物都是"道"所生。虽然没有明确指出"圣人""侯王"，但实际是对领导管理者有所期待，希望他们能够像"道"一样，起到"纯粹素朴"的作用，顺应自然，体恤天下民众。

大"道"在宇宙天地之间广泛而普遍周流远游，无所不至、无所不及。老子认为"道"生长万物，养育万物，万物都归思于它，而"道"却不会主宰万物，它不辞劳苦，生生不息，滋养万物而不表功，也从不标榜自己。完全任万物顺其自然地发展，从不显示夸耀自己的主宰地位。

"道"的第一个基本特点是：无处不在，世间万物无不依赖"道"而生存与生长。宇宙的起源演变，地球上的沧海桑田，草木的生长荣枯，人世的荣辱变迁，无不依赖"道"，无不体现着"道"。正是因此，才将它称为"大道"。世间万物都是按照自身的规律运行发展，人不要把事物发展的成绩归功自己。实际上也是老子期望领导管理者及众人都应该像"道"那样处世为人，做好本职工作，各得其所，各适其性。"道"是天地万物之始，万物之母，它不刻意谋求主宰万事万物，却是真正的主宰者。它像阳光那样，庇护万物，并不做万物之主。虽生万物，是自然而然而生，万物最后归于自然，回到它的本来。

"道"的第二个基本特点是：它没有欲望，虽然功绩最大，却从不居功自傲。"道"虽然推动着万物的生长和发展，推动万事万物的演变进化，但是"道"所做的这一切都是无意，"道"所起的作用，基于它的本性本能。也可以说，所有的这些伟大的贡献，"道"也从来不把这些结果视为自己的功劳成就，因为"道"没有任何的欲望，所有这一切都不是"道"的有心强为。一切都是自然而然的，也就是说"道"生养了万物，却不为万物所知，好像"道"不存在一样，它本身无欲无求，因此可以称它为"小"。正因为"道"从来不自高自大，也不自满自是，所以才成就了它的伟大，这才是"道"真正的伟大所在。

"道"的第三个基本特点是："道"从来不自以为大，才真正成就了自身的伟大。《菜根谭》云："为善而急人知，善处即是恶根。"意思是，一个人做了一件好事就急着让人知道，说明他行事的目的只是为了虚名和别人的夸赞，其实这种人在做好事的时候已经种下了伪善的恶根。与这种有意为之相反，"道"既无心为之，更不想去炫耀，所以这种本然之为更显得伟大和崇高。这里的"大"是"道"的一种品格，不自以为是，反而终有大成。而这种不自以为是，并不是故作谦逊，而是自然品性的流露。

人世间万事万物的生成看似微不足道，却都是由"道"来主宰决定的。这样来领悟"道"，要我们顺其自然，不刻意强求任何事物。我们有些人为了彰显自己的价值，拒绝与他人合作，或争强好斗，或强迫自己，而人生的真正价值是不需要通过过度的压力和逼迫来实现的，更不需要刻意地去证明自身能力，人生本身就极具价值。

关于"道"的属性，有人认为是唯心的，是"精神体"。其实，"道"作为一个物质性的概念，虽然是耳、目、触、嗅诸感官都不能感受的，却真实存在于自然界，而不是仅凭主观而存在的精神。这是准确理解"道"的关键所在。此外，老子在本章所说的"不辞""不有""不为主"的精神，可以消解占有欲、支配欲，使人从"衣养万物"中感受到爱与温暖的氛围。

"道"有护养万物之功却不自以为伟大，人也应效仿大道，不居功自大。明朝权臣高拱就因为不知道这个道理，他恃功自傲，威福自专，最终遭到众臣的报复，被迫离开京城，凄苦而终。高拱出身官宦世家，相貌魁伟，精明强干，担任过内阁大学士、内阁首辅，深受朝廷器重。但他也专横跋扈，不能容人，很多大臣都因受不了他的排挤，

天道：体悟老子

主动辞职，提早告老还乡。明隆庆六年（1572），明穆宗病重，太监冯保要张居正而不是高拱草拟遗诏，引起高拱不悦。高拱知之内情，一面斥责张居正，一面使计驱赶冯保。但未等将冯保整垮，穆宗就去世了。临终之前，穆宗要高拱、张居正和高仪为顾命大臣，而冯保则通过矫诏也成为顾命大臣，和高拱等共同辅佐年仅十岁的明神宗。神宗登基那天，冯保还故意站在皇帝的旁边，远远看去，百官就好像在向冯保跪拜。有人提醒高拱小心冯保，高拱没有把冯保放在心上。他入仕多年，经历过无数权力争斗，斗倒了一大堆权臣，根本不把冯保放在眼里。他要御史刘良弼等大臣，搜罗冯保的罪状，然后又遣给事中陆树德等以皇帝年幼，谨防宦官专权为由弹劾冯保。高拱以为只要等这封奏折递到皇上那里，冯保的好日子就结束了，但事情偏偏没有如他的愿。高拱将弹劾冯保的计划告诉了张居正，而张居正却将此事悉数透露给冯保。原来张居正也很想在仕途上有一番作为，但他很清楚，高拱为人专横，稍不合他意之人无不遭到报复，只要高拱把持朝政一日，自己就只能匍匐在他脚下。因此对他来说，最好的情况就是联合冯保斗倒高拱。待高拱退出权力中心，自己主导了内阁事务，再来收拾冯保。冯保得知高拱已经做好准备对付自己，于是马上展开行动，向太后放话，说高拱认为皇帝年幼，打算拥立他人为君主。太后大惊，相比大权还在自己手中，态度张狂的高拱如此行为，太后更信任善于逢迎的冯保。当下太后便拿定主意，驱逐高拱。第二天，明神宗突然召见群臣，宣两宫及帝诏。高拱还以为宣诏针对的是冯保，待诏书发出，顿时吓出一身冷汗："大学士高拱揽权擅政，夺威福自专，朝廷诸事通不许皇帝主管，我母子日夜惊惧。便令其回原籍居住，不许停留。"高拱大病一场，没多久就去世了。若高拱懂得"不自为大"的道理，谦虚做人，就不会树立如此多的政敌。他自恃大权在手，动辄排挤他人，自以为挤走了不顺眼的人，就可高枕无忧，却没有意识到，一人之下万人之上的权力以及高超的弄权手段，都不能让人真心地归附于他，即使如张居正这般受过他恩惠的人，也会因畏惧他的专横自大，在关键时刻倒向政敌一方。

由此我们可以得到这样的感悟，"道"具有如此神通广大之功绩，尚且不言功劳。那么我等泛泛之辈又怎么可以以功自居呢？回顾历史，秦国送晋公子重耳返国渡河之时，跟随重耳一同流亡多年的咎犯向他邀功，故意要离开他。重耳连忙将一块玉璧投入河中，以示之河伯，声称返国之后必当与咎犯同荣华、共富贵。可是一旁的介子推见了，却大笑着说道："公子能回国实乃天公之意，可咎犯却以为是他的功劳，真是不知羞耻啊，我耻于和这样的人在一起。"说完，介子推就悄悄地自己过了河。昔日在逃亡的路上，有一次，他们实在找不到什么吃的东西了，介子推自己就暗自将大腿上的肉割下了一条来给重耳吃了。重耳知道这件事情后十分感动，应诺当上君王之后一定要好好酬谢介子推。可介子推却完全不在意任何功名利禄，助重耳回国后就隐居起来。后来重耳特地去找他，他无论如何都不肯相见，更不肯接受封赏。为了躲避重耳派出的使臣，他就与母亲跑到绵山上隐藏了起来。重耳的谋士建议说，只要放火烧山，介子推就必然会出来，重耳采纳了这个建议。出乎大家意料的是，介子推与母亲宁肯被火烧死也不肯下山。这令重耳感到十分惋惜。为了纪念这位功臣，重耳下令每年的这一天大家都不许烧火做饭，这就是我国"寒食节"的由来。后来的"介休"亦是因介子推而得名，并且此地名一直沿用至今。介子推不居功，却受到中华民族的敬仰。这也就是老子所说的"以其终不自为大，故能成其大"的道理。

　　本章重点说明"道"的作用。"道"生长万物，养育万物，使其各取所需，各适其性，丝毫不加以主宰。老子以"不辞""不有""不为主"的精神，消解领导者的占有欲与支配欲，使我们从"衣养万物"中自由地呼吸。

第六章　有生于无

原文：

　　视之不见，名曰夷；听之不闻，名曰希；搏之不得，名曰微。此三者，不可致诘，故混而为一。其上不皦，其下不昧。绳绳兮不可名，复归于无物。是谓无状之状，无物之象，是谓惚恍。迎之不见其首，随之不见其后。执古之道，以御今之有。能知古始，是谓道纪。

　　反者，道之动；弱者，道之用。天下万物生于"有"，"有"生于"无"。

　　道生一，一生二，二生三，三生万物。万物负阴而抱阳，冲气以为和。（人之所恶，唯孤、寡、不谷，而王公以为称。故物或损之而益，或益之而损。人之所教，我亦教之。强梁者不得其死，吾将以为教父。）

译文：

　　看它却看不见，所以称它为"夷"（无形）；听它却听不到，所以称它为"希"（无声）；用手摸它却摸不着，所以称它为"微"（无象）。大道本是纯粹、素朴、无色之元气，又是清静、自然、无形之虚空。故以目视而无色可见，是真色无色；以耳听而无声可闻，是谓大音希声；用手摸而无物可得，是谓大象无形。这三种形象是不能够分辨清楚的，不可思议的，无色可见，无声可闻，无物可搏。此三者，只可心悟，无法睹听与触摸，难以用语言表达。所以"夷""希""微"三者不可推问，也无法加以探究，它是混合为一物。"皦"是洁白发光，"昧"是黑暗昏明，"绳绳"是连续不断。独立无偶的混元"大道"，是虚名的静体，它不上不下，不明不暗，阴阳由此而判，清浊由此而分。所以在上而不见皦皦之光明，在下而不觉暗昧之黑暗，连续不断，无法命名，它"即色是空，即空是色"，不是一个具体的物象。

　　这个"夷"的上面并不显得光亮，下面也不显得阴暗，这成就了阴阳，它连绵不断啊！渺茫难测。它似空不空，无形无状，无体无象。可谓恍恍惚惚，杳杳冥冥的真空妙象，是谓不可名状。它又返还空无一物的状态，我们只好称它为"道"。"道"无法来形容，没有状态的状态，没有形象的形象，我们只能说它隐约恍惚。它在九霄之上不为高，在六极之下而不为低，在上古之先就存在，将来永远不毁灭；它无头无尾、无前无后，三界十方遍处皆是，最终回归到无形体的状态。所以，迎着它，看不见它的头；随着它，看不见它的尾。如能执持于天地的亘古之"道"（自然规律），就可以驾驭有形有象的万事万物。依循古有的"道"来驾驭现实事物中的具体存在，就能够认识宇宙的本原，返本复初，就是符合自然之道的规律，这就是维系于"道"的要旨。此段讲的"道"虽无形，无情，无名，但能生育天地，运行日月，衣养万物。所以无名的"道"是天地万物的本始和纲纪。

　　"道"的运动是循环往复的。柔弱自然是"道"的作用形式，"道"的本能，"道"的运用。"柔弱"是自然规律和"道"发挥作用的特点，因为"道"的作用完全是自然而然的，不会令事物感到任何压力。宇宙万物繁盛的反面——虚静之处，含藏着无穷的生发动力，万物是在阴阳消长中往来伸屈，周而复始地运化着。但繁盛的反面即虚静之处，蕴藏着无限的生发动力，这就是"道"的运化规律，事物的运化是向反面趋移，是阴至而阳，阳至而阴，物极必反。从这一运动的规律看，立足于冬，必走向夏，立足于夏，必走向冬；立足于昼，必走向夜；立足于夜，必走向昼；立足于盛，必走向衰；立足于衰，必走向盛。同样道理，立足于刚，则必走向柔，立足于柔则必走向刚；立足于弱，必走向强；只有立足柔弱，才能走向刚强。因此，只有处事柔弱，不争，谦下，维持柔弱是得以长久的哲学依据。如此方可成就大事业，达到成功目标。这就是"无为而无不为"。天下万物生于有形之体，而有形之体生于无形之质中。"有"是指天地阴阳有形象的事物，"无"是指无形无相的混元无极"道"。亿万生灵产生于天地阴阳，天地阴阳来自混元一气的无形"大道"。万事万物的运动变化都遵循"道"的规律，"反"意思是说所有事物都是在相反相成的状态中出现的，如静动、虚实、强弱、刚柔。这种相反相成的作用是推动事物变化发展的动力，一切事物的变化发展都向着它的起始反复，这个起始便是虚静。

体悟：

　　这一章，老子主要论述了宇宙星系旋转轮回，轨迹划弧，犹如太极图。天地阴阳，对立统一。"反者，道之动"，一个"反"字涵盖了多重意思，它包括与"正"相对的相反，还有还归、返回等，引申一下还有往返重复的意思。一切事物会因为减损而有增益，会因为增益而减损。我们最常见的第一种观点将"反"字解释为：规律运动的反向性，即人们常说的物极必反。相应的"反者，道之动"，就可以理解为：运动的规律是向着循环往复的方向发展的。比如说人的生与死：人的出生是一个起点，以后

天道：体悟老子

每过一年，都是向死亡这个终点迈进。生存的时间越长，距离死亡也就越近。另外，高低、贵贱、善恶、祸福、有为与无为、智慧与愚蠢，乃至本章所说的有与无，无不是如此，而这正是"道"作用于万物的结果，因此对于"生"这个点来说，运动的规律也就是老子讲的"道"，总是向着相反的方向发展的。而这种反方向运动，实质上是事物内部"生""死"两种力量此消彼长的量变，生命存在的过程就是死亡因素不断堆积的过程。"量变"积累到一定数量，自然会形成死亡的"质变"。因此，积德才是人生的根本，才与"道"的本质属性相符。相对来说，权谋不过是舍本逐末的儿戏。德的大小，决定个体的深浅与好坏。"道"也是以此来作为均衡万物的依据。

在本章中，老子对于"道"做了精辟的论述。他所谓的"道"超越了任何具体事物，无形无状，因此看不见，听不见，也摸不着。对于这种没确定的形体的抽象之物，我们无法进行感官上的体验，在物质世界看不到"道"的本体，只能用心去体会，即"无状、无象"，道是循环往复，无始无终，周流不息的，所以就无法用确切的言语来描述它的属性。为了说清"道"的内涵，老子从我们生活经验中以"有"概念去解释，然后再通过我们所熟知的感性经验进行一一否定，来彰显"道"的基本特征，反衬出"道"的玄奥精妙之处。我们领会了"道"的精要，就能驾驭今天的具象万物，知晓万物的起源并认识其发展规律，这就是"道"的纲纪和原则。

牛顿体道悟"道"——万有引力的发现。一天，牛顿正坐在姐姐的果树园里思考问题，忽然"咚"的一声，一颗熟透的苹果坠落到地上。继之，又有其他的苹果同样因为熟透而掉落地面。这是个再平常不过的现象了，然而从这种大家都习以为常的事情中，具有敏锐洞察力的牛顿却捕捉到这样一个特别耐人思索的问题：苹果为什么会落在地面上，而不是掉到天上去呢？人们对这种现象太熟悉了，从没有思考过。其实这种大家习以为常的事情有着另外的解释。牛顿将自己的思考扩展开来，苹果会落到地面上，月亮却可以一直都悬在空中，难道苹果和月亮有着什么实质上的不同吗？牛顿又见到外甥玩的小球，只见拴在橡皮筋上的小球随着牵引力不断地摇摆着，速度越来越快，最后被抛了出去，又落到地面上。牛顿觉得月亮的运动与小球的运动是非常相像的，在推动小球运动的力之外还有一种力，这种力就是地球的引力，月球也同样如此，正是因为受到地球的引力，月球才会围绕着地球运行。推而广之，牛顿认为这种力不仅存在于巨大的天体之间，而且宇宙中所有的物体之间都存在着这种相互吸引的力，只是在很小的物体之间，这种力过于微小，因而是难以察觉的，牛顿由此得出了科学史上意义非凡的万有引力定律。当然一项伟大的科学发现，绝非如此简单就可以得出的。关于苹果坠地的思考只是给牛顿提供了最初的灵感，而由这一想法的酝酿到万有引力定律的正式提出，经过了很长时间的充满艰辛的科学试验与探索，其中体与悟是十分重要的。

老子把人的感官所无法感知的事物都归属为"无"。"无"并非什么都没有，它的范围比"有"更加广阔。用我们现在的话讲，"有"与"无"就是物质与精神两个方面的范畴。"道"正是超越人类感知以外的"无"（精神方面）。虽然它无声，无形，但它是实际存在的。然而目之所见、耳之所闻、鼻之所嗅，以及触摸之所感，内心之所思，毕竟都是有限的。世事繁杂，被耳目所欺骗、被情感所蒙蔽的事，我们经常会遇到。既然眼见不一定为真，耳听不一定为实，触觉也无法全面真实感受，那么，只有遵循古人所遵循的"道"的规则来认识世界，观察世界，进而顺应自然规律求发展，并用它来驾驭今天人们必须应对的纷繁事物，抵御那些追求名利物质的思想观念。老子对于"道"的精辟论述，正是我们现在对宇宙本体论的探寻。

掌握了"道"有什么用处？它可以让我们知道事物发展和运行的规律，万事万物的起源之所在。老子从"道"的高度，指导我们在观察问题、思考问题和解决问题的时候，一定要抓住事物的本质。只要我们抓住了事物的本质，认清了事情的发展规律，预见事物的未来发展方向，就不难找到解决的方法。如何才能抓住事物的本质呢？老子说："道之为物。"其中有"象"，有"物"，有"精"，有"信"。循着这样的思路，就可以发现事物的本质。老子所揭示的把握事物本质的途径首先是观察事物的表象，其次搞清事物具体是什么，经过理性的分析，来认识事物的特征，进而抽象出事物的本质。也可以说，要从事物的表层现象着手，在经过理性的剖析之后，发现存在于现象背后更深一层的事物可变性的本质。其意与"深入分析问题"透过现象看本质的思路近似。当然，认清事物本质的目的是预见未来事物的可变性和发展方向，采取相应的措施、手段、计划，使事情朝着对自己有利的方向发展。

"道"是虚无缥缈的"无状之状，无物之象"。但是，"道"有其自身变化的规律，掌握了道的自然规律，便掌握了事物的根本。我们从老子的阐述中可以扩展为：任何事物只要掌握其规律，认识其本质，问题就会迎刃而解。郭橐驼的种树之道是顺其自然之道。唐王朝时，有一个人叫郭橐驼。为什么叫"橐驼"这么奇怪的名字呢？原来这个人患有佝偻病，整天驼着背，脸朝着地行走，就像骆驼一样，而人们也不知道他原来叫什么名字，所以乡里人便称呼他为"橐驼"。郭橐驼听到人们这样喊他，并没有觉得人们在嘲笑他，心里还很坦然。他说道："这个名字很不错啊，就用它称呼我吧，我觉得很恰当。"因此他竟然放弃了原来的名字，也自称起"橐驼"来。郭橐驼的家乡叫丰乐乡，在长安城的西边。郭橐驼没有其他的技能，只以种树为生，而且还很出名。长安城里那些栽种树木以供赏玩的富豪人家以及那些种植果树靠卖水果为生的人，都争着把他接到家里去供养。平日里看郭橐驼所种的树，即使是移植的，也没有不成活的，而且长得高大茂盛，果实往往结得又早又多。长安城里还有其他的种树人，这些种树人虽然暗中观察模仿，也没有谁能比得上郭橐驼的。有一天，有一个人见郭橐驼的树种得很好，便问他其中的奥秘。他只是淡淡地一笑，回答说："并不是我能使树木活得长久和旺盛，结的果多，我只是能顺应树木的天性，让它按照自己的本性生长罢了。"这人听后，颇觉奇怪，便问道："树木的本性是什么呢？"郭橐驼说道："树木的本性，需要根得以舒展，它需要培土均匀，它喜欢已经习惯了的土壤，四周的土要捣结实。这样做了之后，就不要再去动它，也不必再为它去操心，适时给水就是了。栽种时要像抚育子女一样细心，种完后不要去管它就是了。这样它的天性才能得以保全，它自然会按照自己的本性健康生长。所以我只不过是不妨碍它生长罢了，并不能使它长得高大茂盛；只不过是不抑制延缓它果实的生长罢了，并不是能使它的果实结得又早又多。"听到这里，这人频频点头，认为郭橐驼的话很有道理。郭橐驼又接着说："别的种树人就不是这样。他们种树时没有让树根得以伸展，又让它离开了它已经习惯了的土壤。他们培土，不是土多了就是土不够。又爱护得过分，总是想着它这它那，早上去看看，晚上去摸摸，离开之后又跑回来看一下，更有甚者竟然抓破树皮来验查它是死是活，摇动根株来观察栽得是松是紧。这样的话，树木就会一天天地偏离它生长的本性了。这些人虽说是爱它，其实是害它；虽说是关心担心它，其实是与它为敌。所以他们种树都比不过我，其实我又有什么特殊能耐呢？"这人又说道："如果把你种树的道理，转用到做官治理地方上，可以吗？"他听了，谦虚地说："我只知道种树而已，做官治理地方不是我的职业。"这人知道他有意不说，但也不答话。郭橐驼见他没有走的意思，便继续说道："但是我住在乡里的时候，看见那些当官的喜好颁布繁多琐碎的命令，好像很怜惜老百姓，结果却给百姓带来灾祸。早晚都有差役跑出来大喊：长官命令，催促你们耕地，鼓励你们种植，督促你们收割，早些缫你们的丝，早些织你们的布，抚养好你们的小孩，喂好你们的鸡和猪。时不时地敲起鼓，将大家聚到一起，打着梆子将大家招来。我们这些小老百姓，就连晚饭和早饭都不吃而去招待那些差役都忙不过来，又怎能使我们人丁兴旺、安居乐业呢？所以我们都是如此贫困而且疲惫。这些与我们从事的职业有一些相似之处吧？"这人听完大喜，于是说道："这不是很好吗？我问种树，却得到治理百姓的方法。"于是他把这件事记载下来，作为官吏们的借鉴。这位与郭橐驼对话的人，正是唐朝著名的诗人、政治家柳宗元。柳宗元听郭橐驼讲树木的天性，很自然地联系到治国之道，便故意引导郭橐驼说出了治国的道理。从郭橐驼的话里，我们可以知道，无为而治，不对百姓实行严苛的政令，这才能使百姓生活安定，社会长治久安，认识了"道"的运行规律，以此来考察世间的具体事务，就能做好所有的工作。

老子最核心的概念就是"道"，是不可言说的，因此其本质上便是一个只可意会不可言传的微妙之物。不过，尽管这个"道"是微妙而不可言传的，但是它却始终一刻不停地在起着作用，宇宙万物都处于它的支配之下，世间万事万物都受其影响。总结其观点，可以看出"道"的运行是一种对立统一的辩证法。世间万物都时刻处于这样一种相反相成的矛盾之中，从而得以存在，而这正是"道"的运行方式。

任何事物都不是绝对的，物极必反，乐极生悲，万事万物都是遵循这一规律。福祸也是事物对立统一的两个方面。当处境安逸的时候，应当居安思危，时时提醒自己，福也许是其中正潜伏祸事，很多祸事都是因为乐极生悲而引起的。明初的重臣郭德成是开国功臣，同时又是皇亲国戚，这本来是件庆幸之事，但是由于朱元璋生性多疑，得天下后又大肆诛杀功臣，这样的环境很容易招致祸端。郭德成性格豁达，聪明机敏且嗜酒如命。在元末动乱的年代里，郭德成与兄长郭兴一起随朱元璋南征北战，立下了不少战功。朱元璋夺取天下后，原先追随他出生入死的将领纷纷加官晋爵。郭德成仅仅做了骁骑舍人这样的小官，但是他从未向朱元璋提出过升官的要求。郭德成的妹妹宁妃，当时深得朱元璋的宠幸。朱元璋觉得郭德成的功劳不小，却没能封个大官，所以心里有些过意不去，准备提拔郭德成。一次朱元璋召见郭德成，说道："你曾立下不少的战功，我让你做个大官吧。"郭德成听后，连忙推辞说："感谢陛下对我的厚爱，但是我头脑不够清醒，整天不问政事，只知道饮酒作乐，一旦做了大官，那不是害了国家又害了自己呀？"朱元璋知道他故意推辞，又让了他几次，但见郭德成态度坚决，也就不再坚持给他封大官了。朱元璋将大量美酒和钱财赏赐给郭德成，还经常邀请他到皇宫里的后花园中饮酒。一次，朱元璋邀请他到后花园饮酒，郭德成兴冲冲地赶到后花园。他看到花园内景色优美，闻到点心美酒香味四溢，于是忍不住酒性大发，连声说："好酒好酒！"随即陪着朱元璋饮起酒来。几杯酒下肚之后，郭德成脸色渐渐变红，但是他仍然举杯痛饮，喝个不停。时间已经不早了，郭德成喝得烂醉如泥，踉踉跄跄走到朱元璋的面前，他躬下身子，低头向朱元璋辞谢，结结巴巴地说道："多谢皇上赏赐臣下饮酒！"朱元璋见他已经喝醉了，而且衣冠不整，就笑着说道："我看你头发纷乱，语无伦次，真像一个醉鬼痴汉。"郭德成抓了几下自己的头发，脱口而出："启禀皇上，臣也非常痛恨这乱糟糟的头发，要是剃成光头，那样才好呢。"朱元璋听了这话，满脸憋得通红。朱元璋年少时因为家贫而出家做过和尚，这成了他一生中难以启齿的事情，所以非常痛恨有人揭他的短。他听到郭德成说到"光头"二字，心想：你小子怎么如此大胆，竟敢侮辱我？他正要发怒，但是转眼又看见郭德成仍然傻乎乎地笑着，便静下心来仔细一想："也许这是郭德成酒后失言，不妨冷静观察一下，以后再治他的罪也不迟。"想到这里，朱元璋虽然心里不痛快，但还是高抬贵手，放郭德成回家去了。郭德成回家后，慢慢酒醒了过来，他突然想到自己在皇帝面前失了言，所以心里非常恐惧，身上直冒冷汗。他心里想，朱元璋最忌讳的就是"光""僧"等字眼，但是自己今天竟然这般糊涂，戳了皇上的痛处。郭德成担心朱元璋因此除掉自己，但是想了许久也没有什么好办法。郭德成想向朱元璋解释，但是转念一想不行，那样势必会加重皇上的记恨；倘若不做解释，自己已然铸成大错，难道真的因为这件小事而赔上全家的性命吗？又过了几天，郭德成依旧像往常一样喝酒纵饮，就好像从来没有发生什么一样。又过了几天，郭德成走进了寺庙剃了光头，做起了真正的和尚。朱元璋听说后，就派人暗中监视，发现郭德成整日身披袈裟，实实在在地诵经念佛。朱元璋见郭德成真的做了和尚，心里的怨恨和疑虑也就全部打消了。他还向郭德成的妹妹宁妃赞叹说："德成真是个奇男子啊，我原本以为他说痛恨自己的头发是开玩笑的话，想不到真是个醉鬼和尚呀。"说完之后，随即大笑起来。明朝朱元璋大杀功臣是有名的，基本上把原先追随的许多大将都杀掉了，而郭德成竟能保全了性命，实属少数，这正与其愿意抛弃荣华富贵有很大关系。从这件事我们可以知道，无论做什么事情，都要从小的祸事上看到以后事态发展的趋势，提前避祸，这样才不会招来杀身之祸。知道祸福相倚的道理，方能从容行事，否则就容易陷入进退维谷的境地，甚至因此丢掉性命。

"反者道之功"，在老子的哲学中，它蕴含了这两个观念：相反又对立与循环往复。他认为"相反相成"的作用是推动事物变化发展的力量，还认为道体是恒动的，事物总是再始更新不断运动发展的；"弱道者之用"，"道"创生万物辅助万物时，万物自身并没有外力降临的感觉，"柔弱"即是形容"道"在运作时并不带有压力感的意思。"天下万物生于有，有生于无。"这里的"有""无"即意指"道"。"无""有"乃"道"产生天地万物时由无形质走向有形质的活动过程。这就说明了天下万物生成的根源。

我们常见第二种观点，认为"反"与"返"，它有回归之义。比如从冬天到夏天表示向一个方向运动，从夏天到冬天，光阴不曾停止，却又回到了最初的起点，完成了一个运转周期，从而构成了一个"返"。比如月亮的圆缺，十五的月亮圆满，到三十月亮渐缺至无，三十的月亮渐有至十五的月亮圆满的运动过程，是事物循环往复的必然发展规律。我们常说第三种观点是中医所说的，"善补阳者当阴中求阳，善补阴者当阳中求阴"，是说"反"在这里有相反相成的蕴意，是指两个对立事物既互相排斥，又互相促成，透彻地说明相反的东西也相互依赖，具有同一性，并指出要遵循自然之"道"，讲究德行的积累，做到冲气以为和。

"弱者，道之用"："用"是指物质使用的效果。老子认为"道"的表象和作用是微妙而柔弱的。弱的对立面是强。通常情况下我们总是善于利用自己的长处和优势实现自己的愿望和目标。但老子认为，强不是长久之道，"弱者，道之用"；显然是在强调"道"中容易被我们忽视的"弱"的一面的影响。他认为，柔弱最终可以胜过刚强。他在这里强调"弱"是道的基本属性，道在运行过程中并不是强势而富有压力的，它的本质是柔和、天成，顺乎万物，即道法自然。任何事物的初始状态往往是弱小的，经过一段时间发展和完善逐渐强大起来。追根究底强只是弱的转变过程中的极点。比如人出生时是弱小的婴儿，数十年后才能达到强盛的壮年时期，五十岁以后逐渐衰老，再一次进入"弱"的状态。因此从事物的发展过程来看，弱无疑是事物的一种本质属性。

本章说明了"道"的特征，"道"的作用不是以暴力形式来进行，而是以柔弱而润泽万物为特征。所以"有无相生、相反相成、对立转化、复归本元"，这是道的循环运动方式。宇宙万物具有对立统一的规律，始终贯穿"道"。每个人都有自己的弱点，只要善加总结，扬长避短，示弱往往成为事件的转机所在。"负阴而抱阳，冲气以为和。"天地之间的任何一样事物，都是由阴、阳二气构成的，由此生生不息。事物之间虽有相生相克，万物依旧和谐有序。只有做到阴阳调和，才算把握了修行之道，既不散乱又不昏沉，既不痛苦也无欢娱。生命之奥妙，修持之诀窍，就在于怎样做到"冲气以为和"，这是一个关键。宇宙间的自然法则和为人处世之道也蕴含其中。

天下万物生于"有"，"有"生于"无"，这是《老子》阐述的"道"的要旨，此处"无"并不是说空洞的虚无，而是指天地初始之时，宇宙中一无所有，一片静寂，这种毫无生机、毫无动向的天地之始被命名为"无"。与之相应可生成万物的母体和衍生机制在运动中发生变化而具有生机，就有了生成万物的条件，才给万物之母命名为"有"。这句话旨在阐述"有"与"无"相生，老子更坚定地讲述了"有、无两者同出而异名，同谓之玄"。"玄"者，即奇妙的变化，是大自然不同的表现，虽然看上去幽冥莫测，虚而不实，其实完全符合现代物理学对宇宙物质演变的推演。老子多次强调了世界来源于"无"的宇宙观，而且具体地指出了世界是如何一步步地从"无"到"有"的。当然，这种步骤老子将其说得极其抽象化，但已经能够大体上将这个过程说清楚了。其已经清楚地指出了世界是先由"道"而生出简单的物质，然后再由简单的物质生成复杂的物质，如此渐趋复杂，最终形成了我们今天的这个世界。

第七章　惟道是从

原文：

孔德之容，惟道是从。道之为物，惟恍惟惚，惚兮恍兮，其中有象；恍兮惚兮，其中有物。窈兮冥兮，其中有精；其精甚真，其中有信；自今及古，其名不去，以阅众甫。吾何以知众甫之状哉？以此。

译文：

大德的状态模样，完全跟随"道"。"大道"无形而无名，只有从德中才能体现"道"的本体，通过具体实物来体现"道"的存在与作用。"道"决定事物的存在与特质，"德"则是事物属性的表象。"道"作为一种存在，恍恍惚惚似有若无，恍惚不明啊！它的里面有形象。恍惚茫然啊，其中却有物质。深远暗昧呀！其中却有精气。这精气非常真实，是值得信赖的，通过事物过程可以显现出它的妙用，可证可信。（"阅"是观看，"甫"是始。）这个混成一物的无名之朴，从古至今，它的真实一直不曾消亡，以至于到无限的将来，仍不离去，用"道"来考察芸芸众生，观察他们的心思、习性和发展变化，千差万别的生命状态，以及过去未来，都可以看得透彻，一览无余。正因为大道能永恒并长久存在，领悟了"道"这个至高无上、恍惚的客观存在，才能通达穷变，照见无涯无际的众生，以至无所不知。根据它才能认识万物的始端。我凭借什么知道万物之始的呢？就是凭借这些内容。

"道"蕴藏着宇宙万物！人生也许迷惑，也许痛苦，我们进入了"道"的境界，便能以本质印证现象，以大"道"印证现实，从而彻悟人生，彻悟真理。"道"虽无形、无名，却在恍惚杳冥之中，通过事物可以显现，其妙用可证可信，正因如此，它才能尽阅万物的起始。"道"先天地而生，"道"是独立统一，无偶的，本身包含着阴阳二气。"道"产生原始混沌（一），原始混沌万裂生成天地阴阳（二），天地阴阳生成混合之物（三）混合之物生成万物。万物就在这种状态中产生。这是老子讲宇宙生成论，"一""二""三"是指"道"创生万物的过程。万物的总根源是"混而为一"的"道"。自然万物虽千差万别，形态各异，但它们都由阴、阳二气合和而生成，都包含着阴阳两种物质因子，包含着内在的矛盾。这两种相反而矛盾的物质因子是相互补充，彼此和谐的，它们是对立统一的。阴、阳二气的妙用在于和谐状态。人们最讨厌的就是"孤""寡""不谷"，而君王们却拿来自我称呼。这是虚心谦下，上下取和之意。所以一切事物，有时候损它，它反而得到增加；有时候增加它，它反而有所减少。损之而益，减损反而增益。万事万物常以谦下损己而得益，以尊贵益己招祸。处世为人谦下则受益不浅，高傲自大必有损于自己。

体悟：

关于"道"的存在形式，本章讲述："道之为物，惟恍惟惚。惚兮恍兮，其中有象；恍兮惚兮，其中有物。窈兮冥兮，其中有精；其精甚真，其中有信。"既然是"道之为物"，并且"有物，有象，有精，有信"，那么"道"就不会是绝对精神化的，而应该是物质化的东西了。对于我们研究"道"的现代人来说，这就具有很重大的现实意义，值得深思。本章不仅明确地指出了"道"的唯物主义论点，即"道"的客观存在，也告诉我们"道"是具有具体形态的，"道"是万物的本原，是永恒存在的，而且"道"中存在着信息，是可以信赖的。

所谓的"道生一"指的便是世界从"无"到"有"的生成步骤。关于宇宙的起源，被现代科学界大多数科学家认可的理论便是"宇宙大爆炸"。这个理论认为，现在的宇宙起源于150亿年前的一次大爆炸，至于爆炸之前，宇宙则是空空如也，了无一物。这和老子说的"有生于无"的观点是一致的。另外，现代生物学家都认为，地球以及生物世界的演变，是遵循着由简单到复杂、由低级到高级的规律发展，最终形成现在纷繁复杂的精彩世界。通过对比不难发现，这种观点与老子所言的"一生二、二生三、三生万物"的观点也是高度契合的。老子的宇宙观与现代科学对宇宙的认识以及世界演化渐进的观点，在本质上是高度一致的。现代科学，尤其是关于宇宙和生物进化的理论，是建立在观察实践的基础上的，经过了数百年无数科学家的实践积累，是我们人类在科学领域里最宝贵和最深湛的学问。然而，2500年前的老子仅凭自己的直觉和领悟，竟然能窥透宇宙起源的本质，达到现代科学的最高境界，其智慧之高深，令世人感佩不已。也许我们都会觉得这种宇宙观作为一种过于宏大空虚的东西，跟我们的现实生活并没有多大的关系，其实不然，一个人的世界观必然会反映在其人生观中。也许有的人会因此得出一种结论，人生也是虚无的，进而产生一种虚无主义的情绪。但至少老子对此是不提倡的，老子虽然提出了"空"观，却并非一味的消极主义者。

天道：体悟老子

老子提出的宇宙观，在为政施治、做事做人之"道"都有相应明确的观点。其所说的"无为而治"的政策理念，"守雌守弱"的为人处世理念，并非要我们放弃努力，而是要我们为人处世能够顺应天时、地利——"大道"，更具体点是说，要顺其自然而为，不争、不过分要求；提醒我们在做出努力的同时，对结果的多少、好坏都能抱着一种豁达平和的心态。

柔弱是生存之道，强横者终究不会有好的下场。西汉时期，汉景帝平定吴楚七国之乱而致吴王刘濞身死国灭的故事，就是一个典型的事例。西汉初年，汉高祖总结秦亡教训时，认为没有分封同姓子弟为王，是秦国灭亡的一个重要原因。因此他一面消灭异姓诸侯，一面陆续分封九个刘氏宗亲为王。这九个同姓诸侯占据了全国的大片土地。汉高祖为了防止刘姓诸侯被异姓篡夺，还特地杀白马为盟，立誓"非刘氏为王，天下共击之"。刘邦死后，西汉经惠帝、吕后、文帝、景帝的治理，社会经济得到恢复和快速发展，形成了为后世所称道的"文景之治"。但是，诸侯王势力在此期间也迅速膨胀起来，汉朝的许多大臣都主张削弱诸侯王的势力，以维护汉朝的统治。尽管朝廷采取了一些措施，但仍不能有效地遏制诸侯王势力的膨胀。尤其是一些势力强大的诸侯，依然具备与中央抗衡的实力，其中威胁最大的当数吴王刘濞。吴王刘濞即位后，充分利用吴地的盐铁之利，在封国内铸钱煮盐，牟取暴利。文帝时，刘濞的儿子在京师做客，被皇太子误杀。刘濞便心怀怨恨，称病不朝，还广招各地逃到吴国的罪犯，与朝廷公然对抗。汉景帝即位后，采纳朝臣晁错的建议，于景帝三年（前154）下令撤销刘濞的会稽和豫章二郡。刘濞趁机串通楚、赵、胶东、胶西、淄川、济南六国的诸侯王，举兵发动叛乱。刘濞发兵二十万，同时又派人与匈奴、东越、闽越贵族勾结，以"清君侧诛晁错"的名义，举兵向西，直逼西汉的统治中心关中，叛军顺利进军到河南东部。汉景帝非常惶恐，又听了袁盎等人的进言，被迫杀死晁错，企图息事宁人。汉景帝还颁下一份诏书，承认自己听信晁错谗言，犯下不可饶恕的过错，恳请诸侯原谅他。然后吴王刘濞见到诏书后，认为景帝畏惧七国的大军，因此根本不把朝廷放在眼里，下令军队继续向西进攻，想要谋朝篡位。汉景帝听说叛军继续西进，十分震惊。他开始意识到刘濞这次是当真要颠覆朝廷了，这才下定了镇压叛军的决心。于是他下令太尉周亚夫统率三十六个将军去攻击吴楚七国的军队。曲周侯郦寄攻击赵国的军队；将军栾布攻击齐国的军队；大将军窦婴驻扎在蒙阳监视齐、赵两国的军队。太尉周亚夫率领大军出蓝田经武关至洛阳，出其不意切断了叛军的粮道。当时天气十分寒冷，叛军粮尽援绝，军心涣散，终于自行崩溃。周亚夫乘胜追击，到达淮阳，他询问门客邓都尉说："这场仗该怎么打呢？"邓都尉回答说："吴军锐气正盛，很难与他争胜。

楚兵浮躁，锐气不能保持长久。现在将军不如率军坚守东北方的昌邑，阻塞吴军的粮道。到吴军粮草耗尽的时候，再进攻吴军的疲惫之师。"周亚夫对这个建议非常赞同，于是在昌邑坚守并派军队去断绝吴军粮道。这时吴军到达昌邑，与周亚夫的军队相遇。周亚夫命令汉军坚守营垒，不得出城应战，否则杀无赦。吴军的粮草断绝了，多次向汉军挑战，却一直没有得到回应。吴军想采用声东击西的战术，夜里奔袭汉军的营垒，惊扰东南方向。周亚夫看穿了吴军的意图，便派人防备西北方向，果然吴军从西北方向侵入，遇到在那里埋伏的汉军，结果吴军大败，士卒四处溃散。吴王刘濞和他的部下几千人连夜逃走，渡过长江逃到丹阳，得到东越的保护。周亚夫派人用厚利诱惑东越王。东越王遂诱使吴王出去慰劳军队，趁机派人刺杀吴王，并把他的首级割下来呈给汉景帝。吴王刘濞被杀后，汉军很快打败了其余六国的叛军。"七国之乱"终于被平息了。吴王刘濞一心图谋造反，尽管汉景帝最初时一再忍让，但刘濞等人变本加厉，这是不懂得"柔弱"之理，最终也验证了"强横者不得其死"的道理。

　　在老子看来，唯有如此，我们才能获得满意的成果，才能获得欢悦幸福的人生，这种观点正如佛家所说的，凡事不要太执着，要拿得起放得下。如果我们接受老子的教导，有可能生活得更洒脱、更快乐，形成积极的人生观。"人之所教，我亦教之"，人应该效法天地，取法于自然之道。

　　老子讲宇宙的生成论："一""二""三"，是指"道"创万物的过程。万物的总根源是"混而为一"的"道"。道用之于人生则是"福祸相倚"。一件事无论好坏，全在自己的运作。红尘之中物欲横流，诱惑种种，其间必然困难危险同在，环境大致如此，若是只看表面得失，满足了物质欲望的同时，很有可能迷失了自我。物质上的得失，德行上的损益，其间蕴含着对立统一的辩证法则。若想两方皆有所得，只有重视心性的修为，重视道德的志向，才有可能经营成功的人生。无论人们之间如何争斗，尘世如何纷乱败坏，自然之道是永恒的，它会均衡万物，失德必定失去所得。唯有时时提醒自己，小心谨慎、谦恭虚怀、不损于德，才可避免走向弯路。"冲气以为和"，事物发展转换的关键就在其中。为人处世，修身养性，有时似乎是"退"，其实是"进"，这就是"进道若退"的道理。有时似乎是"损"，其实是"得"，是"益"。所以要阴阳调和，损益适当，才能生生不息，欣欣向荣。

　　老子这里讲述的"道"的永恒性和可信性的观点，对我们人类有着重要的意义。人之所以为人，在于人类有思考，有思想，会发问，我们为什么活着，这样的生活有什么意义。我们从出生到死也就几十年的时间，一切努力、一切追求、一切积累有什么意义呢？相对于蜉蝣夏花，人的寿命是长久的，但相对于地球宇宙，我们的生命是

天道：体悟老子

极其短暂的，所以很容易产生没有价值和意义的空虚感。而老子告诉我们，我们人类生命的由来，也是有所归依的，我们生命来自"道"，是"道"推动人类来到这个世界上的，并赋予人生存生活的使命，要求人们去完成它，并且，人类终究还是要回归到"道"那里去。这样一来，人的生命便有了价值和意义，有了来由和归宿。因为"道"是实实在在的、永恒的，人的一切努力和奋斗过程都因此有了终极的意义。由此我们便可以摆脱内心的空虚感，使人生更充实，更有意义。孔子虽然一生都很坎坷，但我们都能明显地感觉到孔子的人生是自信和从容的。他曾经说："吾十有五而志于学，三十而立，四十而不惑，五十而知天命，六十而耳顺，七十而从心所欲不逾矩。"孔子之所以如此自信，因为他对自己的生命以及生命的本质有着深刻而清醒的认识，认为自己的作为是合于"道"的。在他看来，仅仅"合道"是不够的，最重要的是做到"从心所欲不逾矩"。这是一种极为难得的境界，圣人修养到七十岁方能达到"道"的境界，可见其来之不易。

在抵达这样的境界之前，我们在做事创业的时候都会或多或少地想着，怎样做才能成功，才是正确的，怎样做才能合乎规矩。在这种情况下，自己有可能做得很好，但那是在自己有坚定意识的控制之下去努力奋斗做成功的。而"从心所欲不逾矩"呢？是在丝毫没有偏正之欲之虚，完全不必去想如何才能避免犯错的情形下，自然就做得很好。这种境界，便是老子所说的"孔德"。"道"需要修，"德"同样也需要修。修德的最高境界是"孔德"。老子以敏锐的洞察力认识到万物起源于"惟恍惟惚"的道。这在2500年前的周王朝时期是十分难能可贵的。"道"在冥冥之中产生万物，又无时无刻不在主宰着万物，人间事物的一切成就规律都源于"道"，并以德来显现。老子所说的"道"，有精神方面的，也有物质方面的，有虚无的一面"无"，也有实际的一面"有"。"道"虚无缥缈，却可以隐约地感觉到，这是因为"其中有象，有物，有精，有信"。"道"无所不在，世间万物都是由"道"所萌发，"道"又与万物共存，互不分离，相互感知。老子说悟"道"悟得越深，越觉得"道"超脱于具体事物之上，物是有形的，可感的，而"道"却感知不到具体的形状，看不见，听不到，摸不着，让人无法描述。但是感触不到的"道"并不能说它不存在，而只能说明"道"有它特有的存在方式。"道"，你感到已掌握了它，但猛然又发现它又在不远处等着你。"道"无形、无边、无际、无古、无今地存在着，与日月同光、与泥土同尘，如水般无欲而长流，如玄牝般绵绵若存、生生不息。老子认为对"道"越是有无法描述的感觉，就越表示离"道"越来越近了。老子用所听、所见、所闻、所触的概念，即：夷、希、微试图解释玄妙、幽深又无所不在的"道"，其后却又一一否定。称"道"是无状之状，无物之象，用我们常用于感知事物的手段是无法感知"道"的。物受时空限制,"道"却超越时空,不受时空约束,于此,更映衬出"道"深微奥妙的本质特征。

"道"的"无"不是纯粹的绝对的"无",它是有物混成之物,无中含万"有",无中生万"有",无中出妙"有",它是宇宙天地万物的母亲。就像精神支配身体,它的纲纪与宇宙同寿,运用极广,看不到头,看不到尾,它支配世间具体事物统领一切"有"。此外,道与德的关系:"道"无形,它必须作用于万物,才能发挥作用。"道"所显现于物的作用,老子称为"德"。也就是说德的内容由道决定,道的属性表现为德。要想认识把握世间具体事物,就必须把握"道",这一自古以来固存的支配物质运动变化的规律,知其循续,就能知天地阴阳之消长,明五行之变化,知过去,探未来。

本段不仅明确指出了"道"的唯物主义性质,即"道"的客观存在性,也告诉我们"道"是具有具体形态的,"道"是万物的本原,是永恒存在的,而且"道"中存在着信息,是可以信赖的。但视觉、听觉与触觉,不可探寻它的全部究竟,因此笼统称之为"混而为一",阴阳的概念。说到"德",我们不得不回顾一下"得"。在商朝晚期,统治阶级十分崇尚"得",致使商代社会中出现了"贪得无厌",甚至为了"得"不择手段的风气,尤其是在商王朝的后期,这种尚"得"的风气更是达到了高潮。当然任何社会都有另类的,在这个尚"得"成风的社会里,偏偏有人以"不得"作为自己的行事标准,并且,他还以此做出了一番事业,他就是周公亶父为了避"犬戎"之祸,只好"不得"——放弃了原来居住地,带领其家族迁居岐山,站稳脚跟后,他还因"不得"的精神,感化了附近小国前来归附。在取得了以上成绩之后,周人总结经验,提出了"不得"的思想方针。这就是"德"的来源,也就是"老子"文中所说的"德"。"德"指的是万事万物从"道"那里获得存在的条件,是事物的禀赋和本性。这样一来,"德"就便成为"道"的表现形式,一个事物的存在,一个人做事是不是符合"道"的要求,人的品质、品位是直接看不出来的,而是通过"德"来认识、把握和判断。概括而言,"道"是本质是内容,而"德"是表象是形式,两者密不可分。我们这里说的是"德",而老子这里说的是"孔德"。"孔德"又是什么呢?其实"孔"就是"洞察、观察"之意了。所谓"孔德之容,惟道是从"。所论及的是"道"与"德"的关系,即"道"是永恒存在的,它要发挥作用,就必须通过"德"的内涵来表现。具备"孔德"之人,"惟道是从",他做什么事情,完全都是依循着"道"的准则。

"道"体现在人间社会上就是德,具有大德之人才是合乎道的人,老子倡导以道治国,以道育人,那体现在我们生活生存中就是以德治国,以德育人。这是实现道的前提,也是实行道的具体体现及全过程。如战国时期著名政治家军事家吴起。他一向特别重视以德治国，在他治国治兵的时候，不以自然条件和已有的社会条件为定性因素，他认为："山河之固，在德不在险。用兵之道，以治为胜利。"魏文侯因吴起廉洁公正，且擅长用兵，深得将卒的爱戴，于是任命吴起为西河郡守，以守卫魏国的西北部边境，抵御秦国和韩国的进犯。周安王骄七年（前395），魏武侯视察西河地区，乘船顺河而下，查看地形。在沿途之中，武侯看到这里有高山大河，险关奇伟，不禁感慨不已，于是回过头来对吴起说道："西河地区，山河环绕，地势险峻，有一夫当关万夫莫开的气势，阻挡着敌人的入侵，这真是魏国之幸啊！"吴起听了以后，连连地摇头。魏武侯见吴起不认同，便疑惑地问道："吴将军这是不赞同我的观点吗？"吴起回答道："国家的兴盛衰败，在德而不在山河之险。"武侯又问道："这是什么原因呢？"于是吴起引用历史上有许多国家拥有险要的山川地势，却不注意以德治国，不施恩德于百姓，终遭失败的案例来警告魏武侯注意以德治国。吴起又劝谏武侯说："国家的兴盛衰败，在于是否对众百姓施与恩德，不能只依靠山川的险峻。当初三苗氏（古部落名）所居住的地区，左边有洞庭湖，右边有鄱阳湖，地势险要。但是由于他们不讲德信，终于被夏禹（古部落联盟首领）灭掉了。夏朝末代的君主桀的驻地，左边有黄河、华山，右边有泰山济水，北边有太行山，南面有龙门，此地势十分险要，但是由于他不施仁政，不以道治国，结果被商汤打败了。商朝末代君主纣王的国都，左面有孟门山，右边有太行山，北面有恒山，南面有黄河，同样也是因为不施行德政，不以道治国，后被周所灭。从这些历史事实来看，治国在于有好的政策法令，施恩德于民众，而不在于地形的险要！如果大王不以道治国，施德政于民众，恐怕船上的人都有可能成为您的敌人了。"武侯听后，敬佩地说道："你说得太对了。"由于魏武侯听取了吴起的建议，内修德政，外练强兵并支持吴起变法改革兵制，从而建立起一支精锐骁勇的"魏武卒"，魏国逐渐成为战国初期的霸主。"孔德之容，惟道是从。"我们应该深刻理解，道所显现于物的功能，称为德。一切事物都由道所形成，内在于万物的道，在一切事物中表现它的属性，亦即表现它的德。道落实到人生层面时，称之为德。即道的功能显现就是德。道恍惚无形，但在深远暧昧之中，确实"有物""有象""有精"。"其中有象""其中有物""其中有精"，都说明了道的真实存在性。

第八章　尊道贵德

原文：

　　道生之，德畜之，物形之，势成之。是以万物莫不尊道而贵德。道之尊，德之贵，夫莫之命，而常自然。故道生之，德畜之，长之育之，亭之毒之，养之覆之。生而不有，为而不恃，长而不宰，是谓"玄德"。

译文：

　　天地万物无不是由混沌一气的无极大"道"所生发。物之得于"道"者便是德，含温滋润，万物各具其形，便是一种势的力量在其中操纵，进而造成各种器形，供养万物互相生存为德。万物由"道"生"德"（蓄养）而后有其形，有形体后必由小至大，发育成熟，生长繁育。万物的生、长、成、藏皆由"道"和"德"造成，因而它们没有不尊"道"而贵"德"的。"道"之所以尊，"德"之所以贵，是因为它生养成藏万物并非有目的地作为。"道"之所以受到尊重，"德"之所以受到珍重，是因为"道"不是强制他们生长，而是让他们自然而然地生长。所以"道"生万物，"德"育万物；化机滋畅谓之"生"，阴阳内含谓之畜（"畜"通"蓄"），昼夜变化谓之"长"，五气润和谓之"育"，体性完全谓之"成"，神全气谓之"孰"，保根固性谓之"养"，护其所伤谓之"覆"。万物从无到有，由始至终，无不是"道""德"之所为。它们促使万物相互成长、发育，促使万物自然成熟，使万物都能得到滋养与生存。"道"生育万物而不据为己有，"德"成就万物而不自恃有功。引导而不主宰，这就叫作深奥而玄远的"德"。我们审视"德"的形态和运行，它是遵循于"道"来变化的，这就是广大奥妙深远的至极之"德"。

体悟：

　　老子多次论述了"道"与"德"之间的关系。由于"道"具有虚空的特点，令人难以捉摸，因此这个无所不能、无处不在的"道"要与"德"来配合，才能具体地润养世间万物的生长繁育。老子在本章中重点论述"道"生养万物的地位，并定性地指

天道：体悟老子

出了"道"是采取"无为"的方式成就万物（大自然规律），老子并未明确"道"与"德"之间的严格区别。从"道生之，德畜之"来看问题、想问题："道"是发生万物的关键，而"德"的作用则是在养育万物上。需要特别注意的是，老子的这个"生"并不是一般意义上所说的"出生"，而是指世间万物包括起始、中点与结束在内的完整的生命发展变化过程，类似人的一生这一概念的含义。而德是负责养育万物，这样看来，"道"与"德"的作用就重叠在一起了。那么老子为什么还要区分这两个概念呢？首先老子所提出的"道"的概念本身就比较模糊，他也没有清楚地解释"道"的存在形式与它的作用；"道"引入社会领域，它更难解释"道"对于人及社会的具体作用，所以老子对于"道"所产生的作用后果，便用"德"这一概念来表示。老子提出的"道"和"德"，没有主观意志的客观存在，这就是典型的无神论观念，他否定了上帝论、神仙论观念对人类社会的主宰作用。

万事万物都要遵循"道"这一根本法则，这才是世间万物产生的本原与发展动力，这一理论的提出，对于2500年前的人类思想领域毫无疑问是一个重大的突破。"道"使人看不见摸不着，也捉摸不透，便有了"德"的存在，使得"物形之，势成之"。

宇宙万物由"道"衍生，由"德"养育。"道"是生命之源，"德畜之"是用：意思是说生命离不开阳光、空气、水分的养育，有体、有用，然后有了生命长成、形成于物，再然后生殖繁衍，就构成了"势"，即生命之所以具有轮转不休发展的力量，就是"势成之"。（关于"势"的含义，军事家孙武在《孙子兵法》中形容为："如转圆石于千仞之山者。"势一旦形成，便会挟风雷之势，威震四方，所以我们要把握这个"势"。风最初只是一点，进而扩大为狂风。风力越转越大，就成了飓风。飓风中空为"风眼"，里面无风、无雨，这就是由"势"而形成的一股力量。）"道生之，德畜之，物形之，势成之。"这是物质由无到有，进而繁衍万千的过程。如果运用这个理论来养生、来处世，它的作用发挥起来，可以说影响极其深远。自《道德经》问世以来的2000多年，在中华大地上产生的诸多养生、处世等文献、思想，早已深深根植于社会、民众的生活之中，成为中华文明的重要组成部分。老子认为，"道"是"德"的源头，"德"是"道"的表现，二者互相依存。"道"之尊，"德"之贵，是它们对于天地万物的活动不加以干涉，任其按规律自由发展而得，这就是老子思想中反复提到的核心——"无为而治"的理论。老子指出"道""德"的重要性，源于"道""德"对万物生发运行有着清晰认识的基点，遵循自然之道而有所作为。这个"道""德"并不是后世演绎的"中庸之道"，它的行为不是和稀泥、含含糊糊、是非不分、不明事理，不是庸人眼里的滥好人，表面看来像有"道""德"，实则为善不能，为恶不敢，根本谈不上什么"道""德"的伪理论。

　　世间万物，它们之间存在着千丝万缕的联系，它们在"道"与"德"的支配下互相影响制约，从而在整体上实现平衡。天下万物的产生、发育、繁衍至衰亡，完全是处于自然状态之下的，这就是"德"所体现出来的"道"的表象。因此我们说"道""德"尊与贵的地位不是自封的，"道"的尊与"德"的贵是它们对万物产生作用、影响为基础而自然生成的，这就是"长之育之，亭之毒之"的奥妙所在。以此为基础，我们就不难理解"生而不有，为而不恃，长而不宰"所隐含的道理。在我们的现实生活中，可以借此深思、明白，怎样做才是合乎"大道"的，才能合乎人性，受广大人民群众尊敬。具体去深思，"生而不有，为而不恃，长而不宰"，可以说在我国历史长河中都有相应的人物生涯表述，从不同的角度给我们的现实人生提供借鉴。我们将其分别论述如下：

　　一、"生而不有"，即是虽然生成了某个东西或事物，却不将其据为私有，体现的是一种深厚、无私的情怀。"道"创造了世间万物，却从没有将一个事物据为己有。而与之相反，我们人类却习惯于占有的法则。自己制造出来的产物，便理所当然地据为己有，我们大家也都觉得这是理所当然的。但事实上却并不符合"道"的精神法则。也可以说，自私乃一种不符合于"道"的心态。由此，我们也就可以理解，为什么那些自私自利的人在我们看起来总是那么令人不舒服，乃至让我们感到十分厌恶和不满；相反，那些能够为众人奉献的人，即使奉献的对象不是我们，也总是让我们在内心感到如沐春风，心生尊敬羡慕。在我们的现实生活中，总会看到有些人撕破脸、不择手段地抢某些东西时，身为旁观者的我们都会莫名其妙地感到有些不乐与羞愧；而看到有两个人都相互礼让时，我们都会感到这个人世间是如此美好。更有我国历史上那些曾经叱咤风云几十年的大人物，显然都是在我们心中永生的人。但是有些人虽然非常强大，我们却并不尊敬他，甚至还永世唾弃他们，比如董卓、慈禧、袁世凯等。我们会更尊敬那些像岳飞、谭嗣同等历史人物。这些人同样都是大人物，但其区别便是前者为了一己私利，后者则是为了更多人幸福。由此我们便能明白一点，人类所能划分出来的正义和邪恶、对与错的标准，并非凭空创造出来的，而是以"道"的准则作为最根本的依据。总之"道""生而不有"的特征，落实到我们的人间社会中其实便是一种不自私自利，能为他人着想的情怀。

　　二、"为而不恃"是"道""德"的另一个特征，说的是它虽然创造并抚育了世间万物却并不居功自傲。我们琢磨琢磨，也的确如此。我们所生存的这个世界，绚烂多姿、精彩纷呈，温暖的太阳、柔美的月亮、壮丽的山川大海、秀丽的草原鲜花，各色各样的生命乃至我们自身，这显然都不会是无缘无故产生的。若要追究其产生的根源，或许是"道"的生发和"德"的蓄养吧。但我们从来不会见到"道""德"以一种高调的姿态向我们强调任何要求。它们从来没有咄咄逼人地要求世间万物承认它们的伟大，然后要求去膜拜它们、敬仰它们。事实上如果不是老子指出这一点，我们可能根本就不会意识到这一点。这是一种多么伟大而平静的"为而不恃"的精神。

反省自身，我们都总是习惯于对自身已做过的具有价值意义的事情得意扬扬。这里"道"再次给我们做出了榜样。它告知我们应该怎么做才是正确的人生观、价值观、道德观。联系到我们现实生活经常遇到的情况，具体可分为三种情况。首先，对他人有恩，不可自恃，而应该忘记。在我们的现实生活中，你和他人相处，经常会发生相互帮助的情况。对于互帮这两种情况，该如何处理呢？明朝人洪应明在《菜根谭》中曾言："我有恩于人不可念，而过则不可不念。"其中，我有恩于他人不可念，显然是符合于"道"的精神的。但是要做到这一点，真是不容易。因为一个人一旦施恩于他人，心里不自觉地便会产生居高临下的姿态，即便是一些十分贤能的人也难以避免。你对别人有恩，你不用提，别人自然都会记得，因对人有恩而飘飘然，可见有恩而不自恃很难做到，如果你总是念念不忘这事，那就不对劲儿了。道理便是如此。其次，在你为上司立下汗马功劳之后，不可骄傲。我们都知道，一个人立下了功劳，便难免产生骄傲情绪。但是，如果我们回顾2500年来的历史故事的话，就会发现有大量功臣都是因为功高盖主而遭横祸的。最著名的是汉高祖刘邦、明太祖朱元璋，都在开国之后杀了大批功臣。汉代的张良、唐代的郭子仪等人，之所以功高没有被杀而保全性命，是因为他们懂得了"为而不恃"的道理。当然对于我们普通人而言，有没有"为而不恃"的智慧不会表现得那么性命攸关。但是，道理是相同的。在我们的日常工作生活中，即使你出色地完成了任务，都不能骄傲，你的同事领导自然会看在眼里，记在心里的。如果你因做出了一点点成绩便喜形于色、得意忘形，只会让领导同事觉得你缺乏沉稳，难当大任。最后，在你取得了一定的成绩之后，不要骄傲，只有忘掉原来的成绩，才能取得更大的成功。成功容易让人形成一种思维定式，因此今天的成功往往会成为明天继续成功的障碍。实际上，关于这一点，在成功学说上有一个专门的理论，叫作"柏林定律"，欧文·柏林的原话是："成功的最大障碍莫过于取得不断的成功。"对于柏林定律的内涵，欧文·柏林还做了进一步的解释：在不断成功之后，人们往往会认为自己无所不能。因此，对于下一步的成功来说，上一步成功往往表现为一种惯性陷阱。可以说，柏林定律指出了一种很容易被我们忽略的关于成功的规律，许多成功的人或者企业难以超越原本的成就，甚至后来一败涂地，其关键原因均与此有关。另外，不仅企业，"柏林定律"对于个人也有着非常现实的意义。许多人取得成功之后，再也难以超越原来的成就，很大原因便是"陷入了成功的陷阱"。须知，取得成功固然不易，但只有那些对于昨天的成就能"拿得起放得下"的人，才能永远保持前进姿态最终成为卓越之人。当然，这说起来容易，做起来实在太难，但如果行事上不能做到，退而求其次，至少在做人上不要使自己因为昨天的成功而成为一个骄横的人，让人看不起。

在社会实践生活中，我们会发现这种"事业的成功导致了做人的失败"的事情随处可见。提醒我们自己不要成为这样的人，也可算是"柏林定律"对我们为人处世方面的启示吧！总之"为而不恃"的智慧运用到现实人生社会之中，便是提醒我们要忘掉你对别人的恩德，忘掉你的所有功劳，忘掉你的所有成功，永远没有任何精神包袱。

三、如果说"生而不有，为而不恃"讲的是"道"成就万物的态度，它给我们更多的是有关做人做事的态度方面的启示，那么"长而不宰"则可以说更偏向于"道"成就万物的方法，给我们的便是关于做人做事的方法启示了。"长而不宰"意为导引万物而不主宰。启示便是提醒我们做人做事要学会顺应事物本身的特点和规律，不要逆势而动、强势而为，这样，自然便能成事了。正像是"道"成就万物，"德"蓄养万物那样，若我们从来都不曾生硬而强势地作用于万物，而是根本不让万物感觉到其存在，便自自然然地成就了万物。其实说到顺应事物本身的特点和规律，不去强为，这还是属于老子所反复提到的"无为"的智慧。在这里，我们从其他章节未曾提及的地方谈一下这种智慧在我们现实生存中的应用。

首先，"长而不宰"的智慧可以给予我们做父母的一些启发。我们谁都知道，父母是爱自己子女的，可以说其对子女的所有行为都包含着爱的。但正是因为此，父母在管教自己的孩子时很容易出现问题。因为父母总是以为自己反正都是为了孩子好，加上孩子年龄又小，父母便习惯于在心理上自认为是孩子的主宰，并把孩子当作一件私人物品，完全忽略孩子是个独立个体。这其实是一种很不好的行为。有心理学家调查发现，在比较强势的父母管教下成长起来的孩子，要么异常叛逆，要么过分温顺、缺乏主见。总之，其结果只会导致孩子的心理和性格上的不健全。

其次，在学校教育方面，"长而不宰"也是应该采取的一种理念与方法，即老师应该根据学生的个性特点去引导学生的学习，而不是作为学生的主宰，居高临下地向学生灌输知识学问，千篇一律地要求学生采取一种学法，强制性地要求学生背诵多少课文，记住多少单词，解答多少习题，都是不符合人性的教学规律，当然也违背了老子"长而不宰"之道。激发学生的学习兴趣与学习热情，引导学生去积极主动的学习，进而探索符合学生个性特点的学习方法，才是遵循"长而不宰"智慧的正确思路与方法。另外，在我们与他人相处的过程中，可能有时会遇到需要说服或者鼓励别人的情况。在这个时候，许多人往往会自认为道理在自己这一边，便会有些强横，摆出一副居高临下教训别人的架势。如此，即使你是对的，往往也不能说服别人，因为你没有考虑到人的心理规律。每个人都是有自尊心的，即使你是对的，若你趾高气扬地去要求别人听你的话，也往往会引起对方的抵触情绪。另外，每个人大都只相信自己发现的东西，你将自己的观点说给他们，即使是对的，他们也会感到苍白与不对，并在他的心里说你站着说话不腰疼。如果你能让对方忽略你的存在，而悄无声息地引导对方去思考出了你想告诉他的话，效果便会非常好。其实，"长而不宰"的智慧还可以在很多方面给我们更多的启示。总而言之，"长而不宰"所提示我们的，便是要去学会寻找事物的发展规律，然后顺着规律行事，就可以像"道"那样成就万物，自然而然地达到我们的目的。"德"是万物生长繁荣的基础，但它是没有任何欲望的客观存在，因此万物可以因道而生，因德而荣，但它却不图任何回报，因为生发养育万物正是"道""德"的职责所在。不尊道，便失去借以产生的根；根不存，生存便难以为继；不贵德，便会失去所有。

老子认为，得道之人应该化育万物而不据为己有，泽被苍生而不居功自傲，否则将会自取其祸。清朝雍正时期的年羹尧战功赫赫，地位显贵，后来却落得家破人亡的下场，他的事迹可以很好地说明老子所讲的"为而不恃"之理。年羹尧（1679—1726）清朝康熙雍正年间人，进士出身，官至四川总督、川陕总督、抚远大将军，还被加封为太保一等公，显赫一时。年羹尧在康熙年间就受到的皇帝的重用。康熙四十八年（1709），年羹尧出任内阁学士，不久升任四川巡抚，成为封疆大吏。这时的年羹尧才刚刚三十岁。后来雍正皇帝即位，年羹尧功不可没。雍正元年（1723）五月，雍正发出上谕："若有调遣军兵、动用粮饷之处，着边防办饷大臣及川陕、云南督抚提镇等，俱照年羹尧办理。"这样，年羹尧官居总督之上。雍正还告诫云、贵、川的地方官员，一切要听命于年羹尧。在有关重要官员的任免和人事安排上，雍正更是频频询问年羹尧的意见，并给予他很大的权力。在年羹尧管辖的区域内，大小文武官员的任用皆由年羹尧来决断。雍正跟年羹尧的私交也非常好，并且给予特殊的荣宠。雍正认为有年羹尧这样的封疆大吏是自己的幸运，如果有十来个像年羹尧这样的人的话，国家就不愁治理不好了。平定青海的叛乱后，雍正极为兴奋，把年羹尧视为自己的恩人。他也知道这样说有失至尊的体统，但还是情不自禁地说了。雍正还要求世世代代都要牢记年羹尧的丰功伟绩，否则便不是他的子孙臣民："不但朕心倚眷嘉奖，朕世世子孙及天下臣民当共倾心感悦。若稍有负心，便非朕之子孙也；稍有异心，便非我朝臣民也。"此时的年羹尧志得意满，逐渐变得骄纵起来，进而做出了许多超越本分的事情，最终招致雍正的警觉和忌恨。

年羹尧自恃功高，骄横跋扈之风日甚一日。他在官场中趾高气扬，气势凌人，赠送给属下官员物件，"令北向叩头谢恩"；发给总督、将军的文书，本属平级公文，却擅称"令谕"，把同级别的官员视为下属；甚至蒙古扎萨克郡王额驸阿宝见他，也要行跪拜礼。对于朝廷派来的御前侍卫，理应优待，但年羹尧把他们留在身边当作"前台导引，执鞭坠镫"的奴才使用。按照清朝的制度，凡上谕到达地方，地方大员必须迎诏，行三跪九叩大礼，跪请圣安，但雍正的恩诏两次到达西宁，年羹尧竟"不行宣读晓谕"。年羹尧还排斥异己，结党营私，清朝官场中形成了一个以他为首，以陕甘、四川官员为骨干，包括其他地区官员的小集团。许多混迹官场的拍马钻营之辈眼看年羹尧声势熏天，都竞相奔走其门。而年羹尧也致力于培植私人势力，每有肥缺美差，必定安插自己的亲信。面对年羹尧的居功自傲、贪赃枉法，雍正越来越感到不满，也多次警告其要慎重自恃，但年羹尧不以为意，反而变本加厉。雍正忍无可忍，终于决心要除掉年羹尧。雍正对年羹尧的惩处是分步逐次进行的。第一步给年羹尧警告，雍正一改过去嘉奖称赞的语调，警告年羹尧要慎重自恃。第二步是给相关官员打招呼，让他们看清形势，与年羹尧保持距离。这就为公开惩治年羹尧做好了准备。第三步是把矛头直接指向年羹尧，将其调离西安老巢，接着更换了四川和陕西的官员。雍正先将年羹尧的亲信甘肃巡抚胡期恒革职，然后将四川提督纳泰调回京城，使其不能在任所作乱。接着解除年羹尧川陕总督之职，命他交出抚远大将军印，调任杭州将军。最后一步是勒令年羹尧自裁。年羹尧调职后，内外官员更加看清形势，纷纷揭发其罪状。雍正以"服从群臣所请"为名，尽削年羹尧官职，并于当年九月下令缉捕年羹尧，并押送北京会审。腊月，朝廷议政大臣向雍正提交审判结果，给年羹尧列出九十二款大罪，请求立正典刑。罪状公布后，雍正说，这九十二款罪行中应服极刑及立斩的就有三十多条，但念及年羹尧功勋卓著，如果对其加以刑诛，恐天下人心不服，自己也难免要背上心狠手辣、杀戮功臣的恶名，于是表示开恩，赐其狱中自裁。年羹尧父兄家族中任官者全部革职，嫡亲子孙发配边地充军，家产抄没入宫。权倾一时的年羹尧就这样悲惨地结束了自己的一生。

通过本章的论述，我们可以看出"道""德"的伟大之处，在于它虽然创造、润养了万物，但它并不含有主观目的，因为它没有任何索求，毫不宣扬，整个造润万物的过程完全是无声无息、顺其自然的。"道"虽然是万物的始基，但它"生而不有，为而不恃，长而不宰"。

　　只有这样才是最伟大的"德"，即所谓"玄德"。有修养的人，明白尊"道"贵"德"的要义，乐于给予他人，顺天应地鲜于求取；不敢轻易背离道的轨迹，以大善、大忍为根本，越是了解"道"，越能做到无私无我，无所求取，慈悲众生；而被物欲遮蔽本性与良知的人，只会一心向他人索取物质欲望上的满足。这就是老子道德观的主体内涵，也是老子"无为"思想的具体体现。老子的根本目的就是要求我们能够排除私心杂念，一切顺应自然，遵循大"道"，从而实现人的心灵的真正升华，实现"无为而治""无为而无不为"的理念。

第九章　有无相生

原文：

　　天下皆知美之为美，斯恶已；皆知善之为善，斯不善已。故有无相生，难易相成，长短相形，高下相倾，音声相和，前后相随。

译文：

　　天下的人都知道什么是美，也就有了丑；都知道什么是善，也就有了恶；所以有和无相互依赖、对立而生，难易相反相成，对立而促成，长和短对比而体现，高和低相互包含、对照而存，音声相谐而和，前后相互依伴、相随而至。这就是宇宙万物永恒的客观实际——"道"。天下事物在表观上总是分真、善、美和假、恶、丑两个对立的方面。然而任何事物或善或美、或恶或丑都有两重性和可变性，都是相对的而不是绝对的。它们都可以正复为奇，善复为妖。美的可能造成丑的结果，善的也会造成恶善的结果。任何善美的事物本身都包含着不美不善的一面。人世间一切事物都处于运动变化之中，美会转化为不美，善也会转化为不善。这是大道运化的必然，亦是事物发展的规律。我们把美的事物当成永恒的美，把善的事物视为绝对的善，必然事与愿违，导致恶的不善的后果。这段重点谈哲学上的本体论问题，"道"的辩证内涵及不变和可变的规律定义。

体悟：

　　美与善是我们极力追求的境界。中国上古文化指导人生的哲学思想是要求我们言行达于至善至美的境界。这一点从诸子百家的学术思想中可窥一斑，然而美与善不可刻意追求，更不可拿它作为旗帜作为标榜，有了执着之念，就会行左右，就远离了"道"的本体。老子给予"美"的这两个规定,都使它第一次成了一个独立的范畴。老子把"美"与"善"区别开来，同时指出了"美"与"丑"是相互对立、相互矛盾的关系，老子并不认为这种区别和对立是永久不变的，在某种情况下，二者会相互转化。老子在区别"美"与"善"，辨别"美"与"丑"的论述后，又阐述了"有与无、难与易、长与短、高与下、音与声、前与后"之间的相互关系，进一步提出了事物都是对立统一的辩证法观点。他又进一步阐述了如何去实践这一观点的方法。在有无相对的关系上，老子始终如一，崇尚的是"无"并倡导"无为而治"。所以在他的人生哲学和处事的方法中，处处看见其崇尚的"无为"。他更进一步阐释了哲学上的本体论问题。他认为，形而上的"道"是永恒的、绝对的，而我们平时接触到的一切事物都是相对的。他用万物相生的辩证法思想来解释我们所看到的这一多彩人世间，并将这一观点推及人类社会发展上来。人世间的一切价值取向都是人为了自己的主观愿望设定的，其中必然充斥着不同个体之间相异的主观判定，这就是引起人世间纷争的根源。老子是想提示我们：要看到差异之中相同的一面，不要将差异绝对化。另外，老子也深刻地揭示出这样一个道理：任何价值取向都是有它的对立面而存在的。如果无所谓善，又哪里来的恶呢？

人类是万物的灵长，具有超然的心灵智慧，能够对自然界进行极大程度的改造，但是恩格斯早就在100年以前就警告我们："我们不要过分陶醉于对自然界改造的胜利。对于每一次这样的胜利，自然界都报复了我们。每一次胜利，起初确实取得了我们预期的结果，后来却发生了完全不同的出乎意料的影响，常常把最初的结果又消除了。"恩格斯的这段话是有现实所指的。就比如工业的发展进程吧，工业的发展给我们人类创造了巨大的财富，这种财富规模数量是空前的，但与此同时，工业生产所造成的环境污染和生态的破坏等问题又严重地困扰着我们的生活生存及可持续发展，我们反过来又需要将创造出来的财富用于改善环境，维持维护生态的平衡，这就是恩格斯所讲的"大自然对我们人类的报复"。再有，核能的开发利用为人类提供了新的大量的能量来源，可是核武器却威胁着整个人类世界的安全。我们能够利用一个小小的原子核来为我们自身服务，同时也创造出了足以将整个人类世界毁灭的武器。这就是我们人类智慧的"双刃剑"。

我们具体地来分析一下：什么叫"有无相生"？最典型的就是一个生命从出生到死亡的全部过程。一个生命在孕育和出生之前是"无"；而孕育出生命之后，有形体了，就成为"有"，这就是"有"之生"无"。因此说"有无相生"。什么又叫作"难易相成"？我们面对同一张试卷，有的人能够答出很高的分数，也有人却只能答出很低的分数。对于成绩很好的人来讲，这张试卷是容易的；对于得分低的人来说，这张试卷是很难的。如此来看，同一张卷子就是有了"易"和"难"两种表现，这就是"难易相成"。

这也就如同没有光就不会有影子一样，而影子的出现也意味着光的存在。所以老子提示我们，在说话和做事的时候，要常想事情的对立面，这样才可以让自己的语言和行为变得更为周全、妥善。老子的这一论述是饱含着精邃的辩证法智慧的。

"故有无相生，难易相成，长短相形，高下相倾，音声相和，前后相随，恒也。"所以，有和无在对立统一中产生，难和易相反相成，长和短通过比较才能显形，高低相倾而然归于平等，音乐和声音相互应和，前后相互跟随，这就是自然的永恒之"道"。"相生、相成、相形、相倾、相和、相随"，是指各种事物相比较而存在，相依靠而生成。一切事物都是在相反的关系中体现相成的作用，相互对立之时又相互依赖和补充。比如难易相成，做事要从容易的地方下手，循序渐进，再难的事情也就容易解决了。困难于易是成功的要诀。对于困难的事，要学会用简单的思维去考虑，用简单的方式去处理。不仅难易相成，高低也是相倾。"木秀于林，风必摧之。"名高位显，难免有不虞之誉。爬得越高，摔得也就越重。天地万物，总是纠结在一起，不可断然分开，人事也是如此。谈"高"，不能没有"低"；谈"长"，不能没有"短"。这就是事物之间对立统一的关系。老子提出上面的一系列对应关系，说明了事物之间相互为用，互为因果。比如没有绝对的善或者恶，美或者丑，一切都是相对的，因此要认识"道"的妙用，遵循宇宙万物的自然法则，就要不偏执于一端，不去刻意追求任意妄为。

随着人类社会的快速发展，人类可以按照自己的意志更轻易地改造自然世界，对自然恣意地、不计后果地改造，已经违背了先贤老子所倡导的"无为"。虽然意愿和出发点是好的，但是过分地改造自然世界和干涉自然规律往往产生可悲的结局。人类为了保护野生鹿群将狼赶尽杀绝，鹿群没有了天敌后大量繁殖，导致植被大量破坏，这又使鹿群因缺少食物来源而大面积死亡。这不正是老子所说的"天下皆知美之为美，斯恶已，皆知善之为善，斯不善已"吗？善与恶一线之间，"美与恶，相去若何"。只看到"美"与"善"的积极作用和效果，忽略了事物之间的相互转化，就很有可能好心办坏事。我们清楚认识到事物的两面性和事物之间既对立又统一的关系，大到治国，小到完善自身，都是有百益而无一害的。万事万物的发展存在，总是以自身对立面的存在为前提。

老子说："天下皆知美之为美，斯恶已。"意思是天下的人都知道美之所以为美，丑的观念也就出来了。任何事物，只有通过对比才能看出来美与丑。东施效颦与左思效仿潘安的故事可以很好地说明这个道理。西施本名夷光，春秋末期出生于绍兴诸暨苎萝村。她天生丽质，是美的化身和代名词。俗语"闭月羞花之貌，沉鱼落雁之容"中的沉鱼指的就是西施。西施有倾城倾国之容，只可惜她的身体不好，有心痛的毛病。有一次，她在河边洗完衣服准备回家，就在回家的路上，突然胸口疼痛，所以她就用手捂住胸口，皱着眉头。虽然她感到难受且不舒服，但是见到她的村民却都在称赞，

天道：体悟老子

说她这样比平时更美丽。同村有位名叫东施的女孩，因为她的长相并不好看，她看到村里的人都夸赞西施用手捂胸的样子很美丽，于是也学着西施的样子捂住胸口，皱着眉头，在人们面前慢慢地走动，以为这样就有人称赞她。她长得本来就丑，再加上刻意地模仿西施的动作，其装腔作势的怪样子，更让人觉得厌恶。有人看到之后，赶紧关上大门，他们觉得东施比以前更丑了。无独有偶，西晋时期左思效仿潘安却自取其辱的故事，同样令人啼笑皆非。潘安又名潘岳，西晋时期文学家。潘安容貌俊美，文采也非常出众，因此深受当时女子的青睐。据《世说新语》记载："潘安妙有姿容，好神情。少时挟弹出洛阳道，妇人遇者，莫不连手共萦之。"意思是说：潘安相貌出众，神采奕奕，仪态优雅，远近闻名。年轻的时候，经常挟着牛皮弹弓，优雅地走在洛阳街道上。妇女们见到他，都手挽着手，围在他的身边看，不让他走。由此可以想象潘安的风姿是多么富有魅力啊。现代人称赞男子貌美，就说"貌赛潘安"，可见潘安确实是世间少有的美男子。潘安同时代有个叫左思的人。左思也是鼎鼎大名的文学家，著名的《三都赋》就是出自他的手笔。据说左思的这篇费心思十年的扛鼎之作甫一出世，便轰动了整个洛阳城，大家竞相传阅。由于传抄的人太多，以致洛阳城内的纸张都不够用了，一时造成"洛阳纸贵"的景象，可见左思也是个非常富有文采的人。但文采归文采，在魏晋这个非常重视仪容外貌的时代，光有文采而没有长相的文人还是相对要受到冷落的。左思长相奇丑，女子们见了他都远远地避开。左思看到美女们拥簇着潘安的景象非常羡慕，一时突发奇想，决计效仿潘安，也在洛阳道上挟着牛皮弹弓优雅地走路。《世说新语》记载了他这一故事："（左）思貌丑悴，不持仪饰。亦复效（潘）岳游遨，于是群妪齐共乱唾之，委顿而返。"意思是说：相貌奇丑的左思，没有任何妆饰打扮，也学着像潘安一样，挟着牛皮弹弓，装作潇洒深沉的样子走在洛阳街道上，结果一群妇女围着他，朝他吐口水。左思垂头丧气，只好狼狈地回去了。这两个小故事都说明"天下皆知美之为美，斯恶已"。

老子辩证法的智慧，在《韩非子》一书中有"自相矛盾"的寓言。2500年前，楚国有一个售卖武器人，在他售卖的武器中有矛与盾，矛是用来攻击的武器，而盾是用来防御的武器，它们的作用是相对立的。这个楚国人在向众人介绍自己的矛是多么锋利时说："我的矛啊，多么多么锋利，世界上所有的盾都挡不住它的锋利。"一会儿，他又向众人炫耀自己的盾何等何等坚固，并夸口说："我的盾啊，世界上所有的矛都穿不透它。"这时，有个旁观者就来问他："如果用你的矛去攻击你的盾，又会怎么样呢？"这个楚国人哑口无言，直愣愣地呆在那里，真是好不尴尬！他犯了一个什么错误呢？他没有意识到，矛的锋利和盾的坚固都是相对的。如果说一个矛是很锋利的，但是对于一个更坚固的盾来讲，它就算不上锋利；而一个很坚固的盾如果遇到了一个更加锋利的矛，那就恐怕也就不坚固了。矛在锋利的同时，也蕴含着不锋利的因素；盾在坚固的同时，也蕴含着不坚固的因素。而这个楚国人将矛的锋利和盾的坚固绝对化了，这就好像只看到了阴影，而忽略了光明的存在一样。所以老子提示大家，在说话处事的时候，要常想事情的对立面、反面，这样才可以使自己的处事行为变得更周全、妥善。再说一个例子，在募捐的时候，大家都会对捐款的人产生敬意，认为捐款是一种善举，那么，如果说捐款的人是有善心的人，那些没有捐款的人就没有善心了吗？这也就不能一概而论了。有的人没有捐款，也可能是因为他们一时还没有得知相关的消息；有的人也可能因为自己的经济条件确实很困难，如果是这样的情况，这能说他们没有捐款就是缺乏善心吗？而问题还不止于此。对于那些捐款的人来说，大家肯定是有的捐款多，有的捐款少。那么，我们能说捐钱多的人善心大，而捐钱少的人善心就小吗？这当然不能这么说，其中同样有着善心之外的因素存在。那些捐钱很多的人，全都是大慈善家吗？这也未必，有的人之所以捐了很多的钱，可能是出于面子的关系，更有甚者也有可能是通过捐款来为自己沽名钓誉，在这种情况下，善良的人，心意反倒有问题了？这样看来，善人和不善之人岂不是没有办法区分了吗？当然也不是这样，善恶还是有办法进行区分的，只是不能全凭捐钱的多少来做评判，不能简单地用某种表面现象来做价值判断的依据。老子认为形而上的道是"独立不改"，永恒存在的，而现象界的一切事物都是相对而变动的。美与丑、善与恶说明一切事物及其称谓，概念与价值判断，都是在对立的关系中产生的。而对立的关系是经常变动着的，因此一切事物及其称谓、概念与价值判断，亦不断地在变动中。"有无相生，难易相成，长短相形，高下相倾，音声相和，前后相随"则说明一切事物都在相反关系中，显现相成的作用：他们互相对立而又相互依赖，相互补充。人世间的一切概念与价值都是人为所设定的，其间充满了主观的执着与专断的判断，因此引起无休止的言辩与纷争。

第十章　没身不殆

原文：

致虚极，守静笃。万物并作，吾以观复。夫物芸芸，各复归其根。归根曰静，静曰复命，复命曰常，知常曰明。不知常，妄作凶。知常容，容乃公，公乃全，全乃天，天乃道，道乃久，没身不殆。

译文：

探求"虚"要达到极点，使心灵处于极度的虚无。坚守"静"要达到至诚。牢牢持守这种宁静要笃实坚定，万物都在蓬勃地生长，我从中观察到了循环往复的规律道理。世间万物虽然纷纭繁杂成长，终究会各自回归于它们原来的根底，复归原来的根底就叫作清静。这种清静就是恢复生命本性，恢复生命本性就叫作常理，就是把握住了生命本性的永恒规律。通晓常理，把握了生命本性的永恒规律，就是明白了"道"的运作常理，不了解常理，不懂得恒常之"道"，为所欲为必定有凶险，轻举妄动就会引来更多的凶险。通晓了常理永恒之"道"就能包容万事万物。包容万事万物就能大公无私公平公正。大公无私公平公正才能全面周到，才能天下归顺。全面周到天下归顺才会符合自然。符合自然才是符合于大"道"。合于大"道"就能保持长久，永久存在，至死都不会有危险。

体悟：

"致虚极，守静笃"是人们做事的理念体现。"致"是探求的意思；"守"是持守的意思。使人心灵处于极度的虚无，要达到极点，牢牢保持这种宁静。"极"和"笃"是体现出致虚守静的彻底性。老子对于"虚"与"静"的提倡，归根结底，也还是源自"道"的理念。"视之不见，听之不闻，搏之不得"的无形无象，这就是"虚"；"静"就是"无为"的表现。因此，"致虚极，守静笃"就是"道"对人的行为所做出的基本要求。这个"静"，代表"道"是一种境界。而与"静"相对的则是"动"，动是由于内心的"躁"所引起。躁动是一种不安，是一种烦乱。在这样的状态下，不要说去感悟大道（人世间的规律），就是一丁点小事都做不好。我们都有这样的生活经验，心情烦躁之时，连一页书一行字都看不进去，何况其他大事就更不可能处理好。民间俗话"心静自然凉"，就是说，内心只要冷静，可以拂去外在的燥热。可进一步引申，性情急躁粗心大意的人，无论做什么事情都不容易成功。静是制怒的法宝。人在生气的时候，对自身健康是十分不利的。有人说生气是拿别人的错误来惩罚自己。人为什么在日常生活中生气呢？是因为别人做了对不起自己的事情，自己因此动怒，受伤害的却是自己。这些社会现实很多人都明白，但有很多人还是时不时就大动肝火，就是因为人们"守静"的功夫普遍还不够。"守静笃"，持守平静一定要做得彻底而坚定，将心中动怒的影子全部驱除干净，如此就再不会因为生活中各种不如意的事情动怒了。当然，这其实已经是一种很高的修养境界了。如平平常常谁都能够把事情轻易做得很好，老子也就没有必要再诉诸笔端了。

诸葛亮说："非淡泊无以明志，非宁静无以致远。"这两句话所蕴含的道理是极为深刻的：只有淡泊名利，才能够明确自己的志向；只有宁静，才能使自己立身长远。古人说："藜口苋肠者，多冰清玉洁；衮衣玉食者，甘婢膝奴颜。盖志以淡泊明，而节从肥甘丧矣。"意思就是那些粗茶淡饭也能平静生活的人，他们大多拥有冰清玉洁的操守；而追求锦衣玉食的人，他们多半会去做卑躬屈膝的勾当。因为一个人的志向节操只有在清心寡欲时才能表现出来，而一个人的品行道德都是因为贪图享乐而丧失的。这些话可以说是对淡泊明志意义深刻而精辟的解读。人成名之后，名利双收，往往也就很难再全身心地致力于自身造诣的提升了。而如果自身的素养不够，当人们走到某一个高度的时候也就很难再向前行得更远了，这就是"宁静致远"的道理。老子讲的"致虚极，守静笃"，话语很简单，但是道理极为深刻，致虚守静，应当是我们大家为人处世的一项基本准则。

"万物并作，吾以观复。"万物蓬勃生长，我们要由此观察到循环往复的规律。老子告诉我们在观察人世间复杂的事物时，要从"复"这一点上来观察。所谓"复"，也就是循环往复，其中又有什么样的奥秘呢？"夫物芸芸，各复归其根"，这就是老子给的答案，他说虽然万物纷纭变幻，但总是要回归到它们各自的根源上，这就是"复"的奥秘神奇。"夫物芸芸，各复其归根"，这确实是概括力极强的一句话。人世间各种事物变来变去，总会有一个根本贯穿其中，也就是我们常说的"万变不离其宗"。我们最为常见的，水会转化湿气、雨、雪、冰、霜等各种形态，但它的本质是不变的，都是 H_2O（水的化学分子式）这种分子。再如我们常说的"落叶归根"。龚自珍有两句诗："落红不是无情物，化作春泥更护花。"这些花瓣落地后又化作春泥，从而又滋养了未来的花朵，这就是事物的循环往复。所以说明白了事物循环往复这一最根本的规律，我们对人世间的很多问题也就会看得很通达、明了。

"夫物芸芸，各复归其根。"天地万物都是由道产生的，经过运动变化，最终又回归到它的本原。所有事物都有着循环往复的变化，但是这种运动变化也必须遵循一定的规律。它的变化永远脱离不了自己的规律与本原，也就是万变不离其宗。无论事物如何变化，只要我们掌握了它的基本规律与本质，所有的问题都能顺利解决。张辽，字文远，三国时期魏国大将。在曹操进行兼并战争的时期，张辽一直为曹操镇守东南方，率领魏军对抗东吴，并上演过"八百破十万"的传奇故事。有一次，曹操命令张辽在长社屯兵。张辽立刻准备率领军队前往长社驻扎。这时，魏军中有人谋反，半夜里在军营中四处作乱，全军的将士无不惊慌失措，一时军心大乱，眼看士兵就要四处溃散了。这时，身为主帅的张辽并没有慌乱，他在悉心听取了士卒的汇报后，对身旁的部将分析道："大家不要惊惶，也不要轻举妄动，以免中了敌人的阴谋诡计。现在军营里的混乱，并不是全军的叛乱，就目前的情况来看，一定是有个别人肆意制造混乱，想趁机扰乱我军的军心。如果我们沉不住气，兵士们也一定会跟着慌乱。那样的话，整个军营就会陷入混乱不堪的局面，敌人必定乘虚而入，到那时我们就死无葬身之地了！如果我们能够查明到底是谁在故意散布谣言或指挥军士作乱，那么我们便可以找到真正主谋，敌人的阴谋诡计也会被我们识破。到那个时候，纵然他想逃走，难道还有机会吗？"大家听了，都纷纷点头称赞，并把自己手下的士兵召集到张辽的中军帐下。等全体将士都到齐之后，张辽才不慌不忙地走到众人的面前，然后十分镇定地说道："我知道大家是受到敌人的蒙蔽，没有人想要作乱。临行之前，曹丞相给我们提供了足够的粮食和酒肉，我们的粮草充足，兵器也十分完好，我们一定可以完成使命，不负丞相所托。现在有人想趁机制造混乱，他的阴谋是不会得逞的！不想造反的人，就安安静静地坐在军营中，千万不要乱动，否则就以叛乱罪论处！谁要是敢违抗我的命令，谁就是叛乱者或者与叛乱者有关系，一律杀无赦！大家都回到自己的军营中去吧！"随后，张辽率领手下的心腹将领和几十名亲兵卫士站在军营中，士兵们一见局面稳定下来了，就都回到自己的营帐中，安心地坐下来待命。这时，制造混乱的首领则显得心慌意乱，他手下的兵士也吓得乱了神，有几个主动走出来承认错误，并揭发了谁是叛乱的首领。此时，张辽命令士兵将叛乱者带上来，然后召集全体将士，当着众人的面把叛乱首领杀掉了。这样一来，再也没有人敢煽动魏军士卒叛乱了。这次叛乱不但没有造成严重后果，反而军心更加稳定，极大地提升了军队的战斗力。尽管张辽是一介武将，但他深谙"以静制动"之理，有人想借着混乱的时机进行叛乱，结果反而被张辽利用，不但没有叛乱成功，还丢掉了自己的性命。我们在处理问题的时候，也应以静制动，冷静旁观，等时机成熟了，再果断地采取行动，最后必然能取得成功。

　　我们也曾有过这样的感受，曾经看得很重要的一些难事，过去了一段时间之后再回头来看时，可能也就觉得无所谓了。至少，不会像当时的感受那么强烈。其实我们静下心来想一想，一些事情到底对我们自身的影响有多大？它所带来的影响究竟是正面的，还是负面的呢？"塞翁失马，焉知非福"是一个非常典型的典故，也可以将其看作对老子"福兮祸所伏，祸兮福所倚"之论述的形象演绎，而福祸之间的互相转换，不也正是体现了人世间万物循环往复的道理吗？在老子看来，万事万物最终"各复归其根"，结局都是圆满的。与之相对应的是"万劫不复"，这个词虽然与佛教大有渊源，但是"复"的内涵却源于道家，无论道家、佛家，都认为如果事物永远无法恢复，人类灵魂没有归宿，那是最为糟糕和最为悲惨的事物。所谓的永远堕落与沉沦，孤魂野鬼，死无葬身之地都是对"无法恢复"的形象化和多角度的阐释和表达。不仅道家和佛家注重"复"，儒家也同样重视。儒释道三家所言之"复"，都是回归正道，回归本性，回归本原，这也就不难理解，为什么老子要强调"各复归其根"，为什么中国历代哲人对于不能恢复是那样担忧与恐惧。万事万物循环往复的规律，在纷繁复杂的人世间里，短暂迷失而最终回归正本清源的思想，对我们有着十分重要的启发。它告诉我们要认真把握事物发展的基本趋势规律，不可逆流而动。在我们的生活中有很多人感叹人世间太复杂。其实，物质多彩世界表面上茫然无序，实际上是有客观规律可循的。我们都要有一双慧眼和勤于思考的清静人心，透过现象看本质，这样才能复归人心正道，不致随波逐流。如果违反了这一客观规律，违背自然大道规律，只能自取灭亡。在我们前进的过程中，有的人会误入歧途，没关系，知迷而返就好。因为现实生活精彩而多变。而每一个人对规律的领悟能力又是有限的，所以难免会出现一些失误，比如对社会形势做出了错误的判断，如果采取了不恰当的措施计划，就会陷入艰难的困境。此时，应该及时醒悟，迷途知返，否则只会越陷越深。在为人处世上，为金钱、权力、美色等外物所迷惑，也是常有的事，但是我们应该从中摆脱出来，寻找并回归自我的人心本性。如果迷失自我，最终都不会有什么好的结局。

　　"归根曰静，是曰复命。"返回根源就叫清静，静就叫作回归到生命的本来状态。老子多次提到"静"，并且指出"静"是生命的本原状态，这既指向于自然物理，也指向于人生事理，因为无论自然界的事物，还是人类本身，也包括人类社会的各种事物，它们最后所回归到的本原状态都是"静"。每个朝代，就是这样从无到有、从弱小到鼎盛、从繁荣到衰亡，最终都复归于寂灭。人类的生命、王朝的更迭、物质的兴衰，都以这个规律在支配着，循环往复，终归于无（死亡、静）。"复命曰常"，也就是说，回归到本来的状态才是常理，常就是把握了生命的永恒定律。"知常曰明"，把握了生命永恒规律，就是明白了"道"的运动法则，才叫作明白通达。鲁迅先生说过这样一句话："以过去和现在的铁铸一般的事实来测将来，洞若观火！"就是因为其中有常理规律的存在，而也正是因为有着常理规律存在，预测才成为一种可能。那么相反的情况呢，就是"不知常，妄作凶"。如果不知道常理规律之道，随意妄为，就会引来凶险的人生。

老子说："知常容，容乃公，公乃全，全乃天，天乃道，道乃久，没身不殆。"懂得了常理之"道"，才能够容纳天下事物存在的一切。能包容一切的存在，就能公平公正无私；公平公正无私，才能使天下归顺；天下归顺，才是顺应天意的；顺应天意，才符合于大"道"；符合于大"道"就能够永久存在，终身都不会有危险。以上理解包容存在是基础，理解他人是一种宝贵的人格品质，可以说我们每一个人都渴求他人的理解，越是孤独的人就越是这样。也许有很多人认为，理解别人和求得别人的理解并非难事。然而，这仅是浮浅意义上来讲的。如果我们沟通进入了更深的层次，彼此理解起来恐怕就不是那么容易、轻松的事情了。事实上，人际关系之间的相互理解是需要以共同的文化水准和心理倾向为基础的，因此，文化修养、生活经历、社会地位、人生观等方面都差别很大的两个人之间是很难进行很好的交流的。如果不能够对他人有所理解，就有可能产生认识上的偏见，大家经常会觉得某人如何如何是一种不可思议的行为。为什么会产生这样那样的感受呢？这就是理解的问题了，所谓"知人论事"，也就是说，只有很好地去理解了一个人，才会更加深刻和正确地理解他的处境，从而能够对他的行为给予更多的包容。如孟子所言："予岂好辩哉？予不得已也。"实际上，很多人的看似难以理解的行为，也都有着其"不得已"之处的。理解才能包容，而包容才能做到公平公正。不能对万事万物都寄予包容之心，也就难免会产生接受与排斥的区分，这样就会生成偏见。

老子说的"全乃天"，"全"是与"天"相符合的，即令天下咸皆归从，是和天意相一致的。在孟子的学说中，对"王道"思想多有阐述，"王道"是与"霸道"相对的，"霸道"推尚武力平治天下，而"王道"则提倡以仁德治理天下。孔子说："道之以政，齐之以刑，民免而无耻；道之以德，齐之以礼，有耻且格。"这是说用法制禁令去引导百姓，使用刑法来约束他们，老百姓只是求得免于惩罚，却不会有廉耻之心，而用道德教化去引导百姓，使用礼制去统一百姓的言行，老百姓就会在遵守规矩的同时也具有了廉耻之心。这种心甘情愿的服从，才是真正的服从。而"王道"与"霸道"的根本区别也就在这里。孔孟属于儒家，而老子属于道家，但老子所讲的"王乃天"与孔子所推崇的"王道"思想是颇相吻合的。而天意又是与"道"相符的；"道"是永恒的，只有达到了"道"的境界，才有可能善始善终，终身都不会遭遇凶险，即没身而不殆。

老子认为，万物的本原是"虚静"，无论它们怎样变化发展，都脱离不了各自的本原。所以，治国不妨以"守静"为贵，给予人与事情宽松的发展空间，尊重它们，包容它们，不要对它们做过多的干涉。否则，即使出发点是好的，也不会有好的结果。明朝的末代皇帝崇祯就因不知守静之贵，犯了一连串的不可饶恕的错误。崇祯于1627年登临皇位，当时的明朝内忧外患，岌岌可危。怀着振兴国家的雄心，崇祯一即位便着手革弊除患。他花了两个多月的时间剪除了魏忠贤的阉党集团，为前朝受到迫害的忠臣翻案，提拔了能干有谋的良将袁崇焕为兵部尚书，并让他担任总督于辽蓟抗拒后金。他的这些措施让人们看到了复兴大明的希望，崇祯本人也被誉为"英容中兴之君"。然而，这种局势并没有持续多久。明朝积患已深，再英明的举措一时半会儿都难以见到明显成效，而崇祯又十分急躁。一段时间过去，见事情没有想象中那样顺利，他沉不住气了，动辄便将责任推到大臣身上。走马观花一样频繁更换官员，他在位十七年，内阁大学士就换了五十人，刑部尚书换了十七人。还常因一点小事就以重罪处治官员。哪个城市沦陷就杀掉哪个城市的守城将领；哪个地方沦陷，就杀掉哪个地方的长官。比如徐兆麟任陕西华亭知县才七天，因华亭失守被治了死罪。在被崇祯杀死的官员中，光总督就有七人，其中就包括袁崇焕。崇祯强调唯才是举，而由于急功近利、心性浮躁，不能以虚静观物。他又经常被奸佞之徒的花言巧语所蒙蔽，看不穿人心及事物的本质，一次又一次地误杀忠臣。大将郑崇俭的死就是一个例子。郑崇俭在另一大将左良玉的配合下于玛瑙山大败张献忠的叛军，"获首功千三百三十有三，降贼将二十有五人，获骡马、甲杖无算"，但崇祯并未予其厚赏。张献忠的残部逃入四川后引发混乱，负责四川战事的杨嗣昌平叛不力，随口将罪责推到郑崇俭身上，怪郑崇俭撤兵太早。而崇祯竟信以为真。第二年，张献忠攻破襄阳，杨嗣昌惧罪绝食而死，崇祯竟将没有丧失过一座城池也没有损失过一支部队的郑崇俭逮捕下狱，于同年五月将其杀害。朝中很多大臣都为郑崇俭不平，却敢怒不敢言。郑崇俭被杀的前一年，即1640年，就有大臣因保举同僚遭到崇祯的处罚。这年，才学兼备的江西巡抚解学龙向崇祯举荐曾因事被贬的黄道周。大学士魏照乘因和黄道周有私怨，便上疏攻击解学龙胡乱荐人。崇祯不明就里，一时恼怒，将解学龙和黄道周押解京城，各打了八十大板，关入刑部大狱。有大臣看不下去，上疏解救二人，不料也被打了板子治了罪。人君不知"守静"便不能明察是非，势必造成冤案。而人君不知"致虚"则难免徒有用贤之心而没有容贤之量，

天道：体悟老子

尤其面对国家大事，若不能保持心境的空明，就很容易为杂念所扰，做出错误的判断。譬如，崇祯即位之时，农民起义频繁爆发。为崇祯所重用的杨嗣昌屡次建议崇祯改"因粮"为均输之策，得到了崇祯的应允。而崇祯只看到该政策可以增加大明王朝的财政收入，却看不到它势必进一步激化官民矛盾，因粮与均输均为财政政策，二者的不同在于，因粮是富户多纳税，均输则加重了贫民的税负。百姓起义本来就是因为不堪重负，生计难。勤政而忧民的崇祯最终没能挽救大明的江山，在1644年李自成的起义军攻破北京城之际，于景山自杀，年仅35岁。临死之前，他满怀悲愤地写下了这样一句话："朕凉德藐躬，上干天咎，然皆诸臣误朕。"站在道家的角度，让人"上干天咎"的未必是"凉德藐躬"，而是不懂万物生长变化的规律，违背了道的法则，才招致了灾祸。

其中提到了"致虚""守静""归根""复命"等多个概念。开篇就提出了"致虚""守静"的观点，老子认为"虚""静"是一种超于极致的最好状态。人的心灵就应该时刻保持这种没有成见、没有心机的自然状态，尽量实现内心的最大虚寂，并牢牢地保持着宁静。只有真正地实现"致虚""守静"，才能够"归根""复命"。老子从万物归根复命原理出发，层层深入地探寻恒常之"道"。"夫物芸芸，各复归其根"，人世间万物都归于它们各自的根称为"静"。"静"就叫作"复命"。"复命"（规律）即可称为"常"。懂得了"常"才真正符合"道"（自然规律）。老子从叶落归根这样的自然景象，领悟到了体"道"之道。最后这一部分，老子重点探讨了为君之道。他认为只有懂得了"常"（规律），才能够包容人世间的万事万物；只有懂得了包容之道，才能够公平公正无私；只有公平公正无私，才能处事周全；只有处事周全，才能实现天下归顺；天下归顺，才能符合自然；符合自然才能合于大"道"之精髓。老子的言外之意就是：作为君主，只有"知常"并一步步归于大"道"，他的社会统治才会长治久安。这是老子论述的民本政治思想的体现。

老子认为，人的心灵本是空明宁静、清净圆满的，是因为纷繁复杂的人世间物欲的侵袭、骚扰，使世人的心灵蒙尘、闭塞不安。而要想使我们的行为复归"道"（人性规律），还原于"赤子之心"，就需要"致虚""守静"。"道"的本质即是虚静的，天地万物由"道"而生，故而回归本原，回归到虚静的状态。"致虚"必"守静"，因此"虚"是本体，而"静"则在于运用。"致虚守静"并不是指与万物绝缘，而是一旦"入静"了，就会对那些功名利禄视而不见、听而不闻了，从而在日益复杂的社会中护住自己宁静的心灵，无灰无尘澄明的本心。"虚静"的思想有两层深意：一指人生修炼，通过排除我们内心的杂念，即内在的私欲和外界的干扰，达到人生本性心灵的复归；二指人生态度，事物是循环往复地运动变化着的，须复归到人性本真无知的婴儿状态和社会的自然状态中去。根是草木所由生长的部分,是一切事物的起点。人"归根"之后,便可知晓自己的天性本质,明白自身能力的局限所在和强欲的多余性,就能抑制我们的非分之想,戒除焦躁之念,就不会逞强任性,自会归于虚静。

老子主张要虚心,去静观万物发展和变化。他认为万物的变化是循环往复的,变来变去又回到它原来的起点(归根),等于复原没有变化,所以叫作静。但是"归根"并不是一生不变地活着,而是让生命迎合自然天性的发展。"命"即是"天命",指万物运行变化的规律。万物回到自然规律"道",就能获得恒常。世间万物,各有其"常",各循其常,共存共生。"知常"就不会争强好胜、怨天尤人,理解人世间所有的变化规律"道"的因缘,就可以在内心里包容人世间一切事物的存在,而没有了固执和偏见,对事物的认知与了解自然就会更加公平、公正和全面,就会没有任何私欲偏见,顺应永存的"道"法,依永存和宏大的道法行事,一生中都不会有危险和祸害。知此道理就会知天命而行无为之为,凡事都依"道"而行,自然会逢凶化吉、遇难呈祥。嫩芽新出、枝繁叶茂而成就参天大树,最终还是落叶归根,重归于泥土还于本原,然后再破土而生,开始新的轮回。天下事物就是这样循环往复地运动变化着,这一切都是由"道"决定的。老子的"复归、虚静"给我们描述了一个清静自然的状态,也为我们指出了一条悟"道"之路。

一个人运用心机处世会蔽塞明澈的心灵,固执成见会妨碍明晰的认识,所以致虚是要消解心灵的蔽障和厘清混乱的心智活动。致虚必守静。透过静的功夫,乃能深蓄厚养,储藏能量。"复命"的思想可视为宋学"复性"说文所本。《庄子·缮性篇》所提出的"复初"的主张,乃与"复命""复性"同类的概念,和本章主题关系十分密切。老子复归的思想,乃就人的内在之主体性、实践性这一方向做回首工作。认为人必原本清明透彻的,只因人后天的智巧嗜欲的活动而受骚乱与蒙蔽。故应舍弃智巧嗜欲的活动而复归于原本的清净透明的境地。

第十一章　自见不明

原文：

企者不立,跨者不行；自见者,不明；自是者,不彰；自伐者,无功；自矜者,不长。其在道也,曰："余食赘形，物或恶之。"故有道者不处。

译文：

踮起脚跟站着，反而是站立不稳的；踮着脚跟走路的人，是不能走远路的；大跨步跳跃前进的人是不能长久走远路的；总是自以为是，想比别人高一点，为了走得快点儿就踮起脚尖，想抢先他人而大跨步的人，适得其反，是脱离了行走的自然之"道"，必然不能长久。局限于自己亲眼所见的人，反而看不分明，固执己见者是不明事理的；自以为"是"者是偏执一方的人，反而判断不清是非。稍微有点儿成就、功劳就自居，常在人们面前夸耀自我，必然不会成就更大的事业，少有功劳。

自己觉得比他人有能力，比他人有长处、有优势，总自以为了不起，总在人前傲慢自高自大的人，反而不能领导别人。自高自大的人，总是不能长久的。这些故意造作，自以为有义之举，都可以比作残羹剩饭、赘瘤，如同多生的第六个指头，非但无用，反受其累，神鬼都会厌恶。所以，有"道"的人是不会这样去做或以此自居的。

体悟：

"企者不立，跨者不行"，这两种行为都带有勉强的成分，而勉强之事情总是难为情的，其后果也往往不尽如人意，甚至南辕北辙。正所谓"有心栽花花不开，无心插柳柳成荫"，人的主观愿望与行为结果经常会发生背道而驰，也就是有心而为之事反而做不成或不如意。为什么会这样呢？就在于它是有心主观而为的，其中掺入了太多勉强的主观成分。如果这种主观勉强的成分所占的比例太大的话，那么一旦制约的力量变得薄弱，事物也就难免走向崩溃和失败。在世界历史上，曾经出现过很多个幅员极为辽阔的大帝国，比如新巴比伦王国、亚历山大帝国、秦王朝、蒙古帝国等，但这些国家统治存在的时间都很短暂，甚至可用昙花一现来形容。为什么会出现这种情况呢？就是因为这些帝国的形成不是依靠自然的融合，而是依靠武力的征服。一旦武力衰弱下来，帝国自然也就会走向解体。中国秦王朝十五年就灭亡了，这在很大程度上是在统一的过程中有很多事情都是强行着力过多，依靠强权来推行的，而天下一旦有变则会祸乱四起。后世皆言秦政暴虐，其中当然有统治者个人偏好的因素，但是更为主要的还应当说是出于国家统一和政权稳固的需要。然而，过犹不及，秦王朝旋踵而亡，恰恰应了"企者不立，跨者不行"这句话。我们在日常处事的过程中应当注意到这个要点，尽最大可能依循老子所言，做到"顺其自然"。关于这一要点，我国传统文化中有很多论述，比如佛家主张随缘，一切都不可勉强；儒家主张凡事都要按照人心本分去做，不可妄贪其他身外之物。这随缘、本分与道家顺其自然异曲同工、殊途同归，都是为人处世的秘诀。

因为人生之路遥远渺茫，假如任何事情都定下很高的目标，勉强自己去奋斗，并且力求完美，不但达不到目的，反而会引起很多忧愁烦恼。如果能安于现实，诸事皆顺其自然，不但办事情容易成功，而且到处都会产生悠然自得的乐趣。老子主张的顺其自然，并不是要我们不图进取、消极懈怠，而是强调凡事不可强为强求，在当前行不通的情况下，要耐心等待时机，不要心浮气躁。他要求我们遵循事物的基本规律，自然而然地去实现自己的奋斗目标。老子在这里有一层意思，他告诫我们，对于前行的事情，亦不可以机谋过重过多，那样也是很不妥当的。曹雪芹在"红楼梦十二曲"之《聪明累》中写道："机关算尽太聪明，反算了卿卿性命。"这个是用来形容王熙凤的。王熙凤作为荣国府的主事者，众人称男人皆不如的，可谓心机太多，然而其结局如何呢？"生前心已碎，死后性空灵。家富人宁，终有个，家亡人散各奔腾。枉费了意悬悬半世心，好一似，荡荡悠悠三更梦。忽喇喇似大厦倾，昏惨惨似灯将尽。""企者不立，跨者不行"，这句话一方面告诉我们，人生处世，做事的时候，不必过分勉强自己与对手；另一方面也告诉我们做事要着眼于事先、长远的目的，不能因为贪图一时站得高一些，步子迈得大一些而影响了以后的目标。

所谓"余食"，就是吃饱了还想要继续吃，或者想要储备更多的食物以备今后使用的做法。"余食赘行"是在"余食"之后加重了负担，反而给日后的行路生活增加了麻烦。在老子的思想里，人类都是在旅途中的远行者，任何在出发点就准备好物品存粮的行为都只会徒增负担。唯有超脱出来，不再依赖"余食"，才能在旅途中自足、自立、自强。在当今的社会生活中不就是这样吗？很多人认为在学校所学的知识就足够了，殊不知，只有活到老、学到老，一直保持学习的状态，才会不落后于这个社会、时代，也才不会被这个不断上升、进化的社会、时代所淘汰。

"自见，自是，自伐，自矜"都不是长远之道，这些都是人类的通病，似乎是人性的弱点。上述言论，一言以蔽之，做人做事不要太自我。在老子看来，对名利的欲望未必能损害"道"心，自以为是的偏私和邪妄，才是残害人们心灵的最大毒虫；声色之类的享乐未必能损害个人美德，自作聪明才是悟"道"修"德"的最大障碍。过高地估计个人的能力，会失去自知之明，从而造成内心自我意识的膨胀；自视过高，总爱抬高自己贬低别人，把别人看得一无是处，总认为自己比别人高一等、强得多；当别人取得一些成绩时，其妒忌之心油然而生，极力去打击别人、排斥别人；以自我为中心，自己想干什么就干什么，想怎么干就怎么干，根本听不进别人的意见和建议；只考虑自我，不关心他人，总想自己说了算，总想让别人围着自己转。这几种做法对己对他人都不能做恰如其分的评价，自大自傲，会使自己陷于迷失自我的状态，使别人受到严重的压抑，进而失去别人的信任与尊重，影响自己的生活、学习、工作和人际交往。太过自我的人，必然会草率行事，给自我带来很多不良后果，甚至导致失败。不要说自己没有什么过人的才能，即便有些丰功伟绩，也很难承受得了骄矜所引起的后果，假如居功自傲，便会前功尽弃。

本章告诫我们不要妄为。妄为是违背自然之道的行为，其必然会导致可怕的后果。秦末陈胜起义之所以失败，就与他的妄为有着很大关系。陈胜是穷苦出身，给人家当过长工。他曾对穷伙伴们说"苟富贵，勿相忘"。身旁的人都笑话：生来就是个穷命鬼，还想着有富贵的一天，真是做梦！陈胜于是慨叹道："燕雀安知鸿鹄之志哉！"令那些穷朋友没有想到的是，后来陈胜真取得了富贵。他领导了中国历史上第一次大规模的农民起义，强力撼动了秦王朝的统治，并且建立了张楚政权，自立为王。不幸的是，这场轰轰烈烈的大起义最后失败了。陈胜的失败当然有着多方面的原因，但是其中最重要的一点就是他这个人太自我，容不得别人。陈胜称王之后，从前一位与他一起给人家耕田的伙伴听说了，便来到了陈县。他敲着陈胜的宫门说："我要见陈胜。"宫门守卫要把他抓起来。他反复对守卫解释，守卫放了他，但不肯为他通报。陈胜出门时，他拦住陈胜直呼其名。陈胜听到后，与他相见，并与他同乘一辆车子回宫。这名伙伴走进陈胜的宫殿，环顾四周，但见殿宇巍峨，摆设华丽，不由得惊呼："夥！陈胜大王的宫殿高大宽敞啊！""夥"为楚语，意思是"多"，他的这句话传出后，"夥涉为王"的俗语便流传天下。这人住在宫中，时间长了，就随便放肆起来，还常跟人讲陈胜贫贱时的一些往事。有人劝陈胜说："您的客人到处胡说八道，有损您的尊严，杀了算了。"陈胜当真就把那人杀了。陈胜的故旧知交知道后纷纷离去，没有人再亲近他。陈胜任命朱房、胡武二人做监督官。这两个人把苛刻地寻求群臣的过失作为对陈胜的忠心，外出征战的将领回到陈县，稍不服从命令，就被他们抓起来治罪。他俩不喜欢的人，如果犯了错，二人不经有关部门审理，就擅自加以惩治。陈胜不仅不阻拦，反而对他们信任有加。早先追随陈胜的将领们多数与陈胜离心离德，相继背离。陈胜因此而失败。

要想做一番事业，必须有反省精神，随时纠正自己的错误，否则就会犯上述毛病，难以成功。以上行为，正是"余食"的表现。"自见者，不明；自是者，不彰；自伐者，无功；自矜者，不长。"有自我之心，便会被蒙蔽，是不能明于"大道"的。自以为是便不会得到彰显推广，自我炫耀、有了名利之心就不会成功，骄傲自满，就不会长进，就不会取得新的成绩。所以我们只有脚踏实地、老老实实，不自以为是，要自立自强，不自夸其功，才能一步步向成功靠近。生命的精彩就在于有所取舍，以最简练的姿态面对生活。有了自知之明，学会体察他人的想法，学会照顾他人的感受，才能做出恰当的选择。碌碌无为，追逐名利，不但不会成功，反会自取其辱。

老子以辩证理论进一步解释无为而治的理念，将自以为是者比作站得比别人高而踮起脚的人和为了比别人走得快而大跨步的人。他们都想获得更好的结果，却因为急于求成、好高骛远而不能达到预期的目标和希望。一个修"道"悟"道"，有着高深修养的君子，总会把过人的才华隐藏起来，绝对不会轻易向众人炫耀。因为他们都明白，招摇浮夸、好大喜功必然招致旁人的嫉恨，不但有损于团结，更不利于成功，甚至会招来杀身之祸。《三国演义》中有这么一段"青梅煮酒论英雄"的故事。说的就是刘备落难，屈身于奸雄曹操手下。曹操表面十分大度，内心对刘备颇为忌惮，总担心刘备日后崛起与自己争天下。刘备深知这一点，他就把自己的抱负和才能隐藏起来。每天在家里整田种菜，一副无所事事、无所作为的样子。有一次曹操请刘备吃酒，对刘备说："当今天下英雄，只有你刘备和我曹孟德两个人罢了。"刘备听后，颇为吃惊，吓得手中的筷子掉在了地上。这个时候，刚好响起一阵雷声，刘备趁机掩饰地说："雷声的威力，竟到如此地步。"曹操笑着说："大丈夫难道还怕雷吗？"刘备答道："圣人在迅雷疾风之时，神色都发生变动，我怎不怕？"听完这话，曹操便放松了对刘备的戒备。对于执掌国家政权的领导者而言，不仅要注意放低自己的身段，自掩锋芒，更要做到"无我"。在这一点上孟子有一段精彩论述："国君选拔人才一定要慎重，即便是左右亲近的都说某个人好，也不可轻信；就是众位大臣都说某人好，还不能轻信；如果全国的人都说某个人好，然后去考察他，发现他确实有才干，才能任用他。左右亲近的人都说某人不好，不可听信；众大臣都说某人不好，也不可听信；全国的人都说某人不好，然后去了解，发现他真正不好，再罢免他。"也就是说，国君在选拔人才的时候，千万不可凭一己之见，更不可偏私，兼听则明偏信则暗，只有做到无我的境界，才能选拔出真正有才能的国之栋梁。

老子认为，自我彰显不是自然的天性，发展到极致就会走向反面。老子以"企者不立，跨者不行"为喻，来说明"自见""自矜"和自我炫耀，反而达不到自己想要的目的。这一章老子再次论述要自然无为，反对急功近利、躁进自炫，体现了以退为进的辩证思想，凡违反自然之道必然招致恶果。"企者""跨者"，都是争强好胜，结果适得其反；自见者、自是者、自矜者，都是为了显示自己，沽名钓誉，同样是违反了自然之道，因此也不能长久。这些违反自然之道的，也有可能是掌权者，对于社会而言，不仅无益而且有害，令人憎恶、厌烦，因此老子把他们喻为"余食赘行"，都应予铲除，愤慨之情溢于言表。这是老子在反面批判中得出的正面结论。又以"有道者不处"结尾，曲终奏雅，戛然而止，令人悠然回味。

第十二章 天长地久，知止不殆

原文：

天长地久。天地所以能长且久者，以其不自生，故能长生。是以圣人后其身而身先，外其身而身存。非以其无私邪？故能成其私。

名与身孰亲？身与货孰多？得与亡孰病？甚爱必大费，多藏必厚亡。故知足不辱，知止不殆，可以长久。

译文：

天能长生，地能久存。天地能长久存在，是因为天地没有私情欲望，其劳作运行不为自己的生存强求，所以才能够长久存在。因此明白人如能像天地那样遵循不求自身利益的自然之"道"，处事谦让柔弱，把自身置于人后，而自然而然地会被民众拥戴。如能使自身置之度外，不求自身利益，自然得到大众的敬仰和保全。这不正是因为他的无私吗？正是因为他的无私，所以才成就了他的长生。这充分说明，只有无私，才能成其私，成就自己。此段的大意是借无私、无欲、无情，更无意求长生，反而能得到长生久存的道理，倡导人们亦应如此生存，顺其自然，无私无为，不求其荣贵而处先，不为自我生存而贪得无厌，把自己放在别人后面谦退无争，事事为国为民，时时为天下生灵，把自身置之度外，日久，自会德高望重，民众钦佩。老子用天"道"论述人"道"。他认为，把自身置于人后，自然会赢得广大民众拥护；把自身置之度外，反而会保全自己。就是因为他没有私心，才能成就自己。

虚荣名誉和身体生命相比，哪个更亲更可爱？身体生命与财富相比较，哪个更可贵？得到名利却命丧黄泉，哪个是"病"？哪个更有害？贪求名利，劳人身心，耗人精气，必然要付出更多的代价；敛积财富，必然会招致更大的损失，会招祸身亡的危险性加大。名誉和钱财都为身外之物，要取之有"道"，得之有理，享之有量，不可贪之过欲。只有知道自我满足的人，才不会遭辱身之祸；只有适可而止，才不会遭亡身之灾，平安度世，免遭祸殃，寿益天年。老子认为，对待名利要适可而止，知足知乐，这样才

天道：体悟老子

能避免灾祸；如果奋不顾身，争名争利，必然会落得身败名裂。贪求的名利越多，付出的代价就越大；蓄积的财富越多，失去的也就越多。只有"知足""知止"才能"不辱""不殆"。所以懂得自我满足就不会遭遇耻辱，懂得适可而止就不会遇到危险，只有这样才可以保持长久。

体悟：

我们生活中常用"天长地久"来祝赞爱情，希望两人的爱情永远存在，像不会灭亡的天地一样永久不变。"天长地久"四个字就出于《老子》本章。老子认为天地能够长久地存在于世间，永不改变，也不会消亡，这样的后果连天地自己也不曾料到。为什么天地长久呢？"天地所以能长久者，以其不身生，故能长生。"这是老子给出的答案。他认为天地之所以能长久地存在于世，恰好是因为它们从不强求让自己永久地存在，天空降雨滋润了万物的生长，大地承载着万物，供养万物，天地对万物的繁衍生息如此重要，但从未要求世间万物给予回报。天地的无私、博大，无欲无求，这就是它们能够长久地存在的原因。有一些人为了追求利益，不断地索取，甚至不惜去伤害他人利益，这种刻意而为最终会使报应降临在自己的身上。贪得无厌的人，只顾着自己贪图一时的名利，最终会导致灭亡的。

老子为什么这样讲？为什么说天地的长久就是由它们的不自生而促成的？这还要归结到老子"无为"的思想上来。其实天地的不自生，正是"无为"的一种体现。因老子对人世间万事万物的生生灭灭看得都非常清楚，生存必然对应着灭亡，所以无论怎样处心积虑地图谋自己的生存，自己也会有灭亡的那一天，这个天然规律是不会以自身的意志为转移的。而且，事物的两个面都是相对应而存在的。老子讲的"有无相生，难易相成，长短相形，高下相倾，音声相和，前后相随"也是这个道理。你一心谋求着自身生活生存，你获得了有利自身生活生存的一面，可是呢，不利于自身生存的一面也就同时形成了。秦始皇统一天下之后，为了他自家的基业能够万世永传，对众百姓采取了非常严苛的控制措施，可结果又如何呢？秦王朝统治了仅仅十五年就被推翻了。这就是"以其不自生，故能长生"之理的一个反面教材。这和天地的无欲无求形成了鲜明的对比。不苛求，不强求，以身作则，是本段告诉我们的人生处世哲学。

之所以能"成其私"，是因为"无私"。这便是矛盾对立双方转化的规律。就像明白人将自己的利益放在一边，以身示教就有无数人称颂他的美德，以他为榜样而跟随他，将自己的安危置之度外，反而会因此保全了人生。会有人认为这是一种投机取巧先利他而后利己的表现，最终的目的还是利己。老子固然以"圣人后其身而身先，外其身而身存"来鼓励、说服民众"利他"，但是老子认识到更加广阔的世界，而不仅仅局限于个人的得失。作为一个领导者、统治者，要想让统治权长久下去，一定要对手下的民众有谦逊的态度。不自生，故能长生；不自私，故能成其私。其中包含有辩证法的因素，说明对立着的双方在互相转化。所以老子的"后其身而身先，外其身而身存"并不是以先"利他"达到后"利己"的目的，而是在面对利益、名誉和抉择的时候，以大众群体的利益为考量、为目的，不是因自己那点利益名誉，而失去大众群体的利益的信任。这是明白人如天地般长久永存的不二法门。

老子讲的"人法地，地法天、天法道、道法自然"就是说，天地是人们所效法的对象。在这里老子同样由天地而推及人世，说道："是以圣人后其身而身先，外其身而身存。"圣人应当以天地为榜样，保持谦让的态度，将自身的利益置之度外。而"以其无私，故能成其私"，这与老子所讲的"夫唯弗居，是以不去"如出一辙。圣人是因为他们没有私心，才能够成就自己的个人利益，就如同天地不为自己而生存却能够长生一样。老子的话是有点虚，但是你仔细一想，他的字字句句都能落实到我们生活生存的方方面面，并充满了圆融的思维与永恒的真理。就"以其无私，故能成其私"一语来讲，我们也可以做出另一层解读。那就是一个人只有"无私"，才能成就功业和美名。譬如说许多战乱中涌现出来的政治家、军事家，中国历史的伟大人物，如刘邦、曹操、成吉思汗、朱元璋等，成了华夏的主人。但在他们创业之初，事实并非如此。如果他们在一开始就打出自己要谋取天下的旗号，甚至是表现出给自己打江山的野心，他们多半是不能成功的。因为这种赤裸裸的行为很难赢得民众的心，也聚集不起雄霸天下的人心和力量。刘邦最开始的旗号是除暴秦，他当时的确不是为自己的利益，而是为这个目标"除暴秦无私"去奋斗，故而能聚拢众人之心，吸引了天下众多志在抗秦的英雄豪杰，形成了一个巨大的政治军事集团。曹操一开始打出的旗号还有他的作为，都是为了铲除凶暴的董卓，匡扶汉室、拯救苍生无私的行为，至于他儿子以私窃国，那是曹操无私的结果。朱元璋起兵之初，一是反抗元朝统治者的压迫，二是为了让老百姓过上安稳的日子。朱元璋很少考虑个人的利益，最后他成就了大明王朝，让江山姓了朱姓，那是"无私"的伟大行为所结出的"私有"胜果。没有"无私"的愿望和行动，不可能成就"私有"的伟业，如果你真的以为这所有的伟大成就一切都是自己的私有，那这个私有伟业也不会拥有太久。在这一段中重点阐述了人的处世哲学，所有人本来都是以自我为中心来对待事物的，每个人都把自己的一切存在、行为，想法看作合理的，但我们也正是因为自我的狭隘性、主观性而束缚了自我身心的自由与全面性。而老子却超越了常规，极其创造性地提出了"利他"的观点。他看到

天道：体悟老子

了人自身之外世界广阔性的大自然事物规律，认识到一个人在群体团队生存中，要想长久平安地生活下去，维持永久和谐平安的法宝就在于谦逊。老子用朴素辩证法的观点，来说明了"利他"往往是能转化为"利己"的后果。他重复地说要像天地那样"利他"（世间万物，不求回报），我们只有将大众、团队的利益置于自身利益之上，才会更有助于实现自身利益。

老子在 2500 年前提出这种观点，无疑是非常先进的思想。得道之人效法天地法则立身处世，去掉私心，把自己私欲放在最后，置身于物外去处世为人，奋不顾身为天下而努力。虽然把自己的利益放在最后，恰好是一路领先，光耀千古，以身长存世间。所以结论说"非以其无私邪"，岂不是因为他的无私"故能成其私"，便完成了他与天地长存之私，这个私，指个人的理想。成其私，即成就个人理想。老子认为天地不为自己的存在而运行，得道之人不因自己的私欲而行事，唯其如此，最后才能实现理想，这就是"无为而无所不为"的道理。当然这个"私"其实是大公无私，明白了这个道理，把"道"这种学说用在军事谋略、领导政策上，就是"身先士卒""公而忘私"，这成为千古不破的不二法门。

我们对"以其无私，故能成其私"这句话要给予正确的解释。没有一个正确的理解，就不能达到老子的大智慧。西方有一句俗谚，叫作"有一千个读者，就有一千个哈姆雷特"。这就可以说明同样的作品、同样的话语，不同的读者出于不同的角度观念就会做出不同的理解和解释。对于含义丰富的 2500 年前的文学哲学、人性学、领导管理学、军事学等经典著作尤其如此。有人在阅读《老子》的时候就感受到老子原来是一个城府极深的阴谋家。何出此言呢？从这句话就能看出来，"以其无私，故能成其私"，这不就是在告诉我们，怎样才能够成全自己的私利呢？教你将自己包装成一副很是无私的样子才能够成就私吗？同样讲的"夫唯弗居，是以不去"，说的不就是你怎样才能将功名攫为己有吗？你得假装推托一番才行，说那些功劳都应当归于大家的共同努力，而别人一见到你是这么宽宏大度，就会觉得你很了不起，反而会认为你的功劳是最大的。老子讲的话是不是应该这样理解呢？从文字上看当然可以这么理解，但我们一定要知道的是，老子的本意并非如此。那么老子的本意到底是什么呢？的确老子是这样讲的"以其无私，故能成其私"，单独理解，这很容易使大家理解为是一种计谋、一种手段。但是实际上，老子所讲的"成其私"，是指客观结果而言的，它并不是一种主观的目的，更不是为了"成其私"才"无私"的，而是因为他"无私"，才能"成其私"的。我们应当承认的是，这两者在表面上确实是很难以区分的，所以才会有那么多弄虚作假的阴谋得逞，但是在实质上，这两者是截然不同的。因为一旦为了"成其私"而"无私"，那也就成为一种虚假的"无私"了，是为了达到自私的目的而一时装作"无私"，实质上并非"无私"，而是以"无私"来伪装"有私"，这就与真正的"无私"恰恰相反了。如果真是这样，也就与老子的原意相违背了。因为老子的思想是以"无为"为本色、为基点的，而绝非"无为"表面下的"有为"。不把自己的意欲摆在首位的人（"后其身"），自然能赢得大家的爱戴（"身先"）；不把自己的利害优先考虑的人（"外其身"），自然能完成他的精神生命（"身存"）。这种人，正是由于他处处为别人着想，才能够成就他的理想生活。老子文所说的，都是具有根本性、实质性的大智慧，而不是针对某种个别事宜所提出的具体智谋。因此《老子》与其他军事计谋是不同的军事上教人的计谋是诡道，使得人们在遇到相关的情形时正可付之一用。《老子》最主要的是给人们带来一种智慧的启迪，使我们的思想变得通亮豁达，教给众人认识到这个世间的纷纭复杂的万千表象之下所蕴含着的最根本的"道"，从而引导人们步入智慧殿堂。实质上老子不是一个阴谋家，而是一位伟大的真正的智者，他是一个万年难得的杰出智慧家。

最后这段主要谈名利与自身的关系。民众追求的名声财富始终是身外之物，生命与名誉、财货相比，当然是生命更为重要。名誉是炫耀的资本，其实并没有实际的意义。生命、名誉、财货是互相为用的关系，得与失也是如此。名利是世人所看重的，谁能有勇气抛去而不顾呢？世人为了财富，为了虚名，忙碌一生，连命都拼进去了，这又何苦呢？不能没有名利，但不能过分地追求名利，要懂得适可而止、不可贪得无厌的道理，这样才能够长久、长寿。对一样东西过分看重，过分珍爱，必然要为此付出很多的代价。"生不带来，死不带去"，收藏的东西再多，最后也是为别人收藏。我们发现，古往今来的人们依旧孜孜致力于对名声和财富的追求，很多人因此葬送了自己的大好青春年华与性命，以致有民间格言"人为财死，鸟为食亡"的说法。因此可以说，老子所提醒我们的"身重于物"的道理看似很简单，其实包含了大大的智慧。在我们的现实生活工作中，大家都知道，生命比名声财富更重要，但有人还是整天琢磨着去获得名利，以致不惜以欺诈、犯罪的手段去获得那些名利财富，原因就在于人的贪婪本性。面对功名利禄时，大家往往忘记了其存在的危险。也可以说是由于贪婪遮蔽了理智，以致我们失去了判断标准。老子对这些看得十分清楚，因此他在一开始就警告我们生命本身比身外之物的名利都要重要，并且紧接着就提醒我们"甚爱必大费，多藏必厚亡"之理，意思是过于贪恋名利要付出很大代价，并不值得，而过多地积敛财富则会导致快速的失去。因此最理智的做法就是知足常乐，适可而止，这样才能够长久。也可以说，这就是老子的名利观了。他并不是反对我们追求名利，而是反对我们过度地、失去理智地去追求名利，他主张适可而止。我们获得了富贵权力和地位，往往会导致骄横，从而给自己留下祸患。集过多的财富和过高的地位往往会危及生命本身。中国历史上因财富过多、地位过高而丢掉性命的人数不胜数。如中国西晋时期的石崇富可敌国，连晋武帝都无法与其相比。也正是因为其财富招致了杀身之祸。后来石崇在西晋"八王之乱"的权力争斗中失势，但一直自忖至多被流放，后来被押赴刑场时才明白过来，于是他感叹地说："这帮家伙是贪图我的家财啊。"押送者说："明知道是财富害了你，为何不早点把财富散了？"石崇悔恨无言。明王朝的江南第一富豪沈万三，竟然富到帮助明太祖朱元璋修筑南京城三分之一的城墙，并且还出大量资金犒军，结果惹怒了朱元璋，落了个充军云南的下场，其后人也在数年后遭到杀戮。说到底，那也是他的巨额财富惹的祸。又如大汉王朝的韩信，他在楚汉之争中凭借自身高超的军事才能，创下不世之功，名扬天下后世。但也正是因为他名声太大，功高震主，汉朝统治者才担心其威胁自己，于是用计将其抓捕并最终除掉。在春秋战国吴越争霸战中，为越王勾践立下大功的范蠡功成身退，保住了性命，而另一位功臣文种则因贪恋权力地位，最终被勾践所杀。当然，我们所举的例子都是一些比较极端的例子，具体到我们的平常生活，更多的世人则会因为整天劳累去争取名利而失去了平静和谐的生活、快乐及至健康长寿等。可以说大部分人都或多或少地存在着因名利劳心劳力受伤害的问题！正所谓天下熙熙皆为利来，天下攘攘皆为利往。若要执着于声色犬马，那只会自取灭亡。老子思想实际上不是宣扬不要追求名利，要不"爱"不"藏"，而是告诫我们可以"爱"，但不能"甚"；可以"藏"但不能"多"，够用即可。

在物质的世界里，获得不一定是好事，失去不一定是坏事。从道德的角度而言，获得就意味着德行的亏损，失去就意味着德行的提高。所以过分吝惜物质而不懂得舍弃，就会在道德上有所失去，再也收不回来。最主要的是我们一定要把握好这个"量与度"。这再次体现了老子中庸理论的思想实质。我们对名利的追求，老子认为要学会适可而止。不过，适可而止还不是问题的关键，因为一个人在面临财富权力的时候，是很难做到适可而止的。因此老子又进一步提出了一个做人最根本的还是应该做到少私寡欲，不要过分放纵自己。一个人的欲望是无限的，追求得再多也不可能得到满足。"人无尽，水无位。"因此老子主张一个人应该从身边已有的财富权力中感受到满足与快乐，就是我们常说的知足常乐。如此，不仅能够免祸，而且还能得到人生充实的快乐。

很显然，时代不管如何轮换，我们追求名利是无法摆脱的生存姿态，因此老子所讲的智慧也永远不会过时。联系到我们人世间的现实生活，你会发现社会人因为对名利的追求而忘记自己生命本身的人处处可见。不是别人，正是我们自己因为名利而迷失了自我。我们为了工作、生活而在夜间开车，忘记了自身的健康；我们为了追求财富疏于和亲人、朋友联络，丧失了生活本身的情趣；我们为了一套房子而玩命地奔波赚钱，表面上我们是房子的主人，其实我们已沦落为房子的奴隶；我们为了博得声誉而扭曲自己的心灵，自欺欺人，变得自己都不认识自己了。这些就发生在自己身边的案例，发生在我们生活中的事情，其实就是老子所指出的不正常现象。争利、争权，多藏，不知止、不知足，这些都是违背了"道"的行为。这时候，我们可以琢磨一下老子的智慧，或许会有豁然开朗的瞬间，改变我们的世界观、人生观、道德观、价值观。懂得了满足，才不会招致屈辱；懂得了适可而止，就不会引来危险。只有这样我们才可以保持长久。

　　人活于世，什么是福气呢？人们常说"吃亏是福"，这是有道理的。真正的福气没有标准，但内心的自我满足却是可以自己把握的，所以要"知足常乐"。把握了现实生活，得到了一定的享受，还是能够自我满足的。具体到我们每个人的家庭现实生活中的时候，因为名利往往都是具体可感的，名利能够瞬间让我们每个人由卑贱而变尊贵，由贫困而变富裕，所以它往往对我们更有吸引力。因此很多的时候，我们对于所付出的代价也就顾不得许多了，甚至不惜以身试法，以命相搏。也正是针对我们的这种普遍心理，老子进一步指出了它的危害性："甚爱必大费，多藏必厚亡。"意即过分地贪恋某一种东西往往要付出巨大的代价，而获得过多的财富则必然会导致迅速的失去。也可以说，这是一种两头吃亏的行为，在获得的过程中，付出了巨大的代价，可能得不偿失；而这种辛勤劳苦的成就，并不一定能够长久地属于你，也可能会迅速地失去。可以说，老子简单的两句话将那些过分追逐名利的行为分析透了。现实社会中，也的确如此。许多时候我们往往因为太想获得，而在眼里只看到我们想要追逐的东西，而忽略了其所付出的代价已经太大了，甚至已经得不偿失了。可以说，古往今来，在追逐名利的过程中赔进去自己的性命乃至连全家人的性命都搭上的人数不胜数。有史可查的大人物就不可胜计，如夏桀，商纣王及在春秋战国时期被灭国杀身或被大臣篡权并被杀的诸侯王们，以外戚身份被杀的西汉王莽，唐朝的杨国忠、安禄山、史思明，清朝的吴三桂等。这些人都是在追逐名利欲望的过程中被杀的，甚至那些名垂青史的受后世人尊敬的名人，如商鞅、李斯、关羽、李自成等，以老子智慧去看，他们也都是死于对名利的追求。更别提那无数不曾在史书上留下名字的小人物，还有那些在战争中做了炮灰的无名士兵，乃至现在的那些为谋财而贪污的官员，为权力去犯罪的罪犯，都是老子所说的追逐名利而得不偿失的人。

　　另外关于得到了却又迅速失去的大人物也可说成千上万，最典型的西晋的石崇、清代的和珅等。他们都积累起巨额的财富，但最终被杀死，财富瞬间也归别人所有。辛劳半生积累的财富遭人垂涎，引来了杀身之祸，民俗格言："杀富济贫，是英雄好汉。"你说积累过多的财富是好事吗？总之这个道理告诉我们追求名利时不要利欲熏心，否则得不偿失。同时在实现理想的过程中，要时刻提醒自己，即使付出巨大的辛勤劳动获得的，也有可能在瞬间失去，往往正是你获得的东西因遭到别人的嫉妒和垂涎而给你带来了杀身之祸。当然对我们劳苦众生来说，也许那种因为名利而有性命之虞的情况不可能落到我们头上，但老子的智慧所启示的道理，对我们生存生活是一样的。我们在追逐名利的时候，所付出的代价即使不是生命，也往往会是健康、家庭的安宁之乐、平静悠闲的心态、生活愉快的乐趣、长寿等。相比于我们所得的高收入、汽车、房子等物质的东西，也许已是得不偿失了。我们仔细看一下周围，现在的许多人都是如此地生存生活着，年轻时拼命挣钱，损害着自己的健康，结果我们一过四十，都一身病了，再用年轻时拼命挣的钱去治病，这难道不是愚蠢的行为吗？学会用老子的智慧，从宏观的层面去总结一下自我的生活，必定会活得更加轻松，更加智慧。

另外，对于"甚爱必大费，多藏必厚亡"，还存在一些其他的解释，其中有一种为：越是让人喜欢的东西，想获得它就必须付出越多；珍贵的东西收藏得越多，在失去的时候也会越是感到难过。这种解释显然也颇有启发的意义，蕴含着深刻的智慧。的确是这样的，凡事都是具有两面性的，得到便意味着相应的付出（失去），而喜欢快乐的同时，也意味着一旦失去的痛苦。这便是阴阳平衡哲学，快乐与痛苦、得到与失去，希望与失望，都是相反相成的。因此我们对于喜欢的东西，得到它未必是件好事；我们苦苦追求的东西，最终没有得到，也未必是件坏事。老子教导我们要将自己的心胸放开、放宽一些，不必过分执着于某事某物，一切随缘，我们会活得更自在、更洒脱！不贪得无厌，就是对物质人情的最好诠释。但是我们现在的世界，人们的欲望似乎永无停息，永不满足，所以永在烦恼痛苦之中。人们大多见猎心喜，只看到自己想要的物质丰厚，只看到内心的私欲泛滥，不择手段、不计后果也要获得，即使来路不明也心安理得，且自以为是、春风得意的见证，却不知道早早埋下了违背道德的祸根。"人不为己，天诛地灭""人为财死，鸟为食亡"成了我们现代人的人生教条。每个贪官的背后，都充斥着私欲的膨胀；每笔非法所得，都隐藏着龌龊的交易。在追求利益最大化的同时，其手段与途径处处可见阴暗、卑劣的痕迹。然而大道无私，自会根据其善恶大小、德业得失去做均衡的调整。一切非分所得，必然要付出应有的代价。

"知止不殆"，不管做什么事，恰到好处时要学会适可而止，不然的话就会惹来尴尬和屈辱，甚至招致危险。"功成、名遂、身退"，老子的这句名言意味无穷。告诉我们知止、知足的重要，不要被虚名贻误人生，不要被得失蒙蔽情感，这样才可以保持身心舒泰，才可以获得生命健康长久。所以做人做事都要知道满足，才不会遭受屈辱。知止，意思是告诫我们世人追求名利是可以的，但不要做得太过分了，要学会在适当的时候停止，不再强求。简单说，便是学会适可而止。可以说，适可而止，是老子反复向我们强调的一种人生处世态度，实质上适可而止的智慧说的就是一种辩证法，任何一种东西都不可太过分，一旦太过分，便会走向它的对立面，所谓乐极生悲，说的便是这一种状况。因此，凡事我们都要学会适可而止，要保持一个适当的度，以避免其向对立面转化。

战国时期的商鞅，从魏国西出入秦，他帮助秦国实施变法，使秦国从一个贫弱的国家变成西方强国之后，其声望、地位也达到顶点之后，被秦惠文王车裂而死。战国时期的另一个聪明人苏秦，刚开始创业时潦倒落魄，连妻子都不想理他。到后来他说服六国君主合纵抗秦，挂六国相印，达到了人生的辉煌顶峰。但也正是在这个顶峰招来了祸殃。又如清代大贪官和珅、大将军年羹尧，无不是在自己辉煌的顶峰遭到了杀身之祸。可以说，这些人之所以最终没有能得到一个好的下场，都与他们不懂得适可而止的智慧有关。相反，在中国历史上因为懂得适可而止的智慧而成功保全自己的也大有人在。如春秋时期的范蠡，他在助越灭吴的过程中立下了首功，却在功成后赢得名声的同时放弃高位，隐退江湖，最终保全了性命；唐朝平定了"安史之乱"的中兴大将郭子仪，并不以功高而骄横，而是谨小慎微，才避免了因功高震主而被杀戮的命运。

老子适可而止的观点，可以说是我们生存生活中非常实用的智慧，它在我们的生活中无处不在。因此无论做任何事情，都要懂得适可而止。人参是补药，但吃多了同样伤身体。我们做人要自信，但过了头则就成了自负。在人际交往中，态度冷淡、沉默寡言，往往朋友稀少；但对人过分热情，和谁一见面就打得火热，也会往往显得为人轻浮，同样也不会有很多朋友。在爱情中，因为喜欢一个人会对其十分在乎，固然十分美好，但如果因此受对方的一点冷遇，就对对方疑神疑鬼，同样有可能导致对方因为不堪重负而厌烦。总之，适可而止是一门非常实用的艺术，一旦掌握会受益无穷。做人要知道适可而止，才不会遭受危险。这才是真正的保全之"道"，只有重视内心的道德，遵循自然的法则"道"才可以保生命，获取健康年华。若想把握物质上的享受，不断贪求，不断追逐，结果一定是"厚亡"。财富、权力都是如此，不能用之于私。名利财富这些身外之物，不能和珍贵的生命相比。为争夺名利而危及自身，是愚蠢的行动，终究会得不偿失。这种以身为贵的思想，与俭啬不争的要求相一致。所以"知足不辱，知止不殆"，必然成为中华民族为人处世的人生信条。常人多轻身而徇名利，贪得而不顾危亡。老子想唤醒世人要尊重生命,不可为名利而奋不顾身。"甚爱必大费,多藏必厚亡",这是最基本的规律。放眼观人生,处处可见到社会人群在争名夺利的圈子里翻来滚去,其间的得失存亡,结局是很显然的。

第十三章　以其无死地

原文：

　　出生入死。生之徒，十有三；死之徒，十有三；人之生，动之于死地，亦十有三。夫何故？以其生生之厚。盖闻善摄生者，陆行不遇兕虎，入军不被甲兵。兕无所投其角，虎无所用其爪，兵无所容其刃。夫何故？以其无死地。

译文：

　　人生为出，死去为入。生来死去，是人类的新陈代谢，是自然的规律。人生之死大致分三类情况：一、顺自然而生息，无病无灾，享尽天伦之乐而百年死亡的，约有十分之三；二、因先天不足，体质较差或生病伤残而未尽天年的，年早死亡的约有十分之三；三、因纵狂情欲，贪色好酒，追名争利，生活奢侈，享受过甚，贪得无厌，贪生过厚而早亡的约有十分之三。第三种因条件优越而早亡是什么原因呢？是因为生活条件实在是太优厚，奢侈淫靡过度，从而糟蹋了生命。古今生活条件太为优厚的富人、官僚者，多数短命，就是这方面的典型例子。

　　闻知精于养生之道的人，有十分之一的，他们恬淡无为，少私寡欲，心地善良，物我一体，无所不容，大慈大悲，永无恶念。由于这些人德行高尚，有善良的精神信念感应，又有自身修炼入道已达上乘功夫，具有感知、认知准确，感应身外事物的意念及行为，因而他们能陆行不与犀牛和老虎等猛兽遭遇，在对抗中不被强兵所伤。所以犀牛用不上它的角，猛虎用不上它的爪，强兵用不上他的兵器。这又是什么原因呢？是因为他们没有被致死的原因和机会，根本就没有进入死亡之地。有的人长年住在深山密林中，除自身有极深的入道功底造诣外，虽常年与野兽打交道，但从未受到伤害，自由自在地生活在大山密林中，无贪无欲地与猛兽生活在同一环境而互为相助。

体悟：

　　我们的一生由出生开始，至死后入地下而结束，世间所有事物在形态上可以用"生"

与"死"来描述。对于生死过程的处世方法和态度也就形成了我们的人生观、价值观、道德观、生死观，总称为人生哲学。老子指出，便是因为其生生之厚，即对于生命过于在意，太注重享受优厚的生活，欲望太多。我们都知道，生命是珍贵的，应该爱惜，如果我们不爱惜自己的生命，或者是因为贫穷的缘故而不能给予自己的生命必要的养护，生命有可能会凋谢。但老子在这里又提醒我们，如果对于生命的养护过了头，也未必是好事，其结果可能会造成夭亡。

老子说的对于生命的养护过头，可以从这两个层面来理解。从最基本层面上来说，是一个人生活过于优裕。显然如一个人的生活过于艰难，食不果腹，风餐露宿，有病也没钱去医治，当然很难活得长久。相反，一个人整天大鱼大肉，花天酒地，天天离不开贡品、补品，同样是不能长寿的。我们营养不足固然会导致各种疾病，但营养过剩也同样会导致各种疾病，生生厚养还含有放纵自己欲望之意，而放纵情欲对人的身心健康会有更大的伤害。如长期生活在富庶优裕的生活之中，人的生存能力会变得低下，一旦遭遇到竞争与战争，其个人适应生存能力便远远低于贫困出身之人。他们对于疾病灾祸等自然灾害抵抗能力是非常弱的，因此在变故面前最容易被伤害击倒。若生逢乱世，众百姓生活于穷困艰难之中，你却生活得过于优裕，便会容易引起穷人的嫉恨。所谓的高处不胜寒，树大招风，没准儿就被人惦记，死于非命了。中国历史上的饥困民众一旦无法生存下去便会揭竿而起，之后遭殃的便是那些富有的人家。在农民起义中惨遭杀戮的富裕人家数不胜数。

"其生生之厚"还有另外一层意思，指的是那些因为太重视生命的享受，欲望必然太多，因而对于财富、权力、名声的追求过于狂热，有很多人为之搭上了自己的宝贵生命，也就是民俗格言："人为财死，鸟为食亡。"如历代在争权争利斗争中死去的皇家子弟和宦官权贵，身份不可谓不荣耀，地位不可谓不尊崇，但他们依然不能满足于现状，最终死于权斗之中。历代那些有名的大贪官，财富几代人都受用不完，但依然贪婪地聚敛，最后身死还为万代众人所骂。又有多少普通人因为欲望的不能满足，走上了以身试法的道路，最后还是遭到惩处。实际上老子的这种观点并非突然提出的，而是老子的用意与思想。

老子认为，天地人间最高的法则便是"道"（自然规律），遵从"道"，才是应该采取的人生态度。其具体的做法是清心寡欲，与世无争，知足常乐。我们去了解一下那些长寿的人群，无不是具有这种心态的人，最后最根本的还是不要有太多的欲望。我们应该知道，一个人的欲望是难以满足的、难以控制的。如果你不能果断坚毅地控制它，你便只能成为它的奴隶。它会不断吞噬你的精力、你的快乐心境乃至你的生命。

我们都应该学会收敛自己的欲望，知足知止。在老子看来，因为养生过分奢侈、淫靡过度，从而糟蹋了生命。少私寡欲，无所不容，德行高尚的人就能长久不衰，身虽死而留给后人的行为道德仍存活于后世，这样才算是真正的长寿。另外，还要在爱护自己的基础上，更好地发挥自己的创造才能，为社会、为更多的人谋更大福祉。

　　这一章重点说人的一生本来会遇到很多危难，但是善于养生的人，能做到少私寡欲的人，往往都可以颐养天年。三国时期，社会动乱不安，人的生命朝不保夕，要想长寿更是不易。曹操的谋臣程昱，不但在乱世中保全了自己，而且还很长寿。那么，程昱是如何养生的呢？程昱原名程立，字仲德，祖籍东郡东阿，也就是今天的山东省阳谷县东北阿城镇。黄巾起义爆发时，程立曾设计使东阿城得以保存，显示出他多谋善断的本领。东汉献帝初平年间（190—193），兖州刺史刘岱听说程立很有才能，就推荐他做了骑都尉。但是程立却婉言谢绝了。后来，刘岱为黄巾军所杀，曹操接管了兖州，征辟程立为官，程立答应了。乡里的人不明白程立为什么拒绝了刘岱而接受曹操。程立笑了一下，说道：“我早年曾经做过一个梦，梦中登上了泰山，双手捧着一轮红日。曹操的‘曹’，有个‘日’字，和梦是应验的。”其实，程立早已分析了天下的形势，他认为曹操能够成就大业，所以才答应了曹操的请求。曹操征伐徐州的时候，派程立和荀彧等留守兖州一带。这时，曹操的部将陈宫、张邈背叛，他们与吕布勾结，试图夺取兖州。就在这危急关头，负责留守的程立找到范县县令靳允，劝他顺应时势，不要追随陈宫等人作乱。这样终于粉碎了陈宫、张邈谋取兖州的阴谋，保住了鄄城、范县、东阿三城，从而稳定了曹军的后方，为曹操攻打徐州解除了后顾之忧。曹操回到兖州后，激动地握住了程立的手，说道：“如果这次没有你的努力，恐怕我就无家可归了。”荀彧站在一旁，对曹操说了程立早年做梦捧日的故事。曹操听了之后，更是把程立引为知己，高兴地说道：“你真不愧是我的心腹谋士啊！”曹操根据程立的梦境所述，将程立的名字“立”上加了个“日”字，这样就更名为程昱了。程昱很善于掌握时局大势，然后做出正确的判断。当曹操兵败兖州，处于不利形势的情况下，袁绍打算趁机吞并曹操，于是提出了“连和”的主张。程昱猜透了袁绍的险恶用心，因此力劝曹操不可答应，并以齐国田横不屈辱于刘邦的故事，对曹操进行激励。曹操听从了程昱的建议，没有依附袁绍。后来曹操统一了北方，在庆功时，曹操抚着程昱的背，真诚地说道：“当年我遭受兖州之败，如果没有你的谋断，恐怕就没有今天的成功了。”程昱倒是很谦虚，并没有以此邀功，说道：“这全都仰赖着主公的英明，我个人是没什么用处的。”曹操听后，对程昱大加赞扬。后来，曹操征伐马超，命令曹丕驻守邺城，由程昱担任留守的军事参谋。程昱留守邺城期间，不但协助曹丕完成了使命，而且处理好了曹氏父子之间的关系。曹操和曹丕都对程昱非常满意，还想提拔让他做再大一点的官职。但是程昱却在这个时候急流勇退，在一宗族的亲人们为程昱举行大规模庆贺酒会时，程昱这样表示："常言道：知足不辱，现在我可以退出政局了。"于是，程昱主动交出兵权，自此闭门不出，颐养天年。其实，程昱可以说是知世识人，同时他也有自知之明。程昱深知自己性格刚戾，脾气暴躁，很难与人相处好。有人曾经在曹操面前诬告说程昱想造反，但是曹操对此根本不相信，反而对程昱更加优待。尽管如此，聪明的程昱还是选择了明哲保身，急流勇退。程昱在曹魏安安稳稳地做了很多年的太平文官，曹丕称帝后，还封程昱为安乡侯，在原有的八百户封邑的基础上，又为他增加了三百户。不只程昱受到恩宠，就连他的儿子程延和孙子程晓也都受封为列侯。后来，曹丕甚至还想封程昱为"公"，但是程昱却在这时去世了。曹丕听到程昱去世的消息，十分难过、伤心地流下眼泪，追赠程昱为车骑将军，谥曰肃侯。程昱一生平安无事，活到八十多岁寿终正寝。他身为曹操谋士，经常是殚精竭虑，又生逢战乱动荡之时代，能够长寿实是非常难得。这与他知足的人生观有着很大的关系。

真正的长寿，还要在爱护自己的基础上，更好地发挥自己的创造才能，为社会，为更多的人谋更大福祉。

所以老子提出要贵生重己。生死是自然规律，没有人可逃掉的，不应有生喜死悲的观念，生死来临，就应欣然地接受，把我们的生死全部扔在脑后，生如花之盛开，死如夜里休息，顺从大自然的规律。老子论述主体乃"人之生，动之死地"这一种人，即本来可以长寿的人，却因为不能很好地掌握自己的命运而夭亡的人。对于这类人夭亡的缘故，他指出是"其生生之厚"，即对于权欲、物质生活的优裕追求得太过分，太放纵自己的欲望了。他对这种人生态度是坚决否定的。老子又指出那些善于掌控自己命运的人，不会遭遇犀牛和猛虎的攻击，在战争中更不会受到兵器的伤害。因为犀牛对他无法使用角，老虎对他无法使用爪，兵器对他也无法施展它的利刃。其实，之所以如此，并非他们在遭遇到这种危险时不受到伤害，而是因为这些人提前深知危险所在，他们根本不会陷入这些危险的境地，也即"善摄生者无死地"这种观点，庄子曾进一步做出过更为详细的解说。在《庄子·秋水》中，以故事的形式借助北海之口说：知道大道的，必定通情达理；通情达理的，必能明白权变；明白权变的，不会让外物来伤害自己。至德的人，火不能烧死他，水无法淹没他，寒暑也奈何不了他，禽兽更伤害不了他，这并不是说靠近它们而不受伤害，而是因为他们能辨别安宁和危险，安守穷困和通达，进退都非常小心，所以才没有东西能伤害他。

懂得了"道"，就能够使自己的命运顺应"道"的规律。而一个人一旦能够让自己的命运顺应"大道"的规律，也必定能很好地掌握自己的命运了。其实老子在这里所说的犀牛、老虎、武器都是一种比喻而已，多数夭折之人死于非命全是源于自己。因追逐权力而死于非命，因和他人争夺财富而被杀，因被别人嫉妒而遭陷害，因被他人仇恨而被毒害，因道德问题而被社会人所不容而亡，因犯罪而遭到法律的惩处，等等，这才是多数人所普遍面临的危险。善于或不善于掌控自己命运的人正是在面对这些问题时表现出差别。不善于掌控自己命运的人，对于自己过多的权、钱、情欲望，没有自控能力，而是听任权、钱、情驾驭着自己，总想获得更多的财富、更大的权力、更奢侈的生活和更多的美色，最终死于追逐的途中。而善于掌控自己命运的人则对自己能时时刻刻保持一种冷静和洞察。他们非常清楚一点，那便是自己的欲望是无限的、无止境的，如果任其膨胀，便永远没有知止知足的时候，自己的人生永远也得不到平静与安详。因此当欲望蠢蠢欲动的时候，当色、权、利诱惑在你面前招手的时候，他们会清楚地意识到与之相伴而生的危险，从而果断地放弃色、权、利这些东西来保全自己的人生快乐、健康长寿。老子教导我们要尽量使心态保持清虚寂寞，切实坚守心境的清净，不被欲望所动。要我们从万物生长发展过程中，观察循环往返的道理规律。万事万物尽管变化纷纭，最后还是要返回到原点。返回原点就叫作静，也可称为复归生命的本性。希望我们能够少私寡欲，无所不容，永无恶念，慈善质朴，纯性自然，生者寄也，死者归也。贪欲太多，违背了自然之道，生命力的展现是可以自己把握的。

　　深刻理解老子说的"善摄生者无死地"的智慧。让我们举个例子吧。阮籍乃魏时期著名文学家、"竹林七贤"的代表人物之一。在他们所生活的那个年代，国家政治昏暗，各派政治势力争权争斗激烈，当时的各政治集团都纷纷想拉拢有名望的人成为自己的幕僚，以壮大自己的势力。许多文人谋士都自愿或被迫加入了某一帮派，其中多有惨遭杀戮者。阮籍作为当时的名士，很自然各派都想拉他入伙，但是阮籍早已看破了当时那种钩心斗角的政治现实。他每天故意饮酒作乐，佯狂散放，时而读书忘我，形同痴呆；时而隐居山林，不问世事；时而云游四海，修道问仙，不肯加入任何一派，因而在激烈的政治角逐中，他得以成为一个局外之人，不被任何一派所嫉恨。曾经有一次，掌管魏国大权的曹爽欣慕阮籍的才名，出面请阮籍做官，并许以高位高薪，但阮籍推说有病，拒绝了曹爽，并回去了。没有过多久，司马懿趁曹爽出城去打猎，发动政变，将曹爽集团歼灭。后来当权的司马昭慕于阮籍的名声，又听说阮籍有一女儿，才貌不俗，便欲派人登门，为其子司马炎说亲。没想到阮籍提前得知了这一消息后，开怀放饮。他两个多月都酩酊大醉，使者来了多次，都无法与之说上话，只有作罢回去复命。正是通过这种躲避，阮籍始终没有掺和到政治生活中去，最终得以善终。阮籍凭借他的出身与才华，要想谋一个高官来做，可以说是易如反掌，但他明白高官的背后暗藏着杀身之祸，因此即使别人将高官送到面前，他全都加以拒绝。阮籍之处世，正是体现了老子说的"善摄生者无死地"的智慧。总而言之，所谓"善摄生者无死地"，就是利益和危险总是相伴而存的，善于掌控自己的人在看到色、权、利时，也领会到了危险同在。往更高的位置上爬的人，彼此大打出手，不去那里凑热闹，自然也不会波及自身安危。争夺利益的人凶狠，不去和他们争夺，自然不会遭到他们的攻击。法律固然严酷，你不去犯法，惩罚便不会落到你的头上。要想做到这些，首先还是要抑制自己内心的贪婪和欲望，保持一颗平常的人心，学会适可而止，懂得知足常乐。

本章中所提到的"养生"是指为人处世趋利避害之"道"。道家学说的"无为而治"、明哲保身的处世生存哲理，通常被个别人认为是消极避世的思想。实际上是要我们按照自然规律去生存、生活，不强求所欲色、权、利，积极地按自然规律展示自己的才华去为民众造福。从《老子》的逻辑理念来解读这些文章，表面上看是消极的避世，实际上是更积极有效的入世之"道"。而"道"则以德行来衡量人的宿命，谁也不能逃脱"道"的法则与尺度。

第十四章　物壮则老

原文：

　　含德之厚，比于赤子。蜂虿虺蛇不螫，攫鸟猛兽不搏，骨弱筋柔而握固。未知牝牡之合而朘作，精之至也。终日号而不嗄，和之至也。知和曰常，知常曰明，益生曰祥，心使气曰强。物壮则老。谓之不道，不道早已。

译文：

　　以"赤子"比喻修"道"之深，养"德"之厚的巧妙之用。修为得"道"的真人，精足神旺，自我身体健康与修为，达到冬天不冷，夏天不热，入水不溺，入火不焚，体性遂圆纯全，自我调控邪魔不入，百病不生，体格柔和，动静自如，无思无虑，道德修养深厚的人，就像初生的婴儿。毒虫见了他不刺不螫他，猛兽见了他不扑不伤害他，恶鸟见了他不抓不搏击他。尽管他骨嫩筋柔，但小拳头却紧紧地握得很牢固。虽不知男女交合之事而小生殖器常常勃起，这是他的元精、元气、元神极为充沛的缘故。他终日哭泣而声不哑，这是他元气和谐的缘故。

　　懂得了阴阳平衡，元气和谐，才叫作懂得了自然规律，就叫作"常"。懂得了道的规律，就叫作明智。如果不以常道养生，为了长命而纵欲贪生，就会遭殃，达不到长寿的目的。只有按自然规律去生活，不贪生，不狂欲厚生，无意于长生，才能自然地延长寿命。静极生动，只有心静下来，去除杂念，不胡思乱想，元气才能自行畅通，流经全身百脉。

　　如用意志强支精气，必然破坏气血流动的正常秩序，扰乱人体的正常运行。这是强为，欲念主使精气就是逞强，这不合于道，就会过早死亡。此乃人生之大忌。过分强硬，使肌肤强壮，按物壮则老的规律，就走向反面衰退。这就是不按自然规律办事，也就是背离了常"道"。不遵守常道不仅不能长生，反而会过早地灭亡。养生之"道"与处世之"道"，最宜谦下柔和，若心静神清，其气自然柔和深长。心不静则意不定，意不定则神不凝，心必粗暴、强硬。气的柔和及强硬其根皆在于心。

天道：体悟老子

体悟：

"含德之厚，比于赤子"仅八个字，"德"包含了两个方面的内容：一、"德"是天地万物兴与衰、荣与辱的内涵表达。顺"德"者昌，逆"德"者亡，就是用我们自己的力量在生存的基础上为社会他人多作贡献，包容自然存在，多做有利于社会人类福祉的事；反之，抢夺他人财物，侵犯他人福祉，损害社会，破坏社会安定与财富就是逆"德"者亡。既然"含德之厚"者，那么必然就有与之对应的"含德之薄"者。二者既然是对立的，那么其结局必然是相反的。众人行事的所有行为表达是否符合"德"的要求，完全取决于个人的人生观、价值观、道德观。其结果也需要由自己的行为表达来承担。二、老子一再强调当时社会（2500年前那个时代）"大道"已废，社会上一切对立观念（战国早期时代矛盾对立），诸如善恶、美丑、尊卑等等，都是无"道"的表现。真正得"道"的人们没有强欲、善恶、美丑、尊卑，天下皆知美之为美，斯恶已；皆知善之为善，斯不善已，社会定义了"美"和"善"，就意味着"丑"和"恶"已经产生了。所以老子认为，源自"道"这一母体的事物，只有在未受外界社会影响之前，才能守持住真正的"道"和"德"，实现真正的阴阳和谐，无求无欲，这就是"万物负阴抱阳"的道理。老子常用初生的婴儿来与"厚德"者做比较，是因为世俗之人已经沾染了现实社会生活中的种种污浊不良行为，已不具备培养"厚德"的条件。只有刚刚出生的婴儿，才能保持至纯至真的人性优良的原生态，从而自然而然地积累出"厚德"。

老子将含有深厚道德的人，比作初生的婴儿，又以婴儿的种种表现来描述"德"的作用。这个比喻是十分恰当的。可能许多人都在习惯上认为所谓的"德"是后天学来的东西，婴儿时他并没有自我意识和认知能力，因此大家都认为他是不具有"德"的，只有在长大后，一个人才会在这个社会之中逐渐理解掌握"德"。当然具体的数量则是根据个人的认知能力和道德修养水准而有所差别。实际上这种认识与实际情况恰恰相反。可以说一个初生的婴儿一来到人世间，便具有完善的"德"，恰恰是后天因受到社会生活习气的污染之后，这些人性先天的"德"才逐渐减少了。而所谓的那些缺少"德"的人，不是因为后天没有学到"德"，而是丧失了那些先天人性的"德"。可以说看似无知而弱小的婴儿，他能给我们诸多的启发！

婴儿因为没有自我的意识和自己的欲望，因而他便没有大人们通常有的诸多思虑、恐惧、敌对等情绪。周围的一切对他来说都是美好的，他对周围的一切都是友善的。他能够得到周围所有人的喜欢。我们也都知道，我们都不会对婴儿怀有敌意，即使是奸恶之人看到婴儿也会滋生柔情，如老子所说毒虫见了不蜇他，猛兽见了不伤他，凶鸟见了不搏击他。事实上老子在这里所说的并非夸张。我们都知道，即使是大人，一般情况下，只要你不主动去攻击动物，也不因自己害怕而夺路逃跑，纵然是危险的动物，它们一般也不会去攻击人。历史上传说周的始祖后稷，其母姜嫄因踩到巨人的脚印而怀上他，以为不吉祥，于是在他出生后便将其抛弃。一次，他的母亲故意将其放在巷子里不管，但是过往的牛羊纷纷避开他，并没有将他踩死。另一次姜嫄又把他放在树林里，希望野兽吃了他，但是野兽并没有去吃他。姜嫄又将他放在寒冰上想冻死他,但是大鸟飞过来用翅膀覆盖他给他保暖。当然这只是历史上的传说。但现实生活中，世界多个地方都曾出现过小孩子跟随狼群，被狼养大的"狼孩儿"事件。这些事例有力地证明了老子所说的话。婴儿的这种无我无私的特质，可以给我们大家很多的启发。社会生活中，我们人类对于周围的一切，往往会用一种带有个人情绪的眼光去审视事物，进而将周围的人区分为朋友或敌人（好人坏人），会习惯性地按照对方的出身将人分为高低贵贱。对地位高或者富有的人就会产生一种重视，对卑贱者或穷人就会不经意地有一种轻视。在不同场合，我们就会产生不同的情绪。比如隆重的场合，就会紧张，遇到危险我们会紧张恐惧。之所以如此，就是我们总带着一种强烈的自我意识去衡量人世间的一切，以有利有害而得出结论。如此我们便失去了那种打量人世间的一切平等平和的眼光。而如果我们能跳出狭隘的自我意识，试着像我们婴儿时代那样去看待人世间的一切事物，那么我们便会总是友好和善地处世为人，也不会根据他人的身份地位、穷富或对自己有利有害的意识将人分成等级、敌友，那么我们必然能收获更多的友善。同时，一旦我们没有了那么强烈的自我意识，就不会被外界环境所左右我们的认识行为。那样看上去必然是胸怀博大而和善亲切，为人处世的格局必然是焕然一新，受人尊重了。

　　老子虽然说婴儿筋骨柔弱，但拳头握起来却是很紧的。他虽然还不知男女的交合之事，但他的小生殖器常常勃起，这是精气充足的缘故。他终日号哭，但嗓子不会沙哑，这是因为他元气和谐。这启发我们要保存自己的内敛精气，使自己在身体与精神上和谐。婴儿精气不外泄，元气和谐，是因为他对自己和人世间什么都懵懂无知，也就不会为内在的自己和外在的人世间去费神。他的内心世界和脑子里是异常简单而平静的清静世界。他不会为因得失而高兴与悲伤，他不懂骄傲去嫉妒别人，他不会伤感、仇恨、忧虑、烦恼，更没有什么欲望，也不会因为放纵自己的欲望而耗费精力。总的来说，他是一个简简单单的存在。他的精气神不会耗费在那些欲望的地方，自然更不会产生使元气不和谐的情绪。和婴儿相反，我们成年人往往都将自己的精气神无限地分散在那没完没了的思虑欲望情绪之中，时而为得到高兴，时而为丢失伤感；时而羡慕别人，时而又暗自庆幸；时而为一件过去的事情恼怒不已，时而又对将来有可能会发生的事忧虑重重，万分不安。而这些情绪和思虑都交替不断地严重损耗着我们的精气神，有些过分的情绪破坏了我们元气的和谐。因此，我们成年人总是感觉处在一种精神疲惫之中，也可以说都生活在亚健康状态。也有许多人不知不觉便患上了某种慢性疾病。婴儿状态能给我们什么启示？就是要学会做事要化繁为简，将复杂的事情变得简单。具体做法便是，放下纷纷扰扰的思虑、欲望、情绪，学会看淡生活工作中的一切，不以物喜，不以己悲。从此便不会有烦恼，会拥有更为旺盛的精力去做事，同时也会有更为沉稳的情绪和愉快心境。其实因为每个人都是从婴儿成长起来的，因此所谓向婴儿学习的智慧，实质上是捡起来我们本来就早已经拥有，成人后却丢失了的德行。这是一种向人本性的回归，自然而然的道德。

在《老子》的全文中多次讲到他对于貌似柔弱的新生事物的向往，如"我独泊兮其未兆，如婴儿之未孩""人之生也柔弱，其死也坚强。草木之生也柔脆，其死也枯槁"。这些自然事物是"道"的产物，万事万物全是如此。它们秉承了"德"的品性，不掺杂任何社会污浊之物，具有极为强大的生命力，因而"骨弱筋柔而握固"并且"精之至"。同时也因为这种纯真纯净，使得这些事物在社会发展过程中能够排除各种干扰，自觉地遵循正"道"（自然规律），从而显示出超乎寻常的强大活力。

老子用哲学的理念来解释婴儿"未知牝牡之合而朘作"，以及终日啼哭而声音不哑的原因，就在于他不仅"精之至"，而且"和之至"，这是本章的核心思想，再次反复深入阐释了老子的"和谐"观。他所崇尚的和谐，属于矛盾的同一性，是对立双方此消彼长以至平衡的结果。"一阴一阳谓之道"就体现了这种哲学思维。如我们把"和谐"作为一个哲学范畴，那么就可以将"和谐"的内涵界定为：各种事物以及事物之中各方面要素的相互适应，或各种资源的科学合理配置。它们相互协调以及融洽，是一种达到了适度的比例关系的稳定发展状态，是人世间事物发展的最佳理想的状态。所以养生就在于精神气的和谐，并把它总结为一个"和"字。

老子强调和睦不争，排斥物欲，认为超功利的"无为"是正确修身之"道"。他从反面反复论述了不合于"道"的"有欲"之害，即"益生曰祥，心使气曰强，物壮则老，谓之不道，不道早已"。过分强硬、狂欲、贪婪终会遭灾，社会上这样的例子多之又多。一味追求"霸道"的狂欲的人是背离"正道"的，最终只有死路一条。我们无论从事任何事情，只有保持它的均衡、和谐，顺从自然规律的态势，才能使事物的稳定性、安全性得以维持，进而实现顺利发展。"知和曰常，知常曰明"，知道"和"就是知道了"道"，和谐是"道"的常态。宇宙万物的本性就是和谐的、清静的，所以认识了和谐的本性就是认识了"道",常就是恒常不变的"道"。这就是老子哲学思想对我们今天所倡导的和谐社会理论的启示。

老子刻意强调,"物壮则老,是谓不道,不道早已"的意思是,在物体走向强盛的同时也意味着开始走向衰落,因此强盛是不符合"道"的,而不符合于"道"便意味着衰亡。其实,在《老子》中,他反复强调了这一思想:一个事物走向强盛顶峰的同时,也是走向反面的开始。需要说明是,这里的"强盛"是一种泛指,其不仅仅指的是力量的强大而已,而是可以代表美丽、荣耀、美满、成功等凡具有正面意义的特征的东西。无疑这些东西,都是众人想要追求并很想达到的目的。但是,殊不知,一旦达到顶峰这一状态,也就意味着开始走向事物的反面。所谓水满则溢,月满则亏。一台晚会一旦达到高潮,也就意味着差不多要到曲终人散了。人一生中,中年是最为强壮的时候,但同时也意味着就要进入衰老的年岁了。总之老子通过"物壮则老"来提醒我们有两点。一是守柔,二是适可而止。所谓守柔即坚守事物的柔弱状态,具体可分为处下,不争,不逞强,不事事张扬。老子认为,只有这样才合乎"道"才能够长久。不过,"物壮则老"之内所包含的老子守柔思想,与我们通常所说的处下,不争,不事事张扬,不逞强等还有区别。这里的守柔有一个前提,如老子所说的"果而勿矜,果而勿伐,果而勿骄,果而不得已,果而勿强"。

即是在有了结果,达到了自己的目的之后,也要"勿矜""勿伐""勿骄""不得已""勿强"。这么来说,这里所说的在取得成功之后的"守柔",其实就是适可而止。即我们在取得一定成功之后,不要一味地仍然继续坚定往前走,非要达到理想的顶峰,一旦到达顶峰,必然会走向其反面(高处不胜寒)。关于此,我们以功劳、权位、财富这几个古往今来的人们最倾心追求的东西为例来说说吧。我们大家都知道,男人都渴望能够建功立业,子孙满堂。但是功劳这东西并非越大越好,达到顶峰,那便不是好事了。如秦国名将白起乃秦昭王时代的主将。秦国之所以能与六国进行军事对抗,他的作用是主要的,不可忽视的。其中,仅在长平之战中,白起便一举坑杀赵国士兵40余万人,因此使赵国一蹶不振。随着白起威望日见尊崇,秦国在军事上几乎离不开他。他不仅因功高震主而引起秦昭王的猜疑,也引来丞相范雎的猜疑攻击。长平之战后,白起又连续拿下赵国数城,眼看就要拿下赵国邯郸。范雎担心白起功劳过大,有可能会位居自己之上,于是进言秦昭王,命其班师,并剥夺了他的兵权。别的将领接替白起攻打邯郸,战事不利。白起暗中高兴,自觉得秦国打胜仗离不开自己。秦昭王再派白起前去攻打邯郸,白起却称病不行。后范雎向秦昭王谏言,撤销白起的官爵并将其流放到阴密(今甘肃省灵台县),当白起行到杜邮(今陕西省咸阳市)时,秦王再次接受范雎的意见，认为白起怀有怨恨，他对秦国有大功和威望，万一谋反便很危险，便赐剑让他自裁。所谓"飞鸟尽，良弓藏，狡兔死，走狗烹"。其实不仅仅是白起，赵国名将李牧、吴国功臣伍子胥、西汉王朝韩信，无不是因为功高震主而遭杀害，所以说，功劳这东西是符合老子所说的"物壮则老"的。

我们都知道权力是人们想追求的东西，多少人几十年寒窗苦读，就是为了能获得哪怕不大的权力。但是权力一旦太大，也未必是好事。汉高祖刘邦死后，皇后吕雉大权独揽，野心勃勃。吕后为巩固自己的统治，采用一系列强硬手段来扩大吕氏的权势。她接连杀掉刘姓多名皇族子弟，并不断分封吕氏子弟。公元前187年封吕台为吕王，吕产为梁王，吕禄为赵王，吕通为燕王；追尊吕文为吕宣王，女儿鲁元公主的儿子张偃为鲁王；将吕禄的女儿嫁给刘章，封刘章为朱虚侯；吕释之的儿子吕种为沛侯，外甥吕平为扶柳侯。吕后二年，吕台去世，谥号肃王，封其子吕嘉代吕台为吕王。又封其妹吕嬃为临光侯，侄子吕他为俞侯，吕更始为赘其侯，吕愤为吕城侯。临死前，吕后又让梁王吕产担任相国，让吕禄的女儿做皇后，并下令任侄子赵王吕禄为上将军，统领北军，吕产统领南军。事实上，吕后夺得了刘家天下。但是吕氏家族在权势达到顶峰的同时，也为自己埋下了祸根，其权势的无限扩张，直接影响了刘氏家族及那一群开国元老们的利益。只不过因为吕后是皇帝的亲生母亲，皇帝自己不说，其他重臣都不好说什么，但吕后一死，各方权力重臣，迅速发动兵变，将吕氏一族全部灭门。权力这东西，是把"双刃剑"，一不小心便会伤到自己。可以说，中国历史上因为位高权重但最终死于非命的人数不胜数。秦朝宰相李斯、汉代外戚王莽、魏国曹爽、明朝宰相胡惟庸、清朝鳌拜等。所以说权力这东西显然也符合老子所说的"物壮则老"。

财富越多也是如此，如明朝富豪沈万三，西晋石崇，清朝和珅、胡雪岩等许多大地主、大资本家都没有落得好下场。江湖所言的"杀富济贫"是英雄好汉，"替天行道"是好汉英雄，由此可见，对于财富的积累也同样是合乎老子所说的"物壮则老"的原则。我们从中国历代例子中可以看出无论是功名、权位、财富都应该是"适可而止"的，一旦达到顶峰，都会走向反面，都未必是件好事。这更进一步说明，人们通常所追求的功名、权力、财富，在我们的工作生活中，"物壮则老"的智慧能给我们很多的总结和启发。

老子用婴儿的生理现象打比方，说明纯真无争的强大。事物盛极则衰，人也是如此，不明白这个道理，必然导致早亡。骄扬跋扈，极具攻击力的行事风格完全可以将一个位高权重的人引入死路，还会给他人带来莫大的灾难。春秋时期晋国权臣赵盾与屠岸贾的故事就说明了这个道理。屠岸贾是晋国人，出身于贵族之家，祖父屠岸夷和父亲屠岸击都在晋惠公时担任大夫。其中，他的祖父屠岸夷不仅曾帮助晋惠公登临君位，还在晋国与秦国的战争中，立下大功。晋惠公感念他的贡献，追封他为上大夫，并令他的儿子屠岸击世袭大夫官职。屠岸贾也因此受益。赵盾也是晋国人，和屠岸贾一样出身贵族之家，其父亲赵衰是晋文公的重臣。赵衰死后，赵盾不仅承袭父亲的执政大夫之位，还被晋襄公任命为中军元帅，集军政大权于一身，其权焰之炽烈，无人能比。晋襄公临终前，由于担心儿子晋灵公年纪尚小，不足以担当大事，便要赵盾帮助其处理朝政。然而，赵盾一开始并不支持晋灵公即位，君臣不睦的祸根早就种下。因此，相对于强势能干的赵盾，晋灵公更宠幸善于逢迎的屠岸贾。而随着时间的推移，晋灵公对屠岸贾越发依赖，对赵盾则日益不满。晋灵公的母亲曾想借助朝中的反赵势力削弱赵盾的权势，却没有成功。赵盾对付政敌心狠手辣，不少反对他的老臣都被杀害。屠岸贾深知晋灵公对赵盾的怨懑，也把赵盾当成眼中钉。不断激化晋灵公和赵盾的矛盾，终于让晋灵公萌生了铲除赵盾之心。不久，晋灵公和屠岸贾密谋派刺客刺杀赵盾。却没想到，刺客竟被赵盾深深折服，宁可自杀身死也不取赵盾的性命。之后，晋灵公又借宴会之名邀请赵盾，打算在宴席上将赵盾杀死，然而奉命暗杀赵盾的人曾经接受过赵盾的恩惠，放了赵盾一马。大难不死的赵盾得知晋灵公对自己动了杀心，便尝试出逃，在路上遇到了侄子赵穿。赵穿弄清了事情的前因后果气愤难当，决心反击。他安顿好赵盾后返回晋国国都，借口向晋灵公请罪，博得了晋灵公的信任。随后他又巧妙地支走了屠岸贾，杀死了晋灵公。晋灵公死后，晋人将晋成公扶上国君之位，赵盾得以再次执掌国家大权，其子赵朔还迎娶了晋成公女儿庄姬。从表面上看，赵氏家族已经走出了晋灵公的阴霾，晋成公对赵家十分信赖。然而，好景不长，没过多久赵盾病死，晋成公也死在了讨伐陈国的途中。继位的晋景公像晋灵公一样昏聩荒诞。这就给屠岸贾提供了东山再起的契机。屠岸贾迅速坐大，被任命为司寇，掌管刑狱。而借职位之便，屠岸贾翻起了旧账，以追查晋灵公之死的名义，将矛头对准赵盾的后人，赵家登时遭到灭顶之灾，包括赵朔在内的赵氏老小全部被杀。所幸赵朔的妻子是晋成公的女眷。赵朔遇难时，她已怀有身孕，侥幸逃到宫里。据《史记·赵世家》记载，在赵朔的家臣公孙杵臼及程婴等人的帮助下，赵朔的遗腹子赵武得以保全。十五年后，晋景公得了重病，找人占卜，占卜的结果显示"大业因断了后代的香火而作祟"。大臣韩厥借机向晋景公说："大业的后代在晋国断了香火的不就是说赵氏吗？"治病心切的晋景公忙打听赵氏后人的下落，韩厥这才将赵朔之子尚在人间的事告诉给他。晋景公大喜，召赵武入宫，还将他介绍给手下大臣。大臣们见国君对赵家的态度变了，顺势将赵家被屠的责任都推到了屠岸贾身上。一度不可一世的屠岸贾就这样失了势，他的好日子到头了。晋国的将军们和赵武一起攻打了屠岸贾的家族，灭掉了屠岸贾一家。屠、赵两家的恩怨这才告一段落。纵观屠岸贾和赵盾的一生，他们都曾权倾朝野，风光无限，都曾不遗余力排除异己，但又都因过于张扬凶狠而招致灾祸。他们都没有因大权在握，手段过人而保全家人。老子"物壮则老"就是在提醒我们，有时候眼睛看到的强大并非真正的强大，逞强傲物必然遭殃，人要有意识地让自己像婴儿那般纯真柔和，才有可能拥有真正强大的内在，从而有能力避开灾祸，逢凶化吉。

以上所讲的历史案例提醒我们，在日常生活中，无论做任何事情，都应适可而止，不一定非要达到顶点，十全十美。假如你与他人发生争执，只要能将问题说清楚，自己不受委屈，也就可以了，不一定非要把对方说得哑口无言，在众人面前使他感到十分难堪。那样你嘴上一时痛快，但你从此就多了一个敌人。在我们的工作中，你希望能彰显自己的优秀，做任何事情都尽力认真负责，自然而然地让大家觉得你值得信赖就可以了，大可不必事事都要抢风头、争第一，非要显得自己比所有人都强都高明才可罢休。那样的话就可能遭到很多人的反感与讥讽了。总之，就是要见好就收，这才是"物壮则老"的智慧。凡事不一定非要等到其达到顶点时才是完美的，我们要学会享受做事过程中的快乐。比如在我们追求某种目标的过程中，固然得到的那一刻是最令人激动的，但是在真正得到的那一刻，可能使我们失去了追求的目标，以致感到是最为空虚的时刻。因此，我们要学会享受追求过程的乐趣。事实上，许多事情都应该是如此。一般而言，我们多数事业成功的时候，往往都已年届不惑，此时心态疲惫不堪，对于成功已经没有了狂欢的激情。因此，我们要学会掌握达到高潮之前这段过程中的快乐！对于每一个小小的进展与成功，都要去感受它的快乐，并且，我们不一定非要得到那种理想状态的要求才感到快乐，对于每一次小小进展或成功要满足。因为"物壮则老"的准则，如果真的达到了我们理想的状态的东西，说不定会开始转向反面的结果。

本章借"赤子"的意象来宣扬老子"无为无欲"的处世哲学。老子也常常借婴儿的形象来表达他对世道人间的人心返璞归真的期待和美好愿望。他认为能真正领悟"大道"的人一定也是怀着"赤子之心"的人，一个真正领悟"大道"的人也是一个回到婴儿般初始状态的人。最后提出"物壮则老。谓之不道，不道早已"的辩证理论。"精之至"是形容精神充实饱满的状态，"和之至"是形容心灵凝聚和谐的状态。

老子认为，只有内在的纯真柔和，才能精力充实饱满，心智凝聚和谐，防止外界伤害。如果纵欲贪生，使气逞强，就必然会遭殃，以致灭亡。

第十五章 不争而善胜

原文：

　　勇于敢则杀，勇于不敢则活。此两者，或利或害。天之所恶，孰知其故？是以圣人犹难之。天之道，不争而善胜，不言而善应，不召而自来，繟然而善谋。天网恢恢，疏而不失。

译文：

　　一、"勇"坚守规律的"道"性，操持善德之行为。

　　二、"敢"刚强横暴，行事鲁莽，无所顾忌，贸然进取。

　　三、"不敢"抑其血气之刚，适其德义之勇，审时度势，周密谋划。在这里指是柔和冷静的态度。

　　四、"杀"任血气方刚、主观，用意气办事，不但于事无益反而伤身害己。

　　五、"活"以自然规律善"道"行事，德义处世，谨慎周密，保全身命。

　　勇于刚强，胆大妄为，行事鲁莽，无所顾忌就会招来杀身之祸，必不得善终；而善于表现柔弱，和谐处世就可以保全自我。这两种处世方式，一种有害，一种有益。上天所厌恶勇于刚强的，有谁知道是什么缘故呢？就是有道的圣人也难以说清楚说明白其中的道理，何况一般人呢？自然规律是四时运行，有生有死，秋冬不争，万物自然凋零而收藏；春夏不言，自然冰雪消融，万物生长，无须召唤，寒暑交替，昼夜往来。自然的法则是无须争夺却能够获得，不用言语却能回应一切，无须召唤万物而万物自然而来，坦然从容处事之间就自然能谋划未来。自然广阔无边，"天道"的运化规律，自然法网的孔虽大，却粒米不漏。人为的正或邪、善或恶，无论大小多少，只要为下，一定会有所报应。天网恢恢，疏而不漏。

体悟：

　　老子在本章所讲的"勇"和"敢"是两个截然不同的词语。从他说的"慈故能勇"来看他对勇是抱有肯定态度的，但此处的"勇"绝非匹夫之勇，逞一时意气而不顾后

95

天道：体悟老子

果的行为，绝不是"勇"，而是"敢"。他说的"不敢为天下先"，"不敢为主而为客""辅万物之自然而不敢为"，可见他对于"敢"是否定的。这些观点和老子所尊崇的柔能克刚、柔能胜强的观点密切相关。这里的"勇"之所以为"勇"，是在于其慈爱能谨慎与顺应敢于面对暴力和邪恶，故而才能全力以赴，专心把事情做好。而将勇气建立在妄为蛮干的基础之上，逞强使气，就会招来杀身之祸。显然，老子在这里提倡那种出于防卫性质之勇，而反对逞强特能之勇，勇应该是充满智慧的。所以"勇"和"敢"之别在本质上其实就是柔与刚之别，也是自然界法则预先就已经规定好的。谨小慎微，考虑再三，然后再做取舍，就能保全性命。一味逞强并非真正的勇敢，没有足够的智慧来做判断，没有足够的修养来对待世事，就会引来切身之痛。

老子总结几条大自然界法则的规律特点："不争而善胜""不召而自来""繟然而善谋。"我们从来都不需要去争强，因为刚强总会招来灾祸。如能真正达到什么都不屑去争夺的境界时，就没有人可与之相比了。从来都不需要用言语去表达目的所求，是因为所要表达的目的、祈求往往都已经在行为之中自然流露过了；不需要召唤和祈求，是因为以前早已做过了，应该来的自然会准时悄然而至。自然的法则看似散漫而毫无头绪，但就在这散漫之中，一切都已经安排妥当。善胜、善应、善谋都是自然规律中"道"对世间万物所起的支配作用的不同表现。自然规律法则是在不知不觉之中发挥作用的，它只需要事先安排各种事物之间的内在关联，加以调节，就可以得到相应的结果。"争""言""召"等所有外在手段，它都从来不会用到。自然规律、法则看似散漫，其实不然，只是由于其太过博大，以常人的知识眼光根本就无法去了解、管控，识其端倪罢了。

我们列举西汉王朝韩信"胯下之辱"的故事来说明"勇于敢则杀，勇于不敢则活"事实吧。在这段故事里，韩信好好地走在街头没有惹谁，有人却偏偏找上门来去侮辱他。根据后来的故事情节，我们可以知道，韩信甘受胯下之辱，显然不是因为他缺乏勇气，而是正如韩信所说："杀了他也不能成就自己的理想抱负。"我们想象一下，如果韩信当初稍微克制不住自己的情感，手起刀落，那人的小命恐怕也就没有了。另外，即使当初没有杀他，韩信功成名就之后，如果换作一个心胸狭隘之人，将他提来杀掉也就是一句话的事。幸运的是，他遇到韩信这样的能人。因此可以说，这个人当初的"勇于敢"之举，已经使自己的脑袋冒了两次险了。这也正是如老子所说的"勇于敢则杀"了。当然，韩信不争一时之胜，甘受胯下之辱的举动则是个典型的"勇于不敢则活"了。事实上，像韩信这样的故事之所以被传为美谈，是因为这样的事例非常少有，而在其他类似情形下，那些逞强特能的人最后都被"以牙还牙"了。比如秦国的范雎对得罪他的人睚眦必报，更何况是奇耻大辱。又如明代小说《水浒传》中，泼皮牛二对落魄卖刀的杨志咄咄逼人，结果落了个身首异处的下场。等文还有很多案例。

　　所谓"勇于不敢则活"，是因为要考虑到更为长远的永久的利益，对于他人的咄咄逼人的挑衅要采取忍让回避的态度。这不仅需要智慧，同时更需要一个人有更大的勇气，因为示弱往往会遭到别人的嘲笑，所遭受的心理压力可能比"勇于敢"所可能遭受的危险所带来的压力更大。战国时期的"将相和"的故事是一个典型案例。赵国蔺相如带着和氏璧出使秦国，期间他利用自己的机智既成功带回了和氏璧，又没有让秦国找到入侵赵国的借口，立下大功。后来他又在秦王和赵王的渑池之会上保全了赵国的体面，再立下大功，结果被册封为上卿，地位在廉颇之上。廉颇乃赵国著名将领，曾为赵国立下了汗马功劳，对于蔺相如位居自己之上，廉颇很是不服气。他对身边将领扬言说："我廉颇一生为赵国攻城拔寨，立下赫赫战功，而那蔺相如只不过是耍耍嘴皮子，凭什么位居我之上。我什么时候见到他，一定得当面给他个下马威，让他难堪！"这些话传到了蔺相如那里，他便嘱咐手下人，让他们以后遇到廉颇的人时一定要谦让。并且他自己出门的时候，也尽量避免和廉颇遭遇，有时面对廉颇的车子从前面过来时，他就赶紧让车夫掉头而躲开。对于蔺相如的这种示弱行为，他自己手下的人便有些愤愤不平。他们对蔺相如说道："您害怕廉将军吗？您的地位比廉颇高，他那样侮辱您，您不理睬他也就算了，何必这样忍让，照这样下去？恐怕他更不会把您放在眼里了。"蔺相如听到后，便笑着问他们道："我问你们一个问题，廉将军和秦王相比谁更厉害一些？"手下人回答："那当然是秦王了。"蔺相如说道："那么诸位想想，我连秦王都不害怕，我会怕廉将军吗？"手下人都不知道是怎么回事，蔺相如接着说道："我之所以处处忍让廉将军，是考虑到现在秦国之所以不敢来进攻赵国，是因为赵国文有我蔺相如，武有廉颇将军。如果我们两个之间发生争斗，就等于为秦国制造了攻打赵国的大好机会呀！你们都要认真地好好想想，是赵国安危重要，还是我个人的面子重要？"大家听了之后，都点头表示认同，以后遇到廉颇的人也都更加小心谦让。后来，蔺相如的这些话传到了廉颇的耳朵里，廉颇感到十分惭愧。他脱下上衣，露着膀子，背上一束荆条去到蔺相如的府上认错。蔺相如一得到消息，慌忙从府里出来迎接。廉颇看到蔺相如立刻跪在地上，请求蔺相如用自己带来的荆条鞭打自己。蔺相如则赶紧把荆条扔掉，他为廉颇穿上衣服，将其请入府中，从此两人成了刎颈之交，秦国也不敢欺负赵国了。

　　在这个案例中，蔺相如的行为便是一种典型的"勇于不敢"。正如蔺相如所说，他之所以不和咄咄逼人的廉颇争强，并非因为他没有这个胆量，而是出于自己的理性，考虑到大局的需要。应该说，这种理智与谨慎的态度从表面上看是不"勇敢"，其实却是一种大智大勇。而这种"勇于不敢"也果然如老子所说最终取得了良好的效果。而从廉颇的角度讲，他一旦知道蔺相如对自己忍让的原因之后，以自己尊贵的地位竟然知辱负荆请罪，从"勇于敢"变成了"勇于不敢"，这也是一种大智大勇之举，最终蔺相如和廉颇两人，各以其"勇于不敢"，保全了赵国的国家利益，并名垂千古。总之，谨慎并不意味着怯弱，正如勇敢并不意味着鲁莽。许多时候，谨慎和怯弱看上去很是相像，勇敢和鲁莽也只有一步之遥，关键要看你深层次的内心动机如何了。如果仅仅是为了自己个人的欲望铤而走险，或者为了一时的冲动而做出伤害他人的行为，这绝非勇敢，而只是莽撞罢了。这一种行为往往给自己带来的是悔不当初的后果。请看那些因为作奸犯科而身陷囹圄的人，他们的行为不可谓不"勇敢"，但是正是这种"勇敢"使他们的人生蒙上了耻辱，也许终身也无法摆脱。相反，那些看似做事稳重，常用理性控制自身行为的人，好像看似不那么"勇敢"，其实恰恰是做了正确的选择，凡是理性的人都会赞同他们的举动。总之，让我们都要记住一句话：勇敢只有在必要的时候表现才是真正的勇敢。反过来说，在不必要表现勇敢的时候你表现勇敢，往往是灾祸无穷。

老子向来反对妄为，他认为勇于妄为的人，人生是不会善终的。东汉末年的董卓，在盗取朝廷大权后，肆意妄为，无恶不作，最终死在自己养子的手中，这一故事就很好地证明了老子的这一观点。董卓，子仲颖，陇西临洮（今甘肃省岷县）人。生性勇猛而有谋断。从驻守边塞的地方官吏升迁为羽林郎，累迁西域戊己校尉，并州刺史，河东太守之职。汉灵帝中平六年（189）汉灵帝死后，十四岁的皇子刘辩继位，史称少帝。这时，少帝的生母何氏临朝听政。大将军、外戚何进、太傅袁隗（袁绍的叔父）担任录尚书事，这是百官中最高的职位，两人一起处理朝政。灵帝原先有一个亲信宦官，名叫蹇硕。他早就和代表外戚势力的何进结下深怨。蹇硕一直想杀掉何进，改立刘协为帝。何进听说后，就抢先下手捕杀了蹇硕。事后，为彻底清除宦官的势力，何进又与虎贲中郎将袁绍密议，私召凉州刺史董卓入京，合谋诛杀宦官。但是这件事却被宦官张让得知，于是在宫中诱杀何进。其后，袁绍、曹操带兵入宫，杀尽宦官，控制朝廷。这时，董卓率军来到洛阳。进入洛阳后，董卓肆意妄为，成了当时的一大祸害。董卓看到洛阳城中贵族府第连绵，家家殷实，金帛财产无数，便放纵属下实行所谓的"收牢"运动。这些士兵到处杀人放火，奸淫妇女，劫掠物资，把整个洛阳城弄得鸡犬不宁，百姓怨声载道。初入洛阳时，董卓只有三千兵马，在接收了何进等人的所属部众之后，实力开始壮大。董卓拥兵自重，就更加显得不可一世了。董卓入了皇宫，少帝吓得惊慌失措，董卓则威风凛凛，大摇大摆地去参见少帝。少帝因受惊吓，一句话都不敢说，倒是站立一旁的陈留王刘协处乱不惊。董卓大为欢喜，认为刘协要比少帝强得多，就想罢黜刘辩，拥立刘协为帝。董卓操纵了少帝，挟天子以令诸侯，开始干预朝廷政事。董卓深知军事力量对于自己的重要性，于是下令心腹吕布杀掉执金吾，接收了洛阳城的防卫部队。从此，董卓具备了左右朝政的军事基础，为他野心的进一步膨胀增加了筹码。有了强大的军事后盾，董卓就更加有恃无恐，为所欲为了，首先，他逼迫朝廷解除司空刘弘的权力，然后自己取而代之。接着，为进一步控制朝廷，董卓召集文武百官，商议废除少帝改立刘协为帝。文武官员慑于董卓的淫威，不敢对此有所异议。只有尚书卢植当面反对，董卓大怒，立即下令士兵将他推出斩首，幸亏侍中蔡邕力劝，卢植才免于一死。之后，董卓废掉了少帝，另立陈留王刘协，即汉献帝。不久，少帝及何太后被毒杀。汉献帝即位后，升董卓为太尉，不久董卓又自封郡侯，跃居三公之首，掌宰相权。为了更加有效地控制皇帝，董卓不顾众臣反对，胁迫献帝把都城由洛阳迁到长安。迁都长安，董卓担心官员和百姓逃回故都洛阳，董卓遂将整个洛阳城以及附近二百里内的宫殿宗庙，府库等大批建筑物全部焚毁。昔日兴盛繁华的洛阳城瞬间变成一片废墟，凄凉惨景令人痛惜。为了掠夺财富，董卓还派吕布洗劫皇家陵墓和公卿坟冢，尽收珍宝。洛阳城在董卓肆意破坏之下已是千疮百孔，满目疮痍。曹操对此悲愤不已，写下一首《薤露行》，予以讥讽："贼臣持国柄，杀主灭宇京。荡覆帝基业，宗庙以燔丧。播越西迁移，号泣而且行。瞻彼洛城郭，微子为哀伤。"董卓还无视礼制和皇威，在自己的封地修筑了与长安城墙规模相当的坞堡，高厚达七丈，并命名为"万岁坞"，规定任何官员经过他的封地时，必须下马，还要恭恭敬敬地向他行大礼。董卓在玩弄权术的同时，还暗中培养爪牙，排挤一切敌对势力和集团。董卓通过安置耳目，基本上控制了从中央到地方的权力，只要是有官员反对他，他便毫不留情地予以铲除。卫尉张温曾担任太尉。他对董卓飞扬跋扈、野蛮残忍的行为十分不满。董卓也一直把张温看作眼中钉。为了清除张温这个心腹大患，董卓在朝中散布谣言，诬陷张温与袁术勾结，对抗朝廷。不久，董卓以"莫须有"的罪名将张温鞭笞而死。在董卓的淫威之下，朝中的许多忠义之臣，不是被逼迫出逃，就是被铲除消灭。同时，他还经常命令手下将士四处劫掠、残害百姓。汉献帝初平元年（190）二月，董卓手下的老兵在阳城抢劫在乡社集会的百姓，董卓的士兵还趁机掳走大批妇女和财物。回到洛阳后，董卓下令将头颅全部焚烧掉，然后把妇女和财物赏赐给士兵，却对外宣称是战胜敌人所得。有一次董卓邀请朝中的大小官员参加宴会。宴会上董卓招呼众人尽兴饮酒。酒过三巡，董卓突然站起身来，对在场的官员说道："为了给大家助酒兴，我特

天道：体悟老子

意安排了一个节目，现在就请大家欣赏！"说完，他击了一个手掌，董卓的兵卒把诱降俘虏来的几百名"敌人"押到会场正中央，先命令士卒把这些人的舌头剪掉，然后又斩断他们的手脚，挖掉他们的双眼。面对这一残忍的场景，许多宾客都吓得把碗筷抖落在地。董卓却装作什么事都没发生的样子仍然狂饮自如，脸上还露出得意的神色。董卓的倒行逆施激起了有志之士的反对，人人都欲杀之而后快。初平三年（192），司徒王允以"美人计"离间董卓与其养子吕布的关系，最终，吕布诛杀了董卓。老子认为自然规律是柔弱不争的，人类的一切行为应取法于自然规律而戒刚强好斗。

老子主张以自然规律之理去认识应对人世，为人处世应当顺从"天道"而行。他认为"道"的智慧奥妙无穷，"道"本身就是柔弱的。社会一切事物只有顺应"道"，才能做到不动用武力而取得胜利，内心善良坦荡，诚实忠厚，无欲才有智慧，以柔胜强，以退为进才是真正的生存之"道"。如果一味地逞一时之勇，只会给自己带来无穷祸患。"天道自然，顺应天道"的规则，人生才能从容生存，生命之中才不会有什么遗漏。老子认为两种不同的勇敢，产生两种不同的后果，"勇于敢"则逞强贪竞，无所忌惮则遭害；"勇于不敢"则柔弱，慎重行事则存活。我们的行为应选取后者而遗弃前者。

第十六章　为无为

原文：

　　为无为，事无事，味无味。大小多少，报怨以德。图难于其易，为大于其细。天下难事，必作于易；天下大事，必作于细。是以圣人终不为大，故能成其大。夫轻诺必寡信，多易必多难。是以圣人犹难之，故终无难矣。

译文：

　　众人都是抱着有所为的态度而为，而圣人则是以无为的态度去作为，以清净无欲的方式去行事，以无为而为，圣人顺天理，合人情无有造作，不敢妄为，故治国而天下太平，常人贪名逐利，贪恋人间美味，以此情欲为味。常言说得好，"君子之交淡如水，小人之交狗肉朋友"。众人为满足自己贪欲而品味，圣人则并不为贪欲去品味，以恬淡无为为有味，以"无味"作为事物的味道，其味长久至极。修"道"者，以小为大，以少为多，不论大、小、多、少，凡与我有怨者均应以德报。常人不然，他们是以大为大，以小为小，以多为多，以少为少，恩怨分明。不分大、小、多、少，都以怨报怨，多数人是由怨自招很多痛苦，你还我报，一来一往，永无止境。如有怨以德相报，人们必以德感，彼此相化为无事，其怨恨永消。天下的难事，想克服困难，解决问题，应从容易入手；要谋大事，应先从小的地方细处起步，天下难事必须从易处着手；把事情看得很简单，就会遇到困难，天下大事必须从细处做起。这一规律是不可逆转的，是必然规律。

　　依规律为人处世，振国兴家，天下太平，首先要从细微的心地上存其善良，建立好生之德，谦让处下位，久而久之，德馨民众，声震四海，欲平天下，不求功而自然成功。常人则不积善，不积德，为狂欲而丢命。语善，视善，行善，一日有三善，三年必降其福；语恶，视恶，行恶，日久三恶，天必降其祸。久而久之，量大质必变，其结果给我们所带来的祸福可想而知，方寸之心的一念虽小，它起于正者有福，动于邪者种祸。圣人始终处于人下位，不自以为大，因此能成就大事。喜欢夸海口，到处承诺，以言语轻易许之于人，肯定不守信用，言行不能兑现，必然失信于人，行事不思前想后，不

天道：体悟老子

量事之轻重，审事之可否，而轻浮践躁。认为做事过程容易，其结果必然被动，困难重重。因此圣人知易而重视困难，以难事去做所有准备，将事情看得困难，时时戒慎，反省自我，结果反而根本不会遇到难事了。

体悟：

  不偏重于一端，不执着于一念，这就是老子的人生观和处世哲学。大，从细小而来。多，由少积累而成。困难的事，从简单处着手，把握重点，找到关键点，就容易成功。大的成就，要从小处做起。懂了这两句话，下面的话就容易懂了。天下的难事要从容易处开始，就不会太困难了。下面这个寓言就很形象地说明这一点。一只新买来的小钟放在百古架上，小钟的两边是两只旧钟。两只旧钟"嘀嗒""嘀嗒"，一分一秒地走着。小钟有些不知所措。其中的一只旧钟友好地对小钟说："来吧，你也该工作了。"接着又说："不过我有点儿担心，你走完3200万次以后，恐怕会有些吃不消。""天哪！3200万次。"小钟吓了一大跳："要我做这么大、这么多的事儿？我肯定做不到，还是算了！"这时候另一只旧钟开口说："别听他胡说八道。不用害怕，其实是很简单的，你只要每秒'嘀嗒'摆一下就行了。""哦，事情会这么简单。"小钟一听，有点儿半信半疑，"如果是这样，那我就试试吧。"于是，小钟很轻松地每秒钟"嘀嗒"摆一下，不知不觉，一年过去了，摆了3200万次。其实，在我们的生活中，许多所谓的大事都是这个理，看上去老虎吃天，无从下口，那是因为你心浮气躁，只看到了结果，而忽视了过程。

  实际上，我们如果能静下心情，将大的事情细分成一个一个的小步骤或阶段，然后一步一步地去完成。在完成这些小步骤时，其实就都不是难事了。只要我们坚持不懈，持之以恒地去做这些很简单的事情，时间久了，你就会发现自己不知不觉已经接近甚至做成那个当初看来可望不可即的大事情了。多数人都想做成大事，想一举成功成名，认为干那些洗洗擦擦、装装卸卸、摆摆放放的小事永不会有出息，不赚钱，叫人看不起。殊不知，任何大事业，总是由一件件小事办成的。不能严肃认真做好做成每一件小事，所谓的大事也就很难做好做成。坚持并认真地去做好、做成每一件琐碎的小事，干好别人不愿干的工作，是成就人生事业必备的品质。认真做好每件小事的品质、品位、文化的细节，伟大的事业就会不自觉来到你的面前，等你去成就。在我们现实的生活中有很多人都知道做小事的重要性，开始时都能充满热情地去做，但时间一长，锐气消磨，热情减退，再加上看不到金钱和地位的希望，于是便懈怠、敷衍了。这些人多是不能认识到做成小事的要点、要素，成功的价值，也不明白自己人生的方向目标，半途而废，终无所成。而对于目标明确的敬业者来说，工作过程无小事，每天兢兢业业地把所在岗位的每一件事做出品位，做出文化，并坚持下去，就很不简单了。有位哲人这样说：看似最为平常最为容易的事，也是最难做好的事。谁要做好了最为平常最为容易的事，谁就会取得非凡的成就。把不起眼的小事能做到精、做到位，把不起眼的小事能坚持做精做到底，小事也能成为大的事业。

另外，不仅是大的事业从小地方着手，难的事情也是从简单的地方做起。那些不可挽回的、不好的事情也往往不是突然爆发的，而是一个过程。如果能在细节上、在简单的地方及早注意，下手去做，防微杜渐，也是可以遏止的。这同样是一种"困难于其易，为大于其细"的智慧。其实说到底"困难与其易，为大于其细"的智慧便是一个把握哲学上的量变和质变之间的关系，并将其运用到我们自己生活中为人处世的智慧。我们都知道任何事情，不管是好事还是坏事，都是一个从量变到质变的过程，很难做到。一旦将其拆分为若干步骤或若干小阶段去做，要做到这些步骤小阶段的任务往往是简单的。要阻止不可挽回的坏事发生，往往是很难做到的，但提前防患于未然，早在细节上未雨绸缪则是容易的。总之，要做大事情，既不要好高骛远，也不要被其困难所吓住，要先从小事情干起，去体会做事的过程，总结经验。清朝彭端淑的《为学》中曾讲过这样一个故事。四川边境上有两个和尚，其中一个很穷，另一个很富有。一天穷和尚对富和尚说："我想去南海，你觉得怎么样？"富和尚问："你靠什么去呢？"穷和尚说："我靠着一个水瓶、一个饭钵够了。"富和尚说："我这几年一直都在想雇船而往下游走，还是没有能够去成，你靠这个就想去？"到了第二年，穷和尚从南海回来了，并告诉富和尚此事。富和尚显出了惭愧的神色。在这里，这个富和尚之所以失败，便是因为他将困难想得过大，不敢着手去做。而穷和尚之所以能成功，便是因为不畏困难，身体力行，坚定地去做，才逐渐接近并最终达成了自己的目的。实际上所有的所谓大事不都是这样做成的吗？

"道"的最根本规律就是自然规律，做任何事情都应该按自然规律去行事，求得自然而然的发展。"为无为""事无事""味无味"所阐述的观点就是"无为而无不为"的理论。老子认为要想有所作为，就必须采取顺应大自然的规律，以平静无欲的思想行为去对待世间万物和为人处世。"以德报怨"是老子的人生观，也就是老子的处世哲学。《论语·宪问》或曰："以德报怨，何如？"子曰："何以报德？以德报怨，以德报德。"我们可以从中看出，老子与孔子的处理"德"和"怨"的关系是有差别的。老子以德行面对怨恨。孔子则以公平正直之"道"来面对怨恨，不做相应的报复，但我们也不应曲意隐忍。细节对事情的发展过程转变起着关乎成败的作用。祸患经常出

天道：体悟老子

在平常注意不到的小地方。那些毫不相干的小毛病累积起来，就会成为大毛病。一个人有所溺爱就会影响他的智慧和勇气，甚至情绪上的一点偏见，就会蒙蔽了智慧，这就是大事必作于细的道理。"天下难事，必作于易；天下大事，必作于细"，就是反映了这样的观念。"千里之堤，溃于蚁穴"，细节往往就是这样在人们的忽视中影响到全局的转变，要想成就一番事业，必须从那些细枝末节中开始转变，所以有"道"之人始终认为自己是在做一些微不足道的小事情。能够做大事的人，不自以为是，不说大话，不骄横，不狂妄，不傲慢，只有小心谨慎。对于小事一样看得清楚，伟大事业就是因此成就。

面对困难时，必须从容易的事情做起，做大事也要从小的事情做起。战国时期，秦国伐蜀而终得天下的故事，说的就是这一道理。战国时期，秦孝公任商鞅主持变法，秦国的国力逐渐增强，开始不断兼并土地，有统一天下的志向。秦惠王九年（前316），巴、蜀两国相互攻击。这个时候，秦国正打算攻打韩国，但是秦惠王对蜀地垂涎三尺，所以，一时举棋不定，不知道应该进攻哪方才好。于是，秦惠王召集群臣一起商议讨伐蜀还是讨韩。群臣聚到一起后，大臣司马错与张仪激烈地辩论起来。司马错主张攻打蜀国，张仪却主张先攻打韩国。秦惠王想听听双方的理由，于是说道："请让我听听你们的见解吧。"张仪气势逼人，他率先说道："秦国要一统天下，就应当先亲近魏国，友善楚国，然后出兵三日，堵住辕、缑氏的出口，挡住屯留的山道，再让魏国出兵切断南阳的通路，让楚国逼近南郑，秦国军队则攻打新城和宜阳，兵临二周的郊外，声讨二周君主的罪行，然后再侵袭楚国和魏国的领土。周朝自知局势难以挽救，必然会交出九鼎宝器。秦国据有了九鼎，掌握了地图和户籍，挟天子以号令天下，天下就没有敢不听命的，这才是成就王业的办法。而现今的蜀国，只是一个西部的偏僻小国，是戎狄的首领。如果我们去打它，调动全国的军民而不足以成就威名，即使得到了那里的土地，也算不上是什么利益，我听说：争名者聚于朝堂之上，争利者聚于集市之中。现在三川和周王室就是当今天下的集市和朝堂，大王不去那里争夺，反而要到戎狄之地去争夺，这离成就王业未免太远了吧。"秦惠王听了张仪的话，面带喜悦之色，不禁为之心动，他刚想称赞张仪的这一番高论，这时司马错却开口说道："大王还是先听一下老臣的见解再做决定吧。"惠王一听司马错要陈述理由，连忙从刚才的兴奋情绪里走出来，心平气和地说道："那么就请爱卿说一下你的见解吧！"司马错双手一拱，缓缓地说道："老臣听说，想要使国家富强，就必须扩大疆土；想要使自己的军队强大，就必须使百姓富裕；想要成就帝王大业，就必须广施恩德。如果这三个条件都齐备了，那么帝王大业就会随之而实现。如今君王疆土狭小而人民贫穷，况且您还没有对自己的臣民广施恩德，这怎么能成就大业呢？因此，我希望大王从易处着手。蜀国确实只是个西部的偏僻小国，是戎狄的首领，并且有像夏桀、殷纣一样的昏暴之君，以秦国的强大力量去攻打它，就像用豺狼去追逐羊群一样。取得了蜀国的土地，就足以扩大秦国的疆土，获得了蜀国的财富，就足以使人民富裕，使我们的军事力量增强。这样一来我们不用付出很大的代价，就可以占有巴蜀了。"惠王听到这里，不住点头，张仪看了司马错一眼，心有不甘，便想再劝惠王，然而司马错老谋深算，他继续劝谏惠王道："大王讨伐蜀国，不只有上面所说的好处，其他的好处也有很多呢。"惠王听说有更多的利益可图，心里更加高兴了，于是说道："爱卿接着往下说，我愿意听听你的高论！"司马错说道："这个好处便是，秦国夺取了一个国家，而天下却并不认为这是残暴，秦国虽然尽得蜀国的财富，而诸侯们却并不认为这是贪婪。这样做，秦国是仅凭一次行动而名利两收，而且还可赢得制止暴乱的美名。"说到这里，司马错又把矛头指向张仪："假使现在去攻打韩国，挟持天子，不但不一定能从中得到利益，反倒落了个不义的名声。而且去攻打天下人都不愿意进攻的地方，是很危险的。我请求向您陈明其中的缘故。周王室，现在是天下的宗室。韩国，是周王室的友邦。周王室要是知道自己将要失去九鼎，韩国要是知道自己将要失去三川，那么周、韩两国必然勠力同心，共同谋划，借助齐、赵的力量向楚、魏寻求解决的办法。他们要是把九鼎送给楚国，把土地送给魏国，您也没办法阻止他们。这就是我所说的危险。这样的话，还真不如攻打蜀国那样万无一失。"秦惠王听了司马错的一番见解，表示非常赞同，便说道："说得不错，我听你的。"于是决定发兵攻打蜀国。同年秋，秦惠王下令司马错与张仪、都尉墨等率军从石牛道伐蜀，与蜀国的军队大战于葭萌（今四川省广元市昭化镇），蜀侯败逃至武阴（今四川省彭山东）。这年冬天，秦国灭掉蜀国，继而又灭掉巴国。巴、蜀平定之后，秦国的国土更加广阔了，国力也更加强大。经过多年筹备，秦昭王十六年（前291），秦昭王任命司马错担任客卿，去攻打魏国，取得轵地（今河南省济源市南）；继而攻韩，取得邓地（今四川省孟州市西）。两年以后，司马错与白起等又攻取魏国六十一座城邑。秦昭王二十七年（前280），秦国率领陇西兵及巴蜀兵十万人，从蜀地沿江而下，攻占楚国的黔中（今湖南省西部及贵州省东北部），楚国被迫向秦国割让汉北及上庸地（今湖北省西北部）。秦国夺得蜀地，而后积蓄力量，慢慢吞食六国土地，这正体现了"天下难事必作于易"的道理。公元前221年，秦王嬴政灭掉最后一个敌人齐国，统一了天下。

老子对许下的诺言是非常慎重的。他认为不根据现实情况轻易做出承诺，必定会有很多失信于人的地方，因为许诺的人可能会把某些事情看得过于简单，而最终无法实现他的承诺。老子指出了，"轻诺必寡信，多易必多难"的道理。的确，在我们日常生活中，凡事如果在开始觉得很容易，往往我们做事到最后会觉得真是有点难；即在一开始时便将其当作一件难事去做、认真谋划努力去做好每一个细节，结果会变得容易。在这里，"轻诺必寡信""多易必多难"所讲的道理有相通之处，但也有各自独特的含义，我们将其分开单独谈谈。这里我们先说"轻诺必寡信"。其实老子的这句话早已成为广为流传的至理名言了。如在中国清王朝名小说《聊斋志异·凤仙》中便有"吾家非轻诺寡信者"。应该说，这句话所说的道理是得到了古往今来中华民族的认同的，无数的事例也都验证了其正确性。"轻诺寡信"之所以会成为我们生活的普遍现象，有其深刻的人性根源。按照老子的说法"天下难事，必作于易；天下大事，必作于细"，"多易必多难"。也就是说，天下的事情，特别是好人好事，要想做好做成功，是有很多困难的。它不仅需要漫长的时间，还要克服数不清的艰难困苦。这就要求做事者既要有足够的耐心，又要有坚定的意志和充分的自信心。但是，那些"轻诺"之人，往往把事情成功的过程看得太容易，对实现目标过程中的困难估计不足，所以真正去做的过程就会出现很多大出意外的事情，半途而废，即使他不想失信，也没办法全部兑现"诺言"。况且这些轻诺之人，往往是没有耐心的浮躁之人，许多事情只是随口说说而已，也不把做成事或兑现诺言看得多么重要，因此不负责任的"轻诺"结局必然是"寡信"。

现实社会中这样"轻诺寡信"的事比比皆是，在我们自己身边"轻诺必寡信"的事也不少见。很多商家在电视、报纸或是当面做出的各种"包修、包换、包退"信誓旦旦的承诺，你相信了，但当你掏出钱将物品购买回去以后，一旦出现问题，再回头来找商家要求兑现承诺时，你才会发现自己当初相信这样的承诺时是多么天真。总而言之，"轻诺必寡信"，一点也不假，当别人轻易地说出自己的承诺时，你最好站在他的角度想想，我要是他，会兑现吗？人同此心！难怪鲁迅先生在他的遗嘱中专门留了一句话，告诫妻儿：不要轻信别人的诺言。在商业领域中，许多公司为了拉拢客户，在一开始对于客户的要求总满口应承，尤其是销售员，而不管自己能不能兑现。一旦不能兑现，就失去了客户的信任，再也不会有公司与你合作了，对公司而言，可以说是丢了西瓜捡芝麻。许多公司之所以不能长期经营下去，这就是一个原因。还有一种情况值得一提，即不仅不要对别人轻诺，对于自己也不要轻诺。许多人在决定减肥、改正错误、戒烟、早起晨练时一开始便制订一套很苛刻的计划，坚持没有几天后便懈怠了。如此一来，便对自己失去了信心，觉得自己不可能做到，最后干脆放弃。与其如此，还不如制订一个稍微宽松一点的计划，以使自己能够长期坚持。比如，只规定自己少吃肉而不是完全不吃肉；戒烟不是一下子戒掉，而是规定每天少抽半包甚至几支；早起的时间不订得那么早，降低难度，使自己容易长期坚持，自己便能够兑现目的计划，使自己越来越有信心了。

要想把事情办好做成功，必须不生事端。老子认为做任何事情都是从小到大、由少到多、由易到难的，这是事物发展的普遍规律，也是人们日常生活的行为准则。持"无为无欲"的心态，顺应大自然的发展规律，即使遇到了真正让你抱怨的事情，也要用美好的德行来感化他们，但不能轻易给予承诺。在做任何事情时都要在一开始就把过程想得困难些，这样往往能换来一个完美的结果。而圣人之所以称圣，就是因为他们把这些问题看得通透。首先把自己看得甚是渺小，把世间万事万物看得异常伟大，就这样，他们也不把自己当作圣人，从而达到了"无为而无不为"的人生境界。在老子看来，越是明显的道理越容易被人们忽视，世人求强好胜多欲的心态往往会使其在行为处世之间忽略了细节而导致全局失败。他的这一主张说明了量与质的相互变化，所以有"道"之为人处世总是从细易着手，从而完成大事。

"多易必多难"所包含的道理和"轻诺必寡信"有着相通之处，但相对而言，"轻诺必寡信"更强调对于别人的"信用"问题，"多易必多难"则更加强调一个人对于所遇困难的预见性。总体而言，"轻诺必寡信"偏重于对我们如何做一个合格的社会人给予指导，而"多易必多难"则更偏重于对我们如何做事给出指导，因此可以说，"多易必多难"是教导我们如何去做成事的智慧。"多易必多难"的意思也很简单，其实就是说一个人如果在做一件事之前将事情想得很简单，在以后遇到的难题就会越多。反过来讲，一个人如果能够在做事前更多地去预测有可能会遇到的问题及困难，并制订出周密的计划，即使不可预测，也要保持谨慎小心的态度，随时准备应对困难，那么，在实际专做事情时，遇到的困难则会少很多。应该说，这是一句经历了无数实践者证明的智慧。可以说我们多数人都有深刻的体会。

如有一位青年他很想干点事，有一天他一拍脑袋，很想开一家饭馆。这人做事也真够麻利，说干就干，很快就在大街上找了一个门面。这门面原本是个服装店，他找了几个朋友胡乱一倒腾，将其隔成一大两小三间，大间做门面，一小间做厨房，然后将煤气、锅灶、锅碗瓢勺之类乱七八糟工具用具一一凑齐了，牌子一挂就开张了，整个算下来不到一个月的工夫，但直到来了第一位客人，他才想道：哎呀，我不会做饭呀，得招一个厨师才对呀！于是，赶紧将招聘广告贴出去。结果，效果还算不错，第二天就有一个来应聘厨师，有十七八岁的小伙子，他声称自己在其他饭店干过，最擅长做拉面。这他也就没多想，因急着用人，给小伙子一个白大褂，他便让小伙儿走马上任了，并且这时才想起来给自己这个饭馆取个名字，既然专卖拉面，就叫"好味拉面馆"算了，就专卖拉面，这就算是正式开张了！没想到第一天便出了状况，客人刚吃了一口那小伙儿做的拉面，便大喊一声："这是什么味啊！"那小厨师倒也机灵，看到这种情况一声不吭溜之大吉。这下开业没有弄好，开业第一天厨师就跑掉了，于是他又继续招聘，这次招来的厨师技术有所提高，虽然来吃过的回头客不多，但至少没有询问"这是什么味啊"。不过这样整天做一锤子买卖，过了一段时间，客人来得越来越少了。这个青年认定，是这个位置不太好，应该再找一个风水宝地，肯定会生意兴隆。于是很快他又在另一个人流量比较多的街道口找到一家门面房。这次他不卖拉面了，决定专卖炒菜，觉得这能赚大钱。来这个馆子的人还是很少，原来这条街虽然人流量大，但因为都是常住居民，一般都是在自己家里做饭，不到饭馆吃饭。结果，饭店还是天天赔钱，熬了一个多月，还是关门大吉了。几个月下来，这位青年人搭上房租、厨师工资、面粉、水电费用等，算下来亏了将近两万元钱。有人问他你怎么突然想到要去开饭馆？他说是因为一句谚语"生意做遍，不如卖饭"。这句谚语使他以为只要开饭店，就不会不赚钱。另外，就是自己没有事做，又很想赚钱，这脑袋一拍，在没有具体了解开饭馆究竟利润如何，在什么地方开客人比较多，甚至还没有决定自己究竟开什么特色类型的饭馆的情况下便行动起来。这位青年的行为正是符合老子说的"多易必多难"的道理。

事实上，不仅是开个小饭馆，甚至是更小的事情，比如戒烟、减肥这样的小事情，如果一开始就将其看得很简单，没有制订一套切实可行的计划，都很可能遇到意想不到的困难，以致最终放弃。因此无论做什么事情，必须有充分的准备计划，才有可能取得成功。而把事情看得很简单势必会带来很多的困难。我们做事的时候为了图快，往往不会深思熟虑，在执行的过程中就会出现很多突发事件难以应付，反而拖慢我们做事的速度。总体而言，越是复杂，风险就会越大，"多易必多难"的道理便越体现得明显。事实上因为我们个人生活领域的状况不会那么复杂，因此"多易必多难"的道理在我们个人生活领域体现得不会那么明显。在工作中或者商业经营领域，或是军事对抗中，"多易必多难"的道理体现得尤其明显。在这些事情中，一旦对事情的多变性估计不足，缺乏周密细致的准备，那损失的就不是大笔的金钱和数万士兵的性命了。

战国时期，魏国军事统帅庞涓率军攻打韩国，韩国向齐国求救，齐国派田忌和孙膑出兵。孙膑采取了"围魏救赵"的谋略，迫使庞涓撤军。庞涓回魏后，齐军都已经全部撤离了。恼羞成怒的庞涓急于追上齐军决战，想杀死孙膑。孙膑知道魏军一向瞧不起齐国军队，认为齐国人害怕打硬仗。孙膑便利用魏军的心理采用了减灶之法，每天士兵吃饭留下的灶台少了许多。在追击过程中，庞涓每天派人查看齐军的灶台，认为齐军士兵大量逃亡，冒进紧追。当魏军追到马陵道时，便中了孙膑的埋伏，庞涓兵败被杀。庞涓之所以大败，便是将对手想得过于简单了，结果导致了"多难"，而这"多难"就是搭上了无数士兵和自己的性命。总之，不管哪种类型的事情，不管其大小，其成功或失败带给我们的收获或损失的程度，虽然不同，但是"多易必多难"的道理却是存在其中。因此，无论做什么事情，都要时刻提醒自己，记住"多易必多难"这个最基本的道理。

最后，本章重点阐述了由小到大、积少成多的道理，其实是讲老子在开阔我们的思想视野，提升我们的精神空间的同时，又提示我们要知晓"微明"，大道及事理，往往"隐""晦"而"希声"，需要我们知微才能体味，见小者才能洞察之理。对于大事要从小事入手，对待困难要从容易入手，办任何事情必须心思缜密，慎重对待一切困难，不要轻易对人许诺，草率行事，按照由易到难的规律做事就能获得成功。无论行事还是求学，都是至理名言。

第十七章 上德不德

原文：

　　上德不德，是以有德；下德不失德，是以无德。上德无为而无以为；下德无为而有以为。上仁为之而无以为；上义为之而有以为。上礼为之而莫之应，则攘臂而扔之。故失道而后德，失德而后仁，失仁而后义，失义而后礼。夫礼者，忠信之薄，而乱之首。前识者，道之华，而愚之始。是以大丈夫处其厚，不居其薄；处其实，不居其华。故去彼取此。

译文：

　　"德"源于"道"，通于"道"，其体性特征亦同于"道"。"道"无形无象，含藏世间万事万物的规律而不显露自己，空虚而无迹象，它却无所不有、无时不在，无有不为，无所不成。它运行日月，长养万物，却不自恃，不所欲，不自彰。此种特性承有的人，应为"上德"。具有下乘之德的人总是自以为没有失去德，正因为如此他其实并没德。"上德"和"常道"一样，是内在的、实质的、无形的、自然的，而不是外在的、表面的、形式上的东西。并不刻意表现自己的德，具有下乘之德的人则总想有所作为，并刻意表现自己的德。因此，无形的"道"是"大道"，也就是无形的内在之"德"，是"上德"。这种非形式主义之"德"好像无"德"，其实是真正的"大德""上德"。品德高尚的人不在乎形式上的"德"，因此才是真正意义上的"上德"。纯粹朴素，至诚、自然，无心所欲是"上德"之特性。上德的人顺应自然，不刻意彰显德名，因此才是真正的有德。有狂欲主观作为，故意彰示其"德"，做了点事情只怕别人不知道，这种外在的、形式上的、故意彰示的"德"，就是"下德"。"下德"处处显示自己，自认为很有"德"，其实算不上有"德"。上德的人顺其自然而无心作为，下德的人在形式上表现德并有心做作。品德低下的人死守着形式上的德，反而是无"德"。纯粹素朴，真诚无欲，自然的"道德"充实于内，仁义礼智信自然显之于外。

　　"道德"是万事万物之根本，仁义礼智信是表层。出于自然，不是有狂欲，顺自然规律有意去为"仁"者，可为"上仁"。有分别，有果决，惩奸除暴，济困，扶危，顺天应人，不徇私情者，谓之"义"。长幼有序，男女有别，父慈子孝，恭谨谦让者，谓之"礼"。我们处在社会人群之中就要有所节制，言谈举止的行为轻重缓急应达到适宜和谐，礼之为用，和之为贵。"上仁"继之"上德"，是无为的。下乘之义有所作为，同时有意表现自己的义，"上义"继之"下德"是有为的。以"上礼"的科条礼数，约束众人，无人应声和履行，这时，不得不强迫众人去遵守服从。实际地讲，礼仪适可而止，人与人之间，如有过分礼仪多，这正是其人内心虚伪的表现。如人们失去内心世界的"道德"及仁义的表现，故虚伪礼仪之多正是导致祸乱的前因。

　　所以失去了"道"而后才有"德"，失去了"德"而后才有"仁"，失去了"仁"而后才有"义"，失去了"义"而后才有"礼"。礼仪是祸乱的开端。故"道"是主体，"德"是作用，"仁、义、礼"是主体作用的表现形式，如果失去了"道"（主体）而再去讲"德"（作用），相似失去了车马而论引重致远，真正是空谈。再如失去了主体之作用而去讲主体之作用的表现形式，犹如树木根干已毁，再求枝叶丰茂，岂非妄言！尤其讲到表现形式"礼"的时候，"道德"基础已无，忠信已薄，祸乱由此开始。"礼"这个东西，是忠信不足的产物，是祸乱的始端，故曰："而乱之首。""道"之本体，纯粹素朴，真诚无欲，自然敛华就实，守朴还淳。如持华去实，就是愚昧。所谓有远见的先见之明，不过是"道"的浮华，是愚昧的开始。因此，顶天立地的大丈夫，能掌握本末之机，实华之原则，还淳以复其厚，而不恪守浇薄；反顾朴以顾其实，而不炫识以求其华。所以真正讲"道"修"德"之人都应去其薄华，取其厚实。君子立身淳厚，不居浅薄；存心朴实，不居浮华。要舍弃浅薄浮华，采取淳厚朴实。

　　老子认为"道"是"无为而无不为"的，"道"的属性表现为"德"。凡是符合于"道"，就是"有德"；不符合"道"，就是"失德"的表现。"仁、义、礼、信"都是"失道""失德"之后才出现的，是要不得的，是一种无奈的替补形式。

体悟：

　　老子认为"德"就像智慧，有高低上下之分。上德是具有大智慧的人，这样的人智慧与德行全部在内心世界里，并不需要像孔雀开屏一样彰显自己。按现在的话来讲，就是胸有成竹自信的人。这种自信，是从理解了"道"的规律，把它的认知、方法全部装在内心中所产生的方法，任何人也左右不了的。对于外界的褒贬，有过则改，无过加勉，并不会装腔作势，故作姿态。在老子的眼中，守"礼"者，是故作姿态之人。"上德无为而无不为"，真正的德合于形而上的道，发生作用时是自然而然的，不会刻意而为，所以让人觉得什么也没有做。"下德为之而有以为"，下德是有所做有所为有所表现自己的，看起来孜孜为善，人人知道他做了好事，这是划分上德与下德的标准。

所谓"上德"，即是人对于"天道"的顺应，对于自然万物运行规律的顺应。"天道"与"人德"共同构成了老子思想的两个核心观念，乃老子哲学体系的基本骨架。

"上德"即是顺应了"道"的一种德，其如同"大道"不可道一样，"上德"同样是不可言说的，具有"上德"的人根本就不知道自己是具有"上德"的，所以他才具有了真正的"上德"。比方说，小孩子本身具有美，他自己并不知道自己是美的，所以才真正给人一种天真无邪的美感，受到每一个人的喜爱。而那些具有上乘之德的人总以为自己没有失去德，是有德之人，那么这种能被人感觉到的德其实已经不是浑然天成，暗合"天道"的"上德"了，而是次一等级的"下德"。正如同一个看上去贤惠温柔的淑女固然是美的，但因为她自己在内心里已经知道自己是美的，因此有目的地约束自己的行为、姿势、言语等，刻意维持乃至卖弄这种美，这比起小孩子的纯真无邪之美，已经属于下乘之美了。因此，"上德"乃一种不可言说，同时又是自然而然的，具有浑然不觉的德，而"下德"则是一种能够画出具体的标准，然后按照标准去执行的德。或者也可以这么说，上德即是道家所说的文德，而下德则是孔子所提倡的儒学之德。通过先秦古籍，我们会发现，老子乃至后来的道家名士对儒家的那套处事规范是很不以为然的，也经常对其做出抨击。庄子曾态度鲜明地指出儒家仁义道德是为大盗准备的，所谓"圣人生，大盗起"。这里的圣人，指的便是具备了"下德"的人，而真正具有"上德"的人反倒不具有圣人的名声。

老子不仅指出了"上德"与"下德"的区别，又具体地对当时的道德进行了一番梳理。他指出"天道"无形、无名、无为、无欲，当人的行为暗合大"道"便是"上德"；当人的行为不能与大"道"相合，便产生了一种有意为之的"下德"，并且自以为有德。接下来"德"也开始丧失时，又开始注重博施广济的仁爱；当仁爱也很难做到的时候，便崇尚正直地扶持正义；当正直和正义也无法做到的时候，便只能提倡形式上的礼节来修饰了。总的来说，老子虽然对孔子的礼学不以为然，但也并非对儒学的"下德"一味排斥，只是将其明确地进行优劣排序。最后老子又进一步指出，一个人应该尽量"处其厚，不居其薄""处其实，不居其华"。显然，老子反对那种华而不实、刻意为之的"下德"，认为一个人应该尽量追求朴实自然的"上德"。"上德""下德"之辩也显示出了道家思想与儒家思想的不同之处。本来道儒之间的这种争执只存在于学术领域，但是因为自西汉以来，中国奉儒家为正统，于是老子的这种思想便具有了更加实际的意义，老子的这种"上德"也经常成为一些知识分子对抗儒家"下德"

第十七章　上德不德

的一个有力武器。可以说，老子的"上德""下德"之辩成为后世历代中国人，尤其是知识分子伦理生命的一个重要命题，乃中国文化彰显的一个有力的发力点。

老子向往着小国寡民的世界。在那个世界里，到处存在着仁与义，因此人与人之间也必然会保持着相当单纯的关系，无须礼节，如瑞士等。"道"和"德"是老子在他的全书中重点阐述的核心概念，"德"由"道"而生成，"德"受"道"的支配，遵循"道"的主旨行事。在老子的文化里有许多二元对立的命题，并对其进行了辩证的分析，比如强弱、得失、巧拙、进退、上下、争与不争、有为与无为等。智与愚，是老子经常提及的其中之一。在本段中老子就提道："前识者，道之华，而愚之始。"意思是那些所谓的远见，能够提前对事物料事如神，其实是"道"的一种虚华，正是愚蠢的开始。很显然，这听上去与我们通常的常识相违，有远见怎么会是愚蠢的开始呢？其实老子之所以这样说与他对智与愚的理解有关。在老子看来，许多表面看上去是聪明的行为，其实却是很愚蠢的行为；而表面上看似愚笨的行为，其实却包含了很高的智慧，即所谓大智若愚。我们大家都知道，人间都崇尚聪明而鄙视愚笨，但是老子却不同，他一向都是鄙视各种聪明的机巧，认为所谓的聪明不仅不值得赞许，有时反而是一种不幸。这种观点我们从《庄子》所记载的阳子居与老子的对话中便可见一斑。一天，阳子居向老子请教道："如果一个人行为敏捷，办事利索，理事通达，又勤奋好学，那么，他可以成为一名称职的领导吗？"老子回答道："这样的人并不能成为一名称职的领导。如果他意识到这些所谓的优点而随处滥用，反而会陷于日常琐事之中。这样的人，会因为果断而变得盲目自信，会因为敏捷而走向轻率莽撞，因为通达而失去执着坚韧，因为勤奋而扰乱心神。他会无事生事，无故扰民。聪明反被聪明误，难道聪明的人办愚蠢的事还少吗？机巧者干傻事、坏事不够多吗？虎豹不就是因为皮毛花纹的美丽而招致捕杀吗？猿猴不正是因为动作敏捷而被人捕捉装在笼子里的吗？"显然在老子看来，聪明不一定是好事，有许多时候正是聪明让人干出了许多蠢事。

老子提出了一个为人处世原则，即"处其实，不居其华"。这一原则是老子重实质而轻形式的观念的集中体现。他认为，得道之人应当舍弃形式上的虚华，追求内容的朴实。这个观念直到今天，仍是中华民族做人的基石。公元前 203 年，楚汉之争正处于紧要关头，齐国作为第三方势力，逐渐成为楚、汉双方拉拢的对象。刘邦的谋士郦食其深刻地意识到这一点，于是他向刘邦请命，要求到齐国去说服齐王归顺刘邦。这时，刘邦已经下令韩信进攻齐国了，但是郦食其不肯失去这次建功立业的机会，坚持要去齐国劝降。刘邦最终答应了郦食其的请求。郦食其日夜兼程来到齐国，然后见到齐王说："您知道天下人心的归向吗？"齐王回答说："我不知道。"郦食其说："如果您知道了天下人心的归向，那么齐国就可以保全下来；否则的话，齐国就不能保全了。"齐王有些担忧，就向郦食其问道："天下人心究竟归向谁呢？"郦食其从容地回答道："归向汉王。"齐王又问："为什么这么说呢？"郦食其回答说："项王既有背弃盟约的坏名声，又有杀死义帝的不义行为。他从不记挂着别人的功劳，却对别人的过错从来都记着。将士们立了战功得不到奖赏，攻下城池也得不到封爵。只要不是他们项家的人，没有谁能够得到重用。对应当赏赐给有功之人的侯印，项王把它拿在手中反复地把玩，不愿意授给别人。攻城所得的财物，他宁可堆积起来，也不愿赏赐给大家。所以全天下的人都背叛他，有才能的人也怨恨他，没有人愿意为他效力。正因为如此，天下的才能之士都投靠了汉王，汉王安坐在营帐里就可以指挥他们。如今汉王已经获得了敖仓的粮食，阻塞了成皋的险要，守住了白马渡口，堵塞了大行要道，扼守住了蜚狐关口，天下诸侯谁要是想最后投降，那么汉王就先将其灭掉。所以，大王您要是赶快投降汉王，那么齐国的社稷还能保全下来；如果不及时投降汉王的话，那么齐国灭亡就成为现实了。"齐王田广听了郦食其的话，认为他说得很有道理，便答应了下来。这时，韩信刚刚平定了赵、燕二国，正准备向东攻打齐国，韩信大军抵达平原渡的时候，韩信接到探马来报，说汉王派了郦食其到了齐国，已经成功说服齐王田广归顺了汉王。韩信得到消息后，心想郦食其既然已经说服了齐王，那么自己就不必攻打齐国了，而是应该率领军队返回去，帮助汉王攻打楚国。想到这里，韩信便下令在原地扎营，准备择日回朝。数日后，韩信升帐与下属商议回朝一事，向众人说明了原因，正想下令撤军而返。这个时候，谋士蒯通站了出来，他劝阻韩信道："不可！不可！"韩信不解，忙向他问道："齐王已经归顺了汉王，我现在功道而还，先生为什么说不可以呢？"蒯通回答说："将军奉了汉王之命讨伐齐国，久经周折，如今才来到齐国边境。现在汉王派了郦食其出使齐国，探子回报说郦生已经说服了齐国这件事是否属实，尚有疑问。况且汉王还没有颁下明令制止将军的伐齐行动，怎能仅凭探子的一句回报，就仓促下令停止进攻齐国呢？再者说来，郦食其乃一介儒生，他如果凭着三寸不烂之舌，就能攻下齐国七十余城，而将军率领数万大兵，转战一年多，才攻下赵国五十余座城池。将军试想一下，您为将多年，反不如一介儒生的功劳，难道不感到羞愧吗？所以我为将军考虑，您不如趁着齐军没有防备，率领军队长驱直入，扫平齐国。这样的话，平定齐国的功劳才能归于将军啊。"韩信听了蒯通的话，深思了片刻觉得他说得很有道理。但又一想，如果发兵攻打齐国，那岂不是害了郦食其？于是当即对蒯通说道："您的话虽有道理，但是我如果这样做了，齐国势必会杀害郦先生，这样做不可以啊！"蒯通听后，笑着说道："我知道将军不忍心害死郦食其，但据我所知，郦食其是自荐说齐的。他明知将军正在率军攻打齐国，却还要这样做，这岂不是他先负了将军吗？"韩信听到这里，勃然大怒，立刻站起身来，下令调动人马，过了平原渡，直逼历下。齐军毫无防备，结果被杀得大败。而韩信又乘胜追击，斩杀了齐将田解，生擒了华无伤，继而一路高歌猛进，直至临淄城下。齐王田广本来已经答应郦食其，同意归顺汉王，这时他忽闻汉军杀到，不由得大惊失色，于是急忙将郦食其召来，当面训斥他道："我听信了你的话，本来以为可以避免刀兵之祸，没想到你心怀鬼胎，假装骗我归顺汉王，暗地里却让韩信领大军攻打齐国，致使齐国沦丧，你当真是罪不可赦啊？"郦食其也慌张起来，对齐王说道："韩信发兵，那是因为他不知道齐国的实际情况，希望大王立刻派遣一名使臣，一同随我去面见韩信，我一定能让他退兵，撤出齐境。"齐相田横在旁插言道："到那个时候，你一定会逃之夭夭，我们怎能再受你欺骗呢！"说着，不容郦食其再行辩解，下令将他扔到油鼎之中，烹杀而死。韩信听到郦食其被杀的消息，心里感到不安，立即下令攻城。数日之后，攻破了临淄城。齐王田广、齐相田横只得弃城出逃，并派出使者向楚王项羽求救。郦食其本来知道韩信率军伐齐，但是还向刘邦自荐说齐，其意在于急功夺名。功名本是虚华的东西，郦食其追求形式上的功名，最终却为功名所累，为功名而死。

　　如果我们能从以上这段话中感受到老子对于"智慧"的辩证态度，从这一故事中我们则可以更鲜明地感受到老子对于"聪明"的排斥态度。有一天，追随孔子周游列国的子路单独走在路上，看到路旁两个老人用木桶在打水，于是他对老人说："你们怎么还这样打水啊，人们不是已经发明了提水的辘轳了吗？"那位老人竟然呵斥子路道："你说的是那种让人们变得越来越失去纯朴的本性的东西吗？请你赶紧离我远点吧，我们还想好好地多活几年哩！"后来子路将这件事告诉了孔子，孔子说这两人大概是老聃的弟子吧。从这里可以间接看出老子对智巧的排斥态度。而老子之所以对"智""愚"抱着这种与世人不同的态度，乃因为他认为世人所谓的愚笨正是一种顺应天道并且人们自己也没有察觉的一种天然无为快乐的大智。这种大智使人们保持着天性的平和与快乐，而所谓智慧则支配着人们的贪欲，使人们总想去获得更多心仪的东西，最终人们变得越来越贪婪、奸诈、争权、争利，进而使人们丢去自己天然纯朴的本性，失去自己原本简单、平和而快乐的生活方式。我们将思维放开一点，就会发现老子的这种观点与我们现代人的感受不谋而合。现代科技使得我们的生活变得越来越退化，健康每况愈下。物质生活极端丰富，人们的欲望越来越多，而生活生存却越来越不和谐、不快乐。针对这些社会现象，老子早在 2500 年前就开出了药方，认为只有"绝圣弃智"，回归到自然纯朴、和谐无为的自乐状态才是解决之道。老子多次拿婴儿打比方，认为

天道：体悟老子

婴儿无知无识，正是处于一种对世界和自我意识都比较懵懂的阶段，还没有掌握那么多的机巧和智慧，行事能够顺应大自然，与天道相合。故而，那时候的人类，过着像婴儿那么简单，和谐而快乐的生活。以后的社会则正相当于一个人成年了，拥有了众多的智慧之后，反而脱离了自然之"道"。这时的人们，为种种欲望所驱使，竞智计胜，争名争利，痛苦不堪。最后老子在两个层面上均得出结论，无论是作为个人还是作为人间整个社会都应该回归婴儿状态，也可以说老子在智与愚的辩证思想上，寄托了他自己完整的政治观念、人格观念。总的一句话，他与我们人世间通常的观点不同，老子推崇的是"愚"而非"智"。

老子谈到了身为儒家推崇的"仁、义、礼"时，他对这些"道德"规范及行为标准的态度与儒家却有所不同。老子对本章中提到的哲学和伦理"道德"概念排了次序，"道"处在首位，依次是"德""仁""义"和"礼"，其中德又有"上德""下德"之分，"下德"之人则教条地死守所谓的"德"，所以有道与无道区别就十分明显。"上德不德"就如"天地不仁"和"圣人不仁"，因为大道顺其自然，不需要用仁义来人为地修饰。所以，上德是无心的流露，这是符合自然之道的品德。下德是有心的产物，是人为的品德，含有勉强的成分，也容易使人心虚伪。所以下德的人自以为没有违背德，实际上没有达到德的境界，所以称之为"无德"。"上德""下德"之辩以及"智""愚"之辩外，还有另一个值得一提的智慧，那便是"处厚去薄、处实去华"。在本篇末尾，老子提出："是以大丈夫处其厚，不居其薄；处其实，不居其华。"这是老子对本篇的总结，即在前面提出了"上德""下德"之后，提出一个人应该采取的人生处世行为态度。它便是尽量靠近"上德"而不是居于"下德"。具体而言，我们不妨将老子所说的"失道而后德，失德而后仁，失仁而后义，失义而后礼"。反过来说，即在"礼"之间尽量靠近"义"；在"仁"和"义"之间尽量靠近"仁"；在"德"和"仁"之间尽量靠近"德"；在"道"和"德"之间尽量靠近"道"（或者叫"上德"）。总体上看，老子所言的"处其实，不居其华"所包含的内容是相当宏阔的，将其简单地理解为做人做事应该朴实，而不应该虚华，应尽量避免一些浮躁虚华不实的东西。从字义上讲，"实"就是果，即一个成果；"华"字其实是"花"的古字，指的是结果的前一阶段。植物开花后再发展一步就会是结果，但这一步不一定会走到开花，并且"花"本身是非常漂亮，令人留恋的。正因为如此，许多时候我们都往往会迷恋于"花"的美丽，而忘记了"花"的真正价值在于它能够结果，这样就使我们舍本逐末，一无所获。而老子所要提醒我们的，就是这样的一种情况。

事实上在我们的现实生活中，像这种舍"果"而追"花"的事情是非常多的。如我们为了面子上的排场，举债办婚礼，在结婚过程中固然风光无限，但在婚后却要咬牙花几年的时间来还债，其中的艰难与尴尬，也只有新婚夫妇自己才清楚。有的人没有真才实学，以重金买官，买文凭，却习惯夸夸其谈，博同样学识浅薄之人的钦佩，而感到自己脸上有光，得意扬扬。如被真正有学问的人戳破，最后将落个被众人嘲笑的下场。也有一些人喜欢到处交酒肉朋友，真正遇到事情时，一个个全都不见了。这些便是现实生活中常见的、典型的、华而不实的东西。而老子所教导我们的是要抛弃那些虚华不实的东西，根据自己生活实际情况做自己本本分分、老老实实的事情，不在意别人的眼光，把握好自己的真实生活；不假装自己拥有实际上没有的东西，不贪慕不属于自己的东西，如此我们便会时时刻刻活在自己的真实生活之中，享有自信充实而愉快欢乐的人生，最终更可能得到真正想要追求的东西。切莫贪图鞋的华贵，而委屈自己的脚。

老子在春秋后期认为，"大道废，有仁义"，春秋早期的几百年是没有战争的，后期因人们追逐狂欲和权贵，"大道"才废的。那时的法律是为了惩治狂欲权贵的犯罪，如果没有人犯罪，法律也就失去了存在的意义。他强调"返璞归真"，认为人间仁义道德、礼仪制度不过是对"失道""失德"的粉饰。"仁"在"失道""失德"后用来调整人际关系，"义"在"仁"丧失后用来规定人的行为，"礼"在"义"丧失后用来稳定社会秩序。如社会充满和谐与友爱，那要"仁""义""礼""信"还有什么用处呢？仁、义、礼、信都是在"失道""失德"后的表现。本章立论于动机，实有感于人际关系越来越外在化，而自发自主的精神已逐渐消失，仅靠一些规范把人的思想行为固定在形式中。老子的感言是十分沉痛的。他从居心上来分"道""德""仁""义""礼"这几个层次。无形无迹的道显现于物或作用于物是为德（道是体，德是用，这两者的关系其实不不能分离）。老子将德分为上下：上德是无心的流露；下德则有居心的。"仁义"是从下德产生的，属于有心的作为，已经不是自然的流露了。到了礼，就注入勉强的成分，礼失而后法（古时候"法"实内涵于"礼"），人的内在精神全然被伤。礼已演为繁文缛节，拘锁人心，同时为争权者所盗用，成为剽窃名利的工具，所以老子抨击礼是"忠信之薄，而乱之首"。老子一方面批评礼对于人性的拘束，另一方面向往于"道"的境地——自然流露而不受外在制约的境地。

第十八章　无以为用

原文：

　　天地之间，其犹橐籥乎？虚而不屈，动而愈出。

　　三十辐，共一毂，当其无，有车之用。埏埴以为器，当其无，有器之用。凿户牖以为室，当其无，有室之用。故有之以为利，无之以为用。

译文：

　　"橐籥"是指风箱，动可吹出无穷无尽的风，静则无声无息。天地之间不正像个风箱吗？越空虚越不会穷竭，越鼓动风量会越大，这句话中有自然之妙用之意。"毂"是车轮中心穿轴之孔。车子的轮、轴等只是实体，唯有插轴之孔是车至为关键的实用之处。正是因为它有了中间空虚的地方，才有了车轮的产生。若无此小孔，整个车只是无用之物。"埏埴"是水土和泥，然后用泥做成的器皿，壁、底、盖等实体均为器皿之借利。只有其内中空才是盛水藏物的实用部分。正是因为陶土的中空，才有了器皿的用处。无此中空，器皿则无用处。

　　"户"指门，"牖"指窗。房屋的墙壁、顶盖等是实体，而其门窗和室内中空部分才是其实用之处。正是因为门窗的空隙才有了房屋的用处，内部中空和门窗的虚无部分，只有通过其实有部分才有实用之处。无内部之中空和门窗之通口，房子就没有什么用处。"利"，借依。以上这几个例子说明：事物由有与无、实与虚两部分构成，其中的虚无部分只有通过实有部分才能体现有实用之处。所以实有部分只是"借利"，而虚无部分才是我们所要的"实用"。"有"与"无"二者，"有"带来便利，"无"带来用处，虽然互为利用，但不可否认"无"在我们生活中无处不在，起到不可缺少的特殊作用。"有"能给人便利，全靠"无"使它发挥作用。

　　以上的外壳实有部分，只是借利的道理，用它来阐明宇宙万事万物柔能克刚、弱能胜强，虚空之中，更有无穷无尽的妙用。我们身体尤为显著，人身肢体的外壳为借利，身中的空虚才是妙用、实用。五官七窍更是起着全身的主要作用，所以世间的万事万物实体为我们的生存提供了便利好处；空虚"无"自身发挥了作用，在我们的生活中

第十八章　无以为用

无处不有。

体悟：

"有"指实有之物，是看得见，摸得着，有形，有状，橐龠、车、器、室等，若世间无此类实有之物的存在，那我们何用之有？然而橐龠、车、器、室这些实有之物的实有之利，却正是凭借它们中间的虚空"无"才发挥出作用，天地之间中空犹如橐龠亦如籁，动可吹出无穷无尽的曲子，静则无声无息，一切为零。静则无生息，动可生万物，千变万化妙用无穷。因毂中间虚空让轮子得以转动受力，才显示其运输作用；器因中间是空虚的，才有了贮存的作用；房子因中间是空虚的，才有了居住的作用。没有"有"可资以为利，"无"的作用便不存在了。中国古代有一个官职的名称，可以说是对这一点做了很好的说明，这个官职就叫"司空"。"司"是掌管的意思，因此有很多官位都以"司"来命名，如司寇、司马、司徒、司土等，而"司马"之类的复姓也就是由官职转化而来的。那么，"司空"是掌管什么的官职呢？是工程建设。这显得很是有趣，"空"与"建设"又有什么关系呢？这就是老子所说的"凿户牖以为室，当其无，有室之用"。想要搞什么建筑，都得进行挖空理论的建造工作，所以这个官职才叫作"司空"。总而言之，这些有的东西给人们提供了便利，是因为中空"无"才发挥了"有"的用处。我们试想一想橐龠、车、器、室，它们的"有"提供着便利。可实际上发挥作用的却是各种"无"。这就是"有"与"无"的辩证关系。实际上"有"与"无"是一种互补的关系。"有"的作用发挥，依赖"无"。同样"无"的作用发挥也完全依赖"有"。失去了"有"也就没有所谓的"无"；失去了"无"，也就无所谓"有"。"有"与"无"一定要相互结合才能发挥最大的作用。

从老子所举的例子来看，橐龠、车、器和室都是因为"无"才能发挥各自最大的用处。从另外一方面来看，也正是因为它们的"有"才发挥了用处。所谓的"无"，都是因为"有"才形成的。橐龠空中有实，实中有空，才产生作用。车轮的轴心是空的，可它的周边却是实在的；器的内部是空的，可它的外围却是实在的部分；室的里面是空的，可它的边框却是实在的。正是有了这些实在的，它们才有了各自的作用。同样，"此时无声胜有声"的音乐效果也是以"有声"作为背景才得以实现的。如果一直都是无声的，那还谈什么胜有声呢？那还能叫作音乐吗？对于一幅画来讲，如果完全都是空白，片墨皆无，那不就是一张白纸吗？还谈什么美术欣赏呢？"无为"是老子思想的核心命题，它对中华民族思维方式和行为方式的影响既深且远。我们要把握"无为"的思想，了解华夏民族的历史，洞察人世间的客观要求，就是我们在人世上生存发展的有效策

119

略。如果没有"无""有"的作用，便根本不能发挥实际的用途。二者都是器物不可分割的构成部分。这种自然的法则和修身养性的道理相通。"载营魄抱一，能无离乎"，要在心中无物，运作于有无之间。同样，如施于政治"爱民治国、能无知乎"，便要如同毂中心，虚怀若谷，集思广益，才符合"道"的玄妙。

"无之为用"实际是以退为进的智慧。鸿门宴上，刘邦便是凭借这一智慧从杀气腾腾的项羽手上逃脱。刘邦曾和项羽在楚怀王面前约定先入关中者为王。公元前206年，刘邦率领义军进入关中，秦王子婴向刘邦投降。刘邦与秦民约法三章，并派人驻守函谷关。当时，项羽刚刚取得巨鹿之战的胜利，歼灭了秦军的主力，向关中进攻。项羽到达函谷关后，得知刘邦已经攻陷关中，十分生气，于是命令英布攻占函谷关，与刘邦驻扎于霸上的大军相对峙。刘邦得知项羽的意图后，非常担忧，忙向谋士张良请教。张良问刘邦："大王您估计一下，您的大军能够抵挡住项王吗？"刘邦沉默了一会儿，说："当然不能啊。"张良便建议刘邦向项羽说明自己并不敢背叛项羽，刘邦答应了。刘邦通过项伯将自己的意思转达给项羽。项伯是项羽的叔父，和张良交情甚笃。刘邦不但亲自接见了项伯，还和项伯约定结成儿女亲家。他对项伯说："我进入关中，一点东西都不敢据为己有，都登记了官吏、百姓的名字，封闭了仓库，等待将军（指项羽）的到来。我之所以派遣将领把守函谷关，是为了防备盗贼进来以及发生变故。我日夜盼望将军到来，怎么敢反叛呢？希望您告诉项王我刘邦不敢背叛他。"项伯连夜回到项羽军营，把刘邦的话告诉项羽，并劝项羽不要攻打刘邦。刘邦当然想据关中为王，但以当时的军队实力来看，和项羽展开对决，没有一点胜算，只有向项羽示弱更加明智，至少可以确保自己的军队安全，保存实力，待强大之后再与项羽一争雌雄。毕竟，刘邦的目标是统一天下而非仅仅取得一个关中。第二天，刘邦一大早就带着一百多骑来见项羽，在鸿门亲自向项羽请罪。项羽留刘邦喝酒，刘邦不敢推辞。席上，项羽东向而坐，刘邦则北向而坐。东为尊，北卑于东，刘邦特意坐在卑微的位置上，以示对项羽的服从。而项羽也对此心领神会。因此当他的谋士范增暗示他杀掉刘邦时，他假装没有看见。范增只好召来项庄，让他借舞剑刺杀刘邦。项伯看在眼里，心下焦急，便也拔剑起舞，护住刘邦，致使项庄无法找到行刺的机会。张良忙到军门处找来刘邦的侍卫樊哙，命他保护刘邦。片刻之后，刘邦借上厕所之机，与樊哙一起商量对策。项羽见刘邦久久不回，便要都尉陈平来催。刘邦深知席上杀气腾腾，不想再返回，但一想到出来时没有告辞，不大妥当，就在犹豫是不是要走时。樊哙说："干大事不拘小节，行大礼不避小的责备。现在人家是屠刀和砧板，我们是鱼肉，干吗不告辞？"刘邦听了，不再犹豫，急忙离开这是非之地，留下张良向项羽致谢。张良回到席上，告诉项羽，刘邦已经先行离开，由于担心遭到项羽的责备，献上一份玉斗作为谢礼。项羽听后，并未发怒，还收下了玉斗放在了位子上。一场杀身大祸就这样被刘邦躲过了。很多时候，"无之为用"都体现在"放弃"上（放弃已经拥有的东西）。以刘邦为例，他据关中，流露出称王的意图，结果险遭不测。而他放弃关中，向项羽示弱，不仅化解了强者项羽的戾气，保全了自己，还为聚集实力后发制人奠定了基础。放弃了关中的刘邦最终得到了整个天下。

老子在 2500 年前即精辟地概括出了器物的本质，以及有与无相根、相生、相资、相用的关系。华夏民族古代哲学中有一对极其重要的概念，叫作"阴""阳"。"阴""阳"的实质就是对立统一，这从我们的太极图中可以最为直观地看出来。"阴"和"阳"既相互分割，又你中有我，我中有你，并且统一在一起，而"有"与"无"，就可以看作"阴阳"关系的一种代表。"有"与"无"既相互区别，又相互联系。"有"中包含着"无"，"无"中包含着"有"；"有"之以"无"为用，"无"之亦以"有"为用。而单纯的"无"和单纯的"有"都是有失偏颇的，也就难以最好、最大限度地发挥作用。

《庄子·山木》中有这样一段话："周将处乎材与不材之间。材与不材之间，似之而非也，故未免乎累。"一次，庄子在山间行走的时候，看见一棵大树枝叶茂盛，可是伐树的人却停留在旁边而不去砍伐它。庄子问："为什么不去砍这棵大树呢？"伐树的人说："这树没有什么用处。"庄子由此感慨地说："这棵树就是因为它不成材而能够终享天年啊！"庄子出山后留宿在朋友家中，朋友叫童仆杀鹅来款待他，童仆问主人："一只能叫，一只不能叫，请问杀哪一只鹅呢？"主人说："杀那只不能叫的。"第二天，弟子问庄子："昨天遇见山中的大树，因为不成材而能终享天年，可是今天主人的鹅，却因为不成材而被杀掉，先生你将怎样来看待这事呢？"庄子说："我庄周呀，将处于成材与不成材之间。"庄子的这种观点表达的是为人处世要把握好分寸，做到应时而顺变，不可拘泥于一方，应当争取达到这样一种境界："与时俱化，而无肯专为，一上一下，以和为量，浮游乎万物之祖，物物而不物于物。"也就是说，人要通过这种随顺的处世原则来过一种悠然自得的生活，役使外物却不为外物所役。我们知晓了"有"与"无"之间的辩证关系，在做事的时候就要充分地掌握好"有"与"无"的分寸，在需要"有"时候，就将"无"转化为"有"，而在需要"无"的时候则将"有"转化为"无"，做到当"有"的时候则"有"，当"无"的时候则"无"。

如何才能处理好"有"与"无"的关系呢？我们先来讲一个事例吧。春秋时候，孔子对卫国大夫宁武子先生有过这样的评述："宁武子，邦有道则智；邦无道则愚。"

也就是说，宁武子这个人呢，在国家政治清明的时候，就表现得很是聪明，可是在国家政治很混乱的时候就表现得很糊涂。表现得聪明，是为了充分发挥自己的才智，为国家和社会民众做出应有的贡献，但是这种聪明不是在任何情况下都可以很好地发挥用处的，它需要的前提是国家政治的有序良性运行。比如说，对于一把刀，正常人用它来切割砍伐，所以刀使用在正常人的手里，越锋利越好；可是如果刀掌握在暴徒的手中，那么它越锋利，伤害社会也就越大了。如果一个人的能力很强，在他辅佐的人很贤明的情况下，就会给天下劳苦大众带来很大的益处；如果他辅佐的人是一个毫无仁德的家伙，那么，他的才智发挥得越好，给社会劳苦大众所造成的害处就越大。孔子的贤徒冉求，就因为帮助季康子敛财而受到了孔子的严厉批评。在孔子看来，季康子已经非常富有了，可冉求还在帮他搜刮天下的财富，他个人的财富增加得越多，广大穷苦百姓所拥有的财产就会越少，这是很不应该做的事情。孔子对自己的其他徒弟说："冉求不是我的徒弟，你们可以敲着鼓去攻击他。"在古代，擂鼓是战争中进军的号令，代表着征讨之意。孔子认为冉求的这种助纣为虐的行为是应当受到征伐的。所以说，一个人的聪明才智只有在适逢其时的情况下才能很好地发挥用处。这就是"邦有道则智，邦无道则愚"的原因。

"邦无道则愚"还有着更深一层的意思，那就是，当乱世之时，"愚"不失为一种明智的明哲保身之道。清朝代著名的书画家、诗人郑板桥有一幅十分著名的匾额，上面题写的是"难得糊涂"。众人常常称赞某个人真是聪明绝顶，可是，聪明不易得，糊涂更难得，因为这种糊涂不是真的糊涂，不是智力没有开化的那种糊涂，而是超越了普通的聪明的那种糊涂，看似糊涂，实为大智。人们常讲的"大智若愚"说的就是这个道理。关于这一点，孔子也评价宁武子说"其智可及也，其愚不可及也"。也就是说，他的聪明是别人可以达到的，而他的糊涂却是别人达不到的。对于宁武子来说，"邦有道"的时候就是智，"邦有道"的时候就是愚，如此在智与无智之间自如地转换则无论"邦有道"还是"邦有道"，自己都可以游刃有余地来应付，这就是合理地运用"有""无"之妙，而带来的有利效果。

陈平，阳武（今河南省原阳县东南）人，是西汉开国重臣之一，曾在汉惠帝和汉文帝时受封丞相位，在建立汉王朝和保卫汉王朝的过程中立下汗马功劳。秦朝末年，农民起义，陈平也投身于改朝换代的潮流之中。他最早投奔的魏王咎，后来因为遭受谗害而转投于项羽帐下。陈平是一个颇富才华的人。少年时代也是饱读经籍，但在项羽的手下却长期没有受到重视，很不得志。公元前206年，刘邦率军攻入秦王朝的都城咸阳，但是当时权势最大的仍是项羽，刘邦虽然攻破了咸阳，却不敢自居为王，为了表示卑下而掩藏自己的野心，他亲自到项羽的营中谢罪。刘邦与项羽的这次会见在历史上被称作"鸿门宴"，就是在这场宴会上，陈平第一次见到了刘邦，他敏感地发觉刘邦是一个可成就大事的人物，而项羽之徒则不足与谋，于是心中暗暗生起了叛楚归汉之意。不久之后，刘邦被项羽困在咸阳，难以脱身，当一筹莫展之际，张良决定铤而走险，去找陈平进行秘密会晤，以寻求帮助。令张良未曾想到的是，陈平与他一见如故，大有相见恨晚之感，十分爽快地答应帮助刘邦脱难。于是，陈平去求见项羽，向项羽进言道："现在天下刚刚安定下来，社会生产还没有恢复，必须节约用度才是。而现在各路诸侯齐聚咸阳，每日军饷耗费巨大，莫如遣散各路诸侯赶紧回国，各守一方，如此，就不必再为此担忧了。"项羽觉得陈平言之有理，于是立即下令：天下诸侯，路远者给十天的期限，路近者给五天的期限，在限期内速速做好回国的准备。但是在命令中项羽又附加了一条，唯独刘邦要留在咸阳，以陪王伴驾。项羽不放刘邦回汉中，这在陈平的意料之中，于是陈平授意张良，采取了一个声东击西的策略，令刘邦上书项羽，请求回老家沛县省亲。项羽对此犹疑不决之时，张良献言，说刘邦若回沛县，恐怕就在那里落地生根了，莫不如放他回汉中，然后再去沛县取他的家眷做人质，这样，刘邦就不敢乱来了。陈平又说："刘邦既已受封汉王，如果不放他回汉中，恐怕不能服天下人之心，以为大王言而无信，不如就依张良所说，放刘邦归汉中，再扣留他的家眷作为人质。这样既可以保全信用，又可以约束刘邦，岂非两全其美？"项羽遂同意放刘邦回汉中，刘邦乃得脱身。再说陈平虽然已生了归汉之心，但毕竟还欠缺一个适宜的时机，并且那时楚汉之争还没有正式展开，项羽和刘邦并非彼此敌对。然而不久之后，刘邦和项羽之间的对立就公开化了。此时，又发生了一个意外事件，就是项羽手下的司马卬归降了刘邦。项羽因此迁怒于陈平，陈平也心生惶恐，如若继续留在项羽帐下，不仅难以见用，反而容易招惹杀身之祸。更为重要的是，他已完全看清了项羽乃一介莽夫的真面目，遂决心去找在刘邦营中谋事的好友魏无知。傍晚时分，陈平偷偷来到黄河岸边，请船夫送他过河。船行驶到河中的时候，从船舱里又出来一个船夫，两个船夫对陈平打量一番，然后又彼此交换了一下眼色。看见这一情形，陈平觉察到这两个船夫并非善类，而且有意加害于他。陈平知道，他们之所以生出歹心，乃怀疑自己身上带了贵重的财物，从而欲谋财害命，可是自己身上恰恰没有带什么钱财。想到这里，陈平就将衣服脱了下来，并且动作很明显地将衣服摔到船上，将腰间也清理得很干净，以表示衣服里并没有藏着什么值钱的东西。那两个船夫亲眼见到陈平身上并没有带什么财物，也就收起了谋害他的念头，随后将陈平送过河了。在一般的情况下，钱财总是对人有益处的，可以给我们带来很多方便，然而在某些特殊时候，过多的钱财反而会给自己带来很多害处。陈平在遭遇歹徒之时，正是机智地示之以"无"，才化解了一场灾难。这就是"无"的利处。渡过黄河之后，陈平顺利地抵达了汉营，经魏无知的引介，拜见了刘邦，两人相谈甚为投机，陈平很快成为刘邦集团中的一个重要谋臣，英雄终于寻得了用武之地。

人们一般都比较重视"有"之物的作用，而老子在这里则强调了常常被我们遗忘的空虚"无"之物的作用，他运用日常生活中实物的例子，说明了看似无用之物的巨大作用，老子对于实有与虚无的认识，都是从他们的实际生活中得出的，而排除了二者的外部形式，对于认知的影响，其中蕴含着精妙的实用的辩证法思想。这就是老庄哲学中非常重要的"无用有大用"的思想 。无论出世或入世，都要明白"道"在有无之间的玄妙，懂得这些才是真能懂得"以无为用"的法则。用比喻的方式指出"有"和"无"之间的关系，是"本"和"用"的关系。两者结合，相辅相成不可分割，最终达到无用之用，无为而无不为的作用。"有"给人以便利，"无"发挥出它的作用。"道"是"有"和"无"的辩证统一，自然现象也是"有"和"无"的对立统一。这是老子辩证思想"无为而无不为"的具体阐述。 天地之间是一个虚空状态。虽然是"虚"状的，而它的作用却是不穷竭的，这个"虚"含有无尽的创造因子，所以说：动而愈出——天地运行，万物生生不息了。这个"动"（在虚空中的"动"）便 成为产生万"有"的根源。可见老子所说的"虚"，不是个消极的观念，反而是个积极的观念。一般人只注意实有的作用，而忽略空虚的作用。老子举例说明：一、"有"和"无"是相互依存、相互为用的；二、无形的东西能产生很大的作用，只是不容易为一般人所觉察。老子特别把这"无"的作用彰显出来。这是两个不同的层次。它们符号形式虽然相同，而意义内容却不一。"有""无"是老子专设的名词，用来指形而上的"道"向下落实而产生天地万物时的一个活动过程。这后面所说的"有"就是指实物，老子说明实物只有当它和"无"（中空的地方）配合时才能产生用处。老子的目的不仅在于引导我们的注意力不再拘泥于现实中所见的具体形象，更在于说明事物在对待关系中相互补充、相互发挥。

第十九章　信言不美，以其病病

原文：

信言不美，美言不信。善者不辩；辩者不善。知者不博，博者不知。

知不知，尚矣；不知知，病也。是以圣人之不病，以其病病。夫唯病病，是以不病。

译文：

有德之人，外表庄重，内心世界真诚，其言语实在，质朴而不华丽，并不悦耳动听；无德之人，外表轻躁，内心世界狡诈，其言语动听悦耳，却未必真实可信。真实的言辞不一定好听华美；好听华美的言辞不一定真实。对事物见解深刻的人，不一定知识面很宽广；知识面宽广的人，不一定对事物有深刻的见解。知其结果不一定知道事物的本质，有修为的人"道""德"充实其内，含光内敛，不哗众取宠，真正有知识的人不卖弄；无"道"修为的人，自作聪明，巧舌善辩，却未必忠诚善良，卖弄自己懂得多的人不是真有知识。

知道自己有所不知，恬淡自养，不显露智慧，不显露机智，好似无知一样，这样最好。这才是上知，才算高明的人。常人不然，不知却自以为知，以小知自见、自是，耀人眼目，这就是人们最大的缺点。圣人之所以没有缺点，是因为他们把缺点毛病当作缺点毛病，认真对待并及时克服改正。正因为他们把缺点毛病当作缺点毛病来克服，不再重犯，所以他们就没有缺点和毛病。

体悟：

将"美""真""善"联系在一起的，老子应当是中国历史上第一人了。"美"是表象，"真"是本质，"善"是动机。与"真、善、美"相对应的是"假、恶、丑"，刚好同影视作品中的好人与坏人的泾渭分明相反，在我们生活中的丑恶常常是隐藏在美好的表现形式之中，因此老子反对过分注重形式上、表面上的美，即所谓"信言不美，美言不信"，如何去分辨呢？老子给了我们这样的答案："知者不博，博者不知。"真有

125

天道：体悟老子

知识的人不广博，知识越专业就越窄，广博的人往往难以在某一领域有所深入。启示我们学会透过表面的社会现实与华丽的包装，去发现事物的动机和本原；为达此目的需要我们付出的不是用不完的智商和知识，而是追求本质以求"道"（找规律）的态度。

"信言不美，美言不信"，结合我们日常生活经验，这句话是符合事实的。关于这个道理，有另一句话流传得更广一些，即"良药苦口利于病，忠言逆耳利于行"。这句话出自《孔子家语》，从中可以看出，这句话和老子的观点是一个意思，并且，还将老子的意思进一步点明，"忠言"即是"信言"，虽然听起来不好听，却对受益者有益。反过来，"美言"虽然好听，却对人没有好处，甚至往往会有害处。关于这样的历史教训，实在是太多了。

商朝纣王荒淫残暴，大肆建造宫殿，滥用民力，同时在后宫造酒池、肉林供自己享乐。纣王身边的近臣费仲、恶来投其所好，常常顺着纣王性情来说话，并给纣王种种行为找个很好的借口，使纣王认为自己的残忍行为很是合理。当然，纣王很是高兴，倍加宠信他们两人。而当时担任商王朝最高行政官的比干看纣王如此长期下去必将亡国，于是就冒着杀头灭族的危险，连续多天抨击纣王的过错。纣王被比干老臣批评得无言以对，多次十分难堪，恼怒地问比干道："你为何多次不给本王面子？"比干说："我不能为了给你面子，便放弃大义。"纣王又问："何为大义"？比干答："夏桀不行仁政，失了天下。我王也要学此无道之君，难道就不怕丢失了天下了吗？我今日进谏，正是大义所在！"纣王见比干不肯退让，就说："我听说圣人的心有七窍，不知道是真是假？"说罢，就命人剖开了比干的胸膛。最终，纣王的残暴引起了天下人共怒，尽失民意，西部的周部落发难之后，天下各诸侯国响应，商朝被周部落灭亡，纣王也就落了个自焚的下场。中国历史上还有很多很多这样的案例。

对于普通民众来说，总觉得他们的事情离我们的生活实际太远了，对我们不会产生严重的后果。尽管如此，无论"美言"还是"信言"，所谓事不同而理同。在我们实际生活中，它们对我们产生的影响同样是泾渭分明的，有时候它对我们所产生的影响同样会是决定性的。我们谈一件贴近生活的实例吧！著名作家巴德·舒尔伯格，他的作品《码头风云》《醒着的梦》等曾经风靡一时，受到众多读者和学生的追捧。在获得了巨大的声誉之后，巴德曾写了一篇自己的成功路。他回忆到，在他十八岁的时候，自己写了一首诗，母亲出于对他的疼爱，搂着他不断地赞扬。他内心感到十分得意。他的父亲回家之后，母亲就将儿子的诗拿给他看。父亲很客观地讲，这首诗写得很不好！听到这句话，幼小的巴德一下子感到很是难受，知道母亲的赞扬不过是出于儿子的疼爱。在母亲的鼓励下，他仍旧不断创作，一直到长大成人。而在这个过程中，他的父亲始终对他的作品持一种完全客观的态度，根本就没有留过一点情面。因此他从父亲那里得到的绝大多数是批评，只有在真正取得进步的好作品时，父亲才会公正地给予一点好的表扬。巴德在文章的结尾表示，自己是幸运的，在成长的过程中不仅仅得到了母亲的赞扬，同时还有一位严厉的父亲很是客观地评价自己。他认为，正是因为父亲客观公正地不断挑毛病，指出不足，才促使他的写作水平不断提高，不断超越自我，最终成为一名真正意义上的作家。这个故事更贴近我们普通人的实际生活，形象地向我们道出了"忠言逆耳利于行"之理。事实上，所谓的"信言"正是如此地存在于我们生活的细节之中，如果能听进他人的进言，便会使我们客观地审视自己，从而改正我们自己的不足，使自我不断取得进步。我们都知道，这实际是很难做到的。因为每个人都有一种强烈的自我价值得到认可的欲望，因此一旦听到别人表扬，往往会不假思索地接受，而对别人客观公正的否定性意见则是本能地排斥。事实上这种心理即使是那些贤能的人也一样很难避免。总而言之，"信言不美，美言不信"的道理提醒我们要有接纳别人指责的智慧和勇气。所谓金无足赤，人无完人。一个人总会存在这样和那样的缺点和不足，做事总有考虑不周的地方。所谓当局者迷，旁观者清，别人对此往往是一目了然的。但是只有那些真正为你好的人才会甘愿冒着得罪你的风险，为你指出来。越是你亲近的人越是会指责你的毛病和缺点，因为他们关心你，才不惜冒犯你这么做。而和你不亲近的人，才懒得做这种出力不讨好的事情，因为大家都懂得"多栽花，少栽刺"之理。另外，别人肯冒着被你敌视的危险来批评你，也说明别人看得起你，认为你值得批评，而对一个在他看来不可理喻的人，他肯定懒得去浪费口舌。因此要善待那些对你说出"信言"的亲人、朋友、同事，不可因为维护自己的情绪而轻易否定他们的意见，更不要对他们反唇相讥。我们都应该保持有则改过、无则加勉的人生态度。相反，对听起来让人飘飘然很是高兴的"美言"则要警惕了。总之，如果你想要不断地提升自我，不甘平庸，渴望有所成就，那么，"信言不美，美言不信"这个看似简单的道理便是你需要认真领会和认真奉行的。当然，对于自甘平庸者而言，这句话倒是没有什么用处。

老子做出了对信与美、善与辩、知与博的评判，通过对这三组词的深刻辨析，来说明事物的外在形态与内在本质往往不一致，甚至恰恰相反。"知者不博，博者不知"其意思是真正有知识、懂得很多的人不卖弄，从不故意表现自己的博学；而故意表现自己的博学，卖弄自己的人不是真有知识。20世纪20年代，中国要在伦敦举行一个中国名画展览，组委会派人去南京和上海察看选取博物院的名画，蔡元培与林语堂都参与其事。当时一个法国汉文学家伯希和自认是一个中国通，为了表示自己是个内行，

天道：体悟老子

伯希和一边观看一边滔滔不绝地向蔡元培先生评论道："这张徽宗的画无疑是真品。"以及墨色、印章如何等。在一旁的林语堂感到十分有趣，因为他知道，蔡元培先生是这方面的专家，这个法国人无疑是在班门弄斧，自己替他捏一把汗。但是，林语堂留意到蔡老先生并没有以更加内行的评论来打断那个法国人。相反，他根本不去表达自己的看法，既不表示赞同，也不表示反对，只是很客气地低声说："是的，是的。"过了一段时间，法国人伯希和开始若有所悟，闭口不言，面有愧色。林语堂猜想他大概从蔡元培的表情上看出来什么，他自己可能说错了什么，甚至是出了丑！林语堂最后感叹到，做人的确应该低调内敛一些才好，不然一不小心可能就成为后人谈论的笑话了。

再谈一个故事。北魏时期，禅宗达摩老祖渡江而来，在广州登陆，后被痴迷佛教的梁武帝接到金陵（今南京市）。因为达摩想到北魏弘法，准备离开金陵北上。在临走时，达摩路过雨花台，遇到高僧神光在那里讲经说法，场面异常火爆。达摩便挤进去听了一会儿。他听到神光说的他同意的地方，便点头；听到不同意的地方，便摇头。神光看见一个印度和尚在那儿点头或摇头，似乎有不同意自己的意见，神光便问达摩为何，达摩很平和地说出了自己的看法。神光因为具有很高的声望，可以说是南梁第一高僧，自视甚高，对达摩的意见有些不屑，而是极力向达摩强调自己的观点。达摩便主动让步，离开了。达摩离开后，有人告诉神光，刚才的印度圣人是菩提达摩。神光一听，非常惭愧，急忙出门去追达摩，但达摩已经走远了。后来神光又到北魏少林寺，拜达摩为师，并改名慧可，最后成了禅宗二祖。在这类故事中，有一个共同的现象就是：越是懂得多的人，越是喜欢保持沉默，可以收敛自我，因此表面上看似乎很无知；相反，越是懂得不全面的人，反倒越是自以为博学多才，急于表达自己的看法。这正应了老子所说："知者不博，博者不知。"俗话说："水开不响，响水不开。"其反映的便是这个道理。

"知者不博，博者不知"对我们的言行具有很强的现实生活指导意义。它提醒我们要懂得谦虚和内敛，不要自傲和张扬。张扬首先是一种轻浮之举，使自己在别人的眼中成为一个张狂高傲的家伙，甚至成为众人的笑柄。同时，张扬还往往会阻止我们的进步。而张扬便往往以为自负，自负与自满仅一线之隔。相反，内敛之人也绝非自卑，只是一种更为理性的自信，一种明白了自己优劣势边界的自信，自信之中始终处于一种随时准备纠正自我错误的弹性状态，因此内敛是一种前进的姿态。另外，内敛也是一种守势，一种自我收缩，可进可退，如真正是有才能之人，洞察之人自然识别；如无才能则暗语守拙，仍旧不失沉稳。张扬很容易让人产生负面联想，被人一听到张扬的声调便会心生怀疑。佛家净宗、一代祖师印光法师在文章中自称："早年学诗而不

128

解诗，中年学儒而不懂儒，晚年学佛而不知佛，参禅而不悟禅。"读来令人感叹。俄国思想家别林斯基曾说："一切真正伟大的东西，都是纯朴而谦逊的。"倒是一些写过几篇小文章的人往往自视甚高，喜欢在跟别人说话的时候，故意卖弄一些华丽的句子，生造一些食之无味的俏皮话，来显示自己的"才华"。也往往是一些出于玩赏心理翻看了几本佛经的人，最喜欢在跟别人聊天时动不动就高调地谈禅论道，好让自己在别人眼中具有那么一点世外高人的色彩。谚语说"泡沫冒处，必是浅滩"，便是对那些喜欢卖弄自己的人的形象化讽刺。真假、美丑、善恶，人们往往看重表象，看不透或不愿直面现实，因此老子才以哲学上的对立来揭示这一矛盾。 实际上是对真与假的辨析，也是对人文道德标准的评判。仅从伦理学角度来理解老子，也未免显得有些狭隘，老子之"道"，已经远远超出伦理这一范畴，它与大千世界紧密联系在一起。"大道"是宇宙间的原则和真理，远非人力所能及也。人的道德常常与信念理想相互关联，而人一旦固执于自己的信念和理想，就不免自大，脱离了谦卑之"道"，也就无路可循了。

　　我们与恍惚迷离的"道"（万事万物的规律）相比，视野确实太过狭窄了。我们从来都不会比大自然更伟大，在大自然面前必须承认自己存在的渺小和知识的浅薄与有限，盲目自大只会贻误终身。我们的无知是不可避免的，但这并不能作为犯错误的借口，必须懂得勇敢面对自己无知的重要性，只有如此才有可能避免因无知而造成的错误。不懂装懂，自以为知，招摇过市，只知点皮毛，便自诩真知，犯这种毛病的人必然谬妄百出，究其病根，乃逞能好强，心智虚妄。老子认为"知不知"才有可能有智慧，但它并非想要我们摒弃所谓的知识和智慧，以"不知"为智，乃老子通过将人的"小智"与宇宙间的"大智"进行对比后才得出的真知灼见。"知"与"不知"的辩证关系，事实上，这是一直以来都困惑着所有人的命题。老子认为，知道自己不知道，最好了；而不知道却以为自己知道便是缺点，这就是老子的基本观点。事实上，老子的这一观点具有永恒的真理性。

　　孔子在《论语》中曾言知之为知之，不知为不知，是知也，意思是：懂得就是，不懂就是不懂，这才是明智的。孔子不仅如此说，他还是这么做的。据《列子·汤问》记载：有一天孔子来到东方游学，看到两个小孩在为什么事情争辩不已，便过去问是什么原因。一个小孩说："我认为太阳刚出来的时候离人近一些，中午的时候离人远一些。"另一个小孩却认为太阳刚升起来的时候离人远，而中午要近些。一个小孩说："太阳刚出来的时候像车盖一样大，到了中午却像个盘子，这不是远的时候看起来小，而近的时候看起来大的道理吗？"另一个小孩说："太阳刚出来的时候有清凉的感觉，到了中午却像把手伸进热水里一样，这不是近的时候感觉热而远的时候感觉凉的道理吗？"对此，孔子实在难以做出判断，最后两个小孩子笑着说："谁说你知识渊博呢？"在这里，孔子便没有"强不知以为知"。让我们再来看看西方的能者们是怎么看待这个问题的。古希腊哲学家苏格拉底被德尔斐神庙预言为雅典城中最有智慧的人，可他用来形容自己的那句家喻户晓的名言却是：我只知道到一件事，那便是我一无所知。法国大思想家蒙田有句名言："我知道什么呢？"20世纪杰出的科学家爱因斯坦则说自己"真像小孩一样幼稚"。古今中外的智者对于知与不知的命题，最终强调的都是"不知"。事实上凡是智者，都不约而同地承认自己的认知能力是有限的，一些东西是自己不能够意识的。

德国哲学家康德在他的传世之作《纯粹理性批判》中通过举世无双的论证告诉了在启蒙理性之光中欣然的人们，你们认识到的，只是你们能够认识的东西，除此之外还有一个彼岸世界不为人知。显然，知道自己的无知是所有知识中最难能可贵的。关于"知不知"与"不知知"，古希腊哲学家芝诺有个著名的比喻。一次一位学生问芝诺："老师，您的知识比我的知识多许多倍，您对问题的回答又十分正确，可是您为什么总是对自己的解答有疑问呢？"芝诺顺手在桌上画了一大一小两个圆圈，并指着这两个圆圈说："大圆圈的面积是我的知识，小圆圈的面积是你们的知识。我的知识比你们多。这两个圆圈的外面就是你我无知的部分。大圆圈的周长比小圆圈长，因此我接触的无知范围也比你们的多，这就是我常常怀疑自己的原因。"在这个故事中芝诺把知识比作圆圈，生动地揭示了有知与无知的辩证关系。从这些智者的态度可以看出，"知"是相对的，"不知"是绝对的。而具体到我们现实生活中，便应该明白自己认识事物的局限性，做任何事情都不可盲目自大。正如芝诺所比喻，我们有了一定的知识，接触和思考的问题越多就越觉得有许多问题不明白，因而就越感到自己知识贫乏；相反，如果我们感到自己知识充足，就更不会积极主动地去学习思考，如此就会造成我们认识浅薄，发现能力和思考问题的能力低下，而越是如此，我们反而越不会意识到自己的无知。但是由于人与生俱来的傲慢习气，有很多的人习惯于"强不知以为知"。这样不仅使自己失去了"知"，有时还会给社会带来巨大的灾难。纸上谈兵的赵括和丢失街亭的马谡就是典型。

具体到我们民众的生活中，"强不知以为知"一般会给自己带来很多麻烦或严重后果，更会严重损坏我们的个人形象。有很多人为了给自己赢得一个好的形象，不懂装懂。比如我们和别人聊天说到某个话题时，其实我们对该话题所知不多，却不甘示弱，明知牵强附会，也要故作有把握地表达自己的看法。对某个人并没有过多接触和深入了解，偶尔有人问我们对此人的看法，我们张口便是：那人总的来说是一个怎样怎样的人。实际上，这个时候，表面上我们似乎知道得很多，懂得很多，其实已经给别人留下了夸夸其谈、华而不实的印象。有这样一个笑话生动地说明了"不知知"的害处：有个人开了一家典当铺，他本人却不识货，但自己不承认这一点。有客人拿了一面单皮鼓来当，铺主吆喝道："皮盆子一个，当银五分！"有人拿笙来当，铺主又吆喝："斑竹酒壶一把，当银三分！"有人来当笛子，他又吆喝："火筒一根，当银一分！"后来有人把擦屁股的巾拿来当，他吆喝道："虎狸斑汗巾一条，当银二分！"小伙计实在忍不住了，对他说："这东西要它有什么用？"他却答道："若他不来赎，留下来擦擦嘴也好呀！"事实上，许多时候强不知以为知的人都会遭到别人或明或暗的嘲笑。相反，保持一种谦卑的姿态，不知道就坦白承认不知道，不仅不会遭到别人的嘲笑，反而能获得别人的尊重。

　　有这么一个故事。一位知名的中学语文老师的确是名不虚传，整堂课讲得深入浅出，引人入胜，坐在下面前来参观的老师也都在内心里暗暗赞叹，校长也觉得很是满意。在这堂课快要结束的时候，有一名学生提出了一个有些偏的问题，这个老师被难住了，他显然没有碰到过这种场景，稍微显得有些窘迫，愣在那里了，整个教室立刻十分寂静。校长、外校的老师、学生都为台上的这位老师捏一把汗，不知他如何收场。连那位提问题的学生都有些后悔，觉得不该让自己的老师难堪。大概过了一分钟，这位老师冷静下来，镇定地说："我真的不知道。"随后，整个教室响起了雷鸣般的掌声。总之，说到底，老子的"知不知"与"不知知"的智慧提醒我们做人要谦卑；另外，要明白每个人本质上都是无知的，因此可以坦然承认自己的无知，这正是走向相对的"知"的第一步。

　　任何人间事物与广阔的天地宇宙相比，都会显得太过渺小。我们人类只有认识到这一点，进而谦卑自处，才不会因盲目自大而做蠢事。老子认为，知道自己所不知道的，才是真正的高明，"病"不是错误，"病病"更不是把缺点当作缺点被动地承受，更不能因为错误而将错就错，任由错误恶化蔓延下去。任何事物都有它的两面性，有一弊，就必有一利。他之所以将"病病"看成一种符合"道"的正常行为，就是他能清醒地认识到，承认错误是人生避免进一步犯错的必要前提，这也正符合于他"大成若缺"的观点及一切皆无绝对的完美可言，追求完美是徒劳的，那就不如抱残守缺，建立起一套自我弥补的修复机制，来逐渐地趋于完善，趋于"常"与"大"。可笑的是我们人类社会中所谓地位越高学识越广的人，"不知知"（不知却自以为知）的毛病就越明显。世上以"无知"为知的人太多了，都是强不知以为知。明明不清楚，反而假装非常了解。这正如我们在纸上画圈，什么都没画的时候会认为纸很大，画圈之后就会认为圈

天道：体悟老子

内的东西太多了，外面的世界太小了，殊不知宇宙这张白纸是无限的。现实社会中应该是地位越高者的眼界就越宽，就越要善于自我反省。一个人的学识越丰厚，思想越渊博深刻，他的人生态度就应该越谦卑。本段是老子对于"知与不知"的态度上来说的，强调人人都要有自知之明，知道就是知道，不知道就是不知道，这样的人才会有大智慧，但我们却往往拘泥于自己有限的知识而妄自尊大。所以真正的有道者，不会刻意去做表面文章，否则，恰如坐井观天，使今后再也难以有所长进、有所作为了。

老子指出了我们要破除狭小眼界的局限，使我们的思维得到更大解放，才不至于因走进了认知固执的死胡同，而丧失探求更广泛真理的动力。有毛病的人从来不认为自己有毛病，反而自以为是。这就是圣人与凡人的差别。不少学识渊博、有地位的人很容易死钻牛角尖，因为他们过于自信，认为自己已登峰造极了。在面临矛盾、烦恼或挫折时，不会从自己身上找原因，不会发现真实的症结，不会从根本上解决问题。生命短暂，而世界天地却是无限的，将有生之年所见所闻与整个天地相比，将永远都是无知渺小的。所以老子提出了要正视我们自己的无知，并将其当作一种弊病，只有如此才能不断超越自我，所以这里的"不知"一定不是不思进取，而是在潜意识中具有了一种韬光养晦的含义。人为什么会犯错误？就是因为一知半解，却自以为全知全能；就是因为我们只从外界找毛病，不从自身找原因。所以，圣人、智者或君子，都会严格要求自我，解剖自我，绝不会怨天尤人。老子提出"圣人之不病"，原因在于"以其病病"。需要指出的是，这里的"病"所包含的不仅是缺点，也可以指一个人所犯的错误。总之，对于需要改正的东西，只有你认识到并承认它的存在，才具有了改正它的基本可能。正如老子所说，圣人之所以看上去没有缺点，不犯错误，乃因为他正视自己的缺点和错误的，而非其生来如此。

关于此，孔子便是典型的例证。孔子师徒周游列国时，有一次在陈国和蔡国之间被人误以为是强盗团伙堵截了起来，粮食也没有了，师徒一直饿了好多天。后来颜回出去讨了一些米回来，然后开始煮饭。饭煮好后，颜回看到锅里有一些脏东西，于是便用勺子将带有脏东西的米饭给捞了出来，因为当时粮食紧张，颜回不舍得将其扔掉，自己便将这点脏饭给吃了。这时孔子正好路过做饭的地方，看到了颜回吃米饭的举动，以为他是因为饿提前偷吃米饭，于是便上前指责颜回这样做是不对的。颜回说明了缘由，孔子马上向颜回道歉，称自己不该没有搞清楚事情就贸然下结论。他还在后来专门给学生们讲了这件事，并从中引申了道理。他感叹道："人可信的是眼睛，而眼睛也有不可信的时候；可依靠的是心，但心也有不可依靠的时候。弟子们要记住，知人真是一件不容易的事呀！"孔子师徒到了齐国，孔子在拜见了齐景公之后，并没有去拜见齐国宰相晏婴。当时的晏婴在内政外交上卓有功绩，是一个十分贤能的人，名声传扬到了各诸侯国。孔子对这样的贤能者一向是尊崇的，往往会专门或顺便前去拜见。子路对此感到有些奇怪，便问老师道："老师呀，听说晏婴很贤能，您来到了齐国，怎么不去拜访他呢？"孔子如此做，果然有他的原因，他解释道："我听说晏婴得到齐国三代君王的宠信，这说明他有三个心眼，因此我怀疑这个人的为人，不想见他。"晏婴后来听到孔子的这番话便有些委屈地给人解释道："我是齐国的子民，如果不修正自己的行为，没有自知之明，就无法立身于世，得到宠幸的臣子总是看到君王好的一面，得不到宠幸的臣子看到的都是恶的方面。诽谤和赞誉是一对孪生兄弟，声音和回响相互呼应，它们都是一个事物的两个方面。我还听说，用一个心眼去侍奉三君王，才能顺应君心，以三个心眼去侍奉君王，必然不能顺应君心，而今孔子并未看到我是如何工作却非议我顺应君心。我还听说君子身子正直不会担心影子歪斜，君子独自睡觉不会惭愧魂魄远游。还听说孔子被人驱逐追杀不以为惭愧，被人围困在陈蔡之间不自以为卑贱。并不是人们不了解他的过去，这好像河边人轻视斧子的作用，山里人轻视渔网的作用，话从口出却不知其中的困惑。起初我看到儒生们认为他们很是高贵，现在看来就存在疑问了。"后来这些话传到了孔子的耳朵里，孔子便对学生们说道："我私下评论晏婴却没切中人家的过失，我的过错很是危险。我听说君子才能超过别人仍能以别人为友，才能不及别人要以别人为师，如今我错怪了晏婴，责备了人家，他应该是我的老师啊。"于是，孔子先是派自己的学生宰我到晏婴府上登门道歉，还不放心，又亲自到晏婴府上去拜见并致歉。从以上的两则故事中，我们可以看出，孔子对自己的过错，是从不掩饰和回避的。

　　现实生活中，人们面对自己的过失，不都是"大事化小，小事化了"的吗？人们面对自己的缺点和过错，总是有意无意地回避，不愿意面对。之所以如此，有的人是因为自我感觉良好，对自己的错误和缺点视而不见；有的人则是出于傲慢，采取一种"不屑一顾"的态度，不予重视；还有些人则是出于自尊，担心承认错误和缺点会使自己没面子，于是死不承认。这几种态度显然都是不可取的，如此一来，这种缺点便会永久地附着在我们身上，永远都无法摆脱，因而犯了一次错误因为没能从中吸取教训，也可能还要继续犯下去。不仅如此，错误和缺点，还有可能会持续变大，给我们的生活造成更大的麻烦，甚至带来不可挽回的灾祸。我们都知道，是人便难免犯错误，"人非圣贤，孰能无过"，因此，有过失和缺点并不是大问题，问题在于能否改正。而改正的第一步，便是承认过失和缺点的存在，即"病病"，把病当作"病"，不给自己找借口开脱。只有这样的人才能不断取得进步，最终成为真正的强者。同时要想赢得面子，获得别人的尊重，对缺点和过失死不承认，也只会让别人的鄙视。相反，坦然地承认，知错就改，不仅不丢面子，反而能获得别人由衷的尊敬。正确的做法是正视过失和缺点，以"病"为"病"。

另外，需要提出的是，有的人虽然正视自己的"病"却并不急于改正，而是抱着侥幸的心态，慢慢"治病"。《孟子》中载有一则小故事。战国时期宋国有个当大官的人叫戴盈之。有一天，他对孟子说："百姓对我们现在的税收政策很不满意，我打算改正一下，先减轻一些，等到明年再完全废止现行的税制，你看怎么样？"孟子说道："现在有这么一个人，每天都要偷邻居的一只鸡。有人劝他说：'这不是正派人的做法。'他回答说：'那我就逐渐改吧，以后每个月偷一只鸡，等到明年，我就再也不偷鸡。'既然知道这样做不对，就应该马上去改正，为什么还要等到明年呢？"这个故事就是明显的知错不改的例子。故事中的官员并没有真正地以"病"为"病"，而是在纵容自己。实际上，在我们的现实生活中有很多人对于自己的缺点和错误往往采取一种"下不为例"的态度。这种态度和那位偷鸡贼其实都是一样的。所谓下不为例，意思是下次不犯了，言外之意便是这次是可以原谅的。而这样往往是为自己开脱错误的托词，以后会有无数个"下不为例"。因此，以"病"为"病"，是不该有任何托词和借口的。宇宙万物之间的奥秘是无穷无尽的，人所能知道的毕竟有限。故人有所知，也必有所不知；知道得越多，就有越多的疑问。倘若以有限的已知封闭自我，那么未来的未知大门就永远不会打开。一时的无知是不可避免的，但这并不能作为犯错误的借口。懂得勇敢面对自己的无知，才能避免因为无知所造成的错误。面对广袤的宇宙，人类只有认识到自我的渺小，才能谦卑自处，才不会盲目自大。以"知不知，尚矣"的态度，对待自己，加强修饰自己，完善自己，超越自我。眼界越宽，就越要善于自我反省。学识越丰厚，思想越深入，就越应该懂得谦卑。老子认为，人们的言行之所以有真与假、美与丑、善与恶之分，在于有的人利己；有的人自以为知，不懂装懂；有的人自视知者，招摇过市；有的人只知皮毛，自诩真知。凡此种种老子称其为"病"。犯了这种"病"必然谬妄百出，为智者所不齿。而究其病根，乃逞能好强，心智虚妄是也。老子主张以"知不知"的态度来对待自我，提高自我，修饰自我，完善自我，指出人贵有自知之明。天地人间万物是极其复杂的，即便你有所了解，也可能是一知半解，理解有误就会差之毫厘谬以千里，所以人不能自以为是，更不能任意妄为，必须小心谨慎去探求。

第二十章　是为袭常

原文：

　　天下有始，以为天下母。既得其母，以知其子；既知其子，复守其母，没身不殆。塞其兑，闭其门，终身不勤。开其兑，济其事，终身不救。见小曰明，守柔曰强。用其光，复归其明，无遗身殃；是为袭常。

译文：

　　宇宙人世间的万事万物有一个统一的、共同的起始，这个起始，就是产生人世间万物的根源，便是"道"，可看作万物之母。如果得知认知并掌握了这个根源，就可以理解认识由此而产生的人间万事万物，持守遵循人间万事万物的根源，"道"终身就会顺利而不会有危险。不妄视，不妄听，不妄说，不妄用自己的聪明才智，便可以终身都不辛劳。色、声、味、嗅有形有象者，皆"非""道"之体性。如果妄视、听、说、用自己的聪明才智，若贪求色、声、美、味追逐名利地位，谋求纷杂投机取巧的事业，逐末忘本，就会失去"天道"规则，便会终身不可救药；若清心寡欲，不求名利，闭目塞口，塞住欲望的窍穴，关闭欲望的门户，不追求那些身外之物而恬淡自养，积精气神，固根保本，就可以延年益寿，终身不会有烦劳病灾。

　　具备观察见到事物细节的敏锐能力，这叫作"明"。凡具备柔弱灵活机动因势利导掌控事物的能力，这才是真正的强健。运用其智慧的光芒返照内在，并有效地控制避免各种祸患，这才可称得上人生之"常道"。任何事物都是由小至大、由微而著发展而成的。只有谨察万事万物至微之原始，而不是忘本逐末，才算明智的人。柔弱谦下是"道"之妙用，它可以制伏任何强大刚强之事物，水就是最好的例子。柔能克刚，阴能生阳，发挥自身内在智慧的光和热，遇事清静处下不争，这才算得上承袭了万事不绝的"道"。克服私欲，除去偏见，才能得"道"（掌控规律），从而认识万事万物及其根源。一辈子不违背规律做事处世，免遭祸患，这才算得上真正的得"道"者。

天道：体悟老子

体悟：

  天下万事万物都有其根源，大家都以这个根源作为生存所归依的母体。能够认识到这个母体根源就能认识人间各种事物具体存在的规律，认识到各种事物具体存在的规律仍需要坚守这个母体生存的规则，这样做终身都不会有危险。对于世界本原的探索，是人类自产生之际就已经开始的精神活动之一。中国早在 3000 年前就已经产生了诸如阴阳、五行学说那样较为原始的唯物观点，这就是我国早期的朴素唯物主义观点。老子作为最早唯物主义思想的拥护者和倡导者，最早的以文字形式对于世界的本原进行了较深刻的探讨。在前面很多章节中，他反复多次地阐述了"道"的本质，所谓的"道"就是世界万事万物产生的源头，同时也是构成现实人间生活的实体。他进而将这个"道"看成支配世间万事万物发展变化的无形的自然规律。只有认识了万物，并能坚守万物的根本，才可以"没身不殆"。老子从正反两个方面指出了他前面所说的那样做的具体表现和相应后果，便是"塞其兑，闭其门，终身不勤。开其兑，济其事，终身不救"。即如果能按照他所说的去做"既得其因，以知其子；既知其子，复守其用，没身不殆"，我们便会不妄视、不妄听、不妄说、不妄用自己的聪明才智。这样做的后果就是终身都不会劳苦。需要指出的是，这里所说的劳苦更多指的是一种心理上的劳苦，因为欲望得不到满足而感到精神上的痛苦，或是在追逐欲望的过程所遭受的焦灼、忧虑、挫折乃至来自别人的攻击等。相反如果不能这样做，其表现便是妄视、妄听、妄说，并妄用了自己的聪明才智，放纵自己的欲望，整日被纠缠于没完没了的对于色、权、利的追逐之中，其结果是终身不可救药。这里的终身不可救药，与前面所说的不劳苦相反，主要指的是在心灵上遭受种种苦痛，当然身体上的劳苦乃至在追逐色、权、利的过程中丢掉性命也属于此解。

  老子在这里所讲的依然是他一向推崇的清静无为的智慧。所谓不妄视、妄听、妄说，即保持一种清静的心态；而不要妄用自己的聪明才智，即是一种"无为"的态度。说到底还是要保持一颗清静的心，不要放纵自己的欲望，知足知止。老子所说的这两种正反相对应的情况可以说已经被历史无数次证实了。就正面的例子而言，魏晋时期名士阮籍、唐代中兴名将郭子仪、清朝剿灭太平天国运动的曾国藩，都堪称事例的典范。就反面的例子而言也多得很。三国时期西川之主的刘璋的谋士张松，考虑天下形势和刘璋的暗弱，于是打自己的小算盘。张松先是暗地投靠曹操，后因遭到轻视他又投靠刘备，最终被刘璋杀死。其不就是妄用聪明的结果吗？清代的鳌拜，对权力贪得无厌，最终被康熙囚禁老死于囚牢之中。总之可以说，老子所说的"塞其兑，闭其门，终身不勤，开其兑，济其事，终身不救"显然是对于现实准确而精准的概括。用这种智慧去反观我们现代人的生活，你会发现这种智慧对我们尤其有现实指导意义。"21世纪中国亚健康市场学术成果研讨会"提供的有关统计资料显示，在我国约有15%的人是健康的，15%的人是非健康的，70%的人呈亚健康状态。这种亚健康乃一种心身共有的失常状态，经过生存生活的日积月累，到一定的时候，他们便会导致癌症、心脏病等慢性病，甚至直接夺去人的性命。而造成亚健康的主要原因，据医学专家指出是现代人生活和工作节奏的加快，竞争日趋激烈，消费、房价越来越高，造成人们内心越来越不能保持宁静，心理承受的压力越来越大，头脑始终处于一种紧张状态，得不到安宁的休息。古人云：万事劳其行，百忧撼其心。高度激烈的竞争，错综复杂的各种社会关系，使人思虑过度，素不宁心，不仅会引起睡眠不良，还会影响人体的神经体液调节和内分泌调节，进而影响机体各系统的正常生理功能。

如果我们用老子的智慧进一步解释，可能会对这个问题认识得更深刻、更全面一些。其实所谓的生活节奏加快，竞争激烈，房价越来越高，这都是一种外部现象，其最终要作用到人的心理上才会起作用。如果面对这些情况，一个人能够始终保持一颗平静安详的心，不去想那么多欲望，一切顺其自然。竞争激烈就激烈吧，我只平静地去做好自己应该做的工作，只要我尽职尽责，社会上总会有我的一席之地；生活消费高就高吧，钱少了我就少买点，或是选择便宜一些的品牌；房价高就高吧，买不起了我也不去焦虑，因为焦虑也是白焦虑啊。如此我们还会因为整天绷紧神经，承受过重的压力而导致亚健康吗？其实之所以我们会处于亚健康，终归是我们内心的欲望太多了，对于外界的生存生活环境反应过于强烈了，过多地去妄视、妄听、妄说，才导致了我们深受其害。七情六欲都对人的身体有一定的伤害。所谓过喜伤心，暴怒伤肝，忧思伤脾，过悲伤肺，惊恐伤肾等。因此凡遇事都要心平气和一些，没有必要让自己的心情像一个陀螺一样跟着外界事物转，只要你的内心保持安定，你便会发觉原本令你焦虑的事情实际上没什么可焦虑的，顺其自然就行了，原本令你恼怒的事情也就一笑了之了；原本你挖空心思想得到的东西，冷静下来想一下，对自己并无太大用处。

另外老子提醒我们不要妄用自己的聪明也具有非常现实的意义。事实上，许多人之所以最后陷入不幸之中，不是因为自己太笨了，而恰恰是因为自己太过于"聪明"了，所谓聪明反被聪明误。美国在2008年发生波及全球的金融危机，造成整个世界经济的衰退，大量企业破产倒闭，无数人失业，可以说正是因为美国人的聪明造成的。事实上，美国金融危机爆发的原因乃美国的金融从业者利用金融杠杆制造出了形形色色的金融衍生工具，这些工具本身都非常巧妙，它使得整个社会的现金更有效地运转，从而在方便人们生活的同时极大地促进了经济的繁荣。但也正是这种聪明的东西，因为对于中间的每一个环节的依赖性太强，其中的一个环节出现了问题，便导致了整个金融系统的崩溃。可以说，这便是一个聪明反被聪明误的典型的例子。而具体到个人，这样的例子也是不胜枚举。现在社会上所流行的传销，说白了就是企图不靠自己的辛勤劳动而快速发财。陷入传销网络的往往都抱着一种投机取巧的心理。而投机取巧的心理，脚踏实地的人是不容易有的，他们对这些东西一开始便会敬而远之，只有那些自恃聪明的人才会涉足其中。一旦涉足便很难再脱身了，正是"聪明"导致了他们的上当受骗。还有那些因为炒楼、炒股失败倾家荡产，乃至结束自己性命的人，哪一个会是那种脚踏实地的人呢？可见老子所说的话并非一种形而上的玄学，而是我们生活中非常现实的智慧。聪明者思之！总之，老子所讲的智慧说到底还是提醒我们要内心清净，克制自己的欲望，追求自己需要的朴实生活，而不是自己想要的幻想，从而平静快乐地过一生。

本章老子继续以认识论为基础，来体察做人的道理。他提到的"得母""知子"的观点是其哲学思想的精华之一。他认为我们只有认识到这一点，才能在人生的道路上守持正"道"，从而"终身不殆"。"塞其兑，闭其门，终生不勤；开其兑，济其事，终身不救"，就是我们为人处世的具体行为准则。

本章旨在说明世俗之人都爱好耍小聪明，而不懂得收敛内省，人们常常受到外界的诱引，逐渐生出利欲妄为，这种毛病是极其危险的。他认为我们为人处世要含蓄、内敛，不贪色、权、利，这样才不会自遭祸患，终身安全。老子多次提倡我们要握住"道"这个万物的本原，然后通过"道"去理解世间万物，最后再回过头来秉守这个"道"。他先是以"塞其兑，闭其门，终身不勤；开其兑，济其事，终身不救"向我们指出了是否如此做的具体表现和最终会导致的正反两面效果。接下来，老子又从人们对于外部世界的情况谈起了"道"的作用，那便是"见小曰明，守柔曰强"。即如果我们能够遵从"道"，便对于外部事物能够看到其变化的细微之处，从而做到洞察万事万物的规律，同时又能够恪守柔弱胜刚强之理，从而使自我达到强大的状态。其中"守柔曰强"的观点，老子反复提及，并在其章节有很多论述，这里我们重点论述一下"见小曰明"的智慧。对于"见小曰明"历来有两种解释。一种观点认为这里的小，指的就是"道"本身。因为"道"本身一向是隐蔽的、不易觉察的、一直是以一种隐蔽的姿态对万事万物发挥着作用。他认为人们能够看到事物的变化过程"道"便可称作明了。而另一种观点则认为，这里的小指的事物变化的微小征兆。而实际上，这两种解释应该说是一回事，只是前一种解释乃"道"之体，后一种则是"道"之用罢了。

总体上老子便是提醒我们要懂得去观察万事万物变化的细微之处。他认为这些细微之处往往是做事成败的关键。具体而言，这种能洞察事物细微之处的智慧又可分为几种情况。一种是从细小而平凡的事物或现象中发现其背后所蕴含的原理。这样的例子很多，比如大科学家牛顿之所以能够发现伟大的万有引力定律，便是因为他对苹果落地这一人们司空见惯的现象进行了深入的思考。而瓦特之所以能够发明蒸汽机，据说是一次他在姨妈家时，看到烧开的水将茶壶盖顶起来，然后他便想到对蒸汽的这种力量加以利用，最终发明了蒸汽机。还有物理学家阿基米德能够发现浮力原理，则是在洗澡时看到水从澡盆里漫出来，他从中受到了启发。可见，高深的知识和学问并非都藏在人们难以发现的幽暗之处，它就堂而皇之地存在于每个人都能看到的地方，只不过非细心和勤于思考的人难以发现罢了。不仅在科学领域如此，在我们日常生活中也同样如此。春秋时代，一个官员从偶然听到的一个女人的哭声中便发现并了解了一桩命案。一天郑国大夫子产外出，半路听到一妇人的哭声，觉得哭声有些不对劲，便停车细听。听了一阵之后，他便派人把正在哭泣的女子带来审问。审问之下那女子果然招供是她和别人发生奸情，谋害了亲夫。身边的人都非常奇怪，询问子产如何在没有见到那女子的情况下便知道她谋害了丈夫。子产说道："因为她的哭声中带有恐惧，按照人之常情，一个人的亲人如果病了，他会感到忧虑；将死的时候，他会感到恐惧；而死去了，他便会感到哀痛。但是这个女子为死去的丈夫而哭，哭声并不悲哀，却是带有一种恐惧。所以我断定这里面肯定有问题。"由此可见，仅是对人之常情保持一种洞察，就能有比别人更多的发现。此外，能洞见事物的细微之处的另一种表现是，如果能够将从多角度思考问题，就能将事情考虑得更加全面。

《吕氏春秋》中记载了这样一个故事。鲁国法律规定，如果有鲁国人在别的诸侯国做奴隶的，有人出钱将其赎回来，可以到国库中报销所付出的赎金。孔子的学生子贡是一个做大贸易的商人。他非常有钱。他知道这一法律后，便从别的诸侯国赎回了一些鲁国人，但是他却没有到鲁国官府去领取自己所付出的赎金。周围的人知道这一情况后，便纷纷赞扬子贡的慷慨和仁义。孔子听说了这件事情后，却不以为然。他对子贡说道："你这样做其实并不对，因为你作为一个受大家拥戴的人，你的一举一动都是大家的榜样，可以起到移风易俗的作用，因此不可只考虑自身的品行是否高尚。你这样做的结果只会令后来去赎人的人感到，如果自己再接受国家支付的赎金便是不够廉洁，品行不够高尚，因此不好意思再去兑取赎金了。现在鲁国富人少，穷人多，如此一来，即使鲁国人在国外看到了沦为奴隶的同胞，也因为无法承担或不想承担赎金而不再提供帮助了。我看呀，以后不会再有人从别的国家去赎回鲁国人了！"子贡一听，便向老师承认了自己的错误。这里孔子便是从长远行为考虑可能导致的后果的角度来看问题，从而看到了别人所忽略的地方，并提出了令人信服的见解。其实所谓能洞察事物于毫末之间，通过一叶而知秋之将至，在很大程度上便是要学会动态地看问题，将时间变化因素考虑在内，如此便能够对于事物发展的变化趋势有一个准确的预测。

由此可见，所谓的那些料事如神的先知先觉，其实往往都只是他们有一双充满洞察力的眼睛，加上能够善于把握事物发展的规律，从而推演出事物发展的变化趋势而已。总体而言，老子的"见小曰明"的智慧便是提醒我们，一个人要表现得比别人更有预见性，能够对于事物未来的变化走向有更好的把握，敏锐地捕捉到机会或躲避祸患，或者能够从被别人忽略了的事物中发现规律，便要学会凡事都要留心观察，对于事物的细微过程多加留心和思考，同时要学会全面多角度地思考问题，各个方面的因素都要考虑到，利弊两面都做一番分析，最后还要用变化发展的眼光看问题，将时间拉长来看它的可变性。总之老子的这个智慧具有非常现实的意义。

"用其光，复归其明，无遗身殃；是为袭常。"从我们现代语言理论来讲，这就是一种负反馈调节机制。这正是生命生存在复杂的社会现实环境中自省、自觉维持稳定状态的关键。我们只有不断地体察周围环境世界，对照自省，才能及时调节自己的处世行为，这才正是老子对于明哲保身之"道"的具体表达。人的欲望越多，妄求越多，就会越偏执，进而丧失自我，骄横无理，肆意妄为。如此人心就难以平静，进而心灵板结，灵魂呆滞，言语乏味，行为迟钝，更不会得到天道的佑护，自己只有穷于应付，疲于奔命，不得安静。要想长期保有生命力，就不要过于消耗精神，不激动，不发怒，达到柔和的境界。柔到极点就是坚强，生命力就永远持续下去了。"既得其母，以知其子；既得其子，复守其母""见小曰明"，说的是对世间万物的了解和对"道"的把握，应该说，如果能够做到，便十分了不起了。但这还是不够的，这仅仅是对于外部世界的了解和把握，却遗漏了对自身的了解。如果仅仅用"道"的智慧去把握外部世界，却没有用其来观照自身，还不能做到"无遗身殃"和"袭常"，还不能算是活在"道"中。因此老子提出了"用其光，复归其明"。这句话的意思是，用"道"的智慧去把握外在社会的同时，还要回过头来用其照亮自身。如此才能够做到终身没有灾殃，才算是活在"道"的规律法则之中。这种观点是老子一向推崇的人生观点。他在强调对外部社会洞察的同时，还经常提醒我们要做到对自身心灵的把握。

他通常将人的智慧分成两个层次："智"与"明"。对人世间万事万物称作"智"；对自身心灵的明白称作"明"。在老子看来，"智"与"明"并不是一种并列关系，而是一种递进关系。"智"是显意识，形成于后天，来源于外部社会，是对表面现象的理解和认识，它具有局限性和主观片面性；"明"是对社会事物本质的认识，具有无限性和客观全面理解。只有自知之人，才是真正的觉悟者。实质上了解外部人间社会并不是最高明的智慧，而只有了解自我才是最高明的智慧。了解自身比了解外界事物更难。"灯下黑"就像镜子一样，能照亮万物，都自觉不自觉地给自己加分，美化自己。有一家调查机构曾经做过一个调查报告，被调查者被要求匿名如实填写自己是否有过一些不良行为，比如是否在公共场合抽烟，是否讥笑过残疾人等。最后则要求每个人根据自己对于自我的道德水准的总体评价选择自己的道德级别。调查结果显示，几乎每个人都曾有过一些不良行为，但令人惊讶的是，几乎所有的人都认为自己是一个道德良好的人，即使是那些偶尔会在超市偷东西的人。由此可见，每个人都自我感觉良好，哪怕是客观上已经做出了不好的事情。人一旦面对自身，便总是习惯将自己往好的方面归类，哪怕这是多么不客观。这也就不难理解一个人哪怕是多么无能，只要有人吹捧他能干，他就会真的相信。而同样哪怕是他多么无能，只要有人说他无能，他便会立刻火冒三丈，并且绝对发自内心地认为别人在歪曲事实。可以说要一个人了解他自己，真是十分困难的事。所以中国谚语："人贵有自知之明。"一个"贵"字，说明了有多么困难。当然就字面意思而言，了解世间万物和自己，自然是两种智慧都有了，这才算是真正意义上的完美，但实际上我们仔细分析的话，一旦一个人能够清晰地把握自己的心灵，便自然会具备对外部世界的洞悉。

总而言之，一个人掌握"道"的关键便是要了解自己的内心。古埃及帝王谷的入口处，有座叫迪拉玛的小城，因被人们称作魔鬼城而闻名于世。之所以有这样的绰号，是因为从比东法老到兰赛法老的 600 年间，走进这个小城的外地人没有一个不上当受骗的。据史书记载，第一个来到这里的人是个阿拉伯商人。他想贩些银器回国，结果被一个带路的小孩骗走了脚上的皮靴。一个来自大马士革城的旅行者想到帝王谷去探宝，他进小城不到一刻钟，就被一个吉卜赛人连钱带行李骗了个精光。印度一位道行高深的巫师漫游至此，身上唯一的铜蛇管被一个哑巴骗走。这些传说让人们对这魔鬼城产生了种种说法。有的人说法迪拉玛是狮子、水牛、天狼三个星座在地球上的重心投射点，地理位置特殊，外地人走进这座小城里头脑都会失灵；也有人说是埃及法老图坦卡蒙的咒语在起作用，他说："凡扰乱法老安宁的人必死在小城的入口处。"他用让你破财的方式，仁慈地提醒你不要走进帝王谷。然而古希腊有一位哲学家出于好奇，只身来到了这座小城，并改变了众人的看法。因为他作为一个外地人，在小城里住了长达一年时间后才离开。他不仅头脑清醒，而且随身携带的东西没有一件被骗走。有位罗马商人知道此事后便去拜访那位哲学家，他认为这位哲学家肯定是已经破解了法

天道：体悟老子

老的咒语了。但是当这位罗马商人赶到希腊时，希腊人告诉他这位哲学家已经去世了。不过希腊人告诉他，哲学家从迪拉玛漫游归来后曾在摩西神庙的石壁上写下过一句话。罗马商人又赶到那里，看到这句话后匍匐在地，表达对哲学家的敬意。那句话是："当你对自己诚实时，就没有人能够欺骗你。"这个故事形象地说明了你一旦了解了自己，便同时会具备洞察人世间的一切智慧，他们都是相通的。我们都知道道教修行的道士其功课便是打坐，就是他们通过领悟自我，从而去领悟"道"的规律法则。他们住在深山老林深处，足不下山，却能洞察人世间的万事万物，乃至指点江山，原因便是一旦了解自我，便通达了人世间的一切智慧。佛教高僧的参禅，同样是通过反省自己的内心来领悟人世间"天道""人道"。佛教还专门指出，世间万物是一，不是二，实际上根本不存在内外之分，领悟自我即是领悟人世间万事万物，所以我们才会看到那些佛教高僧虽然足不出户，和凡俗人世间并无多的接触，却有大量的达官贵人不远千里向他们请教。

老子的智慧应用到我们的现实生活中，便是一句话：在用智慧分析外物的同时，别忘记了也让智慧的光芒照亮自己。其实说到底，就是要客观地认识自己。有句话叫作："每个人对别人都是哲学家，对自己却是诗人。"说的便是每个人对于别人都能够很客观地进行分析，可以精确而犀利地指出别人的优点和缺点；而对自己却抱着一股狂热的偏爱无法客观分析，往往只看到自身的亮点，却忽略瑕疵，乃至陷入孤芳自赏之中。其实我们都应换位思考一下，你遇到这样的人会是什么感受，肯定没有好感。同理你一旦如此，别人即使当面不说什么，私下里可能会不屑乃至嘲讽。如果周围的人都如此对待你，恐怕不是什么好事情吧。实际上，一个对别人坦诚，对自己客观的人，所有人都会对他由衷的喜欢，并愿意和他交朋友。另外还有一种情况，就是有的人之所以回避自己的缺点，大都因为自卑。进一步说，其实就是无法接受自己的缺点。这种做法可以说是非常不明智的，因为每个人由于先天后天的因素不同，必然会存在一些差异。每个人都应该勇敢地接受自己，如同一位哲人所说："诚实地向自己展开自己，这是人生一道优美的风景线。"只有真正了解自己的长处和短处，扬长避短，才能对自己的人生坐标进行准确定位。当你认识到自己的不足之时，也就是你进步的开始。

本章讲述认识论的相关问题。老子把"道"作为万物的源头，再由"道"推衍开来，万物顺其自然地繁衍生息，老子用"母"与"子"的关系来表达"道"与"万物"的关系。从这里我们可以看到，我们只有认识了"道"（万事万物的自然规律），才能更深认识万事万物之间的关系；认识了万事万物，也不能忘记"道"（规律规则），因万事万物都是遵循"道"的。这样做才能保证认识的正确性。老子强调要想深刻认识

"道"，理解"道"，一定得摒弃私心杂念不贪色、权、利和个人偏见，否则将永远也无法认识"道"，理解"道"。对"道"的追寻不仅需要向外探求，更需要反思自己，自省自觉。克制私欲，除去偏见，才能得"道"，从而认识万物及其根源，一辈子不违背规律，免遭祸患。修身之道，重点是摒弃外界的是非纷扰乃至色、权、利等等欲望，做到永远持守大"道"，不张扬不炫耀，才是保持永久之"道"。

本章重点：一、要我们从万象中去追寻事物的根源"道"的规律，去把握原则。二、要我们不可一味奔逐物欲。肆意奔逐的结果，必将迷失自我。三、在认识活动中，要有自知之明，去除私欲与妄见的蔽障，要有内视本明的智慧，而以明澈的智慧之光，览照好物，当可明察事理（内视的作用）。

本章言外之意，还寓意我们不要好逞聪明，不知敛藏。老子恳切地唤醒我们不可一味外溢，应知内蓄。

第二十一章　功遂身退，知足之足

原文：

　　持而盈之，不如其已；揣而锐之，不可长保。金玉满堂，莫之能守；富贵而骄，自遗其咎。功遂身退，天之道也。

　　咎莫大于欲得，祸莫大于不知足。故知足之足，常足矣。

译文：

　　容器盛物过于盈满，必然有倾失之患；容器中空，就可容物受益。既知盈满易失之理，不如宁欠勿盈，适可而止。刀剑磨得过于锋利，不能保持长久，最容易锉钝，伤其锋刃。人若锋芒毕露，亦必然受挫，不可能常保。人皆是一个脑袋两只手，虽其体质智能有差别，收益有多有少，由劳动挣得的收益，不会悬殊太大。不劳而获，以至于金玉满堂，必有不义。这些财宝必招祸患，不可能常保。中国人常讲富不过三代，身处富贵最容易骄横，只会留下祸根。必须知道富贵而骄，必遭众人所厌恶，咎祸自出，在所难免。既知过盈有倾失之患，锐利不可常保其刃，金玉满堂无法守得住，富贵而骄必遭祸殃，万事万物过犹不及，那么，功成名就已达顶峰，身退于外，这是应该奉行的自然之道。只有这样，才能善终其功，善全其名，避免咎祸。

　　任何事情都不能过度，要适可而止。锋芒毕露，富贵而骄，居功而贪，都是过度，难免灾祸。灾祸没有比私欲更厉害的了，没有比贪得无厌更大的罪过了，因此人世间也没有比不知足更大的灾祸了。所以只有具有知足之心的人，才会经常感到满足，而不去侵夺别人的利益，避免咎祸和罪过。过错也没有比欲望的不知足更大的了，满足就是最长久的富贵，这是应该奉行的自然之道。所有罪过都源于贪欲、不知足！祸患没有比不懂得自足更大的，罪过没有比贪得无厌更大的。所以，只有懂得了自我满足才能富足，只有懂得了知足常乐才能长久的富足！

体悟：

这一章重点讲为人之道，主旨在于盈。要留有余地，不把任何事情做得太过，不被胜利冲昏头脑。做事都要适可而止，不要锋芒毕露，富而骄肆，居功贪位，这都是"持盈"的表现，结果难免招致祸患。老子反复强调"为而不恃，功成而弗居""功成身退，天之道也"。他是想告诉我们一个道理：人们以卖弄自己的才华为能，咄咄逼人，更容易为自己引来祸端。因此，凡事总是存在着一个过犹不及的道理，这就好似一把原本已经非常锋利的刀，若是总是嫌它不够锋利而再次打磨它，最终的结果就是将它的刀锋崩损。我们做人的道理与此相同，想要磨得刚刚好谈何容易？功成身退又谈何易呢？人的欲望，就像一个从山顶滚下的雪球，越滚越大，到最后就算想停下来，也就根本由不得自己了，只能一直向下滚去，直到撞到山壁或者跌下悬崖。这一段老子集中阐述了"物极必反"之理。在先秦时期的许多古籍中都有所表述。例如《吕氏春秋·博志》篇说："全则必缺，极则必反，盈则必亏。"《鹖冠子·环流》篇说："物极则反，命曰环流。"《易经·丰》说："日中则昃，月盈则食，天地盈虚，与时消息，而况乎人乎！"为什么说"物极其反"呢？难道就没有例外吗？答案是干脆的，物极则必然会反，不会有任何例外，如果说某种事物已经相当好了，而还在继续变得更好，那只能说明它还没有达到"极"的状态，一旦达到了"极"的状态，就一定是会走向衰败的。

老子说过很多，不论是抽象的道理，还是具体的事物，只要它们能够被指认出来，也就不会是永恒的存在。而在我们的现实生活中，凡是为我们的感观可知的事物，也就都是有限存在的，它们都有出生的那一天，同样也有死亡的那一天，不会一直没有终点地存在下去。既然如此，我们再来谈论"物极必反"也就很好理解了。所有的事物都有一个发展的历程，在这一过程中，都会有巅峰、有低谷。走过了巅峰，必然是低谷。那么"物极必反"的道理对我们为人处世的意义又在何处呢？清朝时期的曾国潘为我们提供了很好的范例。曾国藩率湘军平定太平天国之后交出了兵权。他的行为虽不为世人理解，但能持盈保泰。伯夷和叔齐被孟子称为"圣之清者"，也就是说他们属于那种以清白为持身的最高标准的圣人，然而就因为保持这种清白，他们只能被饿死在首阳山上，这不仅于国家人民无益，自己也是深受其害。西汉辞赋家扬雄在《法官·渊骞》中写道："不夷不惠，可否之间也。"意即不学习伯夷叔齐和柳下惠，而采取不偏不倚折中的方法来行事。这与老子所说的"揣而锐之，不可长保"的道理有着相同之处。再举一个案例吧，商纣王是一个极其昏庸而又极其残暴的君主，然而这只是他晚年后期的表现。事实上，纣王在位初期，是一个非常有作为的君主。史书上记载，

天道：体悟老子

纣王自幼聪明过人，相貌英俊，身材伟岸，并且取得了了不起的文治武功。他对内进行了一系列的体制改革，促进了经济发展，强大了军力；对外则通过一系列的征讨，统一了东南，把东夷与中原统一巩固起来，使得商王朝的版图大大地扩展了。纣王在历史上是有功之君，可是人们更多地记住的却是他的过错，这是什么原因导致的呢？因为他晚年骄傲自满，贪图享乐，荒淫无度，从而令自己沦落为一个世世代代给人们作为反面教材的亡国之君。由此观之，就是一个人本身，也未必能守得住他自己所亲手收获的"金玉满堂"。若对自然之道有深刻的认识，将已有的条件善加利用，就能满足自己的基本需要，并且还有余裕。如果放纵欲望，追求永无止境的满足，必定招致无限灾祸。与其如此，真的还不如寡欲、知足，就此安于现实，便是最好的解脱自我。

对智慧、权势、财富等都要知足常乐，量力而行，如不知谦恭退让，不知适可而止，终归不能长保而自取毁灭。中国历史上有多少名臣将相，都是因为功高震主而引来杀身之祸。我们最熟知的韩信就是个典型的例子。有关韩信的故事实在是太多了，从"胯下之辱"到"漂母寄食"，"从萧何月下追韩信"到"明修栈道，暗度陈仓"，那一幕幕故事联结在一起，便是一部生动的韩信成名史，讲述了韩信如何从一个一文不名的小子，修炼成一员有智有谋的英明将领。然而他对权力的欲望，也随着他名声的响亮而逐步膨胀，几次在紧要关头，他都以出兵为由要挟刘邦对其封王。刘邦当时顾大局而不得已勉强答应。封王虽然一时满足了韩信心里膨胀的欲望，却由此引起了刘邦的猜忌，为自己日后埋下了无穷的后患。司马迁在他的《史记》里，对这位淮阴侯充满了崇敬和同情，对他的死亡，太史公大发感慨：假使韩信能学一点黄老，表面有点谦让，不炫耀功劳，不自逞能干，那么他对于汉王朝的贡献，就可以同周文王、姜太公媲美了，何致落得这样一个下场？

老子讲道："功遂身退，天之道。"又阐述道："生而不有，为而不恃。"由此可见，"生而不有，为而不恃"的"功遂身退"之道是老子一贯秉持的基本观点，而这，又是基于老子"无为"的思想而提出的。"无为"要求人们功成身退，而功成身退恰恰是"无为"的表现。"功遂身退，天之道"，乃从大自然之规律得来的。我们可以看，百草树木，花开之时何等灿烂，一旦有了果实花便谢了；硕果累累、香飘数里，一旦成熟就会落下，它不再占据枝头。由此老子指出，人的行为要合乎天之道，功业成就，就应该隐身后退。所以人应该建功而不居功，打天下而不占有天下，独霸天下。我们的每个人都应该明白，在实现个人价值建功立业之后，自己的使命也就完成了。这个时候就应该赶快隐退，空出舞台让后人来演出。如果打下天下就占有天下，那与强盗的抢劫有什么区别呢？庄子说"窃钩者诛，窃国者为诸侯"正是对这种居功不退者的尖锐指责。一个真正理解大"道"的人，都会循道而行，都知道功成身退之理。

　　春秋时期，齐鲁会战。鲁国右翼军溃退，将军孟之反断后，成功掩护了后撤部队。但是，在他最后退入城门时却说："真倒霉，我的马太差了，只能在后面拼命抵挡。"国家都战败了，你的功劳再大又如何呢？表功居功，只能引起君臣们的反感，弄不好会招来灾祸。孟之反以此来掩盖自己的功劳，真是得大"道"的精要。老子说"功成身退，天之道"，大概有几种原因。第一，大"道"人世间循环不息，事物时刻在变化。在事物发展的某一阶段能有所作为，之后便不一定能适合事物发展的要求。比如开国将军在战争年代叱咤风云、功勋卓著，但战争一结束，国家建立了新的治理体系，将军的使命也就完成了。实践证明，多数功成名就的将军并不是一个好的建设者。如果在建国后你继续居以前的大功，占高位，多半会阻碍社会发展，于人于己于国家都是不利的，故而应该功成身退。第二，功遂身退对建功者本人也是一种保全之道。对上位者来说，功高难免震主，领导自然会对有功者戒备提防，因为有功者的存在就是对他的地位和权势的无形威胁。上位者自然会千方百计想法削弱他的影响力。有功者的处境实际上已经处在一个危险之中。对于多数成功者来说，往往会因为做过大事，立过大功而目空一切，认为自己天下第一。这种姿态难免会遭到周围人的嫉妒和愤恨，他们都会想方设法去寻找有功者的过失，散布诋毁言论，欲除之而后快。第三，你居身高位，本身就挡住了后来人的升迁之路。这些人为了各自的利益，也会想方设法去扳倒那些身居高位的成功者。几股力量结合，往往会对居功不退者形成致命的打击之势。所以对功成之人来说，退下来反而会得以保全。说起来很容易，做起来却并不轻松。

　　老子之所以不厌其烦地一再申诉这一主张，一个最基本的原因就是人们普遍都不能够做到这一点。他告诫人们，功成之时，即当身退，该罢手时就罢手，切莫因为种种的贪恋而引祸及身。韩信的悲剧就是功成不退造成的。谁都知道，韩信是汉朝的第一大功臣，汉朝的天下，三分之二是韩信打下来的，刘邦最大的敌人项羽，也是靠韩信消灭的，功高震主，韩信功成不退犯了大忌，加上他居功自傲，曹参、灌婴、张苍、樊哙、傅宽等大臣都不放在眼里，招来这些人的嫉恨，使他终于一步步走上了绝路。后人评说：如果韩信不居功自傲，而是自隐其功，谦让退避，刘邦大概也不会对他下手。当然历史不能假设，但韩信的遭遇的确是一个深刻的教训，尤其能让有才有功者在这个问题上深思猛醒。那么，怎么算是功遂身退？是不是一定要归隐山林？不是的，不能对功成身退做这么狭隘的理解。功遂身退就是要求有功者不要居功自傲，不要总是摆老姿态，动不动说我当初怎么样，怎么样地有功劳。如果能做到放低姿态，谦和为人，及时让贤，奖掖后进，即便是身在朝廷，也同样是功成身退。

老子始终强调先"功成"再"身退"，可见"道"家并不是一贯以隐居者的姿态出世的。老子想要遵循的不过是他反复强调的按自然规律无为无不为的思想办事。指出知进不知退，善争不善让的祸害。他要的自然不是刻意的自然，"水满则溢，月满将亏。"虽然人们都明白这个道理，但是在我们的实际生活行动中，往往还是不会放弃过多对色、权、利的竭力追逐。世间万事万物矛盾的转化，都是"度"在起作用。每个事物如果越了这个"度"，便自然就会向它的对立面转化。

因此他要求我们为人处世应当适可而止，千万不要过度地追求完美理想，否则必将"自遗其咎"。做事不能过度，而要适可而止。锋芒毕露，富贵而骄，居功而贪，都是过度，难免灾祸。功成身退，含藏收敛。如此才合于"道"的规律。对于色、权、利乃至物质欲望的诱惑，更多的是应该韬光养晦，保持淡泊宁静之心，少私寡欲，才是长远之"道"。

功成之后，要懂得谦退，不可锋芒太露，这样能保全自己。范蠡，字少伯，春秋时期楚国宛人。他出身贫寒，但是勤奋好学，又文韬武略，是个很有抱负的人。由于他在楚国不得志，所以转而投奔了越国。范蠡在辅佐越王勾践期间，勤奋努力，帮助勾践治理越国22年，终于灭掉了吴国，洗雪了勾践当年在会稽所受的耻辱。以后，范蠡又向北进兵，渡过淮河，紧逼齐国和晋国，进而对中原各国发号施令，尊奉周王室。勾践实现霸业以后，范蠡号称上将军。由此可知，范蠡在辅佐勾践灭吴，进而称霸的漫长过程中立下了汗马功劳。不过，正是由于他与勾践相处的时间很长，所以才十分了解勾践的为人，知道其可以共患难，但难以共处安乐。范蠡知道自己名气太大了，难以久留，如果不急流勇退，后果不堪设想。所以，在越国最强盛的时候，范蠡向勾践递交了一份辞职信，信上说："我听说主上心忧，臣子就该劳累分忧；主上受侮辱，臣子就该死难。从前君王会稽受侮辱，我所以没有死，是为了报仇雪耻。现在已经报仇雪耻。我请求追究使君王受会稽之辱的罪过。"勾践看到范蠡的信，非常生气，立即把他找来，沉着脸说道："我要把越国的江山分给你一半，让我们共同享有。不然的话，就要惩罚你。"范蠡知道，勾践所说的前一句并非真心，但后一句倒是实意，对此他早有准备，便从容地向勾践说道："君主执行自己的命令，臣子实践自己的意愿。"回到家后，范蠡就打点包装了细软，与私属随从乘船从海道走了，以后再也没有回来。范蠡走后，勾践让工匠铸了一尊铜像，放在自己的座位这边；另外，他还把会稽山作为范蠡的奉邑，以表示对他的怀念之情。200年后，司马迁在谈到有些人知进而不知退，久乘富贵，祸积为崇时，还以范蠡的事迹与之做比较，认为范蠡功成身退，名传后世，这是很难达到的境界。离开越国之后，范蠡漂洋过海来到齐国，改名换姓，自称鸱夷子皮。后来范蠡一家在齐国的海滨定居下来。他们吃苦耐劳，勤奋努力，置下的产业颇为丰厚。住了几年后，范蠡就累积了数十万的财产。齐国人听说他很有才能，就让他做了相国。范蠡叹息说："住在家里能弄到千金财产，做官做到卿相，一个普通人能这样也就达到极致了。长期享受尊贵的名号，是不吉利的。"于是归还了相国的印信，把财产分给相知的好友和乡亲们，便悄悄地离开了齐国，到陶地住了下来。他认为这里是天下的中心，交易买卖和各地相通，通过做生意可以致富。于是他自称为陶朱公，又规定父子耕田畜牧，囤积储存，等候时机，转卖货物，追求十分之一的利润。待了十几年后，范蠡又积累了万贯的家产。由上可知范蠡是一个真正有智慧的人。他不仅有政治才能，而且在经商方面也有自己的独到见解，更难能可贵的是他懂得知足及功成身退之理。

"祸莫大于不知足，咎莫大于欲得。"人类最大的祸患和罪恶就是不满足，想满足自己的各种欲望，想占有金钱，想占有美女，想大权独揽，甚至想占有天下。没有比不知足更大的祸患了。罪孽没有比纵情声色更重，祸患没有比不满足更大的了，祸殃没有比贪得无厌更恶劣的。如知道满足，有德者可以长保大德，无德者可以积累大德。德行的缺乏会导致欲望的泛滥，从而招来祸患。德行的缺乏往往导致人格的暗弱，人心的愚昧，会被环境左右，被物欲引诱，也会被世俗所俘虏，继而迷失人先天的本性后，人生便会被私欲所主导。老子教给我们"知足"的智慧，先从反面提出了不知足、欲望的贪婪乃是最大的祸患和过错。他又从正面提出，一旦知足便会感到富足的正面效果，从而向我们讲述了知足的重要性。可以说，知足与否会对每个人的人生幸福与否产生至关重要的影响。

我们重点来谈老子的知足常乐的人生观。老子多次强调，过多的享受会给我们带来很多的负面影响，从而讲论不知足的弊端。因此可以说，知足的智慧乃老子十分推崇的一种人生态度（人生观）。老子严肃地指出，不知足便是最大的祸患和过错，而这并非危言耸听，看一下历史和现实中的无论是有权势者还是普通百姓，最终导致身败名裂，乃至灭国杀身的结局的原因，说到底无不是起于贪婪不知足，有些人是因为对权力的不知足，如春秋时期越国大夫文种、唐代的安禄山、清代的鳌拜；有些人是对财富的不知足，如东晋的石崇、明代沈万三等；有的则是对享乐的不知足，如夏桀、商纣王、隋炀帝等。另外，还有不知多少没有留下名字的人，因为不知足而招致祸患的。可以说，所谓人为财死，鸟为食亡，便是对不知足的祸患进行的一种形象化表达。因为仅仅是为了基本的生活需求的财，一般说都不会让人付出生命的代价，而那些付出了生命代价的，无不是因为自己的欲望膨胀，对于钱财美色的不知足。接下来老子指出了知足的效用——知足常足！说实在的，这可是高明的智慧，非洞悉了人之本性的大智慧之人难以道出！欲望就是我们的内在特质永远也得不到满足，如果你指望通过满足自己的欲望来得到快乐，你便会像一头驴为吃到车夫挂在其眼前的草一样，永远向前，却永远得不到。

　　而老子则为我们追寻快乐提出了另一种思维：既然彼岸的快乐永远是可望不可即的，那么我们何不在此岸抓住快乐，只要能保证自己的基本物质需求，在精神上有所依托，珍惜自己已拥有的东西，爱自己的亲人和朋友，一个人不是便拥有了他需要的一切了吗？可见不知足的话，你便永远也不会感到富足，而一旦感到知足，瞬间便会觉得充实无比。不过需要说明的是，老子所说的知足并非一种禁欲主义，要求我们一味地委屈自己知足，他强调的只是每个人应该对自己已经拥有的东西感到满足，并要珍惜，不要将眼睛盯着自己没有的东西。另外，老子所说的知足也并非一种颓废、消极的人生观，让人们无所追求，萎靡度日。恰恰相反，老子所说的知足常足是一种非常积极的人生态度，它提醒人们以一种更加冷静、更加科学的目光去审视自己的心灵和个人行为，然后判断出自己的哪些行为是科学合理的，哪些是盲目的，从而将自己的精力投放在最有价值的地方，去追求自己真正需要的东西。回看一下，历史上那些真正取得成就的人，无不是在物质方面要求极其简单，将自己的精力全都投放在了自己的事业上。

　　爱因斯坦到美国加利福尼亚州理工学院担任教职，并领到他第一个月的薪水时候，曾对朋友感叹到：这么多的钱，我可拿它们怎么办呢？德国伟大哲学家康德一生几乎未曾离开过自己出生的城市哥尼斯堡，终身未娶，每天重复着极其单调的生活，沉浸在自己的哲学思考中。据说他因为几十年如一日准时在下午1点半外出散步，以至于市民们都以他散步的时间来校对自己的手表。诸如此类的例子不胜枚举。老子知足常足的智慧，对中国人产生了深刻的影响，中国人一向提倡的乐天知命知足常乐等，便是老子这种思想的一种民间反映，时至今日，这种智慧仍可以给我们的现实人生以非常具体的指导。具体而言，我们还是懂得在自己已有的东西中获得快乐，而不要总是将快乐寄托在还未得到的东西上。你要明白自己真正需要的东西，不要因为贪婪、虚荣与人攀比而盲目追求，最后即使是并不能做到知足常乐，仍然想要得到不曾拥有的东西，那么努力去追求便是。在未曾得到的时候，不要过于焦虑，或者因别人拥有而嫉妒，要明白每个人所拥有的东西，所走的路必然是不同的，总之在追逐的过程中保持心平气和从容不迫，而即使最终没有得到自己想得到的东西，也不必抱怨，毕竟谋事在人，成事在天，尽力了就行，不管缺少什么东西，你都有权利、有能力去保持快乐。

想要做到天下无事，达到真正的和平，就要人人反省，人人知足。只有知足了，人才有可能常乐。人世间可悲的是，人心就是不知足的。做到知足常乐的毕竟很少很少。天下之所以大乱，即在治理者心无善念，脑无诚意，又长于争斗，翻手为云覆手为雨，人们内心的积怨已久，政客贪图政绩，富人贪求物欲，学者贪求虚名，官吏贪求金钱，如此种种皆非善道。人们的内心卑微而阴暗；人们的面子，浅薄与厚道；人们的欲望，狂妄与病态；人们的理想，奢华而苍白。终究会无德者无所得。贪婪不知足的危害，无论对于个体的修养或国家的治理方面，都要做到知足常乐，如此才能保持长久。在治理社会的这个层面，道德之光的作用正是在于它照亮了一切黑暗和所有不善，一切无道德的行为都会在此现形，从而判定是非。社会需要独立思想与自由的精神。老子为解决社会矛盾，教化人心，把知足常乐的精神作为消解人世间纷争的根本要旨。当遇到名利当头的时候，一般没有人不心醉，没有人不趋附，往往是得寸进尺，恃才傲物，总是耀人眼目，这都是应警惕的。富贵而骄常常自取祸患。就像李斯，当他做秦朝宰相时真是集富贵功名于一身，显赫不可一世，然而终不免做阶下囚。当他临刑时，他对儿子说："吾欲与若复牵黄犬，俱出上蔡东门逐狡兔，岂可得乎？"庄子最能道出贪慕功名富贵的后果。当楚国的国王要聘他去做宰相的时候，他笑笑回答使者说："千金重利，卿相尊位也。子独不见郊祭之牺牛乎？养食之数岁？衣以文绣，以入太庙，当是之时，虽欲为孤豚，岂可得乎？"从韩信诛戮、萧何系狱的事件看来，我们可以了解老子警示之意是多么深远！"本章在于写"盈"。"盈"即"溢、过度"的意思。自满自骄，都是"盈"的表现。持盈的结果，将不免于倾覆之患。所以老子谆谆告诉我们不可盈。一个人在功成名就之后，如能身退不盈，才是保全之道。身退并不是隐身而去，更不是隐匿形迹。身退即是含藏，不发不露。老子要我们在建成功业之后，不把持，不据有，不露锋芒，不咄咄逼人，不野心勃勃，贪得而不知止足。可见老子所说的身退，并不是要我们去做隐士，只是要我们不膨胀自我。老子哲学，丝毫没有遁世思想。他仅仅告诫我们，在事情做好完成之后，不要贪慕成果，不要尸位素餐，而要收敛意欲，含藏自立。

第二十二章　自知者明

原文：

知人者智，自知者明。胜人者有力，自胜者强。知足者富。强行者有志。不失其所者久。死而不亡者寿。

译文：

能知他人之德才，察物之本性正邪、好坏、是非者，只能算是机智聪明、有智慧的人，只有了解自己德才本性过失的人，才算明白、高明的人。能胜过别人的人，不过是强壮有力，只有能主宰和控制自己的人，才算是真正的强者。只有知足知止，才能常感富裕满足。有明确的人生目标、方向、计划，能坚持不懈，始终如一，逢千难能自强不息，遇万苦能顽强拼搏，这样的人才算有志气。不失去本性原则根基所在的人才可能长久。正人君子以应天理为常德，以顺民情为心志；在心性上念念存诚而不妄，在言行上动止合义而不狂；为国效忠，于生灵有益，形体虽死，其功绩永不磨灭。可谓"死而不亡者寿"。身死而"道"存的就能永垂不朽。

体悟：

"知人者智，自知者明。"知，认清的意思。要做到知人知己是很不容易的，姜太公就说过："人心之不同，各如其面。"人的个性不同，犹如人的容貌，各有特色，也各有各的特殊品行。有的外貌似愚笨而内心睿智，有的貌似恭敬而心怀叵测。历代都有人讲究观察、考验人的事情。如曹操有意安排关公与刘备的妻子同居一室，就是要"杂之以处而观其色"。关公在房外站了一整夜，曹操被关公的人品所深深折服，从此非常尊敬关公。了解别人是明智的、聪明的，因为了解别人的过程也是一个评判的过程，需要水平，需要认知与能力，更需要客观与公平。这个"智"是智慧。知人难，知己更难。点亮一盏灯，可以照亮整间屋子，然而灯底下的地方却没光的照耀，即俗称的"灯下黑"。人也有"灯下黑"，往往不能全面认识自己，很多人认为自己什么都懂，其实是被物欲蒙蔽了自我，不能清醒地认识自己的不足，或自视过高。真正能够做到既能知人又能自知的，确实为数不多。在我们生活中必不可少地要与很多人发生各种各样的交往，因此识人就成为一项重要的处世本领。关于如何识人，人们已经总结出了很多方法。例如诸葛亮就曾列出过这样的七条来告诉我们如何观人、知人：一是"问之以是非，而观其志"；二是"穷之以辞，辩而观其变"；三是"咨之以计谋，而观其识"；四是"告之以难，而观其勇"；五是"醉之以酒，而观其性"；六是"临之以利，而观其廉"；七是"期之以事，而观其信"。

一、"问之以是非，而观其志"，即通过问答来观察其对事物的判断能力，以此来考察其志向。有这样一句话，要判断一个人是什么样的人，可以首先观察他所追求的是什么。由志向来识人，虽然并不全面，但是从中很可以看出他的为人究竟是怎样的。当年，面对秦始皇威风八面的南巡仪仗之时，项羽说道："彼可取而代之。"而刘邦则叹道："大丈夫生当如此。"后来这二人一个成为西楚霸王，一个成为汉高祖。若不是他们当初就有那般远大的志向，恐怕日后也就未必能够成为亡秦暴政的风云人物。

二、"穷之以辞辩，而观其变"，就是通过出其不意的问答来观察其应对突然问题或意外事件的应变能力。春秋时期，齐国大夫晏婴出使楚国。楚王自恃国力强大，对待晏婴颇为傲慢，见到晏婴身材矮小，就对他说："齐国难道没有人了吗？怎么派你做使者来啊？"晏婴很是平静地答道："齐国都城临淄，大街小巷有好几百条，人们把袖子举起来，就能遮住阳光，甩一把汗，就能下一场雨，道路上的人摩肩接踵，怎么能说齐国没有人呢？"楚王说："既然这样，为什么派你（这么不像样子的人）来出使楚国呢？"晏婴微微笑了一下，说道："是这样的，我们齐国有个规矩，优秀的人才，就去出使优秀的国家；拙劣的人才，就去出使拙劣的国家。我晏婴最无能，所以被派遣出使楚国。"这样一来，楚王取笑晏婴不成，反倒自己碰了一鼻子灰，好生没趣。其实楚王的问题是很尖锐的，如果回答不妥，极易令自己陷入窘境，可是晏婴却能够从容淡定，变被动为主动，展现出自己卓越的辩才。

三、"咨之以计谋，而观其识"，就是指通过询问计谋来了解其学识的程度。当年刘备三顾茅庐，向诸葛亮求问天下大势，诸葛亮当即提出"隆中对"，为刘备筹划天下大计。未出草庐而知天下三分，充分显示出自己不凡的见识，而此后几十年的历史走向，与诸葛亮之说几乎完全吻合。只是后来关羽因与东吴交恶而失去荆州，刘备又错误地兴兵伐吴，惨遭夷陵之败，才使得"隆中对"的后半部分失去了期待实现的基本条件。

四、"告之以难，而观其勇"，就是突然告诉一个人大难将至，通过观察其表现来判断他是否勇敢。北宋文学家苏洵在《心术》中有这样一句话："泰山崩于前而不变色。"曹操当年与刘备"青梅煮酒论英雄"，直言"今天下英雄唯使君与操耳"。刘备闻之，恐曹操因此有杀心，故惊得双箸跌落于地，而此时适逢天公忽作霹雳之声，刘备即以此来掩饰。曹操见刘备听个响雷就吓成这样，因而以为他原来是个如此胆小之人，对他的戒备之心也就不那么强烈了。

五、"醉之以酒，而观其性"，就是观察其醉酒后的表现如何，由此来判断他的性情。俗话说："酒后吐真言。"人在醉酒之后，大脑的意识被酒精所麻醉，会在一定程度上失去自控能力。而人在这种非完全自控的状态下，就会将平时有意掩饰的一面暴露出来，显示出他更为本真的一面。关于酒后的不同表现，人们总结出了一些规律，例如，（1）醉后就睡的人，属于理智很强的人。（2）醉后爱笑的人，个性随和，心态乐观，往往幽默感也很强。（3）醉后会哭的人，往往心态消极，性情抑郁，或者说在近一时期正承受着难以排解的巨大压力，内心之中有很多委屈难以向人倾述。（4）醉后喜欢唠叨的人，往往平时情绪很不稳定，而且常常是自命不凡，却又时乖命蹇。

六、"临之以利，而观其廉"，就是观察其在利诱面前会做出何种选择，是见利忘义，还是舍利而取义。东汉的杨震在担任东莱太守期间，一次因公务途经昌邑。昌邑县令王密曾经受到过杨震的举荐，因此对杨震照顾得极为周到。晚上，王密亲自到杨震的卧室中来，见没有他人，就捧出了重金来答谢杨震的举荐之恩，说道："我特地在晚上过来，此事不会有人知道。"杨震闻听此言，怒而言道："天知地知，你知我知，何谓无知？"王密只得扫兴地将金子带了回去。

七、"期之以事，而观其信"，就是令其做一件事情，看看他能否遵守信用，如期完成。孔子曾说："人而无信，不知其可也。"商鞅变法时有"立木赏金"，为的就是取信于人，让大家都能够相信国家的变法是切切实实的，并不是做样子给百姓看的。正所谓"杀身成仁""舍生取义"，作为一个人活在世上，心中一定要有着比生命更为贵重的价值，而遵守信义，就是其中最为重要的一点。

以上说的是知人的一面，而与知人相应，自知也是十分重要的。如《孙子兵法·谋攻篇》说："知己知彼，百战不殆；不知彼而知己，一胜、一负；不知彼不知己，每战必败。"《孙子兵法·地形篇》也说道："知彼知己胜乃不殆；知天知地，胜乃可全。"我们多数人都知道一个叫作乌鸦和狐狸的故事。有只乌鸦得到了一块奶酪，在树梢上刚站稳，正打算享用，却忽然听到一只狐狸对她说："哎呀，我的宝贝，你长得太美丽了，你的脖子生得多么娇美，你的眼睛生得多么迷人，简直就是童话里的公主！你的羽毛又多么光洁，你的嘴巴弯得多么可爱，你一定还有天使一般的歌喉。你应该唱支歌儿，可爱的乌鸦，你唱吧，乌鸦妹妹！你生得这样漂亮，假如你还是一个出色的歌手，那你就是鸟中之王啦！"乌鸦从来没有听谁对自己说过这么多动听的话语，不禁忘乎所以，颇想展现一下自己的歌喉，于是就"呱呱"地叫了起来，可是它一张嘴那块乳酪就落入了狐狸的口中。寓言中的乌鸦是很愚蠢的，但是在现实生活中，此类缺乏自知之明的人恐怕不在少数吧。如集资高利息回报，传销客户高额提成，高额卖大学文凭等，成千上万人受骗，太多缺乏自知之明。《战国策》里有一篇"邹忌讽齐王纳谏"的故事。邹忌身材修长，相貌堂堂，而城北徐公也以貌美而知名，邹忌分别问了自己的妻、妾和客人，他们都说徐公不如自己美。可是当邹忌真的见到徐公的时候，仔细地看了看他，觉得自己不如人家美，又拿来镜子细细地端详，就感觉差得更远了，可是为什么那些人都要说假话呢？他在夜里睡下的时候就苦苦地思索着，终于想明白了究竟是怎么一回事："吾妻之美我者，私我也；妾之美我者，畏我也；客之美我者，欲有求于我也。"妻子爱我，妾怕我，而客人有求于我，因此，他们对自己的问题所给出的答案都偏离了客观真实。由此观之，邹忌不失为一个有自知之明的人，而这份自知之明是殊为难得的。

韩信甘受胯下之辱，季布委身以为奴，皆自知其材，忍辱负重，以待他日之用，最终功成名就，这就是知己；杨修恃才傲物，放荡不羁，结果招来杀身之祸；崇祯刚愎不明，至死仍然认为"群臣误我"，这就是不知己。自知者明是需要达到一种境界，需要自我反省和沉思的，需要对自己的心灵进行洗涤。人对事物都有一个认知的过程，人在迷惘的时候，需要别人的"当头一棒"，以使其能够清醒地认识自己，对待自己，这才算是聪明的人。高明的人都能够做到"知己"，是大彻大悟，是难能可贵的。

"自胜者强"：立志坚定，克难攻险，战胜自身的弱点，才有可能取得胜利，成就大业。欲望是永无止境的，不知足的话就会永远跟着欲望跑，那样就会使自己永远陷入疲累之中。"胜人者有力，自胜者强。"能够战胜别人的人，能充分展示他力量的强大，而能够战胜自己的人则叫作强大。在我们一生的发展历程中，有着两种超越：一种是对他人的超越，另一种就是对自己的超越。超越他人是很难的，需要有足够的力量付出才可能做到；但是在某种意义上讲，超越他人是有限度的，很可能有那么一天，在一定的范围之内，你会超越所有的人，到这时，你是否就无人可以超越了呢？并非如此，因为有这样一个人，你对他的超越是永远也不会完成的，这个人就是你自己，只有不断地超越自己，才会取得永无止境的进步，才会成为真正的强者。而在现实生活中，超越自己往往比超越他人更为艰难。

老子说："胜人者有力，自胜者强。"能够战胜别人的人是有实力的，能够克服自身弱点的人才是刚强的。苏秦忍辱负重，终成一代名相的故事，就是对老子这一思想的最好说明。苏秦，字季子，东周洛阳乘轩里（今河南省洛阳市李楼乡太平庄）人，是战国时期与张仪齐名的纵横家。他出身农家，素有大志，曾追随鬼谷子学习纵横捭阖之术。未得志之前，苏秦曾求见周天子，却没有成功，一气之下，变卖了家产到别的国家找出路去了。他去了秦国，见到了秦王，但秦王不赏识他，也没做成官。后来钱用光了，衣服也穿破了，只好回家。他父母看到他跛拉着草鞋，挑副破担子，一副狼狈相，便狠狠地骂了他一顿，说："咱们中国人的风俗，大家都治理产业，努力从事工商，追求那十分之二的利润。如今，你丢掉本行，而去做耍嘴皮子的事儿，弄得家里穷困潦倒，真是罪有应得。"他的妻子坐在织机旁织棉纺纱看都不看他一眼。他求嫂子给他做饭吃，嫂子理都不理，扭身就走开了。苏秦受了很大刺激，感叹说："我的妻子不把我当成丈夫，嫂子不把我当成小叔，父母不把我当成儿子，这都是苏秦的罪错！"于是发愤图强，一定要做出一番事业。从此以后，他更努力读书，钻研周书阴符，天天读到深夜。有时候读书读到半夜，又累又困，他就用锥子扎自己的大腿，虽然很疼，但能够提神，他就接着读下去。就这样日夜苦读，到了赵国，赵肃侯让自己的弟弟赵成出任国相，而赵成不喜欢苏秦，因此苏秦的赵国之行不顺利。正在苦恼之际，正好遇见燕昭王广招天下贤士，苏秦便去了燕国，打算游说燕王，等了一年多才有机会拜见燕昭王。苏秦的主意非常符合燕昭王的心意。因此，他深受燕昭王的信任。苏秦认为，燕国欲报强齐之仇，必须先向齐国表示屈服顺从，而将复仇的愿望掩饰起来，为振兴燕国创造有利的外部环境。其次，要鼓动齐国不断进攻其他国家，以防止齐国攻燕，并消耗其国力。为此，他劝说齐王伐宋，合纵攻秦。公元前285年，苏秦到齐国，挑拨齐赵关系，取得齐湣王的信任，被任为齐相，但暗地却仍为燕国谋划。齐湣王被蒙在鼓里，依然任命苏秦率兵抗御燕军。齐燕之军交战时，苏秦有意使齐军失败，使齐军士卒五万人丧生。导致齐国君臣不和，百姓离心，为乐毅率领五国联军攻破齐国创造了条件。之后，苏秦又说服赵国联合韩、魏、齐、楚、燕等，攻打秦国。赵国国君很高兴，赏给苏秦很多宝物。苏秦得到赵国的帮助，又到韩国游说韩宣王，到魏国游说魏襄王，到齐国游说齐宣王，到楚国游说楚威王。诸侯都赞成苏秦的计划，于是，六国结成联盟，以苏秦为合纵长，身挂六国相印，他成了六国的国相。至此，苏秦的政治生涯达到最高峰。于是，苏秦北上向赵王复命，经过洛阳途中随行的车辆、马匹满载着行装，各诸侯派出来送行的使者很多，气派比得上帝王。周显王听到这个消息感到害怕，赶快找人为他清除道路，并派使臣到郊外迎接。到了家里，苏秦的兄弟、妻子、嫂子不敢抬头看他，伏在地上，非常恭敬地服侍他用饭。苏秦笑着对嫂子说："你以前为什么对我那么傲慢，现在却对我这么恭顺呢？"他的嫂子弯曲着身子，匍匐到他面前，脸贴着地面请罪说："因为我看到小叔您地位显贵，拥有钱财名望啊。"苏秦感慨地说："同样是我这个人，富贵了亲戚就敬畏我，贫贱了就轻视我，何况一般人呢！假使我当初在洛阳近郊有良田，如今，我难道还能佩戴六国的相印吗？"于是他散发了千金，赏赐给亲戚朋友。当初，苏秦到燕国去，向人家借过一百钱做路费，现在富贵了，就拿出一百金（一百万钱）偿还给那个人，并且报答了以前所有对他有恩德的人。苏秦约定六国联盟之后，回到赵国，赵肃侯封他为武安君，于是，苏秦把合纵盟约送交秦国。从此秦国不敢窥视函谷关以外的国家长达十五年。苏秦因不得志，备受侮辱，却能够含屈忍辱，奋发图强，好学不倦，自强不息，终于通过不懈的努力，成为一代名相，名垂千古。

　　老子常谈："知足者富。"知道这句话的人很多，可是执行这句话的人很少。人的生存目的，是为了享受生活，可是为了享受生活，就必须赚到一定数量的钱，问题是很多人就此沦为金钱的奴仆。即使自己积攒下来的钱已经很充裕了，但是却依然不肯停息，静下心来认真地享受一番美好的生活。结果，赚钱成为生活生存的目的，而生活则成为赚钱的手段。这种情况，在某些人来说是迫不得已。工人们的收入微薄，仅仅可以用来维持最基本的生活，他们只有永不停歇地工作劳动下去，才能够维持自己的生存，直到死去。可是，到了当代社会，很多人仍然难以摆脱这种悲惨的境地，不肯稍有停歇。原因是什么呢？最基本的一点，就是永不知足。对于不知道满足的人来说，自己拥有得再多，也是穷人一个；而对于知足的人来说，自己即使拥得很少，也感到富有。所以说贫穷和富有，不仅取决于一种客观的标准，很多时候也会有一种主观的衡量。

　　当然对于知足，一定要辩证地看，知足而富，并不是说要大家都不思进取，而是要大家摆脱很多由欲望所带来的烦恼，从而可以更愉快地生活。"强行者有志"，就是持身力行，才是有心志的表现。"有志者事竟成"，说的是坚定的志向对于人生的重要性，为什么立志对于人生来说具有如此重大的意义呢？清代理学家张履祥说："少年立志要远大，持身要谨严，立志不高则溺于流俗；持身不严则入于匪辟。"现代数学家华罗庚先生则更直白地说："没有雄心壮志的人，他们的生活缺乏伟大的动力，自然不能盼望他们取得杰出的成就。"法国生物学家巴斯德说："立志是事业的大门。"这些话表明，立志是事业有成的前提，对于人生起着重要的作用。当然仅仅立下了志向还是不够的，还要有以水滴石穿的坚韧精神去不辞劳苦地执行，直至成功，这就是老子所谓的"强行"，只有立志又能强行者，方可称为真正的"有志"。否则，"行百里者半九十"，中途而夭，也就只能怪自己的意志不坚定，怪自己未能够对当初的志向予以坚强的执行。

　　"知足者富"，老子讲的重点是"知足"，是知道把握事物发展过程的分寸。应当前进的时候，当仁不让。"强行者有志"，就是胸怀伟大志向理想，历经磨难，却始终努力争取，坚持不懈，持身力行的就是志存。老子再次运用辩证思维来论述"道"，他用智慧与超智慧比较，用力量与超力量以及长久与永恒比较的不同，旨在说明"道"超越一切和至高无上的作用。很多人都认为了解他人需要非凡的智慧，人要安守本分，要认清自己，要有自知之明，知道自己该做什么，不该做什么。而了解自己则属于超智慧。古今中外的历史上，因为没有自知之明而失败的人不胜枚举。

　　常言道："知人者易，知己者难。"一个人最重要的品格，就是要有自知之明，能够不断地反省自己。在老子看来，人们只有有了自知之明，才能克服自己的弱点，这样人们行事的时候才能取得良好的成效。老子精辟地论述自我反省的重要意义，告诉我们，既要知人、胜人，又要自知、自胜。三国时，马谡就因为没有自知之明，不但失了街亭，还丢了性命。诸葛亮为什么如此重视街亭呢？原来街亭的地理位置十分重要，它是通往汉中的咽喉，也是蜀汉大军后勤补给的必经之地，此外也是战略要地。这时司马懿率领二十万大军马上就要抵达祁山地区了。诸葛亮立即召集众将官商议对策。诸葛亮问道："谁愿意兵驻守街亭？"只见参军马谡从众将官中站了出来，表示愿意担任重任。诸葛亮沉默了一会儿，他知道马谡读了不少兵书，平时也很喜欢谈论军事，自己对他也非常信任。但是刘备在世的时候，经常嘱咐诸葛亮说：马谡这个人言过其实，难堪大任，还得好好考察一下。想到这里，诸葛亮不放心把街亭交给他来防守，于是对他说道："街亭虽小，但是战略意义重大，它关系着蜀军的安危利害，况且街亭既无城郭，又无险可守，一旦丢失，我军将会面临极大的困境。"马谡见诸葛亮对自己有所轻视，有些不以为然，说道："末将自小熟读兵书，区区一个街亭，难道我还守不住吗？如果丞相觉得我不堪大任，那么我就当众立下军令状，如果街亭在我手里丢掉，我情愿接受军法处置！"诸葛亮思量再三，决定让马谡驻守街亭，让他立下军令状，拨给他两万五千名精兵，又派王平、高翔等人辅助马谡。临行之前，诸葛亮再三嘱咐他们一定要守住街亭要道，不可放魏军一兵一卒过去。到街亭后，马谡和王平先查看地形，大路在街亭要道之上，把守着街亭大门。王平认为应该在此处驻守。而马谡在看了地形之后，对王平说："这一带地形十分险要，街亭这边有座山，正好可以在山上扎营，布置埋伏"。王平提醒他说："丞相临走的时候嘱咐过，要我们坚守城池，稳扎营寨。在山上扎营太过冒险了。"然而，马谡自以为饱读兵书，根本不听王平的劝告，执意要在山上扎营。王平无奈只好请求马谡拨给他一千军队，在山的西边另择一处驻扎。司马懿率领魏军来到街亭，看到驻扎在这里的守将是马谡，而且马谡不去防守要道，却把大军驻扎在山上，便把马谡扎营的那座山围困起来，断绝山上的饮水，然后严阵以待，准备进攻。蜀军将士见山下布满了魏军，不禁惊慌失措起来。马谡几次命令兵士冲下山去，但是由于张郃防守坚固，蜀军始终无法攻破魏军的营垒。蜀军碰到魏军很快就溃败了。马谡见大势已去，只好自己杀出重围，往西逃跑。王平听说马谡战败，就命令手下的一千兵士敲鼓，装出进攻的样子。张郃听到鼓声，以为蜀军设有埋伏，就没有贸然追击。王平乘机撤退，又丧失了不少人马。魏军乘势长驱直入，诸葛亮为了避免遭受更大的损失，遂决定把军队全部撤退到汉中。回到汉口，诸葛亮问责马谡。马谡自知免不了一死，就在监狱里写了一封信，托人转交给诸葛亮，信中说道："丞相平日待我像待自己的儿子一样，我也把丞相当作自己父亲。这次我犯了死罪，希望我死以后，丞相能够像舜杀了鲧还用禹一样，善待我的儿子，我死了也没牵挂了。"诸葛亮看到信后，想起平时与马谡的情谊，心里十分难过，流下了眼泪。不过，他最后还是忍痛斩了马谡。马谡自以为是，没有自知之明，他为自己的愚蠢和自大，最终付出了生命的代价。

　　"不失其所者久？"就是不能失去根基，才会获得长久的立足。我们都知道，树的生命一般都比草的生命长久得多；树的根也远比草的根坚实得多，正是有了这种深厚的根基，才给予了树木长久的生命。同样，一座高大的建筑，能够昂然屹立百年乃至千年，一个最基本的条件就是它一定有着一个牢固的根基。那么对于人生事业来讲，也是这个道理。为什么说青少年时期对人一生的发展起着决定性的作用？就是因为青少年时期是为人生建立基础的阶段，如果这个时候没有为自己的人生打好一个良好坚实的基础，日后也就难以获得卓越的发展，这也就是"少壮不努力，老大徒伤悲"的道理。孔子说："四十、五十而无闻焉，斯亦不足畏也矣。"一个人如果到了四五十岁的时候还没有取得什么成就，没有获得什么名声，那么他也就不值得人们对他产生敬畏了；或者说一个人如果到了中年的时候还一无所成，那么他这一辈子也就不会有什么大的出息了。然而一个人少年时期的成就又是由什么来决定的呢？显然是青少年时期的成长过程学业实践决定着中年时期的成就，四五十岁的时候还是默默无闻的人，是因为二三十岁的时候无所作为。

　　中国有句老话叫作"三岁看小，七岁看老"，也就是说从一个人很幼小时的表现就能推断出他长大之后，乃至终其一生的作为如何。就一个人的成长与发展而言，这样的判断未必完全准确，但是也有其合理性。著名心理学家弗洛伊德特别强调，儿童时期对人的一生具有重大影响，他说："每个人一生的性格，都能追溯到他的童年。"

而现代心理学通过大量的精细研究表明，幼儿和童年时期是形成人的一生素质之基础的关键时期，一个人在其漫漫一生之中很多重要的表现与取舍，都可以在童年时代找到深刻的诱因。所以说要想取得重大的成就，就必须打好人生的童年青年素质基础。庄子在《逍遥游》中说："适莽苍者，三餐而反，腹犹果然；适百里者，宿舂粮；适千里者，三月聚粮。"意思是到郊野去的人，带上三顿饭的食粮就可以返回来，而且肚子还会觉得饱饱的；要去百里之外的人，头一天晚上就得准备食粮；要远行千里的人，三个月之前就得开始准备食粮。同样之理，一个人要想成就多大的事业，就应当早早地做好相应的准备工作，只有立足于当下的辛勤实践劳苦，才会为将来的成功奠定坚实的基根。

关于如何实现生命的不朽，中国很早就有深刻的论述。春秋时期鲁国大夫叔孙豹在与晋国大夫范宣子的讨论中提出了十分著名、影响巨大的"三不朽"的观点："太上有立德，其次有立功，其次有立言，虽久不废，此之谓不朽。"唐代的经学大师孔颖达在《春秋左传正义》中解释说："立德谓创制垂法，博施济众；立功谓拯厄除难，功济于时。""立言谓言得其要，理足可传。"或者说，"立德"系指道德操守而言，"立功"乃指事功业绩，而"立言"指的是把自己的思想形诸语言文字，著书立说，传于后世。司马迁在《报任安书》中说："人固有一死，或重于泰山，或轻于鸿毛，用之所趋异也。"司马迁很多的自述，极为鲜明地体现出中国古代先祖名士是如何汲汲于追求人生的不朽，这实际上是想要通过切实的作为来对人生的短暂性与有限性做出一种积极的超越，令自己有限的生命成为一种永恒。

老子主旨"死而不亡"是指"灵魂不灭"，人的肉体虽然不能长存，但人的精神却可以永垂不朽，这应该可以算是最长寿了。我国古代伟大的思想家、政治家、军事家孙武，虽然他生于2500年前，但他的思想、著书、精神一直流传于世，时至今日，还依然为世人所敬仰与推崇。俗语说：人死如灯灭。人死了之后唯一还能延续的，就是人们对他的感激和怀念。法家、墨家、儒家等也都同意这种观点，也都劝人追求不朽。不朽不是缥缈无稽的灵魂不死，而是为民众立德、立功立言。为天地立心，为生民立命，为往圣继绝学，为万世开太平。这是何等的心胸，何等不朽的人生观。老子认为"知人，胜人"固然重要，但"自知、自胜、自足、强行"尤其重要。若能省视自己，克制自己，坚定自己，矢志力行，就能修身养性得"道"，就能保持旺盛的生命力和饱满的精神风貌。

本章重点讲个人修养与自我独立。一个人能"自知""自胜""自足""强行"的人，要在省视自己，坚定自己，克制自己，并且矢志力行，这样才能进一步展开他的精神生命与思想生命。在老子看来，知人胜人固然重要，但自知、自胜更为重要。

第二十三章　无弃人无弃物

原文：

　　善行无辙迹；善言无瑕谪；善数不用筹策；善闭无关楗而不可开；善结无绳约而不可解。是以圣人常善救人，故无弃人；常善救物，故无弃物。是谓袭明。故善人者，不善人之师；不善人者，善人之资。不贵其师，不爱其资，虽智大迷，是谓要妙。

译文：

　　本章用这五者"善行""善言""善数""善闭""善结"之意来申述明体道的智者，自然无为处世及潜移默化的特征。有"道"的智者在待人接物、言谈举止上，应因时顺理、自然而然、至简至易。当行则行，善于行走的人路过无痕迹，言辞无差错，是谓"善行"。善于言谈的人不说错话，当言则言，谓之"善言"，因明了事物自然之理，不固执己见，虽言在则无弊病可谪，此谓"无瑕谪"。以"道"待人者，众人必然会群策群力，其效力不计其利，事事物物，均有条有理，善于计算的人不用筹策，是谓"善数"。以"道"处世，人皆体"德"，则路不拾遗，夜不闭户，不用栓梢也使人打不开，此谓"善闭"。接人待物必以"道"，如离"道"而求于人和者，相似以绳索捆缚，终于不固而离散。以"道"接物者，虽千里之外必应之，不用绳索捆缚也使人不能松懈，是谓"善结"。

　　因此有"道"的智者，视人与我同心，虽有人物不如己者，却无分介之意，善于做到人尽其才，无厌弃之心。常常善于挽救人，他心中没有被遗弃的人；常常善于挽救物，善于做到物尽其用，所以没有被遗弃的东西。这就叫作内藏的聪明之人，含而不露的智慧。举心运念符合于"道"者，是谓善人。言谈举止背"道"徇私者，是谓不善之人。所以不善之人常常以善人为师，导己为善，学习善人的行为。善人如没有不善人作比，何以称善？不善人又成为善人的资本。所以善人是恶人的老师，恶人是善人的借鉴。不善人如不尊重善人以戒除不善，善人若因己之善而厌弃不善者，那就必然形成两个极端。不懂得标榜示范，不懂得善于借鉴，虽然对善与不善理解很深，总以自己为有知于人者，自以为明智，其实则是最大的糊涂人。这就是处世为人的精要奥妙所在。言行作为，符合于"自然之道"，不用费力、费气，就会取得理想效果，

天道：体悟老子

明智的人懂得这些道理，因而善于待人接物，做到了人尽其才，"无弃人"；物尽其用，"无弃物"。

体悟：

老子在本章中阐述了很多看似平常的道理，其中行、言、数、闭、结都是我们大家在日常生活中常会进行的动作来表述个人的行为，但是"行而无迹，言而无瑕，数不用筹，闭无关楗，结不用绳"这不是人人都可以做到的。他正是用这种很普遍的事物来说明着一个并不普通的重要道理。他所讲的是"道"，是"袭明"，是"要妙"。"无迹"是善行者的特征；"无关楗"是善闭者的特征；"不用筹"是善算者的特征；是否"无迹"就是善行者与不善行者之间的区别；"无瑕"是善言者与不善言者之间的区别；是否"不用筹"是善算者与不善算者之间的区别；是否"无关楗"是善闭者与不善闭者之间的区别，是否"不用绳"是善结者与不善结者之间的区别。"善行，无辙迹。"从字面上讲"辙"，是车辙；迹，是脚印，人们行走，或者依靠双足，或者依靠车辆，因此总是要留下脚印或车辙。可老子说，善于行走的人啊，是不会留下车辙、脚印之类的痕迹的。他为什么要这样说呢？庄子在《逍遥游》中说："夫列子御风而行，泠然善也……此虽免乎行，犹有所待者也。"列子啊，能够乘着风而行，实在是轻盈得很哪，可是呢，他还是有所凭恃的，他毕竟还是要依靠风的啊。而真正超达的人呢？"若夫乘天地之正，而御六气之辩，以游无穷者，彼且恶乎待哉？"他能够顺应天地之性，而驾驭气的变化，遨游于无穷无尽的境域，他需要凭借什么吗？他什么也不需要。庄子随后说："故曰：至人无己，神人无功，圣人无名。"所以说啊"至人"是没有自我之念的，"神人"是没有功利之心的，"圣人"是没有名誉之想的。正因为这些"至人""神人""圣人"在心中没有这些欲求，他们才能够做到超脱世俗，才能够做到无所凭恃，才能够做到"逍遥游"。列子之行，尚且有风，而对于"逍遥之游"呢，就是了无痕迹的了，这也是老子所讲的"善行""无辙迹"。所以，老子的这句话来看，以为这说的是善于行走的人不会留下车辙和脚印，而是应当这样来理解，它讲的是人所达到的境界，这种境界也就是得"道"的境界。得道之人，能够达至一种化境，能够什么都不凭借就能将事情做成，就如同孔子所说："从心所欲而不逾矩。"我不需要这个规矩、那个律法的约制，让别人告诉自己应当如何去做，甚至自己的告诫都不需要，而是任其自然就能够做到十全十美。

"善言，无瑕谪。""瑕"本义是指玉上的斑点；"谪"，是谴责的意思，"瑕谪"也就是差错的意思。善于言谈的人，他们的话是没有可指责之处的，有人觉得夸夸其谈、口若悬河之类的是很善于言谈的，其实这是一种很片面的看法，那样的人，至多不过是善于多说话罢了，而不能够叫作善于言谈。真正善于言谈的人，应当像老子所说的那样，"贵言"，不随便说话，将言语看得很贵重，而"无瑕谪"，话虽然说得不是很多，但每一句都是很实在，都是有用处的，是没有差错可以指责的。有的人，话说得很多，真可谓是滔滔不绝，乍听起来仿若是满腹经纶，学富五车，可细听起来呢，就会很容易发现，他讲的话里真是漏洞百出，毫无识见可言，毫无长处可取，说得越多，就越彰显出他的浅薄与无知，不仅对于口头语言是这样，对于书面语言也是如此。例如，《老子》一书仅仅五千言，却 2000 年来一直被奉为经典，学者无不捧读。可有些人呢，自谓"著作等身"，甚至一年之内就能产出好几部长篇大作，可是其作品中的含金量却实在不能令人恭维。相比于《孙子兵法》经典著作的字字千金，那一些高产作者的著作真的就如同一团蓬松的棉花，看起来规模不小，实际上却没有多少份量。

"善数，不用筹策。""数"，即算术；"筹策"，是古代计算用的竹制的工具，相当于后来的算盘和现在用来计算的计算尺、计算器的作用。老子说，善于行走的人，不用依靠脚和车；而善于计算的人，也用不着筹策。《孙子兵法》中说："不战而屈人之兵，善之善者也。"不需要进行战争，就能使对方的军队屈服了，这才是善中之善。这说明了一个什么问题呢？得到的结果相同，但是付出的代价却有极大的差别，后果是大不一样的。至于后面两句，说的也是同样的道理。在我们中国神话故事中有定身法这一理念，会定身法的人，只要口念秘诀就可以将人给固定住，令其无法动弹，而不像普通的人那样，要用绳索之物来将人牢牢地绑定了才可以。再如孙悟空可以用金箍棒画个圈来保护唐僧，妖怪没有办法进入圈内，这个无形的圆圈胜过任何有形的保护设施。虽然老子讲的不是神话，但是"道"的意境颇有与神话相通之理，如庄子所说的"列子御风而行"就是，这不就是神话中才有的事情吗？在老庄文化中，"道"是无限无极的，是具有超越性的，而神话也同样有着超越的属性，因此，老庄可以用神话的方式来阐释"道"的内涵。

所有的善人与不善之人之间都是有一定的区别的。有道之人的品行，真正的大善是做了善事也不留痕迹，无人知道，那是量的积累所带来的质的飞跃变化。也就是从量变到质变的道理。善人与不善之人，又各有用处。"故善人者，不善人之师；不善人者，善人之资。"擅长谋事的人可以教不擅长者学习，不擅长者的错误可以被擅长者拿来借鉴。世上人各有其用，人尽其才，物尽其用，能够视各人的能力特长本事进行教育分工的人就是圣人（智者），所以"圣人常善救人，故无弃人；常善救物，故无弃物"。

圣人之所以"善救人"，正是因为他能看到不善之人之所以不善的弱点在哪里，

天道：体悟老子

并因材施教，使不善之人成为善人；或者看到某方面虽然不善，但其他方面却有非常擅长能力的人，使他们去到他们应该去的位置有所成就和贡献，这就是"袭明"。（能诱导他人有成就有作为的人）。"袭明"就是在了解"道"（事物发展规律）的基础上才能产生的态度和行为。"道"就是事物本来的规律，在事物本身的发展过程中时时体现着。老子说："是以圣人常善救人，故无弃人；常善救物，故无弃物。是谓袭明。"因此，圣人总是善于帮助人，所以就没有被遗弃的人，总是善于使用各种物品，所以就没有被遗弃的物品。这就叫作掩藏在内的聪明。

晋代小说集《神仙传》中有"点石成金"的故事。西晋初年，南昌人许逊出任旌阳县令，居官十年，颇以仁政而闻名，深受百姓的爱戴。辞官东归之后，时值彭蠡湖（今鄱阳湖）水灾泛滥，他又带领人民治水，取得了显著的功效，人们对他更加景仰，而有关他的一些神话故事也广为流传，"点石成金"就是其中之一。有一年，灾害非常严重，收成极差，众百姓都无法完成交租的任务。许逊就叫大家挑一些石头过来，然后施展自己的法术，用手指一点，石头就变成金子。这样，众百姓就可以用这些金子去交租了。表面上看来似乎"点石成金"与老子所讲的"圣人常善救人，故无弃人；常善救物，故无弃物"没有什么关系，但两者之间实际上是有着相通之处的。许逊的高明之处在于他可以令普普通通的石头变成昂贵的金子，也就是说，可以将原本没有什么用处，我们用不上的东西，变成人们最为需要的、能够发挥巨大用处的宝物。而"常善救人"，"常善救物"的圣人不正与此相像吗？他们可以令原本大家以为没有用处的、被闲置的人和物发挥出令人意想不到的用处，这难道不就是点石成金吗？虽然"点石成金"本身是一种神话传说，但是它的蕴意却可以和现实生活中的事情联系起来，圣人"善救人"，"善救物"，实际上就是因为他们拥有那种"点石成金"般神奇的转化能力嘛！

再谈一个例子。惠子曾经从魏王那里得到过一种大葫芦的种子，他种下去之后，生长出来的葫芦真的非常大，可是惠子却发现这葫芦太大了，反而用不上了。但是庄子认为其实惠子是一个不善于用大的人，在庄子看来，用那个大葫芦做成一个大木船用来泛游江湖，岂不是一件乐事吗？怎么能说这巨大的葫芦没有用处而把它毁掉呢？这就是圣人与凡人的区别啊。其实，老子的这句话表明，如果由圣人来治理天下，则普天之下必将人尽其才，物尽其用。马克思讲，在共产主义社会中，每个人都会获得充分的自我实现的机会，使得自身的价值得到最大限度的发挥。这与老子所讲的"无弃人"的状态也是相通一致的，而老子又加上了一个"无弃物"，这就又从另一个角度"阐述"了人类理想社会的光辉图景。当今社会，环境问题变得越来越重要，而其中突出困扰人们的一项就是数量巨大的生活和工业垃圾处理的问题。根据老子的讲述意境。或许这样说会更合适一些："垃圾是没有被正确利用的资源。"垃圾确实污染环境，但它同时也是资源在很大程度上被浪费掉了。如果采取"无弃物"的观念来处理这种问题，结果就会好得多了。当然，这需要较高的技术和思想观念，但拥有一种先进的观念方法更为重要，因为有了这样的观念方法，才可以更好地催生相关的先进技术。从这一角度来说，老子的观点可谓是十分超前的、实用的。圣人就是在看到人本身得"道"（规律）之后，才会有"袭明"的做法，才会"善救人"。而另一个方面，所有的成功者之所以成功，一定会有其成功的方法，这就是经验；所有的失败者之所以会失败，也一定有他的很多原因，这就是教训。从成功者那里学习经验，从失败者那里吸取教训，这就是老子说的"要妙"。

老子列举了这几个形象的例子来说明做事情要遵循"道"的重要性。"善行，善言，善数，善闭，善结"都是"道"在不同情况下的具体表现。他所认为的无"道"或失"道"者都是不属于拥有真正智慧的人（心中有道的人）。而是"虽智大迷"。在这里"道"可以理解为正确和行之有效的方法手段，也可以理解为事物发展的必然规律，按照"道"来做任何事情，就能事半功倍省时省力。另外，老子还特别提到了人尽其才和物尽其用，农村常讲的"长短是个棍，高低是个人"就是这个道理。对于我们的心智来讲"道"的最高境界就是"袭明"（能诱导他人有成就有贡献能力）。老子讲出了这样的名言："故善人者不善人之师，不善人者善人之资。"所以善人是不善之人的老师，而不善之人是善人的借鉴。孔子曾说："三人行，必有我师焉；择其善者而从之，其不善者而改之。"这与老子的表述是高度一致的，真可谓"智者所见略同"。类似的，孔子还说："见贤思齐焉，见不贤而内自省也。"见到德行优秀的人，就想着让自己的行为也和他一样好；而见到德行不佳的人，就要反省一下，自己是否也有同样的缺点。两方面结合起来，说的恰好就是"善人者不善人之师，不善人者善人之资"。这种表述也说明一个问题，那就是善人与不善之人是相互影响的，不善之人可以从善人那里得到有益的教导，而善人则可以从不善之人那里得到有益的警鉴，这说的都是积极的影响。

而反过来，消极的影响也是可能的，正所谓"近朱者赤，近墨者黑"，善人从不善之人那里固然可以得到有益的教训。同时，受到消极感染的情形也是很普遍的。那么善人呢？他对于不善之人产生的影响会都是正面的吗？那也未必。辛亥革命成功地推翻了清政府，让"皇帝"这一名号从此走进了中国的历史纪念馆，然而，革命之后又怎样了呢？丑剧是轮番上演，中国的政治舞台上真是你方唱罢我登场，生旦净末，辗转腾挪，好不热闹。可国家的振兴仍无从谈起，百姓的日子依然一天比一天苦，这说明了一个什么问题呢？用一句经典的话来表达，就是："用之所趋也。"东西是一样的，可是用在不同人的手里，它发挥的功效也就不同了。这就如同一片盐碱地，再好的种子埋下去也不会生长出健硕的禾苗，而想要得到预期的收获则必须先改良土壤。再比如，历史上的杰出人物都是值得我们认真学习的榜样，可是有些人效法曹操，没有学到他的雄才大略和高瞻远瞩，却偏偏学会了阴险狡诈；效法刘邦，没有学到他的雄心壮志和忍辱负重，却偏偏学会了厚颜无耻。结果就是，历史上的一群英雄豪杰传到了某些人那里，却变成了"黑心肠"和"厚脸皮"这两大绝招。所以说，无论是善人还是不善之人，他对别人的影响都是双方面的，而究竟取其益处还是得其坏处，则要看个人本身的思想底色是怎样的了。

本章的最后，"不贵其师，不爱其资，虽智大迷，是谓要妙"。不尊重老师，不爱惜他的借鉴，即使自以为很聪明，其实却是很糊涂的。这就叫作精微玄奥的要妙之理啊！这表达的道理是，人的智慧是从效法与警鉴中得来的。韩愈在《师说》中说写道："人非生而知之者，孰能无惑？惑而不从师，其为惑也，终不解矣。"这讲的是同样的道理。人没有天生就什么都知道的，而是后天一定要向老师学习才可以获得各种生存的技能和生活常识。当然，这个老师并不一定就是正式的老师，他也可能是生活中所遇到的任何人。父母是孩子的第一任老师，也就是从这个意义上来讲的，而其中体现的也正是人与动物的根本区别之一，动物可以仅仅依靠本能而生存，但是人类则不同，人是必须经过大量的、长期的后天学习才可以让自己成为一名合格的社会成员的，这一学习社会文化的过程在社会学中被称作由"自然人"转变为"社会人"。而在这一方面做得较好的人，则会成为社会上的优秀人士。或者说一个人要想让自己获得持续的成长，实现不断的进步，就必须时时注意从他人身上所具有的各种值得效仿和警鉴的表现学习到丰富的知识与智慧，从而令自己的人生修养变得日益完善。老子以"善行，善言，善数，善结"为喻，来说明言行作为的重要性，符合自然规律，不用费力，就会取得效果。领悟了精要玄妙的"大道"，才算是获得了大智慧。"明白人"懂得这番道理，因而善于接人待物，做到人尽其才，"无弃人"；物尽其用，"无弃物"。

有道者能够以本明的智慧，去观照人与物，了解人各有才，物各有用，做到人尽其才，个因其性以造就，所以说：常善救人，无弃人，其做到物尽其用，顺物之性以展现其功能，所以说：长善救物，无弃物，这是说明有道德的接人待物，有道者顺其自然，以接人待物，更表达了有道者无弃人，无弃物的心怀。具有这种心怀的人，对于善人和不善之人，都能一律加以善待，特别是对于不善之人，并不因其不善而歧视，一方面要劝勉他、诱导他，另一方面也可给善人做一个借鉴。

　　这一章老子进一步阐述"无为而无不为"无为而治的思想。他用具体贴切的比喻说明以自然规律为准则，不用强为而贵于无形的力量。得道之人善于用含而不露的智慧观照万物，从而做到人尽其才，物尽其用。如果"不贵其师，不爱其资"，那就是"虽智大迷"。正确处理这个问题，才是掌握了治家、治国、治世的精要。

第二十四章　不争故无尤

原文：

　　上善若水。水善利万物而不争，处众人之所恶，故几于道。居善地，心善渊，与善仁，言善信，政善治，事善能，动善时。夫唯不争，故无尤。

译文：

　　最善的事物莫过于水了。无水则不能产生芸芸众生的生命；无水任何生物生命都不能生存，水生育万物，滋润生命与物无争，也不求回报，它柔弱而温顺，总是处于为人们所鄙弃的最低的地方。所以水最相似于"道"。最善良的人品格如水，滋润万物，而不与万物有任何相争，永远处于最底处。常语说得好："人往高处走，水往低处流。"人总是喜欢奉上、欺下地攀高附贵、升官发财、青云直上，而水则总是流向低凹的，最无人关注最安全的地方，只求有利于人而不辞劳苦，自居低处永不占据高位，更不会把持要津，永无倾覆之患。我们处世要像水那样谦卑。人心总是有私心杂念，七情六欲之烦恼，而水静则清澈湛然，无色透明，无混无浊，可鉴万物，若心灵之善渊。我们存心要像水那样深沉而不张扬。水善养万物，施恩万物而不求回报。植物皆沾滋润之恩，动物感获饮食之惠，此乃仁慈也，我们处事交友要像水那样亲善。

　　水利万物，诚实和顺，无假无妄，表里如一，待人真诚友爱，言行如一，讲信用，是谓"言善信"，我们言谈要像水那样真诚；水之为治，若大匠取法，以"平中准定上下"，不左不右，不偏不倚，对万物一视同仁，为政精于治理，是谓"政善治"，为政要像水那样有条理；水利万物能力非凡，去污洗浊，攻坚克固，行船疲筏，兴云布雨，生万物育万人，功用不可估量，做事发挥特长，此乃"事善能"，我们办事要像水那样因地而宜的圆通。春夏温热，万物繁衍，最需要的就是水，此时水则蒸云降雨，滋润群生，降温祛暑。秋冬渐寒，万物收藏，水则结为坚冰，凝为霜雪，覆盖大地，恰若天被，保护众生灵，遮风御寒，行动把握时机，此即"动善时"，行动要像水那样适时，行动要善于抓住时机。水之体性，虽有以上"七善"，但皆出于自然，与万物无争，所以水永远没有过失。正因为它有与世无争的美德，因此才不会有任何过失。

体悟：

　　老子以我们生活中最常见的水来说明何为"善"。水是柔弱的，它无形、无色、无味，最容易被我们忽视却又是我们生活中最常见，也是最离不开的自然之物。并以水比作善贤之人，认为只有拥有如水般品德的人才可谓"善"者。我们常说"柔情似水"，女人是水做的，这都是以水至柔的特性作比。但水是至柔的，也是至刚的，自古就有滴水穿石的典故，我们想想水何其微小柔弱，石头又何其坚硬，水能穿石，可见水是柔中带刚的。水又是至韧，李白诗曰"抽刀断水水更流"，宝刀可以削铁如泥，却无法阻断涓涓细流，可见水有长流不断之韧。老子用水来比喻善的品格。所谓"上善若水"，意思就是最高的善好像水一样。那么水又有什么特点呢？老子说，"水善利万物而不争"。"不争"，这就又点出了老子的"无为"的立场，"不争"的表现就是"无为"的重要内容。但是我们以前也不止一次地提到过，老子所倡导的"无为"不是一无所为，而是不妄为、不乱为。在这里"不争"，就并非单纯的"不争"，它是以"善利万物"为前提的，只有"善利万物"，才谈得上"不争"。这就是老子思想主张中的两个方面，一方面是"不争"，另一方面是"善利万物"。

　　老子又接着说"水处众人之所恶，故几于道"。"几于道"，也就是接近了道。道，是一种非常高尚的和圆满的境界。那么，老子因何称誉水接近了这一境界呢？因为水停留在人们都厌恶的地方，这是与"善利万物而不争"相承续的，由于"不争"，所以才甘心居于大家都不愿意待的地方，而这正是难能可贵的美好品德。在中国历史有"孔融让梨"的故事可谓家喻户晓。孔融在吃梨的时候，自己专拣小的吃，将大的留给哥哥们，这种行为备受家人的称赞，并且流传开来，成为传颂千古的美谈。人们为什么对孔融如此赞美呢？因为孔融先人后己，将好的留给别人，而将差的留给自己，丝毫没有争夺之心。而这，不正是一种"处众人之所恶"的精神吗？所以说，"处众人之所恶"是一种美好的品质。众人都常说："人往高处走，水往低处流。"这是将人与水区分开来，肯定的是人积极向上的进取精神，而老子却恰恰肯定的是水的这种"往低处走"的品质。事实上，水为什么要往低处走呢？因为它受到重力作用的牵引。同样，人也是受到地球引力约束的，但是人为什么与水不同，不是只能一味地往低处流，而是还可以往高处走呢？因为人是有主观能动性的，这种强大的主观力量驱使着人克服外力的束缚而争求一种更好的结果，这也是人之所以为人的一项根本的因素。老子却刚好相反，他告诫人们，要向水学习，水是无意识地处下，而人则应当有意识地自处卑下，去那些大家都不愿意去的地方。在最后老子指出："夫唯不争，故无尤。"这与老子前面所讲的"夫唯弗居，是以不去"等话语是一脉相承的，因为只有不争，才可以避免别人的怪怨。

威廉是一个特别害羞的孩子，在众人面前说话很少，反应似乎也比较慢，这令人觉得他有些傻气。一次有人为了验证一下威廉是不是真的很傻，就拿出了两枚硬币给他看，说要送给他，但是他只能选择其中的一枚，那两枚硬币中，一是五美分的，另一枚是十美分的，很显然，十美分硬币的面值是更大的。小威廉抬头看了看这个人，然后很胆怯地伸出小手选择了那枚五美分的硬币。这个人没有食言，真的将那枚硬币送给了威廉，然而他却四处宣扬这个有趣的发现，说威廉真的就是个小傻瓜，连哪种硬币更值钱都分不出来。于是，很多人带着好奇的心理，见到小威廉的时候都会亲自试验一下，看看是否真的就如那人所说的，在五美分和十美分的硬币之间只拣五美分的拿。试验的结果是，小威廉真的就是每次都会挑那枚面额最小的硬币。每当这样的情景出现的时候，围观的人们就会一阵哄笑，而小威廉在这时似乎变得更害羞了，戏弄他的人看到他这样子更加开心了。这天，小威廉又被人戏弄了一回。也许大家觉得这些人真的是一点儿同情心都没有，尽拿别人的缺点寻开心，就像鲁迅小说中的酒客们拿孔乙己头上的伤疤取笑一样。但是，也并非所有的人都是这样的，总还是有着一些心肠较好的人。这一次就恰好有一位善良的老妇人撞见了大家取笑小威廉的场景，她感到很不忍，就在事后带着怜悯之情悄悄地对威廉说道："可怜的孩子，难道你真的不知道十美分的硬币要比五美分值钱吗？"小威廉见这个老女人是个好心人，就诚恳地回答道："老奶奶，我当然知道十比五大，十美分的硬币更值钱。"老妇人听了，感到不解，带着一副怀疑的神情问道："既然你知道，为什么还拣不值钱的硬币呢？"小威廉解释道："是这样的，他们经常会给我硬币，就是因为他们觉得我很傻，以为我分不出硬币的大小，如果我表现得很傻，他们就会觉得很开心，以后还会再来取乐，再拿硬币给我，但是如果我挑了十分的硬币，他们就会发现，其实我并不傻，如果那样的话，他们就会觉得很没趣，也就不会再送硬币给我了，这样一来我就连五美分的硬币都得不到了。我拣五美分的硬币，看起来很傻，是被人耍弄了，但是实际上我却能因此经常得到零花钱，这对我来说是一件好事啊，而人们笑了也就笑了，反正我又不是真的傻，让大家笑一笑又有什么关系呢？"小威廉的解说，不禁会让我们生出这样的疑问：在小威廉和那群自以为聪明的人之间，究竟谁才是真正被耍弄的对象，谁才是真正的傻瓜呢？这不是一个虚构的故事，历史上确有其人。这个名叫威廉的孩子，就是日后的美国第九任总统——威廉·亨利·哈里森。哈里森总统童年的故事很容易让人联想起这样一则寓言。在动物园的一个笼子里有一大一小两只猴子，它们是一对母子。每当有游客向笼子里投掷食物的时候，母猴都会表演出一些滑稽的动作，惹得游客哈哈大笑。因为感到很是开心，游客也就更加乐意往笼子里给猴子抛食物。这只母猴为了吃到可口的食物，往往会走到游客面前，用前爪指点着想吃的食物，然后就又蹦又跳的，俨然就是一个出色的喜剧学员。游客看到母猴的这副样子，都开心得不得了，从而也就会按照母猴的意思，把它所喜欢的食物扔到笼子里去。有时候，扔进来的食物很多，猴子们吃不了，就会挑选一番，将自己最喜欢的留下，而将不喜欢的食物再扔出笼子，这样母猴就可以将最好吃的东西与小猴子一起分享了。游客见到这只猴子好玩、滑稽又聪明，就相互转告，于是来观看猴子的人络绎不绝，而猴子也就一直都能得到喜欢的食物。母猴乐此不疲，可是这只小猴子心中却感到很懊恼，为什么呢？原来，这只小猴子很有自尊心。它看着自己的妈妈为了一些食物就一直给人们充当笑料，就觉得自尊心受到打击。有一天，它终于忍无可忍了，于是，这只小猴子向母猴恳求道：“妈妈你以后再别这样了，瞧你被人耍弄的样子，不知道我有多伤心呢！”母猴听了很和气地对小猴子说：“孩子啊，你是没有看清其中的奥妙啊。如果我不这样表演，人们怎么会给我那么多好吃的呢？我这样让他们乐一下，咱们就会得到丰富的食物，而人们在开心的时候却不知道是他们给咱们支付了食品费呢。算起来，损失的是他们，而收获的是咱们啊。其实表面上看是他们耍弄了我们，而实际上则是我们耍弄了他们啊。孩子，你说是不是这个道理呢？”由此可知，自作聪明的人恰恰是很愚蠢的。老子在称赞水的至善之时说到这样一句话，即“处众人之所恶”，而在具体描述水的智慧时首先提到的一点就是“居善地”，也就是说居处善于卑下，而童年哈里森的聪明以及母猴的算计就是与此相若的。示人以卑下，表面上是吃了亏，可实际上却得到了大实惠。这就是老子想说的智慧。

宋代著名的文学家苏辙在注解这句话的时候，提道：“有善而不免于人非者，以其争也。”这句话恰好是老子之语的反面表达，意思是，“有优点却仍不能避免遭受非议的人”，是因为他与别人相争。苏辙又说道：“水唯不争，故兼其善而无尤。”相反，水就是因为不争，所以它身上具有那么多的优点，却不会招惹他人的非议和怨恨。民间格言：“人为财死，鸟为食亡。”人对利益的追逐就像鸟争求食物，就像昆虫趋光一样，正所谓：“如飞蛾之扑火，岂焚身之可吝。”人们在利益的诱惑面前，往往只见到了它的好处，却忽视了它的害处，就如同水中的鱼儿只见到了食饵，却没有注意到，食饵之中还包藏着令其致命的钩子。人们不仅自身为了争夺利益而疯狂，还会对与其争利的同道以仇敌视之，俗话说“同行是冤家”，讲的就是这个道理。所以老子才说出这样意味深长的话语：“夫唯不争，故无尤。”抛弃争夺之心，正是远离祸患的根本之法。

而不争夺，就意味着要将利益让与他人，将好的位置奉献给别人，而自己则“处众人之所恶"，待在最为卑下的地方。水正因为具有这样的特点而为老子所青睐。如今水至洁，水晶莹透明，只可为万物所污染而不浸染万物，又可洗刷万物之尘埃，此为水之至洁。水能与万物相容，此为至容。可见老子偏爱水，不是毫无道理的。

同时，他认为"水善利万物而不争"，水有功万物，却不去争名逐利，泰然安处于低洼之处，"此乃谦下之德也"。只求有利于人而不与人争，甘愿身处卑微之地，做别人不愿做的事。可以忍辱负重，任劳任怨，尽自己所能去帮助别人，不与别人争夺名利。这也是一个胸怀高尚的贤能之士所应该具有的高尚品德。"上善若水"是东方文化、中华文明传统文化中所特有的为人处世的原则方法与道理，也就是说不张扬，不巧辩，以自己所具有的美好的内在智慧去感化帮助众生，而不是时时刻刻表现自己、宣扬自己，才可为"善"人。在老子看来，崇高的德行应该具有水一样的品格。他试图借水的品格来为人的行为树立一个榜样。水自身柔弱至极，善于滋润世间万物却不与万物争高下，论长短；它总是甘于停留在最低处，不求所得，因此它也最接近于"道"。

接济天下人不为名利，关爱他人不求显达。兢兢业业，不辞劳苦，用自己的所长造福一方。虽无扬名主世人心，却仍流芳百世；虽姿态卑微，却仍备受尊敬。明朝李时珍就是这样一个代表人物。李时珍，字东璧，号濒湖山人，武宗正德十三年（1518）出生于湖北蕲州县的一个医学世家。祖父是位走方郎中，常年摇着铃铛往来于村里乡间，为人治病化疾。父亲也是一名医生，医术高明，为人正直，颇得百姓爱戴。李时珍在23岁那年向父亲学习医术，为继承家业做准备。受父亲影响，他收集了大量和地方特产药物有关的资料，并经常向经验丰富的老医生和药家咨询。一段时间后，他开始随着父亲一起出诊。世宗嘉靖二十四年（1545），蕲州发生了洪灾，紧接着又暴发瘟疫。明朝政府虽然设立了"惠民局"为百姓诊治疾病，无奈染疫者甚多，惠民局根本忙不过来。在这种情况下，李时珍和父亲主动投身到当地疫病的防治工作中。他们扬仁义之德，怀济世之志，不管找他们治病的穷还是富，他们都一视同仁，悉心诊治。有时他们还会免去贫寒患者的医药费，将配好的药物无偿给病人。史书中就有这样的记载，说李时珍"千里就药于门，立活，不取值"。对一些人来说，行医治病只是安身立命的职业，但对李时珍而言，这是救人的事业。他从未想过靠行医敛财发家，而是将"治身以治天下""寿国以寿万民"当作目标。李时珍38岁那年因医治楚王之子得到楚王的赏识，被楚王推荐到太医院就职。尽管在太医院中任事，论收入，论名望，都比行走乡间为村民治病强得多，但李时珍只待了一年就托病回家了。他将全部身心都投入在一件在外人看来颇费力不讨好的事——编修《本草纲目》。原来，在行医的日子里，李时珍对草药产生了兴趣，但他发现前人的本草经典中有不少语焉不详的地方，这让李时珍萌生了修改古代医书中谬误的想法。毕竟，医书之于医者相当于救人之法典，其中谬误必对患者为害甚大。李时珍的编修并非只是坐在家里查阅古代典籍，为了彻底弄清各类药物的特性，他穿上草鞋，背起药篓，领着徒弟和猴子长途跋涉，先后去了安徽、江西、湖南、江苏、河南、河北等多个地区。一路上，他们跋山涉水采集各种药材，虚心向药农请教。有时，为了搞清楚某种草药的性质，李时珍还冒着生命危险，亲身试药。由于年轻时曾听人说曼陀罗十分神奇，可以让人又唱又跳，在经过武当山时，李时珍便采下曼陀罗，亲自喝下用其花籽浸泡过的酒，证实了曼陀罗确有令人麻醉的功效。李时珍花了十多年的时间进行野外考察，历尽千辛万苦，做了数万字的访问记录和笔记，不仅积累了丰富的药物资料，还发现了古人未曾提过的新药。回到家后，他又花了大量时间对这些资料进行整理。《明史》中曾这样记述李时珍写作《本草纲目》的过程："乃穷搜博采，芟烦补阙，历三十年，阅书八百余家，稿三易而成书。"《本草纲目》52卷，记载药方11096个，药物1892种（其中包括新药374种），约190万字，还配有1000多幅插图，堪称李时珍毕生心血的结晶。其中的每个字、每幅图都是李时珍治病救人的强大信念的体现。作为旧本医书的归纳整理，《本草纲目》不可避免地要涉及旧医书中一些荒诞不经的"药物"，譬如人骨、人肉、人血。但李时珍并没有像对待寻常的药物那样对待这些"特殊药物"。比如针对唐代《本草拾遗》里人血有润燥乃可治狂犬之咬的说法，他写道："始作方者，不仁甚矣，其无后乎？……虐兵残贼亦有以酒饮人血者，此乃戮天之民，必有其报。"针对以人骨为药的说法，他毫不客气地进行痛斥："古人以掩暴骨为仁德，每获阴报，而方士交流，心乎利欲乃收，人骨为药饵，仁术故如此乎？且犬不食犬骨，而人食人骨可乎？"至于人肉，李时珍干脆没有附上任何和其有关的药方，对《孝经》中提到的割股疗亲一事，也予以了严厉的批评："父母虽病等，岂有欲子孙残伤其肢体而自食其骨肉乎？此愚民之想也。"这些情感强烈倾向明显的文字，无不体现了李时珍对人及生命的敬重。《本草纲目》出版时，李时珍已经去世数年，但这并不妨碍他被后世尊为"圣医"。他就如老子笔下的"上善之水"。以善利人，深沉无争，谦虚勤奋，重仁博施。他的医术令人称道，医德更为后人敬仰。

　　老子在概述了水的"善利万物而不争""处众人之所恶"的总体品质之后，又列举了水的七种智慧，即"居善地，心善渊，与善仁，信善信，正善治，事善能，动善时"。用现代汉语来表述，就是居处善于卑下，心思善于沉静，施与（或交往）善于仁爱，言谈善于诚信，为政善于治理，做事善于达成既定的效果，行动善于选择合宜的时机。北宋文学家苏辙有专门注解老子的《老子解》。在此书中，苏辙对老子所讲的水所具备的"七善"进行了阐释。

一、居善地："避高趋下，未尝有所逆，善地也。""避高趋下"，就是说水是避开高的地方，而只往地势低下的地方流；"未尝有所逆"，也就是说水从不违背这个原则；"善地"，即善于选择合适的地方，在这里就是说，水之避高趋下是一种善于选择的表现。这一点与前面"处众人之所恶"的含义是相同的，是告诫人们应当善于谦卑而不汲汲于高处。

二、心善渊："空虚寂寞，深不可测，善渊也。"这是说，水的表面看起来是很平静的，但它的内部是"空虚寂寞，深不可测"的，有着极为丰富而深邃的内涵，能够包容万物，如同深渊一般。一个"心善渊"的人，一定是达到了很高修养的、具有涵养而不浮浅的人。浮浅其实是为人的一项大忌，为什么这样说呢？因为浮浅很容易让人放肆，而人一旦放肆起来，也就难免要做错事。人们通常说的"恃才傲物"，实际是一种浮浅的表现。真正有涵养的人绝不会在他人面前炫耀自己的才华，这也包括自己所拥有的其他方面。更为重要的是，一个浮浅的人，在自我放纵的同时极易招致他人的嫉恨，而这对自己是相当不利的。

三、与善仁："利泽万物，施而不求报，善仁也。"水泽润万物，但是它给予了万物那么多，却从来不索取报酬，这就是善于仁爱。我们大家都常说，"滴水之恩，当以涌泉相报"，这是从受恩者的方面来讲的，而在施恩的一方呢，也就是这里所说的，应当"施而不求报"。有这么一句话，叫作"善恐人知乃真善"。其道理何在呢？有的人做了善事，唯恐别人不知道，心里想着，有人将自己的善举用大喇叭宣传一下才最好呢。在这种情况下，行善的动机也就不那么纯洁了。他是做了善事，可他的意图是怎样的呢？他至少不完全是为了无私地帮助别人，而有一定的目的，至少部分是为了显耀自己，向人们表明自己有多么高尚，而这样的行善，尽管也不能否定它，因为行善毕竟还是大好事，不论其主观动机如何，在客观上他还是做了好事的。但是，其意义和价值肯定是要打一个很大的折扣的。同理，一个人施恩于他人，如果他的意图是求得对方有一点点回报的意愿，这就类似于买卖交易了，就不是真正意义上的施与了，而真正的施与一定是从仁爱的角度出发，根本不会考虑自己的利益与得失。我们之所以赞美母爱，就是因为母爱是无私的，母亲对子女做了几乎是毫无保留的付出，但从不要子女的回报。因此母爱的形象才是如此伟大，才是如此可敬、可亲、可爱。

四、言善信："圆必旋，方必折，塞必止，决必流，善信也。"这句话的意思是，水进入圆形的地方就会旋转，进入方形的地方就会转折，堵塞住它，它就会停下来，而掘开口子，它又会流下去。这些都是可以信验的。说话要讲求诚信，而何谓诚信呢？诚信的话是可以进行验证的。大家都很熟悉《狼来了》的故事。在故事中，那个放羊的孩子出于恶作剧的心理，在明明没有狼来的情况下大声呼叫"狼来了"，在附近劳动的人们听到了他的呼救声，急忙操着农具以及一些临时性的武器赶来救他，可是大家急忙慌张地赶来之后，却发现一切平安无事，连一只狼的影子都没有见到，原来是那个调皮的孩子在寻开心。这说明了什么呢？那个孩子的话是不可验证的，他说狼来了，可是狼没有来，大家过来一看，他说的话是假的，不可靠的。后来呢，那孩子又将这个把戏反复地演了几次，但是周围的人并非傻瓜，反复几次，他的话每一次经过验证都是假的，还会有谁会相信他呢？于是，当人们再一次听到了"狼来了"的呼声的时候，便不约而同地没有去救他，而这一次却是狼真的来了，但一个孩子怎能是一群狼的对手呢？狼群不仅吃到了很多羊，那个孩子自己也成了狼的腹中之物。这就是儿童版的"烽火戏诸侯"。它告诉我们，言语不诚实的后果是很严重的。

五、政善治："洗涤群秽，平准高下，善治也。"也就是说，水可以清洗一切脏的东西，而且它又是很公平的，水在一个容器之中，它的表面一定是平的，即使容器偏了，水面也依然是平的，不会有高下之分，而消除脏乱和公平行事正是为政的根基之所在。

六、事善能："遇物赋形，而不留于一，善能也。""遇物赋形"是说任何东西在水面上都会显现出自身的形状来；"不留于一"就是说水并不要求某种特别的形象，而是什么都接受。善于做事的人就是这样，他不只解决一些容易的问题，而且对解决复杂的问题也丝毫都不辞让，真正是来者不拒，这才是真正的"能"。

七、动善时："冬凝春泮，涸溢不失节，善时也。"水在适当的时候凝固和结冰，在适当的时候干涸和涨溢，总是能够配合天时与节气。它不会在冬天涨溢，也不会在夏天结冰，就是善于选择时机。

他强调一个人应当像水一样，善于选择下位而居，即"居善地"；心胸应该像水一样深沉幽静，即"心善渊"；待人应该像纯净透明的水一样真诚友爱，即"与善仁"；说话要像潮水那样准时有信，即"言善信"；从政要像水那样能够在万物之间周旋调和，即"正善治"；做事要像水一样发挥最大的效能，即"事善能"；行动起来要像水的流势一样，把握时候，善于抓住时机，即"动善时"。这是品德行为的核心，就是与世无争，对自己身处的环境能够泰然处之。老子认为最完美的人格，应该乐于从事别人所不愿从事的工作，能够具有坚忍负重、默默劳作，却不与别人争名夺利的优秀品德。善于自居卑微之地，善于容纳百川之深渊，行为同水一样助长万物，说话如水一样诚信，立身处世像水一样平正，做事像水一样融通。把握机会，适时而动，像水一样随时势而动。最后就会与世无争，永无祸患而安然无忧，犹如天地之道，达到"无私"的妙用。

第二十五章　无为之益

原文：

天下之至柔，驰骋天下之至坚。无有入无间，吾是以知无为之有益。不言之教，无为之益，天下希及之。

是以圣人处无为之事，行不言之教。万物作而弗始，生而弗有，为而弗恃，功成而弗居。夫唯弗居，是以不去。

译文：

遍满天下的真空妙气，虽至虚至柔，却可以驰骋天下任何地方，克服最坚硬的事物。渗入致密而坚硬的任何物体，在里面自由出入，穿来穿去，无形的力量能穿透无间隙的有形之物，我由此可以类推"无为"也和这种无形之气一样，可以无所不至，无所不为，无所不成，我因此懂得了"无为"的妙处，收到特殊的效果。"道"（规律）不言而教，不令而从，无为无造，无形无象，然而它的功能是天下任何事物不能企及的。我因此认识到"无为"的益处。老子这段重点谈论"柔弱"的作用和"无为"的好处。他认为柔弱可以胜刚强。柔弱的东西内在蓄积着巨大的力量，而柔弱发挥作用在于"无为"，"柔弱"的作用和"无为"的有益，没有什么能比得上，天下很少有人深知，也很少有人能够认识到。

因此通达"道"之人，通晓天地万物之规律，深知自然运化之机，而能使自己体性合于"道"（规律），因任自然，清静无为，以德化民，不施酷政，正己伐人，使人民不知不觉地处于浑厚的民风之中，并非不让百姓有知见而故意使民众愚昧。因此圣人应以"无为"的原则处世，施行不用言辞的以身示教。"无为"并不是无所作为，而是顺应自然，依循规律而有所作为。"大道"虚无自然，清静无为，生化万物而不推辞，创造万物而不据为己有，不自恃己能，不居功自傲。由于不居功，它的功绩才永远不会被埋没。正由于不居功，所以无所谓失去。

体悟：

　　看起来很柔弱的东西，其实它存在着、蓄积着巨大的生命力。我们都听说过"种子的力量"故事。看起来微不足道的一粒种子在萌发的时候所产生的力量可以把头盖骨完美地分开，要知道这是用很多现代化的工具，也无法完成的任务，柔则是无坚不摧。在中国古代有很多韬晦的策略，实际上都是以柔克刚思想的完美演绎。"韬"意思是把才华隐藏起来，"晦"的意思就是不让人知道自己的踪迹，"韬晦"就是指才能隐藏不外露。无论是春秋时期的勾践，还是三国时期的刘备；无论是历史名将韩信忍"胯下之辱"，还是著名谋臣张良给素不相识的黄石公穿鞋，他们都是在未获得成功之前运用了韬晦的智慧，都最终通过这样策略，取得了自己人生的成功。真正的刚强不是外表的勇猛而是内心的一种坚守；真正的稳定不是外表的执着而是内心的一种坚忍；真正的力量不是外表的炽烈而是内心的一种温暖。老子坚定认为天下最柔弱的事物能够驾驭天下最刚强的事物，由此可知"无为"能够战胜"有为"，无心能够战胜刻意的有心。俗话说"英雄难过美人关"，说明了女子的温柔往往可以融化男人的坚强。

　　老子的"无为"并不是真正的无所作为，而是另一种内含隐藏很深智慧的有所作为；老子的无心并不是没有心机，而是有一种潜在意识中的心机。"天下之至柔，驰骋天下之至坚"的观点，其意历来有两种解释：一种解释为天下最柔弱的东西能够在最坚硬的东西间自由穿梭；另一种解释为天下最柔弱的东西能够驾驭或者战胜天下最坚硬的东西。而实际上，这两种解释的内涵其实是一样的，那便是再次体现了老子一向提倡的"柔弱胜刚强"的观点。这种观点还有一个精彩的故事。孔子在前往洛阳向老子求教问礼时，老子问孔子，人身上最坚硬的东西是什么？孔子想了想，回答说，是牙齿。老子又问：人身上最柔弱的东西是什么？孔子回答说，是舌头。于是，老子张开自己的嘴，让孔子看，问他看到了什么？孔子说，您的牙齿全部掉光了。老子又问，还看到了什么？孔子说，您的舌头还有。于是，老子说，这就对了。坚硬的东西不能持久，而柔软的东西才得以永衡。你做人也应该这样啊！实际上，这种观点是老子"道"观点的具体化。老子对此观点十分重视，他多次强调，除了本章外老子在许多地方都提及他的这种"柔弱胜刚强"的观点。可以说，老子的这种观点一直贯穿他全书的始终。在他看来，"强大"也就意味着在走向衰弱，月满则亏，水满则溢，物壮则衰。因此，刚强表面上强大，却不能持久，时间一久，就会被柔弱击败。而柔弱虽然表面上看没有力量，比较弱，却并非虚弱、脆弱，而是一种柔韧，具有一种内在的生命力，此正是天下事物生生不息的原因。柔韧的东西往往坚韧不拔，包容、适应环境的能力特强。它具有不断发展的强大生机，承受外力也有较大的弹性，因此往往能够战胜"强大"。

天道：体悟老子

老子经常以水举例，说明他的观点。水表面上没有任何刚强之处，"天下莫柔弱于水"，但是它却能够自由穿行于坚硬的山石之间。除此之外，老子还举出很多例子，用以证明他的这种观点。比如全文中所说的"不言之教；无为之益"等很多，便同样是一种"柔弱胜刚强"的例子。正是在这种"柔弱胜刚强"的观点下，老子提出了自己的政治主张和人生哲学。政治上，他主张君主应该放弃残暴强硬的政治行为，行"无为"之政治理念，让百姓安居乐业。而对于一个人的为人处世，他主张人一生做事为人，不应该有过分行为，要贵柔守雌，甘居下位，不矜不争，不为天下先，保持谦卑内敛，平和待人，少私寡欲。

就现实而言，无数的事例验证了老子观点的正确性。比如，秦帝国通过暴力征服于天下，然后强征民力修筑长城，并通过残暴手段对民众实行残酷统治，试图以此建立万世不变的强大帝国，结果却短短十五年便灭亡了。而汉代建国后，以与民休息的黄老之术治理国家，结果打造了中国历史上第一个强大的汉王朝四百年。多少统治者都想通过自己的文治武功流芳百世，但是没有一个帝王将相比孔子这个一生不得志、颠沛流离的人的历史地位更高。在孔子面前，再了不起的帝王将相都不得不跪下他那高贵的身躯，连元、清两代的少数民族统治者也不例外。我们现在有许多企业在取得一定的成就之后，急功冒进，追求迅速扩张，最终因为"刚强"而轰然倒塌。如河南省的春都火腿、郑州亚细亚商场等。同时，那些在商业上取得成功的企业，无不是时时刻刻把自己放在一个"柔弱"的位置上，最终获得成功。另外，看一下我们的周围，你也会发现，那些和善、谦卑、宽厚的"柔弱者"总是能赢得更多尊重和信任，人们更愿意与他们接触，而对那些喜欢卖弄、言语刻薄、蛮横粗野的人则会由衷地厌恶，并避而远之。我们也会发现，但凡取得较高成就的人，一般都是不张扬，行事低调，默默无闻，坚定自立，不辞劳苦。而那些喜欢张扬、夸夸其谈的人，多半不能获得什么成就。联想老子的智慧和这些活生生的社会现实，我们或许能够得到一些人生的启发。

认识到这一点，我们才能真正体会到老子所说的"不言之教，无为之益"的内涵。从《老子》结构上讲："不言之教""无为之益"均是对"柔韧胜刚强""是以知无为之有益"的进一步具体解说，或者说是为证明这一观点而举的例子。因此，对于"不言之教"的理解，还是要从老子所说的"柔弱""无为"的角度进行深解。在这里，所谓的"柔弱""无为"，说的实质就是一回事。具体到"不言之教"，显然是相对于"言教"而言的。而"言教"相对于不言，自然更积极主动乃至强硬一些，"有为"一些。相反，不言则自然显得态度柔和、"无为"一些。这应该是对"不言之教"的基本理解。

联系到"柔弱胜刚强""是以知无为之有益"的观点，显然老子认为，不言之教是要比说出来的言教效果更好些。对于不言之教为何会比言教效果好，老子没有做具体分析，但通过我们的现实生活经验不难理解，言教往往在某种程度上有些强迫性质，你即使再声嘶力竭，别人不一定能接受，甚至还会产生反感。但是不言之教则并不诉诸声音，而是通过某种精神上的契合而让别人领悟，他自己领悟出来的东西，他自然是接受的，并且对他的行为影响也会更多更大。这可以说是不言之教与言教的差别之理。真正最高深的道理、智慧，是不能用语言说出来的，而只能靠自己去领悟。因此，也可见不言之教不仅比言教要有效，而且其所能传递的真理也要比言教所能传授得更为深邃。

在中国的教育中，一向都不是以语言教育为主的，而是以无言的"身教"来进行的。所谓身教胜于言教（言传身教），言语只是讲述其原理，而真正的教育则是以自己的行为来影响别人。"上行下效""上梁不正下梁歪"都是说身教的话题。一般而言，上级官员喜欢贪污受贿，下级官员也多是贪官；父母的行为会直接传给下一代；一个老师整天谎话连篇，你能指望他教出来的学生是诚实的？一个社会环境都是拜金主义行为、官本位行为，你想，这个社会能是个什么样子的呢？因此，"身教"一直是我们中国人最注重的教育方法。古代皇帝定期要举行盛大祭祀天地、孔子、太庙等重大仪式，其意义不仅仅是皇帝的一种个人行为，而是在教化全国的官员子民，强调敬天地、敬圣人，以及要孝敬父母。同时，皇帝还经常做一些农耕的象征性行为，其虽然是示范性的，但也同样是通过一种以身示范的形式向国人强调农耕的重要性。总之，中国有着悠久而普遍的不言之教的文化传统。而这显然是非常智慧的，因为你如果想要说服别人做某件事，单凭口头强调确实是比较苍白无力的，比如你自己自私自利，总为自己打算，你却号召别人去做奉献，去大公无私，别人自然不会买你的账。父母、教师应该在潜移默化中影响下一代的人格行为。因此，中国先人可以说是深信老子的不言之教的智慧，并已经将其巧妙运用到现实生活之中了。

老子所说的不言之教并非简单地局限于一个人的言或不言，而是要宏阔得多。不仅仅一个人可以通过自己的行为来影响别人或启发别人获得真理，而且世间的所有东西都可以给人们以启示，如晨曦的美丽、夕阳的深沉、草原的广阔、大海的无边、高山的巍峨、龙卷风的壮观、大森林的静谧、孩童的无邪、小动物的天真、蓝天白云的静美、鸟儿的自由翱翔等，均会给我们以生命的启示，让人们瞬间在情感和智慧上得到某种升华。这些可以说都是来自大自然的不言之教。除了大自然，社会环境本身也同样是具有一种教育功能，一个人身处在社会环境之中，也往往受到潜移默化的影响。

天道：体悟老子

如在一个社会风尚良好的环境中，身处其间的个体也往往会不自觉得变得友好、热情、富于正义感。相反，在一个道德沦丧、风气败坏的社会环境中，其间的个体也往往受到污染，变得冷漠、自私，色、权、利无度。具体到我们的现实日常生活中，老子所说的不言之教，可以说有着非常实际的指导意义。既然我们明白了不言之教比言教更为有效，那么，在我们试图教育别人的时候，就应该明白，如果想让别人接受自己的某种想法，自己能够首先实践自己的想法是很重要的。也就是说，想要别人怎么样，首先自己便要做到，不然，即使你再声嘶力竭，也很难打动和说服别人。

老子的不言之教也为我们提供了一种提升自我的启发。既然我们知道了大自然时时都在"试图"给我们生命生存的启示。在这个喧嚣、沦丧的环境中，我们如果能够在周末假日经常到大自然中去走走，度几天假，乃至在工作之余能够不时抬头望一望蓝天白云、日出日落美景，也许我们都能从中获得一些生命的启示，从而由现实的喧嚣社会中解脱出来，更加真切地把握我们自身生命本身——"道"，进而升华自我。"柔之胜刚，弱之胜强"的重要思想，柔弱，不言，无为的思想贯穿《老子》始终，他认为柔弱的东西之中蕴含着惊人的能量，譬如"绳锯木断，滴水石穿"的道理。柔弱只是表征，那么如何能发挥柔弱的能量呢？老子认为不要用刻意的有为，而要用"无为"理念顺应大自然规律作为行事的准则去有所作为。很多人认为老子的"无为"是一种消极处事的态度，其实老子提出的"无为"正是为了"无不为"，也就是叫我们不违背自然规律的"无为"，叫我们顺从自然规律不用费力地"有为"，实质上是顺势而为，顺自然之势，讲科学的"有为"，是要按照规律办事，重视矛盾双方的对立和转化。这是朴素辩证法思想的具体运用。这样我们才能真正体会到老子的科学思想，"不言之教，无为之益"，实际上是一种更高精神境界，只有达到了这种境界的人，对此才能发出会心的一笑。"柔弱"的作用和"无为"有益，天下少有人知，很少人能够深刻理解，即便有所认识，也很难真正落实于具体的生活之中。"无为之益"旨在与"天下之至柔，驰骋天下之至坚"形成一种互相照应和印证。

"无为"这种表面上看上去"柔弱"的做法，实际上却比"有为"这种积极强硬的做法更能达到目的。同时，"天下之至柔"这种看似"无为""无有"的东西却能够战胜"天下之至坚"这种看似"有为""有力"的东西。在老子的整个哲学思想体系中，"道"乃其思想的核心，但是"道"毕竟是一个形而上的东西，如果在认识上无法与我们的现实发生联系，其意义也就非常有限。因此，老子在此基础上提出了"道"在我们现实中的具体指导思想——那便是"无为"的思想理论。老子认为这个人间世界的本质是"无"，万物都是来源于"无"，即"有生于无"，只有"无为"才符合"道"

的原则。为了更进一步具体化，老子在这种哲学观念的基础上又进一步提出了他的政治思想和人生哲学，提出了一个国家治理应该效法"道"的"无为"理念。老子之所以如此说，与他所处的时代密不可分。当时的统治者好大喜功，妄自作为，结果劳民伤财，造成巨大的社会灾难。因此，他认为，为政者要学会"无为而治"，尽量不要骚扰民众，侵占资源而强为之。应像"道"那样"无为而无不为"，即"无为"之理念，去创造世间万物，少搅扰民众，他们自然便能够过上安宁自在幸福的生活。对于个人，老子则提倡同样应该保持一种"无为"之心态理念，一切顺其自然，少私寡欲，不妄为，不贪，不争，不占有。而一个清静无为而无不为，少私寡欲的个人自然地能够获得自己需要的东西，得到美满幸福的生活。这便是老子所说的"无为之道"。不过，需要指出的是，老子所提倡的"无为"理念并非一种消极的无所作为的认识，而是一种积极顺自然规律的有为，他只是认为不该为虚荣自私的妄为，即万事万物都有它自身的规律，因此我们行事不要违背天道之规律，不违背时代发展的潮流，一切不强求，不刻意去争夺色、利、权，表现自我之强大。而这正如同"不言之教"并非不教，而是通过"不言"之教来进行更为有效的教育一样，并非放弃作为，而是通过"无为"之理念来更有效地达到目的。关于此，《史记·曹相国世家》所载的西汉相国曹参的故事很形象地诠释了"无为"之理念。汉相国萧何去世以后，曹参接任，一切政令法度不做更张，保持国策、政策的长期稳定性、连续性，收到了很好的治国效果，社会繁荣太平，民众安居乐业，"萧规曹随"传为历史美谈。其实，不仅治国是如此，其他事情也莫不如此，无论做任何事情，我们都要学会顺应规律的"无为"之道，看似什么也没做，其实则已经在最有效地"做"事情了。几千年来，老子的这种思想对于中华民族产生了深远的影响，直至我们现在。具体到比较实用的层面，我们至少可以得到下面几个启示。作为我们个人，在做事的时候应该学会以"无为"博得"无不为"。比如，你所在的企业有可能获得的职务空缺出来了，你自然很想获得，但你应该做的不是你整天琢磨这件事，并到处打听有关消息或给领导送礼。相反，你应该做的恰恰是根本不把这件事放在心上，只是正常地做好自己的本职工作，帮助他人做本职工作。你的领导看在眼里，只要你用心努力做好了本职工作，实现了巧干的工作过程，帮助指导他人巧干实干，无须你处心积虑地去争取，这个职位便自然会落到你的头上。你想在社会上获得好的名声，你需要做的不是整天去打探别人对自己的看法，谨小慎微乃至故作姿态地刻意粉饰自己的行为，而是自然而然地去为人处世，做人上克己奉公，与人为善，光明正大，助人为乐；做事上认认真真，积极进取，顺应自然规律有所作为，推动社会文明进步造福于劳苦民众，那么自然而然，好的名声便会伴随着你。一些年轻人总是为自己的未来担心，害怕就业形势越来越严峻，难以就业，自己将来找不到好的工作，挣钱太少，想办法找关系，无底线去挣钱，惶惶不可终日。与其这样"有为"地努力争取，不如完全不去考虑这件事情，只是自己尽力做好眼下的工作、事情，不计得失地去实践去学习，如此看似"无为"，实际上已经将未来的问题解决了，未来的财富、领导职责在等着你去创造。另外，在企业管理中，我们也可以从老子的"无为"思想中得到启发，一个优秀的管理者应该学会以"无为"的态度去管理部署，管理企业员工。管理者不要给员工太多的干预，只要给员工部署、说明工作产品标准、质量要求、劳动数量，让员工发挥自己的创造性。这样也许能够让企业获得意想不到的生产活力和员工自我实现的愉快。

老子的"无为"，并非什么也不做，而是要我们不做违背本性、束缚心灵的事，比如礼制、名利，都违反了自然人性，使人们异化。因此，老子的"无为"实际上是不要妄为，要顺应自然而为。"无为"是老子所提倡的生活态度，也是其哲学观，涵盖社会生活的一切领域，也是希望统治者能以"无为而治"的道理，不强制实现自己的主观意志，不发布违背自然规律的政令。"圣人"依照客观规律，以无为的方式去化解矛盾，促进按自然规律去改造和发展社会。在这里老子主张发挥主观能动性，用"无为"的手段而达到"有为"的目的。天地万物的兴起并不是靠什么主宰力量，而是通过"道"的运化，生养万物并不为己，更不自恃有功。正因如此，人民才推崇自然的伟大。所以有智慧的得道之人效法自然，不计名利，功成不居。他们秉承"道"生养万物之精神，效法天地存心而为人处世。当一种新兴事物兴起时，他们不去占有它、干扰它。中国封建专制社会几千年，民众贫弱，多数原因是政府干预过多，不断对人民进行压榨和盘剥。圣人之道，不争名求利，而人尽其才。刻意加入自己的主观意志，就会发现揠苗助长的现象，结果只会适得其反。老子"无为而治"的政治理念和朴素的辩证法思想，是其哲学上的显著特征。人世间万物从产生到消亡，无时不在运动之中，没有永恒不变的东西，万事万物的存在，总是以自身对立面的存在为前提的。"是以圣人处无为之事，行不言之教。"什么叫无为的姿态，不言的方法呢？在老子的语境里，有为的意义近似于"揠苗助长"。这个故事说的是一个农夫想要庄稼长得更快一些，于是便每天将庄稼往上拔一点，这样表面上看是帮助庄稼长得更高了，实际上却是违背了庄稼生长的规律，反而致其死亡（虚而不实的内在外在，强欲都是有为）。而圣人的做法便是不去强为于庄稼，而是让其顺遂自然的天性去生长，结果看似没有农夫那样"勤劳"，实际上却使庄稼获得最好的自然天性生长。由此可知，老子的"无为"，不是一无所为，而是顺天应地之本去为，是不妄为，而是按天地的自然规律恰到好处地为之。为什么圣人会这样呢？我们先来说一下什么是"圣人"？所谓"圣人"，简单地说，就是修养极高而智慧通达的人。老子在这句话的开头用了"是以"二字，这就表明前后句子间的因果关系，正因为一切价值判断都是相对的，所以才不需要人力的强为。如果你想要达到一个好的目的，然而好是相对的，你在达到了好的一面的同时，不好的一面也就随之产生了。大家都知道"塞翁失马"的故事。故事中边塞老翁的处事态度就可以称作"无为"。他面对发生在自己身上、自己家里的各种幸运的、不幸的事件都是淡然处之，完全没有大悲大喜之情，而只是顺其自然地、平和地来看待。有了这种心态，就不会对世俗之中的利害得失看得那么重要了。范仲淹在《岳阳楼记》中说："不以物喜，不以己悲。"《菜根谭》里讲："宠辱不惊，闲看庭前花开花落；去留无意，漫观天外云卷云舒。"这些话表达的不就是此般境界吗？而这种境界就是通常所谓的达观。所以，老子讲的"无为"，不是告诉我们什么都不用去做了，如果田不去种了，粮食哪里来呢？没有了粮食，我们吃什么呢？不吃饭，人怎么能活得下去呢？这显然是很荒谬的。老子怎么会讲出这样无知的话呢？老子真正要告诉我们的是，种田要顺应庄稼、天、地的规律，适时地播种、施肥，合理地锄草、收割，而不要揠苗助长。老子"无为"的本质，是希望人类做任何事情，都遵循天道规律去有所作为，但他提倡"无为"，还有另外一层意思。君不见古往今来有多少人打着"有为""造福于民"的口号，推行自己主观的政令，结果不但没有造福于民，反而变相剥夺民众的资源利益和人权，置国家民众于险境之中。如隋炀帝杨广，自恃才能无人能比，征高丽，开运河。哪一样不是打着扬国威、利民生的旗号，但"有为"的表象下，实质上是想一展私欲，要向天下人宣示："我杨广乃前无古人，后无来者，最最伟大的人物。"其"有为"的结果，是隋王朝的分崩离析，是天下劳苦大众生灵涂炭。杨广有为，图的是虚名，更有一些人打着为国为民的旗号，为自己谋取巨额私利。西汉吴王刘濞赤裸裸地造反，不也打出"为国清除奸臣"的口号吗？

"无为"的思想是老子哲学中一贯的基本思路，具有提纲挈领的重要地位，我们务必要深入去把握，正确去理解。水是最柔不过的东西，却能穿山透地。老子以水来比喻柔能胜刚的道理，"有为"的措施是刚强的表现，是为政者所应戒惕的。重点强调"柔弱"的作用与无为的效果。人世间的一切概念与价值，都是人为所设定的，其中充满了个人主观的执着与专断的判断，因此，引起无休止的言辩纷争。有道的人却不满意主观行事，不拨弄造作，超越个人主观的执着与专断的决断，以"无为"处事，以"不言"而行。这里所谓的圣人，是指理想人物的投射。圣人和众人并不是一种阶级物质的划分，只是在自觉的活动的过程中比众人早知早觉早先一步而已，圣人的行事，依靠着自然的规律而不强作为。万事万物欣然兴作，各呈己态，圣人仅仅从旁辅助，任凭各自的生命展开其丰富的内涵与命运。老子说"生而不有，为而不恃，功成而弗居"，"生而不有""为而不恃"，正是要我们大家去努力工作，去创造，去发挥主观的能动性，去贡献自己的力量，成就大众的事业，"生而不有""为而不恃"即是顺着自然的状况去发挥各自的努力。然而人类的努力所得来的成果，却不能据为己有。"不有""不恃""弗居"即是要消解一己之私。人类社会矛盾争端的根源就在于人人有扩大自己的占有私欲，因而老子极力阐扬，"有而不居"的良好心理活动及高尚的精神生活。

第二十六章　善为士者

原文：

　　古之善为士者，微妙玄通，深不可识。夫唯不可识，故强为之容；豫兮若冬涉川；犹兮若畏四邻；俨兮其若客；涣兮若冰之将释；敦兮其若朴；旷兮其若谷；混兮其若浊；澹兮其若海，飂兮若无止。孰能浊以静之徐清？孰能安以动之徐生？保此道者不欲盈。夫唯不盈，故能蔽而新成。

译文：

　　这里的"士"是善进"道"者、修德者。真正领悟"道""德"的人。"微妙"是隐显莫测、深邃、深藏不露的意思。"玄通"是对天地万物的情理"洞观无碍"的意思。古时候，有道之士，体道自然，微妙幽深而通达权变，潜修密行，含光韬晦，恬淡清静，不言而教，不为而成，令人难以识别，是谓"深不可识"。因为常人不认识有"道"之士的修持，所以给予他们勉强的形容："豫"是忧虑，亦是事先戒慎而有准备的意思。有"道"之士，处事接物，谦恭谨慎，不敢肆意妄为，像冬天踏冰过河那样，处处时时小心、步步谨慎，唯恐冰凝而坚，一失足陷入水中。有"道"之士，心德纯全，动静自然，处处谨慎小心，无论独居还是行于野外，警惕疑惧，随时提防周围攻击，他们庄重严肃，像是在做客。他们在举心运念，一言一行，唯恐违背人理天道，犹如四邻在身旁监视一样。有"道"之士举止端庄，严肃认真，常常好似宾主互相恭敬一般。"涣"是涣散、懈怠之意。有"道"之士，处于尘俗之中，"贫"而不谄，富而不骄。不贪不染，不留不滞，其心性如冰之遇阳光，像冰雪消融而不留任何形迹。有"道"之士的本来天性，未经人间感情历练，与人相处出于真诚之心，与物相接本着忠厚之意，如同木之未雕，敦厚质朴。"旷"是空虚宽广之意。有"道"之士，心地虚明，胸襟开阔，没有贵贱之分、上下之别，相似河山之幽谷，无所不容，无所不纳。"混"是浑然一体，没有任何分解之意。有"道"之士，性体圆明，湛然清澈，处于万物之中，与天地浑然一体。民之所乐则乐，所忧则忧，和光同尘，浑朴厚道，像江水一样浑浊，没有任何分别。"徐"是缓慢之意。人的天真本性一旦被利所驱，贪求世味就变为后天的七情六欲。心念趋于人世间尘欲之中，是为"浊"。谁能除尽后天七情六欲，荡尽人世间尘欲的一切污浊，在尘世中安静下来保持内心澄明，能使其心思宁静呢？只有返回其先天的虚明性体，就像浑浊的江水，慢慢等待，才能变得清澈而宁静，才能重现水的本性。

所以，有"道"之士，虽身处于尘俗之中，其本性顺物而自然，不染不着，不滞不留，相似浑浊一样，其本性体常住有"道"之士，虽身处人间俗世之中，其心思不被世情传染，举止自如，常顺自然无为而无所不为，其身自安全，安之久而心自定，心定而神自清，神清而人性自静。谁能在混乱中安静下来，保持内心澄明？谁能在长久的安定中变动起来，渐渐前进？使人身的真气智慧自然缓缓而动，效法自然常转，顺自然规律而常在。"不欲盈"，是虚心自敛，隐迹韬光之意。"弊"是指破旧之意。"新成"是人间世俗所谓的功名成就，尊贵显达，赫赫显示之意。有"道"之士，常保其虚心自敛，隐迹韬光居于"为而不恃，功成而弗居""长而不宰"的清静平易之境界。相似以前那样破旧，没有成功成名一样。不自满，有过即改，去旧更新。得"道"之士能不贪求盈满，"微妙、玄通、深不可识"；精神境界超出常人，容态心境非同寻常。正因为不求圆满，所以看似保守，却能不断取得成功。

体悟：

"道"是深微奥秘难以用语言描述清楚的，常人难于捉摸，但是懂"道"之人的精神境界远远超出一般人的理解能力水平，他们具有谨慎、警惕、庄严、洒脱、融和、纯朴、豁达、敦厚等人格修养，他们微而不显，含而不露，高深莫测，为人处世从不骄傲自满，故而能窥测人世间的生存规律的"道"。得"道"之人深谙道法，已进入知识玄妙的境界，精通天地人间一切微妙、玄通之理，他们有了不为常人所理解的言行，达到身心和谐、出世入世、内外兼通的程度，所以静谧幽沉难以识别。有道的人与俗人不同，他们不为权力、利欲、感情所制约，因此能排除各种恩怨，至诚不欺、忠厚朴实、宇宙在手、万化由心，故能自由驰骋于天地之间，变幻莫测、胸怀大志，以忘我的精神为天下人谋福利。他们尽管从表面来看会让人觉得很傻，其实他们有更高人一等的智慧。老子在本章中尽力勉强对这些得"道"之人进行一番描述，旨在让我们知晓体会得"道"之人会有怎样独特的精神风貌和品德品性，从而更加深刻地认识"道"的存在与玄妙。这种描述是针对"善为道者"而言的，但实际上说的就是"道"，只是因为"道"是不可窥知的，所以老子只能间接地通过善为"道"者来进行表述。那么善为"道"者，究竟是怎样的"微妙玄通"，怎样的"深不可识"呢？老子接连选用了七个排比句来描述真正得道的高人。

一、"豫兮若冬涉川"，就是说这个人在做事情的时候，非常小心谨慎，就像冬天涉水过河一样。不是有句话叫作"战战兢兢，如履薄冰"吗？因为冬天河面是结冰的，但是这冰未必能支撑住过往的行人，有重物压在上面的时候可能会发生崩裂，所以人从冰面上过河都异常小心，唯恐脚步重了造成冰面的开裂。二、"忧兮若畏四邻"，也就是说，这个人做事情的时候，常常要经过反复的考虑，就像害怕遭受旁人的攻击一样。一般来说，身边的人是最亲近的，而且相互照顾起来颇为方便。然而这只是事情的一面，事情的另一面是，一个人最大的危险往往就是自己身边的人。其实翻看一下中国历史，也可以很明显地发现，一个国家所遭受的攻击绝大多数情况下都来自邻国，在交通技术尚不发达的古代尤为如此。所以最须防备的不是远方，而是四邻。"豫兮若冬涉川"说的是对自然环境的警惕，而"忧兮若畏四邻"说的则是对人的警惕。三、"俨兮其若客"，意思是，拘谨严肃得就像是在外面做客人。一个人在自己家里总是很随便的，而到了别人家里，一般都会感到拘谨的，特别是一些做事很讲究的人。因为既是别人的家，就意味着要与主人有所关联，而稍不小心，就可能惹恼了主人，至少是会令主人心里感到不快。客人受新环境约束总是难免的，即使是到了至亲的家里，大概也不会像在自己家里一样随便的。"豫兮若冬涉川""犹兮若畏四邻""俨兮其若客"，这三句话总体来讲，说的都是谨慎小心的一方面，而下面一句，角度完全变了。四、"涣兮若冰之将释"，"涣"就是"散开"的意思，特别用于形容冰雪消融之时水势很大的情形。而这一句讲的是，善于为"道"的人，非常自在随意，就像冰雪消融时雪水流动不拘的样子。这就与"俨兮其若客"说法完全相反了，一个是拘谨，一个是随意，这样一来，老子所说的就似乎有些牵强附会，自相矛盾了。但实际上，这两方面是对立统一的。《孙子兵法》中有这样一句话："是故始如处女，敌人开户；后如脱兔，敌不及拒。"这就是开始的时候，要像个处女那样稳重、娴静；等敌人放松了警惕，露出了破绽，再像逃跑的兔子一样飞快地进攻，从而使敌人猝不及防。作战是这样的理念，而做人也是这样，应当静的时候就能做到心静，而应当动的时候就应该很快速地行动起来。这说起来很容易，但是做起来是很艰难的。但这的确是我们做事成功的最好方法、方向，如此才能在生活中得心应手，游刃有余。五、"敦兮其若朴"，"敦"就是敦厚诚朴的意思，而"朴"是未经雕琢的木头。善为"道"者具有敦厚朴素的特点，但还不是一般的敦朴，而是朴讷到就像一块没有经过任何修饰的木头一样。这是一种什么样的境界呢？"敦兮其若朴"是一种混同于自然的未经开化的境界，而这正是善为"道"者的高超之所在。敦兮若朴，换一种说法，也可以讲成具有一股傻气、呆气，但是这种呆

天道：体悟老子

傻不是常人有所不及的那种状态。而是高于常人之上的一种修养水平。六、"旷兮其若谷"，就是说这个人的胸襟是何等开阔空旷啊，就好像深广的山谷一样。老子将"道"称作"谷神"，说的也是"道"具有山谷一般渊然而虚静的品质，成语"虚怀若谷"就是由此而来。可以说，这一点是老子所一向肯定的"道"的最基本品质之一。七、"混兮其若浊"，"混"是混然一体，就像浑浊的江河之水，包容一切。有道之士，性体圆明，湛然清澈，处于万物之中，民之所乐则乐，所忧则忧，和光同坐，内心明净，与污浊的世界同为一体，海纳百川包容万物是得"道"最高的境界。

在老子的描述下，我们可以看到那些得"道"的先人举手投足间，无不体现着"道"的特质与表现。他们深谙"道"之严谨，所以要我们凡事三思而后行，诚惶诚恐，谨小慎微；使我们深晓"道"的深远奥秘之规律，所以处世要心怀敬畏，不妄自尊大，藐视四邻；先贤对"道"甚为崇敬，所以表情庄严肃穆；他们深知"道"的广博，所以行为随和变通；他们深悟"道"不可欺，所以待人以诚；他们自惭于"道"之无穷，所以谦虚谨慎、虚怀若谷；他们形愧于"道"之完美与自然，所以尊崇自然的大智若愚之像，故而锋芒不露、混沌迟疑、不弃污浊。道之所悟所得，无穷无尽，淬炼出得"道"之人有良好的人格修为和心理素质。这种人格正好符合老子的理想行为，更符合于"道"的变化规律及行为准则。所谓的"士"也就是真正深刻理解认识"道"的领导人士。老子反复阐述"道"的深奥、恍惚，难以捉摸的超体验的存在，人们无法直观地去把握"道"的形态。既然如此，那么真正懂得"道"的人必然是不同于人间那些为名、利、情所限制困扰的俗人。老子认为懂得"道"的人应该显得沉静幽深，令人难以看透，即所谓"微妙、玄通、深不可识"，因此只能勉强去形容他。像解释"道"的内涵一样，老子用人们实践经验直观的体验来说明得"道"者的状态。由此可见，人与"道"在某种程度上是可以融合的，但老子沉重地指出"保此道者不欲盈"，得"道"的领导人士对于"道"的探求永无止境。"混兮，其若浊"是包容的大智慧，其意思是，善为"道"者，能够混同社会一切事物，就像浑浊的江河一样包容一切，黄沙过后始是金。

周烈王喜元年（前357），田桓公田午去世。嫡长子田因齐承袭君位，他就是历史上有名的齐威王。齐威王即位后，整日饮酒作乐，醉生梦死，三年之间，竟然完全不理朝政，只知道沉溺于莺歌燕舞之中，国内有很多大臣见到这种情况，便纷纷放弃职责而争权夺利，大肆贪污索贿。可是，三年后的冬天，威王突然召集大臣聚会，以前所未有的威严和雷霆万钧之势，当场下令处死了那些弃职贪污索贿的大臣，朝廷为之哗然。从此，所有大臣都严于约束自己，秉公办事，齐国逐渐成为东方的强国。齐威王为何龙颜大怒，且前后判若两人呢？战国时期，群雄争霸，各个诸侯国之间无时无刻不在想方设法打击占有其他诸侯国，战火也是此起彼伏，每个诸侯国都想寻找时机争霸称雄。争霸称雄就得依赖人才，所谓"千军易得，一将难求"，诸侯国拥有一批精干、敬业的文臣武将，就能迅速增强国力，提高军事战斗力。譬如，魏国通过重用吴起，成为战国中期的强国；李悝在楚国改革，使楚国国力大增；秦国也依靠商鞅变法，实现了国富兵强。从齐国国内形势看，田桓公田午在世时，手下也聚集了一批能臣猛将。他们在政治、军事上均有不凡的表现，不过朝中也有一批野心家，只是他们没有显露出来。年轻的齐威王又难以辨识忠奸，所以制定了一个蛰伏观察、蓄势待发的方略，以分辨忠奸。于是，齐威王故意放弃处理朝政，静观群臣的反应，并用拒绝群臣劝谏的过激手段，来考验是否有忠心敢于进谏不畏死的大臣。此外齐威王又建立情报系统，秘密调查群臣的各类活动情况。这时，聪明过人的稷下先生淳于髡，看到国内秩序混乱，再也等不下去了，设法去见齐威王，说要给齐威王解闷逗乐。他对齐威王说："我们国家有一只大鸟，三年来不飞也不鸣，这是只什么鸟？它为何不飞不鸣？"聪明的齐威王一听就明白了，于是他也隐晦地回答说："此鸟我知，就在眼前，不飞则已，一飞冲天；不鸣则已，一鸣惊人。"以此来告诉淳于髡，自己目前只有蛰伏，迟早会一飞冲天的，一定会干一番轰轰烈烈的大事，让天下人都像仰望天上飞翔的大鸟一样，惊叹自己的宏伟功业。淳于髡心中甚喜，就告退出朝，并以焦急的心情天天等待着齐威王的实际行动。淳于髡等了一段时间，仍不见齐威王有动静，所以决定再次试探齐威王。有一天，齐威王又召淳于髡进宫喝酒。淳于髡趁机说："酒喝得太多了，就没了礼法，闹出乱子，兴奋到极点，就会乐极生悲。不仅喝酒是这样，世间万事万物无不如此，月盈则虚，日中则移，过了限度盛会变衰，好会变坏，而没了秩序则会产生混乱。"齐威王自然听出了淳于髡的弦外之音，知道他这是在指责自己长夜之饮，乱了朝廷法度，扰乱了治国的秩序。其时，齐威王已经把朝臣的情况了解得差不多了，正打算采取行动。他听到淳于髡的进言，立即下令斩杀了一大批弄虚作假的臣子，树立了自己的深沉、稳重、雷厉风行的形象，慑服了群臣。与此同时，齐威王还任命邹忌、淳于髡等担任要职，使齐国国力迅速增强，并最终成为威震四方的霸主，齐威王也因此给后世留下了"不鸣则已，一鸣惊人"的典故。如果齐威王即位之初，就大刀阔斧整顿朝纲，不仅会遭遇巨大阻力，难以达到预期目的，而且还有可能功亏一篑，甚至折戟沉沙。可聪明的齐威王并没有急于求成，而是以忍耐的心态蛰伏起来，终于在各方条件具备的时候，以前所未有的姿态雷厉风行，从而使齐国迅速强盛起来。对老子的这些描述，我们可以清楚地看到那些得"道"的先贤，在举手投足之间，无不体现"道"

天道：体悟老子

的特质。他们深知"道"之严谨，所以凡事三思而行，诚惶诚恐，谨小慎微；他们深晓"道"的深远，所以心怀敬畏，从不妄自菲薄，而是藏锋不露，蓄势待发。

我们现在讲起"泥沙俱下"这个词，通常表达的都是负面的意思，可实际上所谓"泥沙俱下"者，并非就是不好，它也有好的一方面含义。李斯在《谏逐客令》中写有这样的话："泰山不让土壤，故能成其大；河海不择细流，故能就其深。"战国后期，秦国独强，势欲吞并东方六国，而东方六国也在进行着积极的抗争。为了抵御强秦的侵伐，六国派遣说客到秦国，欲通过某种手段来削弱其国力。这样一来，秦国本地的一些大臣就向秦王说，来自别的国家的人都是心怀不轨的，不是真心为秦国效力，因此秦王就下达了逐客令，要将来自他国的谋臣全部驱逐出去。可实际上呢，在这些来客之中，大部分还是忠心为秦国效劳的，李斯就是其中的一个。李斯上书秦王，写的就是这篇《谏逐客令》。他说秦国只有能够悦纳天下英杰，才能够最终统一天下。秦王认为李斯说得有道理，就收回了逐客令。但是呢，逐客令也并非无由而发的，收回了逐客令，真正效忠秦国的来客可以被留住，而一些奸细不也同时都给留了下来吗？这就要看清事情的主次关系了，毕竟挽留住大批的人才是居于主导地位的事情，而驱逐个别的奸细是居于从属地位的。这就是"泥沙俱下"。你如果不要沙子，就得连水一同拒绝。水中带有沙子固然让人感到不舒服，但是失去了水，人就会被渴死。我们来看一下结果就知道了，秦王收回逐客令之后，在这外来谋臣的共同辅佐之下，秦国变得更加强大，很快统一了六国。国事如此，做人也是如此。《菜根谭》中说："地之秽者多生物，水之清者常无鱼，故君子当存含垢纳污之量，不可持好洁独行之操。"意思是一块堆满了腐草和粪便的土地，才能孕育生长许多生物；而一条河流清澈见底的话，就很难有鱼虾生存。

在近代中国，出现了一位著名的学者胡适（字适之）。当时有一句出名的流行语，就是"我的朋友胡适之"。当时，"上至总统、主席，下至企台、司厨、贩夫、走卒、担菜、卖浆等行列之中都有胡适之的朋友"。作为一个学者，他身处"文人相轻"的环境，但他却能以自己巨大的人格魅力凝聚起一大批知识分子，做出了许多开创性的工作，建立了巨大的历史功绩。胡适胸襟阔大，具有包容精神。他以自己无上的智慧洞悉了人间的光明黑暗，并以自己的地位和努力为众多文化界人士的生存创造了有利的条件。在那个动荡的年代，胡适曾向很多朋友或学子提供过无私的帮助。胡适自己也说："我一半属父母，一半属朋友。"1919年，林语堂到美国留学，生活相当拮据，当他在哈佛大学专心求学时，政府突然停发了他的半公费奖学金，使他几乎陷于走投无路的境地。万般无奈之中，他想起了一位并不太熟悉的朋友胡适。于是他向胡适拍

190

了通电报，请他代向北大校方申请预支 1000 美元。没多久，钱果然寄来了，林语堂才得以完成哈佛大学学业。后来，他又转入德国莱比锡大学攻读博士学位，又请胡适代借 1000 美元。学成回国后，林语堂回到北大任教，去向校长蒋梦麟归还 2000 美元的借款。蒋校长查询财务，才知道两笔钱都是胡适个人所汇。林语堂闻知，深为感动。胡适帮助过的人不计其数，中国许多名人都曾受惠于他。如国学大师王国维、刘文典、季羡林，历史学家邓广铭、周一良、钱穆、何炳棣，文学家徐志摩、张爱玲，红学家周汝昌等。胡适是益友，更是良师。他教过的顾颉刚、傅斯年两位大家，其他如吴晗、罗尔纲、罗家伦、吴健雄、千家驹、饶毓泰、唐德刚等多人。台湾著名的作家李敖，恨不得骂尽天下所有有名望的人，独对胡适心存崇敬。李敖曾陷入穷困潦倒之中，向不少朋友和名人写信求助。大学者胡适，向这个当时无名之辈欣然寄去 1000 元。因此每每提起胡适，李敖都是感佩不已。胡适的朋友不仅仅是有地位有名望的大人物，而且是三教九流无所不包。在北平时，拉黄包车的人也会说："我的朋友胡适之。"而且他也不是在说瞎话，他真的与胡适交情不错。1962 年，胡适去世，人们敬致挽联："新文化中旧道德的楷模，旧伦理中新思想的师表。"广大民众更是有数十万人为其送葬，葬礼规模之大极为罕见。在胡适墓碑上，刻着这样的话："这个为学术和文化的进步，为思想和言论的自由，为民族的尊荣，为人类的幸福而苦心焦思，费心劳神以致身死的人，现在在这里安息了！我们相信，形骸终要化灭，陵谷也会变易，但现在墓中的这位哲人所给予世界的光明，将永远存在！"胡适的为人暗合老子的大道，真正做到了"混兮其若浊"。如果你站在某一特定的立场，观察胡适结交的人物，你都会发现，里面有你喜欢的人，也有你不喜欢的人，由此，许多人得出结论，与胡适结交往的人太杂了。殊不知，浑浊污水一样、鱼龙混杂的人际圈，正是他善为"道"的高明之处。

　　一个真正理解大道的君子，应该有容忍庸俗丑陋甚至是污浊事物的气度和雅量。孤芳自赏或自命清高，往往会使自己陷入孤立无援的境地。老子所说的"混兮其若浊"，也就是告诫我们，要有宽广的胸怀包容一切，不仅能接纳好人、善人、贤人或自己喜欢的人，而且能接纳庸人、俗人乃至小人、坏人，以及自己不喜欢甚至讨厌的人。就像前边讲的秦王，各种特色的人等都能容纳。对事情上，不仅要接受好事、善事、喜事，愉快的事，而且对一切羞辱、委屈、脏污的事情都适应并能容忍，包容天下一切存在的事物。人立身处世，如果一味地保持自己一尘不染的高贵操守，眼里容不得一粒灰尘，怕也就让人很难接近了。俗话说："严于律己，宽以待人。"对自己可以进行严格的要求，对待他人，还是宽容一些为上策。"孰能浊以静之徐清，孰能安以动之徐生。"其意境是，让浑浊漂浮物体江河之水安静下来，它就会慢慢地澄清，死寂无生机的人或事物运动起来，就会慢慢地焕发生机。孔子曾经讲："君子不器。"也就是说，能够担当得起国家政务的优秀人才，不可以像器皿那样，只有某一种特定的用途，而是能够博纳一切，能够应付各种不同的事情，这才是包容的大智慧。关于善为"道"者，老子讲了一系列高妙的智慧，当然，这远非"道"的全部，正如老子说，是"强为之容"，这里所述，不过是择其要者大略言之而已，至于"道"的广博渊深，微妙玄通，更需要有智慧的人在自己丰富的人生实践中去进行不断总结，体会领悟成功与失败的喜怒哀乐。

在今天看来，这也正是人类不断追求真理的原动力所在。正因为不自满、不自傲，所以能有过即改，去旧更新。他称赞得"道"之人"微妙、玄通、深不可识"；精神境界超出众人，容态心境非同寻常。能不断取得新成就，任何事情任何行为都能循序渐进，都能做到不"盈"不"满"，能长久保持财富、权力、安定、健康、快乐、长生。

老子对于体悟"道"之士的风貌和人格形态试图做一番描述（"强为容"）：从"豫兮若冬涉川"到"混兮其若浊"这七种境界，写出了全悟"道"者的容态和心境和慎重、戒惕、威仪、融和、敦厚、空豁、浑朴、恬静、飘逸等人格修养的精神面貌。"孰能浊以静之徐清，孰能安以动之徐生"，这是说体悟"道"之士的静定功夫和精神活动的状况。"浊"和"清"对立，"安"（静）和"生"（去）对立，一是说明动极而静的生命活动过程，一是说明静极而动的生命活动过程。"浊"是动荡的状态，体悟"道"之士在动荡的状态中，通过"静"的功夫，恬退自养，静定持心，转入清明的境界，这是说明动极而静的生命活动过程。在长久沉静安定（"安"）之中，体悟"道"之士，又能生动起来，趋于创造的活动（"生"），这是说明静极而动的生命活动过程。老子在本章重点对于体悟"道"之士的描写，很自然地使我们联想起庄子在《大宗师》对于"真人"的描写。把他们心中的理想人物做一个比较，老子所描绘的人格形态，较侧重于凝静敦朴、谨严审慎的一面，庄子所描绘的人格形态，较侧重于高迈凌越、舒畅自适的一面，庄子那种超俗不羁，"独与天地精神往来"的人格形态是独创一格的。在他笔下所勾画的那种悠然、气象恢宏的真人，和老子所描绘的体悟"道"之士比较起来，显得有很大的不同，老子的描写，素朴简直，他的素材，都是日常生活的自然风格的直接表现；庄子则运用浪漫主义的笔法，甚至于发挥文学式的幻想，将这种特殊而又突出的人格精神提升起来。

第二十七章　贵以贱为本

原文：

昔之得一者：天得一以清；地得一以宁；神得一以灵；谷得一以盈；万物得一以生；侯王得一以为天下正。其致之也；谓天无以清，将恐裂；地无以宁，将恐废；神无以灵，将恐歇；谷无以盈，将恐竭；万物无以生，将恐灭；侯王无以正，将恐蹶。故贵以贱为本，高以下为基。是以侯王自称孤、寡、不谷。此非以贱为本邪？非乎？故至誉无誉。是故不欲琭琭如玉，珞珞如石。

译文：

"昔"指天地万物未出现之前的一切。"一"指"道"生天地万物的最初状态，此时，无上下，无左右、无前后，不阴不阳，不清不浊，不明不暗，浑然一体，故谓"太一"之特征。未有天地万物之前的混沌之初，是为先天的混元一气，无上无下，无大无小，无贵无贱，是谓浑然一体，此谓"一"。这里的"一"指"道"，是"道"的别名。天依"一"轻轻上浮，永久清明而不息；天地万物皆依此混然，一气而生，由一至万，"降本流末而生万物"。在阴阳始判，清浊肇分之时，轻清者上浮为天，重浊者下凝为地。因天得此"一"，故有日月星辰之运转，春夏秋冬之交替，风云雨雷之兴作。天道运行，万物自化，始终处于和谐有序状态，一派清明之景，毫无混乱之象。古来凡是得道的：天得"道"而清明；大地赖此"一"重浊下凝，长远宁静而不衰。先天混元一气的基本特点，就是阴阳平衡、和谐统一。由重浊之气下降凝聚而成的地球，自然有序，自然运转，平衡安宁。

若阴阳不平，失去统一，一定会火山爆发，地震、山崩等灾祸。只有得此"一"（道），方能不失常序，平稳安宁。地得"道"而宁静。此"神"指阴阳二气的功能及妙用。意即自然界万事万物在日照、雨润、雷震、风动中，促使万事万物生、长、收、藏；成、败、兴、衰；因在不知不觉的冥冥之中变故称"妙"。又因大而无比的运化功能，至为神奇，故称"神"，神得"道"而灵验；阴阳二气交感，达到平衡与统一，是谓混元一气。此"一"即"道"。"道"虽无形无象，却生万物众人，为"众妙之门"。此生化之门至妙至灵。

此谓"神得一以灵"。若阴阳不平衡，二气不交，和谐遭到破坏，则不能生万物众人，妙、灵之性亦必丧失矣。"谷"即空谷，谷虽空虚，得此"一"（道）方可充满无限的生机。水止于平，"道"止于中。"天道"是背高就下，损余补缺，自达平衡。谷的低凹之处，水来自自然就会变得充盈。谷所以能自然盈满，全由"道"之平衡之理所致。河谷得"道"而充盈；"万物"由阴阳二气和合而成；天地之间，大千世界，森罗万象，芸芸众生，无不在此"一"（道）的状态中生息。阴阳不合，不能统一，则万物无由以生。孤阴不生，独阳不长。只有二气交感，合而为一，方能生育万物。万物得"道"而生长。

　　"侯王"为天下至尊至贵者。所谓"正"，这里有两层意思：（一）正当、正确之意；（二）是贞固、稳定的意思。意指侯王在治国利民时仍须遵从此"一"（道）方可正当而贞固，此谓至上。而侯王常以"孤、寡、不谷"自称，自认为至下。此至上至下折中平衡，达至中平，此亦谓"一"。至高无上的侯王若能出之于言，践之于行，顺天应地，自然无为，柔弱谦下，不贪财货，不施暴政，以达平衡，百业自会兴旺，风气纯正。君主得"道"而天下安定；如背离了这个"一"（道），就会使盈满的灵气妙用变得枯败衰竭。万物如离去太和中的这一点虚灵不昧，就会立即灭绝。以上的"清、宁、灵、盈、生、贞"皆由混元一气的平衡统一原理所致（道的规律所致）。相反，若"天"下不能保持"清"，则必然会纷乱破裂；"地"不能保持"宁"，则必然爆发火山地震；"神"不能保持"灵"，必然丧失灵妙之功能；"谷"不能保持"盈"，必然自行枯竭；"万物"不能生长繁衍，必然衰亡绝灭；侯王不能以"道"的规律办事保持安定，就会必然垮台。由此可见，天清、地宁、神灵、谷盈，万物以生，侯王天下贞，无不在一（道）的状态下生息，这是因为达到了浑融一体的境界，所以有了这个效果。"裂"是坠毁、决裂。天道的运行如背离"一"（道的规律）的状态，运度失衡，阴阳不和就会出现四季不接，旱涝不均，狂风暴雨时作。由此天没有清明终会崩裂，这就是"天无以清将恐裂"之意；"发"是散发，大地如丧失"一"（道的规律）就会产生河海震荡，山摇地动等异常变化，地如果不安宁终会塌陷。"歇"是停顿、止息，如"神"背弃了"一"（道的运行规律）的状态，就会将生化天地万物的灵气寂灭。"竭"是衰竭、败落，"谷"如背离这个"一"（道的运行规律），就会使盈满的灵气妙用变得枯败衰竭。"灭"是死亡、绝灭。万物如离去太和的这个"一"（道的运行规律），万物不能保持滋长，恐怕一定要会毁灭。"蹶"是颠覆、倒垮，治国利民的侯王如失去这个"一"（道的运行规律）的状态，江山不稳，国政不宁，万民不安，侯王贵爵没有天下安定，江山也随之颠覆。

　　"道"的体性是中平为核心，所以贵必须以贱为根本，高必须以下为基础。只有这样，才能合于"道"这个道理。世间人类社会，有贵贱之分。所谓的达官贵人因为有卑贱的庶民，方才显出高贵，所以卑贱者是高贵者的根基。在物体中有上下之分，万丈高楼乃九层高台，如最底下者不坚实，上层必然毁坠。所以最高的物体是以最底下物体为基础。因此侯王自称为"孤"是独身无依，"寡"是又少又细小，"谷"是峡谷空无万物之意，侯王的包容心态。"琭琭"是精致、珍贵之意。"珞珞"是粗糙、卑贱之意。"舆"是指车驾。这不正是"贵以贱为根本"吗？难道不是吗？其实侯王这样做，正是为了社会事务达到平衡，以合乎"道"。因此侯王身居高贵的地位，要想永恒稳固，必须谦虚、谨慎、低调，包容不同，体恤万民，保持贵贱平等如一的心态，才能长治久安。这才是保持自己永远是高贵的最根本的方法。这就和造车的道理一样，车子在未造成之前，车零件有大、小、长、短，各自独立，都自以为是，未组合在一起时，有大、小，长、短，直、曲之分。一旦组合在一起成为一辆车子时，它就浑然一体，也就忘掉了自己的长、短、大、小、直、曲之分了。各种零件合于一车之中，共同发挥着运载货物的功能，其零件各自的长、短，大、小，高、低，贵、贱等级差别全部消失于这整个车子之中，浑为一体。个人和团队、国家也和车一个道理。所以，过高地赞誉个人（车的零件），就没有赞誉（合成车后就没有车零件之赞誉），最高的赞誉是无须夸誉的。因此有道的统治者不愿意去追求做晶莹的美玉，宁愿像朴质坚实的石头那样。

　　本章宗旨，旨在说明万事万物皆分为对立与统一的两个方面。这两个方面的平衡和统一，可以充分发挥最大的作用，得到好的结果；反之，若彼此分裂，阴阳不交不合，不能统一，则必然得到坏的、不理想的、凶的结果。它想告诫为政者，从"道"（规律）的观点看，贵以贱为根本，高以下为基础；没有百姓做根本，就没有侯王的高贵。

体悟：

　　在《老子》里，多次已经证明了"道"的存在价值。没有"道"万物都难以生长，没有"道"天地神灵也都将消失，没有"道"国家侯王的政权也都将灭亡。这就是万事万物为何都要遵守"道"的原因。老子常用"一"来代称"道"，如"圣人抱一为天下式"。"一"是万物之本，原始而初蒙，这跟老子追求的"道"的境界有着本质的相似，老子在本章中连续用七个"一"字，可见其深意和重要。关于"一"的解释，老子在本章最后做了一个结论，他认为高贵的根本是先要懂得卑贱之理。我们通常所言的贵与贱、高与下，其实是一种辩证统一的关系，并非那么泾渭分明，自然也就不应该像世俗所理解认识的贵比贱要尊崇，高比下要优越了。正是在此基础上，老子进一步提出了"贵以贱为本，高以下为基"的辩证观点。应该说它包含了哲学、政治学、社会学等多方面的智慧。实际上老子的这句话后来曾长时间被当作一种政治观点进行解读。人们通常理解为，为政者便应该如同老子所说的那样，身居高位，但在内心里则应该保持谦卑、朴实的心态。被万人拥戴，却自感孤独；整天被歌功颂德，却自称"不善"（"不谷"有不善之意）。这种表达包含了老子的政治理想，描述了在他心目中为政者的形象。侯王是身份最尊贵、地位最高的人了，却自称孤独、不善之人，等于是将自己放在了极其卑贱的位置上。这其实便体现出了一种对高贵与卑贱的对立统一的理解及表现形式。尊贵虽然高高在上，却是以卑贱为依托的，没有卑贱也就无所谓尊贵。

换句话说，卑贱乃尊贵的依托。作为智慧高深的圣哲，老子如此言说，当然并不仅仅是上面讲述得那么简单，而是有更深刻的道理。我们都知道，在古代农业社会里，中国的皇帝是最高统治者，而其真正的统治基础是升斗小民。凡是平民数量最多的时候，往往就是政治和社会最稳定的时候，这种情况一般出现在各个王朝的创建初期。随着社会经济的发展和政治逐渐趋于腐败，往往社会出现大量的土地兼并现象。于是大量的自耕农丧失土地，沦为贫雇农，生活赤贫化。这个时候，社会矛盾便开始激化，农民起义开始发生，皇权开始受到威胁。另外，统治阶级内部，大地主为了自己的利益，也开始与皇权离心离德。随着矛盾的进一步加剧，国家便会走向崩溃，王朝就会倾覆。在这样一个关系链中，最高统治者与最底层的平民利益是高度一致的，是相互依存的。社会地位最低的平民是最高统治者最牢靠的统治基础，平民利益受损皇权就会陷入危机。所以皇权最尊贵安稳的前提是平民的安定。到底谁更高贵，谁最卑贱，还真难说。不仅老子这样看，儒家也是这样看，所谓"民为贵，社稷次之，君为轻"正是这个道理。因此身份尊贵，身居高位并不值得骄傲，没必要觉得自己高人一等。要明白，自己其实无法脱离卑贱，卑贱才是高贵的根本。因此在现实生活中，我们要明白，世俗所谓的尊贵与卑下并非一对完全对立的概念，两者是对立统一的。

"贵以贱为本，高以下为基。"这句告诉我们，治国者宁贱勿贵，宁下勿高，只有这样才能维护自己的统治。如果不能做到，必然引起百姓的反抗。北宋末年的方腊起义，就很好地证明了这一点。宋徽宗建中靖国元年（1101），皇帝哲宗去世。哲宗没有留下子嗣，由他的弟弟赵佶继承帝位。徽宗即位后，专好享乐，对朝中的政务没有一点兴趣。徽宗酷爱笔墨、丹青等。他生活奢侈，在开封东北角修建万岁山，里面亭台楼阁、飞禽走兽应有尽有。此外徽宗还在苏州设立应奉局，专门在东南搜刮奇石，称为"花石纲"，导致民怨沸腾。徽宗不理朝政，把所有政务都交给以蔡京为首的"六贼"（蔡京、王黼、童贯、梁师成、朱勔、李邦彦）来处理。蔡京等人以恢复新法为名，大兴党禁，排斥异己，很多正直的大臣因此被排斥出朝廷。在皇帝徽宗、权臣蔡京等黑暗、腐朽的统治之下，社会经济遭到严重破坏，国库亏空。朝廷于是增加农民的税负，老百姓的负担更加重了。宋徽宗还以征辽为名，征调农民到边地服徭役。与此同时，许多豪绅和官员兼并土地，导致民怨沸腾，终于爆发了方腊领导的农民起义。十一月，方腊在息坑歼灭了五千兵前来讨伐官军。这是方腊义军占领杭州取得的第一个大胜利。此后，方腊又攻下睦州歙州等地，继而向杭州进发。腊月二十九，义军占领杭州，义军的人数超过百万人。这时，各地百姓纷纷揭竿而起，响应方腊起义，如浙北有苏州石生和湖州陆行儿起义，浙东有剡县裘日新起义，浙南有仙居吕师囊起义，永嘉有俞道安起义，浙西有婺州霍成高起义，兰溪灵山有朱言、吴邦起义。与此同时，湖州、常州、秀州等地的农民也都聚集起来，准备攻打州县。各地农民看到义军旗帜，听见鼓声，就立即跑出来迎接。起义军声威大震。方腊等人发动起义，宋王朝的经济命脉被切断了。宋徽宗十分震惊，他一方面急忙下令撤销苏杭作局，停运花石纲；另一方面又任命童贯为江、淮、荆、浙等路宣抚使，征调京畿的禁军和陕西六路蕃、汉兵十五万人，南下围剿义军。次年正月，童贯分兵两路，向杭州和歙州进发，在攻占杭州之后，方腊做出了分兵"尽下东南郡县"的决策。他派出方七佛率领六万大军进攻秀州（今浙江省嘉兴市），试图向北夺取金陵，实现"划江而守"的计划。这时童贯率领的十五万精兵已经赶到了秀州。方七佛久攻秀州不下，只好退回了杭州。同时，方腊率领义军主力南征，相继占领了婺州、衢州等地。义军别部北上攻克宣州宁国县，进围广德军（今安徽省广德县）。在这一段时间里义军先后攻下六州五十多座县城，包括今天的浙江省全境，江苏省安徽省南部，江西省东北部的广大地区。义军攻打秀州失利后，杭州失去了屏障。不久，童贯率领宋军到了杭州城下，把杭州城围得水泄不通。义军经过一番苦战，因粮尽援绝而被迫退出杭州。杭州失守以后，义军所面临的环境更加恶劣。宋朝的军队一路追击，义军并没有去部署防御，各支队伍之间不能相互支援，力量分散严重。方腊带领义军退守到帮源峒一带，宋军得到消息后，立刻四处云集过来，对帮源峒，实施层层包围，合围数日后，宋军发起总攻，义军奋起抵抗，城中将士万余人被杀害。方腊及其妻邵氏，子方亮等三十余人被俘，解往汴京，最终被残酷杀害了。方腊被害后，义军各部继续转战浙东各地，童贯派郭仲荀、刘光世、姚平仲等领兵分路镇压。直到宣和四年（1122）三月，宋朝才彻底平息了方腊领导的农民起义。宋军所到之处，烧杀抢掠，无恶不作，义军和百姓大量被杀害，两浙经济也遭到严重损坏。方腊起义最终失败了，但是这次起义打下六州五十二县，威震东南地区，从根本上动摇了宋朝的统治，宋朝的军事力量在平息起义的过程中也受到沉重打击。钦宗靖康二年（1127），北方刚刚兴起的金国突然南下，攻破了宋都汴梁，掳走宋徽宗、钦宗及宗室、

天道：体悟老子

大臣、妃嫔三千多人，北宋宣告灭亡。尽管北宋亡于金国之手，但是它的灭亡与其统治的腐朽有着很大的关系。所以，为政者应当善待百姓，只有百姓安居乐业，社会才会安定，国家才能长治久安。这体现了卑贱是高贵的根基这一道理。

由此在现实中，我们都应该做的是放下自己对于贵贱、毁誉、高下的分别心理，使自己尽量忘却世俗的观念，甚至达到一种物我两忘的境界。具体而言，便是不必过于在意自己身份尊卑、地位的高低。感到自我优于他人的地方，没有必要扬扬自得，但也不必过于妄自菲薄，总之找到自己的一种平衡，保持一种谦卑、朴实的心态。如此，我们便自然而然地活在老子所说的"道"中。如同得道的天得以清，地得以宁，万物得以繁衍生息一样，我们都必然也能够活得简单、快乐，有尊严，精神充盈。至于高以下为基础的道理，更不难理解，谁都知道万丈高楼平地起，没有牢固的基础，就不可能建起高楼，空中楼阁更是人们嘲笑那些不懂这个道理的人的常用说辞。任何伟大的事业，都需要从最基础的东西做起；任何高深的学问，都要从一点点的积累开始。关于这一方面的论述，古人的论述已经相当丰富，在此我们不再多说。这一思想老子是坚定地一贯穿全文之根本。

"周而复始"字面的意思是事物都是循环往复的。我们应该从更深一层的意思去理解它，任何事物在运行一个周期后都会回到原点。而它无论运行多久远，总是要回到原点，再从原点开始。它在这里为我们敲响警钟，总是高高在上，一旦摔下来就会很可怕，会灭亡的。"贵以贱为本，高以下为基。"王侯将相要想自己的基业百年不衰，应该深深地认识到"贱、下"是自己统治的根基。

老子在本段最后一句："是故不欲琭琭如玉，珞珞如石。"关于这句话的解释，除译文中所说的"不要求像华美的宝玉，而宁愿像坚硬的山石"之外，还有一种比较常见的解释是："不强为玉让人称赞，也不甘愿为石让人非议。"不过这两种看似相互矛盾的解释其实都是说得通的，只是对老子原话理解的侧重点有所不同罢了。第二种理解乃从更深层次上对老子的精神进行阐释，因此也更微妙，更难以让人领会并掌握。两种解释实质上是一样的。而从对我们现实生活意义上来说，显然是第一种译法更具有明确的指导性和可操作性。即是说，要想达到老子所谓的"道"的境界，我们应该"不要求为玉，而要甘愿为石"。这样的观点也是老子一向所提倡的"守拙"的观点。总之，如将老子的"守拙"智慧具体化并形象化，如果把它拿来指导我们的人生和现实生活的话，不妨将其简化为——要学会做一块"青石头"！就我们现实生活而言，众人都觉得外表漂亮，价值不菲的宝玉要比随处可见的石头珍贵。但在老子看来，石头却有石头的优点，并且其优点恰恰正是在与宝玉的对比中体现出来的。同宝玉相比石头有哪些优越性呢？首先，宝玉固然漂亮，处处引人注目，却是按照玉匠的审美眼光雕琢而成，它已经失去了自己的天然本色之美，成为一个依靠外在的审美标准而强加其身的物体，没有了自我。相反，石头虽然被弃于荒野，无人关注，但是它却能保持自己的天然本色，自由自在地"躺"在天地之间。以之喻人，与其按照社会或别人的眼光去改造自己，进而失去了自我，显然不如按照自己的标准自由自在地生活。比如那些每天见诸报端网络的明星们，虽然看似风光，却时时处处都要考虑自己的形象，因而行事、说话都难免为了迎合大家而失去真实的自我，甚至连恋爱、婚姻等私事都要考虑歌迷、影迷的感受而无法自行其事，这样的人生就没有了自我自在的生活了。其次宝玉的漂亮和昂贵往往引来很多人的贪婪、嫉妒、争夺，从而使自己处于一种危险的境地，石头正是因为其平常不值钱，从而可以不为人们所注意，不会有人对其产生贪婪心理进而不择手段地去争抢它。

一个有才能、有功德的人正像是一块美玉，固然在社会生活中风光照人，却会引起很多人的嫉妒，一旦与别人利益发生冲突，很容易被视为敌对或潜在威胁，使自己处境危险，而一个表面上没有什么才能的（其实是保持内敛，隐藏才能），虽然场面上不那么风光，却可以过着安全平静而快乐的生活（人怕出名猪怕壮，高处不胜寒之理）。就像一些富商名流固然风光，却是绑架集团惦记的目标或被社会惦记，周末到野外开个全家野餐会都得考虑安全因素。而普通人却永远不必有这个担心，可以因为心血来潮而到野外度过一个温馨而快乐的周末。最后，宝玉正是因为漂亮也就容不得一点瑕疵；正因为太精致，也就失去了其浑厚，极容易遭到损坏。而石头正是因为普通，也就无所谓瑕疵；正因为粗糙，也就可以随便摔打使用。一个人太出众也是如此，因为已经在别人眼中树立了完美的形象，一旦犯点小错便让人无法接受，一生必然活得很累。而做一个内敛的人，不张扬，因为姿态本来就很低，也就不会过高地被众人期待，就是犯了错误，大家也认为是正常的，没有人会过分挑剔，反倒是偶尔做了高调的事情，便会被人刮目相看。从另一个角度而言，一个人太成功了，偶遇挫折便可能经受不住打击；而一个姿态很低一路摸爬滚打过来的人则会往往不怕失败的打击，最终更有可能取得成功。总之，经老子的提醒，石头的优越之处恰恰正是其原本被视为缺点的地方，平凡、卑微、不值钱、平淡无奇等这些原本被认为的缺点，其实都是闪光的人性优点。因此我们要学会甘于处于一种平凡普通的人生地位，不张扬自己的个性，永保一种朴实、平静、内敛的心态，并且在这样一种"石头心态"状态下，我们并不放弃积极进取的奋进精神，只是具有了更沉稳的思维认知，更开阔的胸怀，更平静的得失心态，其实反倒更容易获得更美好的未来。

天道：体悟老子

　　老子所言的"贵以贱为本，高以下为基"落实在我们生活中，首先便在于时刻保持谦卑的心态，不要因为自己身份的尊贵、财富的富足或者其他优越的东西而产生扬扬得意的心理。试想，如老子所说，世界上最尊贵的莫过于侯王了，连他们尚且不可倨傲，更何况其他人呢？许多得道人士都认识到了这一点，因而，以"尊贵"的身份，终身秉持谦卑的态度。大作家托尔斯泰闻名遐迩，又出身贵族，却从不摆大作家的架子，而是始终将自己看得很平凡。一次他在一个火车站等车，因车还没有到，他便在站台上溜达。这时，一列客车正要开动，汽笛已经拉响了。忽然，一位贵妇从列车车窗冲出头来冲他直喊："老头儿！老头儿！快替我到候车室，把我的手提包取来，我忘记提过来了。"原来这位女士见托尔斯泰衣着简朴，还沾上了不少尘土，把他当作车站的搬运工了。托尔斯泰于是急忙跑进候车室将贵妇人的提包拿来并递给他，贵妇人于是感激地说"谢谢啦"，并随手递给托尔斯泰一枚硬币："这是赏给你的。"托尔斯泰接过硬币，瞧了瞧，装进了口袋。正巧，女士身边有个旅客认出了托尔斯泰，就大声对女士叫道："太太，您知道他是谁吗？他就是列夫·托尔斯泰啊！""啊，老天爷呀！"女士惊呼起来，"我这是干的什么事儿呀"，她对托尔斯泰急切地解释说："托尔斯泰先生！看在上帝的面子上，请别计较！请把硬币还给我吧，我怎么会给你小费，多不好意思，我这是什么事啦。""太太，您干吗这么激动？"托尔斯泰微笑着说，"您又没有做什么坏事，这个硬币可不能还给您，这是我挣来的。"汽笛再次长鸣，列车缓缓开动，带走了那位疑惑不安的女士。托尔斯泰微笑着，目送列车远去，又继续等他的列车了。

　　另外一个例子是关于被称作"经营之神"的日本松下电器创始人松下幸之助的故事。有一次，松下幸之助在一家餐厅请客人吃牛排。待大家用完餐后，松下让秘书去请烹调牛排的主厨过来，并特别强调："不是经理，而是主厨。"秘书注意到松下的牛排吃了一半，心想过一会儿的场面，可能会比较尴尬。主厨表情紧张地过来了，因为他知道将自己叫过来的是大名鼎鼎的松下先生。"有什么问题吗,先生？"主厨紧张地问。"对你来说，烹饪牛排已不成问题"，松下说，"但是我只能吃一半。原因不在于厨艺，牛排真的很好吃，但我已经80岁高龄了，胃口不如从前。"主厨与其他用餐者都面面相觑，不解其意。"我想和他见面谈，因为我担心，他看到只吃一半的牛排被送回厨房心里会很难受。"原来松下先生是怕主厨怀疑自己的烹调手艺出了问题，这让主厨很感动，在场的客人，更佩服松下的人格，并更喜欢与他交朋友、做生意。实际上，我们留心的话，会发现那些真正为人们所尊重的人，之所以受尊重不是靠自己的强势走到聚光灯下，然后告诉大家自己是怎么了不起的，而都是将自己看得再平常不过。

甚至低于常人。结果反而恰恰成就了自己的尊贵。不过，如果只是做到了谦卑，就是对老子所言的"贵以贱为本，高以下为基"理解了一半。事实上，如果从更深层次上理解的话，这句话还有另一层的意思，那便是一个真正得到的人不仅仅应该自甘卑下，既不能因为自己地位尊贵，处境优越或暂时获得成功而产生自得或自负心理，还不能因自己的地位卑下，处境贫贱或一时遭受挫折而自感卑下。关于此，美国诗人卡尔·桑德堡的故事可以给我们以启发。卡尔·桑德堡是《林肯传》的作者，他所著的《林肯传》获得 1940 年普利策历史著作奖。当年，他为了写作《林肯传》，一个人居住在密歇根湖边。每天早上，他准时出去，一边散步，一边构思。有人为了同桑德堡开玩笑，花钱请了一位又高又瘦的演员扮成林肯，他们躲在远处，看着那位演员慢慢地朝桑德堡走去，然后两人擦肩而过。那演员回来后，雇用他的人围住他问："什么也没干？""只是看了看我。"演员说。"什么也没干？"这些人都有些不信。"他鞠了个躬。"演员诚惶诚恐地说。他说："早上好，总统先生。"如果说前面故事为我们阐释了什么叫"不亢"的话，那么这个故事形象地为我们展现了什么叫作"不卑"。而实际上"不卑"和"不亢"是一回事。一个面对地位低于自己就趾高气扬的人，在地位高于自己的人面前，必然是一副低声下气的奴隶相；而一个并不认为自己地位低于优越的人，则自然会觉得自己与地位高于自己的人是平等的。只有同时做到了"不卑"和"不亢"，才可以说真正符合了老子所说的"道"。而这个时候，也就无所谓高贵和卑下了，因为尊贵和卑贱在他这里已经被解构了。不过，话虽如此，事实上，不得不承认，真正能做到不卑不亢的人并不多。我们也往往能够发现，具有平凡而朴实心态的人才是最卓越的人！在我们的生活中，我们每个人，可能都会感觉，一旦我们自身陷入自卑或者自负的泥淖中（实际上，绝大多数人或多或少地存在这种情况）那么，我们必然不会在精神上产生平静而充实的感觉。这里我们便知道，其最根本的原因不是别的，而是我们没有生活在"道"（规律）中啊！也许之前你会觉得老子之"道"是那么深奥苦涩，那么现在"道"是不难理解的，不卑不亢做人，你便在一定程度上把握住了大道。

　　人生一世，不可能、不必要处处光鲜，质朴些会更好，也不必事事强硬，坚持己见，放松自己会更好。真正得"道"之人，应懂得露拙藏智，懂得从"一"（道的运行规律）做起。"返璞归真"这才符合"道"的本质（自然规律运行的本质）。老子在这里告诫为政者、领导者，从"道"的观点看，贵是以贱为根本的，高是以下为基础的，没有众百姓做根本，就没有王侯将相的高贵所在。"神得一以灵"就是人的精神行为符合于自然之"道"，就永远能保持灵动活泛。"故致数舆无舆"，这句话意思是说，一个人拥有太多物资、权力，就等于什么都没有。或者说过分追求荣誉，反而得不到荣誉。

天道：体悟老子

"不欲琭琭如玉，珞珞如石"的意思是说有道的君王，不做圆润的美玉，也就是说为政者要能"处下""居后""谦卑"，像石头一样质朴。这种思想反映了老子"无为而治""致虚守静"的辩证思想。《老子》反复强调要遵循客观规律，所有行为要符合自然之"道"的重要性和诸侯王谦下示人的美德，重在阐述治国之道和为人处世的原则。

本章前半部分讲道的作用，说明"道"是构成一切天地万物所不可缺的要素。

本章重点在讲侯王的得道，所以后半部分提示侯王应体悟到低贱之特性。即是说为政者要能处下、居后、谦卑。有道的人均应如大厦的基石，要有骆驼般的精神，要能"珞珞如石"，朴质坚忍。

第二十八章　曲则全

原文：

　　曲则全，枉则直，洼则盈，敝则新，少则得，多则惑。是以圣人抱一为天下式；不自见，故明；不自是，故彰；不自伐，故有功；不自矜，故长。夫唯不争，故天下莫能与之争。古之所谓"曲则全"者，岂虚言哉？诚全而归之。

译文：

　　"曲、枉"是冤屈之意。弱己饶人，潜忍愤怒，忍柔委曲，弯曲反能保全，自然周全己身，此是"曲则全""直而不肆""受辱不怨"委曲反能伸直，含冤受屈反能伸展，是枉则直；恭敬一切，虚心谦逊，不论远近，贵贱之人，自然众归服，低洼反能充盈，是"洼则盈"；守敝自修，敝旧反能更新；日新方能上进，"道"万化之根本，至简至易，如能求得者，可知万物之规律，晓万殊之常理。少取反能多得，贪多容易迷失自我。如妄追万汇之繁，必然迷恋歧途。万物虽殊，皆秉"道"之一。古人曰："得其一，万事毕。""一"是混元无极"大道"（万事万物运行的自然规律）。于人即谓一点虚灵不昧，于物则为自然之体性，即未散的一元之朴。因此有"道"的圣人，常抱守住自然规律的本性，反而能应于天下万事万物。

　　坚守"道"这一原则，自然成就天下的示范，作为天下的楷模。明白自然规律而不自以为是者，才是真正明白事理的人，不自我张扬，反能更全面地展示自己。不固执己见，其理必明，反而能彰显；默默潜行，不炫耀自己有功，其功必能永存；虽有才能，但谦虚谨慎，不骄不躁不傲，才是真正有才能的人，所以能够长久。正因为他不与他人争利争名，所以天下没有人能争过他。以上四点是阐明"抱一"的道理。"曲则全"一语，是古圣人所言，并非虚言妄语。只要守住自然规律这一真理，行正道，眼下委曲，将来必能普行天下，全备己身。万事万物相反相成；只有"不争"，才能"莫与之争"。古人所说"曲则全"，难道是假话吗？确实让它能够保全自己。

天道：体悟老子

体悟：

  本章老子详细叙述了"全"与"曲"的关系，他认为所有的事物都是在对立的矛盾中产生并发展的。"曲则全"也可用于为人处世。比如说，会说话的人指责别人的错误，会转一个弯说事，大家会心平气和，彼此相安无事。说话太直，就会变成顶撞，让人下不了台，当然这里的"曲"也要有原则，不要让人觉得虚伪、圆滑。总之，曲直之间运用之妙存乎一心。世事皆是如此，读书何以致用？关键在于活学活用。我们要想了解一个事物，就必须从矛盾的两面性去看待事物，看到事物的正面作用，也要想到其负面影响，分析正面因素，也必须注重反面、负面作用，要从事物的两面性更全面、更深刻的角度去分析问题，一个普通人，要想开创一番事业需要学问、道德，但也要随时纠正自己的不当之处，以更好的姿态正道前行。这就是"枉则直"的积极意义。为人处世一定要把握"道"的精神。弯曲才能保全，委曲才能伸直，低洼才能盈满，破旧才能更新。所谓"曲全、枉直、洼盈、敝新"都是为人处世的关键所在。把握了上面的原则，善于灵活运用，才能把生活和事业处理得幸福和谐。

  人对财物、名利、权势，求少反而能获得，贪多反而迷失自我，甚至于无任何所得。了解事物唯有如此，我们才能完全把握事物的全部状态，不会被眼前的蝇头小利蒙蔽而看不到长远的、全局的利益，才可以更加理性地去处理问题，把握美好的未来。得道的圣人明了以上种种矛盾之间的对立统一关系，所以只求"抱一"（道），固守自然之道来处世探求真理。圣人观察天下也要借助于道。总之为人处世要有自己的原则和底线，不任意妄为才是正道。"不自见，故明；不自是，故彰；不自伐，故有功；不自矜，故长"，人要随时反省，不为主观所蒙蔽才算是明白了"大道"的规律、生命的真谛。不偏执己见就会明哲保身，不自以为是就会彰显大业，不自我夸耀就会成功，不自高自大才能有进步，这"四不"是为人处世的标杆。大道无止境，无论修身还是治国，始终都要保持谦逊、谨慎，并深明功成身退的哲理，才是"以曲求全"，才能使国家稳定，社会太平与发展。

  老子劝解我们要抱着谦卑的态度，这样事物可能会向着更加有利于己的方向发展。比如人们自以为理屈的时候，就将获得理全的结果。即曲则全，枉则直，洼则盈，敝则新，少则得，多则惑。以上几句话反映了老子朴素的辩证法思想。对于事物只看表象不看本质，或者只看一面不知其他，就会偏执一端。从对立统一的关系中观察事物，对事物的正反两面都加以把握，要通过现象认识本质，才是正确的处世之道。老子认为：只有委曲才能求全，只有矫枉才能过正，只有低洼才能充盈，只有破旧才能迎新，因此单纯求全、求新、求盈，急功近利忽视事物的另一面，就会引起纷争。"曲则全，枉则直。"即委曲反能保全,曲枉反能伸直。这话怎样来讲来说呢？大家都比较熟悉"塞翁失马"的故事,那个边塞老翁的儿子,就因为腿有残疾,没有被征召入伍,才保全了性命,而其他原本壮健的青年却都战死沙场,这种事实意境就是"曲则全,枉则直"的道理。"洼则盈,敝则新。"意即低洼反能充盈,破旧反能更新。下雨时越是低洼的地方,汇聚的水就会越多。而东西破旧了,才会进行更新,"旧的不去,新的不来",讲的就是这个理。所以说,半破不旧的东西,反而不如完全破了好,因为如果它破得不像样子了,使用它的人也就会决定再换一个新的来取代它,如果它勉强还能使用,用它很不舒服,而扔了又觉得可惜。"少则得,多则惑。"意即少取会有所收获,多取反而会迷失自我。读书很多的人,有的时候遇事反复思虑,却似乎与书上的知识矛盾,因认识浅薄,似乎什么也没有学到;而有的人书读得并不是很多,但每一本书都很认真地读,深刻去理解,因而掌握得很好,学到的知识应用于生活反而比有的读书很多的人更多。这就是"少则得,多则惑"。当然读书还是要强调博览的,但是博览必须与精读深刻理解相结合效果才会更好,否则,自己所得到的也就难免都是一丝丝的肤浅理解,是很难有大用处的。

北宋初年的宰相赵普,据说平生所学仅半部《论语》而已,宋太宗赵光义为此还特地问过他,赵普回答说:"臣平生所知,诚不出此,昔以其半辅太祖(指赵匡胤)定天下,今欲以其半辅陛下以期太平。"这就是学好一部书的强大作用,一部《论语》即可定天下,又可治天下。当然,赵普所读的书不大可能只有《论语》这一部,但从此也可以看出,赵普在读书方面是求精而不求泛的。"是以圣人抱一为天下式。"这个"一",指的就是"道",而为什么用"一"来称呼呢？因为"道"是一个整体,它不是各种各样零散的道理,而是涵盖一切"有无"的"根本之道"。孔子说:"吾道一以贯之。"虽然孔子讲的"道"与老子讲的"道"其含义是不尽相同的,但是在"一以贯之"这一点上,二者是相似的。圣人持守着"道"来作为天下人间的准则。如何来理解它认识它呢,因世界上的道理有千千万万,但其层次内涵是不相同的,很多人都是从自己的主观认识去讲道理的,其应用面很狭窄,有局限性,而有的道理其应用面则十分宽广,至于老子所讲的"道",则具有覆盖一切的无限广阔的适用范畴——天、地、人间万事万物的生存规律,因此它可以作为天地人间的准则。儒家学说中将"仁、义、礼、智、信"等理念作为人际伦理中的根本准则,这与"圣人抱一为天下式"的道理是相通的。

"不自见,故明。"不是什么事情都自己去看,才会看得更分明。这话似乎说得很矛盾,然则很有道理。不是说"眼见为实"吗？什么事情都要自己去看一看分晓,这才见得事情可靠。但是这样很容易会产生一个问题，那就是为一己之见的局限性，如同井底之蛙，以井作天。正所谓"兼听则明，偏信则暗"，不偏执己见，才可以做到明达事理。"不自是，故彰。"不自以为是，才能明辨是非。这其实涉及一个很深刻的心理学问题，那就是人们一般都有着自以为是的倾向，或者可以将其称作"自我幻觉"，也就是常常以为自己的所思所想、所行所为都是正确的，都是合理的，而其实则不然，但当事者自己是不会反省的或认识到这一点的。这也就是说，自是之心会让人丧失辨别是非的能力。"不自伐，故有功。"不自己夸耀，才会有功劳。"不自矜，故长。"不自高自大，才能领导别人。类似的观点，老子曾多次阐述过。"夫唯不争，故天下莫能与之争。"正是因为不与别人相争，所以天下之人才没有谁能争得过他。这一观点是老子素来秉持的一个基本思想，争反而不能得；不争，反而无人能与之争。这其实也体现着老子"无为"的主张，所谓"不争"，也就意味着"无为"，无为而治，无为而有得；有为反而生乱，有为反而不得。老子在此所说的，不是假作"不争"，也不是以"不争"为手段来达到"争"的目的，而是实实在在的"不争"。无心去争，不会参与世人的争夺之事，而也正是因为其"不争"，所以世人便无法与之"争"之理。不可否认的是，在人类发展的历史中，有不少例子正是印证了这一规律。

"夫唯不争，故天下莫能与之争。"在这里，老子说明了曲乃能全，柔乃克刚的道理。老子一向主张外柔守静、以退为进的处世原则。在某种意义上说，失去反而能够永久拥有；牺牲局部，往往能够赢得全局的胜利。"退一步，为了前进两步"的做法并不是懦弱，而是一种"曲线救国"的生存方式。这种外柔守静、以退为进的策略，就像弹簧一样，压缩在一起却蕴藏着巨大的力量。北宋初期的大将曹彬，无论是治军打仗，还是处世为人，都一直遵行外柔守静的原则，就是一个典型的例子。北宋的开国皇帝宋太祖赵匡胤。依靠军事力量而黄袍加身，后来他在统一全国的战争中，提出了一种"和平兼并"的战略，也就是尽量不采用武力而统一天下。即使不得已而动用武力，也尽量留有余地，只要敌人放弃抵抗，那么宋太祖不但保障对方的人身安全，并且给予对方相当程度的各种优遇。对于这种"和平兼并"的策略，尽管有不少将领持反对态度，宋太祖却一直坚持这一原则。宋太祖为什么如此坚持这一策略呢？这是因为他所考虑的是日后的治国问题。既然要统一便不能制造仇恨，所以纵然是自己吃亏，也得忍让，这一原则也是治国者最具智慧的谋略。

不过，一旦处于战争状态，宋太祖的这种谋略往往很难顺利地执行。面对顽强的敌人，行军打仗的人常会因为报复心理而产生将之毁灭的冲动。如果控制不住这股冲动，必然会导致不必要的屠杀乃至掠夺，然后又引发更多激烈的反抗。这种征服、反抗的恶性循环，正是宋太祖最为担忧的事情，攻打后蜀的时候，大将王全斌便因"屠城杀降，以逞威暴"，使太祖非常恼怒，宋太祖曾想对他严加惩处，但是由于大将曹彬巧妙的劝谏，才平息了这场风波。北宋初年大将曹彬，字国华，真定灵寿（今属河北省）人，以败契丹、北汉为功，任枢密院承旨，灭后蜀任都监。曹彬是个有谋略的将军，他颇能体会太祖"不求胜利"的道理，所以在征蜀之后，曹彬不逞兵威的做法，深得宋太祖的称赞，而曹彬也逐渐成为太祖在统一天下的征战中最受信任的大将。

宋太祖在朝廷上正式任命曹彬及潘美为征伐江南的正副统帅。曹彬表示自己能力不足，难以承当统帅的大任。而身为副帅的潘美，觉得这是个千载难逢的好机会，便极力表示自己对征江南的信心。宋太祖看在眼里，便正色地对曹彬说道："所谓大将者，在于能斩出位犯分（越级擅作主张）之副将而已。"只这一句话，把旁边的潘美吓得直冒冷汗，不敢抬头观望宋太祖了。在这个简单的任命仪式上，宋太祖对统帅的职责做了明确的授权。在曹彬出征的前一天，太祖邀请曹彬喝酒，君臣二人喝到微醉的时候，太祖诚恳地向曹彬说道："南唐国主李煜，实在没有什么罪过。我之所以征讨他，只是因为我没有能力使他臣服罢了。"曹彬率军南下之后，他为了免敌我双方做出无谓牺牲，采用了长期包围的策略。宋军很快兵临金陵城下，曹彬的包围战从春天开始，一直延续到冬季。时间一长，宋军的军纪松懈，城破之日，屠杀和掠夺的行为可能无法避免，这让身为主帅的曹彬心里非常忧虑。因此，在攻城前夕，曹彬突然称病不主持召开军事会议。宋军所属的各支部队将领立即前往曹彬的军营问候，曹彬说道："我的病不是药石所能医治的。只要大家能共同立誓，表示破城之日不妄杀一人，我便可以立刻痊愈了。"于是诸将焚香为誓，约束自己的军队，金陵城破当日，宋军之中并没有出现掠夺及屠戮的暴行。在回师的时候，曹彬的行李特别多，有人诬告说曹彬的行李当中都是珍宝奇货，太祖便派人秘密调查，结果发现行李之中全都是书籍，回到京城后，曹彬在奏折上也谨称"奉敕差往江南勾当公事回"，一点都没有刚打了胜仗的狂傲之气。曹彬在完成征南战役的任务之后，宋太祖封其为枢密使，但他仍旧保持原有的谦虚作风。回到家里，曹彬也不宴请宾客，生活非常俭朴，每天五更鼓一响，便已到达禁门，等候上早朝了。曹彬严于律己，宽厚待人，他曾多次向部属表示自己为将的原则和风格："自吾为将，杀人多矣，然未尝以私喜怒辄戮一人。"曹彬不只在行军打仗时外柔守静，在治理国家的时候，也是如此。《涑水记闻》中记载了曹彬的故事，说的是曹彬做侍中的时候，待人谦恭，从不因自己身居高位而盛气凌人，对于到自己家里的客人，不论官职大小，都以恭敬的态度对待之。而对犯了错误的人，曹彬也会给予尊重。曹彬在徐州当知府的时候，有个小官犯了罪，案子已经做了判决，

天道：体悟老子

但是过了一年才对那名官吏执行杖刑。大家都不明白曹彬为什么这么做，他解释说：我听说这个小吏当时刚刚娶了媳妇，如果在新婚不久就对他执行杖刑，根据当地的说法，新娘子就是"上门丧、扫帚星"，公婆一定会认为这个媳妇不吉利而厌恶她，一天到晚打骂折磨她，使她无法生存下去。而依照法律，我不能免除他的刑罚，因此只好延缓处罚的时间。大家听后，无不对曹彬产生敬意，均感到心悦诚服。老子的"不自见，不自是，不自伐，不自矜"，我们应该深思。

老子在本章中还论述了"争"与"不争"的关系，他说："夫唯不争，故天下莫能与之争。"其实"争"势必会带来对立，而对立的双方又常常是相互依赖，相辅相成的，在这种意义上来说，"争"正是给了对方更加强大的机会，也就是说，"争"常常是一种成全对方强大的要素。而所谓"不争"更常常是强者才会选择的态度。试想可以选择"不争"以消除"争"的后果，不是强者又会是谁呢？我们中国自古就有以退为进的辩证哲学，老子将这种哲学透彻地在本文中阐述多次。既要谦和不争，还要清静无为，但正是自减，方是达到自加目的的手段，换言之，自减就是最大的自加，自加就是最大的自减。唯有"不争"才是求全之道，"不争"的关键在于不自显、不自是、不自夸、不自矜。老子说，古诗所说的"委曲反能保全"那是空话吗？实在是真的能够使人保全而善度一生。就这一章的内容而言，老子讲的是保全之"道"，给出的主意不是令自身变得更加强大、更加优秀，而是令自身表现出软弱和鄙陋的一面，是以退守的方式来获得自身的保全。对于这一思想，庄子领悟得十分深刻。《庄子》一书中讲了这样一个故事：有一个形体不健全的人，他的名字叫疏。这个人长得脸藏到肚脐的下面，两个肩膀比头顶还要高，脖子后面的发髻朝着天，五脏的脉络血管突显在脊背上，两条大腿和肋骨几乎是平行的。从这几句描述中，我们可以大略地想象一下，这个人的肢体扭曲到了什么程度。这样一个人，依靠替人家清洗亭园和缝补衣裳，养活自己的家人；再加上他还会给别人占卜算命，生活得还算可以。更重要的是，当政府来征兵的时候，他可以大摇大摆地在街上闲逛而不担心被抓去充军；政府在摊派劳役的时候，他也可以免去徭役；而在政府救济残疾人的时候，他还能领到一些柴米。这个人身体上的缺陷非常严重，然而却因此保全了自己及全家。当然这并不是告诉大家都把自己弄成残疾才好，而是提示人们，在生活中应当学会曲枉之道，不要一味地强硬，很多时候，适当的让步是十分必要的，而分毫必争反而会令自己损失更多。

老子的委曲求全之道，看似有点消极保守，但是在我们为人处世上有着重要实用意义。他告诉我们：做人过于清高、正直，必然招人嫉恨打击，主次不分，难成大事；为人过于强势霸道，必然树敌过多不能长久；待人过于严苛必然被人孤立，四面楚歌。

而保持低调，委曲求全，一方面能避祸保身，同时低调和委曲也被人接纳，可形成良好的人际关系，甚至是团结大多数的重要方法。祸福并不由命，也不在天，一切都在人们自己的选择。在老子看来，过刚则易折，委曲之人能求福避祸。人世间的人情变化无常，人生的道路曲折漫长。走不通的时候，退回来，绕道前行才会达成目的；事业一帆风顺时，张扬炫耀必然成为众矢之的，谦让三分之理才能保住名声、地位、财富。

　　孙叔敖是楚国名相，他向智者狐丘丈人询问处世之道，狐丘丈人对他说："一个人有三种被怨恨的事，爵位高的，肯定遭别人妒忌；官位大的，必然被国君厌恶；俸禄丰厚的，一定招致周围人的怨恨。"由此可见，越是成功之人，处境越是危险，孙叔敖听后，深为赞同，说："爵位越高，我越会放低身份；官位越大，我越会小心谨慎；俸禄越多，我就会拿出去施舍。用这种方法消解这三种怨恨吧！"孙叔敖的做法完全符合"曲则全"之理。孙叔敖病了，临死之时警诫儿子说："国君几次要把一块肥沃富饶的田地封给我，我都没有接受。我死后国王肯定会把这块地方再封给你，你一定不要接受，可以向国君请求寝丘之地。寝丘位于楚、越交界之处，土地很一般，名字又丑恶，楚国人迷信，厌恶这块地，越国人也不喜欢，只有这样，才能长久保有这个封地。"孙叔敖死后，楚王果然要封给他儿子好地，孙叔敖的儿子推辞不接受，却请求寝丘之地。楚王把此地封给了他，孙家拥有这块地方后，保持了好几代人，拥有这块地方很久很久。万事万物，相反相成；只有"不争"，才能"莫与之争"。老子用曲与全、枉与直、洼与盈、敝与新、少与得、多与惑来阐述"道"顺其自然规律及事物辩证的思想理论。"不争"符合于"道"的本质规律，炫耀、贪婪、争强好胜之人正因为违反了"道"的基本规律，所以注定要失败的。"洼"就如同一只空杯子，"盈"就像装满水的杯子，只有空杯子才能容纳更多的水，满了则会溢出的道理。普通人看问题很片面，或者看不到深层面的问题和未来的可变性，或者看不到事物相反的另一面。懂得"道"的规律的人，能遵守和运用"道"的规律，全面而深刻地认识事物的本质和可变性。"诚全而归之。"为人处世但求尽心尽力，谋事在人、成事在天，在我不必成功。功成身退，不居功自傲，就是"曲则全"的道理，也是人生的最高境界。不争名利、不争权位，才能众望所归。因为物极必反，所以"曲则全"。老子全书核心的政治思想是"无为""不争""曲则全"就属于无为的一个方面。

　　"曲则全"的道理指明不论修身、治国，都须以诚为本。大道的本质是真，做人的根本是诚。只有做人做事人心真诚，才能成就一切。

　　常人只认识事物的表象，不能深入认识事物的本真，老子以其丰富的生活经验所透出的智慧，来观照现实世界中各种各样事物的活动。他认为：一是事物常在对立关系中产生，我们必须对于事物的两端都能加以彻查。二是我们必须从正面去透视负面的意义，对于负面意义深入地把握，更能显现出正面的内涵。三是所谓正面与负面，并不是两种截然不同的东西，它们常是一种互相依存的关系，甚至于常是浮面与根底的关系。常人对于事物的追求，往往急功近利，只贪图眼前的喜好和私利，老子则晓谕人们，要扩展视野，即观赏枝叶繁盛，同时应注意根底的牢固。有结实粗壮的根，才能长出茂盛的叶来。由于事物的这种依存关系，所以老子认为：在"曲"里面存在着"全"的道理；在"枉"里面存在着"直"的道理；在"洼"里面存在着"盈"的道理；在"敝"里面存在着"新"的道理。因而，在"曲和全""枉和直""洼和盈"的两端中，把握了其中之底层的一面，自然可以得着显相的另一面。常人总喜欢追逐事物的显相，芸芸众生莫不急于求"全"求"盈"，或急于彰扬显溢，因而引起无数纷争。求全之道，莫过于"不争"。"不争"之道，在于"不自见（现）""不自是""不自伐""不自矜"。而本章开头所说的"曲""枉""洼""敝"，也都具有"不争"的内涵。

第二十九章　清静为天下正

原文：

　　上士闻道，勤而行之；中士闻道，若存若亡；下士闻道，大笑之。不笑不足以为道！故建言有之：明道若昧；进道若退；夷道若纇。上德若谷；大白若辱；广德若不足；建德若偷；质真若渝。大方无隅；大器晚成；大音希声；大象无形。道隐无名。夫唯道，善贷且成。

　　大成若缺，其用不弊。大盈若冲，其用不穷。大直若屈，大巧若拙，大辩若讷。躁胜寒，静胜热。清静为天下正。

译文：

　　清静无为的真藏规律之大"道"，它视之不见，听之不闻，博之不得，空洞虚无，至为微妙，完全不同于人间的万事万物。天性纯全，未被后天机智情欲凿丧的上等之士闻，必能领悟其奥妙、躬身以行、勤勉印证。天性半备的中等之士闻此"道"，虽能略知其中奥妙，但较肤浅，半信半疑，因而若行若止、顾虑重重，有所行动，但终无所得。下等之士，其天性全被七情六欲机智巧诈所蒙蔽，不知进"道"修"德"，只想贪享世味，追逐名利，其心其行，背"道"而驰。因而他们闻知恬淡无为的大"道"，根本不屑一顾，甚至嗤之以鼻，哈哈大笑。如果不被这般人嗤笑，就不足以显示"道"的重大意义了。关于上士闻"道"的勤行，下士闻"道"的大笑，于此立言明示：明了大"道"的人，不露锋芒，含藏内敛，不尚机智，似无所知；对大"道"深知的人顺自然之为，潜默自修，黯然自养，事事不敢为天下先，处处以为己不足，顺自然不强有所作为。言谈举止平常自然，而丝毫不出风头，无异常人。顺自然无为之德，谓之"上德"，"上德不德是以有德"，因而，广大之德，就像空旷的山谷，不见其德。明白妙"道"之人，修内而忘外，不择贵贱，不介是非，忘其尊卑，居下而自安。有大德之人，谦虚自慎，常常感到自己德不足。建德之人，虽积德已厚，却自以德不足。天真纯素，真诚不妄之人，内心虽朴实敦厚，外貌如素体，可随方就圆，顺势而为，顺五色而变。

天道：体悟老子

古时候经常有人这样说：光明的"道"，好似暗昧；前行的"道"，好似后退；平坦的"道"，好似崎岖。崇高的德，好像山谷；博大的德，好像不足；刚健行德，好像怠惰；质朴的德，好像混浊；洁白的东西，好像卑污。方正的东西，好像无棱；贵重的器物，总是最后完成；最大的声响，听来稀弱；最大的形象，反而无形。端方正直的人，虽坦然大公，堂堂正正，大中正圆，无棱无角，从不伤害他人。成大器的人，无不经受长期磨炼，坚持不懈。"大器晚成"的姜太公八十岁辅佐文王灭纣兴周就是典型例子。"道"无形象，"视之不足见"因而最大的物象是无形之象。虚无自然的真常之"道"，隐含在天地万物之内，无名无象可睹可闻。此谓"道隐无名"，大"道"虽无形无象，下士闻之而大笑，但只有"道"善于辅助，万事万物才得之以成。"道"幽隐而无名，只有"道"善于施与万物而且成就万物。

最完美的事物看上去好像有所残缺一样，但它的作用永远不会衰竭；最充实的东西看上去好像有点空虚的一样，但它的作用不会穷尽；最直的东西好像弯曲一样；最灵巧的东西看上去好像是最笨的；最好的口才似乎不善于言辞。人疾急扰动，过于急躁虽寒亦不觉，清静战胜躁动；人心宁静，虽热也不觉，心冷战胜炎热，清静无为才能够治理天下，成为人民的模范。

体悟：

本章重点阐述了"道隐无名"和"明道若昧"的特征。道的现象和本质看上去是矛盾的，所以通常不为人们理解，但是道却恰恰由此而成就了万物。

我们仔细观察就不难发现，其实老子在这章是依据"悟性"来划分人的知识等级的。所谓"上士"就是指悟性高的人，所谓"中士"就是指悟性一般的人，所谓"下士"就是指悟性低的人。"道"先天地而生，无为而无不为，是没有高低贵贱之分的。高高在上的统治者未必能够完全深刻理解"道"的内涵。市井民众也未必不能领悟"道"的真谛。所以在老子的思想体系里，人是没有地位高低之分，只有悟性高低之分。悟性低的人略有一点本领，总是喜欢到处显摆卖弄自己。悟性高的人能够很深刻地体悟"道"的各种规律，由此就会积极努力地去实践"道"；悟性一般的人听了"道"以后不会理解得很深刻，因此会时而怀疑时而践行；悟性低的人根本无法理解"道"的内涵，所以就会嘲笑"道"并且不相信"道"的存在。老子认为，如果所有人，大家都相信这个"道"，那一定不是"道"。所以不被嘲笑就不足以被称作"道"了。这句话可以说对我们是相当有启发意义的。老子的这句话从反面的角度对"道"进行了阐释，真正的"道"往往不会被所有人理解。打个比方，《论语》记载：一天，子贡问孔子说：

"全乡人都喜欢赞扬他，这个人怎么样？"孔子说："这还不能肯定。"子贡问孔子说："全乡人都厌恶憎恨他，这个人怎么样？"孔子说："这也是不能肯定的。最好的人是全乡的好人都喜欢他，全乡的坏人都厌恶他。"同样老子说的"道"，也必然是如此，上士、中士、下士如果都对其采用同样的态度，这样的"道"，便往往不是真正的"道"。而真正的"道"，必然会被浅陋之人所嘲笑。因此浅陋的人，鼠目寸光，他所理解的道理，必然是狭隘之道理。因此，正是通过这样一种双重否定，才证明了"道"的正确性。

从我们的现实生活中也往往会发现：但凡浅陋而无见识之人，便往往会嘲讽他所不理解的真理。"真理往往掌握在少数人手中"，其实说的就是这样的道理。这里的少数人其实指的就是那些有见识、有思想，比常人看得远的人士，正相当于老子所说的"上士"。正是因为他们看得比一般人远而深刻，所以能够看到普通人视野之外的东西。而因为看不到未来的可能性，普通人便不相信"上士"所说的"道"。而随着时间的推移，等真理被越来越多的现实所证明之后，普通人便也慢慢接受了真理。实际上几乎所有的真理，被接受的路径，无不如此。因此，最初掌握这些真理的人往往是不被人们所理解的，其遭遇甚至已经不仅仅是被众人嘲笑了，也有许多人付出了生命的代价。因此，老子所说的"不笑不足以为道"，确实是真理。而且这句话对于我们的现实生活其实有着很实际的指导意义。在现实生活中，我们会发现，越是浅陋而没有见识的人，越是喜欢议论和嘲笑真理，这也正是所谓的无知者无畏。因此，在我们生活中，我们即使不是"上士"，也尽量不要做那种浅薄的"下士"，以免显得浅薄，最终贻笑大方。实际上，面对浅陋的"上士"也往往是不屑于与之争论的。以至于有的人便以为别人无法驳倒自己，更是扬扬得意，也就更加浅薄。具体地说，无知不要紧，但要明白和承认自己的无知。对于自己不太理解的东西，便不要轻易发议论乃至嘲讽别人。另外，便是要明白，真正的"道"必然是要遭受嘲笑的，"上士"被"下士"嘲笑是不可避免的。从表面上看，上士似乎是受了侮辱呢，但实际上，受这种侮辱何尝不是一件值得骄傲的事情呢！这就像一个恶人仇恨你，这不正表明你是一个好人吗？具体到现实生活中，如果你自己觉得掌握了真理，在面对不理解的人嘲笑时，便要泰然处之，要明白这本是正常的情况，既不必因有人嘲笑而对自己产生怀疑，也没必要跟他们去争辩。换句话说，只要你自己觉得是对的，便要勇于坚持并平静地去坚守！

真正永恒的"道"通常跟我们日常的生活经验是相反的。所以老子在这一章节里说："明道若昧；进道若退；夷道若颣。上德若谷；大白若辱；广德若不足；建德若偷；质真若渝。"真正壮美的后果是不需要频繁地运用复杂的技巧、技术的。老子还提出了辩证法的矛盾转化思想问题，那就是事物发展到极致以后会向相反的方向转化的，所以他才会说"大白若辱""大方无隅""大器晚成""大音希声""大象无形"。正反两面都是道的应用，而"道"却看不见。道之用，它包含善恶是非、轻重正反。宇宙万物时刻都在转化变化。他列举这一系列互相对立，又互相依存的事物来说明相反相成是"道"与"德"的体现；而"道"能使万事万物善始善终。老子从不直接来描述"道"的概念或者定义，而是通过比较的方式，以间接描述来揭示"道"的真谛。

本章首先描述了"上士、中士、下士"这三种人听到"道"以后的反应，"道"在下士那里往往会遭遇到嘲笑，又称"不笑不足以为道"。为了解释其原因，他又举出了一系列的例子，即"明道若昧；进道若退；夷道若纇。上德若谷；大白若辱；广德若不足；建德若偷；质真若渝。大方无隅；大器晚成；大音希声；大象无形"。因此我们便明白了，道之所以被下士嘲笑，是因为其在表面上看上去并没有很耀眼的光芒，因此浅陋之人并不能识别出来。实际上老子所举的这些例子除了解释了"道"，遭到下士嘲笑的原因之外，同时也是老子的重要智慧——辩证法思想的又一次展现。

老子在全文中经常论及其辩证法思想，比如他曾说过："天下皆知美之为美，斯恶已；皆知善之为善，斯不善已。故有无相生，难易相成，长短相形，高下相倾，音声相和，前后相随。是以圣人处无为之事，行不言之教。万物作焉而不辞，生而不有，为而不恃，功成而弗居。夫唯弗居，是以不去。"可以说，这种观点是老子辩证法的基本观点，其后一些论及辩证法的观点则是在此基础上进行的进一步延伸，比如其他很多的论述。

其次强调辩证法思想并得到了进一步发挥。他认为相互矛盾的事物其实是相辅相成、彼此依托的，而并非如我们通常所认为的那样泾渭分明。如其所论，崇高的德本来应该是处于让人们敬仰的位置的，结果反而像是虚空的山谷；最方正的东西显然是应该具有棱角的，却看似没有棱角；最洁白的东西显然看起来应该比一般的洁白更白才对，结果反而看上去像是黑垢了。很显然似乎一种东西一旦达到顶峰之后，便会在外相上看上去似乎是转向了它的反面。因此相互矛盾的事物不仅是相互相托的，而且是在相互转化的。

老子的辩证法思想在全文中多处都有所提及。可以说辩证法思想是贯穿老子全文的一个重要思想。就本章而言，给我们的启示便是，事物一旦发展到了极端便往往开始向对立面发展。因此我们在现实生活中不要总是以事物表面看上去的样子去做判断，而是应该从更深层次去理解看问题，这样才能够做出准确的判断，避免让自己成为浅陋的"下士"。比如有些稍懂学问的人，遇到别人诚恳地请教他，便觉得对方一定不如自己，于是即使表面上不表露出来了，心里也会有些按捺不住的得意。实际上，可能别人的学问比他高得多，而是抱着一种不耻下问的态度去请教的。因此这种得意只能是一种浅薄。在交际场合中，有的人看到别人沉默寡言，一副木讷的样子，于是便陡然产生一种优越感，就高谈阔论，卖弄自己的见识和口才。其实就正应了那句"一瓶不响，半瓶晃荡"的俗语。许多人习惯以衣着判断别人，看到别人衣着不太讲究，就马上判断有些粗俗。殊不知，真正高雅的人往往注重的是自己内心和精神，在外在形象上往往不怎么在意，其实人家比他高雅多了！总之老子教导我们的是——不要成为那种只简单依靠外表现象进行判断的"下士"，即使遇到自己难以理解的东西，也不要贸然不以为然，而是要明白有限乃至无知，从而保留自己的判断。另外，如果你也遭遇到了被"下士"嘲笑，也不必太在意了。

　　最后借"建言"来描述"道"的内涵，通过明和昧、进和退、白和辱等几组有对立统一关系的概念来界定"道"，说明相反相成是"道"与"德"的体现，而"道"能使万物善始善终。要想修道有成，就要明白前面的道理，通过它的作用和现象，才能体会不可知、不可见的"道"之本体。最后一句，揭示了"道"的重要性。这充分体现了老子的辩证法思想，它包孕着无限的智慧和顺其自然的创造力。万事万物相反相成，所以他主张"无为而无不为"之理。老子为了证明自己的辩证法思想，举了很多相反相成的例子，这些例子的逻辑是很容易让人明了的，比如崇高的德本来应该是处于让人们敬仰的高尚位置的，可结果反而像是低矮的峡谷；最方正的东西显然是应该具有明显棱角的，却看似没有棱角。老子正是以此让我们明白，我们对于事物不应该只凭其表面来判断，而应该更深入地辨别事物的内在，才可能做出准确的判断。不过在所有这些例子中"大器晚成"这个说法从表面上看似乎稍微有些不协调，因为似乎在逻辑上伟大的成就本来就应该是需要花费时间的。不过我们如果仔细辨别的话，其在逻辑上其实是说得通的，其意思是奉劝我们不要因为暂时看不到成就便匆忙做出判断，以为以后不会有成就的。这同样是在提醒我们，不要为眼前的表象所迷惑。另外老子的这句话也被演绎出了一种更为普遍的意思，便是不少伟大的人物在年龄较大时才展现出非凡才能。可以说这两种解释对于我们有很现实的指导意义。我们把握这种智慧，可以用来作为对别人进行判断时的参考。在别人努力奋进的过程中，不要因为别人一时没有成功，便对别人的事业下定论，认为别人就不会成功了。尤其是对于朋友，不要给泼冷水，我们应该做的是鼓励别人，成人之美。

　　现实中的许多人之所以与朋友、战友不欢而散，都往往是因为不看好别人的努力，乃至冷嘲热讽。要知道这样既打击了别人，自己又失去了一个朋友，这又何必呢？与此类似，有的人因看到别人长时间没有表现出什么才能，不太得志，便认为别人会一

天道：体悟老子

直潦倒下去，他这一辈子也就这样了。这往往是很伤人自尊的，很容易让对方产生赌气乃至报复心理，现实生活中因此得罪人的事到处可见，甚至因之而结仇的也屡见不鲜。而且即使不考虑人际关系的因素，仅仅是作为一个有智慧和见识的人，也应该明白，许多事业都是很晚的时候成功的，而很多的人也都是在年龄很大时才成功的，这样的例子不胜枚举。如果你连这点道理都不懂得，可以说一个人也就缺乏应有的远见，就显得目光短浅而为人浅陋了。然后是将老子的智慧直接用于自身，鼓励自己自立自强，创造一番事业。如果你正在努力想要有所成就，而暂时还未能成功，那么你便应该明白，许多伟大的成就都是在很晚的时候才能够成功的，在你面临挫折时，不要灰心，持之以恒地努力坚持下去就可以成功。而如果你现在身处困境、穷困潦倒之中，对自己的梦想和所选择的道路产生了怀疑，你甚至感觉不到自己的优点，看不到前途与光明，这时候要学会鼓励自己，可以想象，每个人的天资、成长学习条件不同，最后取得成就或是展现才能的时间必然是不同的，肯定是会有早有晚。成功什么时候来到我们无法把握，我们能做的便是不停的努力，尤其是永远对自己怀有坚定的信心，所有的成功无非都是如此。大千世界，芸芸众生，每个人的人生路径肯定是不同的。而对于那些试图有所成就的人来说，因为各自的资质、出身、环境、机遇等条件的不同，每个人最终抵达终点的方式也肯定是不同的，抵达成功的时间也会有早有晚。纵观古今中外，年少得志的人固然不在少数，但实际上更多的成功人士往往是在有了一定的年龄之后才取得成就的，许多历史事实都表明，一个人即使早年表现得很是糟糕，也往往并不影响其在日后取得非凡的成就。人只有遵循大道，集聚德行，才能善始善终。

天地万物过于圆满的都会存在一点缺陷。正是这一点缺憾，使得世间万物都不是那么完美。真正的充盈，就是"冲"，是一派虚空。生命力在于永远流动，所以它的作用无穷无尽。世上没有真正的直，直要以曲来体现。真正灵巧的东西，都有点笨拙。真正会讲话的往往会很朴实，甚至木讷。"大成""大盈""大真""大辩"与"大巧"，都是一种相对的状态。虽有圆满，似有残缺；虽然充实，似有空虚；虽然正直，似显弯曲；虽然雄辩，仍显口吃；虽然灵巧，却显笨拙。不自满自负，锋芒不显露，就不会影响品德。有了足够的品德，就会与万物和谐相处。老子常用辩证法理论去谈社会表象与社会实质问题，所谓物极必反，一个事物一旦在某一方面达到极点，便会向其对立面转化。为更加明确，我们不妨对其原理进一步简要论述。大成若缺。成，即成就。可以说世间万物都渴望达到一种成就自我的状态。但是，真正伟大的成就表面看来并非处于完美状态。就像是天地自然一样，看上去并非完美，也存在着各种不毛之地、恶劣的天气、自然灾害等，但是世间万物却正是其创造出来的。真正伟大的人物，身上总是有这样或那样的缺点，比如孔子的明知不可为而为，老子的保守与隐退。真正的美女并不是完美无瑕；相反，她们身上总有不尽如人意的地方，比如维纳斯的断臂、西施的病容。也就是说，真正的完美看上去往往是有所残缺的样子。

大盈若冲说的是真正盈满的东西，往往看上去空虚的，却用之不尽。相反，小盈却往往看上去像是盈满的样子，但是其实很快就会用光的。打个比方，在夏季的乡间，雨后往往会在一些低洼的地方形成一池塘的死水，其表面看上去很多，但是因为没有源头，天晴之后几天时间便会蒸发掉了。而一个小溪，看上去只有涓涓细流，没有多少水，但它会常年存在，细水长流，乃真正的"盈满"。大直若屈，老子说的是事物因顺遂万物的本性，随其曲直，因此许多时候表面上看是曲的，其实却是最直的。就好像黄河、长江一样，在大地上回环往复，曲曲折折，但其实质上是直指大海的，目的没有改变，已经是在顺随地势的前提下以最短的路程奔流到海去了。另外这里还经常被用来比喻人们的性格，一个生性正直者，有时在表面上反倒并不是一副正义凛然的样子，而是会随机而曲，随缘而适，看上去有些委曲求全的姿态，其实际上内在的追求正直的想法并没有改变，只有他自己心里更清楚这点罢了。大巧若拙，说的是最灵巧的东西往往看上去是笨拙的。这里不妨拿姜太公垂钓的故事举例。八十岁的姜子牙在渭水钓鱼，一个打柴的农夫每天路过姜子牙的身旁，从来没见他钓到过哪怕一条小鱼。某一天他才发现姜子牙的鱼钩是直的，难怪钓不上鱼！于是他嘲笑姜子牙："你这个老头怎么这么笨呢，直钩怎么可能钓上鱼呢！"姜子牙却不予理会，结果几天之后，周文王访贤走到了渭水河边上，和姜子牙论道及治国良策，被姜子牙的才学所吸引，拜其为丞相。最后姜子牙辅佐周文王、武王两代君主建立了强大的西周，推翻了商纣王的残暴统治，建立了周王朝，成就了千古流芳的伟业。可以说，姜子牙的直钩钓鱼的行为看上去是笨拙可笑的举动，殊不知其乃最具智慧的行为了，他最终钓到了周文王这条"大鱼"啊！而关于"大辩若讷"我们在后面单独论述。总之老子所举的这些例子便有力地证明了其所提倡的清静为本、不事张扬的观点。

我们可以从比较简单容易掌握的角度将老子的智慧应用到我们具体的现实生活中，那便是我们看问题，不要过于表面化，许多东西都并非如同我们表面上看上去的那样，我们要学会透过事物的表面现象去认识它更深层可能变化的东西，即使不能看透事物变化的全过程，至少我们要学会保留自己的判断，不去跟大流。还是那句老话，人不可貌相！道理虽然大家都懂了，但在实际生活中，有许多人还是习惯性地势利看人。这样的人，如果甘愿庸碌地度过一生也就罢了，但如果要想做出点事业来，他短浅的目光、狭隘的认识思维便会是其致命的障碍；另外在与朋友交往的过程中，不要因为对方不经意间说出的一句对你有所伤害的话便判断对方不值得交往。要明白生活中人与人之间难免会产生误会与不经意的伤害，判断一个朋友应该根据其整体交往而非片面的表现；另外，即使在工作中，我们同样需要养成透过表象去探知实质的思维习惯，这样我们便具有更为犀利而准确的目光及判断能力，能够更快地找到解决困难的方法，自然就能够有难必通，将工作做得得心应手。

　　夏季的炎热，令人躁动。虚静的内心可以战胜炎热。人有清静无为，就可以作为有道的楷模。统治者做到清静无为，就可以使天下大治。老子提出了"大成若缺""大盈若冲""大直若屈""大巧若拙""大辩若讷"一系列辩证法思想的见解，"大辩若讷"可以说是对于我们的现实生活很有指导意义。或者说是我们每个人最容易掌握并能实践的智慧。生活中我们大部分人往往都习惯于用语言去为自己辩解，习惯于与别人争论，习惯于嘴上不吃亏。但是言辩是达不到目的的。争辩的本质恰恰是在与人发生正面冲突。我们多数人都是固执己见的，多数人都喜欢跟他们辩论。其实我们有哪个人愿意被别人说服，又有哪个人愿意在被别人驳得体无完肤的时候接受他人的意见呢？既然无法说服别人接受自己的观点，再好的辩才又有什么用处呢！研究发现，在辩论之后，十有八九，各人还是会坚持自己的观点，总是相信自己是绝对正确的。辩论产生的结果只能是失败，是永远无法获胜的。即使表面上你取得了胜利，实际上与失败没有什么区别。因为就算你在辩论会上胜了对手，把对方的观点彻底驳倒，甚至指责对方神经错乱，可是结果又会怎么样呢？你自然是逞了一时之快，但是对方却会感到自卑。你伤了他的自尊心，他对你心怀不满。所以天下只有一种方法，能够得到辩论的最大胜利，那就是尽量去避免辩论。我们都应该知道，当人们被迫放弃自己的意见，同意他人的观点的时候，就算是看起来被说服了，实际上他反而会更加固执地去坚持自己的意见和观点。这种观点与老子的"大辩若讷"相反相成。并且从现代心理学的角度解释了大辩若讷的理论基础，因此大辩不言所提醒我们的便是，在生活中不要逞口舌之利，尽量少与人争论。其实许多时候，对方并不是不承认你的观点，只是在面子上感觉自己下不了台罢了，因此你要懂得给别人下台的面子。

　　大辩若讷的智慧便是提醒我们，最有效的辩解往往不是通过语言来实现的。其看上去反倒在口舌上处于劣势的样子。在《庄子·齐物论》中有言："大辩不言。"其道理与老子的大辩若讷其实是一个理，它说得更为具体一些，我们不妨以其作为我们的处世为人的准则。实际上大辩不言，还是老子之前所说以柔克刚的智慧的体现。日常生活中我们经常看到两个人为某件事争论得面红耳赤，谁也说服不了谁。这时候，如果来个第三者仔细聆听一会儿的话，便往往会发现两个人其实已经不存在观点上的冲突，而只是出于好胜的一种意气之争。这样的争论显然是不会有结果的，最后只能是双方不欢而散。而真正的老子所言的"大辩"，则并不是靠强势的语言来胁迫对方就范，而是靠一种柔和的引导，使对方自然而然地接受你的观点。有一个故事形象地说明了这一点。说北风和南风有一天碰在了一起，它们想比一比谁的力量更强大一些。北风指着路上的一个裹着大衣走路的行人说："我们看谁能把他的外大衣吹掉，就算谁的力量大，怎么样？"南风点头同意了。于是北风使尽全身力气盘旋着猛地狠狠吹向那个行人，没想到行人一看起风了，赶紧将大衣又使劲往身上拉了拉，裹得更紧了。北风无论怎么用力地吹，都吹不下来，只好放弃。然后南风上前去吹，并没有用多少力，这个人一下子感到气温升高了，热得难受，就赶紧将大衣给脱掉了。其实这个故事便充分地说明了说服别人的技巧，如果你一味咄咄逼人地想让对方就范，很可能适得其反，其得到的将是不服气的反驳。而如果你不用强硬的语言，而是通过一种暗中的引导，或者行为上的示范，使得对方自己认识到问题所在，他便心服口服了。

另外，大辩不言还给我们一个启示，语言往往是苍白的，我们要学会用行动去说话，那时不用你说什么，别人便会相信我所说的，这便是老子所说的"大辩"。也就是说最高明的言辩和说服体现在行动中，体现在"不言之教"里。在课堂上，有时候老师无须多言，只要自己身体力行，学生自然会效仿你的行为；战场上，将军冲锋在前，往往比在后面喊破嗓子更有效果；在组织机构中，领导的模范带头作用要比种种规章制度更管用有效。这些现象都是"大辩若讷"的具体体现。总之老子的"大辩若讷"的智慧便是提醒我们：一是不要与人争论，逞口舌之利；二是如果想要说服别人，便拿出你的行动来证明。人世间之所以大乱，就是因为违背道德的人越来越多。那些缺德无德丝毫不把道义放在心上的人，不会有大的成就。积德要先从正心诚意开始。对大道无所知，不算有智慧；对名利过分追逐，谈不上俭奢；对民生无睹，就是不仁。言谈举止之间有所差错，就可能违背了自然之道，因此要时时纠正自己的内心私欲。老子的核心观点是："清静为天下正。"前面提到的"大成若缺""大巧若拙"等，都是老子为使众人更具体地理解他的观点而举的例子。而"躁胜寒，静胜热"则是对"清静为天下正"的一种补充说明。老子告诉我们，凡真正具备完满、充盈正直等优点的事物，表面上看上去往往并不怎么起眼，反而十分差劲。这正是因为真正好的东西往往都是内敛、不事张扬的。清静才是天下的正道，清静无为的统领者才能治理好天下。老子的这种观点是提倡我们的行为要顺应天道和自然。

"道"的本性是无欲无求，无为而治的。因此一个人只有做到清静无为，才符合了"道"，才能成为天下的君长。具体而言，清即是清心寡欲；静即是无为，镇定。

而与之相反的便是躁动，躁动的原因便是过多的欲望。老子曾讲："重为轻根，静为躁君。"意思是稳重乃轻浮的根本，静定乃躁动的主宰。老子的这种思想对于我们华夏民族产生了很深的影响。历史的统治者都喜欢在书房里挂一个大大的"静"字。之所以如此，是因为中国人都深深地懂得，一个人只有静定才能产生智慧，不做出莽撞之举；一个国家也最怕动乱，需要一个静定的秩序；而儒家所谓的修身养性也同样强调了"静"之智慧。中国的知识分子所喜欢的围棋、钓鱼、太极拳等娱乐活动，无不透露出一个"静"字。因此可以说中国人最知道静的作用，其表面上不采取主动，无所作为，其实却是达到目的的最有效手段，谚语说"以不变应万变"，讲的便是静的效用。现实生活中应有两点启发：从宏观的方面来讲，要想有所成就，就必须学会收敛自己过多的欲望和过于浮躁的心理。坚定信念，艰苦奋斗，努力向既定方向拼搏，最终做出自己的成绩。明朝人徐霞客出身书香门第，为了实现自己从小立下的游遍我国名山大川的梦想，他放弃了科举考试，30年间，游历流连于中华山水之间，最终成为一代地理学家和探险家，并留下了《徐霞客游记》这部皇皇巨著。从微观的角度讲老子又启发我们在现实生活中，要学会以静制动的智慧，事实上，冷静才能催生智慧，因此我们做任何事情，都不要毛躁，而要保持一个冷静的头脑，这样才可能有一个清晰的思路；而在遇到问题的时候，不要慌手慌脚，失去分寸，而要镇定地想办法去解决问题。如打太极拳之理。事物都有相对的一面，没有绝对的真理，只有"清静为天下正"。能够真正清静，才能达到"无为"的境界，才能够治理天下。道隐奥难见，它所呈现的特征是异常的，以致普通人听了不易领会。自"明道若昧"至"建德若偷"名句，乃说明道德的深邃，内敛冲虚，含藏。它的显现，不是外炫的，而是返照的，所以不易为一般人所觉察。"大音希声""大象无形"，述；"若缺""若冲""若屈""若拙""若讷"，都是说明一个完美的人格，不表现在外形，而为内在生命的含藏内敛。"躁胜寒，静胜热，清静为天下正。"说明相反的事物可以相互制衡，而最后仍归结到推崇清静无为的最高作用。

第三十章　长而不宰

原文：

　　载营魄抱一，能无离乎？专气致柔，能如婴儿乎？涤除玄览，能无疵乎？爱民治国，能无为乎？天门开阖，能为雌乎？明白四达，能无知乎？生之畜之，生而不有，为而不恃，长而不宰，是谓玄德。

译文：

　　本章中心思想是阐明修身养性的要旨。"营魄"是指魂魄，实指人身中的元神和元精。元神属阳，轻清易飞而上行；元精属阴，重浊易凝而下行。二者相反而互补。先天元神本为清静，因后天欲念所扰而散乱不安。若祛除妄念，清心寡欲，则神自清静，元精也就会自安。"载"是元神元精同载于一体内，含有抱一不离、互为运转之意。是指精神和身体合二为一，抱一即精神与形体集中于"道"，二者达到合二为一的状态，精神和体魄和谐统一，能永不分离吗？"专"是指专一之意，常人因私欲妄念所扰，心神散乱不能专一，在无意之中导致其气粗暴，神气不合，母子失守，阴阳不交，坎离分居，先天与后天脱离关系。因此人在炼养时，必须使心神专一，调和呼吸，由粗浅到深长，由强硬到柔和，就是集中精气，排除杂念，达到宁静、柔顺、自然、纯真、朴素的境界状态。使人心灵深处达到像无欲的婴儿一般纯真，凝聚精气以至柔顺，能像婴儿那样吗？能如婴儿那样即是老子所追求的自然无欲纯真朴素的思想境界。"涤除"是洒扫清除之意。"玄览"是洞观无碍之意。"疵"是弊病。欲修身养性，必须清除心界一切杂念，使先天圆明的体性重现。荡涤杂念而深入观察人的内心世界，清除杂念观察心灵，能没有瑕疵吗？

　　"民"此处指人身中之精气。"国"指大的整个躯体。爱惜精气，强健身体，必须从自然无欲入手。无欲自然心虚，心虚自然神凝，神凝自然气聚，气聚而精气自调，百骸自理，九窍通畅，六腑调泰，五脏清凉，内无忧伤，外无邪侵，自身康壮，精足神旺。爱民治国，能够顺其自然无欲吗？"天门"指人的心渊性诲。"开阖"指一动一静。"雌"指柔和清静。先天性动，后天情欲即生。后天情欲静（阖）先天之性即现。

天道：体悟老子

人生天地之间，必然运心应物，感官运动，能宁静悠长无欲吗？然而，在举心运念时，不能让情欲障蔽本性而应以清静无欲处之。修"道"养性的根本在于"守雌"，清静无欲。心渊纯净，不被情染，性海明圆，不为物动。犹如皓月当空，无处不照，无处不明，此可谓明白四达，能不动用心机吗？心性与天地同体，清静明圆，无欲而化。生养万物，不以为自有；顺自然施化，不以为己之功；虽生养万物为长，而不自以为主。此谓深不可识，高不可稽，广不可量，远不可观者之上德。

体悟：

"营"是我们传统中医里的一个词汇，《素问·痹论》："营者，水谷之精气也。和调于五脏，洒陈于六腑，乃能入于脉也。故循脉上下，贯五脏，络六腑也。"中医理论中与"营"相对的是"卫"，《素问·痹论》："卫者，水谷之悍气也，其气慓疾滑利，不能入于脉也，故循皮肤之中，分肉之间，熏于肓膜，散于脑腹。"用我们通俗些的话来解释，就是营为里，卫为表，如表里不合，人体就会处于失衡状态。中医讲的其实就是凡事都是处于中间状态时为最好的状态，这就与老子的思想认识不谋而合。所以老子在本章第一句，即是"载营魄抱一，能无离乎？"一个人如果可以达到"载营魄抱一而无离"状态，专气致柔如婴儿，那他必然可入于内圣的境界。但是老子在此提出了疑问，虽然人们都知道达到如此极高的境界是最好的，但是真的有人可以做到吗？如果这是一个根本就不可能完成的任务，那么以此作为目标还有多少意义呢？正是他有了这些思索，所以他又一次把他的"自然"与"无为"的理论摆在了我们的面前。老子问，精神与身体合而为一，能够不相分离吗？对此，我们要进行反思，精神与身体是可以分离的吗？从表面上来看精神与身体就是合一的，是不可分离的，魂灵出窍之类的说法是不科学的，是不成立的。精神只能依从于身体而存在，从这种意义上来讲，精神与身体必然是合一的，根本谈不上分离不分离。可是如果从另外一种意义上来讲，精神与身体的确会出现相互分离的情形。我们经常会听到这样一句说辞，叫作"身不由己"。什么叫作"身不由己"呢？也就是说自己的身体不能由自己来控制行为。对于这一说法，当分作两种情况来看。一种情况，身不由己是由外力的迫使所造成的，我不喜欢做那件事，但是因有外在压力逼迫着我不得不那么去做；另一种情况，可能并不存在什么外在的压力，身不由己完全是自我的控制力薄弱所造成的。这就涉及自制力的问题。基督教神学家圣保罗曾多次说过这样一句话："我的心里是愿意的，但身体是软弱的。"这话乍听起来很矛盾，可在现实生活中，很多人的确就是这样的，甚至可以说，心志很坚强，能够对自己的心中意愿做到彻底的身体力行的人是比较少的。因此超强的自制力才被看作一种宝贵的品质；因此老子才问道："载营魄抱一，能无离乎？"在老子看来，使得精神与身体相合为一正是"道"的基本要求之一。

老子提出的第二种诘问是："专气致柔，能如婴儿乎？""专气致柔"，指的是集中精气，达到一种柔和的状态。老子认为，柔和的状态才是符合"道"的。晋代名将刘琨在《重赠卢谌》一诗中写道："何意百炼刚，化为绕指柔！"意思是，哪曾想到，原本那么坚硬的钢铁，千锤百炼之后却柔软得可以在指间缠绕。刘琨的原意是表达自己身为久经沙场的英雄而今却无用武之地的悲慨，可是这两句诗却往往给人以另外一种角度的启发，那就是原本强硬的性情，经过辛苦的磨炼之后，可以变得平和柔顺。这种"柔软"的境界是比"强硬"的境界更高一筹的，套用老子的思想"绕指柔"的状态才是符合"道"的精神的。老子问"道"，柔和随顺，能做到像婴儿一样吗？老子在全文中多次提到"婴儿"一类的词语，例如："圣人之在天下，歙歙焉为天下浑其心，百姓皆注其耳目，圣人皆孩之""含德之厚，比于赤子""我独泊兮，其未兆，如婴儿之未孩，傫傫兮，若无所归。"那么老子为什么经常以婴孩来做比喻呢？这就是因为婴孩有着特殊纯朴的品质，没有经过任何世俗的沾染和人为的教导，心中毫无杂念，他不会怀有投机钻营的意图，一切随顺自然，而这正是符合老子的"无为"之道的。可是一个人长大之后，又如何能够回到婴儿的那种心理状态呢？老子这么来比喻，当然不是要人们的智力发展阶段都停留在婴儿的水平上，而是强调心地的纯洁。佛教禅宗五祖弘忍大师的得意弟子神秀禅师曾经吟过这样一首偈子："身是菩提树，心如明镜台。时时勤拂拭，勿使惹尘埃。"而当时尚未研究过佛学，后来成为弘忍大师继承人的慧能法师则说道："菩提本无树，明镜亦非台。本来无一物，何处惹尘埃。"在慧能看来，明镜台之所以要时时地去拂拭，是因为心中存有尘念，如若心中无此尘念，本不招惹，又何须去拂拭呢？慧能法师所说的"本来无一物，何处惹尘埃"的境界是与老子所讲的"道"有着共通之妙的，但是这所谓的"无一物"，并非说是毫无感知，而是讲心地纯洁。

当代著名作家王蒙所写的短篇小说《组织部来了个年轻人》中表述了这样的观念："经验要丰富，心地要纯洁。"而老子所讲喻的"婴儿之状"也就恰同于此，一个人的人生经历纷繁复杂，你的思想可以很丰富，你可以知道的很多很多，你也懂得很多的行事技巧，你也懂得权术韬略是怎么一回事，但你并不会因为这些而使得自己原本纯洁的心境遭受玷染，即使你受到了别人的欺辱，你也并不会因此去欺辱别人，而是对他人依然以善美之心相待，这就是老子所诘问的"能如婴儿乎"的现实意义。他告诉我们，只要人处于一种无为无欲的境界下，一切就都会变得简单了。"爱民治国，能无为乎""明白四达，能无知乎"等，其实都是老子一心向往的那个世界真的太过于纯净不染杂质，无为无欲。因此做不到这些的人们，其实最大的"瓶颈"，主要是不能澄清自我无为无欲。于是乎老子又说要做到这些，其实并不难，让自己的心灵踏实澄净下来，对待事物"生而不有，为而不恃，长而不宰"即是最深厚最大的"德"行了。

本章主要讲修身之道。老子用六句问话对悟"道"之法进行了总结。"无离、无为、如婴儿，无疵、为雌，无知。"这是"道"对人生各个方面的要求。由于"道"是极为玄妙的，难以表述清楚的，因此，认识这个"道"，也就不像认识某个具体的事物那样容易，我们实际生活中，人的精神和肉体很难浑融一体，只有将神形合一而不偏离，才是自然之道。老子教导我们后人，首先必须洗涤自己的心灵无私无欲，使得形神一体；只有像初生的婴儿那样神情纯真凝聚，柔顺自然，丝毫不掺杂人世间的机巧，不掺杂任何私心杂念，纯真质朴才能真正领悟"道"的真谛，进而培养"德"。"涤除玄览"说的是排除杂念，而进入心灵的深处，进行认真的观照。老子问：当你深入考察自己的内心之时，能做到毫无瑕疵吗？就是说，自己能否做到凡事皆问心无愧呢？《论语》中记载孔子的弟子曾参"日三省吾身"，也就是说每天都多次反省自己，想想自己是否在哪方面做得还不够好呢？这与老子所说的"涤除玄览"是有着异曲同工之妙的。这里所提到的一个很为独特的概念叫作"玄览"，"玄"字是老子全文中出现频率较高的一个词，它是与"道"密切相关的，表达的是精微深奥的含义，而"玄览"就是一面很玄妙的镜子，它喻指人的心灵。老子这里所讲的自省的观点，最重要的是要求我们通过自省来体悟"大道"。

在老子的哲学里，"道"虽不可名，但是可以被我们体认。"大道"玄远深奥，同时"大道"又无处不在，认"大道"是高度的思维活动，没有内心的深入思考是感受不到的。而这种思考，就是内省的功夫。其次人的心灵就宛若一面镜子，人世间一切都通过人心反映出来，没有任何能够躲藏得了，当一个人面对人心的时候，才会看到真正的自我，人们常讲"扪心自问"，说的也就是这个意思。人生之初，处于婴儿的状态，心灵纯洁而美好，但是随着年龄的增长，各种各样的尘埃污垢开始浸染我们的心灵。我们对物质的追求，对美色的欲念，对他人的嫉妒，莫名的烦恼，难忘的仇恨，种种杂念，妄念乃至恶念困扰着我们的心灵，焦虑和紧张折磨着我们的神经，使我们的身心受到极大的损害。而要解除这种不良状态，内省是一个可行的方法，一个经常做自我反省的人，他日常不论接触任何事物，都会变成修身养性的一个可行的戒恶之法。一个经常做自我反省的人，他日常不论接触任何事物，都会变成修身戒恶的良药。其实，不仅老子，儒家和佛教也都是强调内省的，并且把它列为重要的功课。比如宋代瑞严和尚每天都要问自己：你头脑清醒吗？然后自己回答说：清醒。这样才算安心。这样自我警醒，细细问心，受到朱熹和张岱的肯定。人们的心中本是纯洁清净的，可惜却被物欲私念给封闭了，被一些妖邪的歌声和艳丽的舞蹈给迷惑了。所以必须排除一切外来声色物欲的引诱，直接用自己的智慧寻求人们自己的人心本性。而内省的作用是极其明显的。洪应明在《菜根谭》里谈道："夜深人静独坐观心，始知妄穷而真独露，每于此中得大机趣；既觉真现而妄难逃，又于此中得大惭忸。"就是说，夜深人静之时，独坐静思，省察自己的内心世界，往往会发现自己的妄念全部消失而真心流露，进而能体会到了毫无杂念的细微境界。这种感受让人心旷神怡，精神舒畅。但是，在感到真心之时，也会感知到妄念难消，以致惭愧不安。一个人首先要认识自我，但认识自我并不是最终的目的，认识到自己的劣根性后，就要根除自己的劣根性，认识自我就是为了战胜自我。培养自己的克制力和坚定意志，与发展自己的智力同样重要。如果没有强迫自己干完一件事情的自制力，那么任何理想都不可能成为现实，不管你有多么聪明。

　　老子主张作为统治者做到勤政爱民，施行仁政。统治者要关心百姓的疾苦，倾听百姓的心声。老子用人的生理现象的"天门开阖""明白四达"来喻指统治者要广开言路，倾听民间的呼声，体察人民的疾苦。广开言路善于听取谏言是统治者应当采取的治国原则。如果统治者不能做到通达，就会引起人民的不满，最终招致灾祸。因此，历史上的有道明君，无不善于听取臣民的呼声，唐太宗李世民就是最著名的一个。唐太宗李世民在中国历史上以善于纳谏著称于世。唐太宗在位时期，与文武百官励精图治，开创了我国封建社会历史上的一代盛世"贞观之治"。唐太宗的治政要略一直为后人所赏鉴。贞观之治的出现，与唐太宗的虚怀纳谏之风有很大的关系。总起来说，唐太宗的纳谏之风主要有四个特点：一是倡导直谏。唐太宗即位后，十分重视总结隋朝灭亡的教训，鼓励并倡导大臣直谏。不过在"尊君为首"的古代社会里，直谏又谈何容易呢！唐太宗知道臣子们心有顾虑，所以在即位之初即显示自己闻言听谏的诚心诚意。他对大臣们说："人要照见自己，一定要有明镜；一国之主要想知道自己的过失，一定要借助于忠臣。"此外，他还提到隋朝的教训："隋炀帝残暴无道，臣下进言的门路被堵塞了，他听不到批评自己的话，所以才招致了灭亡。因此作为臣子，你们必须极言规谏。"唐太宗不但鼓励百官直谏，还大力奖赏敢于直谏的人，鼓励诤谏。贞观元年（627），一个名叫元律师的人犯了罪，被判死刑。司法官孙伏伽对于这种判法有所不满，所以进谏说："按照现行的法律，元律师不该被处以死刑，法官不能因为憎恨而滥加刑罚。"唐太宗听了之后，不但没有生气，反而把价值百万钱的兰陵公主园赏赐给了孙伏伽。一些大臣对此不理解,便向太宗询问为什么这样做。唐太宗回答说:"我刚刚即位,需要在朝堂上下形成敢于直谏的风气。孙伏伽是我登基以来,第一个敢于批评朝政的人,所以我要好好奖赏他。"群臣看到唐太宗有虚怀纳谏诚意于是竞相直谏,涌现出一批敢于批评朝政的诤臣。以直谏闻名的魏征曾对唐太宗说:"陛下导臣使言,臣所以敢言。若陛下不受臣言,臣亦何敢犯龙鳞,触忌讳也!"这句话意思是说,正是由于唐太宗允许大臣直言,所以大臣们才敢公开批评朝政。这实在是一句真心话,在封建社会中,即使是像魏征这样的大臣,也不是不怕"犯龙鳞",而是因为他辅佐的是一位倡导直谏的贤明君主,所以这才心中没有顾忌。从倡导直谏上来说,其他帝王的确不及唐太宗。二是兼听则明,偏信则暗。贞观二年(628)正月的一天,唐太宗突然问魏征道:"人主怎样叫明,怎样叫暗?"魏征回答说:"兼听则明,偏信则暗。从前帝尧向下面民众了解情况,所以三苗作恶之事能够及时掌握。帝舜耳听四面,眼观八方,所以共工、鲧、欢兜不能蒙蔽他。秦二世偏信赵高,在望夷宫为赵高所杀;梁武帝偏信朱异,在台城被软禁饿死;隋炀帝偏信虞世基,死于扬州的彭城阁兵变,所以人君应当广泛地听取意见,那样贵族大臣就不敢蒙蔽,下情也得以上达了。"唐太宗听了非常赞同。唐太宗目睹了隋朝的灭亡,深知"明主思短而益善,暗主护短而永愚"的道理。他常向大臣们提起骄奢淫逸、拒不纳谏的隋炀帝。这位偏信虞世基的亡国之君,在农民起义已经风起云涌的时候却还被蒙在鼓里,竟然什么都不知道,这给后人留下了"身不闻过,恶积祸盈,灭亡斯及"的笑柄。隋炀帝的前车之鉴,也让唐太宗清醒地认识到兼听的重要性以及偏信的危害性。唐太宗重视"兼听"的故事还有很多。例如,他从贞观初年开始,就下令五品以上的官员,必须每夜都在中书省轮流值班,以备随时召见。每次召见他们的时候,唐太宗都与他们面对面坐着,一起交谈,详细讨论天下的大事小事,力求了解百姓对朝廷政策的态度,了解政令的得失与教化的成败。唐太宗认为,天下广大,为了避免个人主观局限性,必要与百官一起商量,再由宰相筹划,这样才能使政策得到执行。三是择善而从。为了消除"独断一人"对政事带来的危害,唐太宗极力主张群臣献策献计,集思广益,务求政策对百姓有益而无害,择善而从。对于臣下的谏议,唐太宗每在独自静坐的时候,便暗暗反省自己,唯恐对上不合天意,对下为百姓所怨恨。作为一个君王,此反省自己错误的心胸和气魄,的确是很难得的。贞观元年,唐太宗下令官员凡假造官阶和阅历的,不主动交代就处以死刑。后来果然查出有造假的人,唐太宗判了他们死刑。大理少卿戴胄认为依照唐律这些造假之人不应判处死刑,极力反对皇帝一生气就杀人的做法,唐太宗听从了他的劝谏,赦免了这些人的死罪。贞观三年(629),唐太宗下诏关中免两年租税,关东免一年的租税，但是没过多久，他就改变了主意。魏征知道后，批评他言而无信，唐太宗虚心接受了魏徵的批评。贞观五年（631），唐太宗轻信谗言，杀害了大理丞张蕴古，事后房玄龄澄清了事实，唐太宗十分后悔，随后颁下诏令说道："从今天开始，凡是判处死罪，即使是斩立决，也要审核三次后再执行。"后来，唐太宗想去封禅泰山，魏徵屡次劝说太宗："现在百姓生活还不十分殷实，仓廪还没有充实，国力还比较弱，您在这个时候祭告天地，以为帝王功业已经实现了，这是十分不妥的。"唐太宗随即打消了封禅的念头。四是畅达言路。为了保证谏议工作的顺利开展，唐太宗从制度上实施了一系列措施。首先，强化三省职能。唐初中书省、尚书省的部分官员，常常办事拖沓慵懒，并没有就决策正确与否提出过意见，仅仅充当了诏令的收发员的角色。为此，唐太宗颁下诏书，要求大臣们敢于讲真话，可以驳回不适当的政令。其次，重视谏官作用。贞观元年，唐太宗曾下诏令：今后凡是宰相进内廷商议国事的时候，必须安排谏官跟着一起来，让他们了解政事，谏官发表的意见，一定要虚心听取采纳。唐太宗让谏官听政，就是为了能够听取朝中不同的声音，为自己的朝政决策提供参考依据。此外，唐太宗还将杰出的谏官提拔到重要的岗位上来。比如贞观时候的魏征、王珪、褚遂良、马周等都是因为敢于直谏而后被委以重任的。

老子说："自制者强""强行者有志"，的确是千古不变的至理，值得我们三思。一个人一生没有过失是不可能的，如果他每天都能反省并成为一种习惯，那么，他将是过失最少的人，也可以相信他是天下最完美的人，反思是一面镜子，反省是一剂良药。反省是所有美德中最值得珍视的美德，拥有反省也就意味着拥有完美。而后老子又接连问道："爱民治国，能无为乎？天门开阖，能为雌乎？明白四达，能无知乎？"这都可以看作对"无为"观念不同角度的表述。爱护人民和治理国家，应当持守"无为"之道；自然的感官在接触外物时，要做到平和宁静；明白各种事理之后，也能不使用技巧。这里着重阐释一下"雌"的概念。它与"婴儿"一词相似，"雌"在《老子》之中多次提到，"知其雄守其雌"，那么"雌"含义是什么呢？通过直观的体验，我们可以感知到，不论是动物，还是人，雌性或者女性，都是比较温柔的，所以"雌"象征着阴柔、娴静的性情特点。老子一再强调，做人要收敛锋芒，要功成身退，这都是要求人们以保守、退让的态度来处世为人，而雌性的阴柔正是符合此"道"的，所以，老子提倡"为雌"。

老子说："生而不有，为而不恃，长而不宰，是谓玄德。"生养抚育了万物却并不据为己有，为世间立下了卓超功勋但并不自恃有功，滋养了万物但并不居于主宰地位，这就是最高尚的"德"。"大树将军"冯异的故事就很好地说明了这个道理。冯异是东汉初年"云台二十八将"之一。他为人谦虚退让，遇事隐忍，虽然功勋卓著却从不居功自傲。每在路途中遇到诸将，不论官职高低、战功大小，皆驱车让路。刘秀带领众将军行军打仗时，每次战斗结束后，将领们总是坐在一起，高谈阔论，论功谈赏。而冯异则常常独自避坐于大树之下，静静地思考着战斗的经过得失。久而久之，将士们知道他淡泊名利的特点，便戏称他为"大树将军"了。据史料记载，冯异素好读书，精通《左氏春秋》《孙子兵法》。王莽新朝末年，天下大乱，群雄并起。反莽武装共同拥戴西汉皇族刘玄为帝，建元更始，即更始帝。冯异此时正以郡掾的身份替王莽监管五县，与父城县的长官苗萌共守县城。刘秀奉更始帝之命率兵攻打父城，遭遇冯异与苗萌的顽强抵抗，只得退守巾东。冯异乘着间隙到所管辖的属县巡察，被刘秀军队抓获。当时冯异的堂兄冯孝以及同乡人丁綝、吕晏都跟随着刘秀，于是一起举荐冯异，刘秀就召见了冯异。冯异见到刘秀，说道："以我冯异一人的微薄之力，不足以影响您的强弱。我的老母尚在父城之中，请允许我回去据守五个城邑，立功来报答您的恩德。"刘秀同意了，冯异回去后，对苗萌说："当今众将领都是行伍出身，大多暴虐专横，只有刘将军所到之处不抢掠。我看他的言谈举止并非庸俗之人，可以归附他。"苗萌说："我与您生死与共，一切都听从您的安排。"当时，更始帝麾下众将中，刘秀并不特别突出，但冯异一见刘秀，便认定刘秀"非庸人也，可以归身"，目光独具，看人极准。冯异归顺刘秀后，刘秀任命冯异为主簿，于是拉开了君臣际会共创大业的帷幕。冯异和刘秀之间还有过共患难的故事。淮阳王更始元年（23）十二月，王郎聚众起事，在邯郸称帝。蓟中各地，纷纷响应。刘秀率部向南疾进。当时形势危急，刘秀昼夜不敢入城邑，吃住都在道旁。到达河北饶阳芜蒌亭时，天气寒冷，北风凛冽，大家舟车劳顿，非常疲倦。冯异从附近村子里讨来了豆粥，送给刘秀。第二天一早，刘秀对将领们说："昨天得冯异送来的豆粥，饥饿寒冷就都解除了。"刘秀对冯异深信不疑。冯异在关中三年，威望日著，于是有人上书刘秀，说冯异在关中权势过重，号称"咸阳王"，将不利于朝廷。而冯异本人也颇为不安，提出要留妻子于洛阳，但刘秀对这些流言毫不在意，还特意派人将奏疏送给冯异看，并下诏安慰，说："将军之于国家，义为君臣，恩犹父子。何嫌何疑，而有惧意？"表示出对冯异的极大信任。建武六年（30）正月，冯异入京朝见刘秀。刘秀数次宴请冯异，并指着他向满朝公卿大臣说："这便是我起兵时的主簿，曾为我在创业的道路上披荆斩棘，扫除重重障碍，今又为我平定了关中之地！"冯异治军严明，谋定后动，赏罚有度，政治眼光与战术素养均高出"云台二十八将"中的其他诸将一筹。他为人谦逊，从不居功自傲。在军中很多下级军官都愿意为"大树将军"效劳。汉光武帝建武十年（34）夏，冯异病逝在军营之中，谥节侯。冯异英年早逝，使刘秀失去了一位独当一面、智勇双全的大将，令人惋惜。五百年后，著名文学家庾信还叹息道："将军一去,大树飘零。"冯异出身儒生,而通晓《孙子兵法》,既有文才,也长于武略,不仅战功卓著,治理郡政也很有成绩。他作战勇敢,常为先驱,善用谋略,料敌决胜。同时,他为人谦退,不居功自傲,实难能可贵,诚为一代良将。

　　老子认为,纯真、自然、无为、无欲才是人类最高尚的品德,只有恢复到至纯、至柔、清心寡欲的心理状态才能体会到"道"的真谛深意。反过来我们可以这样想:如果把人世间的种种美好诱惑、欲望和机巧充于胸中,那么他还会有空闲的精力来领悟"道"吗?被世俗荣誉财富包围的人是无法用常规的准则猜想"道"的。一个心中无欲、至纯至善的婴儿,却能够感受到理想天国中的祥和安宁。"曲成万物而不遗",才能返还本初,合于自然之道。方可心如明镜,照见万象。物来则应,过去不留。洞察先机,而心中丝毫不为物所累。老子进而将对"道"的体悟引到治国安民上来,再次阐释了"无为、寡欲"的思想理论:反思自己的不足,运用众人的才智,才易于成功,才是大智慧。有智慧的人,不用一己之见来处理家国之事,而是集思广益,然后有所取舍。类似的话,如鬼谷子说:"专用聪明,则功不成,专用晦昧,则事必悖。一明一晦,众之所载。"老子说:"爱民治国,能无为乎?"并以"生之畜之,生而不有,为而不恃,长而不宰"来解释玄德的真谛与奥妙。这就是深远难知的至德了。要我们懂得自然规律,效法自然规律,修身养性,爱民治国。本章的重点在于修身,老子认为灵魂和肉体是一定要和谐相处的,意在重生。而"道"是外在的,只有做到自身与坚守大道融和一体,才能永久存在。在此基础上,一定要做到像婴儿一样平和宁静,品德质朴纯洁,处世清静无为,形貌柔弱卑下,态度谦虚恭敬。这些都是"道"对人生各个方面的具体要求。

第三十一章　损有余而补不足

原文：

　　天之道，其犹张弓欤？高者抑之，下者举之，有余者损之，不足者补之。天之道，损有余而补不足。人之道，则不然，损不足以奉有余。孰能有余以奉天下？唯有道者。是以圣人为而不恃，功成而不处，其不欲见贤。

　　圣人不积，既以为人己愈有，既以与人己愈多。天之道，利而不害。圣人之道，为而不争。

译文：

　　天道运行，不偏不倚，至为公平。就像张弓射箭一样，过高了就压低一些，过低了就抬高一些，多余的减去，不够的补足，直到合理为止。自然法则是减少过剩的用以补给不足的，天之道，是减损有余的而补充不足的，使二者中和平衡，是消灭差别的。人之道，则相反，是减损不足的而奉给有余的，不是雪中送炭，而是锦上添花。谁能减损有余的豪门富贵而救济不足的贫困者？只有有"道"（懂得自然规律法则的人）和"替天行道"的人才会这样去做。天"道"是"中平"。人道相反，是"两极分化"。只有防止两极分化，消灭社会悬殊太大的贫富差别，方能合乎"天道"。这是社会发展的必然规律。因此有"道"之人为天下人谋福利而不自以为有功，有特权，做出了伟大的政绩成就而不居功自傲，谦虚谨慎，含光内敛，从来不彰示自己的功劳和才干。老子以"天之道"与"人之道"做对比，认为"天道"公平，而"人之道"不公平。只有有"道"之人才能抛弃"损不足以奉有余"的"人之道"（社会现实），而取法"损有余以奉天下贫苦之人"的"天之道"。

　　圣人不积攒财货，无所保留。他们为大众百姓做的贡献越大，自己感到越满足；给予百姓的越多，自己感到就越富有。自然天道，生养万物而不宰制，有利于万物生长而不加害所取。圣人之"道"，为劳苦大众造福而不求回报，为天下民众奉献而不索取。有所作为而不与民争利（为而不争）。得道的人有所作为而不自恃功劳，有所成就而不居功自傲，他不愿显露自己贤能，从不与他人争强好胜。圣人无所保留，全力帮助别人，自己反而更充实；全力给予他人，自己反而更富有。天之道有利于万物而无害；圣人之道，帮助他人而不去争夺。

体悟：

贪婪是人类特有的兽欲，自然界的其他动物取食仅仅是为了求生和繁衍，人则不同，往往不只是单纯地满足这一原始而野蛮的欲望来大肆搜敛。所以如果说自然界的法则是妥善地调节万物之间的生存关系，使之和谐共生的话，那么人世的法则正与之背道而驰。由于人性的贪婪，一旦占有就会想要更多更多，故而社会现象富者愈富，这样一来贫苦者也只能愈加贫苦了。对于世事，人们喜欢锦上添花，喜欢损人利己，甚至更有损人不利己的。这一现象就是老子所指出的"损不足以奉有余"。这是到处可见的社会现象，很不公平，极不合理。老子面对贫富对立、阶级压迫，无疑是深恶痛绝，极力排斥的。但世间一切都在"道"的安排之中，所谓"天网恢恢，疏而不漏"。因为"损不足以奉有余"与"天之道"相反，所以发展到一定程度的时候，"天之道"就会发挥它"损有余而补不足"的作用。那些因"不足"而失去生存机会条件的民众必然会为争取生存权利而发起强烈的反抗与争战。一旦反抗，就会给整个社会造成极大的损害和个人伤害。可见"人道"是不能背离"天道"的，故而老子指出："孰能有余以奉天下？唯有道者。"

统治者、领导者只有遵照"道"的规律行事，做到"损有余而补不足"，天下人世间才会太平，社会才能长治久安。这样做才符合"道"的本质，只有这样做的人，才是真正的贤者，才接近于老子所讲"圣人"比较完美的本质。"有余"与"不足"是现实世界的一种常态。这个世界永远不会圆满的，永远都会存在缺憾和不足。自然之道就是在不断的损有余和填补不足之中轮流转换。老子在这一段中将"天之道"和"人之道"同时列出，进行了具体的比较。"天之道"是真正的"大道"，是柔顺无私而公平的自然法则；而"人之道"是却完全违背了本应效法的"天之道"，充斥着争斗和不公。可见，所谓的"人之道"并不是真正意义的"道"，而恰恰与之背"道"而驰。在本章中，老子先是对比了天道"损有余而补不足"与人道的"损不足以奉有余"的区别，然后指出圣人不同于一般人的做法。我们都知道，普通人总是贪婪而自私，总想更多地占有无论是物质财富还是精神享受。正因为如此，占有得越多的人往往因为拥有更强的攫取能力，进而能从匮乏的人那里掠夺更多的财物。最终造成富者更富，贫者更贫。而与普通人不同的，圣人则不按照人的这种缺陷做事，而是顺应"天道"，"为而不恃""功成而不处"，并且"不欲见贤"，也即有所创造而不占有，有所成就而不居功，不想表现自己的贤能。

"是以圣人为而不恃，功成而不处，其不欲见贤。"老子提出的有道之人应具有的品格也就是不自恃有功，不显示自己的贤德，只有这样，才能做到减少有余的，来补给天下的不足。西汉时的丙吉，就是一个尽职尽责、不求回报、不言功劳的有道之人。丙吉，字少卿，鲁国（今山东省）人。他学习律令，曾任鲁国狱吏。因有功绩，被提拔到朝中任廷尉右监，后来调到长安任狱吏，汉宣帝年间又被任命为御史大夫、丞相等。丙吉做丞相很讲分寸，将大事小事处理得恰到好处。武帝末年，朝中发生了"巫蛊之祸"，祸及卫皇后及太子刘据。汉武帝在盛怒之下，命令官吏深究太子刘据全家及其党羽。后来太子被杀，全家也被抄斩，长安城中万人受到株连。因为这个案子十分复杂。涉及的人很多，且身份显赫，而丙吉原先就担任过廷尉右监，所以就被调到长安来审理此案。当时。皇曾孙刘病已刚刚出生几个月，他也因太子刘据的案子，受牵连而被关押到狱中。而丙吉奉旨治巫蛊狱，他心里明白，太子是冤枉的，因此怜悯刘病已无辜系狱，还特意选出谨慎忠厚的女子，帮助保护养育皇曾孙，而丙吉每日也来到狱中探望几次。倘若没有丙吉的关怀爱护，刘病已或许在很小的时候就死在狱中了。汉武帝后元年（前87），汉武帝生了一场大病，有一个会看天象的人上奏汉武帝说："我看到长安监狱的上空有天子贵人之气。"武帝听到之后立即下令将监狱里的囚犯通通杀掉，并派郭穰连夜到监狱宣布命令。丙吉得知后，立即下令关闭监狱门，不准郭穰进去搜查，还对郭穰说："监狱里面确实有一个无辜而又可怜的皇曾孙，平白无故地杀死普通的人都不可以，何况这个孩子是皇帝的亲曾孙呢！"说完丙吉就坐在监狱门口，一直守到天亮，没有让郭穰进去。郭穰进不了监狱，便回去向汉武帝报告此事，并弹劾丙吉妨碍公务。汉武帝听了禀报，知道皇曾孙还活着，不忍心杀他，于是对郭穰说道："这大概就是天命吧！"随即下令赦免监狱所有死囚。这些死囚被赦免后，对丙吉感恩戴德。丙吉不畏惧皇帝的威严，甘冒风险，赢得了众人的称赞。丙吉知道不能把刘病已长期留在长安监狱中，就想让官府收养这个孩子，他请京兆尹（长安最高长官）出面来办此事。但是京兆尹担心武帝怪罪下来，所以不敢收养刘病已。丙吉左右为难，不知道该如何把这个孩子送出去，无奈之下，丙吉只好亲自来照顾刘病已。后来，丙吉听说刘病已的外婆家还有人，就驾车将其送到外婆家，请他们代为抚养。不久，汉武帝去世，刘弗陵继位，他就是汉昭帝。汉昭帝继位后大将军霍光辅政。丙吉任大将军长史（高级佐官）。他因治政有方而受到霍光的器重，被提拔为光禄大夫、给事中，汉昭帝21岁时就早逝了，由于汉昭帝没有儿子，所以皇位没有了继承人。丙吉从朝廷大局出发，向霍光推荐立皇曾孙刘病已为太子，以继承皇帝的位子。他对霍光说："皇曾孙刘病已寄养在民间多年，现已经十八九岁了。他通晓经学儒术及治国之道，平时做事谨慎，举止谦和，是继承皇位的绝佳人选。"霍光接受了他的建议，于是上书皇太后，请求立刘病已为皇帝。皇太后答应了。霍光又派丙吉亲自去接回刘病已，让他继承皇位，即汉宣帝。汉宣帝即位后，封丙吉为关内侯。丙吉不但对皇帝有救命之恩，而且有养育之德，现在宣帝做了皇帝，若是一般人，肯定会日夜不停地在皇帝面前夸耀自己的功德，并向皇帝伸手要官、要权，甚至胡作非为了。但是丙吉向来忠厚，从不在外人面前夸耀自己对皇帝的恩德，而汉宣帝根本就不知道，丙吉对自己曾有过如此大的恩德，朝中的官员自然也不知晓，丙吉仍旧对过去的事只字不提，毫无怨言地处理国事。汉宣帝地节三年（前67），汉宣帝册立皇太子并任命丙吉为太子傅（太子的老师），丙吉尽职尽责地教导太子，受到汉宣帝的赏识，不久提升他为御史大夫。后来霍光去世，霍氏家族趁机阴谋夺权，汉宣帝很快铲除了霍氏势力，开始亲掌朝政，并任命丙吉为尚书（掌管皇帝的文书奏章），直接辅佐自己处理朝政。就在这时，一个名叫则的婢女说她曾经照顾过宣帝，并向宣帝透露了丙吉保护养育他的事情。汉宣帝诏令官员调查这件事，丙吉无奈，只好向宣帝说出了实情。汉宣帝看到丙吉的奏表，这才知道丙吉是自己的恩人，于是，汉宣帝立即召见丙吉，向他跪倒磕头感谢他的养育之恩，并下令封他为傅阳侯，升任丞相之职。临到受封的时候，丙吉正好病重，不能起床。汉宣帝就让人把封印佩戴在丙吉身上。汉宣帝之所以这么做主要是担心丙吉病死，一定要在他生前对其加封，以示对他的恩宠。但是丙吉仍旧像以前那样谦恭礼让，一再辞谢。等他病好以后，又正式上书辞谢皇帝对他的赏赐，他谦虚地说："我不能无功受禄。"汉宣帝十分感动，说道："我对你进行封赏，是因为你对朝廷确实立下了很大的功劳，而不是为了虚名。但是你现在上书辞谢我给你的赏赐，如果我答应了，那么我就是一个知恩不报的人。现在天下无事，需要打理的事情不是很多，你尽管安心养病便可以了，无须过多操劳。"就这样丙吉才不得不接受了皇帝的赏赐，从此更加为朝廷尽忠尽职了。丙吉对皇帝有救命之恩，养育之德，但是他却尽职尽责，不求回报，确实值得后人学习。

其中"为而不恃""功成而不处"在前面已经有所论述，在这里我们来说一说"其不欲见贤"的做法。通俗一点说，"其不欲见贤"就是一种不刻意张扬自我的做人态度。显然这是值得推崇的，事实上，老子本人就正是如此。我们知道，《老子》虽然只有短短的五千多字，但一直被视为中国人几千年来智慧的经典。在该文中，我们可以窥见洞察天地"大道"的深邃思想，他也当之无愧地被中国人视为圣人。殊不知，老子本人当初并无意留这千字文，也没想成为人所共知的"圣人"。只是出关归隐之时，因尹喜请求才写下了这五千字。同样，圣人孔子同样是持这样一种态度。我们知道，孔子的思想与老子一样是非常深邃的，按照我们现在人的想法，肯定要有所著作，以表达自己的思想。但是孔子却并没有著作留于后世，而是"述而不作"，在晚年整理了《诗》、《书》、《礼》、《易》、《乐》、《春秋》六经，对这六本书他也只是整理编辑，而记录其思想的主要作品《论语》，是他的学生们在他去世后才整理出来的。实际上不只是像老子、孔子这样的圣人不愿意张扬自我，即便是那些历史上很优秀的人物也往往都是不事张扬的。诸葛亮身怀济世之才，不出茅庐，而对天下大事了然于胸，但其却只是隐居南阳乡下，和仅有的几位朋友往来谈天论地。伟大的文学大家曹雪芹，花费10年的时间写出《红楼梦》之后，虽然自己深知此书的文学价值，但他并没有想要通过小说来博取声誉和财富，他的小说一直都只是在朋友间传阅而已。真正的优秀人物往往都是内心强大的人物，对自己都有一个清晰的认识和把握，对于自己优点的确认也不需要别人的称赞，对自己缺点也有着清醒的认知，但是这些人最终被证明是真正有才能的人，并能得到最大的声誉。

如历史人物，春秋的孙武、三国的诸葛亮、清朝的曹雪芹等无不成为各行的鼻祖。如果一个人总想在别人面前表现自我，多半是因为他对自己没有自信，所以才需要去刻意获得别人认可。但结果却恰恰相反，他们最终所表现的往往不是自己的优秀，而是自己的浅薄乃至愚蠢，这种表现不仅不能给他自己带来称赞，还往往使他自己陷入尴尬的境地。用一个故事可以形象地说明这一点：从前有一个先生名先知，他让自己的弟子到各地去修行。其中有一个弟子，在经过一番苦修后，练成了"在水面上行走"的绝技。他好不得意！在其他弟子面前讲得眉飞色舞，并兴奋地问先知："老师，如何？我够厉害吧！大家是不是该向我多多学习了？"先知一语不发，带着大家到河边叫了艘船，领着众弟子一起坐船渡到对岸。大家都不知道老师先知要说什么，到岸后，先知问船家："要多少钱？"船家说："两文钱。"这时先知微笑地对那位心高气傲、不可一世的弟子说："年轻人，你引以为傲的本事也不过值两文钱而已。"那位弟子听了之后满脸羞红，从此以后更努力地培养自己的品德，几年之后，成为一位既谦虚又有能力的人。许多时候，我们得意扬扬，或在内心引以为豪的东西，实际上都如同这个年轻人的"在水面上行走"的绝技一样，并没有多少价值。如果你自己不张扬，别人可能还觉得你的确有一些才能，但是一旦你主动去炫耀，这点认可也会被狂妄所抵消掉，在别人眼中，你便是一个过高估计自己的轻浮之人。在现实生活中，"其不欲见贤"的智慧对我们有着非常现实的指导意义。事实上，绝大多数人都会或多或少地有表现自我的冲动。人类喜欢表现自己就像孔雀喜欢炫耀美丽的羽毛一样正常，原因在于人的内心里都有一种感受自我价值的需求，对于多数人而言，这种感受往往是从与别人的对比中产生的优越感而来，具体而言，人们或因自己的财富比别人多而感到了不起，或因自己是名人而飘飘然，或因自己地位高而觉得高人一等，甚至有的人仅仅因为自己出生在比较富裕的地区或者出生在大城市而感受到一种优越感等，都是这种心理的典型表现。如果从深层次分析，我们会发现这种心理的基础是比较浅薄的，不刻意去表现这种优越感，低调内敛，是明智的做法。如果按捺不住去表现自己的这些优势，生怕别人不知道，那就太浅薄了。下面这个故事很形象地说明了这一点：某年的世界文学座谈会上，有一位相貌平平的小姐端正地坐着。她的旁边坐着一位男作家，他问她："嗨，请问你也是作家吗？""应该算是吧。"小姐亲切地回答。男作家继续问："哦，那你都写过什么作品？"小姐谦虚地回答："我只写过小说，并没有写过其他东西。"男作家骄傲地说："我也是写小说的，目前已写了三十多本了，多数人都觉得不错，也颇获好评。"说完，男作家又问，"对了，不知道你写过几本小说？"小姐微笑着回答："我没有你这么厉害，我只写过一本。""只一本？叫什么名字呢？"男作家的得意之情溢于言表。小姐和气地说："我那本小说叫《飘》，拍成电影时改名为《乱世佳人》，不知道这部小作品你有没有听说过？"听了这段话，男作家惊愕得无法言语，原来这个女作家就是大名鼎鼎的玛格丽特·米切尔。另外，还有一些比较常见的浅薄的自我张扬之举。比如，在言谈之间，有些人或是想表现自己比别人有见识，敢对自己不懂的东西大发议论；或者是想表现自己比别人高明，便在与别人交流时总是表现得很是强势，总想将自己的观点强加于人；或者是想表现自己的口才好，在与别人交谈时总是争抢话题，不给别人说话的机会，自己则口若悬河、滔滔不绝等。这些情形不但不能使自己得到别人的认可，反而只会表现自己的肤浅，遭到别人的反感。总之越是自我张扬，想获得别人认可者反而遭到别人的鄙视；越是内敛，不刻意表现自我的人，反而会得到别人的尊敬和认可。所以到了老子、庄子生活的那个时期，"人之道"变得更为不公，以至于"窃钩者诛，窃国者为诸侯"（《庄子·胠箧》）。这种与天道相悖的观念充斥于各个时代。而老子推崇均衡自谦的"天道"思想，他认为只有顺应"道"的规律天下才会同乐。

圣人做任何事情都不为自己积蓄什么，他为别人做得越多，自己得到的就越多。自然大"道"对万物有益而绝不残害。圣人的法则是有所为却不争强好胜。为善的具体做法很简单，即"圣人不积，既以为人，己愈有，既以与人，己愈多"。这句话并不是让人们抛弃自我，专门利人，而是强调人与人之间高度的协作。如果大家都能做到"人人为我，我为人人"，那么个体的一切需求都将自然地融入国家、社会的整体之中。

天道：体悟老子

只有达成了这种高度和谐的人际关系，才能实现"为而不争"的"人之道"。还可以进一步实现人与地球上万物生灵和自然环境互相依存"利而不害"的世界生态圈，那么，我们人类就真正得到了"天之道"。老子认为只有懂得"道"之规律法则之人，才会抛弃"损不足以奉有余"的"人之道"，而取法"损有余以奉天下"的"天之道"。只有深刻理解认识"道"之规律法则之人，才"为而不争"。

"不积"是圣人之心。"积"是凡人之心，是对世俗贪欲的总结。人们皆有占有欲，人不仅好言、好博、好争，而且贪多积厚。比如名利、钱财，都是希望越多越好，以满足个人享欲。岂不知天下之物，取之不尽用之不竭，皆为大道所生，是为了养益众生，而不是为了个人之私。物性在于流通，人为集聚占有，是违背天道的，终会引来祸患。圣人明白天之道，不会争夺名利，也不会集聚财物，而是以己有之财尽施与人。以己之有，为人之有。帮助别人，给予别人，不仅有益于人，而且有益于己，两相受益。"舍即是得，大舍大得，小舍小得，不舍不得。"有与无，多与少，舍与得，是对立统一的双方，在一定条件下会相互转化。尽力帮助别人，自己反而会更充实。付出越多，自己就会越富有。这就是老子要表达的思想。人类的私欲与相争，是老子所深恶痛绝的。天道是不争的，天道只是有利于万物。人应该取法于"天之道"，学会"不争"。当然这个"不争"并不是消极对待世事，而是要人们顺其自然发挥能力。本着自然之道的心境去所作所为，有了这样的精神，才是真正做到了淡泊人生，从此永无牵挂，也没有了压力和包袱。五千多年的华夏文明传承中，又有几个时代由谁来回应老子这句含蓄悠远、意蕴丰富的谆谆教导呢？"利而不害""为而不争"，这在我们的内心究竟会掀起怎样的波澜？说者有意，听者亦有心吗？所谓强者越强，弱者越弱，就是一个人如果获得了成功时，什么好事都会找到头上。人立身处世，不应怨天尤人，因为最大的敌人就是自己。人态度积极，主动执着，就会赢得财富成功。获得财富后会更加主动，如此循环，才算是符合社会进化的。

本章将自然的规律与社会的规则做一个对比说明，社会的规则是极不公平的，所谓："朱门酒肉臭，路有冻死骨"，人间世上多少富贵人家不劳而获，多少权势人物苛敛诈取，社会上处处可以看到弱肉强食的情形，所以老子主张"损不足以奉有余"。自然的规律不然，它是拿有余来补不足，而保持均平调和的原则，社会的规则应效法自然的均平调和，这是老子人道取法于天道的意义。"圣人不积，既以为人，己愈有，既以与人，己愈多。"这是一种最伟大的爱。"圣人"的伟大，就在于他的不断帮助别人，而不据为己有，这也就是"为而不争"的意义，老子深深地感到世界的纷乱起于人类的相争。

争名、争利、争权、争功等，无一处不在伸展自己的意欲，无一处不在竞逐争夺，为了消除人类社会的纠结,乃提出"不争"的思想。老子的"不争",并不是一种自我放弃，并不是消沉颓废，他却要人去"为"，"为"是顺着自然的情状去发挥人类的艰苦努力，人类努力所得来的成果。却不必擅据为己有。这种贡献他人（"为人""与人"），而不和人争夺功名的精神，亦是一种伟大的道德行为。

第三十二章　不为而成

原文：

不出户，知天下；不窥牖，见天道。其出弥远，其知弥少。是以圣人不行而知，不见而明，不为而成。

为学日益，为道日损，损之又损，以至于无为，无为而无不为。

取天下常以无事，及其有事，不足以取天下。

译文：

有"道"之人（懂自然规律法则的人），视天下人之身心，亦我本人之身心；我之所恶，所私，所欲，天下人亦必所恶，所私，所欲之；我之所善，天下人亦必善之。虽不出门，而反观我之身心，则天下人之身心尽知矣。横暴强梁，我之所厌而弃之；柔弱谦下，我之所爱而好之。强梁横暴者不得善终，柔弱谦下者必获吉庆。此乃自然之理。知此道理，不窥窗外，亦可知此乃"天道"矣（天地的自然规律法则）。老子认为我们自己的心灵是明澈的，就如一面镜子，对照我们本身人性，便能洞察社会人，透视人世间。复杂世界变幻无穷，若舍己而外索，追逐事物的外在之始末，舍己去求外，忘本去逐末，则走得越远，懂得越少。所以立足自身，抱其根本人之本性，是为至要。人是一个小宇宙，天地是一个大宇宙。不知小宇宙，更不可知大宇宙，不知自我，焉知外物？通过自我内心可自省自悟，纠正不恰当的言行，以内观反照，净化欲念，去除心灵的蒙蔽，净化心灵。始终保持真善、柔和之心，用之可以感化众生，去观照外物，通过内省和体察来感知人世、事物，才能了解外物运行的规律。所以圣人不必走得很远就可知道物我之情，不必事事经历就可明晓物我之理，不必强作妄为就可达到成功。这段主旨在于强调人的认识应首先立足于自我，只要返观内照，认识了自己的一切人性好坏，就可明晓外物之理。"自我"是第一认识对象。外在的社会现象知识会扰乱你的内心世界，清静的心灵；内在的自省才能领悟"天道"。只有真正地理解"道"的规律法则，才能更深刻地认识自然规律。

常人为学，日积月累，其知识量亦与日俱增，乃至博学多才。与此相反，修"道"的人（深刻去认识道的规律法则的人）则在不断地剔除杂念，减少思虑，以至于达到一念不起，性体明圆，自然"无为而无不为"之境界。达此境界之人，则心若明镜，亦若皓月，对天地万事万物的微妙玄理，无不洞观普照。本段论述"为学"与"为道"的不同。"为学"要日积月累才能增益，则私欲妄见层出不穷；"为道"要修身养性使内心私欲不断减损，以增加自然真朴，不断除去私欲妄见，渐渐返璞归真，最终达到"无为而无不为"的最高境地。治理天下要用清静无为不扰攘的方法，如果纵情声色，政令严苛，那是不足以执掌天下的。

体悟：

老子的"道"（成败的自然规律法则）实质上是一种理性认识，所以老子才会认为一个人如果能够懂得"道"，那么就可以"不出户而知天下"。前人有"两耳不闻窗外事，一心只读圣贤书"的说法，恐怕也是因为他们觉得理性认识高于感性认识吧。德是道的应用，德行越深，悟性越强，内可自省自悟纠正不恰当的言行，始终保持真善、柔和，用之可以感化众生，使其欲念淡化，纯净心灵，言行端正，内观反照净化私欲，去除心灵的蒙蔽，以智慧、虚静之心去观照外物，才能真正了解"道"外物运行的规律。圣人之道是通过内省和体察来感知世界的，这是老子所下的结论。老子认为只要深刻认识了"道"以后，即使没有感性认识的积累也可以获得理性的认知。圣人不出门，便可以了解天下，是为"不行而知"；圣人无须抬头看窗户，便能够了解天道，是为"不见而明"。一般认为，老子这里所说的一种认识的理性论，即一个人只有通过理性认识才能够认识世界，而非通过感性认识。一个人行走天下，必然见多识广，通过见识获得大量的信息，通过实践获得大量的实践经验认知。一般而言，虽然这个人会对这个社会和人性具备相当多的认知，更加谙熟人情世故。但是，如果上升到对于世界、宇宙更高层次的认识，便不是如此了。因为走得远见得多，积累起的总归只是一些感性认识，而非理性认识。一个人认识这个世界宇宙最重要的方式，乃是理性认识，而非感性认识。因为一个人无论走多远，积累起多少见识，穷尽一生也都是极其有限的知识。只有通过理性认识，才能从宏观上、本质上去把握这个世界，进而才能洞晓更深层次的真理。关于这一点，现实也已经给出了很明显的论证。

我们可以设想，感性认识如果能够更好地认识这个世界，那么能给世人留下真理的便是古往今来那些整天奔波于各地的商人或者旅行家了。但事实上并非如此，目前留下的有关宇宙世界、社会人生及各种高深理论和高超认识的往往是那些学者、哲人、

天道：体悟老子

僧道等。之所以如此，便是因为这些学者、哲人、僧道等人所进行的便是一种理性思考。中国有句谚语："秀才不出门，能知天下事"，说的就是这个道理。诸葛亮身处隆中茅庐，却能够精辟地帮助刘备分析天下形势，并提出三分天下的清晰构想，便是老子所说的"不行而知，不见而明"的典型。另外，德国哲学家康德，终其一生几乎未曾离开过家乡的小镇尼斯堡，并且其每天的生活极其单调乏味，就像一台固定程序的机器一样，在固定钟点休息、讲课，在小镇上散步。但正是这种在外人看来单调而乏味的生活中，他完成了一系列划时代的哲学巨著，成为和柏拉图、奥古斯丁并列的西方哲学史上的三大巨人。这些例子，都说明了理性认识是认知这个世界的关键。之所以如此，是因为世间的各种道理是相通的，通过以此到彼的推演，便能达到一通则百通之理。正所谓"见一叶而知秋"。具体到我们现实生活中，要想提高自己的理性认识，一般而言便是要多读书，勤于思考。英国哲学家培根曾言："读史使人明智，读诗使人灵秀，数学使人周密，科学使人深知，伦理学使人庄重，逻辑修辞文学使人善辩。"说的便是读书给人们带来的好处。不过读书一定要思考，不然食古不化也是没有什么效果的。尤其是在网络时代，我们每天都会在计算机、手机上获得大量的信息，不仅不能提高自己，反而失去了自我。

需要提醒的是，老子所说的行而知，并非否认经验和实践的作用。老子的目的在于提醒我们理性思考的重要性，提醒我们如果没有理性的思考，仅仅单纯依靠感性认知的积累，是不能达到认识世界的目的的。事实上，中国古人早就提出了"读万卷书，行万里路"的提高认识能力的通衢，认为只有经验与思考的共同作用，才是提高自我认识的最佳途径。不过，说老子所提倡的"不行而知，不见而明"仅仅是一种理性思考方式，其实质上只是说出了老子智慧的一个方面。严格地说，老子所谓的理性思考，乃一种更为宏观和微妙全面的思维，简单来说，便是用心去感受。所谓用心，从思维上讲，包含了理性思维和直觉思维（感性思维）两个角度；从方法上讲，便是不寄托于外界追寻，而是向内思索，通过自身来领悟有关世界万物和自我的实质真理。老子一向认为，人们只能用心才能领悟"道"的存在，从而自然而然地让自己的思想和行为符合"道"的运行，从而实现自我和宇宙世界规律的统一。

道教徒所运用的打坐修行之法，便是这样一种通过心性的调节来提升自我的修为。佛教也同样强调综合理性和感性思维的直感的作用，不从外界寻找真理，而是提倡通过寻找自己的自然人性来实现认识世界万物和自我。明朝大哲学家王阳明的"心学"，与老子所提倡的用心去领悟的方法，说的也是一回事。老子这里所说的用心去领悟智慧的道理，在现实生活中有着非常现实的意义。在现实生活中，许多人其实都已经麻痹了自己的心灵，比如有那么一些人，总有种控制不住好奇心乃至窥视他人的欲望，总想通过窥视别人来找到生活的真相。实际上，如果你用心感受一下自己，你真的对你窥视的东西感兴趣吗？而生活的真相也必然只能通过自己的心灵从自己的生命去领悟，而非在别人那里找到。有很多人总是习惯于通过和别人对比来确认自我，这也是一种不成熟的心态。一个人没必要去和别人做无所谓的比较，只要把握好自己的生命，追求自己想要的，珍惜自己该珍惜的，收获自己的成功或失败，快乐或悲伤，便活得就很充实了，你便抓住生命本身的意义了，又何必硬要和别人比较呢？

　　人们有一种普遍心态，便是人们总对身边的一切感到厌倦，觉得总是不够精彩，因此总要不断地去远方寻找一种更精彩的生活。一些年轻人总觉得身边的异性不够优秀，不是自己想象中的样子。因此，总想象在远方某一个地方存在一个完美的适合自己的异性。如果你学会了用老子所说的用心去感受人间社会的话，你便会明白远方并不存在更精彩的生活，那里的异性也未必比眼前的异性更优秀。实际上，哪里都一样，真正的精彩在于充分把握好当下的生活。也即佛家所说的活在当下，创造出自己快乐与精彩。有了"道"这个最高的理性认知，就可以指导自己的任何行为。要想达到"不为而成"的境界，首要是做到真正的清静无为，懂得了自然之道的法则，弱化了妄想与私欲，就会越活越透彻，越活越轻松，越活越快乐。当今社会人们接触到了很多种不同的信息，我们每天通过报纸、电视、广播、电话、微信、互联网等方式获得大量的信息，这尘世间有着太多的诱惑和恶习，乃至欲海无边，渐染我们的心性而使耳目蒙蔽、世通混淆、不辨真伪。这些信息实质上相当于感性认识，通过我们的大脑整合思考这些信息而得到理性的认知来指导实践。

　　当今的时代使我们每天醒来后会接收到铺天盖地的信息，对于这些信息的真伪我们似乎已经无力辨别好坏真假了。很多人开始无奈接受这种种来自四面八方的不同信息，因为大脑处理不过来，所以无法转变成理性认知，我们变得越来越迷茫了。如果我们仔细思索不难发现，我们距离生命的本质，似乎越来越远了，就像老子所说的"其出弥远，其知弥少"。生命的充裕不仅仅是靠社会知识来堆积的，而是靠一定的感性认识和更多的生命感悟。生命的过程不仅仅是加法，更多的时候是要做减法的，放下一些权力欲望、财富欲望、情感欲望的包袱我们才可能走得更高更远。

　　老子心中的圣人能够"不行而知，不见而明，不为而成"，那么这种人就是有了"道"这个最高的规律人性的理性认知，并能见微知著，睹始知终了。不为而成，说的还是老子多次强调的无为思想，只是在本章中，老子以圣人为例子，并将无为的效果进一步说明，老子认为圣人往往能够通过不为而将事情做成。关于圣人不为而成的例子，

天道：体悟老子

老子没有具体指出，不过孔子倒是曾经谈及这个问题，不妨作为老子的观点佐证。在孔子眼中，周文王是不为而成的典型。在司马迁《史记·周本记》中记载了一则故事：说虞国人和芮国人因为田野的界线而发生了争执，一起到西伯侯（就是后来的周文王）那里去请西伯侯做评判。他们到了西伯侯所管辖的西岐之后，发现那里普通百姓都像士大夫一样谦恭有礼：到京城后，看到那里的士大夫都像三公九卿一样相互尊让，这里的君主肯定不是把天下当作私有财产而占为己有的。两国的来人再想一下自己竟然为了一点土地就赶这么远来找人评判，都感到非常羞愧，一下子都变得谦让起来。最后，还没有见到西伯侯本人，两人便私下将自己的问题说清楚，然后各自回国了。孔子知道这个故事后感慨道：文王之道，真是太伟大了，可以说已经达到无人可比的程度！没有任何刻意的作为而使人发生了变化，没有刻意做任何事情就成功了，这只不过是因为文王能够自己一丝不苟，谨慎真诚，恭敬待人，然后，虞国人和芮国人便因此得到了和解。所以《书》中说："唯有文王能够谨慎真诚地修养节制自己。所指的就是这样的情况吧！"

在《论语》中，孔子又称文王凭借仁德而"三分天下有其二"，说文王没有通过具体的军事行动，天下三分之二的人便归附了他，这同样是对周文王无为而成的赞叹。因此可以说，周文王便是老子所说的不为而成的圣人的典型。另外，如果进一步延伸思考的话，老子本人又何尝不是无为而成的圣人呢。其本来并无意于教化别人，更无意于做高尚的圣人，他本打算骑着牛悄然隐去，只是在函谷关尹喜的要求下才留下了五千言的这篇文字，结果却一下子成为被中国人尊崇了两千多年的圣人。因此，他本人也算得上无为而成的典型了。另外，孔子成为中国人的圣人，也并非他的本意，也是不为而成的典型例子。其实，圣人之所以能够不为而成，并不是偶然的，而是因为他们的行为是符合了老子所说的"道"的，也即天地万物运行的规律。许多时候，以我们世俗的眼光去看的话，圣人似乎什么也没有做，但实际上，正是这种看似什么也没做的行为恰恰顺应了事物运行的规律，使得事物向最好的预期发展。

另外，我们还要明白，所谓的"不为而成"中的"不为"并非指消极庸碌，毫不作为，而是指不妄为，不刻意而为。文王能得天下，并非他刻意要讨好天下，他做的只是治理好自己的家乡，却收到天下归附的效果。显然治理好家国是需要作为的。圣人之所以能够征服天下人心，并非他们刻意妄图征服世人，而是他们努力征服了自己，至于征服他人，不过是意外收获罢了。征服自己，则是每个圣人孜孜以求的。不过，不为而成并不是刻意要求我们什么事情都不去作为。毕竟不是所有的事情都是可以"不为"而成的，关键便是要顺遂事物发展的规律。具体到我们的现实生活中，老子所言的圣人做事的思维我们还是可以学习一下的，其可以给我们的现实生活以许多有益启示。比如许多家长为了孩子更好地发展，总是在周末将孩子送去各种各样的辅导班，而不管孩子是否对所辅导的东西感兴趣。实际上这未必就真的对孩子的发展有利。而在周末带着孩子到郊外去玩玩，接触一下大自然，接触一下亲朋好友的孩子，任凭孩子和伙伴玩自己喜欢的游戏，这表面上是放任孩子，对其教育"不积极"，实际上这样任凭其天性的自然发展，对孩子的成长是最有利的。

如果你想在一个新的工作单位给同事们留个好的印象，工作时，时时都很注重自己的这个那个，小心翼翼地经营自己的"形象"，可能别人会觉得你太做作了。反而我行我素，自然而然地展示出一个真实的自我，只要你本性不坏，自然而然大家便接受你了。总之生活中多用脑去想想，用心去感受事物的发展规律，然后去顺应它，便可以获得成功。人的一生活动范围是非常有限的，如果每个人都以自己的亲身经历欲望来发展自己的话，那么我们这个社会又会是什么样的呢？会有今天的成就吗？深刻认识了"道"的人，不被外界欲望所引诱心灵，私欲妄想就越少，就可返璞归真，能够知近，也能知远；不仅能够知小，也能知大；不仅能够知事物的表面，也能知事物的未来的可变性。小河难以看到大海的容量，小鸟难以看到鲲鹏的气度，一般人难以理解得道人的认知。老子也没有要求所有人都成为得道人，老子只是给我们提供了得道人对外部世界的一种观察和思考的方式。

老子对理性和感性的这种认识也是和他自身的经历分不开的。他曾在东周国都（今河南省洛阳市）任守藏史（掌管国家图书）。他博学多才，孔子曾向他问过"礼"。所以可以说老子是一个理性认知非常丰富的学者。正是由于他博览群书，能见普通人所未见的历史精华，所以他才能用短短五千多言说遍人世间万事万物万向的真谛，道遍古今长短。我们若是想获得理性的认知，最好的办法其实是读历史。各朝各代王朝修史的目的实际是为统治者记述前朝人的得失，以作为后世人行为的借鉴。如果人类社会没有历史，恐怕我们只能不断重复前一个时代所做过的事情，就不会有现在的进步了。要想寻得大道，我们就要冲破时代认知的樊笼。任何知识都有时代的局限性，是较为局限、低级的观念与见识，和天地自然大道的规律不在同一层次。

"大道"是超越世俗纷乱之理的永恒之"道"，需要用无我之心去体悟。追求知识、技能、世俗观念、情、权、利、机巧、欲望，就不要奢望能得到"道"的垂青，因为这些人只会使自己更加执着和偏颇。人生于天地之间，如果想真切地认识这个世界的本质，那么就应该淡化过多的见闻等纷乱时代社会的感悟认识，而去强化现代社会中已经缺失太多的理性思考，通过对表象进行深入的思考，从而达到认识本质掌握必然规律的目的。所谓"见一叶落而知秋之将至""审堂下之阴，而知日月之行，阴阳之变"，就是指这种情况。本段重点谈感性认识和理性认知的问题。在老子看来，我们多数人看到社会上的东西不一定是真实的东西，看到的东西越多可能懂得的本质真理会越少。所谓的"圣人"应该是洞彻宇宙人生之规律自然法则，掌握万事万物变化规律法则的人，只有这样的人才能真正做到所谓的"不见而明，不为而成"。实际上我们都可以从中看到，这种"得道之人"认识事物的方式实际上是一种理性认知，而我们普通人认识事物多数凭借的是一种以经验为基础的感性认识，而感性认识的增加很可能遮蔽了事物的本质，所以老子认为，只有抓住事物的本质规律及自然法则，才能真正参透天地万事万物"道"的微妙与玄机。

我们现代人受到进化论思想的深刻影响，觉得任何事物都应该是越发展越高级的，可是我们仔细思考一下，就不难发现实际情况并不是这样。比如说学习知识，我们每天可以学习大量的知识，但是随着时间的流逝我们会忘掉很大一部分，最终我们所学的知识会凝结成一种人生的沉淀，实际上就是老子所说的"道"。所以老子说"为学日益，为道日损"。老子在这里重点论述的是"为道"，他认为无论是为政者还是普通百姓都应该具有"无为"的态度，如此才符合了"道"。而为了说明"道"与"无为"的关系，老子将"为道"与人们比较了解的"为学"进行了比较。这可以说是一个相当有价值的论题，实际上其论述的便是知识与智慧，或者说知识与真理之间的关系。老子所指的是"为学"，我们一般将其理解为泛泛的知识、学问，也有将其理解为世人所学的政教礼乐之学。而"道"则是老子一向所说的宇宙万物运行的规律。显然，知识正是靠力量的积累来获得的。一般而言，知识积累得越多，便越有学问。所谓为学日益，很大程度上便是指的对于知识的掌握更多了，更牢固了，然后，在此基础上，老子指出了为"道"的特点则与掌握知识恰恰相反，不是一个一天天增加的过程，而是一个一天天减少的过程。人内心的各种欲望和外在的文饰逐渐减少，人不断除去内心的欲望，损减外界的蒙蔽，便会越接近"道"。因为老子认为，人掌握的知识越多，内心的各种欲望与想法就会越多，外表上则其文饰也会越来越多，一个人会变得越来越精明、礼貌、有口才等。这在我们世俗人看来，是一种进步，但在老子看来，则只是变得更加世故和心思复杂而已，反而失去了其纯朴的本性，因此未必是一种进步。其实这种观点在此处的意思便是社会知识多了反而使智慧受到蒙蔽。这一观点，与老子提出的"绝学无忧""绝圣弃智""绝仁弃义"等看法近似。

老子的这种对于知识和智慧关系的认知，显然是具有一定道理的。如我们所知，一个人要想彻底领悟这个世界最深层的真理，通过学习知识其实是办不到的。早在战国时期，庄子就在感慨："吾生也有涯，而知也无涯，以有涯随无涯，殆已。"意思是人生是有限的，而知识是无限的，以有限追求无限，是不可能达到目的的。因此老子在这里则为我们提供了另一条思路，便是从对外寻求转向对内寻求，即通过内心去领悟这个世界的真理。同时，从对复杂的追求转向对简单的追求。而这也为现代科学所证明，越是高深的物理学定律，其公式越是简单。并且，现在科学虽然十分发达，人类所制造的望远镜虽然能够望到几十万光年以外，但对整个宇宙的认知可以说还是处于初始阶段。但在遥远的古代，老子就提出了通过向内心寻找"自性"的方式，领悟宇宙和人生的真理。因此，老子所提出的通过内心日渐清静寻找到宇宙万物的真理，绝非是偶然和没有根据的。其实，许多杰出的科学家都承认，科学是无法解决宇宙的本源问题的，而哲学通过内心去领悟的方式，则可能认清这个问题。而向内寻求，则必须遵循"损之又损"的思维途径。另外，也有人认为老子所说的为学与为道并不矛盾，说的是一回事，认为所谓为学一天天增加的，即是真理；而为道一天天减少的，即是妄念，两者是统一的。但这其实和上面的说法并不矛盾。总体上，老子在这里便是提醒人们不要孜孜追求于外界知识，最终却对于宇宙人生的真理没有任何领悟。所谓只见树木，不见森林，便必然不能很好地把握自己的人生。

老子对于为学与为道的论述，不仅仅具有形而上的意义，其在具体的现实生活中，也能给我们一些有益的启示。首先它提醒我们，知识并不一定等于智慧，因此在你对知识追求的过程中，不要一味地贪多求全。如果知识不能很好地转化为智慧，反而可能成为你的累赘。比如，小孩子们既没有多少课本知识，也缺乏实践知识经验，但是他们说话，做事往往能出人意料之外，就像一个艺术家那样充满想象力和灵性。反而是长大之后，大部分人都变得思维枯竭，想象力贫乏，这恰恰正是他们的知识桎梏了他们的思维。因此在学习知识时，不可盲目，要用智慧作为一个衡量指标。其次它提醒我们，在我们致力于认识这个世界的同时，千万不要忘了回过头来认识一下我们自己。所谓学习知识，追求学问，一般指的便是认识这个世界。而许多人往往忽略了最大的学问，其实在于认识自我。许多人在狂热地追求知识的过程中，忽略了自我，最终迷失。比如，近年来出现的大学生，乃至一些硕士、博士生自杀的消息。他们的知识不可谓不多，但是之所以走上绝路，正是因为他们对于这个世界有了系统的认知，对于自己内心的混乱却无能为力。因此在追逐外在事物的同时，我们也将目光转向了我们自己的内心深处，这样，无论在这个世界上走多远，我们都不会迷失自己。最后它还提醒我们，"为学"和"为道"是分不开的，不可能割裂开来单独去追求某一个。换种和我们现实联系更为紧密的说法，即追求学问和做人是分不开的。一个人若要真

天道：体悟老子

想追求学问，必然要结合自己的做人。如果离开了自己的行为本身去追求学问，必然不会有真正的成就。反过来，追求做人的过程本身便是追求一种人生的大学问。其实关于这点，中国古人早就明白了，中国古代读书人追求学问的过程首先便是"修身"。"修身"便包含了追求学问与做人的双重功能，古代那些大有成就的学者无不是如此，如王阳明、曾国藩等。因此在教育子女时，便要注意从小培养其人格、良好的习惯等，这才算是完整的教育。

学习任何事物的高级阶段都应该是"把书读薄"，复杂事情简单化，这样最后可能达到"无书可读"的状态，这就是老子所说的"无为而无不为"的境界。这种"无书可读"并不是狂妄自大，而是真正读懂了书、读透了书。我们看古今中外的思想著作几乎没有什么大部头，从老子的《道德经》到孔子的《论语》到孙子的《孙子兵法》，从柏拉图的《理想国》到马可·奥勒留的《沉思录》，这些中外名著里边都用言简意赅的语言揭示了人世间种种深刻道理。"道"只有升华为理性认识才能最大限度地发挥"道"的作用。老子的"无为"通常会被我们理解成"什么都不做"，其实这样理解是大大地误解了老子的本意。老子思想的"无为"实际上既是一种境界，更是一种策略。说它是一种境界，意思是说"无为"是脱离了感性认识上升到理性认识的一种状态，是"损之又损"之后的一种结果。老子认为求学是"有为"之法，知识经验需要不断积累，愈来愈多，一分耕耘一分收获。知识是追求外在经验的总结，越积累越丰富。但老子并不认同知识对世界社会治理安宁太平的作用，而是认为这自然之道，需要治理者心灵的"玄览""静观""纯粹素朴""恬淡柔弱""不争处下"的心态观念。日损，逐步减少外界对人们心灵所诱引的欲望。修道的功夫越深，内心的私欲妄想就越少。到了最后，没有物质欲望这个包袱，没有私心杂念，没有主观妄想，没有功利思想。最终返璞归真，达到无智无识而又无所不知的"无为"境界。知识积累越多，欲望越多，对道的领悟就越少。要想寻得太平处下不争的平安大道，就要冲破知识的樊笼。任何知识都有局限性，使社会管理人类平安不争。用自我的观念与识见，和天地自然的大道不在同一层次。

道是超越世俗之理的永恒之道，需要用无我之心去体悟社会人间。追求知识、技能、机巧、名利、权势、欲望者，就不要奢望能得到"道"的垂青，因为这些只会使人们执着而偏颇。说它是一种策略，意思是说"无为"是人们在有所作为之前的一种保存实力的方法。老子认为大到治国小到为人处世，过多地采取措施有时候会产生相反的效果。所以在这里讲：静能胜动，寒能胜热。民俗格言中"起风顺势撑帆，下雨趁水和泥"就是"无为而无不为"之理。本段接续了上一段的论述。这段重点论述了"为学"和"为道"的区别。为学就是索求外在的经验知识,老子认为这种知识掌握得越多,私欲妄见也就会层出不穷。"为道"是透过直观体悟的方式来把握事物本来的状态（自然规律）或自我内心体悟,它不断地除去人们的私欲妄见,使人们日渐返璞归真,最终可以达到"无为而无不为"的最高境界的认知。只要内心质朴,细加体会,就可以明了于道,进而观照外物。而尘世之间有着太多的诱惑和恶习,乃至欲海无边,渐染性灵,而使耳目蒙蔽,视听混淆,不辨真伪。要想达到"不为而成"的境界,首要先做到真正的清静无为。懂得了自然之道,弱化了妄欲与杂念,就会越活越透彻,越活越轻松,越活越快乐!想要寻求大道,就要冲破知识的樊笼。任何知识都是有局限性的,是较为低级的观念与见解,和天地自然的大道不在同一层次。道是远超世俗之理的永恒之道,它需要用无我之心去体悟。追求知识、技能、观念乃至名利、机巧、欲望,就不要奢求能得到"道"的垂青,因为这些只会使人们执着而偏颇。

　　"为学""为道"的比较讲述了治国之道的另一面。为道即讲求"无为之道"可使众百姓返璞归真而自化,"为学"指仁、义、礼、智、信等外在的政令礼仪,如果以此扰乱天下胡作非为,就会适得其反。懂得了拯救道德与灵魂,才能真正拥有希望与美好的前景。老子通过"为学"与"为道"的不同之处点出了为道的特点,正是欲念逐渐减少的过程。最后又落在了"道"的人生中,社会治理政治上的体现。他认为统治者治理天下就应该遵循一个"少"的原则,即尽量减少政令和举措,不要过多骚扰百姓。不仅如此,他还直言,如果不能遵循这个"无事"的原则,便不能治理好国家。实际上这里是老子提倡的"无为而治"的政治思想的反映。在《老子》中,他提出了一个最高的准则,那便是"道",认为此是宇宙万物的本原。在此基础上,又进一步将其具体化,从个人行为和国家治理方面给出了具体的准则。个人方面,老子认为一个人应该清心寡欲。而在政治上,主张为政者应该推行"无为"的政治纲领,少侵扰百姓。可以说,这两点思想始终贯穿《老子》全部,并在许多章节中反复提及。而就其政治主张而言,老子在很多章节中都进一步指出了"无为"可以治理天下的原因:"吾何以知其然哉?以此,天下多忌讳,而民弥贫;人多利器,国家滋昏;人多技巧,奇物滋起;法令滋彰,盗贼多有。故圣人云:我无为,而民自化;我好静,而民自正;我无事,而民自富。"由此也可见老子之所以推崇"无为""无事"的政治主张的原因了。

　　需要指出的是,老子所推崇的"无为而治"的政治思想,并非他先提出来的。实际上在春秋末期,面对天下大乱,统治者连年征召人民进行军事征伐的情况,在知识分子中间产生了一种普遍的希望统治者能减少对人民的侵扰的愿望,当时的人们都将尧舜禹时代看作人民安定幸福的时代。当时不论道家、儒家也都共同推崇无为而治。

天道：体悟老子

据说当时中原发了大洪水，尧先是派鲧去治理洪水，鲧治水九年，没能成功。舜又派鲧的儿子禹去治水，他对老百姓很是宽厚。即使老百姓犯法，他也经常是采用象征性的惩罚，比如犯了割鼻之罪的人，就让他穿上赭色衣服来代替；犯了该砍头罪的罪犯，就让他穿没有领子的布衣。为了用音乐教化百姓，舜派夔到各地去传播音乐。有人担心夔一个人不能担当重任，舜说："音乐之本，贵在能和。像夔这样精通音律的人，一个就够了。"后来夔果然出色地完成了任务。孔子对此赞叹道："无为而治，说的正是舜啊！他自己需要做的，只要安安静静坐着而已。"不过，最终使无为而治成为系统的政治指导思想的则是老子。老子从"道"中寻找到了"无为而治"的理论依据，认为治国应该效法自然。他又在现实层面明确指出了统治者的妄为会直接导致国家的动乱、人民的痛苦。而统治者的"无为"，则会给国家带来自然而然的安定，人民则会幸福。并且老子还进一步指出了统治者无为政治的具体做法，便是在本章中指出的"取天下常以无事"，即少颁布政策和法令，少侵扰百姓，让百姓自由地自我发展。

老子的这种政治主张的适用性其实也为历史所证明，秦国通过商鞅变法，在全国上下形成一种战时法令社会，固然收到巨大的成效，并因此最终统一了六国，但其后来的灭亡也同样是因为过度侵扰了百姓。而汉朝正是推行具有浓厚无为、无事的黄老思想，废除过于严酷的刑法，实行薄赋税的税收政策，与民休息，才最终成就了中国第一个辉煌大汉王朝 400 年。无为而治的思想具体到现实生活与工作方面，应该说其对一个组织的管理来说，有着巨大的启发意义。现在的许多企业，为了加强管理，提高工作效率，制定出各种各样的烦琐条例规定，其效果可能反而影响员工积极性和自主创造力，降低了工作效率。还有一种常见的现象便是领导喜欢开会，各种各样的例会和临时会议，在会上重复一些员工早已腻烦的话题，其实完全是浪费员工时间，降低其工作效能。1980 年中国开放市场，下放土地，包工到户责任到人，40 多年时间创造了巨大的财富，社会空前繁荣，人民空前自由自在。总之老子的无为而治思想便是提醒我们，要给予被管辖的人以一定的自由空间，这样自然而然地他们都会将事情尽量做得更好。而如果你紧紧地盯着管束着他们，从表面上看，是要使事情有条理地往好的方向发展，其结果往往与初衷相反。

老子特别注重内在直观自省。他认为，我们的心思如果一味向外奔驰，将会使思虑纷杂，精神散乱。一个轻浮躁动的心灵，自然无法明澈地透视外界事物，所以老子说："其出弥远，其知弥少。"他认为世界上一切事物都依循着某种规律运行着，掌握了这种规律（或原则），当可洞察事物的真情实况。老子认为我们应通过自我修养的功夫，做内观反照，清除心灵的蔽障，以本明的智慧，虚静的心境，去观照外物，去了解外物运行的规律。"为学"是求外在的经验知识，经验知识愈累积愈增多。"为道"是摒除偏执妄见，开阔心胸视野以把握事物的本真，提升主体的精神境界。"为道"在于探讨事物的本真，尤在提升人的精神境界。当今哲学的工作，既须"为学"，又要"为道"。

第三十三章　盗竽非道

原文：

　　使我介然有知，行于大道，唯施是畏。大道甚夷，而人好径。朝甚除，田甚芜，仓甚虚。服文采，带利剑，厌饮食，财货有余，是谓盗竽。非道也哉！

译文：

　　假使我深刻地领悟到了清静无为之道的玄理妙用，我就以此"大道"去实行。然而我最担心的是在实行中走强权变为邪路。其实清静无为的自然之"大道"犹如平坦的大路，很平坦宽广，至简至易，以此道治国必然国泰民安。然而常常有那些君主因私欲强权太重，贪求享乐，事事妄为而背离此"大道"，却好走繁难、艰险、崎岖之小道——邪路。稍微有点常识，就会在大路上行走并加以小心以免误入歧途。大道是很平坦的，但那些统治者偏偏喜欢小路。

　　朝廷的宫殿修得高大宏伟，精致华丽；国民的精力、资力皆耗于此。农民由于不能尽力耕作，延误农时，田园由此荒芜，年岁无收，以致民无积蓄，国无库存。然而，君王、贵族、豪门身着华美的衣裳，以风流耀显于民，饱餐着上好饮食，美味佳肴，大量耗用民脂民膏，仗权位私积财货，导致国民经济危困，不自省悟，反认为他是民众之主，是治国理民者。其实不然，民视之如寇仇，是谓天下最大的强盗。这样做是对"道"的背叛，绝非以"道"治国。如此必然遭到"天道"的惩罚，人民的谴责，天人共怨，万民同诛，会自然走向灭亡。这实在是强盗式的统治，真是无道啊！

体悟：

　　在我们理解《道德经》全文中，唯物主义自然法则以及辩证理论思想贯穿整个始终，老子认为不仅万事万物的产生和发展各循其"道"，统治者领导者都应当效法自然，秉承"天道"来调整各种社会关系，以保持社会的繁荣稳定，自然和谐。老子所处的那个时代，社会已经混乱不堪，多数当权者及社会风气沉湎于物欲的追求与享乐之中，因此他说"大道甚夷，而人好径"，明确指那时世俗之人早已背离了"大道"。老子此言含义非常深刻，他认为"大道"其实很平坦，但人们总喜欢贪近走小路，爱抄小路取巧自利，这似乎是人类的通病。这句话是说人有私心杂念，爱耍小聪明，不走正道，喜欢抄小路走捷径，贪图物质放纵欲望。治理国家并不是非常困难的事情，只要坚守住"道"的基本原则就可以了，对于统治者来说，他应该控制住自己的欲望，防止它无限膨胀，不能为了满足自己的奢华欲望而置百姓于不顾。

这一章老子重点从反面的角度论述了"道"，即从与大道相违背的小径的角度反衬出大道的重要性。他指出那些君主放着平坦的大道不走，反而喜欢走强权的邪径。联系老子一向的政治主张，可以知道，这里的大道，指的是采用清静无为的方式治理国家，不颁布过多的政令，不发动无谓主动的战争，尽量不去骚扰民众的平静生活。同时，统治者本人也应克制自己的欲望与强权行为，不给民众增加过多的负担。如此必然会使国家昌盛，民众安居乐业。而所谓的走上邪径，是指统治者违背治理国家的大道（天道的自然规律）。穿着华美的衣服来显示自己的尊贵，佩带着锋利的宝剑以夸耀自己的强悍，饱餐美味佳肴，占有富余的财货而不去接济穷人，实在是强盗行径。总之是不知道体恤人民劳苦，一味放纵自己的强权欲望，走邪路的结果就是朝政腐败不堪，田地荒芜，国库空虚，民不聊生。这里老子的话实际上并未说尽，其隐含的意思便是：既然朝政腐败不堪，百姓的田地荒芜，国家的仓库空虚，那么统治者离灭亡也就不远了。这样的例子不胜枚举，事实摆在那里，也无须老子进一步点破了。这里，老子正是通过统治者走在大道还是小径上的对比，来论述"道"的重要性。而实际上，统治者仅仅是老子举出的一个例子罢了。大道和小径的差别，其实具有更为普遍的意义。

隋炀帝是中国历史上有名的暴君，在位之时，极尽豪奢荒暴之能事，对内征敛财富，役使人民，筑造宫殿，弄得民不聊生；对外穷兵黩武，三征高句丽，劳民伤财，弄得国库空虚。这样一个昏庸残暴的君主自然得不到人民的爱戴，时至今日，人们一提起杨广，还是骂声四起。杨广是隋文帝杨坚的次子，十三岁那年被刚履帝位的杨坚封为晋王。他一直觊觎着太子的宝座，他为了取悦杨坚和母后独孤氏，他刻意矫情伪装。其母独孤氏生性好妒，对丈夫看管甚严，不允许其碰其他女人。她对儿子也要求甚严，让他们和父亲杨坚一样从一而终。独孤氏还亲自为儿子选妃，太子杨勇对母亲为自己挑选的妃子元氏并不满意，长年不亲近，最后元氏因心脏病突发而死。独孤皇后对太子杨勇很是失望，经常派人监视他，还不断在杨坚面前指责杨勇的过失。杨广得知父皇母后对太子已生不满之意，便更加矫饰伪装，表面上看去是和正妻萧妃住在一起，而背地里却和嫔妃厮混。杨广的"忠贞不贰"深得独孤皇后的称赞。为掩人耳目，杨广极尽伪装之能事。一次与军队观猎遇上大雨，左右进上雨衣，杨广说：士兵们都在淋雨，为什么我自己一个人要穿雨衣呢？于是命左右将雨衣拿走，仍冒大雨立马观览，将士们感动不已。总之，为了能登上太子宝座，杨广极力抑制自己荒淫的本性。终于在开皇二十年（600），杨坚废掉了杨勇，立杨广为太子，四年之后，杨广弑父杀兄，登上了皇帝宝座。大业元年（605）三月，杨广下诏令杨素与将作大匠宇文恺等人在洛阳旧城之西十八里处，开始营造新都，每月征用工匠两百万人，工匠劳累而死之人不计其数。大造显仁宫，南接皂涧，北跨洛滨，周围十余里。还命人搜集长江以南，五岭以北的奇花异石，运至洛阳。在杨广的催促下，东都洛阳很快就建成了。东都分为宫城、皇城和外郭城三部分。外郭城又称大城，周围七十三里；皇城为文武衙所在处；宫城东西长五里，南北长七里，周围三十余里，高四十尺。建成后，将天下富商大贾，数万户迁来东都。同时又兴造西苑，周围二百里。苑内挖人工湖，取名为"积翠池"。池北岸有龙鳞渠，迂回曲折，沿渠造筑十六院，院中树木苍翠，百花争艳。西苑有一湖，湖中堆积蓬莱、方丈、瀛洲三山，高出水面百余尺，上面遍布亭台，楼阁。隋炀帝常于月明风清之夜，携宫女数千人游于西苑，彻夜笙歌不辍。

从大业八年（612）到大业十二年（616），隋炀帝三次征伐高句丽，尽管高句丽王最终遣使请降，但是三次征伐高句丽，每次动员民众数百万人，耗费大量财力、物力、人力。此时的隋王朝已经是伤痕累累，国运将尽，民间起义不断。大业十四年（618）三月三日，将作少监宇文智与虎贲郎将司马德戡、直阁裴虔通等人推举右屯卫将军宇文化及为首，煽动士兵，于傍晚时杀入宫中。隋炀帝闻变，慌慌张张换了衣服，逃入西阁。叛军从宫女口中得知隋炀帝所在，裴虔通、元礼、马文举等将领率兵赶到西阁，只见隋炀帝和萧皇后正并坐在一起哭泣。隋炀帝被持刀的士兵围在中间，叹息道："我犯了什么罪，竟落得这么个下场？"马文举说："你不顾国家安危，穷兵黩武，宠幸奸臣，拒纳忠言，天下死于战争、劳役之人无数，百姓苦不堪言，天下大乱，你还说自己没有罪吗？"隋炀帝答道："纵使我有负百姓，但你们作为我的臣子，跟着我享尽了荣华富贵，为什么要如此对我？"叛将说："我们这是替天行道，天下对你这个昏暴之君，都恨之入骨。"说完就上前把隋炀帝从西阁拉出来。叛将中以裴虔通为首，提刀要杀隋炀帝，隋炀帝大喊道："天子自有天子的死法。"于是向左右索要早已准备好的毒酒。众人不准，说毒酒不如刀锋省事。杨广索性解开自己的巾带准备自缢。众人早已等不及，上前一起将他勒死。事后，萧皇后和宫女将床板拆下做成棺材，草草将他埋葬在后园中。不久，宇文化及将其葬于江都宫西的吴公台下。唐朝建立后，迁葬于雷塘旁边。这就是强为的人生观。

　　可以说，不只是治理国家，无论做人还是做事都要遵循"道"，也即要在平坦的大道上。其具体的表现便是清静无为，克制自己的专治私欲，贵柔守雌，居下不争，做事顺应事物的本性和规律，不强行妄为。更具体点说，遵循国家法令和世俗道德，不过太奢侈的生活，诚实守信、孝亲仁爱等，如此便是走在了大道上。相反，过分放纵自己的强权欲望，对财富、名声过分贪婪，恃强凌弱，使用机巧追逐名利，违背仁义道德，违法犯罪，舍本逐末等，就是走上了邪径。而看一下我们的现实生活，可以说，有几个人真的是走在大道上呢？可以说几乎所有的人都或多或少地偏离了大道。之所以如此，是因为虽然大道平坦易行，只要默默地走下去便可以到达目的地，但人们却总觉得平淡无奇，不刺激，没有激情，于是偏喜欢刺激、冒险、另辟蹊径，自以为能比别人更快地到达自己的目的地。其具体的表现便是世界上的人都喜欢耍小聪明，凡事投机取巧走捷径。而其结果重则给自己带来大祸，轻则搬起石头砸自己的脚。关于此，下面的这个故事便十分形象地说明了这一点。从前有个国王，他十分喜欢种花。后来他年纪大了，自己没有子嗣继承王位，便想出了一个主意。他在全国挑出了十名最聪明的孩子，每人都发了一些花种，然后告诉他们：把这些种子种下去，谁培育出的花朵最美丽，谁就是未来的国王。孩子们当着国王的面种下了那些珍贵的种子，然后各自捧着花盆回家了。一年后，他们又捧着花盆重新站在了国王的面前。这时候，有九个孩子的花盆里都盛开着美丽的花朵，颜色艳丽，芬芳扑鼻。但是排在最末的孩子手里捧着的却是一只空花盆，他的头低着，样子显得窘迫。与其他九位兴高采烈的孩子形成了鲜明的对比。"孩子，你的花呢？"老国王和蔼地问道。那个孩子一下子哭了起来："陛下，我真的没有偷懒，我每天都会小心翼翼地照顾它，每隔几天就会浇一次水，晚上冷了还会把它拿到房间里去。可是我不知道为什么，它就是不发芽。"听到这里，老国王非常高兴地抱起了那个孩子宣布道："这位就是未来的国王了。"众人不解地问："为什么会是他？"国王答道："因为我发给孩子们的种子都是煮熟的！"那九个孩子立刻羞红了脸——他们都调换了花种。在这个故事中，便体现出了大道与邪径的差别。那些小孩子正是因为不肯老实地走在大道上，放弃了自己诚实的本性，想通过耍弄聪明来达到目的，结果弄巧成拙。当然，这个故事本身是一个杜撰的童话故事，但是故事里的逻辑思维是十分普遍的，可能大多数的人都做过，或者正在做，或者将来还会做与故事中的那些小孩类似的投机取巧，最终搬起石头砸自己脚的事。

　　具体到我们的现实生活中，偏离大道，走上邪径的事可以说是俯拾皆是。总体而言，这样一种行为的典型特征便是见小利而忘大事，舍本逐末。比如，一些企业在经营的过程中，不懂经商之大道，为了眼前的一点利益，便舍弃自己的商业道德，在商品制造的过程中偷工减料，在销售的过程中采用欺骗的方式。结果虽然暂时得到了一点点小利，却毁掉了自己的商业信誉，失去了客户的信任，本来可以长远的买卖最后全都做成了一锤子买卖，最终导致企业在市场上无法做大，乃至无法立足。一些年轻人一门心思想要发财，出人头地，却不懂得一步一个脚印地去努力拼搏，而是妄图通过投机取巧来一口吃个胖子。或是痴迷于炒股、炒房，或是在没有任何经验和调查的情况下盲目地借钱去创业，结果年纪轻轻债台高筑，多年无法翻身。还有的甚至走上了诈骗或犯罪的道路，一下子将自己的未来全部赔了进去。现在有许多女孩子，贪慕虚荣，在找对象的时候，不是去看对方是否具有善良的品性，是否具有一颗上进的心，是否真的喜欢自己，而是看对方是否有车有房有钱。结果嫁人后，毫无幸福感，也可能几年之后还遭到抛弃。这些现实生存中常见的舍本逐末导致不好结果的现象到处可见。所谓欲速则不达，走在大道上，看上去虽然走得慢一些，但因为方向是正确的，总能走到自己要去的目标。小径看似一时抄了近路，其结果则可能是背离了正确的方向，或者就是一条死路。还以上面的事例为例，一个企业不在于大小，只要能够本分经营，坚守信誉，便是走在了大道上，这样的企业迟早能够逐渐做大做强。

关于如何走在大道上，我们不妨看下面的例子。唐代名臣狄仁杰在武则天当政时期曾任宰相，长期受到武则天宠信，被尊称为"国老"。他之所以能够获得如此尊崇，正是因为其恪守为政的大道，廉洁奉公，以百姓之心为心。在做人上，他则恪守守柔、豁达、无争处下的本性。一次，狄仁杰离京到外地出差时，有官员便到武则天面前说狄仁杰的坏话。狄仁杰回京后，一向宠信他的武则天告诉狄仁杰有人说他坏话，问他想不想知道详细情况。没想到狄仁杰一听，哈哈一笑说道："有人指出我的缺点，我很高兴，我很乐意知道我有哪些缺点。但是我并不想知道这个说出我缺点的人是谁。"武则天一听非常高兴。从这里我们也就不难明白狄仁杰为何能够长期受到武则天的宠信了，他靠的并不是投机钻营、逢迎拍马的手段，而是靠走在为政为人的大道上！正如老子所说大道多么平坦啊，为何偏偏要强欲去走那些前途未卜、崎岖不平的小径、邪径呢？

我们仔细想想，老子所说的，假如我们稍微有些认识，就会在大道上行走，并且小心谨慎，只怕走上强欲的邪道，这并非他老人家故意夸张，对于看透了"道"的他来说，这应该是肺腑之言了！老子的这观点来源于他的万物平等思想，即"天地不仁，以万物为刍狗；圣人不仁，以百姓为刍狗"，他既然认为万物都是平等的，那么统治者就没有理由凌驾于百姓之上，作威作福。但是历史上多数的统治者，常常为了一己私利违背客观原则，把自己看得高高在上，而把百姓看得一文不值。老子列举了"田甚芜，仓甚虚"等"大道"已废的表现，意在把百姓生活的艰难与统治者的奢侈进行对比。他把统治者比作强盗，从而揭示了这种两极分化的产生原因，其中具有鲜明的民本主义思想倾向。老子不像儒家那样把社会分成两个对立的阵营，而是力图化解所谓的"对立面"之间的矛盾。这种思想对于当今社会世风日下、人心不古、争权夺利的现实状况来说，确实是一剂治世良方。

统治者穷奢极欲，挥霍无度，就会使土地荒芜，百姓难以生存，这样的统治者就会被称为"独夫民贼"，而独夫民贼通常都没有好的下场，南北朝时期是中国历史上的乱世，也是昏君、暴君层出不穷的时期，后赵太祖石虎就是一个有名的昏暴之君。石虎（295—349），字季龙，上党武乡（今山西省榆社北）人，羯族，十六国时期后赵君主。石虎在位期间，生活奢侈，大兴土木，广建宫室，对百姓横征暴敛，徭役繁重，民不堪命。石虎生性残暴，在少年时代就表现出来了，常以弹弓打人为乐。十八岁时，由于其武艺超凡，且勇猛过人，受到后赵建立者石勒的宠信，被封为征虎将军。其后，石虎娶了将军郭荣的妹妹，但石虎喜欢当时的杂技名角儿郑樱桃，于是他就把郭氏杀死，娶了郑氏。之后，石虎又娶了崔氏，后来崔氏因受到郑氏的嫉恨而死于石虎手中。在军中，凡是比石虎武艺高强的人，石虎就会设法将他杀害，死于他手上的人不计其数。石虎嗜杀成性，每攻下一座城池，不论男女都一律杀死。激烈的社会矛盾，残酷的宫廷斗争，使石虎只能在惊恐不安中度日。晋孝武帝太元十九年（394），石虎因忧恐而死，终年五十四岁。这是强为背"道"的必然后果。

老子把他的哲学思想贯彻到他对社会的思考中。他用简洁的语言描绘了田园荒芜、国库空虚的现实情况，就是老百姓生活在这样一片水深火热之中的同时，统治者、领导者仍然"服文采，带利剑，厌饮食，财货有余"，这更加揭露了统治者的荒淫无"道"，老子把他们称作是"盗竽"。在这一章中，老子抒发了他强烈的爱憎感情，这在《老子》中并不多见。在这里，老子似乎成为人民大众的代言人，控诉统治者的恶劣行径。老子认为，统治者也应要遵循"道"的规律法则，若不行"大道"，巧取豪夺、锦衣玉食、声色犬马、生活淫靡，必将是自取灭亡之路。统治者若能遵守"大道"，老百姓自然而然就能够过上富足而和谐的生活。但是从另外一个角度来看，老子自身实际上也是属于诸侯国图书守藏史，所以我们也应该把这一章看作老子对统治阶层的警告。无论如何，在老子的那个时代，作为老子这样身份的人，能有这样的思想观念、这样高的境界，已经相当不容易了。

第三十四章　福祸相倚

原文：

其政闷闷，其民淳淳；其政察察，其民缺缺；祸兮福之所倚；福兮祸之所伏。孰知其极？其无正也。正复为奇，善复为妖。人之迷，其日固久。是以圣人方而不割，廉而不刿，直而不肆，光而不耀。

译文：

治国者，应以自然、宽宏，没有高下、贵贱、贤愚、荣辱分别之心，体会天地无不覆载的自然好生之德。国民自然会得到妥善的安分治理，王弼曰：言善治政者，无形，无名，无事，无政可举，闷闷然卒至于大治，此谓"其政闷闷"，民不知不觉各得其宜，各有所适，上下彼此不争不竞，而生活在淳朴厚实的浑化之中。又如王弼注曰："其民无事所争竞，宽大淳淳。"此谓："其民淳淳。"失去好生之德，政令烦苛，事事明察，物物检点，荣辱不共，贵贱有殊，立刑名，明赏罚，以检奸伪，此谓其政察察，而人民开始觉察到彼此有别，上下相隔，缺缺不足，此谓其民缺缺。治理社会国家和平宽容，人民就会淳厚质朴。为政严苛，人民就会狡黠诡诈。宇宙间的物品万类，虽然复杂万端，其造化之机及运化规律，莫不过对立统一而已，"祸"是难、凶害、灾殃之类，"福"是吉、荣贵、昌达之类，无论哪一种事物，他的变化规律都是朝相反的方向转化，阴极生阳，阳极生阴，夏至后必移于秋冬，冬至后必移于春夏，周而复始，无休止。我们人类亦是此道理，人在贫穷时，与人相处态度谦恭，在事业上向上奋进，其结果，人必辅助，事业必成功，贫穷虽是祸，可它无形中相携着福；人若富贵、权贵，为人处世易横蛮骄傲，对事业轻率为之，久而久之，众人必厌恶，而事业必败，权贵必亡。

权贵虽是福，可它无形中隐含着祸，故老子说："富贵而骄，自遗其咎。"孟子说："生于忧患死于安乐。"亦与此意相通，社会事务变迁，仍遵循这一规律，每个朝代在刚兴盛时期，必内修道德，外施仁政，处处以民生国事为重，政通人和，事事得宜。待至日久，已得民富国强，执政者贪求享乐，一荣贵执权，骄肆于民，于是引起了民众的反抗，必酿成天下大乱，灾祸幸福依傍隐藏在我们的生活之中。谁知道它们相互转化的法则呢？所谓"祸兮福所倚福兮祸所伏"即是此意。"正"是指正气，端方，正义讲；"奇"是指邪辟，怪异，奸诈讲；"善"是指慈悲，仁德，恩惠讲；"妖"是指诡异，恶毒，贼害讲。天地间一切事物都就这样成败，好坏交替，阴阳相易，福祸相倚，这种转化，或正或奇，或善或妖，是没有定向的，正可以转化为邪，善可以转化为恶，常人对这种正邪善恶的转化原因久已迷惑了。所以得道之人方正但他不伤人，锐利但不刺伤，直率却不放肆，明亮但不炫耀。

体悟：

　　老子讲"无为之治"兼及社会矛盾双方对立统一转化的必然规律之道理和执政的重要理念。认为统治者与民众之间的作用是相互的，如果统治者为政清明，待人宽容，那么其治下的人民就会保持淳朴的社会民风，不会违法乱纪；而如果政治黑暗，刑罚苛刻，那么人民的内心就会充满狡诈，社会治安必定会产生负面效果，这就是本章开篇提到的"其政闷闷，其民淳淳；其政察察，其民缺缺"所反映出来的社会现实，老子以天下万物的平等为基础，从根本上解释了统治者与人民大众有知和无知的关系，即为"和谐"。二者之间本来地位是平等的，但由于统治者没有意识到这一点，因而将自己的发展凌驾在对民众的强制压迫之上，就必然会加剧两极分化，而这种两极分化，实质上就是矛盾的加剧。这样一来，两个阶级就会增强对对方的仇视程度，其结果只会使矛盾不可调和对抗，最终使得二者之间爆发激烈的冲突与争夺。老子又提出了"祸兮福所倚，福兮祸所伏"的辩证观点。这似乎与上一句话没有什么逻辑上的关联，主题宣扬了世界事物变化的不确定性。在2500年前诸侯争霸的春秋年代，各国之间的你争我夺，征战沙场之上，形势复杂多变，在那样的背景下，老子对动荡的现实社会进行了反思，渴望从中找到一种稳定的"常道"来指导人生，但毕竟世事难料，谁都不可能百分之百准确无误地预测未来，因此老子所总结提出的这一哲学命题历来被众人所称道。老子先是谈到一个现象，表面看上去浑浊不清的政治，结果可能民众生活很安定，民心很淳朴；表面看上去条理分明的政治，结果可能其人民不堪束缚，人心反而狡诈怨恨，生活得并不幸福。由此现象，老子便推出了一个结论，许多事情看上去是好事情，其实未必是好事，有些事看上去是坏事，其实也未必是坏事。这便是老子所说的"祸福相倚"的智慧，具体而言，便是："祸兮，福之所倚；福兮，祸之所伏。"显然，这是一种大智慧。

　　实际上老子的这种观点乃老子辩证法观点的一个侧面，在《老子》中，老子曾言："故有无相生，难易相成，长短相形，高下相倾，音声相和，前后相随。"他把事物看成彼此对立的两个方面，而这两个方面又互相联系，互相依存。他还进一步提出，一切事物都要向它的反面转化。如"曲则全，枉则直""物壮则老"等。而"福"和"祸"这一对相对立的命题，显然也不会例外，两者本身同样是相反相成，相互依存的。得到幸福的同时，也可能埋下了祸患的种子；而遭遇祸患的同时，未必没有埋下福德的种子。春秋时，鲁国的阳虎专权作乱，鲁国国君一次突然发难，命令国人紧闭城门捉拿他。声称抓到他者得重赏，胆敢私下放走他者杀无赦。于是各个城门被人把守起来，阳虎东逃西窜，当来到最后一个城门前，发现仍没有办法逃出去。阳虎绝望，便拔出剑来，准备自刎。守门人看到了他的举动，便制止了他，并对他说："何必如此灰心呢，人生的路还有很长啊，我放你出去吧！"阳虎这才得以逃出城。就在他出城后，却回身刺伤了这个守门人。守门人愤怒地说："我本来和你非亲非故，只是因为同情你才放了你，为此我已经犯了死罪。你不但不感激我，反而刺伤我，这真是天降灾祸于我啊！"后来，鲁国国君发现阳虎逃走，便调查这件事情。最后也没有调查出结果，于是断言，阳虎他又不会飞，反正肯定是从哪个城门逃走的。于是下令，凡是未受伤的守门人全都抓起来治罪，而受伤的则给予重赏。结果，这个放走阳虎的守门人因为身上负伤而得到了重赏。这个故事形象地说明了祸福相倚的道理。在故事中，守门人放走了阳虎反而被其刺伤，这不仅是犯了死罪，而且还十分倒霉。但是结果他不仅没有被处死，反而被重赏。而被阳虎刺伤这件本来令他感到倒霉和愤怒的事情，恰恰成了他受重赏的原因。可以看到，无论是灾祸，还是好事，都并非如同一眼看上去的那样。好事的背后可能隐藏着祸事，祸事背后可能隐藏着好事。

实际上，这绝不仅仅存在于那些看似有偶然性的故事中，可以说任何事情都是如此。一个女孩子漂亮，是好事吧，但是，其未必不是坏事。历史上的那些美貌女子，比如西施、貂蝉、杨贵妃、陈圆圆，她们或是像一个物件一样被有权势者争来夺去，身不由己，或是成为政治的牺牲品，早早殒命，最后还落得骂名。即使不说这些绝色女子，现实生活中平凡的美貌女子，恐怕美貌给她们带来的未必全是好事。另外，我们知道，一个人取得成功肯定是令人高兴的好事了，但也未必不是坏事。而反过来逆境也未必全是灾祸，英国历史学家汤因比在其历史学名著《历史研究》中在对古今各个文明体进行研究之后，得出一个结论：文明的产生和进步，都出于对外部环境（包括自然环境和人文环境）的挑战和应对，换句话说，正是对于逆境的应对造就了人类早期的各个文明体，而后来的文明进步与演变的动力也同样是出于对逆境的应对。在《历史研究》中，汤因比认为正是由于世界的气候发生了重大变化，使得原本的原始人处于逆境之中，他们为应对环境挑战，得以生存，才逐渐聚居为早期的族群、部落。而后同样出于应对环境挑战或来自邻近部落的战争，人类建立起早期的文明。这些来自环境或者其他部族的战争威胁，使得早期的文明时时处于被消灭的危险之中，正是这种逆境逼着早期的文明体向前发展，最终才演化成现代的人类社会。汤因比还在书中举了反例，如因纽特人，这个族群所生存的环境（北极）几千年来少有大的变化，他们对自己的生存环境完全地适应了。正是因为没有了逆境的挑战，所以他们的文明便停滞了，几千年来他们的生活方式都没有变化，文明也没有多大发展。总之通过老子的这种智慧，我们应该认识到，在遇到事情的时候，无论是好事，还是坏事，都不能仅仅看到短暂的现实，而要学会用一种更为全面的，发展的目光去看问题，能够看到事情背后隐藏的趋势或者苗头。也不要看到好事就高兴得忘乎所以，遇到坏事便万念俱灰，失去方寸。并且值得一提的是，把握好这个智慧，我们不仅可以发现灾祸背后的福气，而且还能对这个过程加以干涉，使得灾祸变为福瑞，使福瑞变得更长一些。

　　在老子看来，矛盾的产生源于对立双方之间的对抗冲突与争夺。一旦矛盾积累到一定程度，就势必会引发二者之间的对抗冲突。为了避免矛盾的激化，民众都应当及时地对自己的行为进行反思，尽快调整消除潜在的危险，而对于"精通自然规律"的圣人来说，就应当时时刻刻保持住自身行为的"和谐"主题。由此我们可以看出，在老子的眼中，"圣人"依"天道"而行，是可以把握并运用自然规律法规的；而常人（世俗之人）由于受到现实、情、权、利的影响而不能认识到"物极必反"的事物两面性之道理，这就决定了他终将走向失败的命运。"人至察则无徒，水至清则无鱼。"为人处世聪明过了头，会给众人太精明的感觉，从而会让人觉得没有安全感，自然就不会拥护你，也很少有人与你同心同德了。多数人陷于现实世界的名缰、利锁、情困之中，往往不能自拔，感官因此被蒙蔽，只有摆脱情、权、利这种束缚，才能清楚地反观自身的行为。然而真正能够做到不被情、权、利所动的又有几人呢？老子之所以能够清楚地认识到这一点，跟他所坚守的"无为"之道有很大的关系，或许我们从老子身上可以找到认识世界的人生观、价值观、道德观。老子通过辩证思想来谈人生、谈治国，这和前面章节中的思想一脉相承，第一段话仍然是以"无为而治"的思想来体现。之后又提出了一个被历代学者反复引用的辩证法命题："祸兮福之所倚；福兮祸之所伏。"这句话充分表现了老子的辩证法思想和他对人生观的思考。灾祸中蕴藏着生机的变数，完美中蕴藏着危险变数，互为因果、完美交替。但是"孰知其极"？谁知道什么时候是祸的极点，什么时候又是福的极点？这样的道理直到今天对我们的人生仍然有着非常深刻的警示意义。

　　最后老子又用他最擅长的句式描述了"得道圣人"的处世为人方法："方而不割，廉而不刿，直而不肆，光而不耀。"实质意思就是说：明智的人行为处事，要方正而不生硬，有棱角而不伤害人，直率而不放肆，光亮而不刺眼。就是说做人要善良、正直、低调一点。其实，这就是一种不走极端的中庸之道。应该说，这四条准则对于我们为人处世具有重要的指导意义。而在这四个准则中的"方而不割，廉而不刿"侧重于理解别人，而"直而不肆，光而不耀"则侧重强调克制自己。因此，我们将其分开论述，这里先论述"方而不割，廉而不刿"的智慧。其实对于"方而不割，廉而不刿"的解释不止一种，除了上面所说的方正但不生硬，廉洁但又不疾恶太严，苛刻太甚。不过，可以看出这些解释本质上差别不大，总的意思便是说一个人可以要求自己在内心坚持原则，但在处世时，便要学会圆融，不要用这种原则去苛责别人，以免伤害别人。简单说，即是对自己严格，对别人宽厚。显然，这是一种值得推崇的为人处世之道。我们知道，每个人的出身和成长的环境是不一样的，所受的教育也是不一样的，因此看待事物的方式和衡量处事行为的标准肯定有所不同。同时每个人的智慧高低也是有差别的，因此对于一个事物的认识也会有智愚之别。有时候智慧的人看到的东西，别人未必能够看出来。当然一般而言，大家对于正直、诚实、廉洁等品格都是认可的，并会在一定程度上要求自己去做到。但是每个人因为各种内在和外在的条件的不同，所能做到的程度也是不一样的。这个时候我们便不能以自己的标准去苛责别人。要知道每个人的生存原则都应该只是用来约束和激励自我，而不应该是来衡量别人的。孔子曾言自己每天都反思自己今天有没有做不符合仁义的事情，却从来没有说要去衡量别人有没有符合仁义。美国著名小说家菲茨杰拉德在自己的小说中曾经说过一句话：每当你想要指责别人的时候，要明白不是每个人都有你出生至今所拥有的优越条件。这便提示我们，对待自己，可以严格一些，而对待别人，则以宽厚为好。每当你要苛责别人的时候，要明白什么事情都没有绝对的标准，你认为对的未必就真的那么对。用一种并不绝对的准则去衡量别人，只能是一种自以为是，结果显得自己苛刻、狭隘，乃至愚蠢，最后被人厌烦。有一位刘先生，是一位颇有原则的人，诚实严谨，不阿谀奉承，不投机取巧，不参与坏事，更不占别人便宜，还乐于助人。按说，他应该是受人尊敬，人缘很好的人。但事实却并非如此，他的朋友很少，大家都躲着他，不太愿意跟他交往。原来，这个人正是因为自己在道德上的修为，于是自我感觉良好，过分看重自己，总以为自己是十全十美的人，以为人人都应该以他为模范、为导师。生活中他总是摆出一副神圣不可侵犯的神态，随时随地去教训别人，指导别人像大人管小孩、老师对学生一样。另外，他还不能容忍别人对他有丝毫不恭敬、不忠实之处。如果他吃了别人一点亏或受了别人一点点欺骗，那他就把对方当作罪大恶极、无耻至极的人，加以攻击嘲笑，讽刺或谩骂不已。可以看出，这个人的问题便在于他用自己的标准去衡量别人，以为自己认为对的东西，别人便同样应该认可。显然，老子所说的"人之迷，其日固久"说的就是他这种情况。

实际上，正如老子所说，世间的许多东西都是不一定的，大家都有自己的判断标准，你的判断标准就一定比别人的高明吗？其实不一定。另外，即使你是正确的，别人是错误的，也要明白，每个人的处境是不一样的，也许你站在他的立场，身处他的状况之中，你同样会那样做。总之，凡事最好能站在别人的角度想想，多一分宽容和理解。我们看一下历史上那些因道德高尚被大家敬仰的人，就会发现，他们在严格要求自己的同时，对别人则总是相当宽容。事实上，古人对此有一个专门的词，叫作"外圆内方"。"内方"，即是人格独立，灵魂正直，胸怀大义，坚持自然之道。而"外圆"则是指对待朋友、同事、左邻右舍，要宽容，温和，平易近人，和气共事，不要老是看不惯别人，不要得理不饶人。明代文人洪应明在《菜根谭》中言："处治世宜方，处乱世当圆，处叔季之世当方圆并用。"曾国藩在写给自己的弟弟的信中告诫弟弟："立者，发奋自强，站得住也；达者，办事圆润，行得通也。"现代著名教育家黄炎培还将"外圆内方"的智慧送给将要出国读书的儿子，他在给儿子写的座右铭中就有这样的话："和若春风，肃若秋霜，取象于线，外圆内方。"这些人对于老子的智慧是有体悟的。另外提到"外圆内方"，其还包含了另外一层意思，即不苛责别人，不伤害别人，会使自己免受伤害。因为首先，如果你对别人苛责，大家必然都不愿与你亲近，所谓水至清则无鱼，人至察则无徒。如此没有一个很好的人际关系，你做任何事便缺少帮助。我们知道，孔子肯定算是一个有原则的人了吧，但是在那个交通不便，文化落后的时代，他的学生竟然能够达到三千人？设想一下，如果他总是用自己的标准去衡量学生，可能没有几个人能够令他满意，但是他并没有嫌弃他们，而是秉承"有教无类"的教育理念，给他们以指导。因此，才成就了孔子的伟大。想想看，如果没有这些学生传承并使他的思想发扬光大，孔子恐怕早就湮没于历史之中了，哪还有后来的儒家思想。说得实际点，没有学生们的帮助，恐怕他周游列国都不能成行。

因此，"外圆内方"实际上还是非常实用的一种为人处世态度，它能够给你带来许多现实的帮助。正如励志大师卡耐基所说："一个人的成功，有15%是依靠专业技术，而85%却要依靠人际关系、有效说话等软科学本领。"其次世间总是有心胸狭隘的人，你某天指责了他的过失，他可能对你怀恨在心，说不定哪天他就会报复你。因此，可以说，"方而不割，廉而不刿"，也是使自己免受伤害的不凡智慧。老子认为，在政治

天道：体悟老子

上、为人处世上的宽与严不要做到极点，就是事物相互转变的临界点"量与度"关系到为政处事处人的存与亡，如同福与祸、正与邪、善与恶一样，是相互对立、相互依存、相互转化的，"正复为奇，善复为妖"，过与不及都是毛病。政治宽松，可使风气敦厚，百姓朴实。而政治烦苛，则给百姓带来灾难，必遭百姓反抗。只有深知大道（自然规律法则）的圣人、得道之人，才能以"道"自守，保持行为的正确而适中。清静无为，其实是教我们做到了一定的境界，就要学会舍弃，学会随时纠正自己的言行。因为善得太过了就"善复为妖"了。

在为人处世之道上，除了前面所讨论的"方而不割，廉而不刿"的智慧，"直而不肆，光而不耀"也是一种对我们具有非常现实的指导意义的智慧，这里探讨一下。"直而不肆，光而不耀"意思便是直率而不放肆，有所成就但不炫耀，其侧重点则是在于提醒我们要学会克制自己。首先，让我们来看一下"直而不肆"的智慧。我们都知道，直率本来是一种美德，直率的人往往说话直来直去，不拐弯抹角，表现出一种坦诚、豁达的性格。因此这种人往往受到人们的欢迎，人们也都愿意和这样的人相处交友。但是所谓物极则反，直率也应该有一定的限度，如果说话没有克制，不管什么话都不加考虑地想到就说，则有可能成为一种放肆了，其结果有可能伤害别人，或者令人感到尴尬，最后会显得自己不够稳重、成熟，容易招致别人的讨厌，有时我们会听到这样一句话：某某人说话不过脑子！这个人之所以得到这样的评价，往往是因为说话过于直率以致显得放肆了。其实作为一个成熟的人，说话要遵循一定的规则情感，考虑相应的场景后果，不是想到什么就脱口而出。一句虚话、套话固然是不受欢迎的，而直话也是要分场合，语言表达要有节制或者讲究说话的艺术表达方式，明代小说《水浒传》中的李逵，便是一个说话过于直率的典型例子。在《水浒传》六十六章中，梁山好汉劫法场，救了卢俊义，然后又接他上山。之后宋江要将头领的位置让给卢俊义。宋江一本正经地表示：因卢俊义文武双全，在天下名头也比较响，要将山寨头把交椅让给卢俊义。卢俊义初来乍到，自然不敢接受。于是两人彼此说客气话辞让。没想到，这时李逵说一句："若是哥哥做皇帝，卢员外做个丞相，我们今日都住在金殿里，也值得这般捣乱，不过只是水泊里做个强盗，不如仍旧了罢！"宋江气得话说不出。这里李逵所说的话是个大实话，实情的确如此。可以说，持有这种想法的人未必只有李逵一个，像林冲曾身为80万禁军教头，呼延灼、关胜是名将后代，又曾做过朝廷中将领，对于梁山头领的位置大概也不会怎么瞧在眼里。因此李逵的话他们未必不认同，但是在这种时候，李逵的话虽然直率，却显然是太放肆了。想象一下当时宋江煞有介事地让位呢，被李逵这么一说，肯定有些下不来台，也难怪他气得一句话也说不出。幸亏这里是组织不太严密的梁山，如果是在朝廷，说这话的李逵恐怕职位甚至性命都不保了。可以说，李逵的例子便生动地说明了说话过于直率的危害。

实际上，在上司面前，说话过分直率便成了一种放肆，是很忌讳的。因为上司毕竟是上司，其很重要的一个属性便是要具有威信，以保证使命执行的效率。因此如果你当着众人的面无所顾忌地指出他的错误，或者是无所顾忌地和他开玩笑，便会损害这种权威。即使他是你的同学或者私底下的好朋友，也应该对他保有一定程度的敬重，尤其是有别人在场的时候。同样道理，在父母长辈、老师面前，也应该避免直率得放肆。另外，还有许多情况下都应该避免这种行为。比如和陌生人初次见面，说话便应该保持一种距离，不可放肆。而有的人却并不懂得这个道理，在与人初次见面时并不懂得顾忌，而是想到什么便说什么，询问对方家庭情况、收入等一些过于个人隐私的问题，或者跟人开一些对初次见面的人来说显然过分的玩笑。这些，对方可能出于礼貌表面上不说什么，而内心里则会对你产生不好的印象，觉得你轻浮。如此，如果是职业性的会面，别人便觉得你不太可靠而不愿意跟你合作；如果是一次个人化的会面，别人则可能也不太愿意和你做朋友。不仅在陌生人面前应该避免放肆，即使在很熟的人面前，也不可以肆无忌惮地说话。实际上，熟人之间翻脸许多时候都是因为彼此之间太熟了，在说话时无所顾忌，拿对方的短处或者最近的糗事开玩笑，结果惹怒了对方，导致大家不欢而散，结下疙瘩。因此在和同学、朋友、同事相处时，即使是彼此非常熟悉，也不可想到什么说什么。最好是不要提对方的短处。

孔子强调礼制，推崇"非礼勿视，非礼勿听，非礼勿言，非礼勿动"，其实质便是将每个人的言行规范起来，避免放肆。可以说这点与老子所说的"直而不肆"是相通的。另外，在西方有句谚语叫"和奴隶开玩笑，过一会儿他就会原形毕露了"。其内涵便是因为奴隶说话不知道节制，和你熟了便会放肆。我们再来看看"光而不耀"的智慧，"光而不耀"讲的是做人要低调、谦虚，实际上这是老子一向强调的处卑、处下观点的进一步具体化。我们都知道，人们会在地位、才能、智力、成就等方面有一定的高低差别。当然对于本身平凡卑微的人来说，自然不会显得很高调。但是一个人一旦在某一方面具有优势，尤其是明显高于旁人时，这个人便很难保持低调了，会情不自禁地产生骄傲自满、妄自尊大的姿态，总想表现自己。这种心态是十分有害于人生的。首先，一个人一旦妄自尊大，自我表现欲过强，便会遭到别人的反感和鄙视，失去别人的敬重，并损害自己的人际关系，严重的甚至会丢掉性命。我们都知道三国时期曹操的谋士杨修，便是因为自恃聪明，经常在众人面前泄露曹操心事，卖弄自己的聪明，因而遭到曹操的嫉恨，并最终丢了脑袋。其次，一个人如果言行过于张扬，便会志得意满，看不到自己的不足之处，进而束缚了自己前进的脚步。

有这样一个故事，一个满腹经纶的学者，为了了解禅学的奥妙，不远千里去拜访一位著名禅师。禅师斟茶后，便和他对面而坐，开始讲解。这位学者一开始很恭敬，但是听着听着，觉得禅师所讲的东西无外乎自己以前所了解的，好像也不是特别玄妙。而他曾听说这位禅师道行高深，从他的话语中能够得到很多启发，于是他便认为这位禅师不过是浪得虚名而已。想到这里，学者心浮气躁，坐立不安，在禅师讲道时不停地插话，甚至一次忍不住轻蔑地说了一句："哦，这个我早就知道了。"禅师听到他这句话，并没有出言指责学者的不逊，他只是停了下来，拿起茶壶再次替这位学者斟茶。尽管学者的茶杯里的茶已经满了，禅师却继续倒水，直到茶水从杯中溢出，他也没停手。这位学者见状，连忙提醒禅师说："别倒了，杯子已经满了，根本装不下了。"禅师这才放下茶壶，不愠不火地说："是啊！如果你不先把原来的茶倒掉，又怎么能品尝我现在给你倒的茶呢？"这个故事，便形象地说明了做人过于自负便不能继续进步。因此，做人还是应该内敛、低调为好，可以说低调做人是做人成熟的标志，是为人处世非常实用的智慧，也是一个人不断取得更大成就的基石。我们都知道向日葵在籽粒尚不饱满的时候，镶嵌着金黄色的花瓣，高昂着头，随着太阳的升起和降落，摇来晃去，唯恐别人看不到它。一旦籽粒饱满便会低下沉甸甸的头，因为它成熟了，充实了，民间也有谚语："低头是谷穗，昂头是谷秕。"总之，和"方而不割，廉而不刿"的理解别人的智慧相对立，"直而不肆，光而不耀"则是从克制自己的角度来讲述做人处世之道。如果能做到低调，我们就会得到更多民众的认可和喜欢，也能取得更大的成就。

"其政闷闷"即是指清静"无为"之政；"其政察察"即是指烦苛"有为"之政。老子崇尚"无为"之政，认为宽宏（"闷闷"）的政风，当可使社会风气敦厚，人民生活朴实。这样的社群才能走向安宁平和的道路。老子所期望的是人民能享受幸福宁静的生活，能过着安然自在的日子。如此看来，老子的政治理想却有积极拯救世乱的一面，仅是实行的方法和态度上与各家不同而已。由他所勾画的理想人格形态也可看出，他说："圣人方而不割，廉而不刿，直而不肆，光而不耀。""方、廉、直、光"，正是积极性人格心态的描述，"不割""不刿""不肆""不耀"乃无逼迫感的形容。这是说有道的人为政，有积极性的理想，而其作为对人民并不构成逼迫感。"祸兮福之所倚，福兮祸之所伏"，祸福之相倚，很容易使我们联想起塞翁失马，焉知非福的故事。在日常生活上，福中常潜伏着祸的种子，祸中常含藏着福的因素，祸与福是相依相生的。事实上，正与邪，善与恶，亦莫不如此。甚至一切事象都在对立的情状中反复交变着，而这种反复交变的转化过程是无尽止的。这样循环倚伏之理常令人迷惑不解。老子提示我们观察事物，不可停留在表面，应从表象中去透视里层，做全面的了解。他为我们打开了观察事物的视野，使我们能超脱于现实环境的局限，使我们不致为眼前的困境所陷，也使我们不致为当下的心境所执迷。

第三十五章　不争之德

原文：

善为士者，不武；善战者，不怒；善胜敌者，不与；善用人者，为天下。是谓不争之德，是谓用人之力，是谓配天古之极也。

译文：

本章以用兵之道，喻示我们处事接物宜于真诚仁慈、含虚自敛、晦迹韬光。善于做将帅的人不轻易动武；善于打胜仗的人，不易被敌人激怒；善于胜敌的人，不与敌人正面交锋，作战硬拼；以此理事，以此接物，而万事顺应。天道不争而万物自化，圣人不争而万民心自归。作为将帅，以修德畜众，不以威武耀示于人，三军民众自然诚服。善于用人的人，态度谦卑，不以己为能，而以成功为重，以民众为上，礼贤下士，恭敬一切，贤能性定，能效其力。

如能体其真常之"道"及"无为而无不为"的自然之德，必能在修身、齐家、治国、理民，以至于处事接物上皆能随心应手，不争而自得，不劳而自成，贤能者自然效全力。这就叫作不与人争的美德，这就叫作善于用人的能力，这就叫作合于"道"的自然法则。天道的运行，上古的行事，虽有德而不自以为有德，更不有意为德。不妄逞勇武，不轻易发怒，不正面冲突，充分以自然规律法则发挥自己的才智，以不争来达到争的目的，这才真正符合自然之道、自然规律，是古来就有的最高准则。

体悟：

本章着重诠释了第二十二章、第二十七章的"不争"和"袭明"。"清静无为"是为人处世及治理社会的重要方略，为士不武，战者不怒，礼贤下士都是"大道无为"在社会政治生活中的具体体现。曹操为了把效力于刘备麾下的徐庶拉拢到自己帐下，派人模仿徐母笔迹将其骗入麾下效力，结果徐庶在曹操阵营却一言不发。项羽为了逼迫刘邦投降而把刘父抓来以此要挟，最终还是败于刘邦之手。由此不难看出，曹操和项羽在处理这两件事情的时候都没有遵循"道"的原则，强人所难、咄咄逼人，都不合乎"无为"的精神。在本章中，老子既谈论了自己对于武力的态度，即"善为士者，不武"，又论及了武力制胜的具体策略，即"善战者，不怒；善胜敌者，不与"。其中，"善为士者，不武"可以说总领老子这几章的军事观点，体现了老子对武力的一种终极态度。对于"善为士者，不武"的解释有两种：一种认为是善于为将帅的人，不轻易发动战争；另一种则认为真正的勇士轻易不动武。其实这两种解释意思是相通的，两者分别是从群体的角度和个体的角度阐明了对于武力的正确态度，即只有在迫不得已时才能动用武力，才是正确的，这样的战争方是正确的战争，这样的个人行为才是真正的勇敢。

我们都知道所谓勇敢，其第一层意思便是去做一件有一定风险的事情，即克服恐惧去冒险。但是不畏惧便是勇敢吗？未必。我们都知道，一个小偷在漆黑的夜里，翻越别人家的高墙，然后撬门入室，偷窃别人的东西，显然是需要胆量的，但这样的人是勇敢吗？黑社会里的亡命之徒，每天躲在阴暗的角落里，提着自己的脑袋打打杀杀，一不小心便被其他的团伙所杀死或者被警察所击毙，可谓在刀口上过日子，这是勇敢吗？一个人在饭馆里吃了饭，然后强横地大摇大摆地起身就走，对于前来要饭钱的店员张口就骂，甚至出手伤人，这是勇敢吗？恐怕大家都不这么认为。因为这些人虽然有足够的胆量去冒险，但是他们的行为却违背道义。因此可以说勇敢的定义不仅是敢于冒险，而且要符合道义，也要是正义的事。关于这个问题，孔子曾经谈到过，一次，一向比较勇敢的子路请教孔子："君子尚勇乎？"意思是君子应不应该崇尚勇敢呢？孔子便回答道："君子义以为上。君子有勇而无义为乱，小人有勇而无义为盗。"意思是说，君子应该崇尚勇敢，但这种勇敢是有制约的，有前提的，这个前提就是"义"。有了义字当先的勇敢，才是真正的勇敢。否则一个君子会以勇犯乱，一个小人会因为勇敢而做盗贼。除了应该符合道义之外，还应该符合理想完美的计划，即不应该是鲁莽的行为。

有这样一个故事，说古时候有两个壮士在一起喝酒。刚开始，他们用的是酒杯，一个壮士为了显示自己的"勇敢"，就说大丈夫喝酒怎么能用酒杯呢？两个人就抱着酒坛子喝。过了一会儿，酒菜没有了。店主要再给他们加些酒菜。这时，另一个壮士为了表示自己更加勇敢，就说身上带着酒菜。何必还要去拿？于是他就从自己身上割下一块肉来，切一切吃了，后来两个人开始较上劲，不断地从自己身上割肉。结果两人都一命呜呼了！这两个人可谓胆量过人，勇气非凡了，但这是勇敢吗？同样不是，勇敢不是毫无目的的炫耀，毫无意义的牺牲，而应该是理性的冒险、必要的牺牲。关于此，有这样一个故事更能说明问题：英国首相丘吉尔在担任海军大臣时，一次到一艘军舰上视察。为了检阅士兵，他让舰长从士兵中挑选出一位最勇敢的士兵。舰长将所有人都集合在一起，说要考验他们的勇敢。他指着波涛汹涌的大海对一名士兵说："你敢跳下去吗？"这名士兵看了一眼大海，眉头没有皱一下，便跳下去。结果转眼便在海里消失了。接着舰长又走到另一名士兵面前，对他说："他很勇敢，你能够证明自己比他更勇敢吗？"这名士兵三下五除二爬到桅杆上，然后从上面跳到大海里，结果又不见了踪影。舰长又走到一个士兵面前，对他说："你能证明比他更勇敢吗？"这名士兵朝他大声吼道："我才不会做这种傻事呢！"这时丘吉尔走过来对舰长说："好了，他就是这艘舰艇上最勇敢的人了！"这个故事便说明了，勇敢不仅意味着牺牲，是有胆量，而且更要有头脑，能够对自己的行为做出价值判断，敢于拒绝荒唐的命令。勇敢不是莽撞，冒险蛮干和心血来潮，不是为了毫无价值的事情去做无谓的牺牲。没有智慧的勇敢只是蛮干，蛮干者并没有证明勇敢，只证明了自己的愚蠢和虚荣。真正勇敢的人，是有爱有胆有识的人，是在有必要显示出勇敢时才挺身而出的人。因此现实中，那些整天故意去跟人打架的人，其实一点也不勇敢，那些专玩极限游戏的人，也并不是真正意义上的勇敢。事实上，除了道义和理性之外，勇敢还有一层内在的属性，即真正的勇敢不是从外在的行为表现出来的，而是一个人的内心所具有的临危不乱，从容不迫的心态。孔子在回答子路关于"勇"的问题时还说道："君子泰而不骄，小人骄而不泰。"君子因为有心态的平和，安定和勇敢，他的安详舒泰是由内而外的自然流露；小人表现出来的则是故作姿态，骄矜傲人，因为他内心多的是一股躁气，气度上便少了一份安闲。

在日本江户时期（1603—1868），有一个著名的茶师，这个茶师跟随着一个显赫的主人。有一天，主人去京城办事，因为喜欢茶师的茶，便要他跟自己一起去。这个茶师却很害怕，对主人说："您看，我又没有武艺，万一路上遇到点事可怎么办？"主人说："你就带上一把剑，扮成武士的样子。"茶师只好换上武士服，跟着主人去了京城。到京城后，主人出去办事，茶师一个人在外面逛街。这时迎面走来一个浪人，向茶师挑衅说："你也是武士，那咱俩比比剑吧。"茶师老实说："我不懂武功，只是个茶师。"浪人说："你不是一个武士却穿着武士服，简直是侮辱武士，我看你更应该死在我的剑下！"茶师一想，心想看来是躲不过了，就说："你容我几小时，等我把主人交办的事做完，下午我们在池塘边见。"浪人想了想同意了，分手后，茶师直奔京城里最著名的大武馆，他看到武馆外聚集着成群结队来学武的人，茶师直接来到大武师面前，对他说："求您教给我一种作为武士最体面的死法吧！"大武师很吃惊地说："来我这儿的人都是为了求生，你是第一个求死的。这是为什么？"茶师把与浪人相遇的情形复述了一遍，然后说："我只会泡茶，但是今天不得不跟人家决斗了。求您教我一个办法，我只想死得有尊严一点。"大师想了一下说："那好吧，你就再为我泡一遍茶，我再告诉你办法。"茶师很是伤感，他心想：这可能是我在这个世界上泡的最后一遍茶了。他做得很用心，很从容地看着山泉水在小炉上烧开，然后把茶叶放进去，洗茶、滤茶，再细心地把茶倒出来，捧给大武师。大武师一直看着他泡茶的整个过程，他品了一口茶说："这是我有生以来喝到的最好的茶了，我可以告诉你，你已经不必死了。"茶师说："您要教给武功吗？"大武师说："我不用教你，你只要记住用泡茶的心去面对这个浪人就行了。"这个茶师听后就去赴约了。浪人已经在那儿等他，见到茶师，立刻拔出剑来说："你既然来了，那我们开始比武吧！"茶师一直想大武师的话，就以泡茶的心面对这个浪人。只见他笑着看定对方，然后从容地把帽子取下来，端端正正放在旁边；再解开宽松的外衣，一点一点叠好，压在帽子下面；又拿出绑带，把里面的衣服袖口扎紧；然后把裤腿扎紧……他从头到脚不慌不忙地装束停当，茶师最后一个动作就是拔出剑来，把剑挥向半空，然后停在那里，因为他不知道再往下该怎么用。此时浪人却扑通就给他跪下了，说："求您饶命，您是我这辈子见过的武功最高的人。"这个故事是真是假难以考究，但是其中的逻辑绝对是说得通的，一个人内心所表现出来的从容，笃定的气势的确是可以震慑住一个人的。正如《史记·刺客列传》中所记载的田光在评价荆轲时所说的"血勇之人，怒而面赤；脉勇之人，怒而面青；骨勇之人，怒而面白。荆轲，神勇之人，怒而色不变"。一个人一旦面对危险表现得气定神闲，才是最为勇敢的人。那个浪人正是被茶师的这种发自内心的勇敢镇住了。总之真正的勇敢不是邪恶的，而是正义的；真正的勇敢不是盲目的，而是理性的；真正的勇敢不是表面的，而是发自心灵深处的，因此具体到我们大家身上，真正的勇敢举动，不是表现给别人看的，而是自己理性思考后，觉得自己有必要做出的举动。这种举动不一定是惊心动魄的事情，面对生活和突如其来的变故，自己坚强面对；向别人承认自己的错误；放弃安逸的生活，追求自己梦想都是真正的勇敢。

　　"善战者，不怒；善胜敌者，不与；善用人者，为之下。"老子说善于打仗人的不轻易被激怒，善于克敌制胜的人不争一时之高低，这就是战场上的"不争"。老子的不争，其实是一种高深的谋略，这一谋略不逞一时之强，但是能赢得最后的胜利。中国历史上有很多战例，都能说明这一道理。田单复国的故事就是一个典型的例子。战国后期，燕国派大将乐毅率领诸侯联军讨伐齐国，一举攻下齐国七十多座城池，只剩下营城和即墨两座城池还在抵抗，齐国濒临灭亡。就在这危急存亡的时刻，齐国出现了一名智勇双全的将领，他救齐国于危难之间，不仅挫败了燕国，而且使齐国再次成为七雄之一，这位将领就是田单。田单是齐国田氏血缘关系较远的宗族，齐湣王的时候，田单

天道：体悟老子

担任临淄管理市政的小吏，但是不受重用。后来，燕国派乐毅讨伐齐国，齐湣王逃走，不久退守到莒城。燕国军队长驱直入攻伐齐国，齐国城池被攻破，百姓互相争路逃亡，因为车子的车轴撞坏了，所以被燕军俘虏。只有田单的同族，因为用铁箍包住了车轴，所以能够逃脱，向东退守到即墨。这个时候，燕国已经攻占了齐国的几乎所有城池，只有莒城和即墨没有被攻下。燕军听说齐湣王身在莒城，就调集军队攻打。大臣淖齿便在莒城杀死了齐湣王，依托城池坚守，抵御燕军，燕军攻打了几年也没能攻下。燕国调集军队围攻即墨。即墨大夫出城与燕军交战，战败而死。即墨城中的军民争相推荐田单说："安平之战，田单一族依靠铁箍包住车轴才得以脱险，足见他善于用兵。"因此大家都拥立田单为将军，希望他在即墨抵御燕国军队。尽管被委以重任，但是田单深知要击败乐毅绝不是一件容易的事情，因为燕军除了自己的国土之外，还包括齐国的七十多座城池，而齐国现在就剩下莒城和即墨这两个地方了，双方的实力对比过于悬殊，如果贸然硬拼，齐军不但不能打败燕国，反而会使仅剩的两座城池落入燕国之手。因此，在时机尚未成熟的情况下，田单决定按兵不动，静观其变。

不久，机会终于来了，向来宠信乐毅的燕昭王去世了，而新立的燕惠王与乐毅素有嫌隙。这对齐国来说实在是一个天大的好机会，于是田单便派人潜入燕国，到处散播谣言说："齐王已经死了，仅仅有两座城池没有攻克。乐毅害怕被诛杀而不敢回来，乐毅以伐齐为名，实际是想联合南面的齐国，在齐国称王。齐人还没有归顺，所以暂且延缓攻打即墨，等待时机成熟，就称王，齐国所害怕的就是其他将领来率领燕军，那么即墨城就立即会被攻破。"燕惠王早就对乐毅有所怀疑，这时听了谣言，更是信以为真，于是派骑劫接替乐毅。乐毅此时正在齐国，他知道如果自己回到燕国，一定没有什么好下场，所以逃亡到赵国。乐毅去了赵国，燕军的士卒向来拥戴乐毅，因此均感到愤懑不已。这时，燕惠王派去的将军骑劫来到军中，准备整饬军队，进攻即墨。田单见燕军准备攻城，于是下令城中军民供出食物，以祭祀祖先。天上的飞鸟望见城里供奉着食物，都飞过来争着吃，燕军看到了，觉得非常奇怪，不知道齐军为什么这么做。没过多久，田单又在城里扬言说："齐军的弟兄们，天上的神仙下来帮助我们对付敌军啦！再过一会儿，一定有神仙降到咱们城中，到时便拜他为师！"有个兵卒听着好奇，便随口说道："我可以做您的老师吗？"说完就返回阵列中。田单连忙起身，把那名士卒从阵列里请出，让他面向东而坐，还拜那名士卒为师。那个士卒非常惊愕，慌张地说道："我不过是随口说说，其实什么都不会做呀"田单微微一笑，偷偷地对他说道："你不要多说话，我自有安排。"说完就跪下拜他为师了。其实，田单这样做，主要是为了提高齐军的士气，他故意假托神仙之名，以树立自己的威信，并使齐军将士心中充满必胜的信念。因此，田单每次指挥军队、发号施令的时候，都说是神仙的主意。田单在即墨城里装神弄鬼，搞得燕军将士都摸不着头脑，一时竟不敢轻举妄动，暂缓攻城的行动。田单见自己的计谋有了效果，又接着派间谍去城外散播谣言说："即墨城里的齐军，最害怕的就是燕军把俘虏来的齐国士卒割去鼻子，置到军阵前列，到时燕军攻打即墨，就一定会攻克了。"这些话传到燕将骑劫的耳中，他下令燕军将士照此施行，把俘虏来的齐军士卒的鼻子割掉了，并把他们扔在阵列的前方。城内的齐国军民见到齐国的降兵被割掉了鼻子，都很愤怒，因此更加坚定了守城的信念，都担心被燕军抓去。

　　田单接下来再实施反间计，故意透露消息给燕军："齐国人最担心的就是燕国人把城外的祖坟挖了，侮辱齐国的先人。"燕军听说之后，把齐人的坟墓全部挖掘了，还把尸骨焚烧掉。即墨城里的军民从城上把这一切看得清清楚楚，人人悲愤不已，都请求出城与燕军决一死战。田单看到齐军士气高涨，觉得时机快要成熟了，于是亲自拿着夹板铲锹与兵士们一起修缮防御工事，把自己的妻妾都编在队伍之中，将库存的酒食全部拿出来犒劳军士。同时，田单还命装备精良的兵士埋伏起来，让老弱妇孺都到城上去防御。田单假装派使者与燕军谈判，燕军将士以为齐军胆怯了，都高呼万岁。田单又集中民间的黄金，一共筹得千镒，让即墨城里的富豪把黄金献给燕军，然后向燕军请求说："即墨就要投降燕国了，但愿你们入城之后，不要抢掠我们的妻妾，能让我们平平安安的生活。"燕国将士非常满意，满口答应，从此放松了他们的警惕。田单表面上打算投降燕军，暗中都想好办法，准备与燕军一战。他把城中一千多头牛集中起来，给它们披上大红色丝帛制成的被服。在上面画上五彩缤纷的蛟龙图样，在犄角上绑着锋利的刀子，把浸满油脂的芦苇捆绑到牛尾上，然后点燃它的末端。又在城墙上凿开几个洞，在夜里把牛赶出来，又派壮士五千人在后面跟随。牛的尾巴被点燃了，愤怒地冲向燕军的军营。燕军在夜里惊慌失措，还没来得及反应，就因为碰到牛身上的刀刃而死伤无数。这时，跟在牛后面的五千壮士悄悄地过来，即墨城中的军民擂鼓助阵，老幼妇孺敲打铜器声响震动天地。燕军听到鼓声以为齐军人数众多，吓得抱头鼠窜。齐军趁乱杀死了燕军主将骑劫。燕军主将一死，军心大乱，士卒四处溃逃，齐军追击溃败的燕军，所到的城邑又重新回到了齐国。田单的军队一路追击，一直追到黄河岸边，原先的齐国的七十多座城池都收复回来了，田单以"火牛阵"打破燕军后，亲自到莒城迎接齐襄王回到临淄。齐襄王对田单大加赏赐，封他为安平君。田单在复国的过程中，先是实行反间计，离间燕国君臣关系，继而坚守城池，不为燕军的挑衅行为所激怒，不与敌人交锋厮杀。最后他找准时机，一举大败燕军，这正体现了老子所说的"不争之德"。

孙子曰："主不可以怒而兴师，将不可以愠而致战。""修道而保法，故能为胜败之政。"君主与将帅如果带着怒气兴师动众，一来可能会错误地估计形势，二来是不爱惜士兵的生命、民众之劳苦，所以这对战局是极为不利的。这一军事思想与老子思想一脉相承，另外，"善胜敌者不与"的思想不主张与敌发生正面的冲突，与孙子的"不战而屈人之兵，善之善者也""必以全争于天下，故兵不顿而利可全"的思想有异曲同工之妙。老子在很多章节中都谈到了他对战争评价看法，因此有些学者认为《道德经》也是一部兵书。其实老子所生活的春秋后时代战乱频繁，在阐述政治思想时回避战争问题则是不太现实的。老子也深知战争是解决政治问题的重要方式之一，他并不支持战争，老子反对的是主动挑起的战争，以杀人为乐的战争，以掠夺为目的的战争等非正义的战争，所以应该"胜而不美""不武、不怒、不与、为人下，都是符合自然法则的最高行为"，这就是"不争之德"。"不争之德"是老子"德"学说中的一个重要概念，也是由"道"演化而来的。它是"德"的最高境界，而这一切皆源于"道"。因为本章中蕴藏着对战争的深刻见解，老子明确地阐述了他的战争观，他反对用武力争斗解决纷争，在他看来通过武力来取得胜利并不是一个好的统帅，"善为士者不武"。《孙子兵法》中"不战而屈人之兵，善之善者也""修道而保法，故能为胜败之政""必以全争于天下，故兵不顿而利可全"，观点与此类似。真正文明的胜利者应该是兵不血刃，以和平的方式解决纷争，这已成为中国历代仁人志士的共识，更何况纷争本身就不符合"道"。

善于用人的人，一定是对人态度谦和，不与人争，一切顺其自然。这在商业或行政管理领域表现得十分突出。第二次世界大战结束后，曾经任欧洲盟军总司令的艾森豪威尔出任了哥伦比亚大学的校长。经他同意之后，副校长开始安排有关部门做工作汇报。考虑到系主任一级的人员太多，于是就只安排了十几名学院的院长及相关学科的联合部主任，然后告诉他们按照编号顺序来，每天两三位，每位汇报半小时。这样的日子持续了一周，也就是在听了十几位院长的工作汇报之后，艾森豪威尔感到厌烦了，于是他把副校长叫了来，问他还有多少人要汇报，副校长回答说一共63位，听到这个数字，艾森豪威尔当时就惊呼道："天哪，怎么这么多！原来我做盟军总司令，领导人类有史以来最庞大的一支军队时，需要接见的只有三位直接指挥的将军，至于他们的手下，我从来不用过问，也不用接见，怎么做个大学校长要接见60多位首长呢。你要知道他们谈的我大部分都不懂，可是又不得不装作有耐心地听下去。"一番话弄得副校长哭笑不得，但是他又不得不照办。但是出乎意料的是，如此一位"粗线条"的校长，数年中竟然把哥伦比亚大学管理得井井有条，有口皆碑。1951 年，丹麦航空公司、挪威航空公司和瑞典航空运输公司联合组成了斯堪的纳维亚航空公司。公司成立的初期，由于市场竞争相当激烈，加上公司经营方面的一些问题，效益很不理想。在这种不利的背景下，简·卡尔岑出任斯堪的纳维亚航空公司的总经理。卡尔岑上任后，针对影响效益的主要方面提出了明确的改进目标，那就是最大限度地消除航空不准时的现象，从而取得顾客的信任。然而，目标是明确的，抵达目标的路径却不是那么容易理出头绪来的。

正在卡尔岑为此焦虑和踌躇的时候，一个专案组主动找上门来，声称可以令公司的航班准点率达到全欧洲最佳水平，但是还需要花费六个月的时间，并且还需要 150 万美元的资金。卡尔岑听后，感到非常高兴，于是立即对这个专案组的负责人说："那就赶快开始行动吧。"而该负责人听了很是吃惊，因为卡尔岑针对他的提议，一点也没有过问，对他显示出了十足的信任。但是，该有的过程还是要有的，于是，他对卡尔岑说："我已经把专案组的人员都带来了，现在就当面向您汇报一下，我们具体的策划方案。"不过，卡尔岑却轻轻地说："汇报就不必了，你们只管放心地去做就是了，我会给你们提供全力的支持。"四个半月之后，那位专案组的负责人给卡尔岑打了电话，兴奋地告诉他：斯堪的纳维亚航空公司在准点飞行方面的表现，上个月已经达到了欧洲第一的水平。这相当于提前了四分之一的时间完成了任务，而且经费也仅支出 100 万美元，比原计划减少三分之一。放下电话后，卡尔岑有感触地说：如果当初是我去找他，目标和方案都由我来提出，我可以给他提供 200 万美元，但是一定要按照我说的办法去做，恐怕六个月之后他给我打电话的时候会说："我们已经遵照你的指示做了，虽然已经取得了一些进展，但是最终的目标还没有实现，我们需要大约三个月的时间，而且还需要 100 万美元的经费。幸运的是，这一切并没有发生。"在这一事件中，作为公司总经理的卡尔岑只是定下了一个目标，而至于目标如何来具体地实现，则完全交给了专案组来处理，令他们在工作的过程中享有充分的自主权，在任务执行中绝不插手和过问，显示出完全的信任，事情的结果是，计划进展十分顺利，结果远远好于此前的预期。这就是老子所讲的"无为而治"，是谓不争之德，是谓用人之力。当前，斯堪的纳维亚航空公司的经营范围已经拓展到 50 多个国家，成为世界航空公司的领头企业之一，而该公司发展进程中的起步阶段，正是在卡尔岑"无为而治"的领导下迅速腾飞的。

老子心中最理想的统帅应该甘居人下，海纳百川，是能够以广博的心胸包容一切事物，和谐处理纷争的圣人，而并非穷兵黩武的霸主。老子论及战争的地方不少，但论及具体的军事战略战术的地方就很少，"善战者，不怒"是其中一处，可见，老子对于这一点的重视。另外，在《孙子兵法》中，孙子同样严肃提出："主不可以怒而兴师，将不可以愠而致战。"可见，动怒的确是兵家大忌。事实上，历史上因怒而致败的战例有很多很多。楚汉相争到了第四个年头，项羽在成皋与驻军黄河北岸的刘邦对峙，双方相持不下。这时刘邦派遣卢绾、刘贾率领两万多人渡过白马津协助建成侯彭越袭击楚军的后方梁地，攻下十多座城池。梁地连接楚腹地与楚军前线，一旦被攻下，楚军的补给线将被切断，因此项羽被迫率领军队向东进攻彭越。临走前，项羽委任一向忠诚持重的曹咎守成皋。项羽一再对曹咎强调："你的任务就是守住成皋，不让他们东进就行了，汉军如果前来挑战，一定不要出城迎战，我十五日必击败彭越，平定梁地，务必等我回来再战。"曹咎向项羽保证一定坚守不出战。项羽走后，刘邦多次派人前来城下挑衅，曹咎坚守不出。刘邦下令在成皋城边设台，每日在台上辱骂楚军，前几天，曹咎都忍住了，汉军骂到第六天，曹咎怒了，于是率军出战，被汉军打得大败，曹咎和司马欣自刎而死。成皋失陷后，战略意义重大的荥阳便危险了，项羽赶紧回师反扑，东线的作战任务便搁置了。东边的韩信在潍水之战中大败楚齐联军，尽占齐地，旋即派灌婴领兵深入彭城附近。项羽见楚军腹背受敌，又无外援，被迫与汉议和，以鸿沟为界，中分天下。而在项羽引兵东归之际，刘邦听从张良、陈平的建议，撕毁协议，回马追击项羽，最后和韩信等人合围项羽于垓下，项羽兵败自杀。由此可见，曹咎的怒而出战乃导致楚汉之争中项羽失败的关键一环。

著名的淝水之战中，前秦王苻坚同样因怒而败。4世纪末，前秦统一了黄河流域，前秦王苻坚自恃强大，不顾众人反对，调集数十万大军，打算一举歼灭东晋。由于战线太长，加上晋军有所准备，前秦先锋被击败，损失惨重。晋军主将谢石利用苻坚急于决战的心理，决定采用激将法。他派人给苻坚送去一封信，故意以蔑视的口吻告诉苻坚："这样隔江对峙，彼此无法开战，你要是有种的话，就命你的部队后退一箭之地，放我渡河与你一决雌雄。你要是不敢的话，就趁早投降吧。"苻坚本来就对之前的前锋受挫窝了一肚子火，见此信更是大怒，于是决定应他的要求，并想将计就计，趁东晋半渡而击。但是没有想到的是，秦军内部民族复杂，乃一帮乌合之众。一旦退却，不明事理的士兵军心大乱，这时晋军细作朱序又在军中高声大呼："秦兵败矣！秦兵败矣！"军士更认为前方被击败，奔逃溃散，自相践踏，死伤遍野。晋军乘势渡河猛攻，秦军大败，苻融被杀，苻坚中箭，单骑北逃，回国后又被国内敌对派篡政并杀死。可以看出，苻坚失败的重要原因之一便是因怒而战。实际上，这样的军事案例还有很多。之所以如此，正如孙子所言："兵者诡道也。"即是说打仗是一个玩弄真假虚实智谋的过程，而非单凭靠武力。

虽然老子说过"两兵相抗，哀者胜矣"的话，但那主要指的士兵的气战。怀着一股怒气的士兵，往往会将生死置之度外，作战更加勇敢。但作为一个主将，却是不能轻易动怒的。一旦动怒，便失去了理性的判断，不能冷静客观地分析敌我形势，会给自己带来灾难性的后果。这就是"善战者，不怒"的含义。实际上，不仅是打仗，无论做任何事情时，都忌讳发怒。发怒是一种很不好的心境，发怒时人往往会被过激的情绪所控制，失去了理性思考的能力，往往会将事情办砸。不仅如此，许多时候，发怒还往往会使人情不自禁地说出一些刻薄话，伤害别人。当然发怒也伤害自己的身体，当年英姿飒爽的周瑜不就是因为发怒，而将自己给气死了吗？

实际上，许多当时感到愤怒的事情，事后一想，并没有那么严重，因此将事情搞砸了或者伤害了别人，往往会在事后感到后悔。对这一点，许多伟人都十分清晰，因此会尽力避免这种事情的发生，林肯便是一个典型：据说有一天，陆军部长斯坦顿来到总统林肯那里，气呼呼地对他说一位少将用侮辱的话指责他偏袒一些人。林肯于是建议斯坦顿写一封内容尖刻的信回敬那家伙。"可以狠狠地骂他一顿。"林肯补充说。斯坦顿于是立刻写了一封措辞激烈的信，然后拿给林肯看。"很好，很好。"林肯边看边称赞，就是这个效果！好好训他一顿，写得太好了，斯坦顿！但是当斯坦顿把信叠好装进信封里时，林肯却叫住他，问："你干什么？""寄出去呀！"斯坦顿有些摸不着头脑了。"不要胡闹了，"林肯认真地说道，"这封信不能发，快把它扔到炉子里去。凡是生气时写的信，我都是这么处理的。这封信写得好，写的时候你已经解了气，现在感觉好多了吧，那么就请你把它烧掉，再写第二封信吧。"林肯的办法显然是理智的。试想，这样的信一旦发出去，自己的气是解了，却将气转到了另一个人那里，必将导致事态进一步扩大，到时自己可能会后悔莫及。而将生气时的决定"投入火炉"，等冷静下来再重新做决定，显然是明智之举。实际上许多人都是如此，明知发怒不好，但在当时就是控制不住自己。这样的话，不妨借用林肯的办法，将怒气发出来，但不让他产生实际的负面作用。另外，还有人想过其他的办法，比如有英国人建议人们气恼时，先数到10然后再说话，假如心中怒火中烧，那就数到100再说话。而与外国的这些方法不同，中国人更多地强调从修为上提高自己，使自己具有更为博大的胸襟，更加包容沉静一些。我们知道，中国人爱好写毛笔字，其中一个重要作用便是锻炼自己，克制情绪的好方法。总之，无论是西方的治标之法，还是东方的治本之法，都有自己的优点，关键是你要有意识地去使用，总之要记住："冲动是魔鬼。"还有一句："上帝欲使人灭亡，必先使人发狂。"这并不夸张，无数事例摆在那里的。老子认为，不妄逞勇武，不轻易发怒，不正面冲突，充分发挥以自然规律法则的才智，以不争达到争的目的，这才符合自然规律法则"大道"。"是谓配天古之极"，言谈举止以"道"为准则。天之道是生生不息的，懂得付出并不索取的道理，也就是老子所讲的"德之用"。

　　"武""怒"是侵略的行为，暴烈的表现。老子却要我们"不武""不怒"，意即不可逞强，不可暴戾。在战争中讲"不争"之智，要我们不可嗜杀，这与在战乱中强调"慈"是相应的，这是自古以来的人性准则。

第三十六章　以道佐主

原文：

　　以道佐人主者，不以兵强天下。其事好还。师之所处，荆棘生焉。（大军之后，必有凶年。）善有果而已，毋以取强。果而勿矜，果而勿伐，果而勿骄，果而不得已，果而勿强。物壮则老，是谓不道，不道早已。

译文：

　　"佐"是辅助之意。"强"是强行压制。为臣者要顺天理，体民情，以自然之"道"来辅佐人君治国理民。不可专尚武力，滥用兵革。做人君臣者，要以"道"正心、修德，国纲必定会大振，军民上下必定能同心同德，天下自然就会太平，民众自然就会康乐，生灵自然不遭杀戮。倘若专尚兵革，横暴强行而威震天下，必然无形中失去天地人"道"，扰乱生灵和谐之性。众心背离，天下共怨，激起民众以武力还报。以武力逞强于天下，很容易会得到报应。试看天下每次大乱，干戈四起，你还我报，一来一往，互相残杀，皆因不以"道"（自然规律）治国，而由恃兵逞强所致。"师"：军队。"荆棘"：有刺棘的灌木。因兴兵争斗，夺良民事农之力，服役于战祸争斗之中，干戈骚扰，民众不能安居乐业，使农事荒废，田园荒芜，荆棘丛生。在震撼山岳争斗搏杀声中，双方无数军卒伤亡，其隐恶含嗔之气荡于太空，留下的是双方父母妻儿无赡无依，其伤感悲痛之情，号啕于人间。大战之后，必定是灾荒之年，人天共怨。军队所过之处鸡飞狗跳，民心混乱，盗贼丛生，怪异滋起，战后必有凶争。

　　"果而已"胜利即收兵。既知与兵师，动干戈，会遭人天共怨，百姓同诛，那么，在横暴愚顽祸国殃民之时，邻国恃强侵扰国土之际，不得已而用兵，善于用兵的人只求达到目的的适可而止，不敢以兵强来称霸于天下。争斗战胜后，应立即停止争斗战争，一定不能恃强多杀。明臣明君获得胜利就适可而止，不能以武力逞强。矜：逞强的意思。伐：自夸的意思。骄：傲慢的意思。争斗胜利成功，再不可以逞能、自夸、骄傲，而应该认为是这些横行霸道争斗，祸国殃民之徒逼得我们不得已才这样做的，这就叫作得胜而不逞强。只把胜利当作情非得已，并不因此逞强于天下。物壮大了，超过了限度，就要趋向枯老，这自然就失去了柔和自然之"道"。如失去了柔和自然之"道"，那正是灭亡的前因。人君者，是喻心。天下者是喻身。人素日应怀念仁慈、潜忍愤怒，以柔和诚意而辅之于心，言谈举止不可狂妄粗暴，如此，不求长生而自然长生。相反，如为求其生而喜怒哀乐过甚，举止蛮横粗野，便似用兵力强制一样，必然无形中促使心情躁动，百脉不协调，疾病自会产生，有不幸还报于身。每当剧烈地举心运念之后，浑身感觉不快，就是本段中所讲的"师之所处，荆棘生焉。大军之后，必有凶年。物壮则老，是谓不道，不道早已"等喻言。穷兵黩武是不合于"道"的，势必走向灭亡。为政者为私欲而征战，必定破坏宁静的众人生活，造成社会动乱灾难，导致国灭身亡。

体悟：

老子对于战争的认识是独到的，他认为遵循"道"的原则去辅佐君王的人，不会凭借武力在天下逞强。因为靠武力逞强斗狠会树立很多敌人，自己所占的优势迟早会丧失，对手也会通过这样的方式来报复。做事不要太绝，适当留有余地，不然难免会有报应找到头上。穷兵黩武是必定会遭报应的。老子集中表达了自己的反战思想，他说："以道佐人主者，不以兵强天下，其事好还。"用"道"来辅佐国君的人，是不依靠兵力而雄强于天下，用兵这件事很快就会得到报应。接着老子直述了用兵所带来的灾害："师之所处，荆棘生焉，大军之后，必有凶年。"军队驻扎过的地方，都会生满荆棘，大战之后，就会发生灾荒。老子这样讲，绝非危言耸听，而是言副其实。东汉末年，天下大乱，群雄蜂起，争战不断，这给广大人民带来了极为深重的灾难。我们从当时一些诗人的作品中可以窥知其大概，例如，曾转战四方的曹操在《万里行》中写道："白骨露于野，千里无鸡鸣。"而其子曹植在《送应氏》里同样写道："中野何萧条，千里无人烟。"再有同一时期，"建安七子"中王粲的《七哀诗》："出门无所见，白骨蔽平原。"曾被掳至匈奴而复还的蔡琰的《悲愤诗》："斩截无孑遗，尸骸相撑拒。"这一幕幕令人触目惊心的画面，就是对当时兵灾之害的真实描绘。在东汉的太平时期，中国的人口达到五千多万，而到了东汉末年，中国人口锐减到一千多万，甚至有人估计，当时全国的人口仅有六七百万，其中三分天下的蜀国在建立之初，举国尚不足百万人口。当然不仅仅是兵灾，大规模的疾疫也夺走了数量众多的生命，当时文坛最为著名的"建安七子"当中，就有五人死于东汉建安二十二年（217）暴发的疾疫之中，而另外的两人，孔融和应场则是在此之前就离世了。疾疫虽然不是由战争所导致的，但是战争却使得数以千万计的平民百姓流离失所，无法过上安稳的生活，更不用说得到医治了，而这无疑更助长了疾疫的肆虐，使得更多的人因此丧生。战争无疑会造成对人的生命的最大规模的屠戮，正因如此，反人类罪成为现代社会指挥发动战争的罪魁祸首的首要罪名之一。

从生物学的角度来看，战争是人类种群内部进行竞争的最为极端的方式，这种激烈的竞争方式，在各种生物之中普遍地存在着，但是，人类比动物的高明之处在于，人类是有着强大的主观能动性的，是能够进行有意识的自我控制的。正因为人类所具有的种种超越性，才创造出了如此丰富多姿多彩的人类大世界，而对于竞争，人类也同样应采取和平友好的方式来进行，这既是符合大道的，更是符合"人道"的。因此，老子说："以道佐人主者，不以兵强天下，其事好还。"我国古代伟大的军事家孙武也正是鉴于同样的道理而论说道："故国虽大，好战必亡。"一个国家，无论它有多么强大，只要一味地崇尚武力，耀武扬威，穷兵黩武，就必然会走向灭亡路。这一点在历史上已经得到过多次验证。世界历史上，亚述帝国、赫梯帝国、阿提拉帝国、大秦帝国，无不因穷兵黩武而灭亡。对于其中的原因，《孙子兵法》中明确揭示："凡兴师十万，出征千里，百姓之费，公家之奉，日费千金；内外骚动，怠于道路，不得操事者七十万家。"这说明，战争对国力的消耗极大，国家供养战争，就相当于从人的身体割舍血肉一样，久而久之，即使再强壮的身体也会承受不了的，即使再强大的国家也会被拖垮。当然，另一方面，也要意识到，在未来相当漫长的时期内，战争都还不具备彻底消泯的条件，而令自身保持着强大的军事防卫力量反而有利于和平的争取。其中也体现出相反相成的道理，所以同样产生于战国时期的军事学著作《司马法》中写道："杀人安人，杀之可也；攻其国爱其民，攻之可也；以战止战，虽战可也。"用战争来遏止战争，这就是战争的辩证法，需要切记的是，进行战争的目的是消灭战争，捍卫和平，而不是通过战争来炫耀武力，涂炭生灵。在老子看来，战争和杀戮是极端的冲突对抗，它与和谐之道，无为之道格格不入。老子思想是坚定不移地反对战争，倡导和平理念。

周威烈王二十三年（前403），韩、赵、魏三家分晋，魏国的第一代君主魏文侯在政治上任用李悝进行变法，在军事上任用乐羊和吴起向外征讨，又起用了西门豹、北门可、翟璜等一批励精图治的能臣，使得魏国迅速地壮大起来，成为战国早期最为强大的国家。然而，正所谓"物极必反"，魏国在国力如日中天之时，积极地向外用兵，四处征伐，结果遭遇一系列的挫折。战争失败严重损害国力，魏国从此一蹶不振。在魏国第三代君主魏惠王时期，曾与孙膑同学于鬼谷子的庞涓被拜为魏国的上将军。庞涓上任之后，不断地进行对外侵伐。周边的宋、卫、鲁、郑等弱小的国家打不过魏国，纷纷表示臣服。接连的胜利使庞涓变得骄傲起来，他对自己不凡的军事才能更加深信不疑，开始将战争的矛头指向了大国与强国。首当其冲者，就是北面的赵国。公元前354年，魏国大将庞涓率领八万精兵攻打赵国，一路之上，所向披靡，兵锋直抵赵国都城邯郸。赵国邯郸被困，赵军顽强坚守了一年的时间。然而，魏军依然没有撤退。眼看着就有亡国之危了，迫不得已之下，赵国尝试着向齐国求救，当时东方的齐国国力正处于上升期，齐威王急欲对外扩张扩大自己的影响力，因此同意出兵援救赵国，带兵的是大将田忌，孙膑则担任军师。

庞涓深知自己的才能不及孙膑，为了避免他日后与己为敌，就用魏王的名义残忍地陷害孙膑，让孙膑成为一个残疾之人。后来，孙膑设法逃到了齐国，受到了重用，而这也正是令庞涓深感不安的一件事。齐国此次出兵，无疑是孙膑进行复仇的大好时机。田忌大军没有开往赵国而是直奔魏国国都大梁，庞涓只得回兵自救。孙膑在魏军南撤的必经之地桂陵（今河南省长垣市）设下埋伏，大败魏军，这就是历史上著名的"桂陵之战"，而孙膑的这种战争策略后来被写入了"三十六计"之中，桂陵之战并没有击溃魏军主力，魏国实力基本无损。经过数年的调整与恢复，周显王二十八年（前341），魏惠王又联同赵国攻打韩国，围困了韩都新郑。危急之下，韩昭侯同样求救于齐国。这次齐国派出的主要将领有三名：田忌、田婴、田盼，而孙膑再次随军出征，担任军师。很快，齐国大军又直逼魏都大梁，庞涓只得回师援救。齐国再次干预魏国的军事计划，使得魏国的对外征讨又一次无功而返，这让魏惠王对齐国感到异常愤恨。同时，他也认识到，有这样一个强盛的齐国存在着，魏国的发展必将受到严重的阻挠，如果想要进一步壮大起来，必须击溃齐国。因此魏惠王决定举倾国之兵，命庞涓为大将，与齐国一决雌雄。当时两军的实力对比，魏军明显优于齐军，因此孙膑决定采用智取的策略来击败魏军。庞涓误以为齐军在败退时候士兵逃亡，因而率领精锐之师兼程追赶，企图一举全歼齐军。这日天黑之际，魏军来到了沟深林密、道路曲折的马陵，庞涓然见到一棵大树上写有"庞涓死于此树下"几个大字，原来，孙膑早就打算好了在这里伏击庞涓，故而在此写下如此字样以震慑庞涓，让他知道今日必丧命于此。庞涓见此情景，也知道自己中计急欲回撤，但为时已晚。霎时间，万弩俱发，庞涓长叹一声："遂成竖子之名！"自刎而死。庞涓所说的这句话意思是：天下皆知我庞涓能征善战，威震四方，今日败于孙膑之手，孙膑这小子从今就会一举成名了。事实的确如此，马陵之战不仅仅成就了孙膑的威名，更使得魏国元气大伤。其实，对于久经沙场。素善战争的庞涓来说，未必就不能够识破孙膑的减灶之计。造成魏军失败的根本原因，不是中了什么计策和埋伏，而是因为惠王和庞涓自恃兵强，率意轻进，忽略了当时列强环伺的天下格局，急欲凭借强大的军力来称雄于天下，却不料"螳螂捕蝉，黄雀在后"，最终兵败。以道佐人主者，不以兵强天下。

　　老子的一生，就是从戎马倥偬之中走过来的。周宣王继位后，他就服役于周王朝的军队中，南征北战。在东奔西跑，鞍马劳顿的军旅生活中度过了十多年。他经历了多次战乱，深刻认识到战争的破坏有多么悲惨，兼有水旱之灾、瘟疫流行，随意理解战争的统治者将领，不能轻言战争。当周宣王任命他为"历人"的时候，他才开始脱掉军旅戎装，组织编修著作的新生活。一将功成万骨枯，都结束于"有果而已"，即达到目的，就应按兵休战，绝不能超过其目的一步。老子说道："善有果而已，不敢以取强。"只要很快地达到成功也就行了，不敢用兵来逞强。然后老子更为具体地阐说了战争胜利之后所应当给予注意的几个方面："果而勿矜，果而勿伐，果而勿骄，果而不得已，果而勿强。"成功之后，不要自高自大；成功之后，不要炫耀自己；成功之后，不要骄傲自满；成功之后，要认为这是不得已而为之的；成功之后；就不要逞强。以上要求看似简单，但实行起来很是困难。因为他讲的道理，是一种人性的逆向思维，与人们的人性自私习惯，做法是反向操作。实际生活中，一个人如果在战场上获得巨大的胜利，通常不自觉地会自高自大，认为自己很了不起。在历史上，取胜之后便骄傲轻敌，最终兵败身死的事例数不胜数。

　　三国时期，曹操击败刘备，并占有刘表之子刘琮统领的荆州，陈兵长江北岸，想灭掉孙权和刘备，结果赤壁之战，被周瑜一把大火，把曹军精兵猛将烧死大半。哪个将军大战获胜、功勋卓著不喜欢炫耀自己的战功？自古以来，在胜利后到处炫耀自己的将士，大都不得善终。年羹尧是雍正时期的名将，在安定西部边陲时立下大功。但年羹尧本人，狂妄自大，骄横跋扈，最终被雍正赐死，下场可悲。击败强敌对手，确实说明一个人有实力，有才干，但是一旦骄傲自大，就容易导致失败，因为古人有名训，即骄兵必败。关羽在水淹七军之后，自以为了不起，逞强斗狠，尽遣荆州之兵与曹军决战，结果被吕蒙抄了后路，败走麦城，落了个身首异处，教训极为惨痛。作为一个战场上的成功者，应该明白，胜利固然有自己的智慧和努力，但也有后方将士的大力支持、士卒的勇敢、敌将的无能等，所以切不可把一切功劳视为自己一个人的贡献，否则，必将遭到众人的厌弃。再加上功高震主，祸患就不远了。另外，一场大战下来，敌我双方死伤无数，生灵涂炭，社会经济受到严重破坏，再加之大战之后，凶年紧随，战争行为都有违天道。不论从社会发展的观点来看，还是从大道的规律来看，即便是取得了攻城灭国的伟大战绩，又有什么价值和意义呢。要从这个角度看问题，就算是天大的胜利，又有什么功劳可言呢。老子的这些观点，简单地说就是要求人们在作战成功之后应当做到心平气和，既不要引以为傲，也不要以之为乐。如果人们在战争胜

天道：体悟老子

利之后不是像老子所谆谆告诫的那样，没有做到不自高自大，不进行自我炫耀，不感到骄傲自满，将战争看作不得已的事情，不因为一时的成功而自恃强大，那么其结果未免就是进一步扩大战争，如此一来，在给天下百姓带来巨大灾难的同时，也会导致其自身走向灭亡，所以老子才说"善有果而已，不敢以取强"。

老子的战争学说，是中华传统思想的最宝贵财产，它在无形中指导着，影响着我们对战争的态度。中国古时有很多有为的君王，通过长期的磨炼，经验的交流传承而逐渐总结出中华民族的安邦定国的经验。而这些经验是统治者自觉、自警、自律和统治者必须"保证、保障民得"，这是中国特有的，这也是和西方文明之间的差异。有一点我们应当注意，老子虽然有反战意识，但他有不惧战的坚定性，在不得已的时候，当战争强加到头上的时候，还是有坚定的应战决心，只是不得已而已。历史上，中华民族并不好战，但也不是一个缺乏刚性的民族，这一点明显有别于抱有非暴力思想的印度，几千年的文明史，特别是我们国家近现代反侵略、反屈辱的历史证明了一个中华民族的立国经验——"人不犯我，我不犯人"。一个国家有没有这样的传统思想，会产生大不一样的后果。西方在古埃及文化、古罗马文化历史上表现出来的是"力量""武力""王权""富贵"和"掠夺"。结果现今世界上几大文明，只有中华文明延续下来，其他文明古国早已泯灭在历史的硝烟中。当今世界局势，战争烽烟此起彼伏，有个别国家自恃强大军力，不惜"以兵强天下"。"道"以守柔不争为尚，取得成果不矜夸、不炫耀、不骄傲。那些好大喜功、夸耀军威，总想迫使"四夷来朝"的以武力称雄者，终究会陷入"四面楚歌"的境地。其后果呢？正如老子在本段中所说："物壮则老，是谓不道，不道早已。"

"物壮则老"是整个大自然界的必然规律。生、老、病、死围绕着我们不停地循环。老子"物壮则老"等，却道尽了天下众生发育、生长、死亡的规律。其意思是，事物雄壮强大起来之后，必然要走向衰老，因此这样的做法是不符合"道"的。不符合"道"，就会很快地自取灭亡。这体现的还是物极必反的道理，任何事物都会经历这个由盛而衰，从生到灭的过程，因为宇宙中的万物都是处于不断的演化之中的。在人们的习惯印象中，太阳是永恒存在的，然而，太阳真的就像人们所理解的那样，是永恒的吗？现代天文学研究表明，当前太阳正在逐渐变暗，并且会在数十亿年后不再发光，最终成为一颗死星。尽管这一过程的进行是极为缓慢的，在相当漫长的时期，人类都是感受不到的，但正所谓"朝菌不知晦朔，蟪蛄不知春秋"，每一种存在物都有着其自身的生命量度，天体的演变是以天文时间为计算单位，人的寿命对于朝菌、蟪蛄之类的生物而言是很漫长的，可人的寿命对天体的生命周期来说，又是多么短暂呢？同

282

样，也许相对于广袤的宇宙之中另外的某些天体而言，太阳这几十几百亿年的生命周期怕也就如同人类感受朝菌、蟪蛄之生命一般的短暂吧？总之生命的长短都是相对的，而生命的衰亡却是绝对的，这是自然界之不易的法则。物极必反，盛极即衰，也同样是人类社会的规律。《菜根谭》里说过，狐狸打窝的残垣断壁，野兔出没的荒废台榭，都是当年美人歌舞的豪奢场所；长满枯草野菊，烟雾弥漫的荒野，都曾经是英雄争霸的激烈战场。当年的富贵荣华，当年的轰轰烈烈，转眼间就沦为一片凄迷荒凉。这一切，都向我们昭示世事无常，让我们领悟大道的玄妙。天道忌盈，物壮则老，这些既是天理循环的自然规律，也是为人处世之道。关于这一点，列子说过：“眼睛快要失明的人，能看到极远、极微小的细毛；耳朵快要聋的人，能听到极细弱的蚊子飞鸣；鼻子快失掉嗅觉的人，能嗅到极微小的气味；心里糊涂的人，能辨明是非。”任何事物，一旦到了极点，也就是到了“壮”的状态，就会走向它的反面。那么既然“物壮则老”是一种必然的自然规律，老子为何还说“是谓不道”呢？其实老子在此所言的“物壮则老”，意在对于人事的警戒。

有这样一句话，历史所留给人的最大教训就是，人类从不吸取历史教训。其实，杜牧在《阿房宫赋》中就表达出了这样的让人感到很无奈却又很现实的历史教训，也正因为人们难以吸取教训，孔子才将弟子颜回的“不贰过”称颂为一种美德。这说明，如果一个人能够真正地做到吸取教训，让自己曾经犯下的和历史上曾经发生过的错误不在自己的身上重演，那么这个人就可以被称为圣贤。这当然是一种很高的境界了。大家也许会觉得达到如此之高的修养层次一定是一件难度很大的事情，然而曹交与孟子的一段对话给我们提供了一种很好的启发。曹交曾经问孟子道：“人皆可以为尧舜，有诸？”孟子非常干脆地回答道：“然。”曹交又问道：“交闻文王十尺，汤九尺，而我九尺四寸多高，从这身高上来讲，我与这两位先王也不差多少，可是我却只会吃饭，别的什么也不能做，这可怎么办呢？既然说人人都可以成为尧舜，但是在我看来却并不是那么一回事啊？”曹交的话表明，就先天的素质而言，自己与圣人是处于伯仲之间的，可是自己为什么就不如他呢？而孟子则指明：这完全没有什么奥秘之处，要想成为尧舜文王汤一样的圣人，只要肯去做就行了。孟子告诉他，你穿着和尧同样的衣服，说着和尧同样的话，做着和尧同样的事情，你也就是尧了。“人皆可以为尧舜”，这句话指出了每个人都具有让自己成为圣贤的潜质，但是，至于一个人究竟能不能成为圣贤就在于他是否肯效仿圣贤那样去做。如果肯将自己的思想付诸实践，自己就会成为尧舜一样的圣人；否则，自己始终都是一介碌碌之人。圣人与凡俗之间的差别就在于一个“行”字上面，能行则国贤为圣；不能行则终不免于沉沦下界而已。

天道：体悟老子

　　日到中天，必将西沦，这是不可更易的自然现象，但是人在做事的时候却可以在一定的范畴之内进行有利的选择，令自身远离"壮"的状态，从而使得自身可以享有更为长久的保全。老子之所以提出"物壮则老"的观点，还有一个原因，那就是任何事物的危机和衰相，都是在最强盛的时候萌生的。一个人老年时之所以体弱多病，都是因为年轻时不注意爱护身体。因此老子告诫我们，在国家繁荣昌盛的时候，在事业的鼎盛时期，在人生最风光的岁月里，要居安思危，看到盛世下的危机，光辉背后隐藏的阴影。要知道，一个人如果官位太高，权势太盛，必然就会使自己陷入危险之中；一个人如果才华外露，太过强势，就会耗费过大，很快进入衰落状态；一个人如果品德行为过于高洁，就会招来嫉妒，惹来无缘无故的毁谤。其实老子在此强调的还是自己一贯的柔弱处上的观点，在老子看来，柔弱胜于刚强，柔弱则能长生，而强壮则会速亡。这种看法虽然未免失之片面，但仍然有着很大的启发意义。不是有那么一句俗语吗，叫作"人在屋檐下，不得不低头"，既然委曲可以保全，又为何自逞刚强而弄得自己头破血流呢？当然这并不是讲为了苟且偷生而可以抛弃一切做人的原则，还是那句话，万事都要辩证地看。我们在理解一句话的时候，既要看到其偏颇之处，也要看到话中所强调的正确的富有教益之处。

　　对于老子所讲的"物壮则老"，以及其他很多类似的话语，都应当既看到其偏谬的一面，又要吸取其有益的一面。这些规律既是大自然界动植物的规律，也是社会、人生、事物发展变化的哲学理论。我们寻求事物发展变化的过程最佳时期，应尽量让其处于生长期、上升期，使其不断地吸收生命最佳之源，使之不停地、长期稳定地处在向上进步的状态。切记不要羡慕顶点的辉煌，那光辉虽灿烂，却也很快会进入退化期、灭亡期。当空的艳阳必将偏西，绚丽的花朵终将凋谢。假如不遵循道的柔弱无力，恃兵逞强，必定走向衰亡。如横扫欧洲的拿破仑，最后成了圣赫勒拿岛上的囚犯；横扫西欧的希特勒，结果死无葬身之地。"夕阳无限好，只是近黄昏。"今天的壮就意味着明天的老。那光耀的背后就是黑暗，就好像是爬到最高的山峰顶端，面临的很快就是下山或深不见底的悬崖深渊，因此，人类只有不断地开放自我使它处于上升期，极尽虚怀之道，广纳生命之源，才可以始终保持青春的活力，也就是"大自然规律的上升期"。

　　人类最愚昧、最残酷的行为，莫过于表现在战争的事件上。惨烈，令人触目惊心："师之所处，荆棘生焉。"这两句话道尽了战争危害的后果。战争总是没有好下场的，失败者伤痕累累，弄得国破家亡；胜利者所付出的代价也是极其惨重的，而所得到的结果仅仅是"口中含灰"而已。所以老子警示道："其事好还。"武力横行，终将自食其果；武力暴兴，必定自取灭亡。

第三十七章　兵者不祥

原文：

　　夫兵者，不祥之器，物或恶之，故有道者不处。君子居则贵左，用兵则贵右。兵者不祥之器，非君子之器，不得已而用之，恬淡为上，胜而不美，而美之者，是乐杀人。夫乐杀人者，则不可以得志于天下矣。吉事尚左，凶事尚右。偏将军居左，上将军居右。言以丧礼处之。杀人之众，以悲哀泣之，战胜以丧礼处之。

译文：

　　精锐的军队和锋利的兵器，是害伤生灵的凶械，天下民众无人不厌恶。兵器是不祥的，连鬼神都厌恶它。有"道德"的仁人君子，以"道"辅国，无为服众，而不主张持佳兵利器称强于天下。兵是不祥的东西，明士明君不使用它。"左"是取坐，左边是向东方。东方属木，是草木逢春生长的意思。古人常说："左青龙"，是万物吉祥之意。"右"是西方，西方属金，是草木临秋凋零的意思。古人常说："右白虎"，是万物凶杀的意思。君子居处以左为尊，用兵打仗以右为尊——他们是背道而驰的。兵器是不祥的，不为君子所用。以两臂言之，左臂谦让柔和为善，喻小人处事尚武。"恬淡"是淡然之意。有道德的仁人君子，坐时贵的是万物呈吉祥而有生气的左边。用兵则贵的是草木凋零而有杀气的右边。天下皆知兵不是吉祥之器，不得已而用之。最好也要淡然处之。有道德的君臣，因不得已而用兵。虽战胜敌人，但因杀人甚惨，故不以战胜为美。若把战胜当件美事，就是以杀人为乐，以残害生灵为快。乐于杀人的，永不会深得民心，永不可能使天下众人自愿归服。

　　从古至今，上至朝廷下至民众，大凡吉祥善事的行礼仪式均以左边为上，丧礼凶事均以右边为上。偏将军居左，上将军在右，这是说出兵打仗用丧礼的仪式来行事。所以征战杀伐的，多半带着哀痛的心情参加。打了胜仗庆祝战绩，这是一件可贺的事，上将军置之于右，是因为残杀众生灵，扰害百姓，损兵折将之故，所以把争斗、战争按凶事丧礼的仪式处理。战争杀人众多，都要以哀痛的心情来对待，打了胜仗也要以

天道：体悟老子

丧礼的仪式对待两方战死的对手。老子认为兵器是不祥之物，君子不得已而用之；但胜利不要骄横、失败不要气馁，无论胜败对战死者，都要表之以礼。

体悟：

本段老子提出了他对战争的看法，开篇即点明主旨："以道佐人主者，不以兵强天下。"在春秋后期各诸侯国为了争夺天下霸主的地位而互相征战，但是却没有一家诸侯可以永远占据霸主之位。老子正是敏锐地认识到了"穷兵黩武"与"身败名裂"之间的因果关系，才得出了"其事好还"这一精辟论断。战争性质虽有不同，但全都是以杀死对方为目的，这就使广大民众长期生活在战乱之中，导致农业生产、社会经济、家庭生活遭到严重的破坏，所以老子说："师之所处，荆棘生焉。大军之后，必有凶年。"老子坚定地反对"穷兵黩武"，他主张"知其雄"，不战而屈人，这与"果而不得已"的意思相符，只有不得已时才能发动战争，平时则要"守其雌"。所以，以"道"来辅佐君主的人，是不会凭借武力称雄于天下的。"道"的自然天性和人的自然天性都不赞成打仗，但政治又少不了战争，所以老子以中国人传统的"中庸之道"试图来解决这一对抗的矛盾。要深刻理解"反者道之动，弱者道之用"。

老子曰："兵者不祥之器……不得已而用之，恬淡为上。"这里的兵指战争，发生战争就必然会有杀戮。战争会给我们人类带来巨大的灾难。真正、正直、有道德修为的君王、将帅，是不喜欢战争的。春秋战国时期，是中国历史上战事最为频繁的时期，每个诸侯王国都难以与战争摆脱干系，尚武强兵是各国的必修之事。然而，那一时期的思想家和军事家们却对战争都持有鲜明的抑制态度，战争虽然难以避免，但是发动战争却不可不慎，更不能以战为乐。作为兵家之祖的孙武，虽然以善战而闻名，但是在其军事著作中却一再地表达出慎战与反战的思想，甚至可以这样讲，慎战与反战是贯穿《孙子兵法》全书的一种基本主张。例如，在《孙子兵法·火攻篇》中孙子说道："非利不动，非得不用，非危不战。主不可以怒而兴师，将不可以愠而致战。合于利而动，不合于利而止。怒可以复喜，愠可以复悦，亡国不可以复存，死者不可以复生。故明君慎之，良将警之，此安国全军之道也。"在《孙子兵法·作战篇》中他也说道："故国虽大，好战必亡。"孙子的后人孙膑也指出："夫乐兵者亡，而利胜者辱。并非所乐也，而胜非所利也。"孙子和孙膑的这些论述充分地体现出"兵者不祥之器""有道不处"的观念。

在美国纽约联合国总部大厦的前面，矗立着一座十分引人注目的"枪筒打结"的雕塑，那是卢森堡在 1988 年送给联合国的礼物，打着结的枪显然已不能再作为武器来使用，它象征世界人民爱好和平的强烈愿望。其实表达同样寓意的雕塑早在1959年的时候就已经出现在联合国总部大厦的门前了，那就是为了纪念世界第一次保卫和平大会的召开，由苏联雕塑家叶夫根尼·武切季奇所创作的一尊名为"铸剑为犁"的青铜雕像，雕像中的青年人一手拿着锤子，另一只手拿着要改铸为犁的剑，象征着人类要求消灭战争，把毁灭人类的武器变为造福人类的工具的美好心愿。中国古代兵书《六韬》中有这样的话："凡人恶死而乐生，好德而归利，能生利者，道也。道之所在，天下归之。"而老子讲："夫兵者，不祥之器，物或恶之，故有道者不处。"此二者所强调的远战而归道的思想是完全相吻合的。从本质上老子反对战争，但他不惧怕战争。老子在批评战争的同时，认为在"不得已"的情况下还是要采用战争这种手段的。这是为了除暴安良、救国救民，除此之外无其他目的。即使如此，用兵者也应当"恬淡为上"。"胜而不美"，以丧礼处之等折中手段，以解决人性与政治的矛盾和冲突。

在获取胜利时不要以兵力逞强，不要随意杀戮。相反，对于在战争中死难的人，还要真心地表示哀伤悲痛。抗日战争是我国军民奋起反抗日本的侵略行为，这是"不得已"自卫之战，即被动地为保卫自己国家的安全和民族的生存而战，即"不得已"。用兵的关键所在是具备"君子居则贵左，用兵则贵右"，但此句话理解起来有点困难，其实老子用"左""右"两字概括出了他的思想底线。"左为阳，阳为乾"，阳象征自强不息，建立强大的人民军队，是为了保卫自己的国家不受发动战争者的侵略和杀戮。老子反对侵略战争，但不反对反侵略战争。一个国家国力强盛可保国泰民安。有了强大的军队才有反对战争的能力，才能不战而屈人，才能防止战争的发生。"右"为阴，阴为坤，阴象征厚载万物，在这里老子以"右"来借指阴柔慈善，战争应有"慈"的理念，达到目的就行了，不要夸耀。因为战争都是"不祥之器"，不要逞强，逞强就是"不道"。因此，老子强调"胜而不美"，即使胜利了也不要得意扬扬，得意扬扬就意味着喜欢杀戮，喜欢杀戮者怎么可能在天下长久得志呢？

"君子居则贵左，用兵则贵右。"君子平时的居处是以左边为尊贵的，而在用兵作战时则以右边为尊贵。古代的座次是以左为尊的，有一句成语叫作"虚左以待"，意思就是将尊贵的位子空出来，以等待尊贵的客人到来，另外，"男左女右"的说法也体现出古人以左为尊的观念，因为在古代是男尊女卑的。其实以左为尊的这一习惯在当代的很多场合中也依然保留着。但是贵左也不是一概而论的，有的时候人们恰恰相反，是以右为贵的，其中的一项重要的体现就是，一般在喜庆的活动中，以左为尊，而在涉及凶丧之事的时候，则是以右为尊的，比如说作揖，在吉庆的场合都是左手在外，而右手在内，但是在丧礼中则是右手在外，左手在内的。用兵打仗是以右为尊的，

天道：体悟老子

在周朝，最为明显地表现为，文官的座次以左为贵，而武官的座次则以右为贵。其原因，就是老子所指出的："吉事尚左，凶事尚右。偏将军居左，上将军居右，言以丧礼处之。"老子再次强调："兵者不祥之器，非君子之器。"战争这种不吉利的东西，不是君子所用的啊。不过，虽然如此说，但在某些时候，战争是不可避免的，这是由不得自己的。但是即使进行战争是"不得已而用之"的，也应当切记"恬淡为上，胜而不美"。也就是说，对于战争应当淡然处之，即使作战胜利，也不要自以为快意。

"而美之者，是乐杀人。夫乐杀人者，则不可以得志于天下矣。"那种为作战得胜而扬扬得意的人，是以杀人为快乐。以杀人为乐事的人，是不可以取天下的。其实，不仅仅是老子，反战几乎可以说是历来所有伟大思想家的共同主张，因为战争给人类社会所造成的伤害实在是太大了。《孟子·离娄上》中有这样的描述："争地以战，杀人盈野；争城以战，杀人盈城。"这样的说法其实一点儿也不夸张，战国后期秦赵两国的长平之战，赵国的四十几万大军全部被坑杀。而杀敌一千，自损八百，秦国在此次战争中所投入的六十万军队也死伤过半，经此一役，赵国元气丧尽，秦国也实力大挫，使得秦国即使面对业已势微力弱的东方，也只得在三十年后才能真正发起全面剿灭六国的大规模战争。长平之战，秦赵双方共有多达七八十万的士兵丧生，这是一个多么惊人的死亡数字啊！汉初的贾谊在叙述秦国的统一战争时写道："伏尸百万，流血漂橹。"从长平之战的惨烈来看，这恐怕不是夸张的修辞了吧。

而现代的世界大战，更是会将大半个地球都卷入战争的狂澜之中，1939年到1945年的第二次世界大战，有人统计，共有61个国家和地区的大约20亿人口被战争所席卷，大约6000万人因战争而死亡，受伤的人数则达到1.3亿人以上。这可以说是人类历史上空前的浩劫。既然兵非君子之器，不是到了万不得已之时，不得使用，凡用兵之事应低调对待。老子为战争设了两条底线："不得已而用之，恬淡为上。"这样只有"不得已"和"恬淡为上"两者同时具备时，战争才能够被容忍。在老子的"左""右"思想的指导下，用好"不得已"才能把握好战争的度，在战争不可避免的情况下，"不得已而用之"来消灭战争的侵略者，平息战乱达到和平共处就可以了，胜了也不是一件美好高兴的事，即"胜而不美"。

老子反对战争，认为战争是"不祥之器"，得道者不会随便发动战争。春秋末期，墨子和他的弟子们，为了制止战争，不惜赴汤蹈火，死不旋踵，充分体现出墨家弟子崇高的人格。墨子是战国时期著名的思想家，墨家学派的创始人，著有《墨子》一书。墨子学说的主要内容有兼爱、非攻、尚贤、尚同、节用、节葬、非乐、天志、明鬼、非命等，而以"兼爱"为核心，以"节用""尚贤"为支点。"非攻"则是墨子思想的一个重要内容。墨子主张的"非攻"思想与其主张的另外一个思想"兼爱"关系密切。兼爱，其实质是"爱利百姓"，以"兴天下大利，除天下之害"为己任。春秋战国时期，战争频仍，土地荒芜，死者遍野，民不聊生。百姓渴望统治者弭兵息战，休养生息。墨子体察到下层民情，提出了"非攻"的主张。他认为，自古及今，不论什么形式的战争，受害最深的是平民百姓。战争是杀人机器，百姓因战争而居无定所，食不果腹，甚至丢掉了全家人性命。而在实践上，墨子设坛讲学，让弟子们周游诸国，用"兼爱""非攻"的理论去说服诸侯们放弃侵略战争。有时候为了制止一场战争，墨子不惜冒着生命危险去说服攻战的诸侯。"止楚攻宋"就是一个生动的例子。春秋末期，楚国准备讨伐宋国。公输班（鲁班）为楚国制造了一种叫云梯的攻城器械，将用它来攻打宋国。墨子听说后，带领弟子们来到宋国，他一面吩咐弟子制造守御器械，守城备战；一面亲自前往楚国军营，说服楚国放弃攻宋。到达楚国军营后，墨子见到了公输班，墨子说道："我愿送你十镒金子。"公输班说："我是义不杀人的。"墨子站起身来，似乎很感动地对公输班拜了两次，说："请让我讲讲义。我在北方听说你造了云梯，将用它来攻打宋国，宋国有什么罪过？楚国土地有余而人口不足，牺牲自己所不足的人民，而去争夺自己已经过剩的土地，这不能算明智；宋国无罪而去攻打它，不能算仁义；明白这些道理却不去谏诤，不能算忠；谏诤达不到目的，不能算强。你奉行仁义不杀一个人，却去杀宋国众多的人，这能说是明白仁义吗？"公输班被问得哑口无言。墨子趁势说道："既然这样，为什么不停止攻打宋国呢？"公输班说："不行，我已经答应楚王了。"墨子说："为什么不引我去见楚王呢？"于是，公输班引着墨子去见楚王。墨子见到楚王，说道："现这里有一个人，丢下自己华贵的彩车，却想去偷邻居家的破车；丢下自己的锦绣衣服，却想去偷邻居家的粗布衣服；丢弃自己的肉食，却想去偷邻居家的糟糠。这是个怎样的人呢？"楚王说："他一定是得了偷窃病。"墨子说："楚国的土地，方圆五千里；宋国的土地，方圆五百里，这就好比彩车和破车。楚国有云梦泽，犀牛、麋鹿遍地都是，长江、汉水里出产鱼鳖鼋鼍，算得上天下最富饶的了；宋国却是连野鸡、野兔、鲫鱼都不出产的地方，这就好比好饭、肉食与糟糠。楚国有高大的松树，纹理细的梓树、楠木和樟树；宋国却连大树都没有，这就好比锦绣衣裳与粗布衣服。就这三件事来说，大王要去攻打宋国，与那个有偷窃病的人有什么分别？臣认为大王必会损伤仁义而得不到宋国。"楚王说："说得好！即便如此，可公输班已为我造好了云梯，攻宋势在必行。不过成功也还是说不定的。"墨子道："只要有木片，现在就可以试一试。"于是召见公输班。墨子解下腰带围起一座"城池"，用筷子当攻城器械，公输班九次设置攻妙的器械攻城，墨子九次都抵挡住了。后来，公输班攻城的器械用尽了，墨子守城的方法还有富余。公输班屈服了。公输班说："我知道对付你的办法了，但我不说出来。"墨子也说："我知道你对付我的法子，我也不说。"楚王问这是什么原因，墨子说："公输班的意思，不过是想杀掉我，以为杀了我，宋国就没有人能守城，就可以攻下宋国城池了。但是我的学生禽滑等三百人，已经拿着我的守御器械，在宋国城墙上等待着楚兵呢！虽然可以杀了我，但守御的人是杀不尽的。"楚王最终放弃了攻宋的计划。

老子虽然不反对战争，但也并非推崇战争，即使是不得已而开战，他也持"不处"的态度。他认为一切战争都不是什么吉利的东西，因为它会衍生出仇恨、暴力和恐怖，所以胜利了也没有必要兴高采烈地庆祝，如果沾沾自喜就相当于以杀人为乐，这样的无道之人是不会得到天下民众的支持的。人道思想是老子一切思考处理问题的基础。自古以来，战争都是一个不可回避的政治问题，老子也承认这一点，所以对于不得已的战争，他主张"恬淡为上"，淡然处之。老子以礼仪为例阐述自己对战争的看法，春秋时期，吉礼以左为上，凶礼以右为上；战争时，地位较低的偏将军站在左侧，地位较高的上将军站在右侧，说明社会公认地把战争看作丧礼。本段承接前面一段，继续论述用兵之道，用兵要怀有仁慈之心，不要过度杀伐。出兵用丧礼，取胜了也要用丧礼来祭奠为战争而死亡的灵魂，表现了老子悲天悯人的人道主义情怀。"道"应用到军事、政治方面，从而说明传统文化中的仁政之道。以战止战，目的是阻止战争。社会上需要道德仁爱，以此来施展教化，才能传承、永远发扬光大。没有推行仁政，只是以武力相争，很难使人心归顺，更谈不上社会和谐安定、人民幸福。"武力是带来凶灾的东西。"老子指出了战争的祸害，而表达了他的反战思想。用兵是出于"不得已"的，若是为了除暴救民而用兵，也应该"恬淡为上"，战胜了也不要得意扬扬，得意扬扬就是喜欢杀人。这话对尚武者的心理状态与行为状态，真是一语道破。他还说：如果不得已而应战，要"以丧礼处之，杀人之众，以悲哀泣之"。这是人道主义的呼声。本章亦为对于当时武力侵略的一种沉痛的抨击。

第三十八章　为之未有，治之未乱

原文：

　　其安易持，其未兆易谋；其脆易泮，其微易散。为之于未有，治之于未乱。合抱之木，生于毫末；九层之台，起于累土；千里之行，始于足下。为者败之，执者失之。是以圣人无为故无败，无执故无失。民之从事，常于其几成而败之，慎终如始，则无败事。是以圣人欲不欲，不贵难得之货；学不学，以复众人之所过。以辅万物之自然而不敢为。

译文：

　　局面、事物在稳定安静的时候容易把持，情势未有征兆时容易图谋，如动荡起来，就难以把持了。修身者更切中要害，在内心，欲念未发，外物未接的宁静之时，洗心涤虑，万念俱消，才能达到清净直一，元神心，气自在，气神相守，水火既济的境地。如不然，情欲一起，外物欲念牵动，以致烦恼忧妄想，尤若神心，便遭浊辱，流浪生死，长沉生死，长沉苦海，永失真道。治国、谋事、修身、治家，均应在安静之时，未兆之先，脆弱之际，微小之期，未发生未动乱之时防患于未然。天地间万物芸芸、千杂百乱，它的产生发展，都是从未兆开始的。事物脆弱时容易瓦解，细微时容易消散。人的命运成形，或善或恶，或福或祸，或正大，或邪僻，在初生时，同样都是一个无知无识的素体婴儿，其性体如一张洁白的素纸，无污而纯洁。如欲教他们成才，首先其父母在素日的举止运念中，以"道德"给孩子们做表率，再在言行仪表上公正无私，不狂不妄，庄重端庄，这就给孩子们在视听上做了一个楷模。久而久之，其孩子渐长，情欲渐开，他们都在无形中受父母影响，不知不觉地形成个人的人生观、价值观、道德观，成为社会人才，如在微小细脆之时不着手影响教育，待久习成性，那就不易改变解决了。要在事端未开始时就有所打算，要在祸乱未发作前就做预防。合抱的大树，是从微小的毫末长成大树的；九层的高台，是用一筐一筐的土垒起来的；千里之远的行程，是一步一步走才能到达的。

　　事物在没有迹象的时候，容易图谋，事物在脆弱的时候容易消解，事情在细微的时候容易消除。防止事故，要在事故没有发生的时候；治理动乱，要在动乱没有开始的时候；做事妄为，必定失败，强力把持，必定丧失。此中心思想是教人在安乐时要有预防危险的心理准备，不能太平时贪欲享乐，横行逞狂，挥霍浪费，更不能认为这些都是小事，如不能在未兆微小时纠正，而放任自流，它将会蔓延发展，铸成大错，造成不可收拾的后果。对于这些渐进的过程，急功近利、妄加干涉就会失败，执意于一端而加抗拒就会使局面失控。悖理徇私的有为之为非败不可，违逆人伦道的有执之执非失不可。因此圣人（得道的人）"知微知彰"，体虚无之妙道，循天地规律，顺人情，符物之自然而无为无执，所以无败无失。常人则不然，行至途中，因贪私欲，情权而忘其"道"，往往将近成功而失败。所以在任何事情将要完成时，必须像在开始的时候那样慎重，要具有坚强的毅力和持之以恒的决心，从始至终、毫不懈怠，才能把事情做得比较完美，不会招致衰败。

常人之所欲都是情权、货利、美味、乐音、丽色。孰不知功名显贵，货利色味皆快于一时，圣人所欲，不是常人所欲。而是无为、无味、无事的无欲之欲，常人贵难得之货。圣人已知因贵以致祸端，故"不贵难得之货"，使民不为盗。有的人以奸诈诡怪为学，是奇是巧，弃真效伪，圣人所学的是清净无虚无为的自然之道规律，回复到众人所过的无味无欲之地，顺乎万物的自然生息，不敢有丝毫的矫揉造作和任性妄为。只要别人不想要的东西，不贪求难得的物品；学习别人不想学的东西，来补救人们常犯的过失，这样就能够辅助万物自然成而不妄加干涉。得道的圣人想要的是无所求，不重视珍贵的财货；想学习的是别人所不学，以弥补世人的偏激过错，以辅助众人自由发展而不加干涉。

体悟：

所有事物的发展历程都是从无到有，难以解决的问题都是由常被我们忽视的小的隐患而生成，这就是量的积累是质的飞越的基本道理，有众多的人在"明日复明日"的道路上徘徊不前，最终荒废了青春年华，"其安易持，其未兆易谋；其脆易泮，其微易散"。做任何事情都要深思熟虑，过程要把握分寸，不能马虎，说的其实就是防微杜渐的哲理。就是从量变到质变的道理。"为之于未有，治之于未乱"是老子所教导我们的又一种做事智慧——凡事要未雨绸缪，防患于未然。是教导我们如何去避免负面的事情发生。老子告诉我们，防范祸患发生的关键便在于能够提前有所预测，根据一些微小的征兆而预测到祸事的发生，在事情还未发生或者还没有形成不可挽回的态势之前采取措施，杜绝其继续发展。

这个故事便形象地体现了"为之于未有，治之于未乱"的智慧。以前有一户人家刚盖成了新房子，这房子其他地方都好，只是相比于别人家弯曲的烟囱，他家的烟囱建得有些直了。但主人也没有多想，只是胡乱地将一垛柴草堆放在烟囱旁边，准备等烟囱干点就投入使用。一天一个木匠出身的客人到这家闲坐，参观了他的新房后对主人说："这房子建得挺不错，不过这烟囱建得太直容易发生火灾，你应该将它改造得弯曲一些。另外，这柴草也离烟囱太近了，最好搬远一些。"主人听了笑了笑不以为然，没有把这事放在心上，不久也就把这事忘到了脑后。后来这家果然失了火，幸亏发现及时，左邻右舍又热心帮忙，主人办了酒席。席间，主人热情地请被烧伤的人坐上席，其余的人也根据出力大小依次入座。但那个当初曾建议主人改造烟囱，搬远柴草的人却并没有在席。大家正高高兴兴地吃着，忽然有人提醒主人说："要是你当初听从了那位木匠客人的劝告，把烟囱改弯，将柴草搬远点，就不会有今天的祸事了，也用不着破费酬谢大家了。现在您论功请客，怎么可以忘了那位事先劝告您的客人呢？难道提前劝您防火的没有功劳，只有救火的人才有功劳吗？我看您应该把他请来作为上宾才对呀！"主人听，这才想起当初的事情来，赶紧去将那位客人请来坐在上席，对他说了许多感激的话，最后主人说，不过幸亏现在还不晚，将按照他的建议重新改造烟囱，并将柴草堆放到安全的地方。众人都拍手称好。事后主人果然都照做了，他家再也没有出现火灾。这件事告诉我们，凡事要有预见性，在祸事还没有到来之前，他家便应该根据征兆有所预测，从而防患于未然。

从哲学上讲，任何事物都处于一定的因果关系中，因果定律是除了时间、空间之外另一个任何事物都无法摆脱的先验法则。所有的好事坏事都不是突然发生，而是在早期便有一定的征兆，如果能早早发现利用这些征兆，便能够提前预防或及时避免。比如生活中，一个烟瘾大的人如果得了肺癌，肯定所有人都不会觉得诧异；一个酗酒的人得肝癌，大概也不会有人想不通；一个不讲信用的人，经常出尔反尔，借钱不还，到他真正遇到难事需要用钱时，没有人肯帮忙，大概他也不必抱怨人家绝情；一个人工作不思进取，胡乱应付，得过且过，遇到金融危机，企业裁员时第一批便裁到他头上，大概也不必太过抱怨。为什么？原因便在于在这些人身上，很早就出现了倒霉的苗头，但他们却不去采取措施消除，自然也就没有抱怨的权利了。除了在个人领域，"为之于未有，治之于未乱"在商业领域中更具有现实的意义。美国IBM公司前总裁P.罗杰斯在谈企业成功之道时，说过这样一句话："成功的公司不会等待外界的影响来决定自己的命运，而是始终向前看。"美国俄勒冈大学商学院院长瑞莫斯教授对罗杰斯的话进行进一步的阐释：成功人士所必须坚持的基础原则之一，便是对意外有充分的准备，做到未雨绸缪。一个成功的企业领导者，不会任凭其企业被外在不利环境所裹挟，而是对可能出现的危机有相应的准备。即使危机超出了其预想的程度，也能在心理上从容应对，并从中发现机会。事实上，中外无数名企，之所以能够长时间屹立不倒，如果没有强大的对危机防患于未然的能力，是不可想象的。

英特尔公司预见危机的例子便是对"为之于未有，治之于未乱"智慧成功运用的典型。1994年，一个数学教授指出有英特尔芯片的机器上出现了一个除法错误。英特尔对此并未在意，但后来随着媒体对这件事的广泛关注，IBM宣布装有英特尔奔腾芯片的计算机停止出厂。面对质疑，英特尔随即意识到这个看上去很小的问题已经超越了问题本身，它涉及人们对英特尔本身的信心。英特尔立即改变原来的策略，免费为所有用户更换有问题的芯片。事后英特尔方面对这件事进行了分析，最后英特尔总裁格鲁夫得出了一个令他"出了一身冷汗"的结论，那就是这个小小事件的出现并非偶然的，而是预示了英特尔正在面临着一场异乎寻常的转折。人们已经习惯性地认为只有装了英特尔处理器的计算机才是最先进的计算机，因此芯片出了问题之后，客户们不是去质疑电脑商，而是直接对英特尔质疑。这说明电脑领域的游戏规则已经改变，英特尔不再是一个"芯片制造商"，而是一个消费品牌。一旦出现哪怕很小的问题，整个品牌都将遭受巨大损害。正是这种预见，使英特尔及早在游戏规则中找到了自己的位置，进而避免了被扫地出局的命运。

成功的商人不仅能够尽可能对前景进行预测，以防范祸患，甚至许多企业还会主动预设现在还并无端倪的危机。百事可乐公司正当其产品销售量猛增，事业蒸蒸日上的时候，其总经理雷格·韦瑟鲁普却预测未来几年汽水市场竞争形势将更加激烈，并就此提出了"末日管理"理论。他经常以大量令人信服的论述让员工们体会到危机就在不远处，"末日"随时可能降临。正是这种弥漫于整个公司的危机感使得公司安全度过了种种危机。另一个危机感很强的便是比尔·盖茨了。当微软的利润超过20%的时候，他便提醒同事们由于软件市场竞争的日趋激烈，这个利润很可能维持不了多久；后来利润已经超过了60%，比尔·盖茨依旧这么说。表面上看似乎比尔·盖茨有些过于紧张了，但是谁也不敢说，如果之前没有这种危机感，微软会依然是今天的微软吗。微软能够长期占据计算机行业的领袖地位，或许其秘密很大程度上便藏于比尔·盖茨提出的那句"微软离破产永远只有18个月"的著名口号。在全球化、信息化和网络化的今天，世界的商业模式已经发生了巨大变动，企业不得不在一个蕴含更多不确定性和突变性的危机中打拼。突如其来的危机，往往以迅雷不及掩耳之势，打乱企业的正常秩序，甚至让企业陷入困顿或绝境，危机一旦形成，化解的难度之大，代价之高，使人不寒而栗。然而，危机的出现，并不是横空出世。危机在出现前，其实已经积累了很长时间，各种矛盾和问题，从来就没有停止过生发和酝酿，它们不断滋长，日积月累，小患终成大疾。只有不断在细微之处发现，化解危机，才是企业保持卓越的长久之道。

战国初年，名医扁鹊发现蔡桓公得了小病，但蔡桓公讳疾忌医，拒绝治疗，最终病入骨髓，不治身亡。如果能够在矛盾暴露之前尽早发现，未雨绸缪，就能将一切可能发生的危机扼杀在萌芽状态。兵家强调"集中优势兵力，打歼灭战。伤其十指，不如断其一指"都是主张集中优势兵力攻击对方其中的一部分，打开缺口，如果兵力过于分散，则无法使对方大伤元气，反而使自己处于不利的境地。老子强调事物具有两面性，但这两个方面是有主次之分的，在战略上，"伤其十指"就不如"断其一指"重要。荀子说："不积跬步无以至千里；不积小流无以成江海。骐骥一跃，不能十步，驽马十驾，功在不舍。"这几句话与老子所说的"合抱之木，生于毫末；九层之塔，起于累土；千里之行，始于足下"不谋而合，通过不同的比喻，阐述了量变与质变的关系，它反映出中华文化文明的源远流长。孔子的弟子曾参说："慎终追远，民德归厚矣。"其中的"慎终追远"和老子所说的"慎终如始"在本质上是一致的。"慎终如始"反映了老子对事物整个发展过程的严谨态度，无论是始还是终，前人的经验未必放之四海而皆准，前人留下的路标也未必就是正确的前进方向。所以"圣人欲他人所不欲；学他人所不学"主张通过探索实践去开辟一条属于自己实用的新路。就必须具有坚强的毅力和持之以恒的决心，才能做成、做好远大的事情。

老子强调防微杜渐，从量变到质变的重要性，所以才提出"为之于未有，治之于未乱"的观点。他列举了我们常见事物合抱之木、九层之台、千里之行并分析了它们各自发生质变的关键就在于积少成多的量变过程，一点一滴的量变，将会引起惊人的质变。"毫末，累土，足下"虽然看起来微不足道，然而，一旦累积到一定的量，必将释放出巨大的能量，所以必须具有坚强的毅力和持之以恒的决心，谋划长远，做细当下，从始至终毫不懈怠，才能取得最后的成功，"慎终如始，则无败事"，是老子给我们留下的又一至理名言，两千多年以来一直受到人们的推崇。的确，人们在做事情时，在开始时很容易保持旺盛的斗志和冷静的头脑，但是在快要接近成功时，会因为前面的顺利而形成骄傲心理，同时也会因为接近成功而头脑兴奋，失去冷静，进而丧失谨慎的态度和应有的沉着，功败垂成。对于这种现象，其实不仅老子，很多中国古人都看得很透彻，并提出了谆谆告诫，比如《诗经·大雅·荡》中便有言："靡不有初，鲜克有终。"在《论语》中，孔子对曾参说："参乎！吾道一以贯之。"一以贯之，说的便是一种持之以恒、善始善终的做事态度，与老子所说的"慎终如始"显然是一个意思。人们之所以会如此多地强调这种"慎终如始"的智慧，正是因为如老子所说："民之从事，常于几成而败之。"人们在做事情的时候，经常都会发生在快要成功的时候功亏一篑的现象。在中国历史上，这样的例子可谓不胜枚举。我们都知道三国时期的刘备，乃三国创业者中基础条件最差的。但他之所以能够成就一番事业，与隐忍低调、谦虚谨慎、从善如流的做人品质密不可分。这一点从他礼贤徐庶、三顾茅庐等事中得以充分体现。另外从他对儿子刘禅"勿以善小而不为，勿以恶小而为之"的告诫中，也可体会出他谨慎克己的人生信条。正是凭借这种对己严格，对贤能之士尊重的做人风范，他才得以立足荆州和川蜀，创造蜀汉，与占据了"天时"的曹操和占据了"地利"的孙权鼎足而立。但是在西川称帝以后，刘备便逐渐失去了早期谦虚谨慎的作风，甚至对于前来投奔他的人士也不那么礼遇了。实际上早在据有荆州之后，刘备的作风便有所改变了。当初凤雏庞统前来投奔于他，他看人家其貌不扬，便将其冷落，只是给了他一个小官便打发掉了。在称帝之后，他开始变得刚愎自用，听不进别人意见。当关羽被东吴杀害之后，刘备怒发冲冠，不顾包括诸葛亮在内的大部分人的劝阻，执意兴兵讨伐东吴。而这便破坏了自己联吴抗魏的立国之策，是十分不理智的，结果他的一意孤行导致了后来的夷陵之败，蜀汉元气大伤，他自己也抑郁而终。后来诸葛亮多次北伐都没能成功，也与此有关。

另外一个例子是唐末农民起义领袖黄巢。唐代末年，黄巢率军转战南北，因为起义军作战勇敢，又得民心，一路上队伍不断壮大。黄巢率领起义军攻下东都洛阳后，没有就此懈怠，仅在洛阳停留了十几天，便向长安进发。因唐王朝人心离散，起义军很快便攻下了长安，唐僖宗率众逃亡四川。起义军刚进入长安时，黄巢张贴布告晓谕市人："黄王起兵，本为百姓，非如李氏，不爱汝曹，汝曹但安居无恐。"其果然军纪严明，并向贫民散发财物，百姓热烈欢迎。得民心的黄巢很快称帝，建立大齐政权。但是黄巢称帝后，便开始失去了原本的进取精神。当时唐僖宗仍在四川，是个隐患，同时起义军只是占领了长安城，而在长安周围还驻扎有不少唐朝军队，随时可能反扑长安。但是，志得意满的黄巢既没有派人入川追杀唐僖宗，也没有派兵攻打长安周围的唐军、而是在长安安心地当起了皇帝，过起了奢侈靡费的帝王生活。所以上行下效，起义军将士面对富庶的长安，失去了原本严明的军纪，开始烧杀劫掠，哄抢财物，起义军失去了民心。而唐王朝经过一番喘息之后，调动长安周围的军队反扑长安，将起义军赶出了长安，黄巢率兵逃窜，最终兵败被杀。实际上，这样的例子还有很多很多，这些人都是在基本上已经获得成功的时候放松了自己的意志，最终功亏一篑，这正是因为没能像老子所说的"慎终如始"的结果。不仅是在争夺政权的过程中是如此，其他事情也同样如此。

西方有一位数学家，毕生从事圆周率的计算。他花了半生的心血把圆周率推算到了小数点后的七百多位，他也因此受到人们的尊崇。但是，后来人们发现他在小数点后的二百多位数那里就出错了，这意味着他后面的努力全是无用功。真可谓"一着不慎，满盘皆输"，令人惋惜。可以想象，在一开始时，他肯定清楚地知道从事圆周率计算这样精密的计算工作，是不能出一点岔子的。因此在开始时他肯定是抱着一万分的谨慎进行他的工作，甚至都可以想象他肯定是做出了反复的验证的。但是，可能是前面的验证没有出现错误，在后面他便开始放松警惕了，从而导致了这令人遗憾的结果。"慎终如始"的智慧，对应的是人常犯的两类错误。一类是早期靠"守道"获得成功，而后期因"失道"导致失败。这类人，其前期靠虚怀若谷，励精图治，戒惧谨慎，创立了了不起的功业，但是巨大的成功也改变了他的心态和人格，使这些取得了一定成就的人走向反面，最终因得意忘形，懒惰懈怠，贪图安逸而溃败。另一类是在做事或创业的早期阶段，能够保持清醒的头脑，有着克服种种困难的能力和智慧，不被挫折和失败打垮的坚强意志以及低调谦和、团结大众的姿态。这类人，在不断前进的过程中，战胜挫折，积累成功，一步步逼近目标，但就在要实现目标的时候，他的心态突然发生变化，认为成功唾手可得，便一反创业早期的努力和低调，浮躁盲动，自大狂妄起来，但是这个时候，反面作用力量依然强大，面对的困难并未减少，甚至可能比以前更大，只是困难的形式发生了变化而已。由于这些被一时胜利冲昏头脑的人把"道"给扔掉了，他们丧失了冷静的头脑和所有赖以发展的美德，在立足未稳之时，一下子被击垮，再也爬不起来。上文的黄巢和明末的李自成，都属此列。

"慎终如始"可以说是我们做任何事情，都必须遵循的一个道理，历史上那些取得成功的人物，无不是深深地懂得这个道理，并以此要求自己，最终才获得成功，这样的例子同样也有很多。戡平太平天国的曾国藩，军事才能并不高明，他的对手石达开曾评价说："谓曾国藩虽不以善战名，而能识拔贤将，规划精严，无间可寻，大帅如此，实起事以来所未见者也。"实际上，即使是打了胜仗之后，曾国藩往往还在夜间亲自巡营，检查漏洞，正是靠这种始终如一的谨慎，他取得了最后的胜利。不仅在军事上如此，在政治上，清廷对于位高权重的曾国藩也一直十分提防，害怕其拥兵自立。而实际上，他也的确有这个实力。但最终，他选择了交出兵权，并一直谨言慎行，戒骄戒躁，时时刻刻小心行事，自称"战战兢兢，如履薄冰"，最后得以善终。并成为中国历史上最后一位集立德、立功、立言于一身的完人。总之，正反两面的无数事例已经反复证明了老子所说的"慎终如始，则无败事"的正确性。这句话告诫我们，想要

天道：体悟老子

做成一番事业，保持一颗进取心和冷静的头脑，同时保有一种坚忍不拔的意志是必要的，但还不够，最关键的还要将这些东西保持到完全胜利的那一刻。古人讲："行百里者半九十。"说一百里的路走了九十里，便和走了五十里没有区别，因为同样是没有达到目的地。

老子提出的未雨绸缪、防微杜渐、防患于未然的思想，对我们后人的为人处世有着重要的意义。北宋张咏治蜀的事迹，就是一个典型的例子。张咏是北宋时期的名臣，字复之，号乖崖，濮州鄄城（今山东省）人，太平兴国年间进士。累擢枢密直学士，真宗时官至礼部尚书，诗文俱佳。张咏性格刚强,治才强干。为官期间做出了很多政绩，他曾两度出任益州。巴蜀自古就难以治理，张咏在益州任上，治理从严，对宋初蜀中的归化、稳定起了重要作用。宋太宗淳化年间（990—994），四川地方官吏残酷，剥削百姓，贫民纷纷起来反抗，久而久之，终于发生了一场大规模的农民暴动。发起这次暴动的首领名叫王小波，他率领贫民诛杀了彭山县知县齐元振。齐元振担任彭山知县的时候，大肆搜刮民财，激起了当地民众的强烈不满。因此，齐元振被杀之后，百姓将他肚子剖开来，把铜钱塞进他的肚子里，以此来讽刺他嗜财如命。后来，王小波被官兵所杀，众人共推李顺为首领，攻掠州县，声势大盛。宋太宗连派太监王继恩统率大军，击破李顺，攻克成都。王小波、李顺虽然被平，但太监王继恩统军无方，扰乱民间，四川局势一直未能稳定下来。于是，宋太宗决定再派张咏出任益州知州，去治理巴蜀。张咏来到益州后，王继恩把俘虏来的乱党交给张咏处置，然而张咏却把这些乱党尽数释放了。王继恩非常生气，责问张咏为什么这么做，张咏回答说："前些时候，李顺胁迫百姓，聚众造反，今日张咏和大人您把造反的贼寇变为安顺良民，又有什么不可以呢？"王继恩的部下士卒不遵纪守法，掠夺民财，百姓怨声载道。张咏知道后，就派人把扰乱治安的官兵抓了起来，也不向王继恩打个招呼，就直接把这些士兵绑了起来，然后投入井中淹死。王继恩看到张咏做事雷厉风行，也不敢向他责问了，而是装作不知。蜀地的官兵知道张咏手段厉害，就不敢造次了，也比以前规矩多了。太宗深知这次四川百姓造反，都是因为地方官吏逼迫所致，于是下"罪己诏"布告天下，公开承认自己的过失。诏书中说道："朕委任不当，致使四川地方的官吏为非作歹，残害百姓，这才引起了祸乱。这实在是朕'失德'啊，从今往后，朕要引以为戒！"张咏明白官逼民反的道理，治蜀的时候处处为百姓着想，所以四川很快就太平无事了。张咏在益州做了几年官，后来又做了杭州知州，恰好正逢饥荒，百姓有很多人靠贩卖私盐度日，官兵捕拿了数百人，张咏随便教训了几句，便都释放了。部属们不理解张咏的做法，便对张咏说道："私盐贩子不加重罚，恐怕难以禁止。"张咏道："钱塘十万家，饥者十之八九，若不贩盐求生，一旦作乱为盗，就成大患了。待秋收之后，百姓有了粮食，再以旧法禁贩私盐。"张咏治理杭州，亦采用治蜀时的经验，不但使当地安定下来，还消除了匪祸的隐患，真正做到了"防患于未然"。张咏为官期间，并没有采取高压政策，而是体恤民情，安抚百姓，这就使当地人民安定下来，积极从事农业生产，无形中消除了"盗患"，这正体现了老子"治之于未乱"的思想。

老子此言的目的，主要还是为了告诫当事人，执政者，一切事物的本质就是"道"的原则，凡事从一点一滴细心做起，不急，不躁，才不至于"常于几成而败之"。老子坚定崇尚"无为"，从以上字里行间，我们更能领悟到"无为之道"的现实意义和它在我们生活过程中的重要性。由此可见，德行的修养也需要日积月累，平时就要谨慎于小节，不违背道德于丝毫。无论何时何地，都要保持一颗善心，遵循自然之道而行，必定会增加修养，提升品德。善无所谓大小，只要是诚心诚意，即为大善，必致大德。反之，当做坏事已经成了习惯，即为大恶，必致大祸。"为者败之，执者失之"，过于有所作为反会遭遇失败。为什么呢？就像"揠苗助长"一样，违背了自然规律，过度作为反而干扰了事物自身发展的规律，最后一定会导致失败。成功不是偶然的，其后有着千古不变的法则。把握事情的进展，要等待最佳时机，有时要争取，有时要让步，有时要抓紧，有时要放过。该争取的时候却退让，该退让的时候却去强求，该抓紧的时候却放松，该放松的时候却狠抓，就是举止失当。强欲物质会导致失败，执着于私欲会遭受损害。无论求道、养生、做人或治国，都不要沉迷于物质上的强欲，执着己见。而要谨小慎微，遵循自然之道，实时灵活变通。得道之人因为"无执"，能实时应变、通变、不执着，所以永远不会失败。成功的大原则是不管做什么事，到最后都要像开始那样的态度，专心致志、一马当先地卖力气，就一定会成功。不要因为有一点成绩就自得自满，变得懒散和不专注。不满足已有的小成绩，保持开始的心情，兢兢业业，坚持到底，则永远没有失败，使事情得以安全圆满结束。言语不过分，行为不过分，聪明不过分，一切都做到恰到好处。"以辅万物之自然，而不敢为"，达到辅助万物生长，达到顺自然规律之道"无为而无所不为"的境界，而不增加一点人为的因素。这才是修身养性为学、为政、治国的最高境界。老子提醒我们高度重视祸患的根源。在祸乱发生之前，先做预防。凡事从小成大，由近至远；基层工作，十分重要。远大的事情，必须有毅力和耐心，一点一滴去完成；心意稍有松懈，常会功亏一篑。

第三十九章 慈、俭、不敢为天下先

原文：

天下皆谓我道大，似不肖。夫唯大，故似不肖。若肖，久矣其细也夫！我有三宝，持而保之：一曰慈，二曰俭，三曰不敢为天下先。

慈故能勇，俭故能广，不敢为天下先，故能成器长。今舍慈且勇，舍俭且广，舍后且先，死矣。夫慈，以战则胜，以守则固。天将救之，以慈卫之。

译文：

"道"大无不包，细无不入，不能用形名色象论比。就因为"道"太广大，才不能以具体的形象事物论比。如有形象比拟，那就成为一个具体的事物了，那"道"就渺小得很了。因为它太广大，所以不像任何具体的事物。"道"内含着三宝，我们要保持它们：其一是仁慈。天地万物皆在"道"的慈爱中生长。其二是俭约，不造作，不妄为，清静、自然、无为。顺乎天地，应乎人，任物自然。其三是不敢为天下先、不自见、不自是、不自伐、不自矜，谦退处下，不以机诈，强暴炫示于事物之先。保持慈爱，就能坚定勇敢；保持节约，不造作、不妄为，就能富裕；不敢为天下先，就能行走于天地之间。

"道"本无为，自然于万物仁慈，天下事物无不归服于仁慈，以此可不战而胜，不攻而克。道本俭约而无奢侈不节之兆，天地万物皆在无为，俭约中自化，它广大悉备，无所不有，无所不包。"江海处下能为百谷王。""无名之朴"虽不当器用，但众"器"皆由朴而出，故称"众器之长"。柔慈必然能够勇武，俭约必然能够宽裕，不敢为天下先必然能成为天下的首领。现在舍弃柔慈而求勇武，舍弃俭约而求宽裕，舍弃退让而求领先，最后结果是自取灭亡。项羽勇冠三军，气吞山河，然而终败亡于乌江。秦始皇筑长城，一统六国，然而子婴自降于汉刘邦，皆因无德所致。这就突出了一个"慈"字，人如果能体会无为之道，怀仁慈之德，"天道"的运行之序就是救助慈善万物，并以慈善护谦退的。体恤百姓，慈爱万物，以此行于天下，征战必胜，用于守卫，就能稳固。天要救护谁，就用慈柔来卫护他。谁会运用三宝，则后果良好；舍弃三宝，则会败亡。

体悟：

　　"大道无名""大象无形""大音希声""大智若愚"，老子追求的智慧绝不只是那些小聪明，也不仅限于解决具体事物。"道"实在太大了，大到没有边际，摸不着、看不见，有点虚无缥缈，所以才不像任何事物。"大道"是包罗万象的，天地万物皆源于此，正因为这样，大"道"才"不肖"任何具体事物，老子的智慧是一种超拔的智慧，就像"道"一样，并不会轻易得到众人的认同，但它却又使众人受用不尽。老子认为"道"赋予人类三种与生俱来的天性，即"慈""俭"和"不敢为天下先"，如果具备了"慈"就会变得"勇"；如果具备了"俭"就会变得广（无为而无所不为）；做到"不敢为天下先"则会成为百谷之王，众人的首领。老子在本章提出"三宝"理论，它是人性正能量的体现，是人性的光辉，虽然老子认为人类成为"万物的灵长"是有前提条件的，但在 2500 年前的春秋时代，他提出这样的先进思想真正是难能可贵的，它为后来战国时代出现百家争鸣的局面奠定了坚实的基础。

　　孟子认为人性本善，"人之性善如水之就下"，就是说人具有良知的自我完善过程。老子几乎没有直接论述探讨过人性善恶的问题，但是其"法自然"的主张已经表明了他遵从人的天性就是顺其自然的观点，在人性的问题上，儒家强调仁义、道德是人的天性，而老子常说"天地不仁""圣人不仁"，所以"道"家似乎认为人性无所谓善、恶，老子其实并非反对仁、义、礼，他真正反对的是披着文明外衣的虚伪仁、义、礼，反对的是"舍慈且勇""舍俭且广"和"舍后且先"。"慈、俭、不敢为天下先"是人"道"的本性。本质，当然也应该是人们要具备的本性本质。老子提到的"三宝"中，"慈"处于最显著的位置，慈能够"以战则胜、以守则固"，它是顺其自然的天性，所以"天将救之，以慈卫之"。

　　老子从"慈故能勇"的角度进行了论述，并且，其能够"以战则胜，以守则用"。可以看出，老了认为，慈爱是能够产生力量的。而这显然也是符合事实的。我们知道，一个人去做一件事，必然是有动机的。或者是为欲望所驱使，或者是为利益所吸引，或者被胁迫不得已而为之，等等。但是能带给人的力量和韧性的，便是出于爱的动机，在欲望、利益、胁迫等动机下所做出的行为，说到底都是一种从自己的利益出发，权衡利弊之后所做的理性判断。一旦代价过大，弊大于利，行为便会失去了动力。而因慈爱去做一件事，则是为了所爱之人去做，本身并不考虑自己的得失，自然也不太顾及代价，如此，一个人必然是浑身充满了力量的，其往往会产生令人意想不到的结果，甚至能够创造出奇迹。

最常见的便是母爱所激发出的强大力量。我们知道，母鸡就能够为了保护小鸡而与力量悬殊的老鹰进行殊死搏斗，而女子虽然柔弱，但在成为母亲后，则会突然变得坚强。一个读小学三年级的小女孩，下课后到教室外面去玩，几个调皮的男同学将一只又粗又大的蚕宝宝放在她的书包里。她在教室外面玩了一会儿后，回到教室，见到书包里蠕动的虫子，吓得尖叫一声，倒在地上晕了过去。从此女孩落下了病根，只要有人在她面前说一声"有毛毛虫"，她准会吓得脸色煞白，浑身冒汗。她每天上学，都会绕过路上那片树林，因为树上经常会有毛毛虫。长大结婚后，她依然没有驱散毛毛虫在心里烙下的阴影。每当看到毛毛虫，她都会惊恐地大叫，好几天都摆脱不了恐惧。虽然她觉得自己未免过于胆怯了，但她也只好沮丧地想，或许我永远也摆脱不了毛毛虫的阴影了。后来她生了一个女儿，这让她感到十分幸福。在女儿三岁那年，她抱着女儿回娘家，在路过那片熟悉的小树林的时候，女儿指着她胸前问："妈妈，这是什么呀？"原来是一条毛毛虫在蠕动，可能是刚才树上的虫子掉在身上。这时的她感到十分惊恐，刚想大叫，但是看到女儿清澈如水的眼睛，她本能地收住了嗓子。她觉得自己惊恐地大叫肯定会把女儿吓哭的，于是她轻轻地抓起毛毛虫，对女儿说："这是毛毛虫，它并不可怕，是不是？"女儿于是乖巧地点点头。她把毛毛虫扔到地上，便和女儿说笑着走出了小树林。从此以后，她再也不怕毛毛虫了。在这个故事里，我们看到，正是她对女儿的爱使她获得了一种力量，这种力量竟然使她克服了多年挥之不去的阴影。

还有一个故事：在20世纪70年代的美国，曾经有一位母亲将睡着的年幼的孩子留在四楼的家里，自己到商场买东西。但是当她从商场返回，在离自己楼的入口还有几十米时，她看到孩子竟然爬到了自己家的窗台下。突然间，她条件反射性地意识到将要发生什么。她丢掉手中的东西，飞快地奔向自己家的窗台下，正如她所料，孩子从窗台上掉落下来。就在孩子落到地面前的一瞬间，她伸出双臂接住了孩子，孩子得救了。但是在这件事情发生后，有人计算了孩子坠落到地面的时间和她当时离自己家窗下的距离，人们震惊了：即使一位最优秀的百米运动员，也不可能在这么短的时间里赶到窗台下。人们只好认为是伟大的母爱给予了这个母亲惊人的力量，并创造了奇迹。

实际上，不仅是人类的爱能够给人以意想不到的力量，动物的爱也同样如此。20世纪90年代，美国的一个公园着火了，整个公园的树木都成了一片火海，救火队员根本无法靠近火源，人们只能在大火熄灭之后察看是否有人受伤。在搜救过程中，一

第三十九章　慈、俭、不敢为天下先

位救火队员在树下惊奇地发现一只被烧焦的鸟直直地站在那里。他感到很好奇，这只鸟怎么会站着死？于是他就从地上捡起一根木棍，轻轻地拨了拨那只鸟，奇迹发生了：几只小鸟从这只死去的鸟的翅膀下飞了出来。救火队员对这只鸟儿肃然起敬。他们立刻明白了事情的前因后果。在树林里的大火烧起来之后，鸟妈妈本来可以展翅飞走，找到一个安全的栖息地。但是母爱使它忘记了大火带来的恐惧，它本能地知道浓烟会向高处升腾，为了保护自己的孩子，它带着小鸟飞到大树底下，然后展开自己的翅膀，为小鸟建成了一个天然的保护伞，直到自己被烤死，它都一直保持原有的姿势，以保护翅膀底下的孩子们。这些活生生的例子生动地说明了慈爱能给人以巨大的力量，并产生令人意想不到的效果，有力地支持了老子的观点。可以说，爱可以战胜怯懦，战胜自卑，战胜一切困难。只要拥有爱，付出爱，天地之间没有什么办不成的事情。这应该就是老子给予我们的主要启示。

反过来说，老子也给了我们另一个启示，那便是什么才是真正的勇敢。显然，前文三十五章列举的几个事例算不上勇敢，充其量只能算是鲁莽罢了。老子认为只有爱所激发出来的勇敢，才是真正的勇敢。也只有在自己所爱的人面临威胁时，出于自卫的目的而表现出的勇敢，才是必要的勇敢，才是真正的勇敢。实际上，老子在本章中已经明确指出："舍慈且勇……死矣。"即不是出于爱的勇敢，只是一种逞勇斗狠，并不可取，只能是死路一条。扩而广之，这里也反映了老子的战争观。我们知道，老子一向是反对战争的。这里我们便更进一步看清了老子所反对的乃那种逞勇斗狠、主动挑衅的战争，但是对于出于慈爱，为保护自己所爱的人所进行的战争，老子是支持的。老子认为这种战争也是必定胜利的，所谓："夫慈，以战则胜，以守则固。"具体到我们的现实生活中，老子给我们的启发便是在我们感到精神空虚，方向迷失时，要善于从爱中去找到自我，寻找力量。同时，要明白，如非为了你所爱的人，便没必要表现得勇敢，没有爱的勇敢，要么是逞强，要么是不必要的冒险。为什么"天将救之"？因为大"道"是"善人之宝，不善人之所保"。因此，老子以"慈"为主的人性观已成道家的人性观。老子的人性观与儒家以"仁、义、礼"的人性观还是有比较明显的区别的。由此可见，"慈""俭""不敢为天下先"三者是密切联系和相辅相成的。"慈"是其中最基本的一个准则，是人"道"的直接表现，其他两个原则均可由其推演出来。

节俭是中华民族的传统美德，也是老子思想的主方面。老子把节俭作为"三宝"之一，并要我们永久保持。老子所说的三宝，即慈爱、节俭和谦虚，三者并不是割裂的。一个真正慈爱的人他必定是一个节俭和谦逊的人。老子的三宝，对后世有着重要的意义。翻开中国历史，我们可以找出很多俭朴谦逊的人物，晏婴是齐国贵族，长期居于要职，在国内外享有很高的声望，他在个人生活方面，一向以清廉俭朴著称，受到后人的高度赞扬。孔子也曾称赞说："晏平仲真善于同别人交往呀！人们同他相处越久，他就对别人越尊敬。"司马迁在《史记》中更是充满感情地说道："如果晏婴活到今天，我就算为他执鞭驾车，也会感到高兴的！"周灵王十六年（前556），晏婴的父亲、齐国大夫晏弱去世。按照齐国当时的礼法规定，卿大夫死了之后，要举行隆重的丧礼。这丧礼到底如何隆重呢？且不说小殓（为死者穿衣）、大殓（再次为死者穿衣并送尸入棺）、代哭（死者家属轮流哭丧守灵）、迁柩朝祖（将棺柩迁入祖庙停殡）这套繁文缛节，单就送葬规模来看就已经让人瞠目结舌了：送葬的时候，需要安排成百上千的人在前面和左右两侧牵引柩车；为了使送葬队伍顺利完成任务，出殡前常常需要重新拓宽道路，甚至不惜拆除路旁的一些重要建筑。为了矫正这一繁文缛节，警惕世人，年轻的晏婴不顾贵族官员的反对，勇敢地对丧仪进行了一番改革：按照丧仪的规定，为晏弱送葬时应当派遣装载随葬品的送葬车五辆，而晏婴只安排了一辆；灵柩下葬后，主持丧仪的人还要请参加丧仪的宾客们聚会吃饭，并举行烦琐的拜宾、送宾等仪式，晏婴却在葬礼结束后即刻返回家中，让送葬的宾客自行回家。对于晏婴这种违背礼法的行为，不但时人感到不解，就连后来的一些学者也觉得疑惑。有一次，孔子的弟子曾参和有若坐在一起谈论晏婴的为人，曾参称赞晏子知礼，有若却说："晏婴为父亲办理丧事的时候，仪法草率，慢待宾客，这怎么能说是知礼呢？"曾参反驳说："你哪里知道晏子的良苦良心啊！当国家混乱无道的时候，一个君子是耻于礼仪完备的。国家奢侈成风，君子就应当大力提倡节俭，简化丧仪正是晏子的高明之处啊。"现在看来，曾参的这一见解是非常正确的。晏婴所处的时代，正好是齐国政局最为混乱的一段时期。当时，齐国王室势力渐趋衰弱，而卿大夫的势力逐渐增强。在当时的齐国卿大夫之中，势力最强的，除了原有的大族国氏、高氏外，又兴起了一些新的卿族，如崔氏、庆氏、陈氏。这些新老势力相互争斗，一些卿大夫一夜之间掌握了齐国大权，但是还没有站稳脚跟，就被其他的卿大夫所取代。贵族们不修德政而导致灭亡的事实，也让晏婴清醒地认识到了聚敛无度的害处。所以，他在继承大夫的位子之后，始终保持着俭朴廉洁的品质。晏婴执政时期，挫败了崔、庆二族的叛乱。为了表彰晏婴的功绩，齐景公打算把邶殿（今山东省昌邑市西北）附近的六十座小邑赏赐给晏婴。晏婴却没有接受这一赏赐。王室贵族子尾对此非常不解，就向晏婴问道："天下之人，没有不追求财富的，你为什么不接受赐邑呢？"晏婴回答说："人追求财富，必须掌握个限度，不可追求欲望的满足。庆氏的封邑满足了他的欲望。但是他很快就灭亡了。我现在的俸禄不够多，如果加上邶殿六十邑，也许会非常富足，但是，真要那样的话，我就可能要大难临头了，只怕连现在拥有的小邑也很保难住了。我不接受邶殿六十邑，并不是天生讨厌富贵，而是为了巩固我现有的家业。况且按照礼制的规定，每个人占有的财富必须符合制度，就像布幅要有一定的宽度一样。为富不仁，见利忘义，贪婪纵欲，只会把自己引向绝路。我怎么能做这样危害国家和自己利益的事情呢？”子尾听后，不禁连连称赞。周景王元年（前544），吴国公子季札访问齐国，与晏婴一见如故，两人也都相互倾慕。季札在齐国期间，预感到齐国将会发生大的动荡，因此建议晏婴交出自己的封邑，以免引火上身，晏婴听到这个建议后，觉得很有道理，就立即向齐景公提出了“纳邑与政”的请求，把自己所辖的封邑以及管理封邑的职权全部交了出来。自此以后，晏婴的生活更加简朴了。在晏氏的府中，“食不重肉，妾不衣帛”。朝见齐王时，晏婴总是穿着一身洗旧的朝服。在贵族极力追逐利禄的时候，晏婴却一直过着清贫淡泊的生活。齐景公对晏婴的清贫生活心有不忍，就想找机会为他改善生活条件。有一次，齐景公对晏婴说道：“你现在居住在闹市附近，周围吵嚷嘈杂，尘土飞扬，而且地势低洼，潮湿狭隘，这怎么能够居住呢？我为你换座宽敞明亮的房子吧！”晏婴辞谢说：“我们晏家在这所房屋里已经住了好几代了，我们的功业没有祖先那么大，却能承受祖先的恩惠，住上这样的房屋，这已经非常奢侈了。况且这里临近闹市，买东西非常方便，怎么能劳烦大王为我更换房屋呢？”没过多久，晏婴前往晋国，与晋君商讨两国通婚的事情。齐景公趁着晏婴不在，就强令晏家周围的居民迁居到别的地方，并把周围的住宅都拆毁了，另外为晏婴建造了一座豪华的新居。晏婴回到齐国后，看到在自家的位置上出现了一座豪宅，非常痛心。他立即进了王宫，见到齐景公，向他拜谢一番，然后毫不犹豫地派人拆毁新居，修复周围的住宅，又请那些流散各地的邻居返回故里，他向众人解释说：“大家在这里居住多年，彼此关系和谐，这是神明安排我们有这段缘分呀，神明的意旨怎么能够违背呢？”晏婴一生经历过齐灵公、齐庄公、齐景公三世。从崔、庆家族垮台后，晏婴的政治地位越来越高，成为齐景公最得力的辅臣。到齐景公后期，晏婴已是年迈的老臣，其嘉言懿行越发传播四方，在列国间享有崇高的威望，但他从不以德高望重而自傲。晏婴不但自己保持节俭，还时常劝谏统治者勤俭节约，体恤百姓。周灵王二十年（前552），齐景公患了疟疾，一年之内未能痊愈。齐景公认为是主管祭祀、祷告的祝史用心不诚所致，遂决定增加祭品。晏婴听说后就对齐景公说道：“一个贤明的君主，应当处理好国事和家事。”祝史言辞诚信，不愧对神灵，国家才会有福祉。而昏庸的君主，则会沉迷声色，放纵私欲，摧残民力，聚敛不止。如果祝史如实把一切告知鬼神，国君就会遭到惩罚；如果隐恶称善，那就是欺骗神灵，鬼神迟早会知道，这样，国家就永无宁日了。现在官府垄断

天道：体悟老子

山林湖泽之利，还在境内设下重重关卡，关吏肆意盘剥行人，而贵族们大兴土木，强占百姓财产，国家政令无常，横征暴敛；宫中妻妾恃宠跋扈，在市面上巧取豪夺。百姓痛苦不堪，无不说国君的坏话。因此不管祝史怎么向神明祈祷，那都是无济于事的。因此，您还是赶紧积善修德吧！齐景公听后，心里有所醒悟，便下旨取消山泽之禁和关税，减轻百姓的负担。晏婴痛斥奢侈浪费，不但本人厉行节俭，还不遗余力地倡导和推行节俭，这些对后世都有着深远的影响。

本章中老子将"道"的作用引入我们的处世、政治和军事中。他提出了三条为人处世的准则："慈、俭、不敢为天下先。"其中"慈"是处于第一位的，柔慈处世，"以战则胜，以守则固"，它几乎无往而不胜。柔慈以宽容为上，因为能包容一切，才能有奋不顾身、一往无前的定力和智慧。孔子也说："仁者必有勇。"（《论语·宪问》）这是符合"道"的。第二条是"俭"，是指物质上的节俭，也指精神的消耗。言行要节俭，少说废话，以免徒然浪费精神。因为简约，所以约束了欲望的蔓延，所以万物效用的发挥才可以没有极限"无为而无不为"。第三条是"不敢为天下先"，不慈，不俭，舍弃了慈爱之心，而去好勇斗狠，舍弃了节俭，欲望越来越多，把个人利益放在首位，只顾自己，不管别人，所以人世间才争端并起，不遵循谦卑退让之法而争取领先，结果就只会被别人领先而导致自己的失败。总而言之，老子认为人世间一切争端皆因违背了这三条原则，世人只有努力克服自己思想上的这一局限性，谦和无争地对待一切，才会更加透彻地理解世界，自身才会拥有无穷的生命力和更广宽的天地，"无为而无所不为"。老子认为"道"中有三宝："慈、俭、不敢为天下先。"运用三宝，则后果必然良好；舍弃三宝，则会败亡。

本章所说的三宝："慈"，爱心加上同情心，这是人类友好相处的基本能力；"俭"，意指含藏培蓄，不肆为，不奢靡，这和"啬"字同意；"不敢为天下先"，即是"谦让""不争"的思想。老子重点在于说"慈"。他身处战乱时代，目击暴力的残酷性，深深地感受到人与人之间仁慈的缺乏，因而极力加以阐扬。

第四十章　祸莫大于轻敌，哀者胜矣

原文：

用兵有言："吾不敢为主，而为客；不敢进寸，而退尺。"是谓行无行，攘无臂，扔无敌，执无兵。

祸莫大于轻敌，轻敌几丧吾宝。故抗兵相若，哀者胜矣。

译文：

对于用兵之"道"，古人说过这样的话："不可恃其强暴而贪图好杀，以佳兵利器而凌加于人。妄动兵戈必败。""兵者不祥之器……不得已而用之。"如敌人无故用兵于我，则以自卫应之。我用兵虽出于不得已，但仍不敢恃勇妄进。宁愿后退一尺，不敢妄进一寸。"攘"：用力伸臂。"扔"：临敌就敌。"兵"：刀枪剑戟。有"道"的明士，怀仁慈之德于苍生，应看不出行兵备战的任何行迹，而四海自然宾服。没有伸出打人的胳臂，但众人畏威。临敌没有杀人之心，而敌人必败。没有操持杀人的刀枪剑戟，但敌人必然惧怕。有形像无形，有力像无力，临敌像无敌，有器像无器。恃勇轻敌而好杀，其致祸不浅。

如轻敌好杀，无故用兵，恃强妄进者，是丧失了"道"的"慈、俭、不敢为天下先"的自然体性。若心不怀好生之德，"天道"必以灾祸惩罚。祸患之大，莫过于轻敌；轻敌，几乎丧失我"慈、俭、不敢为天下先"三件制胜法宝。两军对阵，在兵力相当的情况下，谁胜谁负，其结果只能是心怀仁慈，哀民痛命，体恤苍生的哀兵获胜。应有敌进我退，不得不战，以守为主，哀兵必胜的作战指导思想。

体悟：

在本章老子再一次阐述了他对战争的看法。其实老子谈战争并非旨在解决军事争端，他只是借战争来论证自己的"无为"和"不争"的哲学思想和政治主张及思想观念。这些文字看上去好像是军事战略理论，其实它蕴含着深奥的哲理，它揭示了"柔弱胜刚强"的道理，并告诫我们不要拘泥于形式主义、教条主义。以退为进就是"不争"的一种体现。春秋时期，晋国公子重耳因避国内争乱而流亡于他国十几年，楚成王曾盛情款待过他，所以他向楚王许诺，如果自己以后成为晋国国君，一旦晋楚两国交战，晋国将退避三舍以谢楚国恩德。后来重耳果然成为晋国国君，而且楚晋两国之间真的爆发了战争。重耳为兑现诺言，下令晋军后撤三舍之地，同时以此作为诱敌深入之计，结果楚大败，重耳既没有食言，又没有使本国利益受到损害，最后成为春秋时期中原的一代霸主。老子所说的"不争"并不是妥协退让，而是"知其雄，守其雌"，从而实现以柔克刚的目的，是通过"无为"来达到"无不为"的目的。"不争"以"柔弱"为前提，以表面的"示弱"来麻痹对方，给对方造成错觉。率先出招，同时也会过早地暴露出重心和弱点。于是主动与被动在一定条件下就可以相互转化，局势将出现逆转。可见，老子所说的"为客"与"退尺"，其本质是为了掌握主动权，变被动为主动。

　　老子对战争的总体观点："吾不敢为主，而为客。"即反对侵略性的战争，认为只有迫不得已的自卫反击的战争才是正义的。并提出了具体战略，即"祸莫大于轻敌"。并且与其相对应，还提出了"不敢进寸，而退尺"的具体做法，并进行了进一步的阐述。应该说这条战略看似简单，却至关重要。在兵家圣经《孙子兵法》中，同样严肃地提出"不轻寡"的告诫，即不轻视兵力少的敌人。这条看似已经说得很滥的警告之所以被惜字如金的老子和孙子加以强调，是因为虽然理论上人们都懂得这一点，但在具体的战争中，一旦自己具有优势，往往不由自主地就产生轻敌的情绪，进而导致失败，这样的战例数不胜数。秦朝末年，陈胜、吴广起义爆发，但很快被镇压。但同时，天下各地起义已成燎原之势。其中，势力最为强大的是楚国名将项燕的后代项梁。项梁听从范增的建议，寻找到流落民间的楚怀王之后，将其立为楚王，借此项梁为自己树立了一面具有号召力的大旗。之后，项梁出江东，面对强大的秦军，没有丝毫的怯弱和退缩，取得了一系列的胜利。他先是派军在襄城（今河南省襄城县）攻城得胜，然后与齐军在东阿（今山东省东阿县阿城镇）大破秦军。之后项梁派刘邦与项羽攻陷城阳（今山东省鄄城县东南），这支部队在濮阳东击败秦军，攻定陶不下后绕道雍丘（今河南省杞县），大破秦军，斩杀李斯之子，秦三川郡守李由，取得了重大的胜利，项梁自东阿赶至定陶，再破秦军。由于取得连续的胜利，项梁产生了轻敌骄傲的情绪，觉得秦朝军队不堪一击。对于项梁的骄傲轻敌，谋士宋义规劝道："打了胜仗，将领就骄傲，士卒就怠惰，这样的军队一定要吃败仗。如今士卒有点怠惰了，而秦兵在一天天地增加，我替您担心啊！"项梁根本听不进去，为图耳根清净，干脆派他出使齐国。宋义在路上遇见齐国使者，问他道："您要去见武信君吧？"齐国使者回答说："是的。"宋义说："依我看，武信君的军队必定要失败。您要是慢点走就可以免于身死，如果走快了就会赶上灾难。"果然如宋义所言，秦军出动大量精锐增援秦将章邯，攻击楚军，在定陶大败楚军，项梁战死。不过有意思的是，章邯在击杀项梁后，也产生了骄傲情绪，认定楚国起义军不会有大的气候了，没有对项羽、刘邦等进一步打击，而是率军北上进攻赵国的起义军了。结果，项羽率楚军北上在巨鹿"破釜沉舟"，击败章邯。

再看王莽新朝末年的昆阳之战。新莽末年，因为王莽的一系列政治、经济改革失败，社会矛盾激化，各地起义军蜂起，其中以绿林、赤眉声势最大。绿林军乘王莽主力攻击赤眉军之机，推举汉朝皇室后裔刘玄为帝，恢复汉制，年号更始。王莽于是派大司空王邑急赴洛阳，与大司徒王寻调集各州郡兵 42 万南进，号称百万，企图一举消灭汉军。王邑等人自恃兵力强大，扬言："百万之师，所过当灭，今屠此城，喋血而进，前歌后舞，顾不快耶！"为躲避锋芒，刘秀率领起义军从阳关（今河南省禹州市西北）撤回了昆阳，这更让王寻认定起义军不过是一群乌合之众，完全不将其放在眼里。但是由于起义军的坚守，王莽军一时未能攻下昆阳。为寻求支援，刘秀率领十几个人悄悄出城，然后调集了万余人驰援昆阳，从背后对王邑的军队发起了进攻。此时的王邑因为轻视起义军，命令各营不准擅自出兵，而由自己和王寻率领万人迎战刘秀的冲杀。但是王邑的轻敌给自己造成了大祸，在刘秀所率精兵的猛烈进攻下，王邑手下的万余人马很快陷入被动挨打的困境，阵势大乱。剩下的 40 万大军因王邑有令在先，谁也不敢去救援，致使王邑军溃败，王寻也做了刀下之鬼。昆阳城内的守军此时也乘势出击，内外夹攻，打得王邑全军一败涂地，昆阳大捷后，王莽新朝便大势已去，天下纷纷诛杀新莽牧守，用汉年号，服从更始政令。显然上面两个战争案例中的项梁、章邯以及王邑都因犯了轻敌的错误而导致了自己的失败。当然轻敌招致失败的战争案例绝不仅仅是这两个，古往今来，多少英雄都是败于轻敌情绪上。

进一步讲，老子所说的"祸莫大于轻敌"不仅适合于战争，在商业、工业、体育比赛、等社会生活领域，这都是一条值得强调的箴言。许多企业、公司最后之所以招致失败，一个普遍的原因便是自恃正确，自恃强大，不再把工作、他人放在眼里。比如 20 世纪初期，占据汽车行业老大地位的通用汽车公司便是因为轻视福特汽车公司，其行业老大的位置被后起之秀福特汽车公司抢走。后来，福特汽车公司犯了骄傲轻敌的错误，通用汽车公司则重新夺回老大位置。此外，20 世纪末，强大的 IBM 公司同样是因为傲慢轻敌，没有将微软公司这个小弟放在眼里，甚至还对其提供了帮助，结果被微软公司打了个措手不及。更进一步讲，不仅是存在明显对手的竞争性领域，即使做一般事情，我们都有一个隐性的"敌人"，那便是可能会遇到的各种困难。对于这个我们看不见的隐性"敌人"，我们一旦对其产生了"轻敌"情绪，同样可能会带来"祸事"

或失败。因此这提醒我们在做任何一件事情时，一开始便要对各种困难有充分的估计，如此我们才不会因为"轻敌"（轻视困难）而失败。总之，"祸莫大于轻敌"的智慧大概是老子的智慧中最通俗易懂的了。但是通俗易懂归通俗易懂，犯这个错误的人，从来都有很多很多。这是因为傲慢是人很难去除的一种习性，人一旦有了优势，能够控制自己骄傲情绪的人很少很少，但是这样的人并非没有。那些取得大的成就的人和团队无不是成功地克服了这种骄傲情绪的，只不过这种骄傲情绪往往在失败时才会被作为原因总结出来，而不会被作为成功的经验，因此我们不知道罢了。

可以说，在外人看来辉煌的成功，在成功者本人这里的感觉，往往是一种努力和谨慎。因此一个人能够取得多大的成功，除了自身能力之外，在取得成功之后能否仍旧保持"不敢进寸，而退尺"的心态至关重要，这往往是成功与失败的一个重要的分界线。在论述"不争"的同时，老子还强调破除陈规，做事不拘泥于条条框框。孟子说"尽信书不如无书"。读书是很重要的获取知识的途径，但过于墨守成规也将使书本知识成为人们的思想负担与禁锢。我们都应懂得实践出真知的道理，但是有很多人被书本知识禁锢了思想，不能因时、因地、因人而异，做事不大胆、畏缩不前。"纸上谈兵"就是一个关于书呆子的著名典故。战国时期，赵国名将赵奢之子赵括经常与父亲谈论兵法，但他从未亲临实践。赵奢死后，秦军进攻赵国，并以离间计促使赵王撤换掉主将廉颇而启用赵括，结果导致赵军在长平之战中全军覆没。老子说："行无行，攘无臂，扔无敌，执无兵。"在这里说的是无招胜有招的道理，与孟子的"尽信书不如无书"如出一辙。骄兵必败、哀兵必胜是我们普遍认同的问题。老子说："抗兵相加，哀者胜矣。"如果因为不得已而被卷入战争，则可以成为"哀者"之兵，老子觉得在这样的情况下可以一战。俗话说"狭路相逢勇者胜"，人们对"勇"的理解各不相同。老子认为"慈故能勇"，"慈"与"哀"同出异名。慈者因别无退路而被迫参战，于是成为哀者，进而成为勇者。老子坚定地反对以炫耀武力和掠夺土地财物为目的的战争，而肯定反侵略的正义性。"哀兵必胜"就是这个道理。

战国时期的齐魏马陵之战，就是"哀兵必胜"的集中体现。孙膑，本名孙伯灵，战国时期齐国鄄地人。孙膑是孙武的后代，自小喜欢兵法，孙膑曾与庞涓一道学习兵法。后来庞涓在魏国做了将军，他知道自己才能比不上孙膑，就暗地里派人对孙膑动用膑刑，还在他脸上刺字，然后把他囚禁起来。

不久，齐国的使者出使魏国。孙膑疏通狱卒，让狱卒请齐国使者来到狱中。见到齐国使者后，孙膑向其说明遭遇，请求齐国使者救他出去。齐国使者可怜他，就偷偷地把他藏在车上，然后回到齐国。

第四十章　祸莫大于轻敌，哀者胜矣

来到齐国后，孙膑结识了齐国的将军田忌，田忌对他十分赏识，用上宾的礼节对待他。后来，田忌与齐国的王族赛马，孙膑向田忌建议说："以您的下等马对他们的上等马，以您的上等马对他们的中等马，以您的中等马对他们的下等马。"结果田忌三局胜了两局。田忌很佩服孙膑，就将其推荐给齐威王，齐威王向孙膑询问兵法，并尊其为军师。

后来，魏国攻打赵国，赵国形势危急，向齐国求救。齐威王采纳孙膑的建议，不直接去援救赵国，而是去攻击大梁。魏军得到消息后，急忙回师。撤到桂陵的时候，遇到齐国的伏兵，魏军被打得大败，这就是"围魏救赵"的故事。

尽管魏国在桂陵之战中遭到失败，但是并没有因此而一蹶不振，魏国仍旧是战国中期的一流强国。十三年后（前341），魏国任命庞涓为主将，发兵进攻韩国。韩国势弱，急忙遣使奉书向齐国求救。齐威王得到消息后，立即召集大臣商议援救韩国的事情。大臣邹忌认为魏国势力强大，上次能战胜它纯属侥幸，因此极力反对出兵，而大将田忌则主张发兵救韩。齐威王左右为难，只好去征求孙膑的意见，孙膑分析了一下当前的形势，然后对齐威王说道："大王要想成就大业，使诸侯臣服于齐国，就不能不救助韩国。但是魏国势力强大，齐国不可直接对抗它，应当找准时机，一举打败魏国，并使它以后不能振作。"齐威王听了孙膑的建议，定下计谋：先是向韩国表示必定出兵相救，促使韩国竭力抗魏。不过，齐国并不着急出兵，而是等到韩国面临亡国危险的时候，再发兵救援，从而使"尊名""重利"皆可实现。

韩国得到齐国答应救援的允诺，人心振奋，竭尽全力抵抗魏军的进攻。但是，由于与魏国实力悬殊，结果仍然是五战皆败，只好再次向齐国告急。齐威王抓住魏、韩皆疲的时机，任命田忌为主将、田婴为副将、孙膑为军师，率领齐军直趋魏国都城大梁。

魏国见齐国援救韩国，自然非常恼怒。于是，魏国决定放过韩国，而是把主要兵力指向齐军。魏惠王等攻韩的魏军撤回后，即任命太子申为上将军，庞涓为副将军。率领十万大军，气势汹汹地扑向齐军，企图同齐军一决雌雄。

这时，齐军已经进入魏国境内，魏军尾随而来，这场大战已经是不可避免了。这场仗该怎么打，孙膑早就胸有成竹了。他针对魏兵强悍善战，素来蔑视齐军的实际情况，正确判断魏军一定会骄傲轻敌，急于求战，轻兵冒进。根据这一分析，孙膑认为应当巧妙利用魏军的轻敌心理，用假象误导敌人，诱其深入，然后再出其不意地攻击魏军。于是，他向田忌建议道："那魏国的士兵向来强悍勇猛，瞧不起齐国人，齐国士兵被认作是胆小怕事。善于用兵的人就要利用这样的形势，使它朝对自己有利的方向发展。兵书上说：用急行军追赶一百里去争利的，前锋主将就有遭受挫折的危险；用急行军追赶五十里去争利的，部队只能有一半能够赶到。"

孙膑的想法得到了主将田忌的完全赞同。于是，田忌在认真研究战场地形条件之后，定下了减灶诱敌、设伏聚歼的作战方针。

计划制订完毕后，田忌命令齐军进入魏镜后筑十万人煮饭用的灶，第二天筑五万人煮饭用的灶，第三天筑三万人煮饭用的灶，制造了在魏军追击下，齐军士卒大批逃亡的假象。

庞涓行军三天，看到齐军的锅灶逐渐减少，心里非常高兴，他对属下将士说道："我本来知道齐国军队向来胆小，进入我们魏国才只三天，逃跑的士兵已经超过半数了。"于是丢下他的步兵，率领他的轻装精锐部队，把两天的路程并作一天走，拼命追赶齐军。

孙膑根据庞涓的行程，估计魏军晚上能到达马陵。马陵道路狭窄，两旁多是险要地带，可以在那里埋伏军队，就削去一棵大树的外皮，使它露出树干，在上面写着："庞涓死于此树下！"又派齐军中的射箭能手一万人，埋伏在山路两旁，约定说："夜里看见火光亮起，就一齐放箭。"

庞涓果然夜里来到马陵，他看到那棵削了皮的大树上面写着字，就叫人取火来照这树上的字。还没读完白木上所写的字，齐国伏兵就万箭齐发。魏军大乱，彼此失去联系。庞涓知道自己一点办法也没有了，失败已成定局，就刎颈而死。齐军乘胜进军，彻底打垮魏军，俘虏魏国太子申回国。孙膑因为这次胜利，名扬天下。

马陵之战是中国历史上一场典型的示假陷真、诱敌深入、设伏聚歼的成功战例。齐军之所以取得战役的胜利，除了把握救韩时机得当，将帅之间密切合作，正确预测战场形势和作战时间外，善于"示形"、巧设埋伏乃关键性的因素。孙膑通过"减灶"，给魏军制造假象，使他们以为齐军不堪一击，产生轻敌和骄傲心理。老子说："祸莫大于轻敌，轻敌几丧吾宝。"魏军之所以战败，就是因为犯下了"轻敌"的错误。

老子生活在春秋时期，他清醒地认识到：在无休止的争斗过程中，谁都不会是赢家，斗争双方从来都是两败俱伤，而整个社会也在这四伏的危机中越发动荡不安，人心惶惶。面对当时那种纷争情况和严重后果，老子提出了"吾不敢为主而为客，不敢进寸而退尺"的观点，从而达到"行无行，攘无臂，扔无敌，执无兵"的状态。依靠一味的仇视和拼杀当然不会得到太平盛世，只有具备水一样谦和卑下的品性才会领悟到那种高尚的境界，"无为而无所不为"。老子由此提出了以退为进的斗争策略和处世哲学，不执着地面对纷争，故而视野不受局限，才可以随时根据局势调整策略。这一切认识都要以"慈"为前提、为基础，心怀慈悲，柔顺地处世，就必然不会轻敌，只有如此才会化解争斗与纷争，取得长久的胜利。在这里老子再一次提起他的"三宝"，而此处是专指"三宝"中的"慈"而言的。最后他指出了"哀兵必胜"，意在告诫执政者：穷兵黩武，必会遭到最后的失败。本章引用上古兵家格言开篇所讲述军事哲理，它也可以广泛运用到生活之中。老子借用战争来论证"无为"和"不争"的道理。看上去好像是军事理论，其实蕴含着深奥的哲理，揭示了"柔弱胜刚强"的道理，并告诫我们不要拘泥于教条。基本上，老子是位反战者。不得已而卷入战争，应"不敢为主而为客，不敢进寸而退尺"。不挑衅，完全采取被动守势；不侵略，无意于争端肇事。所谓"行无行，攘无臂，扔无敌，执无兵"，即意指有制敌的能力与力量，但不轻易使用，这就是谦退无争的思想。最后，老子警告交战者不可"轻敌"，轻敌是好战的表现。轻敌则多杀，多杀则伤慈，所以老子说："几丧吾宝。"本章和前面的几章是相呼应的，阐扬哀慈，以明"不争"之理。

第四十一章　坚强处下，柔弱处上

原文：

　　人之生也柔弱，其死也坚强。草木之生也柔脆，其死也枯槁。故坚强者死之徒，柔弱者生之徒。是以兵强则灭，木强则折。强大处下，柔弱处上。

译文：

　　刚出生的婴儿，心性纯素，肢体柔弱，时时趋向于生长。在年长时，情欲繁多，气血枯竭，筋骨僵硬，逐渐转化于死。万物草木亦然，在幼小时枝干柔弱，趋向于生长，在将近死的时候，枝叶枯槁。所以，顽固强硬的东西是属于死亡的一类；柔弱灵动的东西属于生长的一类。

　　因此，行兵布阵，应心怀仁慈。用兵逞强，倘若贪杀不得人心，必然败亡，树木长高了成材就会遭到砍伐和折断。凡是强硬的，反而处于劣势；凡是柔弱的，反而处于优势。

体悟：

　　"道"在老子的全文哲学思想体系中的地位是至高无上的。之所以如此，是因为"道"的本性最为柔弱。而老子之所以推崇柔弱，是因为"柔弱胜刚强"之自然规律。在老子的认识中，锋芒外露者必将招致损毁与失败，而韬光养晦者必得以保全。他以人的身体为例：人活着的时候，肌体柔软；人死了之后，身体就会慢慢变得僵硬。又举草木为例：草木生长的时候，枝叶柔顺；凋零之后，就变得枯槁坚硬。通过这些实例，他总结：坚硬刚强是死亡所表现出来的特点，而柔弱才蕴藏着无限的生机。庄子说：山中的树木长高成材后就会被砍伐掉；油膏可以用来照明，所以才被燃尽；桂树上结了果实，枝条才会被人折断；漆树能够产漆，所以才会遍体鳞伤。人们只知争强好胜自我夸耀，却不知道这样做的弊端；不屑于柔弱低下，却不会知道这样做的益处。然而老子又叹说，这种柔弱胜过刚强的道理，却又没有谁能够遵循。但是世人往往与之背道而驰，于是老子不得不多次加以告诫："强梁者不得其死。"秦朝末年，在大泽乡起义后不久，项羽崛起于江东，举兵反秦。三年之间，纵横九州，一统天下，又率领各路诸侯攻入关中，推翻秦政，于是威震四方，分疆裂土，册封十八路诸侯。大权独握，自称为"霸王"，位同一代帝王。但由于其刚愎自用，独断专行，难以听取旁人意见，以至于韩信、陈平、英布等人纷纷舍之而去。又加之其优柔寡断，错失良机，于鸿门宴上放走刘邦，又与其以鸿沟为界划地而治，给刘邦以喘息之机，以至于兵败乌江，只落得永世身败名裂的下场。由此可以看出，真正的强大并非表面上的强硬，而是遵循看似柔弱而无所作为的"人道"。

"守柔居弱"的智慧，是老子一向强调的观点，在《老子》中许多章节都有提及。而在本章中，老子再次提到强与弱的问题，应该注意的是这并非简单的重复，而是对这一话题的延伸。首先，老子在这里对人们直言劝告，面对"强大"与"柔弱"，应尽量避免示以"强大"。其次，老子则更进一步论述了他建议人们这样做的原因。凡是坚强的东西属于死亡的一类，凡是柔弱的东西属于富有生命力的一类。显然这是很有说服力的。而接下来，老子则进一步对"强大处下，柔弱处上"的深层次原因进行解释，解释的方法则是利用了他的另一个重要的智慧——"物极必反"之理。而"强大"与"柔弱"作为一对相反相成的状态，自然也难逃这种规律。所谓"兵强则灭，木强则折"便是老子对于"强大者必然不能长久"的形象化表述。在现实生活中，无数的实例也都证明了这一点。秦王朝当初以雄厚的物质基础，强大的军事实力相继灭掉六国，吞并天下，其不可谓不强大。但是在统一六国之后，秦朝依旧不收敛这种强大的武力，四处开疆拓土，征伐无度，并用强大的军队来欺压百姓。结果，短短十五年，秦朝反而走向灭亡。成吉思汗当年所建立的蒙古铁骑，急如狂飙，势如山压，所向披靡，被称作"蒙古旋风"。先后攻灭金国、西夏，后又灭大理国、南宋，最终统一中国。在统一中国前后，成吉思汗及其后世子孙曾举行过三次大规模的西征，并建立起了一个占欧亚大陆四分之三的超级大帝国。但是蒙古人在马上得天下后，依旧依恃武力，在马上武力治天下，结果短短几十年这个大帝国便宣告崩溃了。其他类似的例子还有很多，总之兵力强大者往往都是一时强大，不能保持长久，正如老子所说的"兵强则灭，木强则折"。

老子通过人生时弱、死时硬，树木活时柔、死时枯的比喻，说明柔弱具有强大的力量，自己想要强大就一定要保持柔弱处下之理。人生之计，当强则强，当柔则柔，刚柔并济才是真理。战国时期，秦国想凭着自己的强大力量使魏国屈服，甚于还想派人去魏国担任相国。于是，秦国召见魏相信安君，向他说明派人到魏国的事情。信安君知道秦国不怀好意，因此不想去秦国，但是又不能直接拒绝秦国，所以让苏代去游

天道：体悟老子

说秦国。苏代见到秦王，说道："我听说，忠诚的人不一定都是智者，而智者也不一定都是忠诚的人。现在，我希望在大王面前陈述自己的愚见，我担心大王觉得我所说的话不够忠诚，以致我犯下死罪，希望大王慎重考虑。现在，大王想派人去魏国出任相国以取代信安君，增进秦、魏的外交关系，我担心这样做反而会令魏国对秦、魏两国的关系更加疑惑，您这样做本来是想堵住魏、赵两国的交往，结果反而加强了两国的力量。魏王非常信任亲近信安君，把他当作智能之士，特意加以重用，魏王畏惧尊敬秦国也是十分明显的。如果大王派人到魏国去而得不到魏王的重用，那么大王派人去魏国就没有什么意义了；如果魏王任用了大王所派去的人，那么魏王必须舍弃自己信任的人，而任用自己所畏惧和讨厌的人，这就会使魏王心中极为不快，让国君处于不安的心态，强迫万乘大国的相国做他不愿意做的事情，用这种办法来搞好两国之间的关系，这肯定是难以长久的。所以我担心魏国对秦、魏两国的关系会更加疑惑。况且一旦信安君放弃了万乘大国的相国不做，那么赵国的谋臣一定会说：'既然魏国的信安君被迫放弃了相位，那么秦国必然要让他所宠信的人在赵国掌权的，这样一来，赵国虽然还是赵国，而我们这些大臣却不会受到重用了。尽管赵国没有灭亡，但是我们这些人却很危险了。'赵国全国上下必然下决心与秦国拼死作战，必然会坚决御敌。所以，我担心这样做反而会使赵国更加强大啊。大王如果打算增进秦、魏两国之间的关系，还想让赵国小心谨慎地尊奉秦国，那就不如让魏国继续重用信安君，让他长期享有相国的尊位。如果信安君尊奉大王，就可以使魏国长期安定，还能使自己声名显赫；如果信安君不尊奉大王，魏国就危险，信安君权力就削弱了。既然如此，信安君对上为其主尽忠，对下也可以为自己好好打算，所以一定会尽心尽力地侍奉大王。赵国的大臣们一定会说：魏国的名分和地位不比我们高，土地的物产也不比我们多。但是由于信安君侍奉秦国，秦国对他十分友好，所以魏国就能够太平无事，信安君自己也能够长期保有尊位。如果我国与秦国对抗，赵国的军队就会成为众矢之的，赵国也会处于削弱危险境地，这不是安邦的计策。对外结怨于秦，对内又滋生祸患，使自己身处险境，这不是万全之策。这样的话他们就会对以前所做的事情感到伤心，就会因不能与秦国联合而感到忧虑，后悔自己犯下的错误。为了得到国家的安宁和个人的好处，各诸侯国一定会割让更多的土地，诚心诚意地侍奉大王。这样，大王不费吹灰之力，便可以取得赵国割地这样的好处，这是连尧舜都想要得而得不到的大利啊！对废黜信安君，其利害得失，我希望大王好好考虑一下。"秦王听了苏代的话，放弃了派人到魏国出任相国的想法。刚柔之道，在于适时、适人，倘若不考虑实际情况，一味用强，往往会事倍功半。苏代在劝说秦王的时候，认为如果以强硬的方法对付魏国，只会让魏国感受到屈辱，反而会使魏国对抗秦国甚至会引起连锁反应，使其他的诸侯国也一致对抗秦国。所以苏代提倡秦王实行怀柔政策以让魏国心甘情愿地侍奉秦国。

不仅国家如此，作为个人，同样如此，如果总是摆出一副强大的姿态，往往也不能保全自我。关于此，战国时期的"二桃杀三士"的故事便是一个典型例证。战国时期，晏子出任齐国宰相。当时在齐国有三个勇士，分别是公孙接、古冶子和田开疆，这三人因为自恃勇武，又立过不小的功劳，不把其他人放在眼里，对晏子经常表现得很无礼，甚至在国君面前也不是很遵守礼数。有一天晏子便找到齐景公商量道："我听说，贤能的君王蓄养的勇士，对内可以制止暴乱，对外可以威慑敌人，上面赞扬他们的功劳，下面佩服他们的勇气，所以给他们尊贵的地位，优厚的俸禄。而现在君主所蓄养的勇士，对上没有君臣之礼，对下也不讲究长幼之伦，对内不能禁止暴乱，对外不能威慑敌人，这些是祸国殃民之人，不如赶快除掉他们。"齐景公也同意晏子的话，并请教晏子该怎么做，晏子便出了一个好计策。在一个招待外国来客的宴席上，齐景公派人赏赐这三个勇士两个桃，对他们说："你们按照功劳的大小分这两个桃吧！"公孙接率先走过来，拍着胸膛说："有一次我陪大王打猎，突然从林中蹿出一只猛虎，是我冲上去，用尽平生之力将虎打死，救了国君。如此大功，还不应该吃个桃吗？"晏婴说："冒死救主，功比泰山，可赐酒一杯，桃一个。"公孙接于是饮酒食桃，站在一旁，十分得意。古冶子见状，不服地说道："打死一只老虎有什么稀奇！当年我送国君过黄河时，一只大鼋兴风作浪，咬住了国君的马腿，一下子把马拖到急流中去了。是我跳进汹涌的河中，舍命杀死了大鼋，保住了国君的性命。像这样的功劳，该不该吃个桃子？"齐景公说："当时黄河波涛汹涌，要不是将军斩鼋除怪，我的命早就没了。这是盖世奇功，理应吃桃。"晏婴忙把另一个桃子送给了古冶子。一旁的田开疆眼看桃子分完了，便不满地说道："当年我奉命讨伐徐国，舍生忘死，斩其名将，俘虏徐兵五千余人，吓得徐国国君俯首称臣。如此大功，难道就不能吃个桃子吗？"晏婴忙说："田将军的功劳当然高出公孙接和古冶子二位，然而桃子已经没有了，只好等树上的桃熟了，再请您尝了。"田开疆手按剑柄，气呼呼地说："打虎，杀鼋有什么了不起。我南征北战，出生入死，反而吃不到桃子，在国君面前受到这样的羞辱，我还有什么面目站在朝廷之上呢？"说罢竟挥剑自刎了。公孙接大惊，也拔出剑来，说道："我因小功而吃桃，田将军功大倒吃不到，我还有什么脸面活在世上！"说罢也自杀了。古冶子更沉不住气了，大喊道："我们三人结为兄弟，誓同生死，亲如骨肉，如今他俩已死，我还苟活，于心何安？"说完，也拔剑自刎了。在这个故事中，三个勇士便是不懂得"守柔处弱"的智慧，行事过于强硬，结果才遭到国君和宰相的厌弃，决心除掉他们。而他们在宴

天道：体悟老子

席上争功好胜，最后自刎而死，正是因为他们内心太过于好强。

人生之计，刚柔并济者是至理。三国末年的阮籍，便是一位"柔弱处上"的名士。魏晋南北朝时期，曾经出现过两个文人团体：建安七子；竹林七贤。这两个团体活动的年代相距不远，但是由于时代政治与风尚的不同，他们呈现出迥然不同的特征。建安文人有着激昂慷慨的进取精神，竹林七贤则表现出了倜傥不羁，任性使气的疏狂情态，在竹林七贤之中，最能体现这种"疏狂情态"的首推阮籍。阮籍，字嗣宗，陈留尉氏（今河南省尉氏县）人。生于建安十五年（210），为建安七子之一阮瑀的儿子。据史书记载，阮籍容貌瑰杰，志气宏放，而且嗜酒成性，善于弹琴。阮籍年轻时颇为得意，是一个踌躇满志的英俊人物，而他又特别喜欢研读老庄的著作，所以形成了"傲然独得，任性不羁"的性格。表现在行为上，他经常闭门读书，数月足不出户；有时外出游览山水，又经日忘归。他这种奇特的行为不易为常人所理解，所以"时人多谓之痴"。阮籍20多岁的时候把家迁到了洛阳，与嵇康、山涛、向秀、阮咸、王戎、刘伶相与友善，他们经常到嵇康寓居的山阳竹林之中聚会畅饮，倾心相谈，所以称他们为"竹林七贤"。居住洛阳期间，阮籍有时还前往苏门山拜访隐者孙登，两人一起论道，相对长啸，阮籍在这里度过了一段逍遥适意的时光。然而，好景不长，司马氏掌控了曹魏的政权之后，极力延揽天下的才士，以为己所用。阮籍名重当世，自然也成了司马氏争取的对象。他想继续无拘无束地游山玩水，已是不可能了。司马懿做太傅时，任命阮籍为从事中郎。后来，司马师、司马昭兄弟相继任命阮籍为关内侯和散骑常侍。阮籍迫于淫威而做官，又不愿趋炎附势讨好司马氏，就只有对他们采取敷衍的态度了。一次，司马氏听到禀报，说有个人把自己的母亲杀了。这时，阮籍正坐在一旁，他听到这个消息之后，不由得惊叹一声，接着说道："杀父亲也就罢了怎么能杀母亲呢？"在座的人听到阮籍的言论十分惊恐，都以为阮籍公开发表与"孝道"相抵牾的言论，心想阮籍这下可惹下大祸了，司马昭也乘机追问阮籍，问他所说是什么意思。阮籍自知失言，惊出一身冷汗，这时他脑子一转，从容地对司马昭说道："禽兽知母而不知父。杀父，禽兽之类也；杀母，禽兽之不若。"这番随机应变的回答，不仅使他脱险，而且还使众人佩服得五体投地。然而，这个事件也给阮籍敲响了警钟，以后他"言语至慎"，再也不敢任意说话。司马昭再与他接谈，他总是"发言玄远，口不臧否人物"，这样，司马昭想杀他也无隙可乘了。《晋书》本传中说："籍本有济世志，属魏晋之际，天下多故，名士少有全者。籍由是不与世事，遂酣饮为常。"这句话的意思是说阮籍身处魏晋之际，为保全自己的性命，所以不得不酣饮佯狂。因此，酣饮、醉酒不仅是一种嗜好，更是阮籍麻醉自己，保全自己的方法。有一次，司马昭打算为儿子司马炎求娶

阮籍之女，阮籍当然不愿意，但是他又不敢直接拒绝，于是沉醉六十日不醒，司马昭也无计可施，只好作罢。司马昭的亲信钟会多次找阮籍谈论当朝的时事，想借机设下圈套陷害阮籍，阮籍对此也用醉酒的办法应付，钟会终究也没有办法陷害阮籍了。司马氏集团倡导"明教"，标榜"孝道"，在阮籍看来，这完全是用以自利的手段，实在是亵渎了礼教。尽管如此，他也没有办法改变一切，于是"激而变成不谈礼教，不信礼教，甚至于反对礼教"（鲁迅语）。其实，阮籍并不是反对礼教，而是反对司马氏借助礼教的名义欺世盗名。从本心上来说，阮籍对礼教的态度要比司马氏真诚得多。据载，阮籍的母亲去世时，他正和朋友下棋，听到母亲去世的消息，他就像什么事情都没有发生一样，继续坐着弈棋，对弈完毕，阮籍悲恸难抑，吐血数升。居丧期间，阮籍仍旧饮酒食肉，等到临葬之时，他又高声悲号，吐血数升，"毁脊骨立，殆至灭性"。这时，中书令裴楷前来吊唁，阮籍披散头发，两腿张开坐在地上，睁着醉醺醺的眼睛直视裴楷，也不回礼答谢。裴楷吊唁完毕后，转身就离开了。有人问裴楷道："凡是去吊丧的主人放声痛哭，客人才开始行礼。阮籍自己都不哭，你先哭什么呢？"裴楷说："阮籍是方外高人所以不在乎俗礼。我是俗世中人所以要礼节周全才可以啊。"当时的人对此大发感叹，都说裴阮二人堪为知己。阮籍又善为青白眼。"青眼"表示赞许、喜悦；"白眼"则表示厌恶和蔑视。阮籍一旦见到拘泥礼节的俗人，就翻出白眼相对。嵇喜来吊唁，阮籍便翻出白眼，嵇喜十分难堪，只好跑回家去。嵇喜的弟弟嵇康听说了这件事，便买了美酒，带上琴去拜访阮籍。阮籍见到琴酒喜出望外，立刻收起白眼儿，表示欢迎。至今常用的"青睐""垂青"等词，便是从此处而来的。阮籍"居丧无礼"，之后又在司马昭举行的宴会上纵酒放诞，这就引起了礼俗之士的强烈不满。在酒宴上，这些礼俗之士纷纷向阮籍兴师问罪，并要求司马昭以"不孝"败俗之罪判处阮籍流放，以正礼俗教化。阮籍对此毫不在意，仍旧不停地饮酒，神色自若。最终，司马昭也没有治阮籍的罪。阮籍借酒装痴卖傻，然而，他对险恶的现实却有着敏锐的观察力，常常把自己的所想所感寄寓到诗文之中。阮籍还通过《大人先生传》《达庄论》《通易论》诸文和《咏怀》等诗篇，由衷地赞赏老庄哲学的无为与逍遥。阮籍和竹林名士们，蔑视礼教，谈玄论道，在当时的社会背景下，无疑具有追求个性自由的现实意义，这与司马氏的礼教治国正好相对，为司马氏所不容。为了剪除异己，司马氏借"不孝"罪名，把"刚强疾恶""非汤武而薄周孔"的嵇康杀了。面对司马氏的淫威，"竹林七贤"中的其他人，有的变节，有的妥协。尽管阮籍始终不愿与司马氏合作，但他毕竟无力抗强权，只好敷衍了事。后来，司马昭集团上演了一场晋王加"九锡"的劝进丑剧，在这丑剧中，阮籍躲又躲不开，只好违心地代为醉草《劝进笺》。其后几年，阮籍一直郁郁寡欢，最终在景元四年（263）病死家中，终年54岁。

总之，正如老子所言，刀刃太锋利，便很容易损坏，不能长久保存；相反刀刃钝一些，却可以使用得久一些。并且正如老子所说的"物极必反"，许多看似柔弱的东西其实往往最强大。所谓"天下莫柔弱于水，而攻坚强者莫之能胜"。通过老子的教诲，我们应该明白，许多时候，守柔处弱都是十分明智的选择。具体到我们的现实情境中，便是要为人谦卑，做事低调，不争强好胜，不刻意抢风头，对人忍让、温和、宽容等等。事实上，总结一下古今中外的那些取得了了不起成就的人就会发现，这些人往往都具备上面所说的那些品质。这些品质，使他们能够得到周围人的好感，从而愿意帮助他们，愿意和他们合作。如此，这些表面柔弱的人因能够从别人那里汲取力量反而变得异常强大。并且，在他们取得成就之后，因为依旧能够保持谦卑，不骄傲冒进，他们的强大也能够长久维持。无论是商业精英，科学大家，政治领袖，莫不如此。这的确值得我们深思。

世人习惯了追求强大与刚强，只知道用刚强的力量可以制伏压倒别人，却不知道刚强与柔弱本来就是一个对立而又统一的矛盾体，如果只看到了它们的对立，而忽视了它们的统一，那么就永远做不到真正意义上的强大。深藏不露是生存的智慧，过分张扬就会多受风雨摧折。出头的椽子先烂，有点成绩就张扬显摆，自我夸耀，迟早会吃大亏。所以规避风头，才能走好人生平安之路。老子用具体现实的事物形象地阐释了生与死的状态，一开始就提出"人之生也柔弱，其死也坚强"的观点，认为"坚强者死之徒，柔弱者生之徒"。柔弱为人一生中真正的生存之"道"。

在很多的情况下，真相往往与表象是相反的，而众人又往往会执着于事物的表象。世俗之人崇拜强大的力量，追求权势，通过刚强来征服克制柔弱，但这些绝不会长久。老子见到的是柔弱所蕴含的无尽的生命力和刚强所招致的无穷的灾祸。"道"虽然主宰着一切，但从不以强硬的形式显露出来，相反却是蒙昧混沌，不为人所知，故而虽然作为天地的主宰，却绝无毁誉。"道"正是以这种柔弱的品性默默昭示着其永恒的存在。所以老子认定，坚强的东西，生机正逐渐失去，所以居于下降的地位；柔弱的东西，正在生长发展，所以居于上升的地位。本篇阐述老子的贵柔弱戒刚强的思想，无论人与草木，柔弱标志着青春成长，刚强标志着死亡，所以为人处世要以柔弱为本，避免过于刚强。他从万物活动所观察到的物理之恒情而断言："坚强者死之徒，柔弱者生之徒。"他的结论还蕴含着强悍的东西易失去生机，柔韧的东西则充满着生机之义。这是从事物的内在发展来说明的。若从它们的表现上来说，坚强者之所以属于死之徒，乃因为它的显露突出，所以当受外力冲击时，便首当其冲了；才能外露，容易招忌而招致打击，这正如高大的树木容易引人砍伐，人为的祸患如此，自然的灾难亦莫不然。狂风吹刮，高大的树木往往被先摧折，小草由于它的柔软，反而可以迎风招展。老子的贵柔戒刚思想，我们应认真思考。

第四十二章　民不畏死

原文：

民不畏死，奈何以死惧之？若使民常畏死，而为奇者吾得执而杀之，孰敢？

常有司杀者杀，夫代司杀者杀，是谓代大匠斲。夫代大匠斲者，希有不伤其手者矣。

译文：

为非作歹越理的凶顽之徒，习性恶劣，内心奸诈，外行蛮横，根本不怕遭惩罚。既知如此，怎么能以国法、禁令去威吓他们呢？对这类不怕"天道"惩罚的凶顽之徒，究竟如何惩处才好呢？以死刑将他处斩于市，以彰法令，行吗？可是那些犯法越理、违法乱纪之人，为了避免当时的杀身之祸，却可以勉强暂时不作案，他们将会待机而动，这不是万全长久之策。"天生天杀道之理也。"违法乱纪的刁顽横行者，必将自行入于死地。只要干下坏事，一个也逃不脱，"天道"是一张恢恢的法网。

执政者以刑律处杀，往往出之于私情及主观，处杀未必公道。所以狱中必有冤因。这就好像代替上天和自然去执行杀人的人杀了人。这样做，好比不会木匠手艺，却去代替木匠斲木一样，必有失误，少有不砍伤手指的。对于习性恶劣，不怕死的愚顽之徒，不能只靠刑法恐吓他们，必兼之以德教化，教之以道义，使之知晓天理昭昭而不可违，良心不可昧。老子认为，人的自然死亡是由"天道"掌管的，人间君主代替"天道"杀人，这是违背自然生死法则。

体悟：

本章所谓的"民不畏死""犯上作乱"大都是因为民众沉重的精神和物质压迫忍无可忍，也可以认为动乱的大部分罪责都应归于统治者没有按照人性规律去统领社会，而是按自己的主观愿望去统领社会造成的，也就是所谓的"乱自上作"。老子在这里告诫领导、管理者，不要用残暴的主观方式去管理民众。谁也没有权力去剥夺人的生命。统治者为了加强自己的权力和统治，设置酷刑，肆意屠杀人民，就是代木匠斲木。一旦民众不堪其苦，那就一定会揭竿而起，对于一群死都不怕的人，用死来威胁他们又有什么用呢？而如果能够让民众安居乐业，那么他们自然会珍惜生命而畏惧死亡。到那个时候对那些为非作歹之人，只要稍微动用一点刑罚，还有谁会做坏事呢？故而老子认为，应同时从主观、客观两方面将情况总结考虑周全，再改换使用谦和卑下的态度采取宽容的政策。这里的"杀"字出现频繁，但此中的"杀"并非杀戮之意。有生即有杀，万物都是由"生"开始，以"杀"结束的，草木的凋零枯萎是杀，动物的自然衰老死亡也是杀，真正掌握着生杀大权的就是自然界，就是"道"。

如果真到非杀不可的时候，那么这个执行杀人任务的，应由专门的司法部门来实施。如果施法混乱，比如以行政代司法，就等于代替高明的木匠去砍木头，并不符合自然之道，很难不伤及自身。

庄子在《逍遥游》中说："庖人虽不治庖，尸祝不越樽俎而代之矣。"任何通过暴力、权势草菅人命者都已越过了自己的权限代天去杀，很少有不受伤的。只有仁慈、仁爱，才能使天下归心，所以绝不可以枉自杀人，因为那是违背了"道"，如此，只会给自己招致灾祸。老子的观点简单而明确，即反对统治者以严刑峻法的方式治理百姓。与其他章节中老子从正面强调"无为而治"，进而间接地否定严刑酷法的方式不同，在本章中，老子是以一种十分严厉的方式直接指出的。在一开头，老子便直言："民不畏死，奈何以死惧之？"这可以说是对统治者的一种严厉警告。接下来，老子为了使自己的观点更令人信服，进一步假设道：假如老百姓害怕死亡的话，凡犯法的人都立刻抓起来处死，还有谁敢再犯法呢？但是事实并非如此，虽然统治者都制定了繁冗严酷的法律，但是犯法的人只见增多不见减少，可见"民不畏死"。然后，老子对统治者通过严酷的手段治理百姓的行为进行了总体评价，认为冥冥之中存在着掌管人生死的神灵，而统治者却用严酷的法律来决定百姓的生死，这是一种越俎代庖的行为。老子打了个比方，这就像是不懂技术的人要去代替木匠工作一样，往往会伤到自己的手，这显然是警告统治者，利用严刑峻法来治理百姓，最后往往会遭到百姓的反抗，最终伤害自己。

可以看出，老子于自己观点的论述，逻辑是严密的。因为在春秋时期，整个社会动荡不安，战争不断。统治者为了保全自我，或是为了扩张领土，经常发动战争，因此便要征收更多的赋税，在人力上则要抓更多的壮丁，百姓生活大多苦不堪言，朝不保夕。我们知道，人们对死的害怕往往是因为对生的留恋，而当时的人们在这样痛苦的生活中，享受不到人生的快乐，自然对死也就不那么害怕了，甚至认为死恰恰是对痛苦生活的一种摆脱。而人民一旦对死不再害怕，自然也就不怕严刑峻法了。老子正是看到了这一点，才会含着一种悲愤向统治者发出这种警告。

老子的这种警告也的确并非危言耸听，历史上，一再发生的农民起义，难道是因为统治者的刑罚不够严酷吗？实际上恰恰相反，往往是统治者的刑罚过于严酷了，反而造成了人民更激烈地反抗。这样的例子可以说俯拾皆是：商纣王穷奢极欲，造酒池，悬肉为林，耗巨资建鹿台，为压制人民的反抗多用酷刑，甚至将铁板烧红，让罪犯从上面走过。商纣王的手段可谓残忍至极，令人发指，但这并没有吓住人民，最终被周文王所率领的人民推翻。秦始皇统一全国后更是横征暴敛，赋税征收额度甚至占到百姓收入的 60% 以上，同时大规模征发徭役，对不堪其苦人民的抱怨则采取严刑峻法来打压，甚至在当时还实行了连坐制度，以加强对人民的控制。但是在短短十五年后，天下便群起反秦，大秦帝国也就迅速崩溃。还有三国吴主孙皓、晋愍帝、隋炀帝等等，其法制不可谓不严酷，但是都没能威吓住人民，最终导致亡国。这些王朝的灭亡，都可以作为老子的"夫代大匠斫者，希有不伤其手者矣"的注脚。对于这一点，甚至连以暴虐著称的明太祖朱元璋都不得不信，他曾言："天下刚刚稳定，百姓顽固，官吏不公，即使早上在街头将十个人砍头，晚上就又有百人仍旧去犯罪。老子云：'民不畏死，奈何以死惧之？'因此朕决定废除极刑而将囚犯囚禁起来。"要知道，朱元璋这个皇帝专制得很，当他看到孟子所说的"民为重，社稷次之，君为轻"时，大发雷霆，把孟子牌位从孔庙中撤掉！具体到本章老子的智慧在我们现实生活中的应用，我们也能从中得到一些启发。比如在企业管理中上司对待员工，或者教育过程中师长对待学生，或者是父母对待子女，同样不应该一味地迷信于威严和惩罚，那样往往会使对方产生一种抵触情绪。最好能够威严和蔼交替施行，最容易达到效果。另外，"夫代大匠斫者，希有不伤其手者矣"则提示我们做事情要有分工，各司其职，不可越俎代庖，等等。

老子批判统治者施行苛政，滥用酷刑，杀害百姓的政策，不过老子也提出，如果人民畏惧死亡，那么统治者就可以杀一儆百，依法惩处作奸犯科之徒，以后他们就不敢肆意妄为，因为只有惩罚邪恶之徒，才能使国家安定人民生活幸福。古时盗窃犯案者屡禁不止，猖獗成风，魏国的大臣李焕认为王者之政，最大的敌人就是盗贼，因此，治理盗贼在各个朝代都显得尤其重要，而治理盗贼也是地方官吏一份非常棘手的工作。西汉时期的张敞，就因为治盗有方，成为后世官吏学习的典范。一提到张敞，人们总想到"张敞画眉"的典故，但是很多人不知道，张敞之所以扬名后世，主要与他为官的政绩有关。张敞字子高，西汉河东平阳（今山西省临汾市南）人，祖父张儒为上谷太守，徙居茂陵（今陕西省兴平市一带）。父亲张儒事汉武帝，官至光禄大夫，张敞事宣帝时，徙居杜陵（今陕西省西安市东南）。最初的时候，张敞仅仅担任乡有秩（乡官）一类的小官，后来补为太守卒史。由于他为官清廉，又先后补为甘泉仓长，太仆丞，颇为当时的太仆杜延年所器重。昌邑王刘贺在位时，大行无道，作奸犯科。张敞听说后，大胆上书汉宣帝，陈述刘贺犯下的罪行。谏后十多天，刘贺即遭废黜。张敞因此得到宣帝的赏识，被擢为豫州刺史。后来他多次上书言事，宣帝知道他忠心耿耿，就擢升他为太中大夫使。张敞为官守正不阿，得罪了当时秉政的大将军霍光，因而受到排挤，迁为山阳太守。做山阳太守期间，张敞勤政爱民，山阳郡太平安定，百姓生活富足。然而，与山阳郡临近的胶东郡、渤海郡，此时却盗贼四起，百姓苦不堪言。张敞了解到这一情况后，就向皇帝上书，要求把他调到渤海郡或者胶东郡。张敞在奏章中说："臣听说胶东渤海等郡好几年都粮食歉收，盗贼趁机四起，围攻官府，释放囚徒，劫掠列侯，抢占民财，当地官吏虽然尽心治理，但这情况仍旧没能改变。臣张敞愿意到胶东渤海等地去治理盗贼，抚恤老幼病残。希望皇上能够成全。"汉宣帝读到这篇奏章，非常感动，就把张敞征调入朝，拜为胶东相，并且赐给张敞黄金三十斤，以表彰他的忠君爱民之德。不久，张敞被征调入朝，汉宣帝向他询问治理胶东渤海等郡的良策。张敞向宣帝建议，治理盗贼横行的地区，必须赏罚严明，对于捕盗有功的官吏，应该破格提拔，和京城附近的三辅地区享受同样的待遇。汉宣帝认为他说得很有道理，就答应了他的请求。张敞到了胶东后，开始大肆抓捕盗贼，其实，张敞捕盗的方法也非常简单，他明确标出赏格，悬赏有名的强盗头目，而且，他还设计使强盗自相残杀，只要能斩杀强盗头目，拿着头目的首级来官府自首，不仅可以免去自己的罪，还会受到官府的奖励。官吏们捕盗有功，张敞一律把他们的功劳上报给朝廷，破格提拔他们为县令，先后提拔了几十人。这样，没过多久，胶东郡一带的贼患就基本上消除了，百姓又过上了安宁的生活。

但是，好日子没有过多久，胶东郡的贵族又开始骄奢起来，特别是胶东王太后，尽管她是一介女流，却非常喜欢打猎，经常带着人马四处活动，使附近百姓不能安心务农。张敞听说以后就上书劝谏太后，张敞很有学问，在奏章中引经据典，侃侃而谈，教导太后应当以身作则。太后知道张敞的厉害，见到奏章后，就再也不敢出来打猎了。张敞在胶东治理盗贼的事迹很快被传开了，这使他名声大噪。这时，汉朝都城长安的秩序很乱，偷盗事件时有发生，负责管理长安地区的京兆尹几度换人，都不称职。宣帝想到张敞在胶东的政绩，就把他征调进京，向他询问治禁之策，张敞向宣帝提出了一点建议。宣帝听了后，就下旨任命张敞为京兆尹。汉朝时的京兆尹相当难做。京兆是京畿地区，人员最为复杂，既有大量的皇室宗亲，又有很多豪强富户以及地痞流氓，要想做好这个官，既要办案得力还必须学会保护自己。在张敞之前，西汉最著名的京

天道：体悟老子

兆尹赵广汉在任时深得百姓爱戴，最后竟也得罪了皇帝，被判腰斩。赵广汉之后，又换了几任京兆尹，但是没有做得很长久的。就连当时最著名的颍川太守黄霸，在京兆尹的位子上也只待了几个月，就因"不称职"的罪名遭到罢免。张敞到任后，先召见长安城中的父老，调查强盗头目的踪迹。父老们对张敞说，长安城里的强盗头目实际上都是些外表忠厚的富家长者，他们就居住在城内，进进出出，都有童仆在身旁侍奉，与普通的富户无异。张敞得到了强盗头目的名单，然后把这些人招到府衙之中，斥责他们为非作歹的行径。然后，张敞饶恕了他们的罪行，要求他们戴罪立功，协助自己抓捕普通的强盗小偷。这些强盗头目一旦过上了富足的生活，就对富贵恋恋不舍，现在落到了官府的手中，本来以为会被关押起来，一听张敞不打算追究他们过去的罪行，个个喜出望外，也就不管什么义气了，都争先恐后地供出了手下。他们还主动给张敞出主意说："如果提供名单公开抓捕，小偷们就会逃跑了。不如让我们自己想办法吧。"张敞同意了，还任命这几个强盗头目担任小吏。强盗头目回到了自己家里，摆设酒宴，然后请手下的小头目们前来庆贺，那些小头目们一看"大哥"做了捕贼的小吏，还以为有了保护伞，个个欣喜若狂，大肆痛饮一番。喝醉了之后，大头目在小头目的衣服上悄悄地画上红色的记号，好等张敞的官差前来捉拿。张敞的属下早就把守在巷道的出入口。强盗们散席之后，都纷纷离开。官差们看到衣服上画有红色记号的，就把他们抓起来。这样，张敞一天就抓捕了几百名强盗。张敞把这些强盗都关进监狱，对他们严厉审问，得知有些强盗居然犯案百次以上，张敞都一律判刑。很快，长安一带的偷盗案件就减少了。张敞在京兆尹的位子上坐了九年，后来，因擅自刑杀属下一名犯罪的官员而被免官。

过了一段时间，京兆一带的盗贼又开始横行，冀州一带也有大盗，汉宣帝这时想起了赋闲在家的张敞，就派使者去征召张敞还京。使者到时，全家惊慌失措，还以为皇帝要杀掉张敞，张敞心里却很坦然，笑着说道："陛下如果想治我的罪，派个郡使来就可以了。现在派使者来这是要重用我呢！"随后，张敞随使者进京，向皇帝上书认罪，宣帝赦免了他的罪，拜他为冀州刺史，让他治理盗贼。张敞到达冀州后，境内的广川王宫接连发生盗窃案，但是当地官府却怎么也捉不到盗贼。为了侦破此案，张敞偷偷地派秘史侦探盗贼居住之所，并杀掉贼首。张敞又根据侦察所得的情况，了解到广川王的内弟及同族宗室刘调等人都与盗贼有联系，王宫实际上成了盗贼的庇护所。于是，他亲自带领州衙官吏，出动数百辆车，包围了广川王宫，并直接指挥差役将刘调等人从宫中搜了出来，当即斩首示众，将首级悬挂于王宫门外。张敞在冀州一年多，冀州的贼患基本消除了。张敞为官数十年，尽管他执法严厉，但是知道适可而止，刚柔兼济。他与河南太守、酷吏严延年素有旧交，他对严延年滥用刑法、动辄乱杀人的做法不赞同，还写信劝告他慎用刑罚，不可滥杀无辜。张敞治盗事迹在《汉书》中有着详细的记载，而张敞也成为古代地方治盗的典范。后来仿效张敞的人也很多，而且屡有创新。

秦始皇统一六国之后自称"始皇帝"，本想秦朝的天下千秋万代永远延续下去，可谁承想，仅十五年后，传到第二任皇帝就灭亡了。尽管他们采用各种手段想要巩固统治，但他们横征暴敛，独裁专制，早已为国家败亡埋下深深的祸根。连年大兴土木，频繁的战争，庞大的官僚机构，十几年秦朝即被推翻。老子对当时的统治者施行酷法，置民众生死于不顾的做法很不满。他认为人的生死，是由"天道"来决定的，是"道"对世界最美的馈赠。生命因"道"而生，自然也就应该顺应"道"的规则走到尽头。老子所处的那个年代，统治者为了满足一己之私欲或是发动战争获得，或是施行严刑获得，置民众生死于不顾，全国上下尸横遍野，民不聊生。那些领导者、管理者在任意夺取别人生命的时候，却忽视了对生命最本质的认识。代天去杀，很少有不受伤的。只有仁慈、仁爱，才能使天下归心，所以绝不可以枉自杀人，这就如同不熟悉做木工的人必然会砍伤自己一样，任何人都不能替"天道"来索取别人的生命。可见，老子对此有深刻的感触、深刻的认知。违背这些法则，是不会有好下场的。

本篇重点是反对刑罚杀戮，针砭时弊。百姓是不怕死的，以死来威胁百姓，不仅起不到作用，反会招来更多的反抗。此外良好的政治环境，应该有独立权力之上的司法机关，切不可以权代法，以权代法就是"代大匠斫"，很容易伤害到权力本身。人的生死本是顺应自然的，如庄子所说：人的生，适时而来；人的死，顺时而去（"适来，时也，适去，顺也"）。人生在世，理应享尽天赋的寿命，然而，统治者只为了维护一己的权益，斧钺威禁，肆意杀人，使得许多人本应属于自然的死亡（"司杀者杀"），却在年轻力壮时，被统治阶层驱向穷途而置于刑戮。这是老子对当时严刑峻法，迫使人民走向死途的情形提出沉痛的抗议。

第四十三章　天道无亲，常与善人

原文：

和大怨，必有余怨。报怨以德，安可以为善？是以圣人执左契，而不责于人。有德司契，无德司彻。天道无亲，常与善人。

译文：

利欲熏心，争权夺利，尔虞我诈，互相攻伐，必结怨结仇。即使设法和解了深重的怨仇，也定会残留些许余怨。以德报怨，怎能说是个好办法呢？所以说得"道"的将帅领导者从不与人结怨，人若能去掉私欲和分外的贪心，充其自然之善，不求和怨而怨自和。契者，是借财物的文约，一股分两半，左半股由债权者持留，右半股由债务者收存，债务按期还债时，必持右半股与债权的左半股相对以求信，始借时借债者必然感激出借者，还债时仍由借债者自行持约偿还。得道的圣人依照契约，凭着大的原则做事，而不求全责备。有德的人监察契约的订立与履行，无德的人则会苛刻计较主管税收。无论借与还，均非出借者有意求和，如此岂有致怨之过，债权人就像保留借债的存根却并不责令其归还一样。

所以有德者好比债权者持有左契一样宽容，先施惠于人，使人在无形中感恩戴德，不求和而自和。无德者就像掌管税收的人一样苛刻计较未施与人，却向人索取，必致民众恨之在心，怨之在口。"天道"公正无私，无所偏爱，对任何人一视同仁，种恶得恶，种善得善，总是惩罚恶者，帮助善者，自然法则不偏爱任何人，但会永远帮助有德者。自然的法则是没有亲疏之别，没有偏爱之心，为善的人常因自己的作为而得到帮助。

体悟：

在先秦时期，人们订立契约后，都将契约内容记载在竹简或木片上，然后分作两半，左边的一半由债权人保留。因此执左契的人即债权人。显然如果一个人欠了你的钱，你向他要钱，乃维护本该属于自己的权益，不能说是主动去冒犯别人。但是我们知道，即便如此，也可能会得罪人。那么，对于这种逼不得已而产生的怨恨，我们该如何避免呢？老子指出，便是要"不责于人"，即对别人宽容一些，不逼迫得那么紧。别人欠我们钱，向其讨要是天经地义的，但即使是这种我们明显占据道义优势的时候，仍然不要对别人过于苛责，要宽容以待。老子认为，这就是真正的善行。

俗话说："冤家宜解不宜结。"许多人从亲身经历中体会到一个道理，那就是多一个朋友，多一条路；少一个仇人，少一堵墙。以德报怨，化解心中怨恨，使之化为友爱，这是通往成功的必经之路。老子向来提倡报怨以德，以宽大的胸怀包容错误，消除心里的怨愤之情，这便是最高的为善之德。别人对己施加伤害，自己却用善德予以回应，这样不但消除了怨恨，还间接感化了仇家。先秦时的宋就因宽容待人，赢得了对方尊敬。春秋战国时期，魏国有一位大夫，名叫宋就。宋就曾经做过一个边境县的县令，这个县和楚国相邻。在魏国和楚国的边界处，居住着两国的边民，他们都在附近种瓜。这一年春天，两国的边民都种下了瓜种，但是由于天气干旱，瓜苗长得很慢。魏国的百姓担心这样下去会影响收成，所以每天晚上挑水到地里浇瓜。连续浇灌了几天，魏国边民瓜地里的瓜苗长势明显好起来，比楚国边民种的瓜苗要高很多。楚国县令因为魏国的瓜苗长得比自己的好，便责骂楚国百姓。楚国边民嫉妒魏国边民瓜种得好，于是夜晚偷偷潜到魏国村民的瓜地里去踩倒瓜秧。这样一来，魏国瓜田里的瓜苗都死了。魏国的边民知道后，就去找县令宋就，请求他带着魏国百姓去踩楚国瓜田里的瓜秧作为报复。宋就听后，说道："唉！这怎么可以呢？结下了仇怨，是惹祸的根苗呀。人家使坏你也跟着使坏，我们的心胸怎能如此狭小啊！我看，你们最好不要去踩他们的瓜地了。"村民们早就气愤到极点，根本听不进去，纷纷嚷道："难道我们还惧怕楚人不成吗？为什么让他们欺负我们呀？"宋就摇摇头，耐心地说道："如果你们一定要去报复，顶多可以排解心中的怨恨，可是，以后怎么办呢？楚人见瓜田被破坏，自然也不会善罢甘休，如此下去，双方互相破坏，谁都不会得到好处。"村民们皱紧眉头，问道："那我们该怎么办呢？"宋就回答说："我教给你们一个办法，一定要每晚都派人过去偷偷地浇灌楚国的瓜苗，不要让他们知道。结果怎样，你们自己会看到的。"村民们听罢，只好依照宋就的思路去做，每天夜间偷偷地去浇灌楚地的瓜苗。楚国边民早晨去瓜田巡视，发现瓜田里都已经浇过水了，而且瓜也一天比一天长得好。楚人觉得很奇怪，不知道是谁做的，于是在夜里偷偷观察，才知道是魏国百姓所为。楚国的村民都惭愧得无地自容。楚国县令听说了这件事儿，心里很高兴，就详细地把此事报告给楚王。楚王听后，对魏人的做法感到敬佩，也对楚人的行为感到惭愧，于是把主管官吏找来，说道："调查一下，那些到人家瓜田里捣乱的人他们是不是还有

天道：体悟老子

其他罪过？这是魏国人在暗中责备我们呀。"楚王派人拿着丰厚的礼物，向宋就表示歉意，并请求与魏王结交，这样魏、楚两国的关系比以前好了许多，这自然主要得益于宋就以德报怨的善举。

　　老子在这里所提倡的智慧，便是要"得理饶人"，或者反过来，不要得理不饶人。显然一个人能够凡事公平公正，讲究原则，不蛮横强暴，应该说是一种为人所称道的为人处世态度，也可以说是一种善为了。但是这种善其实只是一种小善，能够得到人们的认可，却不会令人感动。真正令人感动的善则是自己主动让一步，即表现出超越一般的人之常情，自己有所牺牲，这才是一种大善。事实上，历史也一再证明，只有这种善才会真正受到人们的尊崇。让我们以下面几个故事来分析一下。北宋时期，宰相王安石因中年丧妻，后来纳了一个妾叫姣娘。这个娇娘年方十八，长得貌美如花，还精通琴棋书画，王安石对她也颇为怜惜。但是当时王安石身为宰相，正忙于进行变法，有时一连一两个月都不在家。这个娇娘正值妙龄，独守空房久了，便跟府里的年轻仆人偷情。久而久之，这件事传到王安石耳朵里。一天，王安石谎称出差，然后又悄悄回到府中。当天夜里，他潜入卧室外窃听，果然听见娇娘与仆人在床上调情。他十分恼怒，举拳就要砸门捉奸，但是他在那一瞬间又冷静了下来，他觉得自己作为堂堂宰相，因为一个妾而动怒，有些犯不上，便决定悄悄离开算了。正在他回头要走的时候，看到院中大树上有一个老鸹窝。他灵机一动，顺手抄起手边一个竹竿，捅了老鸹窝一下，睡得正香的老鸹一声惊叫，冲天而飞。屋里的仆人被老鸹吓了一大跳，赶紧跳窗逃走了。事后，王安石一直没有提起这事。大约一年后的中秋节，王安石邀姣娘花前赏月，席间王安石觉得自己戴这个绿帽子有点冤，便即兴吟诗一首："日出东来还转东，乌鸦不叫竹竿捅。鲜花搂着棉蚕睡，撇下干姜门外听。"姣娘也是个才女，一下子明白了其中的意思，赶紧跪下谢罪，但同时她灵机一动也吟了一首诗："日出东来转正南，你说这话够一年。大人莫见小人怪，宰相肚里能撑船。"王安石一听，心想自己年纪已大，而姣娘正值豆蔻年华，偷情之事也不能全都怪她，便决定成全她。中秋节过后，王安石便赠给姣娘一笔钱，让她和那个仆人成亲，然后远走他乡。这件事很快传了出去，人们纷纷赞扬王安石的宽容大度，直至千载之后的今天，我们都不得不佩服其难能可贵的善举。而那句"宰相肚里能撑船"也成了后来人们形容一个人宽容大度的成语。

　　我们再看另一个故事。当年曹操在官渡之战中以弱势的兵力击败了强大的袁绍之后，曹操的手下在袁绍的帐中，找到了许多曹操部下写给袁绍的信，内容都是讨好袁绍的，目的是给自己留条后路。曹操的手下将这些信件都呈送给了曹操，显然，这是背信弃义的行为。为此有人建议曹操杀掉这些家伙。但是曹操却根本没有拆开那些信，

330

而是立刻将所有人召集起来，对大家说道："这些信我都没有看过，对此我就不追究了，因为在当时那种危急的情况下，就连我自己也都没有把握能胜利，你们这样做也在情理之中。"然后，他命令手下当众将那些信烧毁了。曹操的手下感激于他的宽容，自此死心塌地为他效命。在上面的故事中，王安石、曹操都是占据了"理"的，如果他们对别人伤害自己的行为施与报复，人们会觉得那些人是罪有应得，合情合理。但是他们在得理的情况下，却主动饶恕了别人，这可以说是一种了不起的胸怀。实际上，也正是在占据了道义优势的情况下能够主动饶过别人，才能够体现出一种真正的智慧。更进一步讲，得理饶人讲的是一种宽容。宽容是一种良好的品质，非凡的气度，宽广的胸怀；宽容是一种高贵的品质，崇高的境界；宽容是一种仁爱的光芒，无上的福分；宽容是一种生存的智慧，生活的艺术。它不仅包含着理解和原谅，更显示着气质和胸襟，坚强和力量。从做事上来讲，宽容能够让我们取得更好的效果。许多时候，当你占据道义的制高点时，如果摆出一副高高在上的架势，咄咄逼人地试图让对方屈服，对方即使表面上屈服，内心也一定不服气。此时，如果你能够摆出一副谦卑、忍让的姿态，那么对方便会被你感动，自己主动承认错误。看下面这个故事：一天，七里禅师正在禅堂上独自打坐，一个强盗突然闯进来，用明晃晃的刀子对着他的脊背威胁道："把柜里的钱全部拿出来！不然，就要你的老命！""钱在抽屉里，柜里没钱。"七里禅师头也没回地回答："你自己拿去，但要留点，米已经吃光，不留点，明天我要挨饿呢！"那个强盗把抽屉里的钱都揣进了怀里，他正要扬长而去，七里禅师说："收到人家的东西，应该说声谢谢啊！""谢谢。"强盗几乎是机械地说了句。他转回身，心里感到有些慌乱，这种抢劫的情形他从来没有遇到过，有些迷糊地继续往外走。走到门口时，他愣了一下，想起不该把全部的钱拿走，于是他掏出一把钱放回抽屉。后来，这个强盗被官府捉住。根据他的供词，差役把他押到寺庙去见七里禅师。差役回道："多日以前，这个强盗来这里抢过钱吗？""他没有抢我的钱，是我给他的。"七里禅师说："他临走时也说了声谢谢，就这样。"这个强盗听了之后，紧咬嘴唇，泪流满面，一声不响地跟着差役走了。在服刑期满之后，这个强盗立刻去叩见七里禅师，求禅师收他为弟子。七里禅师起初不答应，他长跪三日，七里禅师终于收下了他。这个故事便说明了宽容的力量。宽容不仅能够使我们做事更顺利，也是一种成就自我的做人方法。

在20世纪的苏格兰北部，住着一户贫穷的农民。一天，这家男主人外出时，看到一个小男孩儿不慎掉入沼泽之中。虽然十分危险，但这个善良的农民还是奋不顾身地将这个小孩儿救了出来。几天之后，一辆高档马车停在农民家门口，车里走下来一位衣着华丽，气度不凡的贵族，前来拜访这位农民。原来他是那被救小男孩的父亲。

他带来了许多值钱的礼物，并对这位农民表示感激之情。但这位农民表示，不能接受礼物，因为他觉得救人是他应该做的，不值得报答。这时，那位贵族看到农民有一个和自己孩子差不多大的儿子，便说道："既然这样，我有个建议，你救了我儿子的命，我也要为你儿子做一件事。我要让他接受英国最好的教育。"农民答应了。于是，农民的儿子跟随贵族去了伦敦。贵族果然将农民的儿子送到英国最好的学校读书，从小学到中学，再到大学，最后，这个农家子弟在英国最好的医学院圣玛丽医学院毕业。由于学习十分努力，他在读大学期间拿到了几乎所有的奖学金，毕业后成了一名成功的医生。后来发生的一件偶然事件，使医生取得了巨大的声誉。一次，医生在自己的实验室里发现了一个没有洗干净的葡萄球菌培养皿里有些脏东西，细心的他叫住了打算去清洗培养皿的助手。经过研究发现，这种青色霉菌对葡萄球菌、白喉菌、链状球菌、炭疽等有一种强大的杀灭作用。1929年6月，他撰写论文对这一发现进行了论述，称那种杀菌物质为青霉素。这是当时人类所发现的最强有力的杀菌物质，后来被制成药品。这种药品在日后救治了无数人的性命。而这个农民的儿子就是青霉素的发现者亚历山大·弗莱明，他凭借着自己的发现在全世界获得了25个名誉学位、15个城市的荣誉市民称号以及其他140项荣誉。1945年，他和澳大利亚病理学家弗洛里、德国化学家钱恩分享了诺贝尔生理学及医学奖。另外，更令人惊叹的是，在许多年之后，贵族的儿子得了肺炎，一病不起，有性命之危，这时，亚历山大·弗莱明所发明的青霉素挽救了他的性命。接下来第二次世界大战爆发，这个贵族的儿子投入抵抗法西斯的正义战争中，领导英国人民获得了最后的胜利。不仅如此，他在1953年通过写第二次世界大战回忆录而获得了诺贝尔文学奖。这个贵族的儿子，就是大名鼎鼎的英国首相温斯顿·丘吉尔。

《菜根谭》中有言："不责人小过，不发人隐私，不念人旧恶，三者可以养德，亦可以远害。"宽容除了能够使别人感动，使自己避祸外，还有一个更重要的作用便是培养自己的德行，提高自己的做人境界。因此宽容别人的同时，其实也是在成就自己，完善自己。"战国四公子"之一的孟尝君手下有一位门客名叫冯谖，有一次，他替孟尝君到薛地收债的时候，自作主张将还不起钱店户的债券当众烧毁，以此为孟尝君树立了仁慈的良好形象。后来孟尝君被免去相位后，回到了薛地受到了当地百姓的热情拥护。可见，宽容顺应了自然的法则，符合了自然之道的规律，是避免民众之间矛盾的最佳手段和途径，这也是为自己争取"道"的佑护的最好方法和思路。

与本篇字数不多，但含义颇深，老子看到当时天下的纷争态势，根据现况悟出了君主与臣民之间矛盾的根源。在"大道"已废的那个年代，人与人之间所谓的信任只不过是一种符号而已，人们对财富和权力之间的矛盾仇怨难以消解，却非常容易结成，任何矛盾，哪怕是一丁点，都足以祸及自身，所以与其争抢结怨，倒不如防患于未然，虚心处世，谦和待人，宽容是一种高尚的美德，任何人都需要被宽容，也应该宽容别人。老子在此阐释，无论接人待物，均应以德为道，顺应自然，不应侵扰责难他人，否则违背了"道"，就一定会受到惩罚，索取大于给予，用刑罚钳制民众，苛酷甚于宽容，都是与民众构怨，就是无德，必为天道所不容、民众反抗。本篇讲述治国之道，重点论述天道无亲的思想，如果统治者对于人民没有亲疏之别，没有利害之心，没有贵贱之分，不压榨、不伤害，那还有什么怨恨需要化解呢？因此圣人要遵循自然之道，实行无为而治。理想的政治是以"德"化民，辅助民众，给予而不索取，绝不骚扰百姓，这就是"执左契，而不责于人"的意义。"天道无亲"和"天地不仁"的观念是一致的，都是情的自然观。人的心理常有一种"移情作用"，心情开朗时，觉得花草树木都在点头含笑，心情郁闷时总觉得山河大地都在哀思悲愁，这是将人的主观情感投射给外物，把宇宙加以人情化的缘故。老子不以人的主观情感附加给外物，所以说自然规律是没有偏爱的感情（并非对那一物有特别的感情，花开叶落都是自然的现象，不是某种好恶感情的结果）。所谓"天道无亲，常与善人"，并不是说有一个人格化的天道去帮助善人，而是指善人之所以得助，乃他自为的结果。

第四十四章　被褐而怀玉

原文：

吾言甚易知，甚易行。天下莫能知，莫能行。言有宗，事有君。夫唯无知，是以不我知。知我者希，则我者贵。是以圣人被褐而怀玉。

译文：

体清静，虚无真常"自然之道"，其言"无为"，它至为简易，使人最易明晓，最易行持，我说的这道理大家很容易理解，也很容易实行。"大道甚夷，民甚好径"，人不知易知之言，反而以智虑求奇，巧言令色以乱物性，不走平夷之路，反履崎岖之径。而多数人不能理解其深意，不能按"道"的规律去实施。体"道"之规律法则，有根有据，有纲有领。言论有主旨，行事有中心。由于多数人不能理解这些道理，所以他们不了解我。为什么多数人不理解我呢？是因为我本自然无为，无事、无欲，非智虑有为而彰之于外。

非自是、自伐、自矜而昭之于众。"道"本虑无自然、无有形迹。那么，理解我理论的人就更少了，效法我理论的人就更难遇到了。因为知道"道"规律法则理念的人太少，所以我才显得更珍贵了。因此体现正常自然之"道"的圣人，"处其厚不处其薄；居其实不居其华"。我外表虽破旧，但内心确存着珍贵的"道"与"德"。得"道"之人就好像外面穿着粗布的衣服，怀里却揣着稀世美玉一样。

体悟：

本章论述知易行难的道理。老子实际已经把自身完全融入"道"的世界中了。因为"道法自然"，而多数人们认识失于"自然之道"，同时大"道"又是寂寥幽暗，无形无声的，所以很少有人能够真正看穿看透"道"的本质。这样看来，老子是孤独的。他的"道"得不到众人的赞同与追捧，因此他说："知我者希，则我者贵。"可是他从未因此抱怨，他有"大道"相伴，他还是很自信、自豪的。老子所说的"知人者"和"胜人者"的智慧和力量看似强大，实则微不足道。淡而无味的"大道"，看似无为，它却无所不能。因此，老子并未因孤独而感到痛苦，大"道"不为人所认同完全是因为它过于深奥和玄妙，是永久规律和因果关系，不是今天的得失。"言有宗，事有君"，说话要有重点，做事要有根据。有些人做了很多想做的事，但自己究竟想要怎样活着？活着为了什么？连他自己都莫名其妙。因为私欲过头，只任由思绪乱跑，终究是流于肤浅。"夫唯无知，是以不我知。"这句话也可以理解为真正的智慧是"无知"，智慧到了极点，知道"无知"，才是真正的大智慧。

真正的智慧朴实无华，最伟大的成就平淡无奇。老子所提倡的"无为"，包括虚静、柔和、慈俭、不争、处下等思想，都是从"自然之道"所引发，容易被人们理解，也容易实行。但是人们由于被物质财富、欲望所诱惑，儿时的纯朴天性渐渐湮灭，对这些最根本、最浅显的道理常识反而不愿意去理解，更不愿去实行。在我们的现实生活中，人们也于追逐名利、金钱、权势，施展出浑身解数，各种方法手段层出不穷，因为拥有了这些，就意味着物质上的无尽享受，处处有人逢迎。于是，尘世间就这样循环往复，我们的人生，命运就这样沉沦堕落。老子"知我者希、则我者贵"的感叹并非孤芳自赏式的无病呻吟。他为人谦和睿智，知识广博，因此他不太可能自怨自艾。老子的本意在于启迪后人永远保持虚怀若谷的心态。"道"永远保持着"无名"的质朴状态，"道"孕育滋养着万物，却永不谋求主宰万物。老子正是怀着顺应自然，守护三宝这样的心态看待世间万物。老子是人不是神，更不是圣人，将老子神圣化才是对他的最大误解。老子以自己为例，阐述了一种观点，即"圣人被褐怀玉"。表面的意思是圣人就好像是一个身上披着旧衣服的人，可是怀中却揣着宝玉。实际上这句话所比喻的意思是得"道"的圣人往往不被人理解，他虽然没有显赫的名声，但具有宝贵的品质。

老子的这个观点可以分作两个层面进行解读：一个层面是人们对自我的心态；另一个层面则是一个人该如何看待别人。从第一个层面来说，"圣人被褐怀玉"为我们提供了一种对待自我的智慧，即我们应该采取一种低调、不争、朴实追求内在精神的态度去做人。这其实又可分为两个层面，即首先我们应该不去追求外在的衣服的华丽，而应该追求怀中有宝，即不追求外在显赫的地位和名声，而追求内在精神的纯朴宁静。其次在我们怀中有宝的时候，我们不应该在乎披在身上的外衣，即只要具有了内在的高贵精神，不被人理解和重视也无所谓。实际上，这也是老子一向提倡的态度，比如"知其雄，守其雌……知其白，守其黑……知其荣，守其辱""大丈夫处其厚，不居其薄；处其实，不居其华"，这所提倡的便同样是这样一种不争、处下、谦卑的处世观念。

对于老子的这种观点，继承了其思想的庄子也有所阐述。在《庄子·让王》中，有这么一段故事，说："曾子居卫……三日不举火，十年不制衣，正冠而缨绝，捉襟而肘见，纳屦而踵决。"意思是孔子的弟子曾子居住在卫国的时候，生活十分困顿，有时连续三天不生火，十年没做新衣服，正一正帽子，帽上的缨绳就断，拉下衣襟，胳膊肘就露出来了，提一提鞋，脚后跟露了出来。但是他依然"曳縰而歌《商颂》，声满天地，若出金石"，意思是跟着破鞋唱《商颂》，歌声充塞天地之间，像从金石中发出的一样悦耳。另外在《庄子·山木》中还记载：庄子穿着一件粗布衣，而且上面打着补丁，鞋上的系袢没有了，用根麻绳绑着，就这样去见魏王。魏王说："何先生之惫邪？"庄子反驳道："贫也，非惫也。士有道德不能行，惫也；衣弊履穿，贫也，非惫也。此所谓非遭时也。"说明衣服破只是贫穷，并不是精神萎靡，也就是说：圣人有德，不在衣饰如何。这两个故事，都是庄子对于老子的"圣人被褐怀玉"的形象化阐释。庄子以儒家的曾子为例阐释自己对于"道"的理解，也显示出道家学派虽不同意儒家的具体见解，但对儒士追求高贵精神的态度是认可的。事实上，孔子也是"被褐怀玉"的典型。当年孔子为实现自己的政治主张，带着千余弟子，辗转流离卫、曹、宋、郑、陈、蔡、叶、楚诸国。这一路上，君主们虽然大都很热情，却只是仰慕孔子的名声，而对他"仁"的政治主张兴趣不大。因此孔子没能实现自己的政治抱负，甚至有几次差点把命搭进去。尽管如此，在陈、蔡之间被围困，几天没有粮食，差点饿死的时候，孔子还依旧弹琴自娱，这显然是"被褐怀玉"之行。当然老子和孔子具体所怀之"玉"是有所不同的，老子所指乃天地大"道"，孔子所指乃"仁、义、礼、智、信"。但他们对于"宝"的基本态度是一致的，即应该追求内在的"宝"而不要为外在的物质、名声所羁绊。事实上，无论是老子的通达大道，还是孔子的"仁"的境界，我们常人都是很难做到的，我们所能学习的应该是这种不看重外在的虚华，而注重自我内在价值的做人心态。

在生活中，我们不应该出于迎合外在眼光的目的而去刻意表现自我，不为获得别人表面的尊重而买名牌衣服，不为赢得别人羡慕而做虽体面自己却不喜欢的工作，不为赢得别人的欣赏而刻意卖弄自己的才能，因为这些外在东西其实并不值得追求，我们应该追求的是自己内在的价值。只要我们内心明白自己的追求，按照自己的原则做自己喜欢做的事，不自欺欺人地追求自己并不需要的华丽之物，那么，即使自己不被人重视，乃至遭到势利之人的白眼，但我们的内心是充实完满的，因为破烂衣服之下，我们怀有珍宝啊。从第二个层面讲，"圣人被褐怀玉"则是提醒我们在看待别人时，不要只注重外在的东西，而应该注重内在精神。我们知道，许多人在看待别人时，习惯于通过外在的东西去下结论。比如看到一个人地位高，便认为这个人有才能；看到一个人夸夸其谈，便认为这个人知识广博，非等闲之辈；看到一个人口碑好，便认为这个人一定是个好人，其实这些都是不一定的。地位高的，可能是善于钻营而已；夸夸其谈的，往往没有真才实学；口碑好的，没准是个善于作秀的沽名钓誉之辈。根据老子"圣人被褐怀玉"的智慧，我们知道，那些真正有才能的人通常不让人们知道他的才能，给人一种没有什么才干的表象；那些真正有才学的，恰恰三缄其口，很少展露；那些具有良好品德的人，做好事总是故意不让人知道，所以默默无闻。总之正像老子所说的"物极必反"，一个事物达到了极点之后，往往会走向反方向的终点。

更通俗地讲，"圣人被褐怀玉"所包含的一层意思便是那句老话，"人不可貌相"，即不可从表面上去判断一个人。这个道理无须过多讲述，我们就讲个故事作为启迪吧。19世纪80年代的一天，一对老夫妇来到哈佛大学的校长接待室，想要见哈佛校长。校长秘书看这对夫妇中的女士身上穿着褪色的棉布衣服，男士则穿着一套价格便宜的旧西装，便对他们爱搭不理的。这对夫妇礼貌地表明来意，声称想见哈佛校长。秘书因为校长提前交代过不要让不重要的人随便打扰，因此不耐烦地告诉他们校长很忙，意思是没有时间接待他们这样的小人物。没想到他们却不知趣地表示他们可以等，并且真的坐了下来耐心地等待。秘书没说什么，一直不理睬他们，希望他们知难而退。没想到他们就这么一直等了两个小时，秘书无奈，只好通知校长，校长有些不太高兴地同意了。校长在办公室很事务性地接待了这对不起眼的夫妇，希望他们能尽快离开。这对夫妇告诉校长，他们有一个儿子曾经在这所学校读了一年大学，但在去欧洲旅行的时候出事故死去了。他们知道儿子在哈佛的一年过得很是开心，因此想在校园里为自己的儿子建造一个纪念物。校长一听，想也没想就回绝道："如果每个在哈佛读过书的学生在死后都要在校园里留下个纪念物，哈佛校园看上去不就像个墓园了吗？"女士一听，赶紧纠正说："我们不是要为儿子建造一座纪念碑，而要建造一栋大楼。"校长一听，又看了一眼这对夫妇身上穿的衣服，然后有些阴阳怪气地说："你们知不知道建造一栋大楼要花多少钱？我们学校里的建筑物造价最低也得在100万以上。"这位女士一听不吭声了，校长以为他们现在终于知道自己想法的荒唐了，没想到女士沉默了一会儿后对丈夫说："建造一栋大楼才花100万元？我们有一亿，何不干脆建造一所大学来纪念我们的儿子呢？"丈夫点了点头表示同意，于是他们建造了另外一所大学，这便是美国现在最著名的大学之一斯坦福大学。而这对其貌不扬的夫妇便是美国加州的铁路大王利兰·斯坦福及其夫人。

在本章中，老子思想与"道"合为一体，这是顺其自然或天人合一的完美体现。他认为，他的话是极易理解的，也是极易付诸实践的。然而，为什么没有多少人能理解他的话，更没有多少人能按他说的去做呢？有些学者认为，老子代表保守的没落贵

天道：体悟老子

族阶级，也就是说他的怀才不遇是因为其思想过时了，被历史抛弃了。实际上并非如此，老子的思想的确有其保守的一面，可并不能说他的思想被历史抛弃了。先秦时期，叔向、墨子、颜触都曾称引过他的话，孙子、庄子更是继承了他开创的实用论思想，《庄子·天下》则颂扬他为"古之博大真人"，法家的韩非子曾系统地对《道德经》进行研究，著有《解老》《喻老》等文章。西汉初年，黄老之学居于统治地位。东汉时期，老子甚至被神化为道教的始祖。无论老子的思想过时与否，都不可否认他的思想在我国及世界的哲学史上独一无二的地位。老子与"道"合一并非为了神化他自己，因为"道法自然"，所以其用意自明——保持一颗平常心，老子思想鄙弃那些整日里以玩弄权术和投机取巧来标榜自己智慧的所谓圣人君子，他更否定掺入了太多虚伪成分的"智"，他认为真正的智者是"大智若愚"，这样的得道圣人"独异于人"，拥有完美的道德和智慧，但他们是深藏不露，而凡夫俗子则自以为智慧，因而无法去领悟"大道"的真谛。

最后老子发出感叹：是以得道圣人被褐而怀玉。《道德经》一书寥寥五千多字，无论是语言还是内容都显得既质朴又深奥，因为越是简单的道理，往往就越难阐述清楚。有很多人认为老子所谓的"道"是将"天道"的自然法则化为处世之"道"，从而建立了自然界和人世都应当遵循的法则。然而即使一切法则均已完备和合乎人生哲理准则，但是多数人因私欲而不认知又究竟有什么意义呢？老子已经感觉到他的理论并没有真正得到天下多数人的重视和认可。老子认为，正是由于人们的无知，不了解道与德的规律性，科学性，因此世人才不了解"我"。老子所倡导的"虚静、柔和、慈俭、不争、处下"等处世为政的思想、准则，这些思想、准则都是来源于自然之"道"，是完全符合"大道"规律与准则的。

以上思想是最容易被人们理解的，最容易在社会上实行的，但是，由于人们的心智完全被现实生活中的各种名利、地位、权势、财富等私欲所诱惑，大家原本纯洁质朴的本性逐渐被湮没，因而对老子提出的这些最为根本、最为浅显的道理反而难以认知、理解与执行，于是老子发出了"知我者希，则我者贵"的感叹。即使是老子，也只能用有限的文字去模糊地描述无限的"道"。可见，老子也存在其自身的局限性。人生有涯，而思想无涯，老子的心灵视野非常广阔，他也正是依靠自己心灵的领悟看到了自身之外的辽阔，因此，他才用"被褐怀玉，外示狂夫"（得道之人就好像外面穿着粗布衣服，怀里却揣着美玉）这样的话。大意是说得道君子有时会装疯卖傻，蓬头垢面，借以表现自己，比如小说中的济公喝酒吃肉、吕洞宾三戏牡丹等。这些无所羁绊脱去偏执的言谈举止，虽然不是"道"文化体系的主流，却能使那些为陈规俗套封建文化所累的人们，予以精神上的解脱，故而不被查封传播广泛。"道"这种"隐逸思想"对于中国历史文化发展，影响是深远的。一些有学问有知识，得"道"有德的人都跑去当了隐士。庄子说这些人"天子不能臣，诸侯不能友"，请他们出来做重臣他们不肯，想与他们交朋友也做不到。这究竟是中国文化的损失，还是中国人文的特色呢？老子提倡虚静柔和、慈俭、不争，这些都原本于人性自然的道理，在日常生活里是最容易实行、最能见到功效的。然而世人多惑于躁进，迷惑于金钱、权力、色情、荣誉，这和"道"背道而驰。老子的思想企图就人类行为做一个根源性的探索，对于人世间事物做一个根本性的深刻认识，而后用简朴的文字说出单纯的道理来。文字固然简朴，道理固然单纯，内涵却很丰富，犹如褐衣粗布里面怀藏着美玉一般。可惜世人只慕恋色、权、利、荣誉虚华的外表，所以他感叹地说："知我者希。"

第四十五章　自爱不贵

原文：

　　民不畏威，则大威至。无狎其所居，无厌其所生。夫唯不厌，是以不厌。是以圣人自知不自见，自爱不自贵。故去彼取此。

译文：

　　"祸福无门，唯人自招""善恶之报，如影随形""天网恢恢，疏而不失"。常人为其贪生之厚，恣情纵欲，无所不为，不知"大小过恶，各有所归"。急如风火，形影紧随。"以小恶为无伤而弗去。"久而久之，是以恶积而不可掩，罪大而不可赦，乃至杀身之祸临头。如百姓不畏惧统治管理者的暴力威压，那么统治管理者就不会有威望，就会有反抗的祸乱、暴力随之到来。既知天理昭彰，毫厘不差，只有自身修道修德，上顺天理，下符人心，中应万事，方可无所不周，无所不宜。

　　不敢处于悖理徇私，任意妄为的窄狭之心，以免"天道"惩罚。重养自我天下，恬淡世情，不可因贪生之厚，胡作非为，遭刑法而致命。人不轻生，而能享尽天年，是因为不因求生之厚，不轻易抛弃自己的生命。统治者都不要逼民不得安居，更不要阻塞百姓的生计。只要不压榨人民的生计，就不会遭到人民的厌恶，才不会带来暴力祸乱。因此，圣人有自知之明而不自我炫耀，自爱而不显高贵。老子认为，聪明的为政者应当自知、自爱，不自居高贵，不自我显示，不争民利，这样才能免遭百姓的厌恶和反对。

体悟：

　　老子认为，任何事物都是由正反两个方面共同构成的，所以"有无相生，难易相成，长短相形，高下相倾"。故而反对摒弃二者之中的任何一方面，摒弃任何一方面都会同时对另一方面造成伤害，这是明显不符合"道"的。君与民，领导与被领导同为一个整体的组成部分，本非对立的两个方面，而是一个不可分离的整体，合则两益，分则两伤。所以老子明确地提出反对暴力，无论是统治者为巩固其权力而施行的高压暴政，还是民众不堪压迫而进行的反抗斗争，都会给本来和谐的社会造成极大的灾难和疾苦。故而暴力明显是不合乎"道"的。所以老子在此针对领导者、统治者提出要"自知不自见，自爱不自贵"，真正高明的领导者、统治者，不自诩高贵，不自我张扬。因为"自见"和"自贵"往往要以搜刮压迫民众为代价。"夫唯不厌，是以不厌"，自以为高贵，贪图物质上的享受，压迫人民滥用权势，就会丧失道、德，就会堕落。只有不搜刮压迫，才不会遭到反抗。这并非一种妥协，而恰恰是一种通过被动赢取主动的圣人之"道"，只有"不弃""不杀"才能做到不被民众所厌弃，从而避免社会动荡的恶果。统治者逼迫、威压人民，不外乎两个原因：一是扩张自己的利益，即与民争利；二是好大喜功，显露自身的威严。无论哪一种都犯了彰显的毛病，都必定侵害人民的财产、性命或自由，这与生养万物而不居功自傲的谦下精神完全是相反的。

不求"自见""自爱"是一种节制的表现，是君臣能够平治天下的前提，但能够真正保持这种清醒的节制态度的君臣却少之又少。对于普通人来说，这两句话仍然具有非常实用的行为指导意义。先谈谈"自知不自见"的智慧吧，意思是有自知之明，但不刻意表现自我。进一步分析会发现这句话包含了两层意思：一层是"自知"，即了解自己，其实说的是自己与自己的关系问题；而另一层则是"不自见"，即不刻意对别人表现自己，其实说的是自己跟别人的关系。两层意思合起来，便是说我们应该对自己有个清晰的把握，知道自己的优缺点所在，知道自己言行的意义所在，同时我们不必在意别人的眼光和看法，不必刻意去以一些言行博取别人的认可或者理解。显然，这是非常明智的，一个人以此作为自己的行为准则，便会更好地把握自己，也会更好地处理自己与外部世界的关系，在为人处世上都会比较从容，并且会更清楚自己真正想要做的事情，进而坚韧地去追求，因此也就更可能获得成功。关于此，韩信"胯下之辱"的故事是最生动的诠释。我们知道，韩信乃真正的勇士，这是毋庸置疑的。但当时韩信竟然当着众多父老乡亲的面，从那小混混裆下钻过。韩信忍受常人难以忍受的屈辱，并非因为胆小，而是因为心中怀有大志，不想因小事而丧失做大事的机会。可以说，当时在他身上所体现的正是老子所说的"自知不自见"的行为准则。即他自己心里明白自己并非怯弱之人，但为了成就一番大事业，没有必要和这种小混混较劲。同时他也明白自己的"屈辱"举动会引来别人的嘲笑，但他并不因此便去迎合别人的好恶，以向人证明自己的勇武。可以说，韩信的这种"自知不自见"的行为准则乃任何一个想要做一番事业的人应采取的态度。

要想做成一番事业，便必须综合考虑主观、客观两方面的条件以及时机，然后决定自己到底该如何做。而如果总想着去迎合别人的好恶，刻意在别人眼中取得一个成功者、优秀者的形象，这样往往会打乱自己的步骤，不能有条不紊地取得最后的成功。实际上，但凡要做成一番事业，往往都会经历一段孤独而落寞，不被人理解乃至遭到别人鄙视的过程。在这个过程中，往往会有人对你的行为评点议论，这时只有那些具有坚韧品质的人才能清晰地把握自己的行为，不为别人的眼光和评点所动摇，最终沉着地走向成功。英国大作家狄更斯从小流浪，没有接受过正规的教育，但他坚信自己可以在文学上做出一番事业，便在做学徒时不管别人异样的目光，坚持阅读写作，同时十分留心收集人们的日常语言，进行小说创作。很长一段时间，其小说都得不到认可，遭到无数次退稿，但最终等来了成功。另外，还有发明蒸汽机船的美国发明家富尔顿、发明电灯的爱迪生，等等，这些人在追求成功的道路上无不遭受重重挫折和别人的不理解乃至嘲笑，但他们一直在内心深处清晰地知道自己想要做什么，并不刻意去迎合别人的目光，他们最终都取得了成功。实际上，要做任何一件事情，总会有人投来异样的目光，如果老是想去迎合别人的意志，便什么事情都做不好了。因此无论做任何事情，只要自己要明白自己在做什么就行了，没必要去刻意向别人表现什么。

除了上面所说的不要让别人目光决定自己的行为之外，"自知不自见"还可以就我们在现实生活中经常遇到的情形给出一些具体的启发：在我们取得成功时，不要因为别人投来赞赏、敬佩的目光而飘飘然，而要在自己心里明白，自己之所以取得成功的关键在哪里，自己有哪些经验教训可以总结；自己目前所取得的成功是自己最终的目标吗？也许在别人看来的所谓成功，在自己原本的计划里仅仅是自己的第一步而已。还要思考自己下一步该如何去做，等等。这些才是自己应该拨开别人的赞赏目光之后所应该认真思考的。在我们遭遇挫折时，也许别人会投来瞧不起的目光，甚至冷嘲热讽。这个时候，只要我们在心里明白，自己的挫折只是一时的，并且自己对此也早有准备，这就行了。而大可不必去跟人解释自己的运气是如何的差才导致了失败，以获得别人的理解和同情，并且向别人保证自己仍将会继续努力，等等。这些东西只要自己心里清楚就行了，何必要去跟别人讲呢？有时候，我们难免在生活或工作中遭到别人的误解，当然有的时候，解释一下是必要的，但是有的误解则是不需要解释的，或者说是解释不清楚的。比如你的工作没有做好，存在一定的客观原因，但上司一口咬定是你的工作能力不够所造成的，这时候你非要去做出解释，可能只会让上司觉得你在狡辩，推卸责任。这种时候，最好的办法就是干脆不去解释，自己知道其中缘故，并不因为上司对自己能力的怀疑而沮丧就可以了，当然在接下来的工作中，自己则应该付出更多将工作做得更出色，到时上司对你的怀疑自然便消除了。

　　"自知不自见"的智慧在现实生活中还可以应用于更多的情形之中，总之，这种智慧的核心便是两点：首先，要清晰地把握好自己；其次，便是不必刻意迎合别人。就如同老子曾经说过的"方而不割，廉而不刿，直而不肆，光而不耀"一般，"自知不自见，自爱不自贵"之中也体现出其风度的不卑不亢与思想的深邃优美。统治者与被统治者的矛盾，将永远贯穿着人类整个社会的始终，其实就是官与民的矛盾。矛盾双方的力量消长，决定着矛盾的缓和、激化和爆发。矛盾轻微时，社会和谐，即所谓太平盛世；矛盾严重时，则社会不稳定，甚至动荡争战。"哪里有压迫，哪里就有反抗。"这说明先有压迫才有反抗，因为压迫才导致反抗，也就是说压迫无理，反抗有理。这可以说是最彻底的民主宣言了，似乎也是实现社会进步的唯一方法。没有反抗，压迫不会主动消除；没有反抗，民主不会自动到来。社会也不会因而进步。权威的压迫并不是真正好的治国之道。人民对于压迫也是有底线的，一旦突破这个底线，就必然会奋起反抗，那时候，就是统治者要面临大威胁、大祸乱的时代了。本章是对君臣执政者提出的讽谏，颇有警世之意。老子所谓的"圣人"，应该含威不露，了解并爱惜自己，不自抬身价。执政者只有具备"圣人"的智慧，才能够善待民众，不被民众所厌弃，这是一种具备足够的自知与知人之明的人。

　　众所周知，李嘉诚是中国首富，在1999年被排为亚洲首富。但他并不像许多有钱人那样飞扬跋扈，而是躬行节俭，低调做人。同时，他也并不是一个守财奴，在慈善方面，他一向十分慷慨。应该说，对于自己的财富，李嘉诚是拥有自己独特见解的，他从不刻意表现以迎合什么，这正是老子所说的"自知不自见"智慧的体现。据中国香港媒体报道，美国财经杂志《福布斯》2010年香港40富豪榜上，李嘉诚以213亿美元蝉联香港首富。但是就是这样一个资产超过两百亿美元的富翁，却过着相当节俭的生活。在饮食方面，李嘉诚的标准仅仅是一菜一汤，或者两菜一汤，饭后加一个水果，与普通职员工作餐无二。有时他喜欢吃稀饭或者咖啡、牛奶、面包。他去巡察工地和建筑工人一块吃大众盒饭，照样吃得津津有味。即使在公司总部宴会厅宴请客人，也没有大鱼大肉，通常只是连水果在内八道菜，碗是小号的，分量也控制得很好，让客人吃到刚好，不至于腹胀，也不致不够，更不使浪费。一次李嘉诚在外地参加一个招待会，宴会非常高级，全是山珍海味。在宴会快结束的时候，却有人看到这么一个细节：李嘉诚面前一个盘子里还剩下两片西红柿，他悄悄把助手叫过来，然后两个人将西红柿一人一片放入嘴中吃掉了，动作随意而自然。在穿着方面，李嘉诚也不怎么讲究。在外人印象里，他经常是穿一套黑色（或者深蓝色）的西装，配着雪白的衬衣和条纹领带。李嘉诚自称，自己一套西装穿十年八年是很平常的事，他的西服大部分都是旧的。他的皮鞋也同样很普通，并且大部分都是旧的。有时皮鞋坏了，他还舍不得扔掉，而是补一补后照样穿。在一次接受记者采访时，李嘉诚说："我是穿着这双鞋去北京的，其中的一只饰带烂了，我就索性剪掉它，变成一只有饰带另一只没有饰带，但是照样穿。我穿的鞋多数穿到换底。"不过他的旧西装都很笔挺、很整洁、很得体，皮鞋也总是擦得很亮，这是为了礼仪。可以看出，李嘉诚的节俭与慷慨都不是偶然的，而是一种冷静的主动选择，完全是按照自己对于财富的理解来支配的。在李嘉诚看来，创造财富的快感不是侈靡的生活所能代替的，而作为一个商人，最重要的是利用财富去造福社会，而不是去满足自己的私欲。富而不奢，崇尚节俭也并非为了获得好的名声，而是李嘉诚对个人生活的一种自律，是对做人境界的一种追求。有一个小故事很典型地说明了李嘉诚的财富观念：一次，李嘉诚上车前掏手绢擦脸时，带出一块钱的硬币掉到车下。天下着雨，李嘉诚执意要从车下把钱捡起来。后来，还是旁边的侍者为他捡回了这一块钱，为此李嘉诚却付给他100块的小费。有人便因此怀疑李嘉诚是作秀，但如果你听了他对此事的解释，便会恍然大悟。李嘉诚说："那一块钱如果不捡起来，被水冲走可能就浪费了，这100块钱却不会被浪费。钱是社会创造的财富，不应该被浪费。"这不仅是在逻辑上很合理，在情理上也是令人感动的。由此可以看出，李嘉诚对自己的行为有着非常清晰的把握，并非表演给什么人看。无论是表现富有还是表现节俭，李嘉诚的行为都契合了老子所说的"自知不自见"。

"知人者智，自知者明"，了解别人，同时也要深刻认识自己，才是真正的智慧。正因为认识自己是一件很困难的事，所以，只有得道的圣人才能自知，不自欺，没自我主观成见，达到无我的境界。只有尊重自己，才能尊重别人，才能爱惜别人。真正的自知自爱，就是能舍弃自贵自见，才是真正的智者圣人之道。我们身处一个甚嚣尘上的时代，似乎人人都在声嘶力竭地彰显自我，包括某些政治家、学者、商人，其方式五花八门、千差万别，却都是为了哗众取宠，以笼络人心或扭转劣势，赚取利益。举国如此，人人如此，社会也就日益浮躁、紊乱。本章讲治国之道，如果对人民施以暴政，人民就会以暴制暴，以更加猛烈的暴力来反抗，因此统治者、领导者应该以慈爱不争的态度治理国家、爱戴人民，更要有自知之明，自爱之道，不自我炫耀，不穷奢极欲，就能清静无为，维持长治久安。

上述是"自知不自见"的智慧，这里再谈一谈"自爱不自贵"的智慧。与"自知不自见"一样，"自爱不自贵"同样是谈了两个层面的问题，即如何处理自己跟自己的关系以及如何处理自己跟别人的关系，以及它们之间的联系。简单说，"自爱"的意思便是洁身自爱，即要懂得自己所处的地位，所扮演的角色，以及自己言行如何才是适宜的。一般而言，表现得谦卑谨慎，言行合乎道德、法律，不做违背道义、法规之事，便是一种基本的"自爱"。而"自贵"的意思则在某种意义上与"自爱"相反，即将自己看得很尊贵，自视高于别人一等，总想让别人高看自己。显然"自爱"与"自贵"往往是不能并存的，懂得"自爱"的人自然不会"自贵"，而"自贵"之人则不懂得"自爱"的道理。但是事实是，"自爱"的人虽然不自视很高，却往往能被别人尊敬，被置于尊贵的地位；相反，一味"自贵"的人，则很难能得到人们的真心尊重。

　　这方面的正反例子有很多。清康熙年间，安徽桐城县发生了一件出名的事，大学士张英家人与邻居叶秀才因围墙墙基争地界打官司。当时，张英在京城做高官，他在桐城的家人要在老宅基地上盖房，两家地界紧靠。叶秀才提出要张家留出一条道路以便出入。但张家认为，自家的地契上明明写着的"至叶姓墙"，现在如果留了一条路的话，等于把自己家的地皮作为公用之路，显然是吃亏的事。因此，张家的人拒绝了叶秀才的请求，并称即使是要留出一条路来，也应该是两家围墙各后退一些才合理。当时不仅张英位高权重，而且其子张廷玉也已考中进士，根本没有将叶秀才放在眼里，不由分说便将墙砌了起来。没想到，这叶秀才来了书生意气，不肯向张家服输，一纸诉状将张家告到县衙。这时，张家人才不得不认真起来，张英的母亲写了一封信给京城的儿子，要他出面给县衙打个招呼，不久，张英便写了回信，但是信上只有一首诗："千里家书只为墙，让他三尺又何妨。万里长城今犹在，不见当年秦始皇。"张母一看来信，便明白了张英的意思，马上让家丁将墙拆掉，后撤三尺，让出了一条路来。叶秀才看到势大的张家官司还未打，便主动将墙后撤，感到莫名其妙。后来知道了张英信的内容，十分感动，也将自家的墙后撤三尺，形成了一条开阔的六尺巷，此事一时传为美谈，这条巷子也被称作"六尺巷"，后世许多人都专门跑去看那条著名的巷子。还有一个故事，明朝嘉靖年间，总督胡宗宪权势很大，很多人对胡家人奉承巴结，而海瑞则不然。胡宗宪的儿子仗着老子是官高，骄横得不得了。一次外出游玩，到处索要贿赂，横行霸道，海瑞在淳安县做知县，胡公子到此，继续为非作歹，吃拿卡要，海瑞不仅把他抓起来打了一顿，而且还把他沿途勒索的几千两银子全部没收。胡公子骄横跋扈，自己勒索的结果是海瑞送给他的藐视与羞辱。这两个故事可以说是一反一正地对"自爱不自贵"进行了诠释。在第一个故事中，张英身为宰相，面对一个无权无势的秀才，如果自恃高贵，就会利用自己的权势解决纠纷。但是，一旦如此，便有仗势欺人之嫌，在道义上便处在了劣势，在别人心目中也不会有好的形象，可以说这不是一种洁身自爱的举动。相反，他没有选择"自贵"，而是选择了洁身自爱，反而在人们心目中获得了好的名声，被别人主动放于尊贵的地位。而第二个故事则相反，胡衙内自以为高贵，

天道：体悟老子

不停地告诉别人自己的尊贵身份，不知洁身自爱，结果，反而在别人眼中一点也不尊贵，还遭鄙视，最终成为人们的笑柄。他挨打后，各地官差和众百姓都高兴得很。可见，这种人在众人心中的地位之卑贱了。这两个故事告诉我们的道理便是，一个人能否在别人心中获得尊贵的地位并不是靠自己强行取得的，只要你洁身自爱，自然而然人们便会尊敬你。

圣人一定不会逼迫百姓，也一定不会阻塞百姓的谋生之路，这样，他便是自爱的人。同样，这样的人也不会因为高贵的地位来炫耀自己。明朝时的两位皇帝，仁宗和宣宗，他们不以尊贵的地位凌驾于臣民之上，对下采取谦和、体恤的态度，在中国历史上留下了美名。

明朝建立之后，历经洪武、建文、永乐三朝，社会经济得到恢复和发展。明成祖朱棣死后，其子朱高炽即位，即仁宗。仁宗实行宽松治国和息兵养民的政策，一面平反洪武、永乐两朝的冤案，一面大修基础设施，为民谋利。仁宗之后，继任者宣宗又实行重农政策，赈荒惩贪，多有建树。仁宗、宣宗二帝在位期间，成为明朝史上少有的吏治清明、经济繁荣、社会稳定的时期，史称为"仁宣之治"。

明仁宗朱高炽是成祖朱棣长子，洪武二十八年（1395）就被册立为燕世子，成为朱棣的合法继承人。明太祖在位时，对朱高炽就十分欣赏。有一次，朱元璋让朱高炽与秦王、晋王、周王的三位世子分别检阅卫士，朱高炽最后一个向朱元璋复命。朱元璋问他为什么回来得这么晚。朱高炽答道："早晨天气寒冷，我让军士们吃完早饭，身子暖和过来再检阅，所以回来晚了。"朱元璋听后，十分欣赏这位皇孙的仁爱之心。朱元璋又问他道："尧的时候发生过大水灾，汤的时候发生过大旱灾，老百姓依靠什么存活下来呢？"朱高炽答道："老百姓所依靠的是贤明的君主，因此做君主的要施行恤民的政策。"经过几次考察，朱元璋对这个孙子越来越喜欢了，认为他有平治天下的才能。

朱高炽即位后，曾经对臣下说："以前一些做皇帝的都妄自尊大，不喜欢听忠直的话，而下面那些做臣子的，投其所好，阿谀奉承，结果把国家治理坏了，自己也丢掉了江山。朕和你们都应当引以为戒啊！"朱高炽一直没有忘记自己所说的这番话。有一次，大理寺少卿弋谦上奏言事的时候，言辞激烈，甚至还批评皇帝的政策。这时，一些阿谀奉承的官员纷纷指责弋谦，只有华盖殿大学士杨士奇向朱高炽进言："有圣明的皇上，才有正直的大臣。希望皇上能够宽容地对待像弋谦这样的人。"朱高炽听了后，虽然没有责罚弋谦，脸色却不大好看，说话的语气也很严厉。杨士奇进一步向他指出："弋谦触怒了皇上，朝中的大臣看到皇上对他的态度，心里都会认为您不喜欢讲直话的人。"朱高炽猛然醒悟过来,说道:"这确实是我的过错啊,那些奉承我的人,迎合我的心意,实际上是让我错上加错啊!"这件事过后,朱高炽一个多月都没听到朝臣的直言,于是他对杨士奇说道:"麻烦你去对大臣们说一下,替我转达一下纳谏求言的心情。"杨士奇回答道:"如果仅凭我的一句话,还不足以取信于诸臣,还是请皇上亲自降一道诏书说明这个意思吧!"于是,朱高炽下了一道诏书,进行自我批评,从此,朝廷中逐渐形成了直言不讳的好风气。

明仁宗朱高炽做了一年皇帝就去世了。其后,他的儿子朱瞻基继承了皇位,即明宣宗。宣宗即位之初,首先平定了叔父朱高煦的叛乱,使自己的统治稳定下来。天下安定之后,明宣宗重用贤臣,施行与民休息的政策。有一次,明宣宗外出返京,沿途看到几个农民正在耕田,于是他亲自来到田间与农民交谈,然后接过他们手中的犁耙,只推了三下,便大汗淋漓了,他感慨地对随从大臣说道:"朕只推了三下犁,就觉得很累。老百姓一年下来都不停地劳作,他们的辛苦可想而知了!"回朝之后,宣宗便下诏宣布减免百姓赋税,减轻农民的负担。

宣宗即位之后,就着手修建明仁宗的陵墓献陵,宣宗谨遵仁宗朱高炽的遗嘱,力主俭朴,注意节约,只花了三个月的工夫就完成了陵墓的工程。朱瞻基带了这个头,以后几代明朝皇帝的陵墓都修建得较为俭朴,直到明朝第十一任皇帝朱厚熜的时候,才坏了这个规矩,为自己修建了奢华的陵墓。

关于此,还有一个名人故事,此人便是18世纪法国杰出的思想家卢梭。在自传《忏悔录》里,他毫不保留地把自己的丑事公诸世人,写下了真诚的"忏悔",可以说是"不自贵"的。可他逝世后,人们却把这种勇于自我剖析的精神称为"最大的革命",认为他是人类历史上最崇高尊贵的人之一,并把他的遗体安葬到先贤祠。相反,不知洁身自爱,一味去追求尊贵,恰恰是不可得的,著名例子便是明太祖朱元璋。洪武年间,他将自己的语录印刷成册,下发给每一户老百姓,让老百姓背诵,好使自己成为民众的偶像,但是他一死,他的语录便被人抛入纸堆,其人也被冠以残暴的君王名声。最后,让我们再进一步展开。所谓自爱,就是珍惜自己的生命价值,爱护自身的人格,维护自己的尊严。不自轻自贱,不自暴自弃,不放纵自己,不草率行事,这些就是自爱。而"不自贵"则是指,处理好与他人的关系,不傲慢骄横,不自以为是,不能有强烈的优越感,更不应该表现出浅薄的特权思想。要有与人平等的意识,要学会尊重他人,做人要自爱,却一定不可自贵。自爱者,众人仰之;自贵者,众人远之。君臣执政者一旦失去了自知之明,妄自尊大,置民众于水火而不顾,欺压和剥削民众,则必然会失去民心,就会落得众叛亲离的可悲下场。世人多数沉迷于金钱、权势、名誉、私欲的欲求之中，但他们又因此迷失了自我，根本无法得知自己真正需要什么。人应该自尊、自爱，不自居高贵，不自我炫耀，更要有自知之明，这样的人性才会更完善、完美，才是自知自爱的圣人和领导者、统治者。

第四十六章　道者万物之奥

原文：

　　道者万物之奥，善人之宝，不善人之所保。美言可以市尊，美行可以加人。人之不善，何弃之有？故立天子，置三公，虽有拱璧以先驷马，不如坐进此道。古之所以贵此道者何？不曰：求以得，有罪以免邪？故为天下贵。

译文：

　　奥：含有妙用的深奥意思。清净虚无的自然之道诞生出了天地万物，天地万物又深藏于此道之中，大在六合之外，小在粒米之间，道隐含天地之奥秘，是万物的主宰，可谓造化万物之本始，生成万物之根蒂，其妙用无穷无尽之深奥。宝：珍贵之意。保：保全，保持。能深究大道之奥理，行大道之妙用，体用悉、备无私助人者，可谓善人；天资愚蠢、行事蛮横，背天理，逆人伦，私欲不择手段者，可谓不善之人。凡善人者，是以道为宝，不善人，因不体道之妙用，时行不善而遭罪咎，临罪咎而生悔悟，能戒除背道之行，离德之为，方可免去祸咎，保全性命。不仅善良的人将它视为修身养命的宝贝，就连不善的人也经常依靠它来保护自己，此为一义；又一义者，胡作非为，为私欲不择手段的不善之人，常赖宽宏大量的有道之善人来保全他。道是万物的归宿，是善人的法宝，不善之人的护身符，善人深知道其妙用，以道为宝，其言行必法于"道"，"道之尊，德之贵，夫莫之命，而常自然"，不善的人也要向道求取庇护。

　　美者，人人以有道德之言悦服，有道德的善言最为公平，人人悦服，故曰："美言可以市尊。"善人之宝在道，善人必遵循而行，为善故称美。有道德的善言，不图善于己，当能公之于众。市者，聚众以公平交易之场所。有道之行，人人必尊，良善的行为可以受到众人的敬重，故曰："美行可以加人。"《易经·象辞上传》曰："君子居其室，出其言善，则千里之外应之，况其迩者乎？言出乎身，加乎民，行发乎迩，见乎远，言行，君子之枢机，枢机之发，荣辱之主也，言行，君子之所动天地也，可不慎乎！"善人之所以为善人者，是因清净虚无之妙道，充实于内心，自然好生之德发行于外身，其言行必善美而尊贵。只要你说出一句话，合乎道的至善至美，就可以获得人们的尊重，只要你的某个行为合乎大道，比较高尚，你便在此时得到人们的看重。即使是恶人，只要你因为明白了大道，真心悔过，道又怎么会弃你于不顾呢？如人人皆如此，善人又从何说起呢？就因有不善者，才显出善人，既如此，人之不善，何可弃之？故曰："人之不善，何弃之有。"人的不善之处，哪里有抛弃呢？

立天子，设三公，太师、太傅、太保等都是统治集团最大的卿臣，都是为了以道佐人主。修振朝纲，治国理民，三公爵才可久立，如都失"道"离德，祸国殃民，扰害生灵，必削其职，加其刑。拱璧的意思是：以双手捧起的玉璧，可谓珍贵之宝，如人与事，人在生死关头，可以弃千金之璧，负赤子而趋，既如此，千金之璧，不如人道之所贵，拱璧不足以为贵，而贵者乃道也。驷马是为天子所乘，可示威严，然而不体之以道，不行之以德，百姓必感厌恶，不悦而弃之。由此足证，天子之贵，三公之尊，拱璧驷马以先，都不如修"道"建德重要，献任何贵重的礼物，都不如献道好。上古之圣君，无不以此清静无为的自然之道治理天下，统领万民。求"道"有什么罪咎，可以不求免而自然会免掉。罪由何来？皆由失"道"、离德、妄贪、妄为而自招。如日修此"道"，涤除妄念，摒除妄为，以恬淡素朴处之，罪咎自然消除，所以最为珍贵的还是"道"。自古以来，人们为什么如此重道，难道不是说遵"道"而行，有求就可以得到帮助，有罪就可以避免过错，求善得善，有罪可免吗？因此，"道"为天下人所尊崇。

体悟：

在老子的思想里，"道"是万物之奥，也是众妙之门，就像我们现在所说的自然规律，做任何事情都只能遵循它，而不能违背它，在老子的哲学思想中，道即是万物的起源，也是判断是非曲直的最高标准，它不但可以区分自然万物的良莠，而且还可以评判人类社会的善恶。自然之道在于无为，无为并非无所作为，而是指春风化雨般的潜移默化顺其自然而有所作为。儒道重点都重视教化的作用，儒家的教化主要通过自我克制和推行仁德来实现。老子说："侯王若能守之，万物将自化。"这是道家的教化方式。在老子看来，推行仁德来实现目的实在算不上什么高明的做法，那样就相当于强迫别人来接受某种他所不喜欢的东西。"克己"倒是与老子所说的"守其雌"有些相似，两者都主张使自己保持比较低调的状态，通过谦让自知、自爱、不自居高贵的处世方式和无私欲的价值标准，来实现自己的政治理想，这是中国传统文化中"和"文化的一个方面。道应当是所有人的行为规范和价值标准，万物世间之人无论善恶贵贱，没有不需要它的，善良的人离不开它，不善的人也要保有它。因为"道"对不好的人，也不会弃而不顾。儒家讲究向他人学习，"见贤思齐"强调榜样的作用。老子从另一个角度说："美言可以市尊，美行可以加人。""美言可以市尊"，可以说对我们颇有启发意义，我们单独拿来说说。现在"美言"这个词的意思和老子所说的意思已经不一样了。现在我们所说的"美言"，意思是好听的话，所谓"请您多多美言"，意思是请人帮助自己说些好的话，以获得某人的青睐。这种"美言"意思是否符合事实，即符合"道"，则不作计较了。事实上，我们都有自己的辨别能力，好听的话未必能够获得别人的认可，而真正能够得到众人尊敬的话，则是符合了"道"的。所谓符合"道"的话，具体到我们的现实生活之中，便是诚实、正直、客观的话，简单说，便是高明的真话。真话往往是不那么好听的，所谓良药苦口，忠言逆耳，说的便是这个意思。

　　《老子》八十一章中也曾直言："信言不美，美言不信。"尽管真话听起来不是那么美妙，甚至暂时让人不舒服，但只要是有智慧的人终归会认同它，进而尊重说真话者。而那些虚伪的逢迎拍马、阿谀奉承之言，虽然暂时听起来美妙，甚至可能会讨得听话者欢心，但最终会遭到鄙视。关于此，我们可以举出不少例子。众所周知的铁面包公堪称"美言可以市尊"的典型。在担任谏官期间，包拯多次斥责那些权臣，请求朝廷废除一些不正当的恩宠。他还建议皇帝要积极纳谏，认清楚那些结党营私的人，不能光凭主观来判断谁好谁坏。他的意见大多得到了朝廷的采纳。包拯后来被任命为开封府知府，负责京城各项事宜。由于他为人刚直，那些皇亲国戚都不敢冒犯他，嚣张的行径也收敛了很多。包拯不苟言笑，公正严厉，无私无畏。当时京城贪官污吏无不畏惧，坊间流传这样一句话："关节不到，有阎罗包老。"包拯升任谏议大夫后，上奏说："太子的位子已经空缺很久了，导致民心不安。陛下却长时间犹豫不决是为什么？"原来宋仁宗自己没有儿子，本来按规定他可以在宗室子弟里挑选出一个合适的当太子，但他始终不肯放弃自己生儿子的希望，一直不肯立太子。但不立太子的话，万一皇帝有个三长两短，朝廷就会动荡，所以立太子是当时重臣们的一块心病。宋仁宗问包拯："你想让谁立为太子？"包拯回答："我请求皇上立太子是为国家着想。陛下却问我想让谁做太子，这不是怀疑我吗？我都快七十岁的人了，又没有儿子（包拯的儿子早亡），立谁为太子难道对我有什么好处吗？"宋仁宗很高兴，说："我会慢慢考虑这事的。"包拯从来不随意附和别人，他为人严厉正直，非常讨厌那些不正之风。他当官以后，就断绝了和亲友们的来往，从不为他们谋取好处。包拯曾说过："后世子孙做官，如有犯了贪污罪的，不准进家门，死后也不准进祖坟。不听我话者，不是我的子孙！"包拯在六十四岁那年去世，虽然生前顶撞皇帝，整治权贵，严惩贪官，许多人都在心里恨他，但他死后，却赢得了世人的缅怀哀悼，黎民百姓膜拜爱戴。坚守大道，使他万古流芳。

　　北宋王安石主持变法时期，有一个叫吴孝宗的官员依附保守势力，极力诋毁新法。可是过了一段时间后，他和保守派产生了矛盾，便转而支持变法。为讨好王安石，他写《巷议》十篇呈送，说街巷之间的百姓都在议论新法的好处，其实内容全是他编造的。王安石一看便明白了他的用心，对他十分鄙视，更加疏远他。还有一位名叫郭祥正的官员，当时是邵阳（今湖南省邵阳市）武冈县令，为了升官，他向神宗皇帝上奏章，对王安石大加颂扬，极尽溜须拍马之能事。一天，宋神宗问王安石："你认识郭祥正吗？这个人似乎不错。"王安石说："我在江东时认识他，这个人口才像纵横家，而行为轻浮浅薄，是个不可委以重任的人。"王安石接着问神宗："皇上，是不是有人举荐他？"神宗拿出郭祥正的奏章给王安石看，王安石看后摇摇头笑了，他认为被这样阿谀奉承的人所颂扬，实在是莫大的耻辱。他态度坚决地向宋神宗表明像郭祥正这样的人万不可重用。从上面的例子中，我们便可以看出，一个人说话能否取得别人的尊敬，绝不在于是否将话说得好听，而在于你说话是否客观、公正。只要你说话能够做到问心无愧，公正客观，哪怕是听起来让人不舒服，也往往能赢得别人内心深处的尊敬。如果你说话只是一味地投其所好，表面上听起来是好话，其实却是违心的奉承之言，也往往不能获得有智慧的人的认可，反而会遭到轻视。

　　老子所说的"美言可以市尊"的道理在现实生活中也可以给我们以有益的启示。在平时说话时，我们所说的话符合"大道"，凡说话力求客观公正，不偏不倚，根据自己内心的真实想法发表见解，我们就能获得别人的尊敬。相反如怀有私念，出于某种目的去说一些空话、假话、套话，只会让人觉得你这个人是个没有自我个性，没有思想品德的庸人，没有人会真正地尊敬你。另外他还提醒我们，在和朋友交往的过程中，要勇于客观公正地指出朋友的不足不妥之处。虽然这样做可能一时会令他不快，但时间长了，他便会感受到你的良苦用心，会真正地把你当有益的朋友。相反，如果总是想通过迎合别人的观点和想法来维持友谊，只会让人觉得你毫无主见，缺乏真诚，这段友谊也就失去了存在的基础。古人云："道吾好者是吾贼，道吾恶者是吾师。"说的便是这个道理。美好的言论和行为都可以使自己赢得别人的尊重，从而成为别人学习的榜样，"道"是可贵，"道"是行为规范和价值标准，也是判断是非曲直的最高准则，它不但可以区分优劣，而且可以评判善恶。无为之"大道"，指春风化雨般的潜移默化，使自己保持低调，通过退让不争处下的方式实现政治理想，打造太平盛世。世上的人没有不需要它的，无论是善是恶，是贵是贱。远非拱璧和驷马能比，规律的价值岂能用金钱来衡量？"道"可以使内心沉静，可以提高修养道德标准。常人所看重的是权势、物质、欲望，得道的圣人所看重的是清静、无为的修养。这是差别。

"道"清静无为，它不但是善人的法宝，就是不善之人，也必须保有它，因为"道"可以有求必应，过错也可以赦免。与"美言可以市尊"相同，"美行可以加人"乃老子证明"道"巨大功用的又一角度。所谓美行，并非指行为本身是否在表面上令人感到舒畅，而是指其深层次上是否符合"道"的精神。具体来讲，指行为本身是否是善意的、正义的、刚直的等。善意地对待别人，是一种博大的关怀，是对人的信任、鼓励和帮助，能让人感到温暖亲切，这样的行为让人感动，必然会得到被帮助者的感激和回报，也必然会得世人的尊重和敬仰。正义的行为多是为了维护良风美俗，为了维护大众的利益，为了维护社会安宁长远的利益，这种行为往往需要无私无畏，乃至牺牲自我。也许，这些人当时不被理解，但事后必定会得到最广泛的认可，得到全社会的敬仰，比如为科学及社会进步献身的袁隆平等，最终为民众永远缅怀。在中外历史上，以美德善行而被铭记的人有很多。

下面看个例子。在东汉初期，有一个著名的明德马皇后，被历代史家颂扬。马皇后是名将马援的小女儿，父母在她很小的时候就去世了。因为马援死后被奸臣诬陷，马家的日子一直很不好过，所以马皇后只好进宫侍奉太子，她脾气很好，人又聪明，很得太子的宠爱和阴太后的喜欢。太子登基不久，有关官员请皇帝册立皇后，皇帝还没有说，阴太后就提议立马皇后，这事就这么定了下来。马皇后喜欢读书，不喜欢奢侈的东西，虽然她贵为皇后，还是经常穿粗布衣服，也不在衣服上加花边，有人劝她稍微奢华点也没关系，但马皇后拒绝了。汉明帝喜欢到园林里游玩，马皇后担心他耽于游乐而误了国事，所以经常劝诫，话说得情深意切又很周到，一般都会被汉明帝接受。当时朝中如果有什么争议较大的事难以决断，明帝一般都会来问马皇后的看法，而皇后一般都能指出问题的实质，分析得头头是道，经常对政事的不足提出弥补的意见，但从来没有让自己家的私事去干扰皇帝，所以汉明帝一直都非常尊敬和宠爱她。明帝死后，章帝即位，章帝很想给马太后的兄弟们封爵位，但她一直反对，后来朝中上下都赞成封马家兄弟爵位，太后用前朝外戚干政的典故来教育章帝，坚决不同意封他们为侯。汉章帝虽然不是马太后亲生，但是马太后把他从小带大，章帝对马太后感情一直很深，他觉得不封舅舅们为侯心里实在过意不去，但不得不尊重马太后的意见。马太后对自己娘家人要求很严格，如果谁勤俭朴素，她会很高兴地表扬嘉奖，而对于那些追求奢华的亲戚，她就打发他们回老家。后来天下太平，章帝决定封舅舅们为列侯，他们也都纷纷推辞，马太后褒扬了他们的这种行为，但圣旨已下，他们便在接受了封爵后辞官回乡。马太后没有做什么惊天动地的大事，她身处后宫贵为皇后，以至孝侍

天道：体悟老子

奉太后，以宽容和善良对待嫔妃宫女，以自己的才能和智慧帮助皇帝，匡正时弊。当她成为皇太后，位高权重，并为朝廷崇敬时，她胸怀大局公正无私，并时刻保持低调和谦和，为天下做出表率，促进了朝廷和谐和政治的清明。正是这种美德善行，她才被奉为历代后宫佐治的典范，被后世所传颂。

据《北梦琐言》记载，宋代有个叫王光远的官员，向来争名逐利，凡是对自己有好处的人，他都极其忍让宽厚。他到比他职位高的人家中喝酒，有时对方因为喝醉，将他当作小丑一样地玩弄。他不仅不生气，反而始终赔着笑脸。有一次他的上司喝醉了，知道他的脾气，便借着酒疯拿起鞭子对他说："我要鞭打你，如何？"王光远赔着笑脸说："只要是您的鞭子，我非常乐意接受。"说完就真的转过身子，把背部对着上司。上司半醉半醒地说："好，那我就打了。"于是真的打起他来。可是王光远一点也不生气，始终和颜悦色，还说着客套话。同席的朋友们对王光远的做法实在看不过去，就问他："难道你就不懂得羞耻吗？"王光远毫不隐讳地说："我只懂得结交他有益无害。"于是世人称他"面皮厚如铁"，这也是"铁面皮"一词的由来。还有一个故事。据《宋史》记载，宋真宗时，寇准看上了一个叫丁渭的人，就提拔他当副宰相。出于感恩，丁渭对寇准侍奉十分殷勤。一次官府举办宴会，寇准的胡须沾了汤汁，丁渭见了连忙走过来，当着众多官员的面小心翼翼地为他拂拭。寇准一看，便十分不自在地说："你的好意实在难得，但你好歹也是副宰相，这有些不成体统了吧。"这便是溜须拍马中的"溜须"的由来。后来这件事传开，同样成为笑柄。上面两个故事中的人，表面上看，一个宽厚，一个体贴，最终却都成了千古笑柄，原因便在于他们对人示好的行为出于自私，算不上"美行"，更不合大"道"。当然不是说一个人的行为自始至终都要合乎"道"，才算是"美行"。这样的人就是圣人了，古今中外找不出几个。实际上老子所说的合乎"道"的美行，有一件算一件，并不因为一个人是坏人便没有美行了。因为老子明确讲了："人之善，何弃之有？"

某杂志一篇文章连续讲了三个故事，一个是说有个潜逃多年的杀人犯，因思念妻儿，偷偷回老家，但他一下车就被警察盯上了。情急之下，他拦住一辆出租车，强行将司机拽下来，疯了一样地开车在大街上横冲直撞，他很清楚自己被抓后等待他的是什么，他成了一头受惊后丧失理智的公牛。身后的警笛声越来越刺耳，他把油门踩到底。正狂逃间，他猛然间狠狠踩了刹车。原来，前面人行道上，一队小学生正列队而过。这些孩子穿着统一的蓝白相间的校服，一个个手里提着一个小马扎，好像要去哪里，队伍很长。他猛地想起来，今天是六一儿童节。天罗地网他都敢闯，但现在没了勇气。他默默地注视着孩子们横过马路，直到警察追上来铐住他。第二个故事说的是一个小偷在撬开一户人家后，进门闻到了一股浓浓的煤气味。直觉告诉他，这家的煤气泄漏了。他快步冲进屋里，发现一个小男孩正蜷缩在床上，两眼翻白，喉咙里发出粗重的呼吸声，显然是煤气中毒了。他想都没想，抱起孩子直冲出去向医院跑，因为抢救及时，孩子保住了性命。当孩子父母赶到医院，想见恩人一面时，那个不速之客正在派出所里录口供——他投案自首了。第三个故事说的是一个拦路抢劫的少年，潜逃到内蒙古隐姓埋名多年。然而，不久前他落网了。在那个寒冷的早晨，他跳进冰冷的湖里，接连救起了两名落水儿童。他的义举暴露了自己，自然就被捕了。在连续讲完这几个故事后，杂志编辑总结道：不管怎么说，这些故事里的"坏人"在那一刻身上闪耀着人性的光芒，他们所做的坏事丝毫不能遮掩他们做好事的光辉，甚至更耀眼。相信读了这篇文章的人，都会有这种感觉。这可以说为老子所说的"美行可以加人"做了进一步的注解。

合乎"道"的美行，并不一定归属谁，不管你在其他的事情上是否合乎"道"，只要你做的那件事是合乎"道"，那么你此刻便是受到了"道"的保护，此刻的你便是高尚的，便会受到人们的敬重，"道"随时随地都在准备着庇荫你，就看你是否愿意拥抱它了。具体到现实生活中，我们都应该明白，要想被人所看重，一切全在于自己。不要在乎你的行为在细节上如何、表面上如何，而要明白你的行为是否真正符合于"道"的要求。这一点，从长远来说，既骗不了别人，也骗不了自己。一切都是种瓜得瓜，种豆得豆。并且，在做一件事情的时候，不要考虑其他的事情是如何做的，这件事合乎"道"了，在这件事上便会得到人们看重，那件事不合乎"道"，便会在那件事上遭到人们的鄙视。至于怎么样算是合乎"道"，那就要看各自的领悟与修为了。正因为道如此重要，所以天子即位与其举行隆重的仪式，倒不如奉"道"而行为好。"道"远比浩荡的各种礼仪道德、风俗等仪式和万人之主的荣宠更为重要。"道"令人有求必得，有罪得免，老子的这一思想已经远远超越了"道"单纯作为自然规律的限定，道破了"道"与人之间有着密不可分的牵连，老子认为道可以庇荫世间万物，它不仅是好人的珍宝，有时也能保护坏人。其具体的机制便是通过符合道的"美言""美行"来实现。只要你所说的话、做的事符合了"道"，便能够得到人们的尊敬；只要你的行为符合了"道"，你便能被人们所看重。这尊敬和看重即是"道"庇荫你的方式。不仅对好人如此，对坏人也同样是如此。

我们都知道在现实社会中，即使是一个十恶不赦之徒，如果他偶尔说出一句充满人情味或者哲理性的话，这一刻，我们一样会在内心里觉得他有可取之处；他偶尔做出一件良善的事情，我们同样会被他的行为所打动，这是因为此刻"道"依附在了他的身上，在庇荫他。接下来，老子进一步强调了"道"的不偏不倚："人之不善，何弃之有？"即特别强调"道"并不放弃那些做过坏事的人。这句话可以说是一句至真的警句。我们通常说一个人是坏人，往往是因为他的一些恶的言行，突破了人类社会所划定的道德底线，而并非这个人生下来便是一个恶人。反过来，我们通常所说的好人，则是因为他总体上的言行是好的，而并非指他生下来便在额头上打上好人的标志，一生只做好事，从不做恶事。实际上，好人也未必一生不做恶事，恶人也未必一生不做好事，两者之间的差别是时间的先后，量和度上的区别。在基督教中有这样一个故事，很值得思考。有一天，一群人将一个淫乱的女人押到耶稣面前，问耶稣该如何惩罚她。耶稣问大家是什么意见，所有的人都义愤填膺，挥舞着拳头大声要求将这个伤风败俗的坏女人用乱石砸死。耶稣听了，沉思了一下，便说："好吧，既然你们都这么要求，就这么办吧。"然后，耶稣停下来环视所有的人之后，说道："下面，就请你们中间没有犯过错的人举起石头来砸她吧。"此言一出，便没有人说话了，所有人都低下了头。这个故事便提醒我们，所谓的好人和坏人，二者之间的标准并非总是那么清晰可见的，每个人都是善、恶的复合体，而"道"时刻都在你的内心里存在着，一刻也不曾离开你，只看你是否愿意更多地按照它的指引去行事。实际上这不仅是老子的观点，中国儒家启蒙读物《三字经》开篇："人之初，性本善，性相近，习相远。""性本善"说的便是人的本性本来都是符合"道"的；"习相远"说的便是有的人遵从"道"的指引去行事，有的人则不遵从。更进一步说，所有的人都是时而遵从时而不遵从。但是不论你是否遵从，"道"都没有消失，它始终在人的内心深处，随时听从召唤来庇荫人。简单说，即坏人并不是不可救药。

下面这个故事便可以对此道理进一步诠释。1921年，路易斯·劳斯成为美国星星监狱的典狱长。这个监狱一直被称作当时最难管理的监狱。但是，20年后劳斯退休时，该监狱却以提倡人道主义而被媒体广泛报道。有记者为了将该监狱的经验进一步推广，对当时备受人们崇敬的路易斯·劳斯进行了深入采访。当问及他是如何做到这个奇迹时，路易斯·劳斯告诉记者："其实这一切都归功于我已去世的妻子凯瑟琳，她就埋葬在监狱外面。"当劳斯刚当上星星监狱的典狱长时，所有的朋友都郑重地警告凯瑟琳千万不可踏进监狱！但是，在监狱第一次举办篮球赛时，凯瑟琳带着自己三个可爱的孩子走进了体育馆，与服刑人员坐在一起观看比赛。对此，她声称："我要与丈夫一道关照这些人，我相信他们也会关照我们，我不必担心什么！"此后，凯瑟琳便将星星监狱当作自己的常来之地，经常去关心监狱里的犯人，并给他们提供力所能及的帮助和精神上的慰藉。一次，听说一名新来的被判谋杀罪的犯人双目失明，凯瑟琳便去探望他。后来为缓解他的寂寞，她还主动教他一种帮助盲人阅读的"点字阅读法"。

直到许多年以后，这个人每逢想起凯瑟琳，失明的双眼都会默默地流泪。凯瑟琳在狱中还遇到过一个聋哑人，为了沟通方便，她甚至专门到有关学校去学习手语。1921—1937年，她像一位天使一样经常造访监狱，给这里绝望的人们带来安慰。监狱中的许多犯人都深受感动，甚至传言她是耶稣的化身。1973年，凯瑟琳在一起交通事故中丧生。接下来几天，劳斯没有上班，由代理典狱长负责监狱事务。大家都知道劳斯家离这里仅有一公里，如非万不得已，他不会如此，纷纷打听出什么事。结果消息很快传遍了整个监狱。在凯瑟琳葬礼这天，代理典狱长早上散步时惊愕地发现，那群看上去凶悍冷酷的囚犯，齐聚在监狱大门口，所有人都静悄悄的，一言不发。他走上前去，这些人齐刷刷地用哀伤的眼神看着他，脸上都带着眼泪，这些人已经知道今天是凯瑟琳的葬礼。短暂的犹豫之后，他转过身对囚犯们说："好了，各位，你们可以去，只是要记得今晚回来报到。"然后，他命人打开了监狱的大门，让这些囚犯去为凯瑟琳送别，当然，没有任何守卫。当天晚上，所有囚犯都回到了监狱，无一例外！显然正是凯瑟琳的善良和爱感化了那些冷酷的囚徒。从这个故事中，我们便可以看出。不管多么坏的人，内心都没有失去他的天性。换句话说，"道"始终都存在于他内心，并没有抛弃他。只要他能够感觉到内心的"道"——当然有时是自己感觉到，有时则是受外界的感染，比如故事中的囚犯即是受到凯瑟琳的爱的感染——然后按照"道"的指引去行事，他便又回到高尚之中，不管他之前做过什么，在那一刻他是受人尊敬的。

"道"不抛弃人，给予我们的一个启示便是无论遇到怎样的境况，都要明白，不管以前自己如何，现在自己的一言一行只要符合"道"，"道"便会给予我们庇荫。同时，它还给我们一个启示，那便是既然"道"能够"原谅"犯过错误的人，那么对这些人我们也应该给予原谅，这才符合"道"的精神。实际上，老子在许多章节中都说过这一点，老子曾言："是以圣人，常善救人，故无弃人。"意思是圣人总是常常救助不善良的人，所以没有被遗弃的人。在本章中老子进一步说："故善人者，不善人之师；不善人者，善人之资。不贵其师，不爱其资，虽智大迷，是谓要妙。"意思是，善于救人的人，也是善于做人的导师，能循循善诱教导于人的人；不善于救人的人，只注重别人的品德好不好，而忽视了他的良好本质，则总是着重选择人的资质（资质指品德）。言下之意对资质差的人就不值得去教导他了？这样的人不知道珍惜别人的本质，往往自以为很聪明，实际是犯了一个很大的错误。老子还进一步强调，这是救人和帮助别人的关键。"善者，吾善之，不善者，吾亦善之，德善。"意思是说对待善良的人固然要善待，即使是不善良的人，也要以挽救之心去善待他，这才是最大的真正的善。说到底，老子强调的便是要学会宽恕。

天道：体悟老子

老子认为即使是犯有罪恶的人，"道"还是存在于他的内心的，我们不该抛弃他。并且，不仅老子持此观点，儒家强调的忠恕之道，佛家所讲的放下分别心，基督教所说的"宽恕你的敌人"，其实都强调的是一种宽恕他人的情怀和智慧。实际上，仔细想想，许多罪恶在世俗看来也许不可饶恕，但以更高一级的眼光来看，又有什么样的罪恶是不可饶恕的呢。第二次世界大战期间，一次一队德国纳粹俘虏被押解着走在莫斯科的街道上，这些人衣服残破，面黄肌瘦，伤的伤、残的残。在街上，他们被莫斯科市民围得水泄不通，围观的人群中，有的在战争中失去了丈夫，有的失去了儿子，有的甚至失去了年迈的父亲，而凶手正是眼前的这群恶魔！于是喧噪声中，人们突然开始高声怒骂起来，仇恨的眼光如同箭一样直刺向这群人。人们还将青菜叶子、鸡蛋、烂水果甚至石头丢向这些俘虏，连同扔去的是他们的仇恨。俘虏们个个低下他们罪恶的头，被砸疼了也不敢高声叫出来。就在这时，一个俄罗斯老妇人突然拨开押解的士兵，走到一个衣衫褴褛，走路一瘸一拐的年轻士兵面前，从口袋里掏出一块面包递给他，说："孩子，吃吧！"这时人群开始慢慢地安静了下来，人们停止了怒骂，目光也变得温和，人群中开始有人把手中的香蕉、面包递给伤兵，有的人开始跑回家去拿食物。此情此景，那些纳粹士兵眼中慢慢地流下泪来。在这些纳粹俘虏面前，莫斯科的人们发泄他们的仇恨显然是合情合理、理直气壮的，因为他们的家园被这些侵略者夷为平地，他们的亲人被杀死，他们的泪水都已经哭干了。但是，他们却出人意料地做出了如此一番令人惊诧的举动——他们可怜起这些敌人。可以说，因为这件事，俄罗斯人让人们看到了他们的博大高贵的情怀。这个故事之所以让人感到震撼和感动，就是因为"道"始终贯穿其中。

联系到我们，俄罗斯人对这样的敌人都可以宽恕，在我们的生活中，到底还有谁，还有什么事情是不可以宽恕的呢？正因如此，"道"才被天下人所尊，"道"能赦免有罪之人，那么任何人都没有理由抛弃"道"，这正说明了"道"的博大。难道是说它有所求就可以得到，有了它就可以免罪吗？显然不是，道是清静无为之心，是"反求诸己"，是对内心的反省和忏悔。心中无所求，道就在其中。如有所求，就是有为，是违背了"道"的本意。换句话说，道不是向"外"求智，而是向"内"求"规律人心"。因为"道"在内心。用道德去感化民众，具体来说，就是做事情要提升效率、效果，实实在在不沉迷于对物质权力的追求，不抱后天的观念，不好大喜功等。重在过程之中体察天道人心，如此才能长远长寿。本章阐明了"道"对人生乃至政治的作用。"道"是万物主宰，人之法宝，因为它无所偏私，难能可贵。"道"之崇高伟大、至高无上，也正是为此。天子三公，拥有拱璧驷马，但仍不如守"道"为要。

第四十七章　知雄守雌

原文：

　　知其雄，守其雌，为天下溪。为天下溪，常德不离，复归于婴儿。知其白，守其黑，为天下式。为天下式，常德不忒，复归于无极。知其荣，守其辱，为天下谷。为天下谷，常德乃足，复归于朴。朴散则为器，圣人用之，则为官长，故大制不割。

译文：

　　（"知"是通晓。"雄"是刚健。"雌"是柔弱。"溪"是低下。）人们刚健勇为的本领，能克敌制胜。但若肆意刚勇，贪于妄进，则必遭天下厌恶，知道雄强的好处，却安于雌弱的地位，这样做就可以成为天下的溪壑，既知如此，应持守柔弱不争，虚心谦下，犹如低下的溪涧一样。这样，人身本来的自然常德才不会脱离，人的本性才能复归于初生婴儿一般，因此，老子所讲的柔弱雌静，其中含有刚健勇为的意思，而不是纯粹的懦弱。虽知雄强，却安于雌柔，甘居天下卑低之处，若将此"道"用于修身方面，就是道家提倡的最为基本的"性命"双修要旨。"雄"可喻为人身的神，神性刚健轻浮躁进，奔驰飞扬于外。"思念情妄"欲得长生，必收视返听，回光返照，凝神"人气穴"指意守丹田。这是"知雄""守雌"的奥妙。知道什么是强雄，却安于柔雌的地位，甘做天下的河溪。甘做天下的河溪，永恒的德就不会离去，复归于婴儿般的质朴柔和。如此练之日久、人身的慈念自然常转、百脉自然调谐，众邪不侵，百病不生，万魔自消，人身的常德自然可以永保。居于天下卑低之处，则永恒的德行就永不会丧失，以至回复到单纯的婴儿状态，达到纯真的自然境界。此谓返老还童之道。

　　"白"是知见、脱慧。"黑"是昏暗、愚昧。"式"是楷模，法则。"忒"是差错，变更。"无极"是事物的元始，含有无穷的生发之机。通晓事物规律情理的锐敏智慧之人，宜于内含自守，把这作为天下事物的楷模和法式。以此作为楷模和法式，则人的自然常德不会有过失。知道了什么是光亮的好处，却安于暗昧的地位，甘做天下的尝试者。永恒的德谅不有偏差，复归于最终状态的真理。知道何为明晰，却安于晦暗的位置，甘

359

天道：体悟老子

愿安于卑微的位置，甘愿做天下的峡谷，就不会有差错，使其回归于最终的"大道"，老子所说的愚昧，不是纯粹的蠢笨无知，而是有其明而内含，外用其愚以自谦，则永恒的德行才不会偏离，以至回复到不可穷极的真理，即"道"的境界。

"荣"是富贵显达，"辱"是贫困卑贱。"谷"是空虚谦下，"朴"是道之大全，混沌之始、一元之初，浑全未破的原质。事物得时得理，如草木逢春，必荣贵显达，事物常因荣贵显达，高亢其上，骄肆于天下。这样人要遭祸殃，荣贵不能长久。既知如此，在得时得理的荣贵显达之时，作为天下的空谷，仍以卑下、自谦虚心待物，本来的自然常德才能充足不弊，复归到深全未破的原始、真朴之地，具有无限的生命力。知道了什么是荣耀，却安于卑微的地位，甘做天下的山谷。甘做天下的山谷，永恒的德才得以圆满，复归于"道"的纯真质朴的状态。知道何为尊贵，却安于卑微的位置，甘愿做天下的峡谷，则永恒的德行才得以充实，使其返璞归真，以至回复到纯真的质朴"道"的状态。

"器"是具体的事物。事物最原始的真朴，似一根圆木一样，它是各种形器的根本。它能大能小，能方能圆，能曲能直，能长能短。在破散成器之后，拘于具体的形器之内，它再不会有浑全之妙用。体自然之"道"的圣人，还淳、返朴，复归于事物最原始的真朴之状，不恃雄强而凌雌柔，不以明白而侮黑暗，不称荣贵而欺辱卑贱，物我同观，公而无私，质朴之气流散而形成如各种器具一般的大批人才，有道君主则可如同选用器具一样选用百官，能主宰万物，并为万物之首领，所以谓之"长"。顺物施化，不为而成，故为"大制"——质朴的大道分散而成万物，圣人遵循"道"的质朴，成为百官之长，完善的体制是浑然天成的，不会伤害到广大民众的，不以小害大，不以末丧本，不执有为，不拘于形器之末，故为不割。所以符合"大道"的制度是完整无缺的，老子以"知雄守雌"的原则对待社会生活，在他看来，只有这样，才能返归真朴，实现天下大治。

体悟：

在这一章，老子重点论述了做人的素质是处下、谦让的观点，极力强调柔弱和退守，充分提倡守雌，守黑，守辱。其实从根本上来说，这些倡导还是由老子的"无为"思想所决定的，同样，也是"夫唯不争，故无尤"和"夫唯不争，故天下莫能与之争"等观点的进一步延伸。老子说："知其雄，守其雌，为天下溪。"知道雄强的好处，却安于雌弱的地位，这样就可以成为天下的溪壑，"溪"和"谷"代表的都是柔弱之道。在老子的哲学里，多次反复强调柔弱之道的重大意义。老子为什么对这个道理反复强调呢？因为对于这一点，天下人没有谁不知道，可是却没有谁会去执行。正因为"知易行难"，所以老子才对"柔弱胜刚强"这一道理可以说是不厌其烦地多次论述。与此相关，本书中多次提到的关于婴孩的比喻，表达的也是对柔弱之长处的充分肯定。在执政理念上，老子同样强调以柔处下之理。老子认为：在外交上，大国应该甘居下位，以谦卑的姿态与其他国家交往。并进一步指出：真正的大国，总是处下流的地位，因而天下才都归附它，就像河流归大海一样。我们都知道大海的位置是最低的，正因如此，它才能吸纳万千的河流。大国外交，就应当像大海那样，令自己处于低下的地位。老子说："为天下溪，常德不离，复归于婴儿。"成为天下的溪壑，就会有众多的水流归注其中，而他所秉持的道德也就不会离开他，并且他还能回复到婴儿般的朴质状态，达到一种纯真的境界。老子为什么特别地用"复归于婴儿"来形容自己的理念呢？因为在老子看来，婴儿的特点恰恰符合自己所积极提倡的柔弱处下，清静无为的状态。刚出生不久的婴儿是最为柔弱的，而且他还没有任何特别的意识，他所作所为一切都出于自然，是最为朴质的，而这正是等同于"道"的表现，当然婴儿的这种做法是无意的，而老子所要强调的是，对于已经失去了童心的成人来说，我们都要积极地回复自己的赤子情怀，令自己的心地变得更纯净无染，只有这样，自己才会接近于"道"的境界。

老子又说道："知其白，守其黑，为天下式。"知道光明的好处，却安于暗昧的位置，这样就可以成为天下效仿的榜样。为天下式，与上句中的"为天下溪"和下一句中的"为天下谷"表达的是同一类的意思，都是取天下人的归附之意。"为天下式，常德不忒，复归于无极"成为天下效仿的榜样，他所秉持的道德就不会有差错，他会再回复到那一种终极的状态。在这一句中，老子再次提示大家：道是无极的。这个"无极"也就意味着终极，意味着永恒，而终极与永恒，正是"道"的根本特点。至于如何才能臻于这种"无极"的境界，老子给出的答案也就是"知其白，守其黑"。老子在前面文章中说："上善若水。水善利万物而不争，处众人之所恶，故几于道。"水的状态是接近于"道"的，因为"它处众人之所恶"。而本章所讲的"知其白，守其黑"以及"知其雄，守其雌"和"知其荣，守其辱"，指的就是"处众人之所恶"。"知其荣，守其辱，为天下谷。"知道荣耀的好处，却能安于卑辱的地位，这样就可以成为天下的山谷。"为天下谷，常德乃足，复归于朴。"成为天下的山谷，就会得到众人的归顺，而他所秉持的道德才算完备，而又回复到朴质的状态。需要注意的是，守雌、守黑与守辱，是与知雄、知白与知荣密切结合的。这说明，处于雌、暗昧、卑辱的地位，不是一种被动的结果，而是一种主动的选择；居于这样地位，并非因为自己无知和无能，而是自

天道：体悟老子

己知道事情的另一面，也完全有能力做出另外的选择，但是自己心甘情愿地"处众人之所恶"。老子此语的意涵是，将"众人之所好者"让给众人，这样，别人也就不会与自己相争，恰恰相反，自己也会因为这种不争和处下的姿态而得到大家的拥护和爱戴，这样一来，自己就是不争而胜于争的后果，处下而胜于处上，这是一种非常高明的处世哲学。不过，当然正如老子曾指出的那样，"天下莫不知，莫能行"这样的道理对很多人来说并不新鲜，但是真正能用这种理念来指导自己行为的人却是寥寥无几。

老子提出了知雄守雌，退让谦卑的思想，这也是老子思想的核心内容。在此基础上，老子提出了一系列化解矛盾、消除冲突的方法，即甘守下流，自居柔弱，从而实现自己的目的。老子知雄守雌，退让谦卑的人生态度，对后世有着很大的影响。越王勾践卧薪尝胆、自甘屈辱的故事，就是对老子这一思想的成功实践。公元前496年，吴王阖闾趁越国君主新立、政局不稳之机，发兵攻打越国。越王勾践率军抵抗，吴军遭受挫败，吴王阖闾也受了重伤，回到都城姑苏后，不久就去世了。临死前，阖闾对儿子夫差说："你一定不要忘了报仇呀！"从此，吴国和越国便结下了死仇。夫差果然时刻不忘父仇，他日夜练兵，准备消灭越国。周敬王二十六年（前494），越王勾践趁着吴国尚未准备妥当的机会，决定先发制人，攻打吴国。这时，大臣范蠡劝阻道："我听说战争是十分残酷的事情，圣人总是在不得已的时候才进行战争。残酷的战争是离心离德的，而争强好胜不过是事情的末节，现在您违背道德，这是上天所忌讳的，对于出战者不但没有好处，而且还非常不利，应该慎之又慎，千万不要轻举妄动呀。"这时的勾践年轻气盛，还不知道隐忍之道，所以他拒绝了范蠡的建议，态度十分强硬地说道："这件事我已经决定了，您就不要再说了。"于是，勾践调动精兵三万人，北上攻吴，与吴国的军队大战于夫椒。果然不出范蠡所料，这场战事以越军大败而告终，勾践只率领五千残兵，退守到会稽山，又被吴军团团包围。勾践身陷绝境，眼看就要成为亡国之君了，到这时，他才知道范蠡有先见之明，于是凄然地对范蠡说道："我不听先生之言，所以才沦落到这个地步，现在该怎么办呢？"范蠡冷静地说："持满而不溢，就能与天同道，这样的话，上天会保佑我们的；地能衍生万物，人应该节用，这样才会受到地的恩赐；扶持危难、谦卑行事，那么就能与他人同道。为今之计，只有谦卑地献上厚礼，贿赂吴国君臣；倘若吴国不答应，可以屈身侍奉吴王，这是在危难之时不得不做的无奈之举啊。"

勾践无奈，只好派大夫文种前往吴国请求议和。文种到了吴国，"膝行顿首"而对吴王说："亡国之臣勾践自知罪不可赦，甘愿做吴国的贱臣，而他的妻子甘愿做您的贱妾。"吴王夫差听了以后，对勾践有所怜悯，便想答应下来。这时，吴国的大夫伍子胥却劝谏夫差道："上天把越国赐给了您，不要答应他们的请求。"伍子胥是两朝元老，不但拥立夫差有功，而且还帮助吴国南征北战，称霸一方，所以夫差对他的话一向是言听计从。伍子胥对勾践求和之事极力反对，所以夫差便没有答应。文种无奈，只好回到会稽山。勾践闻之，心中绝望，又忘了隐忍之道，便想杀掉自己的妻子儿女，毁掉越国的宝器，然后率领五千残兵与吴王一决雌雄。这时，范蠡、文种劝阻了他。文种劝慰道："吴国的权臣太宰伯嚭贪财，可以以利引诱他。"于是，勾践便下令文种带着美女和宝器去见伯嚭，伯嚭答应了文种的条件，然后带着文种去见吴王。文种深知如何才能让吴王看不出勾践的志向，所以在见到吴王之后，他说道："我们越国的军队，不值得屈辱大王再来讨伐了，越王愿意把金玉及子女奉献给大王，以向大王谢罪。并请允许把越王的女儿作为大王的婢妾，大夫的女儿作为吴国大夫的婢妾，越国的珍宝我也全部带来了；越王将率领整个越国的军队，编入大王的军队，一切听从大王的号令。如果大王觉得越王的过错不能宽恕，那么勾践就会把自己的妻子儿女捆绑起来，连同金玉一起投到江里，然后再率领五千残兵与吴国决一死战。真厮杀起来，难免使大王蒙受损失。杀掉一个勾践，怎能比得上获得整个越国呢？请大王好好衡量一下，哪种有利？"这时，太宰伯嚭也在一旁帮腔说道："越国已经愿意臣服于大王了，如果能够赦免越王，对吴国的益处将会很大。"吴王夫差知道有利可图，就想答应文种。不过，吴国并不是没有清醒的人，大夫伍子胥很清楚，越王勾践不过是想委曲求全，以保存自己的实力罢了，于是向吴王谏阻道："不能答应啊。臣听说：'树立美德越多越好，去除病害越彻底越好。'越王勾践能够亲近他的臣民，注意施行恩惠，施行恩惠就不失民心，亲近民众就不会忘掉有功的人。越国同我们国土相连，又世世代代结为仇敌，我们打败了越国，不把它根除，却要保留它，这就违背了天意而助长了仇敌，以后即使后悔，也无法将其消灭。"尽管伍子胥晓以利害，但是，吴王夫差已经被利欲蒙蔽了心智，再加上伯嚭在一旁进谗言，所以他根本就听不进伍子胥的忠言，最终和越国讲和，罢兵而还。

吴国退兵以后，勾践率领君臣回到越国，他把越国的政事交托给文种，然后带着夫人、孩子和范蠡以及三百官吏到吴国，当即向吴王进献了大批的宝物和美女，并低声下气地极力奉承献媚。再经太宰伯嚭从一旁帮腔，吴王不但把杀父之仇忘得一干二净，还原谅了勾践发动战事的过错。吴王夫差让勾践夫妇留在吴都姑苏，让他们住在阖闾墓前的一间石室里，并让勾践给他养马，这当然是对勾践的一种羞辱和惩罚了。夫差之所以把勾践留在都城，主要是为了观察他是不是真心臣服于自己。夫差每次出行的时候，都让勾践在前面为他牵马，街道上的人看到勾践牵马，都在一旁指指点点，不住地嘲笑。勾践把这一切屈辱都埋在心底，夫妇二人每天都蓬头垢面出入石室，尽心尽力地给夫差喂养马匹，见到夫差时，更是奴颜婢膝，似乎甘愿做夫差的奴仆。勾践夫妇在吴国住了三年，在这三年之中勾践把自己的复仇之心始终埋藏在心底。夫差见勾践十分依顺自己，不但对他没了丝毫怨气，反而觉得这对夫妇十分可怜，便有心放勾践夫妇回越国，却因遭到伍子胥的反对而作罢。在这期间，文种又多次派人给伯嚭送礼，让他不断替勾践说情。有一次，勾践听说夫差生病了，就托伯嚭带话，说他听说大王病，想去问候一下。夫差听说勾践想探望自己，就答应了。伯嚭带着勾践进了夫差的内房，正赶上夫差要大便，勾践就急忙赶过去搀扶着他，夫差叫勾践出去，勾践却回答说："父亲有病，做儿子的理当服侍；君王有病，做臣子的也理当服侍。再说，我还有个小经验，只要尝尝大王的粪便，就能知道大王的病是轻是重了。"夫差心里很高兴，就不再拒绝了。夫差大便完后，勾践扶着夫差上床躺好，然后背过身去，掀开马桶盖取粪尝味，然后向夫差磕头道："恭喜大王！您的病已经没什么危险了。再过几天，就会完全好的。"夫差疑惑地问道："你是怎么知道的？"勾践回答说："刚才我尝了大王的粪便，知道您肚子里毒气已经发散出来了，这样的话，病不就快好了吗？"夫差看到勾践如此细心地服侍自己，反倒觉得有些过意不去了，他就对勾践说："你待我很好。等我的病好了，一定放你回到越国。"正是由于勾践如此周到地侍奉夫差，再加上伯嚭不停地报告夫差说越国十分平静，没有一点反叛吴国的迹象，所以夫差就完全放下戒心，以为越国对吴国没有任何威胁了。周敬王二十九年（前491），夫差亲自送勾践夫妇上了车，范蠡拉着缰绳，主仆三人回到了越国。结束了三年的奴役生活，勾践终于回到了自己的故国。这时，越国百废待兴，于是勾践就向大夫范蠡询问振兴越国的方法，范蠡说道："天时、人事都是不断变化的，所以制定方针、政策要因时而定。"范蠡接着说出了自己关于复兴越国的建议。他强调首先要调动老百姓的生产积极性，积蓄力量，以实现富国强兵。他还规劝越王及夫人身体力行，也应从事具体劳动。给全国的百姓做个好榜样，让他们勤于耕作，这样一来，国家的财政和粮仓才能充实起来。此外，范蠡还主张要礼待弱小国家，对于强国，应当采取柔顺的态度，但这并不意味着屈服。范蠡最后说："但愿大王时刻都不要忘记石室之苦，这样的话越国才能得到振兴，而吴国的仇也就可以报了！"勾践听罢，十分赞同范蠡的话，于是立即下令：由文种主持国政，范蠡整治军队。而勾践自己也苦身劳心，发愤图强，睡觉不用床褥，积薪而卧。另外，他又在坐卧之处悬挂苦胆，吃饭睡觉之前，一定要先品尝苦胆的滋味。他夜里常常暗自流泪，恨恨地自言自语道："勾践，你忘了会稽之耻了吗？"同时，他礼贤下士，敬老恤贫，得到了越国百姓的拥护。他还奖励生育，积聚财物，训练士卒，修缮甲兵，一直不敢懈怠。在对待吴国的态度上，他表面仍极尽奉承之事，又令范蠡到民间选了美女西施、郑旦，遣香车送给吴王。他还诱导吴王大兴土木，建造亭台楼阁，使吴王沉湎于酒色犬马之中。同时，勾践又暗中团结楚国，联合齐国，依附晋国，最大限度地孤立吴国。

周敬王三十六年（前484），越国民殷国富，勾践觉得自己力量强大了，便要找吴国报仇，一雪会稽之耻。然而，范蠡认为时机并未成熟，就谏阻说："越国虽然尽心人事，但是还没到灭吴的时候，勉强去求成功，这对越国来说是极为不利的。"大夫逢同也不赞成伐吴之举，勾践接受了他们的意见，只得仍旧隐忍不发。又过了几年，吴国国库空虚，军队的战斗力也大不如前，可是还有一道障碍，那就是夫差的股肱之臣伍子胥。这时，正赶上吴国与齐国的战事，越王勾践希望吴国能在这场战事中虚耗国力，就亲率官员到吴国来朝贺，赠送大批礼物，还答应派出三千甲兵随吴王出征。伍子胥再次劝谏夫差，说越国才是吴国的心腹之疾，建议夫差不应该伐齐，而是应当灭越。夫差根本不听伍子胥的忠告。伍子胥只得叹道："大王不听臣的忠言，再过三年，吴国就变成了废墟了。"夫差听了伍子胥的怨言，十分恼怒，伯嚭趁机在夫差面前中伤伍子胥，夫差便派人赐给伍子胥一把宝剑，命他自尽。伍子胥当着使者面，慨叹地说道："我辅佐先王成为霸主，我又辅佐大王做了吴王，大王当年答应要把吴国分一半给我，我当然不敢奢望，可大王怎能让我自杀啊？"说完便横剑自尽了。伍子胥死后，吴国朝政更加腐败。这时，勾践再次召见范蠡，问道："现在伍子胥已死，吴王身边尽是阿谀之徒，我是不是可以讨伐吴国了？"范蠡说："反常的迹象虽已露出萌芽，但从天地的整体来看，吴国灭亡的征兆还不明显。"公元前482年，吴王夫差率领吴国的全部精兵北上，到卫国黄池大会诸侯，试图谋取中原霸主的位子，而国中仅留下太子友及老弱病残留守，勾践和范蠡认为时机已经成熟了，于是率领军队攻打吴国。越国十年生聚，十年教训，一朝出手，势不可当，范蠡很快攻下了吴国都城姑苏。夫差在黄池听到消息后，仓皇班师回国。后来，吴、越之间又进行了几次战争，吴国再也无法对抗越国了。公元前473年，吴王夫差日暮途穷，在姑苏城破之时，横剑自刎。勾践经过近二十年的励精图治，终于灭了吴国。勾践自甘屈辱，卧薪尝胆的事例，正是老子的知雄守雌、退让谦卑这一思想的成功实践。

老子将这样深刻的道理给大家摆出来，引导大家去进行认真地感悟，至于究竟能从中得到多大的教益，那就还是要看个人的修为有多高了。知雄强而能守雌柔，则"德"永远不会离开自己，回归婴儿般的质朴。明了白而退守黑，则德行永远没有差错，永远不会离身，行为就回归了"大道"。了解尊贵而安于卑微，则其人的"德"永远充盈，便能回归真朴，这就是"无为"所带来的好处。唯其能以"无为"的方式行事，守雌柔，退守黑，安于卑微，才能得到永远的"德"，才能返归真正的质朴。那么质朴又是什么呢？事物本来的质朴，就像一根原木一样是所有形器的根本。所谓"形器"就是各种事，是真朴被分割后生成的。在质朴的大道被分割到各个事物中后，就再也不是原来浑全完整的样子了，但它还是会通过不同的事物，以不同的方式呈现出它的不同方面效果。老子说道："朴散则为器，圣人用之，则为官长。"意思是，朴质的状态被破坏之后就会成为具体的器物。圣人依循这个原则，建立了组织或国家的管理和领导的体制。关于这一点，《庄子·马蹄》一篇进行了深刻的揭示：马蹄可以践霜雪，毛可以御风寒。龁草饮水，翘足而陆，此马之真性也。虽有义台路寝，无所用之。及至伯乐，曰："我善治马。"烧之，剔之，刻之，雒之。连之以羁絷，编之以皂栈，马之死者十二三矣！饥之渴之，驰之骤之，整之齐之，前有橛饰之患，而后有鞭䇲之威，而马之死者已过半矣！陶者曰："我善治埴。圆者中规，方者中矩。"匠人曰："我善治木。曲者中钩，直者应绳。"夫埴木之性，岂欲中规矩钩绳哉！然且世世称之曰："伯乐善治马，而陶匠善治埴木。"此亦治天下者之过也。这段话大意是，马原来过着自由自在的舒适的生活，可是自从有了伯乐之类的驯马师之后，马的命运就被改变了，它们被伯乐进行了人为的改造，结果就使得马失去了本性，造成很多马因此死亡。至于陶工和木工的做法，也都与此相似，他们都把人的意志加给了外物，从而剥夺了外物的天性。破坏了它们自由存在的权利。《马蹄》这篇文章继续说道：我认为，真正会治理天下的人，他的行为一定不会是这样的。百姓们各具其性，比如说，织布而衣，耕田而食，这是他们的本性。这些本性是浑然一体，没有偏私的。真正会治理天下的人，一定会顺应自然，采取放任无为的态度，让百姓的本性得到自由自在的健康发展。文章中还说，损伤物品的本性用来制作器皿，这是工匠的罪过；而毁损大道来倡导仁义法则，那就是圣人的罪过了。

"朴散则为器，圣人用之，则为官长"这句话还提醒我们，"道"是不断发展的，在其具体化的过程中，会表现出各种形态，比如雄与雌、黑与白、荣与辱，这是抽象的形态；再比如风云雷电，山川河流，百兽百谷，各色人等，这是具体的自然形态；再比如民族宗族、家庭婚姻、世相百态，这是社会形态。但是这些形态必将遵循大道运行、交互作用之后，最终还是要复归于大道。圣人依循这个原则，建立管理和领导的体制，也就是说，高明的领导者深知大道是万物的本源，当万事万物各有形态之时，貌似纷繁复杂，实则万变不离其宗，只需坚守大道，知雄守雌，知白守黑，知荣守辱，就可以引导社会复归于道，从而达到无为而治的境界。最后老子说："故大制不割。"

所以在完善的体制中，上下浑然一体，没有高低贵贱；九州交通往来，物产自然流通，没有壁垒阻隔；社会各阶层任其流动，而没有等级的限制，无所谓谁领导谁，谁服从于谁，谁对谁施与仁义，也无所谓上下尊卑，礼仪法度，一切都如混沌之道，各自按本性运行。在治国上，这才是无上的大智慧。大智不割的道理还告诉我们，行为处世，应当顺应万物的自然特点，而不可扭曲了它们的本性。待人接物，一定要遵循大道规律，不故意加以区别，分别对待，只有这样，才会取得理想的预期效果。统治者遵从质朴的"大道"来治理天下，天下万物的各个方面都被"道"了解，因此他所制定的规则符合天下万事万物的"大道"规律是完整的，而不是割裂来只对某些人、事、物有好处的。而且从这句"朴散则为器"中，也看到在老子的心里"道"是世间万事万物所共有的准则，是质朴的，不需要文饰，甚至不需要争辩地支配着这个世界的万事万物。我们为人处世时如果以"道""无为"的理念，遵从"道"的一切规律法则，便可"无所不为"，并获得"德"。人生在世要深刻理解"雄"的含义，但又要深刻理解"雌"，使自己长期处在雌的位置。雌雄是阴阳的意思。雄代表光明，刚劲，张扬，躁进。雌代表暗昧，柔静，收敛，谦卑。"知雄守雌"是老子的基本处世哲学，要求我们在矛盾关系中，对于"雄"要有深刻透彻的了解，并处于"雌"的一方。"守雌"并非退缩或回避，而是执持谦卑柔弱，又能刚劲有力，进而掌握主动，保全自己。这样做并非表示对雄的妥协退让，而是以"无为"态度来实现"无所不为"的后果，通过"守其雌"来实现达到"雄"的目的。这是老子对阴阳的深刻理解，并再次强调"道"的深刻内涵。

老子说："知其雄，守其雌，为天下溪。"知雄守雌才是明哲保身之道，我们从贾诩的事迹中可以看出这个道理。贾诩是三国时期的名士，其为人深谋远虑，胸怀韬略，奇计百出，算无遗策。曹操击败袁术后，商议征讨张绣。当时贾诩是张绣的谋士，他设计让曹操中伏，使其损失五万兵马，曹军将领于禁、吕虔亦受了重伤。后来贾诩随张绣一同归顺了曹操，从此成为曹操最重要的谋士之一。曹操对贾诩很是信赖，然而贾诩并没有因为得到曹操的赏识而得意忘形。他认为自己并非曹操旧臣，担心受曹操猜忌，所以万事小心谨慎，尽量做到明哲保身。每次上朝结束，贾诩马上回家，并关上门户，从来不与别人私下交往，除了拿自己应得的俸禄，外财分毫不取。不仅如此，他还不准自己的子女与权贵结亲。在魏文帝曹丕当政之时，贾诩因功被委以太尉重任，但是贾诩并没有居功自傲，依旧过着恬淡的生活。纵观贾诩一生，其为人和为官都以谦和婉转为主。例如，汉献帝建安十三年（208），谏曹操征孙权、刘备，尽管他不同意曹操的方略，但所用语言并不激烈，让人听了也不觉得刺耳，而且所说皆切中要害。

天道：体悟老子

又如关于曹操询问立太子一事，他在曹操屏退左右，身处密室无人知道的情况下，却也不明言该立曹丕还是曹植，只用"思袁本初、刘景升父子也"作答，启发曹操自己定夺，可谓微妙入化。贾诩身处乱世，又处在权力斗争的中心位置，故而步步为营，小心谨慎，深谙明哲保身的道理，所以才能寿终正寝，死时年七十七岁，谥曰肃侯。反观同时代的杨修，其为人锋芒毕露，不知收敛，以才智自恃，以傲物为达，处处张扬，事事显能，结果引起曹操的猜忌和愤恨，最终被曹操所杀，为后人所深切叹惋。

这一段的主题，可以称为"复归"。其中的"朴""婴儿""雌"等是老子哲学思想的重要概念。朴可以理解为纯真、质朴、真朴等意，是对社会理想和个人素质的最高要求。"婴儿"是"朴"这一概念的解说。只有婴儿才不被世俗的功利宠辱所困扰，无私无欲，纯朴无邪。老子明确反对仁义礼智信这些规范，反对用说教扭曲人性，这就是"复归"的本旨，即不按圣贤所定礼法来束缚人性，而应当返回到质朴状态。老子主张用柔弱、退守的原则来保身处世，并要求"圣人"也以此作为治国安民的原则。守雌守辱，为谷为溪的思想，同时也含有内敛，含藏的意思。"知雄守雌"：在雄雌的对立中，对于"雄"的一面有透彻的了解，而后处于"雌"的一方。"守雌"的"守"，自然不是退缩或回避，而是含有主宰性在里面，它不令执持"雌"的一面，也可以运用"雄"的一方。因而，"知雄守雌"实为居于最恰切妥当的地方而对于全面境况的掌握。严夏说："今之用老者，只知有后一句，不知其命脉在前一句也。"这话说得很对，老子不仅"守雌"，而且"知雄"。"守雌"含有持静、处后、守柔的意思，同时也含有内收、凝敛、含藏的意义。"溪、谷"即是处下不争的象征，老子鉴于政风社情抢先贪夺，纷纭扰攘，所以主张"谦下涵容"，同时呼吁人们要返归其真朴。需要注意的是守雌、守黑与守辱，是与知雄、知白与知荣密切结合的。这说明，处于雌弱、暗昧、卑辱的地位，不是一种被动的结果，而是一种主动的选择；居于这样的地位，并非因为自己无知和无能，而是自己知道事情的另一面，也完全有能力做出另外的选择，但是自己心甘情愿的"处众人之所恶"。老子此语的含义是，将"众人之好者"让给众人，这样，别人也不会与自己相争，恰恰相反，自己也会因为这种不争和处下的姿态而得到大家的拥护和爱戴，这样一来，自己就是不争而胜于争，处下而胜于上了，这是一种非常高明的处世哲学。不过，正如老子曾指出的那样，"天下莫不知，莫能行"，这样的道理对很多人来说并不新鲜，但是真正能用这种理念来指导自己行为的人却是寥寥无几。老子将这样深刻的道理给大家摆出来，引导大家去进行认真的感悟，至于究竟你能从中得到多大的教益，那就还是要看自己的修行有多深了。

第四十八章　知止不殆

原文：

　　道常无名，朴虽小，天下莫能臣。侯王若能守之，万物将自宾。天地相合，以降甘露，民莫之令而自均。始制有名，名亦既有，夫亦将知止，知止可以不殆。譬道之在天下，犹川谷之于江海。

译文：

　　大地是随从天道春夏秋冬四时运化而才有生长收藏之功能。朝中大臣是服从君主的，妻子是随从做丈夫的。帝、妻、臣者均非主宰的倡导前行之道，皆是被支配者。太古之初，混元未破，恒常自然者，虽然微细而无具体名象可称，但为宇宙万象的主宰，"道"常处于无名而质朴的状态，它虽然幽眇不可见，天下谁也不敢把它当随从者任意支配。侯王若守"道"，四海自然宾服，天下自然太平。以道治理天下，众百姓自动归附。道处在无名的状态之中，它虽然纯朴微小，但天下却没有能使它臣服的。统治者如能持守它，万物众生就会自动臣服。如天地不相交，阴阳不相合，大旱大涝必显作，暴风骤雨必至，天灾必来，万物必殃。天地交，阴阳合，必降甘露，滋润群生，五谷丰登、万民康乐。没有谁令它均匀也会自然均匀，万物兴作，就确定了各种名称。在修养方面，人若清静无为，恬淡自然，无私无欲，心安理得，身内阴阳二气自然交会，百脉畅通，口内甘美之津液自然产生，滋润人身百骸。天地阴阳交合，就会降下甘霖，回复到自然朴质的状态，朴质的状态被破之后，就会成为具体的器物，无须人们指使，它却能面面俱到，便会自然均匀。它是"无为之理"。圣人依循这个原则，建立管理和领导的体制，所以在完善的体制中是不会有强为割裂之事发生的。

　　天地间的自然万物形成之后，均要按事物的类别特征安名立字，提举纲纪兴科条彰示于外，以其尊卑、高下、先后、主次的次序而定法度。这些纲纪、科条、法度、曲章不过是事物的形式之名而已，倘若以这些形式之名申传教令，是忘本逐末。不但不能大治，反而会扰乱事物之名，而应遵守柔和的自然之"道"避免危殆。制度一经制定，名分、地位也就随之确定。名分、地位既定，君主们掌握了它也就要有分寸。也就要知道适可而止，知道适可而止，所以就不会有危险，"道"存在于天下谐和统一就如同河流都归于江海一样，处于最下，无所不纳，无所不容，千万条江河皆流注于它，有"道"的统治者像大海一样，天下万民无不愿归服于他。人若能心如明镜，形如大海，私念不起，则天地之气必然来聚，日月精华自然会来。自然气足神旺，益寿延年。"道"为天下人心所归，犹如溪川流归江海一样自然。治天下，立制度，定名分，要适可而止，不可过分；如能顺应自然之"道"，依"道"而治，则百姓自动服从，就像江河入海那样自然。

体悟：

在"道"出现以前，自然规律法则就已经客观存在了，老子用"朴"来形容"道"的原始"无名"的状态。"朴"是最原始质朴的"道"——虽然细微，但它的应用可以无限，没有谁可以令它臣服。"道"即自然万物发展变化的自然规律法则，万物都臣服于这个规律法则。它是无形的，是隐而不见的。我们无法用感官来证明它的存在。它一直是默默无闻的，甚至不被人们重视，但天地万物都受它的支配。"道"总是善于抓住事物的本质去把握事物的变化所以才成其为"大"，而被历代名人所重视。贵为王侯者，也必须臣服于它的生活、生存、统治的自然规律。王侯能按自然规律办事，天地间阴阳之气相互作用，也就是地气上升，碰到冷空气就会下雨，风调雨顺，就会降下甘露以滋润万物。天地无心，做到了朴实无华，对待万物都持平等的态度。不会因人的主观意愿而改变。民众没有要求它，它却能够做到自然均匀，不厚此薄彼。每个人都会自觉地守着自己的那一份真朴，就会和谐相处。这一章老子进一步讲解"道"的观念，他首先说："道常无名。""道"永远是没有名称的，之所以不可命名，因为它是一种永恒的存在。而从另外一个角度来理解，"道"之所以不可命名。老子接着说道："朴虽小，天下莫能臣。""朴"虽然很小，但是普天之下没有什么能够支配它。这个朴，其实指的就是"道"所具有的那种朴质的状态,而这种"朴"的状态是十分微小的——宇宙在起初之时，也仅仅是一个"点"而已，可以说是微小至极，这与老子的说法是相通的。虽然在老子的时代还不可能产生如此高深的天文学知识，但是两者之间还是有着"神通"之处的。由此我们也能够感知出老子的思想是何等精湛绝伦。这个"朴"虽然极小，但是它的功用极大；宇宙形成之时的一个微小的点，后来化生了万物，这个"点"极小,然而宇宙中的一切都是由它化生而来的。这就是"朴虽小,天下莫能臣"所体现出的深刻的道理。

第四十八章　知止不殆

晋文公（前697—前628），姬姓，名重耳，是晋献公之子。当年，晋献公想娶骊姬为夫人，而事先请人占测了一番，想了解一下这么做是否吉利，可是，用龟甲和蓍草分别卜筮，得到了两种恰好相反的结果，龟甲为凶，蓍草为吉。晋献公说，就遵从吉利的结果吧。卜者说："龟甲比蓍草更为可靠。"但是晋献公没有听从，后来，晋国果真因为骊姬而引发了一场内乱。骊姬为晋献公生下了儿子奚齐，她想让自己的儿子当太子，但是要实现这个目的就必须把当时的太子除掉才可以。于是，她就对太子申生说："国君梦见了你的母亲齐姜，你应该去祭祀她一下才好。"因此，申生就到曲沃去祭祀自己的母亲，按照惯例，回来之后将祭祀用的酒肉给父亲。而骊姬则偷偷在酒肉之中下了毒药，故意让献公发现，然后说这是太子想毒死自己的父亲，早登君位。因为此事，太子申生被逼自尽。而后，骊姬又想方设法对晋献公的另两个儿子重耳和夷吾进行陷害，重耳和夷吾被迫出逃。几年之后，晋献公薨逝，15岁的奚齐被立为国君。不久之后，晋国大夫里克就杀掉了奚齐。国相荀息就扶植卓子继位，但是里克又将卓子杀掉，而荀息则自尽而死。里克想请重耳回国即位，但是重耳说："我违抗父亲的命令而出逃，父亲死后我没有尽到人子之礼去守丧，我又有什么脸面回去呢？还是请大夫另立别人吧。"于是，重耳的弟弟夷吾被迎接回国，登上了君位，是为晋惠公。晋惠公因为重耳还在外面，又担心里克会废掉自己而迎立重耳，因而就命令里克自裁，对他说："没有你，我就当不上国君，虽然这样，你也杀了两个国君和一个大夫，我给你当国君不是也很危险的吗？"里克说："不废掉别人，你又怎么能够登上君位呢？想要杀我，难道还愁没有借口吗？既然这样说，臣从命就是了。"说完，里克即伏剑自刎。后来，晋惠公听说重耳很受其他诸侯的欢迎，就派人去刺杀重耳。重耳此时已经在狄居住了12年，为了躲避追杀打算到广纳贤士的齐桓公那里去。途经卫国时，卫文公对重耳很不礼敬。在离开卫国途中，重耳因为饥饿而向农夫乞食。农夫将食物装在土器里来送给他。重耳平日所用器皿一向很精致，见到土器非常气愤，想要拒食。但是同行的赵衰说道："土器象征着有土地，这是吉兆啊，您还是接受了吧。"到了齐国，齐桓公对重耳相遇甚厚，送给了他20辆车马，还将一个宗族之女嫁给了他。重耳因此得以在齐国过上了安稳幸福的生活。就这样，重耳在齐国居住了五年，与妻子姜氏感情深厚，不愿再离开。

一直跟随重耳的赵衰和狐偃等人见此情形非常焦虑，他们不想让主公因此消磨了雄心壮志，就报告给了姜氏。姜氏怕婢女走漏消息，就将她杀掉了，然后劝重耳马上离开。但是重耳对现在的生活非常满足，说道："人生唯求安乐而已，其他都不值得一提。我一定要死在这里，不能离开的。"姜氏对他说："你乃堂堂一国公子，因为走投

天道：体悟老子

无路而避难到齐国，跟随你的那批人都把你看作他们的生命，你不赶快回国，以报答这些劳苦的臣子，却贪恋女色，我为你感到羞愧啊！现在你不去追求，什么时候才能成功呢？"可是重耳却依然不肯离开。于是，姜氏和赵衰等人商量，将重耳灌醉之后强行将他拉上车，匆匆离开齐国。走了很长的一段路，重耳才醒来见到自己被载在车上，勃然大怒，操起戈来要杀舅舅狐偃，狐偃说道："杀了我而成就了您，这是我的心愿。"重耳咬着牙说："事不成，我就吃了您的肉。"狐偃说："就算事情没有成功，我的肉又腥又臊，有什么可吃的呢？"重耳这才平息了怒气，开始赶路。途经曹国，曹共公听说重耳的肋骨长得很紧密，就想让重耳脱下衣服来看一看，这是一种很不礼貌的行为。曹国大夫负羁对他说："晋公子很贤明，与我们又是同姓，在穷困之时路过此地，为什么不以礼相待呢？"但是曹共公没有接受负羁的建议。负羁就私下里给重耳送去食品，并且在食品的下面藏了一块璧玉。重耳接受了食物，而将玉璧还给负羁。到了宋国，宋襄公以隆重的礼节接待了重耳，但说道："宋国是小国，又刚刚打了败仗，没有能力送公子回国，你们还是去向大国求助吧。"来到郑国，郑文公待之不礼，叔詹说道："晋公子贤明，跟随他的人都是国家的栋梁之材，而且又跟我们是同姓，应当礼遇他才是。"郑文公傲慢地答道："各诸侯国流亡的公子来这儿的多了，怎么能每个都那么礼遇呢？"叔詹又说道："那么，不如将他杀了，不然恐怕以后会成为郑国的祸患啊。"但郑文公没有听从。重耳又来到楚国，楚成王以诸侯之礼来接待他，这让重耳觉得难以担当。楚成王问他说："您返回国之后，用什么来报答我呢？"重耳说："珍禽异兽、珠玉绢绸，大王都富富有余，我不知道可以用什么来报答您。"楚成王说："虽然这样说，你总该有表示的吧。"重耳于是说道："如果在不得已的情况下与大王兵戎相见，我为王退避三舍（一舍为三十里）。"重耳在楚国待了几个月之后，在秦国作为人质的晋国太子圉听说晋惠公病重而私自回到晋国。秦国对此感到十分气愤，听说重耳在楚国，就想招纳重耳过去。楚成王对重耳说："楚国很远，要经过好几个国家才能到达晋国，而秦国则与晋国相邻，秦君很贤明，您还是去秦国吧！"重耳走的时候，楚成王又赠送了很丰厚的礼品。到达秦国之后，秦穆公将五个宗族之女嫁给重耳，其中就包括晋国太子圉的妻子。重耳对此很反感，不想接受。司空季子说道："连他的国家都要夺取，又何况他的妻子呢？如果接受下来，就可以与秦国结亲而得以回国，您难道要拘于小节而忘掉大耻呢？"重耳这才答应下来，秦穆公对重耳的表现果然感到十分满意。这时，晋惠公薨逝，太子圉继位，是为晋怀公。晋国的大夫栾郤等人听说重耳在秦国，都私下里来劝重耳、赵衰等返国，他们愿做内应。于是秦穆公发兵送重耳归国。晋国虽然也出兵抵挡，但是大多数人都想让重耳即位,而支持太子圉的人则很少。

这样，流亡 19 年之后，重耳终于登上晋国君位，是为晋文公。这一年，重耳已经 62 岁了。晋文公迅速地解决了晋国长期存在的内乱问题，继而修明政治，举贤任能，赏罚有度，施惠百姓，使得晋国上下一心，走上了日益兴旺发达的道路。周襄王十九年（前 633），楚成王发兵围困宋国，宋国求救于晋国，先轸认为帮助宋国是树立晋国威望的良机，于是说服晋文公援宋。狐偃说："楚国刚刚与曹国、卫国结盟，如果攻打曹国、卫国，楚国必然来救，则宋国之危得解。"在强大的晋国军队面前，曹国和卫国很快战败，但宋国依然为楚国围困。这时，要救宋国就必须与楚国交战，而楚国有恩于晋国；若不救宋国，则宋国亦有恩于晋国，晋文公因此陷入两难之中。先轸说："抓住曹伯，将曹、卫两国的土地分给宋国，楚国肯定着急，也就会放弃围困宋国。"晋文公采纳了这个建议，楚成王果然打算退兵。然而，楚将子玉说道："大王对晋国有厚恩，现在晋国明知道楚国与曹国、卫国的关系密切，却故意去攻打他们，这显然是轻视大王啊。"楚成王说："晋侯在外流亡 19 年，尝尽了各种艰难，回到晋国之后，一定知道怎样治理国家，如何对待百姓，这是上天对他的恩赐啊，他是不可抵挡的。"但是子玉坚持与晋国开战。在楚晋交战之时，晋文公信守承诺，令军队退让了三舍的距离，于是两军交战于城濮，楚军大败。晋国声威大震。其后，晋文公会盟诸侯，成为继齐桓公之后的新一代霸主。老子说："道常无名朴虽小，天下莫能臣也。侯王若能守之，万物将自宾。"晋文公最终能够历尽艰险，脱颖而出，成为春秋五霸之一，不正是深刻地体现了这一道理吗？晋文公自少时即以贤德而闻名，长期流亡在外，虽然也曾有过一时的迷惘，但是终究在他人的帮助下迷途知返，不违礼制，不忘使命，遂成大业。时人都说这是上天的眷顾，然而究其根本，难道能说不是晋文公卓异的个人品质使然吗？

然后，老子话锋一转，又提出了自己对于统治者的期望："侯王若能守之，万物将自宾。"侯王如果能够持守它，天下就会自动地服从。老子的话锋这一转，从哲学转到统治之道。老子认为，作为国家的统治者，应该坚守朴之道。由上文所述可知，老子的朴有两层含义，一是质朴的原始状态，是大道至微。所谓质朴的状态，意味着广阔的发展空间和多样化的发展可能。让统治者坚守这种状态也许很难理解，但是我们看一下与朴相反的状态，便明白老子的意图了。与朴相反的状态是定型化。比如，社会按照一定的礼制，把人分成若干等级，谁是哪个等级，享受什么待遇并且世世代代都是如此。这样就把本来应该平等的人强行按森严的等级划分，这固然有利于统治，但是由于等级之间缺乏流动，社会也就失去了活力，矛盾也很难调和，最终会因矛盾的积累而走向崩溃。所以老子主张统治者治国，最好是社会保持朴的状态，不定型，不僵化，这样的社会才合乎大道，才会永远充满生机。二是老子要求统治者认识到大道至微，唯有保持这种卑微、低下的状态，才能收到最好的治理效果。在一个社会中，统治者居于最高地位，是最大的管理者，为什么要保持微小和低下的姿态呢？保持卑下的姿态，前文已有所论述，因为统治者像大海，只有保持最低姿态，才能引来万水来汇，才能成就涵澹澎湃的恢宏气象；之所以要保持微小的姿态，是因为人们都喜欢自高自大，卑微的姿态，不会对众人形成排斥，反而能吸引更多的人归附。比如燕昭王高筑黄金台，把智能之士抬得高高的，他自己则卑身相待，结果天下英雄纷纷来归，最终燕国得以横扫齐国，复仇雪耻。秦国国君，对东方贤士总是屈身以待，于是天下英雄无不西行，秦国正是借助他们的才智，才得以兼并六国，统一天下。这就是老子要求统治者保持微小姿态的原因所在。质朴和至微，都是大道的原则，只有从此"道"，才能使得天下归顺，民心悦服。其实不仅对于统治者治理天下来说是如此，人们做任何事情也都是这样的，只有遵从其中的"道"，按照万物自有的规律来办事，才能够达到理想的效果。"天地相合，以降甘露，民莫之令而自均。"天地之间的阴阳之气相合之时，就会降下甘露，人们没有令它均匀，它却会自然地均匀。为什么会这样呢？

老子说，君王若能遵守"道"的原则去治理国家，天下万物将自然宾服，明孝宗针对前朝之弊，锐意改革，与民休息，终于使明朝实现了中兴。孝宗的事迹尤能说明老子的这一道理。成化二十三年（1487）八月，宪宗去世，太子朱祐樘继位，是为孝宗，改元弘治。孝宗励精图治，锐意进取，进行了一系列的改革，使成化朝以来奸佞当道的局面得以改观。其在位十八年间，国家政治清明，经济繁荣，百姓富裕，史称"弘治中兴"。成化末年，宠幸万贵妃，重用宦官汪直、梁芳等人，以致奸佞当权，朝纲败坏。对于这种情况，其继任者孝宗十分清楚，因此在即位之初，孝宗就着手改革弊政。孝宗幼年经历坎坷，身弱多病。但他即位后，勤于政务，使得大臣有更多的机会协助皇帝处理朝政。同时，他又重开了经筵侍讲，向群臣咨询治国之道。弘治元年（1488），孝宗采纳大臣的建议，开设大小经筵。这一制度是在正统初年制定的。大经筵，每月逢二、十二、廿二日举行，主要是一种礼仪；小经筵又称日讲，君臣之间不拘礼节，从容问答，是重要的辅政方式。大小经筵制度，在宪宗亲朝时一度废置。孝宗开始坚持日讲，同时，又在早朝之外，另设午朝，每天两次视朝，接受百官面陈国事。孝宗勤政图治的做法，与其父怠于朝政形成鲜明对照。孝宗还开创了文华殿议政制度，其作用是在早朝与午朝之余的时间、与内阁共同切磋治国之道，商议政事。由于孝宗锐意求治，朝廷上下，文武百官纷纷上言，或痛陈时弊，或广进方略。马文升条时政十五事，包括选贤能、禁贪污、正刑狱、广储积、恤士人、节费用、抚四裔、整武备等诸多方面，孝宗对此十分赞赏，一一付诸实施，这对弘治朝兴利除弊起了积极的作用。在吏治方面，孝宗将成化朝通过贿赂、溜须拍马而发迹的官员一律撤换。改革首先从内阁开始，罢免了以外戚万安为首的"纸糊三阁老"。同时，孝宗大量起用正直贤能之士，如王恕、马文升、怀恩等在成化朝由于直言而被贬的官吏，以及徐溥、刘健、谢迁、李东阳等贤臣，还为抗击瓦剌建立大功的于谦建旌功祠。孝宗的以上措施，使得朝中和宫中的气象为之一新，时称"朝序清宁"。孝宗在内政上最主要的措施是大力兴修水利、发展农业。弘治二年（1489）五月，开封黄河决口，孝宗命户部左侍郎白昂领五万人修治。五年（1492）苏松河道淤塞、泛滥成灾。孝宗命工部侍郎徐贯主持治理，历时近三年方告完成。从此，苏松消除了水患，再度成为鱼米之乡。孝宗厉行节约，诏令削减宫廷开支与供奉，主张节约费用，减轻人民负担。他屡次下诏，禁止宗室、权贵侵占民田、鱼肉百姓；并减免一些地方的夏税、秋税。这些措施都十分有利于缓和社会矛盾和危机。正统、成化年间，农民起义不断，有几次声势还相当大，而弘治一朝却几乎没有发生过农民暴动。孝宗的努力终于得到了回报，弘治朝吏治清明、孝宗任贤使能，勤于务政，倡导节约，与民休息，创造出明代历史上少有的经济繁荣、人民安居乐业的局面。

因为"天地相合，以降甘露"是符合于"道"的，既然符合于"道"，也就不需要人力的干预了。中国古代极为推崇的"垂拱而治"，其实说的也就是这种状态。"民莫之令而自均"指出了自然之道规律作用的普遍性和客观性。随着社会的发展，渐渐有了各种纷杂的方法、理论制度，社会也就因此变得混乱，令人无所适从。治理社会者首先要建立一种体制，制定各种制度，并确立各种名分，任命各级官员办理、协调各种事务。既然有了各种名分，就会有纷争，所以就要有所制约，不可过分，要适可而止。"知止可以不殆。"老子说道："始制有名。"有了管理，也就有了名称。"名亦既有，夫亦将知止。"尽管已有了名称，也要知道适可而止。这话应当如何来理解呢？"道"原本无名，可是宇宙形成之后，各种事物也就有了名称，"有名"即意味着事物的生成，而事物的生成是无穷无尽的，在这样的情况下，人的欲求也就会有无限的满足空间，然而人们一定要注意的是，对于欲望的追求要适可而止，只有这样，才会远离危险，才是符合于"道"的做法。

因此老子说："知止可以不殆，譬道之在天下，犹川谷之于江海。"知道适宜地止步，才可以避免危险。这就如同说，"道"之为天下所归，就好像江海为小的河流所归往一样。俄国著名的寓言家克雷洛夫有一则寓言叫作《杰米扬的汤》：杰米扬是一个非常好客的人，有一次，他邀请自己的老朋友扬卡到自己的家里喝酒，他亲手烹制的鱼汤味道

天道：体悟老子

十分鲜美，扬卡喝了一碗之后，赞不绝口，而且意犹未尽。杰米扬听了这种称赞之后，感到非常高兴，就又给朋友盛了一碗。扬卡就又喝了一碗，这一碗喝下去之后，就感觉肚子有些饱了。杰米扬见朋友喝了第二碗之后，赶忙又盛上了满满的一碗。既然鱼汤的味道这么鲜美，扬卡就又撑着肚子再喝了一碗，但是这一碗喝到一半的时候，他的注意焦点就由口感的舒爽转移到胃部的不适上面了，但是又不好意思剩下半碗，就勉强地都喝下去了。意想不到的是，杰米扬却一味地劝说，让他再喝一碗，真是盛情难却，扬卡只得很痛苦地喝下去了这第四碗。满满的四大碗汤喝下去之后，扬卡的肚子甭提有多胀了，可是他刚刚将碗放下，杰米扬就又要去给他添汤，他见此情景，吓得急忙跑了出去。这则寓言说明的问题就是，鱼汤虽然鲜美可口，但是喝得多了也会令人厌烦，这就是适可而止的道理。

同为俄国著名作家的普希金曾经写过一篇著名的叙事诗——《渔夫和金鱼的故事》。一个老头儿和一个老太婆住在海边一个破旧的小木棚里，老头儿以捕鱼为生，老太婆则通过纺线来贴补家用。这一天，老头儿捕到了一条金鱼，不想这条金鱼却开口向他说话了，苦苦地哀求老头儿将它放回大海，并且答应给他丰厚的报酬，好心的渔夫就将金鱼放归了大海，却什么也没有索求。可是这老头儿做了一件很不应该的事情，他回家之后竟然将这件奇遇对自己的老伴儿讲了，老伴听了，不禁一个劲地骂他是个大傻瓜，对老头儿说："家里这么穷，遇上这样的好事却什么报酬都不要，哪怕就要只木盆也好啊。"老头儿听了觉得老伴儿讲得也有道理，于是就回到海边，呼唤金鱼出来，说出了自己的请求。回到家里，老头儿突然发现家里多了个新木盆，真没想到，老太婆见到老头子对金鱼说的话这么灵验，就更进一步冲老头子大骂道："你这个傻瓜，真是个老糊涂！真是个老浑蛋！你只要了只木盆，木盆能值几个钱啊？你再到金鱼那儿去，对它行个礼，向它要座木房子。"老头子听从了老伴的建议，就又向金鱼去索要了一座木房。哪知，这一愿望又实现了之后，老太婆的野心变得更大了，她竟然想要让自己成为一个贵妇人。老头子惧怕老太婆，就又去找金鱼，金鱼对这个请求也答应了。但是正所谓贪得无厌，老太婆接下来又想做女王。金鱼就又让她成为女王。可是这个"女王"并不满足，又想成为海上的女霸王，要金鱼来做她的仆人。老头儿被迫又来到海边向金鱼哀求，可是这一次金鱼一句话也没有说，只是尾巴在水里一划，就游到深海里去了。令他十分吃惊的是，那富丽堂皇的宫殿已经不见了，出现在他眼前的仍是他先前所居住的那个非常破旧的小木棚，而"女王"又还原成先前的那个老太婆，摆在屋里的也还是那只已经用了几十年的破木盆，一切都又恢复到原来的状态。老太婆因为不知餍足，结果使自己曾经得到的一切都又失去了。虽然这是个童话故事，但是有着很深的现实寓意。普希金当年写作这篇叙事诗，其现实指向就是沙俄贵族的横征暴敛，不仅仅是沙俄贵族，历史上很多的统治者都是如此，他们有着没有止境的欲求，对人民进行无休无止的剥削，而最终得到的结果就是背人民所推翻，而自己变得一无所有。

和前一个故事相仿，中国古代也有着"贪心不足蛇吞象"的著名传说。从前有一个很穷的人救了一条蛇，这条蛇为了报答他，就许诺帮助他实现愿望。这个人一开始只是要求一些简单的衣食，但是随着生活条件的改善，他的欲望变得越来越大了，在衣食无忧之后，就要求做官，开始只是要求做个小官，后来在蛇的帮助下，一直做到了位极人臣的宰相。但是他还不满足，又去向蛇请求让他当个皇帝。到这时，蛇彻底明白了，这个人的贪欲是无穷无尽的，自己永远都不可能完全满足他的请求，于是就张开大口，将这个"宰相"吃掉了。这表明贪得无厌，最终必然会导致引火烧身的后果。治理社会者，按规矩办事，不肆意妄动，这样就不会纷扰多事了，国家社会就不会危亡。"道"之在天下，譬犹川谷之于江海。"道"存在于天下，就像大海一样广阔无边。"道"是江海，王侯与万民就像一条条或大或小的河谷川溪流向大海汇聚。大海永远处于低洼之处，河川溪流才能够汇聚流入大海。老子认为统治者、管理者应真正地感悟到这个"道"的真谛，遵循"道"的"无为而治"和"无所不为"的规律法则，才会受到民众的拥戴。应深入理解"道"的含义和"道"的规律与准则，"道"是永恒的、深邃的、纯朴的，虽然看上去虚无缥缈，却冥冥中主宰着天地万事万物。

老子希望统治者、管理者遵守"道"的准则，无为而治，社会自然就会太平发展，从某种意义上来说，民众并非臣服于统治者、管理者，而是臣服于朴素无名的"大道"。这与"我无为而民自化"相一致，无为而治的意义就在于此。老子认为统治者、管理者以"道"的法则管理社会，民众就可以在不知不觉中得到实惠。"知止不殆"是本段的精华所在。"名"是人类社会引发争端的重要根源之一。老子把"道"叫作"朴"，因此"无名"可称之为"朴"，形容"道"的混沌状态，指"道"不自见，不自是，不自伐，不自矜。表达了"无为而治"的理念，认为侯王能依照"道"的法则治理天下，顺应自然，百姓将会自动归附。老子用"朴"来形容道的原始无名的状态，侯王若能持守无名之朴的道（持守道那自然无为的规律法则之特性），人民当能安然自适，各遂其生，"万物将自宾"。道的功用，均调普用。"民莫之令而自均。"这具有一种平等的民主精神。这原始朴质之道，向下落实使万物兴作，于是各种名称就产生了；定名分，设官职，处身行事就有着适度的规律法则了。

第四十九章　善建者不拔

原文：

善建者不拔，善抱者不脱，子孙以祭祀不辍。修之于身，其德乃真；修之于家，其德乃余；修之于乡，其德乃长；修之于邦，其德乃丰；修之于天下，其德乃普。

故以身观身，以家观家，以乡观乡，以邦观邦，以天下观天下。吾何以知天下然哉？以此。

译文：

天下有形的东西容易被拔去，积累有形的物质容易被取代，唯有善于修德持德的，建于心持于内，它不容易被取代。如果能遵循这个道理，世世代代都能遵循这个理！那么社稷宇宙的祭祀必将能够代代不绝。以道的原则举事立业、治国安邦，其基必固，不可动摇，抱此"道"者，可根深蒂固，长治久安，无有失败亡国之患，一个善于建功立业的人，其统治不易被动摇，一个善于保持事业的人，他所坚守"道"的原则永不会离失。一个人如果既能够建立一份事业又能坚守这份事业，那么他的子孙就能够因此不断地传承，受到子孙万代的敬仰、怀念颂扬和祭祀。用"道"的原则修身，其德可以朴实纯真，将此原则贯彻治家，其德可以绰绰有余，将"道"的原则贯彻乡镇，其德可以作为楷模，将"道"的原则用于治国，其德可使民心真朴，风气纯正，路不拾遗，夜不闭户。

将"道"的原则贯彻天下，则可使纯正之德普遍广大，若皓月当空，无处不照，使天下安定，万国九州和睦相处，相安无事，所以要以自己之心推及别人之心，自己不喜欢的东西别人亦不爱，因此在为人处世中，对人对事都不能把自己所不愿意的事物强加于别人，故本文在此段中讲治国理民时，虽然自身处在茫茫人海之中，错综复杂的事物之间，对某一个人或某一种事物都遵循"以身观身，以家观家，以乡观乡"的这一宗旨，去交人处世，会万无一失，所以我身因修此"道"，能心正意诚，神旺气足，身康体健，以此观他人之身，亦必同理，用于我家因修此道，六亲和睦，父慈子孝，

378

家业兴旺，以此观他家亦然，用于我乡镇因修此道，相亲相爱，和睦相处，无争无斗，以此观他乡镇，同样；以此观他国，无异，如道行天下，德行九州，普天同庆，万民安乐，以此观未来，必然如此。我为什么能对天下盘根错节的事物这样简单容易地处理呢？就是要从自身之德观照他人之德，就是以自身推及别人之身的这一种情理，就是用了以上"由近及远，由此及彼"的类推方法。故"以此"道修身处世是根基，只有巩固道这个根基，才能立身，为家、为乡镇、为国，可受到天下所怀念敬仰。

体悟：

这一章老子为我们指出了观察世界事物的方法，即本章结尾处"何以知天下"的方法，老子提出的认识方法与我们今天的科学分析的方法有很大的不同。老子采取了一种由内到外的整体认知策略。中华传统思想理论，无论是《周易》还是《老子》其中都包含了古圣先贤们对于事物之间具有普遍联系的认识，老子所提出的"以身观身"就是说要把"身"这一对象当作一个整体来看待，这就减少了对外界的干扰和不必要的误差。庄子提出的"收视返听"的方法就是要把平时外放的精神汇聚起来，来抑制游思杂念的蔓延，要我们保持心无杂念，以此才能观察事物要站在与之相对应的立场之上，通过一种比较适合的方法来实现方向目标。这就是"以身观身，以家观家，以乡观乡，以邦观邦，以天下观天下"，既要以身的角度观察身，以自家的角度观察他家，进而以"天下"的角度观察天下，这样观察判定才不会被主观所影响。老子论述的核心点便是"善建者不拔，善抱者不脱"，正是在此基础上，老子才得出了后面的结论。对于"善建者不拔，善抱者不脱"的解释，一般认为是天下有形的东西容易被拔去，积累有形的物品容易被取缔。唯有善于修德持德的人，建于心，持于内，也就不容易被取缔了。对于这句话所包含的智慧，大致可分为两点。

其一，便是对于可见的，人们张扬的东西，老子是持一种怀疑的态度的。老子在这里所说的"善建""善抱"指的便是建立在内心的德，正是因为建立于人的内心之中，是无形的，不是张扬的，并且这种建立于内心的德必然是主动建立，而非强加。所以很难被拔去，也是很难脱落掉的。而与其相对应的即是见于外的，或者说是外在强加的道德规范或社会规范，这种东西往往是社会规范所强加给个人，或者是个人为了迎合别人而去刻意表现出来的。因为不是发自内心的，便必然是很容易丧失掉的。

关于以上这一点，庄子曾进行了进一步的阐释，其在《庄子·列御寇》中，假借孔子之口说道："人心比山川还要险恶，比天道还难推测。天还有春、夏、秋、冬四季的变化和早晚的区别，人的内心都深藏在外貌的后面，叫人无法了解。有的人外貌谨慎，行为却傲慢无礼；有的人貌似聪明，却满肚子愚鲁；有的人形貌稳重，内心却轻佻无比；有的人貌似坚强，内心软弱；也有貌似宽静，内心急躁的人。这些人饥不择食地亟亟趋向仁义，又像避火一样地迅速舍弃它。因此，君子要任用某人时便要用几种办法来试探他。一、让他远离自己的职位，以观察他是否忠诚。二、亲近他，以观察他是否恭敬。三、让他做繁难的事，以观察他们是否有能力独立做事。四、突然向他提问，以观察他是否足够机智。五、交给他限期完成的任务去办，以观察他是否守信用。六、把财物托付给他管，以观察他是否清廉。七、把危难告诉他，看他会不会变节。八、让他酒醉，看他是否守法。九、让他处在人物混杂的地方，看他是否会淫乱。通过这九种试验，贤肖之徒便能够挑选出来了。"这里，庄子将老子对于外在的道德、礼制的怀疑进一步条分缕析地具体化，并且还给出了一系列检验其是否真实的办法。

其二，老子告诉了我们要建立自己的道德和信念，具体做法便是将其根植于我们的内心深处，如此，便能够做到不被外界所拔出，也不会自己脱落。这里的被外界拔出，指的是迫于外界压力或者诱惑而丧失掉，自己脱落则是因为不够牢固，便很容易被外界所动摇，或者时间一长，自己便脱落了。显然，老子所说的话乃十分切中现实的。比如，本来道德并不高尚的人做了教授，迫于社会学上所讲的人们对于这种职业的职业期待和这种社会角色本身的光环而表现得道貌岸然，时间长了，这些本身卑鄙的人便会暴露出令人惊讶的卑劣品质。再比如，有的人并非出于内心的真实需要，而是出于一种虚荣心而去追求一个东西，这往往是出于一种迎合社会和他人的心理，这种也许是很狂热的追求，因为没有内在动力是很容易在某一瞬间变得索然无味。

我们都知道，以自己有限的智力和精力去了解纷繁芜杂的世界，应该说是每个人都面临的大难题，而老子在这里仅用了一种简简单单的思维，便解决了这个难题。这正说明了那句话——大道至简。老子在这里教给我们的正是一种推己及人的智慧。实际上，对于推己及人的智慧，老子在其他章节也已经有所提及，比如"不见而明"，其方法便是通过自己的内心去感受"道"，了解了自己，再推己及人，再推及万事万物，最终达到通达。应该说，这种以自我内心向外推延，最终达到通达万事万物，是老子一向认为的人们能够获得的认知世界的方法。这种方法是简单而有效的，也是唯一的途径。对于这一点，另一位圣人孔子持同样的观点，在《论语》中，子贡请教孔子有没有哪句话可以作为终身的准则。孔子便说："己所不欲，勿施于人。"显然，这也是一种推己及人的智慧。而西方的圣人耶稣则说过类似的"爱人如己"。这些圣人不约而同地推崇这种推己及人的智慧，绝非偶然。实际上，仔细想一下，这的确是一种既高明又简单，并且人人都可以掌握的智慧。要想知道别人在想什么，想想自己就知道了，想知道别人对你的某种行为如何看待，想象你如何看待别人的类似行为就知道了。应该说，这种智慧具有十分现实的价值。生活中，许多时候我们都会感到迷惑，有时是猜不透，别人到底是如何想的，有时是拿不定、拿不准到底该如何去做，有时是对于某种行为的后果缺乏预见。这种时候，往往是我们不够冷静罢了，其实，如果能够冷静下来利用推己及人的智慧进行一番分析，便立刻就能够感到清晰了。许多事情都是人同此心，心同此理。影响我们每个人的无非就是那些共通的人之常情，你如此想，别人也大致差不多。一般而言，每个人都会为自己的利益着想，但是，你要知道，别人也是这么想的。因此你便不能为了自己的利益而去损害别人的利益，否则，别人为了维护自己的利益，必然会和你对抗。最后，你们两个谁也得不到好处，结果只能是两败俱伤。因此，在做出某种行为之前，你便要提前想到这一层，在考虑自我的同时，也要设身处地地为别人考虑一下。这才是一个人在这个世界上站得住脚的基本条件。

　　具体怎样才能做到推己及人呢？其实说到底便是以爱己之心去对待周围的人，不论做什么事情，都要以自己的感受，去体会别人的感受，以自己的处境，去想象别人的处境。或将自己放在对立面的位置上，将心比心，将别人看作自己，设身处地地为别人着想。比如，你害怕别人伤害你的自尊心，你就不要去伤害别人的自尊心；你读书学习时不喜欢各种噪声，别人读书学习时，你就要尽量少去干扰别人；你讨厌别人说话带脏字，你就要使自己的语言文明起来。总之，就如孔子所说，"己所不欲，勿施于人"。相反，你不喜欢被别人欺负，但你却喜欢欺负弱小的人；你做了错事后，总是希望别人能够理解你，你却从不肯原谅别人；你为了过上好日子而去坑蒙拐骗，使别人倒霉；你疼爱自己的孩子，在自家的孩子与别人家孩子发生矛盾时，你只是一味地护短，此类种种，便不是一种推己及人的态度了。如此，你在别人的眼中便成了一个不可理喻的自私者，没有人会愿意与你来往。关于对于这种推己及人的智慧的运用，有一个有趣的故事，很能给人以启发。丘吉尔在担任首相之前，曾任英国海军大臣。一次，一个朋友想私下里向丘吉尔打听一些有关英国海军的私密消息。一向讲究原则的丘吉尔不肯告诉他，但是这个人有些不甘心，软磨硬泡地向丘吉尔一再打听。最后，丘吉尔盯着他的眼睛说："这是很机密的消息，你能保证我告诉你后你不告诉别人吗？"那个人一听有希望，立刻信誓旦旦地说："绝对不会的，您放心吧，阁下！"丘吉尔一副就要告诉他的样子，但在说之前，他又谨慎地向四周望了一圈，似乎是害怕有别人会偷听到，然后他才回过头又对这个人问道："你真的能保证你能保守这个秘密？"那个人于是又诚恳地保证道："我能！"没想到丘吉尔笑着说道："我也能！"这个人一听，便明白了，再也不提这件事了。在这个故事里，丘吉尔便是利用了推己及人的智慧。丘吉尔的高明之处便在于不仅拒绝了这个的要求，而且巧妙地将自己的逻辑展示给了对方，并取得了对方的理解。在这里，丘吉尔先是站在了对方的立场上进行思考，并促使对方也站在自己的立场上进行思考，才取得了如此效果。可见，许多事情，如果能够推己及人，都是可以达到彼此理解的效果。

另外，"己所不欲，勿施于人"，其实只是老子所说的推己及人的第一个层面，更进一步层面便是孔子所说的另一句话："己欲立而立人，己欲达而达人。"这句话是说，凡是好的东西，你想要得到，别人肯定也想得到，因此你应该帮助别人去得到，即所谓君子成人之美。而一旦如此，别人自然会感恩的，也会回过头来帮助你。因此，如果人人一味地自私自利，结果往往是谁也占不到便宜；而都能替对方着想，结果则可能是双赢。这也是孔子这句话的深层意蕴。举个例子来说，一个企业的老总，要想取得更大的商业成功，对内他需要员工的勤奋努力，对外他则需要商业伙伴的大力支持。但是，要想使员工努力工作，他便需要给员工提供优越的待遇和工作环境，良好的晋升空间。如此，员工才会满腔热情地投入工作中去，为企业创造更大价值。即他要想取得成功，恰恰先要使员工个人在工作上获得成功；同样，想要获得商业伙伴的支持，首先便是要支持商业伙伴，伙伴成功了才会更有力地支持自己。总之，无论是在事业，还是在生活方面，把握推己及人的智慧。都会令我们更清晰地认识纷繁复杂的现实，都会使我们更容易找到解决问题的途径，也许你一直为自己工作努力而迟迟得不到晋升而苦闷，找不到原因。这时，只要你站在老板的角度，以他的眼光来看这个问题，可能马上便能看到问题之所在了。也许是你能力还有待提高，还没有到提拔的时候，也许你的竞争对手也同样很优秀，上司无法拿定主意。当然，也可能是他就是想节约成本，不想让你挣太多的钱。一旦将原因看清楚了，你该如何做自然便明白了。你一向自我感觉良好，但突然有一天你发现自己的朋友并不是很多，似乎自己在别人眼中并不值得交往，你感到有些委屈而莫名其妙。这时，跳出自己，站在别人的角度看一看，可能会看到问题的所在。也许是你太自我了，不懂得考虑别人的感受；也许是你说话有些刻薄了；也许是你有些太抠门了；等等。总之，想必对自私、狭隘、刻薄的人，你自己肯定不喜欢，同样，别人肯定也不喜欢。你肯定喜欢风趣、包容、义气的朋友，别人肯定也欢迎这样的人，因此，将心比心，自己讨厌出现在别人身上的行为，便避开；自己欣赏的别人的优点，便照着去做，哪里还会缺朋友呢？

总之，老子在这里所告诉我们的是，无论是道德还是信念，只有自己内心真正认可，从而主动建立，才会真正坚韧，才会对一个人形成持久的激励。综合以上两点，

第四十九章　善建者不拔

"善建者不拔，善抱者不脱"所给予我们的现实启示便是要善于建立自己的信念。其具体做法便是一开始就要将其建立在内心深处，而不要对外张扬。因为张扬往往是出于一种迎合社会和别人的目的，而只有将信念建立在内心深处的人，才不会因外界的压力和诱惑而变动，不因时间长了淡漠乃至消失。关于此，我们肯定在生活中也有体会，一个人如果是认真地给自己定下一个信念，必然不会大张旗鼓地对别人宣扬，而是暗下决心。因为所谓信念，正是一种内心深处的东西。而一个人一旦大肆张扬地对人宣称自己要怎么怎么样，结果往往是哗众取宠罢了，这样的人仔细观察的话，最后都很难兑现自己说的话。关于此，鲁迅小时候的一则故事很能说明问题。鲁迅13岁时，他的祖父因科场案被捕入狱，父亲长期患病，他经常到当铺卖掉家里值钱的东西，然后再在药店给父亲买药。一天鲁迅因为去当铺和药店，上学迟到了，先生看到他迟到了，就生气地说："十几岁的学生，还睡懒觉，上课迟到，下次迟到就别再来了。"鲁迅听了，点点头，没有为自己做任何辩解，低着头默默回到自己的座位上。第二天，鲁迅很早就来到了学校，并在书桌右上角用刀刻了一个"早"字，心里暗暗下定决心，以后再也不迟到了。在后来的日子里，父亲的病更重了，家里很多活都落在了鲁迅肩上的同时，他还要更频繁地去当铺和药店。他每天天不亮就起床，料理好家里的事情，然后再到当铺和药店，之后又急忙地跑到私塾去上课，再也没有迟到过。其实，鲁迅将"早"字刻在桌子上的同时，也刻在了自己心里。正是因为如此，他才能够克服困难，实现自己的信念。

老子说："善建者不拔，善抱者不脱。"一个人道德修养高，就会得到别人的尊敬和爱戴。东晋邓攸的故事就很好地说明这个道理。邓攸，字伯道，平阳襄陵人。邓攸七岁时父亲去世，不久母亲与祖母也相继去世。他守丧九年，以孝著称，为人清静和气，平易简朴，忠贞正直，淡泊寡欲。他从小就成为孤儿，与弟弟居住在一起，后来邓攸被评为二品，任吴王文学，后历任太子洗马、东海王司马越参军。司马越很钦佩他的为人，提拔他为东海王世子文学，后转任吏部郎。司马越的弟弟司马腾出任东海中郎将，请邓攸任长史。后来他又出任河东太守。晋怀帝永嘉末年，邓攸为石勒所俘。石勒一向忌恨太守等高级官吏，听说邓攸在营中，便派人骑马去召唤他，打算杀死他。邓攸到达石勒门前时，发现门吏是他的旧部下，于是邓攸央求他找来纸笔，给石勒写上一封书信。门吏等石勒高兴的时候乘机呈上邓攸的书信。石勒看完信觉得邓攸文采很好，才没有杀死他。石勒的长史张宾先前与邓攸是邻居，很看重邓攸的名望节操，于是向石勒推荐邓攸。石勒把邓攸召到帐下，与他交谈一番，觉得很满意，不久就任命其为参军。石勒每次外出征伐，都带着邓攸，让其留在身边。石勒曾定下一则规定：夜间

天道：体悟老子

禁止点火、违反者要处死。邓攸的车子与胡人相邻，胡人夜里失火，烧毁了车辆。官吏来调查，有人就诬陷是邓攸干的。邓攸自知无法与其争辩，就自辩说是因弟媳服药必须把酒温热，这才引起失火。石勒知道后，下令赦免邓攸。后来胡人感激邓攸的恩德，便去石勒那里负荆请罪，以辨明邓攸的冤情。邓攸本是晋人，不甘心长期待在北方胡人之地，于是趁石勒过泗水时，立即砍坏车辆，以牛马驮妻子、孩子逃跑，不料途中遇到强盗，掠走牛马。邓攸只好拉着自己的儿子和侄子邓绥逃跑。粮食很快就吃完了，石勒的追兵也在后面穷追不舍。邓攸估计不能两全，就对自己妻子说："我的弟弟死得早，只有一个儿子，我们不能让他绝后。现在如果我们带着两个小孩子逃命，大家都会死。如今之计只有舍弃我们的孩子了。"妻子听后泣不成声，邓攸安慰她说："不要哭了，我们还年轻，日后还会有孩子。"妻子哭着同意了，于是把自己儿子扔掉了。他的儿子早晨被扔掉，傍晚时又追上来了。第二天，邓攸只好把儿子绑在树上而离去。渡江以后，晋元帝任命邓攸为太子中庶子。

邓攸自己载着米到吴郡赴任，不接受俸禄，只是饮用吴郡的水而已。当时郡中正闹饥荒，邓攸便上表请示朝廷允许开仓赈灾，朝廷还未答复，他就擅自开仓赈济饥民。尚书台派遣散骑常侍桓彝等慰劳饥民，察看地方官员的政绩，见邓攸擅自做主，便弹劾邓攸擅自开仓放谷，但朝廷下诏赦免了邓攸。邓攸在吴郡时，为官清廉，法纪严明，百姓对他十分拥戴。后来，邓攸声称有病而离职。吴郡中常置备有送迎官员的钱数百万，邓攸离开吴郡时分毫也不接受。百姓数千人牵住邓攸的船挽留，使船无法行驶，邓攸只好暂时停住，到半夜时方开船离开。吴郡人唱歌谣说："犹如打五鼓，鸡鸣天欲曙。邓侯拖不留，谢令推不去。"百姓到尚书台乞求再留邓攸一年，未得到允许。后来邓攸被任命为侍中，一年后又转任吏部尚书。他平时只吃蔬菜，穿旧衣，但经常周济别人。他性格谦顺和气，与人交往不分贵贱，都一视同仁。邓攸抛弃自己的儿子以后，妻子未再怀孕。过江以后邓攸曾经娶了一个小妾，非常宠爱她，一年多后闲聊时询问她的来历，小妾说自己是中原人，因战乱而避难江东，并说了她父母的姓名。邓攸这才知道这个小妾竟然是自己的外甥女。邓攸一向以道德操守标榜，平时言行没有任何缺陷。听了她的话后，邓攸悔恨不已，于是终身不再纳妾，最终还是没有儿子。时人感念他的仁义，哀怜他没有后代，都说："天道无知，使邓伯道无儿。"邓攸死后，他的侄子邓绥为他服丧三年。邓攸一生清廉，厚德载物，为世人所重。名士顾念评论说："邓攸清廉，江南士大夫中第一。"

其实，在树立信念和目标时要不张扬，将其刻在内心只是手段，其最终的目的还在于使这个信念和目标一旦产生，便不因环境的影响和外界诱惑而轻易变换，能够持

384

久地激励我们，说到底就是要立长志，而不要常立志。我们都知道，一个人树立信念和目标，只有坚持不懈地朝着它奋勇前进，才有可能最终实现。如果三天打鱼，两天晒网，最终很可能一事无成。追求一个目标，就像挖井一样，如果在这个地方刨两下，又在另外一个地方刨两下，就不可能挖出水来的。做任何事，一旦缺乏恒心，便不可能成功。因为凡是大事，必然都要经历一番磨难和时间的考验。而缺乏恒心的人，必然在中途就撂挑子不干了。海尔总裁张瑞敏曾说："重复地做简单的事就不简单。"说的便是这个道理，那些做出一番事业的人往往不是最聪明的人，而是最专注的人。美国总统林肯出身寒微，在29岁认定从政之路后，经历了九次竞选失败，最终成为美国最杰出的总统。好莱坞明星史泰龙年轻时梦想成为演员，写好自己做主角的电影剧本，挨个拜访好莱坞的500家电影公司，相继遭到拒绝，其后他在第二轮、第三轮拜访中又均遭拒绝，直到第四轮的第350家电影公司，老板才破天荒地答应他留下剧本先看看，但正是这次，让史泰龙实现了梦想。还有众所周知的发明家爱迪生，发明飞机的莱特兄弟，苹果电脑创造者乔布斯，作家狄更斯，等等，无不是在经历多次的失败后才最终拥抱成功。

总之，老子在这里所给我们的启发便是要善于建立自己的坚定信念。要明白，所谓成功便是在内心深处种下你的信念，然后要坚定不移地去努力实现它——以"道"修身修德。以此法修"道"，才能达到"善建者不拔，善抱者不脱，子孙以祭祀不辍"的状态，无论求学或是创业，都要凭借高度的智慧，争取有所建树，才可以留之于后世，生生世世，绵延不绝。就像老子、孙子、孔子那样，放弃了世间的虚名，无论时间如何流逝，他们的学问道德永存，或道德规范，或思想标准，对后人的教化作用永存。谁也没有办法摆脱他们的影响。老子将"修德"作为建立自我完善自我的立足点。简言之，就是要把握生命的核心，体察自然之道，运用到自身，就是"修之于身，其德乃真"。才能真切感受到德的妙用。能够"以身观身"，就可以发现自然之道，乃至生命走向衰亡的过程，由观察自身观察自家的兴衰，洞察先机，再观察其他家庭的道德行为，就会发现其必然的规律。由此我们可以看出，老子是以符合"道"的方法来认识事物，"道"无所不在，人也应当保持敏锐的状态，接受来自各个方面的信息，以此来保证观察结果的准确性，老子修身之道的观点很容易想到儒家的"格物，致知，诚意，正心，修身，齐家，治国，平天下"的修身过程，也很容易让我们想起《孟子》所说的"老吾老以及人之老，幼吾幼以及人之幼"的理想状态，更容易让我们想起《中庸》里描述的"大同社会"大道之行也，天下为公，选贤与能，讲信修睦，故人不独其亲，不独其子，使老有所养，壮有所用，幼有所长，鳏寡孤独废疾者皆有所养，我们看到在如何修身以及对大同世界的思想方面，儒家有很多思想都是建立在道的思想上的。老子认为"以此"为国，为天下有所作为。"道"不是向外求的，而是在于自身，这才是"吾何以知天下然哉"的原因。本章强调以道修德，即遵循自然之道来作为自我的修为方式。实现这一目标，必须注重德行的积累，这是修身齐家进而治理天下的关键所在。"修身"犹如巩固根基，是建立在自我与处人治世的基点上。老子强调由治身到治国的小大范围内，修德的重要性。社会各阶层中的德教，亦为儒家所倡导。不过在程序推衍上各家观点略有差别。例如《管子·牧民》也提出家、乡、国、天下之为治的主张，但他认为："以家为乡，乡不可为也；以乡为国，国不可为也；以国为天下，天下不可为也。以家为家，以乡为乡，以国为国，以天下为天下。"《牧民》的观点与老子"以身观身、以家观家、以乡观乡、以邦观邦、以天下观天下"的观点相一致，两者与《大学》修身、齐家、治国、平天下却有较大的不同，《大学》由修身到齐家之后，便由齐家急速推广到治国。然而"家"与"国"不仅性质、领域不同，所处理的事也各异，能齐家的未必能治国。不过，《大学》的高谈阔论，颇深入人心。

第五十章　无为而无不为

原文：

　　道常无为而无不为。侯王若能守之，万物将自化。化而欲作，吾将镇之以无名之朴，无名之朴，夫亦将不欲，不欲以静，天下将自正。

译文：

　　清静无为的自然之道，永远不劳心、劳力，它顺其自然而为。没有任何肆意造作和妄为，但天下众事物，各有条有理，皆是顺自然之道所成，道永远是顺其自然而无为的，但任何事物都是它所为的，所以它就是顺其自然无所不为的，王侯若是能持守自然之道，心地纯一，真诚不妄，清静自然的心态，国自治，民自化，万物就会自然生长，在自生自长过程中。

　　如出现贪欲，逞狂作怪者，不必要采取任何其他的办法，仍以清静，无为，真诚，自然，浑然未破之道来镇服它。浑然未破的"无名之朴"即是自然之道的体性。它在人身，就是未被情欲凿丧的先天本性，他没有任何私欲和情妄，至为清静，纯粹。它是自然的身自修，天下自然太平，只有真朴的大道能使它回归无欲无求，用真朴之道来镇服，就会杜绝私欲。没有私心杂念，天下自然归于静定，将永没有倾覆的危险。杜绝了私欲，无欲无求以达到清静，百姓自然安宁，天下自然安定。

体悟：

　　在老子文中很多次阐释了"自然无为"的理论思想，"自然无为"也是《老子》的核心思想，它主张顺自然、因物性，所谓"无为"，就是使事物保持在其产生之前的"无"的状态。中医有句名言"上工治未病"，也就是说高明的医生医治在病前，很多事情都是这样，应防患于未然，把问题解决在萌芽之前的状态，看似不经意，其实已经无为无不为完成了成功要素。老子的"道"是一种哲学，而不是一种宗教，它不具有主观意识，它主题是顺其自然，它创造了万物，但又不主宰万物，任凭自然万物顺着自然规律发展、繁衍、消亡，不去妄为。衍生万物的"道"本身是无为的，因为无为，所以无处不起作用。这句话的本意是顺应自然之道，不刻意妄为。老子一再提倡"无为"，并不是说什么都不做，无所事事，坐享其成，而是说要抛弃个人的主观心智技巧，去除私心杂念，不恣意行事，顺应大自然的法则而行事，有所作为。"无为"实际上是不妄为，不刻意妄求，不矫揉造作，不强为，就没有什么做不成。懂得这个道理，为人做事就要有远见，做到未雨绸缪。对于修道而言，就是要放弃私心杂念以及功名思想，这也是人生的道理，把握住了"无为"，就能做到"万物将自化"。真正做到了放下，才能"无所不为"。"化而欲作"，如果在清静无为中，想起作用就是保持原始的纯真质朴，在作用的时候，才能取之不尽，用之不竭。

老子认为，理想的执政者，只要恪守道的法则行事，就会达到"天下将自定"的效果。由此可见，老子从社会发展的角度看问题，表现出内心深沉的历史责任感。"道常无为而无不为。""道"总是无所作为，可天下又没有什么能够离得开它的作为。类似的话语在《老子》文中反复出现，也就反复地强调着老子极为看重的这样一个核心的观点：无为而治。在老子看来，只有做到了"无为"，才可以做到"无不为"，一个人如果去做什么事，看上去可能他做得很多，然而即使他做得再多，也毕竟是很有限的，远远不能达到"无不为"的程度；相反，看似什么都没有做，才能够做到"无不为"。那么，既然是"无为"，又如何能够实现"无不为"的目的呢？奥秘就在于，避免人为，而让之于道，也就是老子接下来所要说的："侯王若能守之，万物将自化。"侯王如果能持守"道"的精神，那么天下万物就会自行化生，而无须你再去亲自操心。也就是说，在这一章里，老子把"道"落实到国家治理中，指出最好的统治者应该采取无为而治的统治方法。许多人认为无为而治就是什么都不做，这是对无为而治的误解。实际上作为老子哲学思想的核心，无为而治有着丰富的内涵。

一切事物都有其自身的发展规律，人只能顺其自然之道有为，而不可违背妄为。违背事物发展的规律去强为，就会适得其反。汉惠帝二年（前193）七月，丞相萧何病死。吕后、惠帝遵照汉高祖的遗嘱，将齐国国相曹参召入朝中，让他接替萧何出任丞相。曹参奉诏入朝，吕后、惠帝授予他相印，让他做了丞相，曹参入主相府后，朝臣们都私下里议论，说萧何、曹参二人，早年一起追随刘邦起兵，又均为沛县人，关系原本十分要好，后来曹参战功卓著，封赏反而没有萧何的多，两人于是有了隔阂。现在曹参做了丞相，一定会对人事做大调整。为此，各级官员都慌张起来，他们担心自己的前程会毁掉。哪知曹参入主相府几日，什么事情都没有做，而且还贴出文告表示一切政务、用人都依照前任丞相旧章那样处理政务。几个月过后，曹参渐渐对僚属有了大体了解，于是把那些说话雕琢、严酷苛刻，想竭力追求名声的官吏全部罢免掉。

同时，曹参又选拔各郡国中那些年老忠厚、口才迟钝的文官，填补以上空缺。然后曹参就闭门不出，日夜饮酒，不理政事。卿大夫以下的官吏和宾客见到曹参不处理政事，便纷纷入见曹参，都想找他好好谈一谈。可是等他们一来，曹参就取出醇厚的酒给他们喝，官员们刚想趁机进言，又被曹参灌酒。喝醉以后才离开，始终不能进言。自此以后，曹参的手下也不再询问曹参这么做的缘由了，都纷纷仿效起来。相国官邸的后园靠近官员住处，官员每天饮酒唱歌呼喊，声音传到了很远的地方。曹参明明听到了，却装聋作哑，不加理睬。曹参的随从侍吏厌恶他们，但是又不能得罪他们，只好把曹参请到园中游玩，听见官员醉酒唱歌呼喊，随从侍吏都希望曹参能制止他们，然而曹参非但没有制止，反而取酒设座，跟他们彼此呼应唱和。侍吏见此情景，感到莫名其妙，也不好再问。曹参不但不去禁酒，就是属下犯了小过错，也往往代为遮掩。属吏们感恩戴德，都不敢轻易犯错，所以相府中没有发生什么大事。不过，朝中大臣却对曹参的行为感到不解，有些人还时常把这些情况报告给汉惠帝。此时，惠帝刚刚即位，他听说曹参日夜不停地请人喝酒聊天，好像根本就不把国家大事放在心上，还以为是曹参嫌他太年轻了，有些看不起他，所以有些着急，希望曹参能竭尽全力辅佐自己。曹参的儿子曹窋在朝中担任中大夫，有一天，惠帝对他说道："你休假回家的时候，碰到机会就顺便问问你父亲，你就说：'高祖刚去世不久，现在的皇帝又年轻，还没有处理政务的经验，正要丞相尽心尽力辅佐，共同处理国之大事，可是现在你身为丞相，却整天与人纵饮闲聊，一不向皇帝请示报告政务，二不过问朝政大事，要是长此以往，您怎么能治理好国家和安抚百姓呀？'你问完后，看你父亲如何回答，回来后你告诉我一声。不过你千万不要说是我让你去问他的。"曹窋领了惠帝的旨意，回家后找了个机会，一边侍候曹参，一边按照皇帝的旨意跟曹参闲谈，并向曹参规劝了一番。曹参一听到儿子的话不禁勃然大怒，大骂曹窋道："你小子懂什么朝政，这些事是你该说的还是你该管的？你还是赶快回去侍奉皇上吧！"他一边骂一边拿起板子把儿子狠狠地打了一顿。曹窋遭到父亲的打骂后，垂头丧气地回到宫中，向汉惠帝大诉委屈，并把挨打的过程一五一十地告诉了惠帝。惠帝听了更加觉得莫名其妙了，不知道曹参为什么发这么大的火。第二天，早朝散了之后，汉惠帝把曹参留下，责备他道："丞相为什么要责打曹窋呢？他对你说的那些话是我的意思啊，也是我让他去规劝你的。"曹参听了惠帝的话后，立即摘下帽子，跪在地上不断叩头谢罪。汉惠帝赦他无罪，又对他说道："丞相您有什么想法，就直接对我说吧！"于是曹参向惠帝问道："请陛下好好地想想，您跟先帝相比，谁更贤明英武呢？"惠帝回答说："我怎么敢和先帝相提并论呢？"曹参又问："依陛下的看法，我的德才跟萧何相国相比，谁更强一些呢？"汉惠帝笑着说："我看你好像是比不上萧相国。"曹参接过惠帝的话说道："陛下说得非常正确。既然您的才能比不上先帝，我的德才又不如萧相国，那么先帝与萧相国在统一天下以后，陆续制定了许多明确而又完备的法令，在施行的过程中又都取得了很大成效，难道我们还能制定出超过他们的法令规章来吗？"接下来，曹参又诚恳地对惠帝说道："现在陛下是在守业，而不是在创业，所以，我们这些做大臣的，就更应当遵守先帝遗愿，谨慎行事、恪守职责。对已经制定并执行的法令规章，就更不应该任意改动，而只能去遵照执行了。我现在这样依照先帝的遗愿办事不是很好吗？"汉惠帝听了曹参的解释后，十分欣慰地说道："我终于明白了，丞相不必再说了！"曹参当政三年，极力主张清静无为不扰民，遵照萧何制定好的法规治理国家，整个西汉王朝社会稳定，百业兴旺。曹参死后，百姓们编了一首歌谣称颂他："萧何定法律，明白又整齐；曹参接任后，遵守不偏离。施政贵清静，百姓心欢喜。"历史上这段史实被称为"萧规曹随"的典故，很多人都只是肤浅地理解为前任的办法好，就继承下来，不如前任就当好学生，但没有认识到，那些可以被"曹随"的"萧规"，其本质上都遵循了事物的规律"道"。因此，天地运行的遵循的规则并不繁难，只不过顺其自然之道而已。

首先，无为而治是指治国不要瞎折腾、瞎指挥、胡作非为、任意强为，强行干预社会经济和人民大众生活。在老子看来，社会经济的繁荣发展，人民生活的富足安康，有一个自然的客观规律在支配，是一个自然而然的发育过程，人为地干预，一厢情愿地瞎掺和、瞎折腾，不自量力地强行推进，代替民众进行行为选择，种种指手画脚的统治方法都是极其错误的，只能延迟、破坏乃至扼杀社会的自由发展。与其这样做，不如静观其变，尊重劳苦大众在社会经济发展过程中的主体地位。其次，无为而治的核心要义在于这一理论有个前提，这个前提是统治者首先要遵守大道。当社会的发展合乎大道的时候，就任其发展，不加干预；当社会发展背离大道时，应该加以引导，使之走上合乎大道的轨道。为与不为的选择，在于统治者对大道的理解和把握，以及对社会现实的判断。比如战乱过后，百废待兴，实施休养生息的国策，不去干扰众百姓，使社会经济恢复发展，这就是无为而治；社会发展到一定阶段，土地兼并严重，社会风气奢靡浮华，统治者应当强化思想品德教育，扭转社会风气，革除社会发展弊端，这也叫无为而治。总之无为不是不为，而是遵循大道规律而为，不是按自己的想法而为。最后，无为而治还包含有所不为的思想。比如作为统治者，不能朝令夕改，言而无信；不能干违背自然常识和社会道德的傻事，不能干害人害己的蠢事，也不能干损人利己的坏事。无为而治还教导统治者，对社会要保持静观状态，使自己始终处在可以选择的主动位置上，这样在处理各种事情时，都可以不被动、不匆忙，有时间从容应对，有空间进行回旋。社会经济和人民生活不需要统治者干预，按照大自然的规律，市场会自发地根据需求自发地调节。在社会市场中人人都会主动选择自己最合适的生存，干自己最喜欢也最拿手的事情，获得最大收益。

社会上如果每个人都能发挥出自己最大的才能，创造出个人的最大价值，社会自然会获得充分和快速的发展，走向社会繁荣。这就是无为而无不为。这一思想，与现代西方市场经济的思想是高度一致的。事实上，不要说是手握实权的统治者，就是一般的人都是喜欢表现自己的，喜欢有所作为的。这是人类的天性，譬如，动物原本都是野生的，可是后来有一部分被人类所驯化了，一代一代地传续至今，就与原野生的同类出现了很大的差别，成了两个种属。人工饲养的动物，需要人们投入很多的精力去进行管理，否则动物的生长就会出现很多问题，在一定的意义上可以这样讲，那些家养的动物，如果离开了人的饲养，就会难以生存。可是这些动物原本就是不需要人们去进行照料的，它们原本就能够在大自然环境下自行健康地衍生，只是人们出于自己的贪心，才改变了它们的本性。老子说，不要这些人为的东西，大家岂不是会生活得更为轻松和愉快。然而在现实中，人们总是做得太多，这是为什么呢？因为人们有着太过强烈的欲望。那么，对于人的欲望，老子提出了什么办法来对待呢？他说道："化而欲作，吾将镇之以无名之朴。"人想要有所作为的时候，我就用无名的真朴状态来让他安定下来。这种"无名之朴"，指的也就是化同于自然，没有任何强为之意，完全不为欲望所左右的得"道"的状态。

在治国方面，如果王侯能遵循这个规律，按照道的无为而无不为的法则来施行，而不以个人的意志来妄加干涉的话，那么人民就可以按照自身所需发展生产，安居乐业。这样社会就会安定，天下自然就能稳定下来，人在社会发展过程中，一旦产生贪欲，就要用真朴的大道来镇服它，用道来约束人们的欲望，使上下同、无贪欲，共处于恬淡虚静的真朴状态中，社会就会继续安定下去。即"镇之以无名之朴，夫将不欲，不欲以静，天下将自定"。在中国历史上西汉有著名的"文景之治"。汉文帝刘恒继位后，废除残酷的肉刑，治罪仅止于本人，不牵连妻儿，诽谤不治，铸钱者除，通关去塞，不擊诸侯，革除一系列秦朝时的乱法，为天下兴利除害，以安海内。他在位期间，一直执行与民休息和轻徭薄赋的政策。他一生都注重简朴，他本人车骑服御之物都没有增添，平时穿的都是用粗糙的黑丝绸做的衣服。文帝连为自己预修的陵墓也要求从简。文帝之子景帝刘启，继续执行"无为而治"的休养生息政策，在政治上奉行"清静恭俭"促进了社会经济的稳定发展。在其治理下，人口翻番，国内殷富，府库充实，父子二人共同开创了"文景之治"。

天道：体悟老子

　　本章老子主要阐述了道的无所不在和无为与无所不为，他是老子"无为而治"政治思想的体现。老子多次强调，如果统治者遵循道的原则来治理国家，则万物将自化。"道"的主旨是"无为"，而在万物自化的过程中，会出现贪欲滋生的情况，这时"道"将会发挥效用，使之回归淳朴，令贪欲不再复生。因世界的原始状态就是清静朴素，所以无为而无不为的大道会洗涤人世间所有不符合自然原则的事物。"无为"的目的是剔除贪欲，而其本身也无欲无求，它超越了人世上一切狭隘和偏见。老子说道："不欲以静，天下将自定。"不起欲望而恬静安然，天下就会自己呈现出安定的局面。岳飞曾经说："文臣不爱钱，武臣不惜死，天下太平矣。"这句话说明，欲望是造成你争我夺，社会混乱的根源，只有人心不为欲望所困。尤其是位高权重之人，能够做到廉洁奉公，以身事国，才能够换来天下的太平，否则，人人皆利欲熏心，为了获取功名利禄而不择手段，毫无廉耻，天下就必将大乱。人们在赞美盛世的太平景象时，经常会用这两个成语，夜不闭户与路不拾遗。正所谓"大道之行也，天下为公"，只有当人们的私欲为公义所超越之时，才会营造出一个美好的人类社会。可是人本身就是欲望很强的动物，人类如果没有感情欲望和生活嗜好，也就不成为真正健全的人。个人的私欲与社会安定构成一对难以调和的矛盾，那么人们应该怎样对待自己的私欲呢？老子开出的药方是恪守大道，不起欲望。但是作为一个人不起欲望是不可能的，其实老子教导的意义就在于，他提醒我们应该正确对待自己的欲望，尽可能地去克制自己的欲望，尤其是统治者，更应该注意这一点。

　　在得道之人看来，一个人只要心中出现贪婪或偏私的念头，那么他的性格就会变得懦弱扭曲，他的聪明才智就会因蒙蔽而暗昧昏庸，他的慈悲善良就会变成冷酷无情，他的纯洁心灵就会变得卑鄙污浊，所有的美德将会因此丧失，甚至会给自己带来无穷的危害。索诸史籍，不难发现古今中外的贪官都在受贿之后，变成由行贿者摆布的可怜虫。北周宣帝皇后是杨坚的女儿，杨坚因家世和才干出任北周重要官职，手握重权。北周皇族宇文氏对杨坚颇为猜忌，多次设计谋害，均未得逞。后来北周宣帝也动了杀心，想找个借口把杨坚除掉。宣帝设下一计，他让自己的四个美貌宠姬打扮起来，娇艳妖媚地侍立在自己的两侧，然后派人召见杨坚。宣帝暗嘱武士，如果杨坚窥视美姬，就立即把他杀掉。出乎意料的是，杨坚上殿后一直目不斜视，宣帝无奈，只好让他退出。不久宣帝因纵欲过度而死，他的儿子宇文阐即位，是为北周静帝。杨坚以国丈重臣的身份在朝中主政。当时，皇族之中汉王宇文赞势力最大，想除掉杨坚自己当皇帝，因此在上朝听政时常与杨坚平起平坐。杨坚也想除掉宇文赞，大权独揽，于是他选了几个美女送给好色之徒的宇文赞。宇文赞一见，喜不自禁，便搬回王府天天与几位美女玩乐，不再过问政务。就这样，杨坚顺利扫除篡权障碍，于公元581年7月称帝，篡周建隋。皇族大臣宇文赞因为贪色纵欲，成为杨坚手里的玩偶，任其摆布，致使国家与个人都落得个可悲的下场。由此可见无论是做人还是处世，抑或是治理国家，都要奉行大道，大道是宽敞的大路，顺此前进就会广阔无边。而欲望就好像狭路泥潭，一旦踏入不仅坎坷崎岖，更是寸步难行。

做人绝对不要因私欲而贪占便宜，一旦被欲望控制，就很容易迷失本性，甚至可能坠入深渊而万劫不复。荀子认为，人的本性是喜好私利的，由着这种本性发展，人们就会去残害忠良；人生来就喜好乐音美色，由此出发，淫乱之事难以避免。所以如果人人由着自己的本性，那么社会中的谦虚、忠诚、礼义等道德观念都会丧失。因此人类绝不可放纵自己的本性，任由欲望泛滥，否则，社会必然会相互争夺，秩序败坏，从而导致动乱。故而为了整个人类的福祉，也为了个人的安全与幸福，人类应自觉克制欲望，努力促使社会安定。老子深深地感悟到私欲对人类社会的危害。老子指出"道"无为而无不为，为政者只要依道而治理国家，对社会不乱加干预，百姓就会自然发展，安定自乐。"不欲以静，天下将自正。"做到了无欲，内心自然静定，那么天下必将安定。总之，要做到天下安定先要自己清静。为人处世创业，也是如此。若是碌碌强为执意成功，内心不能沉静，没有长远计划，那恰恰不能成功。这也是柔弱胜刚强的道理。做事勤劳，细水长流，无所求无所欲，不放弃努力，最后一定会成功。

"道"是顺应自然规律的，王侯若能遵循道的原则，无为而治，天下万物就会按自身规律而正常发展。宋咸平年间，真宗君臣秉行无为而治，与民休息的治国理念，使整个国家出现了经济繁荣，政权巩固，百姓安居乐业的局面，这与老子所主张的"无为而无不为"的理念相吻合。宋真宗即位后，继续推行太宗晚年以来的无为之治。他先后提拔了李沆、吕蒙正、夏侯峤、杨砺等人担任宰相和执政大臣，并保留了张齐贤、吕端等前朝能臣。这些人所采取的措施主要体现在减免赋税、改革朝政、劝课农桑、平抑粮价及改革司法等方面。咸平元年（998）时任度支判官的毋宾古对大臣王钦若说："各地种田的人，拖欠了大量未缴的田赋，有的已拖了十几年甚至几十年。年积一年，日久天长，老百姓根本没有能力偿还。可是因为账上挂着，基层官员就年年下去催要，并且借机勒索，这都成了一个重大社会问题。"王钦若把这个问题反映给了宋真宗。真宗听后觉得很有道理，立即下令进行改革。真宗于当年四月六日下令，凡往年拖欠之田赋一律免除。因为欠税而被关进监狱的人也一律释放。并且让各地认真核查落实，最后统计结果，共免除各地赋税一千万贯，共释放在押囚犯三千余人。四年（1001），宋真宗亲自审问因拖欠官府钱财而被捕入狱的人，一连审了七天，共释放两千六百余人，免除债务达二百六十万贯，并让有关官吏重新审查拖欠政府钱物的档案，凡有冤屈的就重新处理。后来，真宗又多次下诏要求免除或减少赋税，并发放粮食以赈灾。另外，真宗还下令减少服徭役的人数，恢复死刑复核制度，释放大批宫女等。通过施行这些措施，真宗树立起了"仁义天子"的形象。咸平四年九月，真宗到北郊"观稼"，沿途百姓看到真宗的车驾，竟然自发围上去大呼"万岁"。这让真宗很满意，他对身边的大臣吕蒙正说："假使能选将练兵，战胜辽夏，使边疆百姓也和他们一样过上安定的日子，我就心满意足了。"财政方面，中央设置三司使，推广"和买"制度。和买是当时一些地方官员想出来的办法，就是在农民春季资金短缺时，政府先付给农民一定的资金，然后农民在夏秋两季用布和绢来偿还政府。这样农民既可以获得生产所需要的资金，政府也可以买到低廉的物品。宋真宗本人对农业十分重视。在景德三年（1006）下诏要求各地方长官的官衔一律加上"劝农使"或者"劝农"等字样，鼓励农民努力务农。又作《景德农田敕》以这部农业法规来规范农业生产中的各种事项，并在后面很长一段时间内沿用。同时，大量印刷各种农业书籍分发给各级地方官，让他们从事农事，并大力推广高产作物占城稻。宋真宗还下令在全国推广"常平仓"制度，常平仓起源于战国李悝的平籴法，有储粮备荒和稳定物价的功能。真宗时政府规定，每年夏天由地方政府依照本地人口数量垫资购粮，以每户一石计，设仓储存，一旦遇到粮食价格上涨就减价卖给平民，以达到平抑粮价的效果。另外设有专人管理粮仓，出陈入新，防止粮食腐烂。常平仓制度对于灾年帮助平民渡过难关，稳定社会起到了重要作用。司法方面，严令禁止严刑逼供，废除了很多酷刑（如截断手足、钩背烙身等），并在京师成立纠察刑狱司，地方设立提点刑狱司，建立了司法复核制度，允许当事人上诉。宋真宗通过施行以上措施，使北宋社会呈现出政治安定、百姓富足的局面，历史上这段时期被称为"咸平之治"。

本章重点是论述君主无为而民自化的道理，讲治国之"道"。老子认为"道法自然"，自然是"无为"的，所以"道"也"无为"。"静，朴，不欲"都是"无为"的表现形式，为政者若能顺应自然之道治理国家，不危害人民，不与民争利，不胡作非为，不妄加干涉，人民就会自由成长。不会滋生贪欲，社会也就会长期稳定。老子提出理想的政治理念在于无为而自化——让民众自我化育、自我实现。统治者自身如能做到清静、真朴、不贪欲，对民众如能做到不奢靡、不扩张私人意欲，社会百姓的生活自然可以获得安宁。老子一再强调统治者的态度应出于"无为"，对社会生活顺任自然而不加以干预，让民众自我发展，同时要使社会民众养成真朴的社会风气，这样的社会才能趋于安定，百姓才能快乐。

第五十一章　功成事遂

原文：

　　太上，不知有之；其次，亲而誉之；其次，畏之；其次，侮之。信不足焉，有不信焉。悠兮，其贵言。功成事遂，百姓皆谓："我自然。"

译文：

　　"太上"指上古，"下"指庶民百姓。上古圣君治天下，本着真朴的自然之德，上顺天理，下就民情，无为而无所不为，天下一统，万民一心，人心纯朴，风俗深厚。天下大治，而不知大治。有君王，而不知君王。君王无心，亲显威名于民，百姓亦无意对上阿谀奉承，上下相忘于浑厚的淳风之中。正如学文所说：人在道中不知道，鱼在水中不知水。最理想的君主，众人似乎感觉不到他的存在；天道的运度趋于中古，纯全的真常之德，逐渐被情欲毁丧，深厚的淳风日益泯灭，人类开始崇尚贤能，赞誉善良，亲近仁人，始分三六九等，衡其贵贱，别其亲疏，异其贤愚。统治者，众人会亲近并且赞美他。

　　真常自然之德，越来越失，浑厚的淳风，越来越薄。在上者不道不德，恃其爵位，仗其权势，高高在上，作威作福。在下则人心乖戾，凶暴邪恶生。于是朝廷不得不彰示政令，颁布刑律，以威禁之。日后之刑政日繁，人民畏惧，自然而然滋生侮慢。上对下彰刑法以威而禁，下因畏惧以侮慢而应上，上失真诚自然之德以对下民，下民亦以不忠欺哄于上。众心失道，由此上下相欺。国政由之腐败，百工由之若坠，民心由之而失，伦理由之而紊乱，这样的统治者，众人都会畏惧他。

　　最差的统治者，众人都会轻慢他、蔑视他，他失去了真朴自然之道，脱离了清静无为之德，破坏了深厚淳朴之风，无真诚之心，民已怀疑不信，再兴科条，尚法令，贵言教，欲以治国平天下，取信于民，已是南辕北辙，永难以奏效，君主的诚信不足，众百姓自然不会信任。

　　万民康乐，天下太平，必重道德，尚无为，崇自然，复淳风，只有如此，才能成功。明君虽以德化万民，确"为而不恃，功成而弗居"，"其不欲见贤"，耕而食、织而衣裳，各遂其生息，自然而然上下相和，天下大治。虽天下大治，而民不知是何原因，众百姓都会说："我们本来就是这个样子的。"老子认为，理想的君主为政者悠闲自在，少发号令，清静恬淡，无为而无不为。

体悟：

老子认为最理想的政治，莫过于统治者"贵言"，不轻易发号命令，民众和统治者相安无事，甚至民众根本不知道统治者是谁。这即是老子著名的"无为而治"。在上古尧帝之时，"天下太和，民众无事，有五老人击壤于道，观者叹曰：'大哉尧之德也！'老人曰：'日出而作，日落而息。凿井而饮，耕田而食。帝力于我何有哉？'"这说明在唐尧的统治下，国家太平和谐，安居乐业，人民虽然知道上面有君王，却几乎不知道君王有何用处。这种场景，完全是对老子"无为而治"、百姓皆曰"我自然"的实景图解，这种行为方式也最接近于老子论述的统治之"道"。百姓"亲而誉之"的统治者，在老子看来则逊色于"太上"。如夏禹，民众传扬他为治国家的水患，十多年中三过家门而不入。老子认为"天下皆知美之为美，斯恶已；皆知善之为善，斯不善已"。众人对美好事物的仿效与追捧会破坏自然的平衡，从而引发不美不善的事物出现。故而"其次亲之誉之"。"无为之治"与此对应的是"有为之治"。"有为"就是过分干扰社会人民，使人民不能安居乐业。比如，发布繁多的政令，又朝令夕改，前后矛盾，这都是不善于统治的行为。"不知有之"是对"无为而治"的最好诠释。最好的统治者、领导者让众人感觉不到他的存在。这是一种最佳的管理状态，是一种"无为而无不为"的管理模式，做到了这一境界，就会得到最好的社会效果，社会就会安定，长期稳定发展。

再次一等的统治者人民群众"畏之"。秦始皇用武力统一六国，王朝仅存十五年即覆灭，为什么？秦始皇"焚书坑儒"，严刑峻法，以法为教，以吏为师；施行高度的中央集权制，"收天下之兵，聚天下之财于咸阳，铸以为钟镭，金人十二，重各千石，置廷宫中……徙天下豪富于咸阳十二万户"，并横征暴敛，修建万里长城和阿房宫，全国大半劳动力都在服徭役、做苦力。故而其后，暴秦被推翻。刘邦入咸阳，废除秦王朝苛峻烦琐的律令，其后推行清静无为而治的政令，百姓休养生息，经济很快复苏，深得民心，大汉四百年。

更次一等的统治者人民群众"侮之"。当人民群众忍受不了上位者变本加厉地操纵和干涉其生存、生活时，百姓就会唾骂他，就会想办法对抗或奋起反抗。要想成为一代明君"太上"，取信于天下，就需要顺从自然，使众生在不知不觉中按万物各自的自然运行轨迹完成各自的生命过程，这就是"无为而无所不为"的"道"。本段老子毫无掩饰地提出了为政之道，即他反复论述的无为而治政治思想。老子崇尚无为而治的政治机制，他所推崇的君主、圣人，就应该"处无为之事，行不言之教"，天下万民众生都会在潜移默化中得到大治。

老子在这里明细化地将统治者分为四个层次：一、第一流的统治者使人民群众意识不到他的存在；二、次一点的统治者会得到众百姓的亲近和赞誉；三、更次一等统治者众百姓会畏惧他；四、最差的统治者，众百姓会咒骂他。在老子的心中，统治者只有行"无为而治"才能使众百姓感到自由满足，感受不到权力的威胁，也就是说，统治者威慑力完全被大自然化解掉，百姓都生活在平等自由和谐的氛围之中，这才是真正的天下大治。为政悠闲自在，少发号令，清静恬淡，无为而治。"不知有之"是人与人相处的最高境界，也是"无为而治"的最佳效果。当然，这种"无为"是有基础的，首先需要统治者要有较高的综合素养，知"天人之道"；其次是要制定有健全的社会管理规章制度，让大家自觉遵守，互不干涉，长久坚持，达到良性循环；最后达到"无为而无不为"的美好社会。老子所讲的最好的统治者是实实在在的，在他们而外，并没有其他人代行职权，他们并不是没有实权，而只是因为"无为"，所以让民众感受不到他们的存在。《礼记·礼运》讲述："大道之行也，天下为公。选贤与能，讲信修睦，故人不独亲其亲，不独子其子，使老有所终，壮有所用，幼有所长，矜、寡、孤、独、废疾者，皆有所养。男有分，女有归。货恶其弃于地也，不必藏于己；力恶其不出于身也，不必为己。是故谋闭而不兴。盗窃乱贼而不作，故外户而不闭，是谓大同。"在社会运行"大道"的时候，才可以称作"大同"。而"大同"，正是中国古代最高的社会情境，在这样的情境社会之中，大家各行其是，不受统治者的驱使制约，而一切周转正常，这就是"无为"而治，这就是"太上"之治。而这样的统治在什么历史阶段出现过呢？就是被后世过度美化了的黄帝、唐尧、虞舜等上古先王的统治时期。

比这种无为而治的统治者稍差一些的呢？是令民众"亲而誉之"的统治者。这一层次的统治者奉行的是什么样的策略呢？他们奉行的是"仁政"，是"王道"。关于"仁政"和"王道"，孟子有过系统的论述，例如，"是故明君制民之产，必使仰足以事父母，俯足以供给妻子和儿女，丰年的时候能够饱暖，而饥年的时候不会被饿死；然后再教导人民从善，人民也会更容易地听从召唤。"再如，"五亩之宅，树之以桑，五十者可以衣帛矣。鸡豚狗彘之畜，无失其时，七十者可以食肉矣。百亩之田，勿夺其时，数口之家可以无饥矣。谨庠序之教，申之以孝悌之义，颁白者不负载于道路矣。七十者衣帛食肉，黎民不饥不寒，然而不王者，未之有也。"概言之，就是引导人民很好

天道：体悟老子

地种田植树，畜养禽畜，以此使人民免于饥寒之苦，而生活趋于丰盈，再对人民进行很好的教育，令民众懂得礼法，整个社会就会变得文明有序。这样，统治者就一定可以称王于天下了。在这样的统治之下，民众会对统治者心怀敬意，对他敬爱有加，并且交口称赞。在世界历史上，一些为众人所高高敬仰的魅力型领袖，大体上可以归入这一层次，例如，唐太宗、华盛顿、甘地等。比"亲而誉之"更下层的呢，是"畏之"。这样的统治者，民众害怕他，为什么害怕他呢，因为他们使用严刑峻法来制约百姓。最典型的一个例子，就是周厉王。周厉王对民众极尽行压榨之能事，人民因此多有怨言。周厉王对此采取了极为严酷的打压措施，派出了大量的暗探前往各地对民众进行监视，一旦发现有口出怨言者，立即杀掉。这造成了人民的极大恐慌，乃至于"道路以目"，也就是说大家在路上遇见都不敢说话，而只是用眼睛相互示意一下。然而"防民之口，甚于防川"，周共和行政元年（前841）终于发生了"国人暴动"，厉王被迫逃出镐京，最后死于彘（今山西省霍县东北）地。

老子说："信不足焉，有不信焉。悠兮，其贵言。"周幽王失信于诸侯而致西周灭亡的故事，就充分证明了这个句话的合理性。周宣王死后，其子姬宫涅继位，就是后来的周幽王。当时周室王畿之地关中一带发生大地震，加之连年旱灾，百姓饥寒交迫，流离失所，社会动荡不安。而周幽王是个荒淫无道的昏君，他不思进取，重用佞臣虢石父，对内盘剥百姓，加剧了民生疾苦，对外攻伐西戎，严重虚耗了国力。大臣褒响劝谏幽王。幽王非但不听，反而把他关押起来。褒响在监狱里被关了三年，褒国族人千方百计想把他救出来。他们听说周幽王好色，就四处寻访美女。终于找着了一个名叫褒姒的女子，教她唱歌跳舞，将其献给幽王，替褒响赎罪。幽王见了褒姒非常喜爱，马上立她为妃，同时也把褒响释放了。幽王自得褒姒以后，十分宠幸她，生活更加荒淫奢侈。褒姒虽然生得闭月羞花，却冷若冰霜，进宫后从来没有笑过一次。幽王为了博得美人一笑，想尽了一切办法，可是褒姒还是终日不笑。为此，幽王悬赏求计，下令谁能博得褒姒一笑，赏金千两。这时佞臣虢石父替幽王想了一个主意，提议点燃烽火台试一试。烽火本是古代敌寇侵犯时发出的紧急军事报警信号，西周为了防备犬戎的侵扰，在镐京附近的骊山一带修筑了二十多座烽火台。周幽王一听，正中下怀，立刻采纳了虢石父的建议，带着褒姒，由虢石父陪同登上了骊山烽火台，命令守兵点燃烽火。各地诸侯带领本部兵马急速赶来救驾，到了骊山脚下，却发现连一个犬戎兵的影子也没有，只听到山上阵阵奏乐和唱歌的声音，一看原来是周幽王和褒姒高坐台上饮酒作乐。周幽王派人告诉诸侯说："各位辛苦了，这里没有敌人，你们回去吧！"诸侯们方知被戏弄，遂心怀怨愤地离开了。褒姒见到这一情形，觉得十分好玩，于是大笑起来。周幽王大喜，立刻赏虢石父千金。周幽王为进一步讨褒姒欢心，遂废黜王后申氏和太子宜臼，并册封褒姒为后，封褒姒生的儿子伯服为太子，还下令废去王后的父亲申侯的爵位，并准备出兵攻伐申侯。申侯得到这个消息，决定先发制人，于是联合缯侯及北夷族犬戎之兵，于公元前771年进攻镐京。周幽王听到犬戎进攻的消息，惊慌失措，急忙命令兵士在烽火台点燃烽火。可是诸侯们以为这次还是戏弄他们，都不赶来救驾，周幽王叫苦不迭。镐京守兵本就怨恨周幽王昏庸，不满将领经常被克扣粮饷，这时也都不愿效命，犬戎兵一到，他们就撤走了。犬戎兵马蜂拥入城，周幽王带着褒姒、伯服仓皇从后门逃出，奔往骊山，后来被犬戎兵所杀。至此，西周宣告灭亡。这时，诸侯们才知道，犬戎真打进了镐京，于是立即联合起来，带着大队人马赶来救援。犬戎兵看到诸侯的大军到了，就把周朝宫内的财物装起来然后撤走了。犬戎攻破镐京，杀死幽王之后，申侯、鲁侯、许文公等共立原来的太子姬宜臼为天子，宜臼于公元前770年在申（今河南省南阳市北）即位，是为周平王。因镐京已遭战争破坏，而周朝西边大多数土地都被犬戎所占，周平王恐镐京难保，遂于当年在秦护送下迁都洛邑（今河南省洛阳市），在郑、晋辅助下立国。东迁后周朝，史称东周。

而最差的呢，就是人民对其很轻侮的统治者。这样的统治者，人人咒骂，预示着天下必将大乱。例如，夏朝最后一个君主夏桀（又名癸、履癸），在他统治时期，人民说道："时日曷丧，予及汝皆亡！"就是说，这个太阳什么时候才能灭亡啊，我宁愿和你一同死掉。太阳是民众对履癸的比喻，人民宁愿与他同归于尽，这是何等深刻的仇恨啊！而履癸果然也成了一代亡国之君。老子所讲的统治者的四个层次，对当代的管理工作是非常富有启发意义的。作为一个管理者，特别是一个高层管理者，首先要避免的就是令自己的部下轻侮自己，恨自己。一个积恨满身的人，是最为失败的，对于管理者尤其如此，所以老子将其归于最差的一个层次。其次就是要避免让部下畏惧你。当然这与领导人物的权威是两码事，别人怕你，并不表示就真的尊敬你，而可能是面恭而心不恭。在这种情形下，管理者具有的所谓"权威"，是靠威势得来的，而并非自己本身的魅力。

"信不足焉，有不信焉。悠兮，其贵言"。信用是权力的重要基石，当统治者的诚信不够的时候，民众对他的号令也就不再听从了。因此好的统治者应当很悠闲，很少发号施令。老子在描述水的杰出品质时就讲到了"言善信"这一点。在儒家学说中，无论是个人修养的层面，还是社会治理的层面，诚信都是核心的一点。"信"是孔子所强调的"仁、义、礼、智、信"这五种最为基本的道德操守之一，而"信"字在《老子》一书中不像在《论语》中出现得那么频繁，但是毫无疑问，在老子的观点中，"信"

的地位也是极为崇高的。从这一点上也可以看出，道家思想与儒家思想是有着很大的相合之处的，在很多问题的论述上都是殊途同归的。"信"，老子在这里是针对统治者而言的，其实，诚信的要求又岂止仅仅限于统治者呢？孔子说："人而无信，不知其可。"讲求诚信，应当是每一个人赖以立身的根本。事实上，如果失去了诚信的维系，人类社会是根本无法有序运转的。做一个极端的假设，人们在街边购物用现金付款的时候，如果卖主将钱收下了，却偏偏说钱没有收下，或者反过来，卖主已经将钱款的找零如数找还顾客了，而顾客却偏偏说还没有找还钱，在这样的情景下，对方怕是难以拿出证据进行反驳的。而在现实生活中，这样的事情一般不会发生，原因就是在人们的内心之中都有一个诚信的底线存在。这样顾客在将钱交给卖主的时候，就不必担心对方收下了钱却进行抵赖。在这样司空见惯、习焉不察的日常现象中，其实都是蕴含着诚信之道。

讲求诚信在我们的生活中无处不在，更是经商原则。郑炳基是云南普洱茶集团的董事长，诚实是他做人的准则。在收购云南普洱茶之初，生意并不景气，当时市场上都在炒老茶饼，而他的茶都是新茶。专家告诉他一级普洱茶的产量每年只有8万吨到11万吨，然而有些茶叶销售点，一年能卖出20多万吨，那是因为很多茶商在造假。普通的茶饼一块只能卖到15—50元，如果换上破旧的包装"变"成几十年甚至上百年的老茶饼，就能卖到几百、几千、几万。在暴利的驱使下，很多茶商铤而走险，以次充好，欺骗消费者。更有甚者，有些茶商把加工好的新茶用高温蒸过，然后放在破砖窑里让蚂蚁咬，把茶叶咬烂再晒干，骗消费者说都是老茶，价格卖得非常高。经过几个月的学习，郑炳基摸清了造假的门道，但是他不想蹚这浑水。他觉得做生意要对得起消费者，更要对得起自己，宁愿亏损也不卖假茶。正当他为茶叶卖不出去而发愁的时候，来了一位西装革履的香港客人。他要买15吨的茶叶，价格按出厂价不用包装，马上开车拉走。天上真的掉馅饼了吗？郑炳基一边指挥员工搬货，一边请大主顾到茶艺室，泡上最好的茶叶。郑炳基问客户："您这是准备做什么啊？要不要我们帮着加工啊？"客户连说不要只要买散茶。郑炳基渐渐明白过来，他要拿去作假。这笔买卖对郑炳基来说是雪中送炭，但是他知道这样做的后果是欺骗消费者，他对客户说："对不起，茶叶不卖了！如果假茶叶是从我这里出去的，我心中有愧！蒙骗消费者去赚昧心钱，我绝对不干！"他坚持自己的原则，把送上门的生意给放弃了。郑炳基的茶叶生意依旧冷清，仓库里积压的茶叶越来越多。直到2006年，店里的生意突然变得出奇地好，一直卖不出的茶叶变得火爆热销。原来两年的销售不畅，使他的仓库里积压了大量货真价实的老茶，这些老茶让郑炳基时来运转，很多人慕名而来，一时间宾客盈门。郑炳基举行了一个春茶的订货会，8天内订出了价值3000多万元的茶叶。如今，郑炳基不但实现了扭亏为盈，资产估值上了3个亿，还把皇家普洱产地版山开发成了普洱观光园。不仅中国人重诚信，外国人也是一样，我们来看这样的一个故事。美国多米诺皮公司的订货可送到任何指定的地点。为了严格地执行这一规定，多米诺皮公司采取了各种有力的措施予以支持和保证。虽然公司在这一方面做得极为小心，但是，意外的情况总会出现。有一次，一辆长途送货车半路发生故障，这将导致一家商店不能够及时得到供应的生面团。公司总裁唐·弗尔塞克先生得知这一消息后，立刻决定包下一架飞机，将生面团按时送到那家商店。然而，即便如此尽力，多米诺皮公司也未能完全避免意外事件的发生，还是有一家商店，因为供货的中断而导致暂停营业一天。事件发生后，弗尔塞克立即派助手杰夫·史密斯跑到街上买回了1000多个悼念死者时佩戴的黑袖纱，命令全体员工佩戴了好长一段时间。这次"戴孝事件"令多米诺皮公司的每个成员都留下了永生难忘的记忆，他们更加深切地感受到，坚守诚信的原则，对公司的生存与发展具有多么重大的意义。和多米诺皮公司的做法相仿，美国的联邦快递公司自成立以来，一直将恪守诚信作为公司服务中的最高原则。有一次，服务人员发现还有一个小包裹没有装上飞机，可是这时飞机已经起飞了。对于这一疏忽，执行经理想编造一个理由，把顾客搪塞过去，再进行一定的赔偿。然而，公司的创始人之一史密斯先生则认为，那样做是对顾客的欺骗，显然违背了联邦公司所极力倡导的诚信原则。他断然决定，即使为此而花上几千美元也在所不惜，立即雇用私人飞机将这个小包裹专程送到了顾客的手中，并且向那位顾客真诚地表达了歉意。联邦公司虽然在这一事件中付出了一定的代价，但是他坚持了公司一直都遵守的诚信原则，没有因为一时之利而造成永久之弊，而且这一诚恳的举动为联邦公司赢得了极佳的社会声誉，对其迅速的发展成为全球最大的包裹运输公司起到了极大的推进作用。

　　可惜的是，很多人并未能够将这种诚信的原则贯彻到底，因此在社会生活中的某些层面上，就有了尔虞我诈的现象。当然也并不是说人们在所有的情况下都要固守诚信，在特殊的情形之下，也可以有所权变。例如孔子离开陈国，经过蒲邑的时候，蒲人将孔子扣留了下来。孔子有个叫公良孺的弟子，非常勇武，他与蒲人激烈地搏斗，这使得蒲人有些畏惧，于是请求孔子说，如果孔子此后不去卫国，就放了他们。孔子答应了蒲人的这个条件，与他们定下了盟誓，然后蒲人就放过了孔子一行人，然而在此之后，孔子还是去了卫国。子贡问孔子说："难道盟誓是可以背弃的吗？"孔子说："在受到要挟时所订立的盟誓，是没有信效可言。"其实孔子的这一说法与孙子所讲的"兵者诡道也"是相通的，也就是说，某些时候，人们做事是要灵活变通的。但应当注意到的是，这种做法一定得是出于迫不得已，而在对待朋友，对待亲人，面对公众利益诚信的原则是断断不可丢弃的。诚信是人类"道"生存的基点。老子把政治情境分为四个等级，最理想的政治情境统领者应具有：诚朴诚实的素养，政治权力丝毫不得逼临于民众身心，政府只是服务人民的工具。民众都知道谁是领导。老子将这种理想的整治情况，和德治主义与法治主义做了一个对比：用严刑峻法来镇压人民，这就是统治者诚信不足的一个表现。统治者诚信不足，人民自然产生"不信"的行为。如此，统治者使用高压政策，而走向了末路。老子强烈反对这种形式主义。德治主义固然好，在老子看来，这已经是多事之秋的征兆了。统治者今天慰问，明天安抚（固然可博得称誉），这已经是人民有伤残欠缺的事端了。最美好的政治，莫过于"贵言"。在"贵言"的理想政治情境中，民众和政府相安无事，甚至人民根本不知道统领者是谁（"不知有之"）。

第五十二章　道废有义

原文：

　　大道废，有仁义；智慧出，有大伪；六亲不和，有孝慈；国家昏乱，有忠臣。

　　绝圣弃智，民利百倍。绝仁弃义，民复孝慈；绝巧弃利，盗贼无有。此三者以为文不足，故令有所属；见素抱朴，少私寡欲，绝学无忧。

译文：

　　道德充实于内心，虽有仁义之行，而不知有仁义之行。如失道离德，仁义必然自显。正因失德，淫乐无度，分外营求，强占胡氏，迫使周仁之妻杀身成仁于府门之内。再如孤竹君有道不侧，爱次子，有伯夷叔齐死义于首阳之上。社会大道废弃了，才提倡仁义；本来的天性良智不含敛自重，炫露滥用，以假乱真，以文灭质，只求虚华，不讲实用，故"奇物滋起"，怪事百出。人之本性，由此而乱，物之常情，由此而失，社会智巧过多了，才会出现诡诈伪装；家庭失去了自然之道，父子、兄弟、夫妇必然不和。孝慈之名，由此而生。瞽叟因失道离德，设计陷害其子，舜王由此才有孝名永垂千古，六亲不和的时候，父不慈，子不孝，兄弟不友爱，这时孝悌规范就会显现出来；治国者如失去恬淡无为而无所不为的"道"，不会无为之政，脱离了清虚自然之"德"，不用潜移默化的"道"治国行政，则必然君王昏昧，权奸执政，滥用机智，钩心斗角，互争权位，迷恋酒色，醉生梦死。以致内忧外患并起，民情危急，怨声载道，扶国忠良由此而出现。国家不按"大道"而使社会昏乱时，自然就会出现忠贞尽节，杀身成仁，永垂千古的忠臣良将之士。老子认为，大道与仁义、智慧与虚伪、孝慈与纠纷、昏君与忠臣，相反相成是对立统一的。

　　天资敏捷，德行纯全，睿通渊微，言谈举止符合于伦理者谓之"圣"。通晓万物文理，洞观远近幽微之理者谓之"智"。有史以来，圣人效天地的运行之"道"，法阴阳消长之理，定纲纪，分科条，兴法度，作典章。圣人以此含养自修，万民以此乐而生息，自然而然国家大治，天下太平，人民康乐。当然天下皆知非"圣智"不能任其事。如圣人而

天道：体悟老子

张圣人之名，玩弄机智，那不正不善者必窃而用之，这岂不又助于不正不善者祸国殃民吗？《庄子·胠箧篇》中说："故跖之徒问于跖：盗亦有道乎？"跖曰："何适而无有道邪，夫妄意室中之藏，圣也。先入，勇也。后出，义也。知可否，智也。分均，仁也。五者不备而能成大盗者，天下未之有也。"由是观之，善人不得圣人之道不立，跖不得圣人之道不行，天下之善人少，而不善人多，则圣人之利天下也少，而害天下也多……圣人生而大盗起，掊击圣人，纵舍盗贼，而天下始治矣……故曰：鱼不可脱于渊，国之利器不可以示人，彼圣人者，天下之利器也。非所以明天下也。故绝圣弃知，大盗乃止……殚残天下之圣法，而民始可与论议。庄子的这段论述，与本段讲"绝圣弃智，民利百倍"其意相通。"绝圣"是不要以此招摇，"弃智"是不要过于炫耀。如果一个人生而有"圣"有"智"，而过分地去夸耀它，还不如没有的好。过犹不及。杜绝圣贤的权威去张扬弃智技巧，抛弃聪明智巧，民众就能得到百倍的益，稳定地去生活；大山中的老虎生下虎子，如遇持械的猎手，它会不顾生死地去保卫其子。在平时，忍饥受饿喂养其子，用舌舔其毛以表亲昵。这般的慈爱，试问谁彰仁义之名而教之？由此可知，孝慈是物的天然本性，自然之德，非人为也。所以彰仁义之名，必有害于民自然之天性。抛弃所谓仁义之教，民众就能自然地恢复孝慈的天然本性；非正常的能工巧匠的技巧和厚利，有害于民；过分的名利权势，有害于国，故应绝弃之非分之想。燕衔泥垒窝以栖身，蜘蛛吐丝布网以求食，老鼠掘洞藏身以得生存。万物皆然，各因自性，各因所需，各施技能，自然而然，虽有机巧，未尝有厚利。如朝廷专尚机巧厚利，玩弄技巧，必被强盗、贼匪窃而用之。抛弃机巧、厚利，盗贼也就绝迹。"三者"是讲的"圣智""仁义""机巧厚利"，这三者均属文表和虚华，全是巧饰的东西，没有实用，不足以治国修身持家。"令"是教诫。"属"是嘱托。所以治国、修身、持家的教诫和嘱托是心地纯洁，行事真诚朴实，少存私心和分外的欲念，这三句话做法则还不够，要使他们在行动上有所遵循；那就是保持清素纯朴，减少私欲，抛弃圣智礼法一类的学问，所以要正面指出，使众人认识到，用权力去张扬智慧技巧厚利荣耀的可怕后果，才能免于忧患。使人们恢复到自然人心本性，可得百倍利益，社会太平稳定。

体悟：

仁义、智慧、孝慈、忠臣在众人看来，都是非常好的名称和行为，可老子却认为这些都是相对的概念。若然"大道"盛行，万物依循于"道"，无欲，自然这些行为是不可能产生那些概念的。有不仁义才有仁义，仁义都是在"大道"废弃，淳朴破灭之后才产生的。强调仁义同时也就在强调不仁义的存在。只有在没有仁义之时，不仁义才会真正消亡。大伪是在智慧后才出现的，有了智慧，用得好就是大智大慧，用得不好，则反得其效，就成了老奸巨猾。在动荡的年代，智慧之士蜂起，但假仁假义，诡诈乱谋，逞雄争胜等失"道"丧"德"之辈也并起，产生了太大社会危害。矛盾双方是互相对立，互相依存的，在一定条件下相互转化。强调仁义，是因为有不仁不义，强调智慧是因为有诡诈虚伪。众人都赞美仁义，渴求智慧，是因为大道废弛，社会纷乱，人心贪婪。如果社会风气是淳朴的，人人都一心向善，追求真善美，仁义、智慧也就不用强调了。舍大道而强调仁义、智慧，是舍本取末，背道而驰。仁义、智慧虽不失为一服治世良药，但它治标不治本。假仁假义，不易识破。智慧与诡诈、聪明与狡猾，都是事物的正反两面。用之不当，只会适得其反。老子反对仁义智慧。他认为，文化的本源是来之"道"，"道"衰微了，人们便提倡仁义，结果适得其反，且越来越糟。知识技巧越发达越普及，人心越诡诈，作奸犯科的盗贼也就越多，运用人的仁义就要防止其贪恋执着，运用人的智慧技巧，就要去掉其奸猾的一面，故用人要取其长，去其短。只有树立"道"的旗帜，在思想观念和言谈举止上把握"道"的规律准则真谛，才是解决社会人性的根本途径。

　　老子担心的是有人常以"仁义"为口号欺世盗名。所以他的思想方法也是最彻底的，就是要从根本上绝仁弃义。六亲不和以后才产生孝慈之分。如古时之先圣舜，他的父母心术不正，继母两面三刀，弟桀骜不驯，几次串通一气，欲置舜于死地而后快。在这种家庭生活环境中，舜却坚守孝道，因此才被众人称为第一孝子。忠臣义士往往在混乱的年代中才有所作为，进而被大家所知晓、敬仰。历史上的忠臣们，粉身碎骨留下世人传诵的忠臣事迹。然而，这些可歌可泣的事迹，却无不发生于时代的混乱，生灵涂炭的历史年代。若国家风调雨顺，永处太平盛世，众百姓自重自爱，人间没有杀盗淫掠之事，岂不是各个是忠臣，人人是孝子，都成好人了吗？老子这段话运用辩证法，反其道而行，让我们可以用新的视角来剖析身边习以为常的事物，让我们得出颠覆性的判断，让我们触及了更接近于客观真实的世界，发人深思。在老子看来，社会不是一直向前进化发展，而是在不断地走 C 形进化，到进化倒退循环的怪圈中来。在上古之时，人们纯朴浑噩，过着穿暖吃饱别无所求的原始生活，人与人之间没有所谓的等级，也没有什么仁义礼法，一切自然而然，合乎大道天地之规律。但是随着社会的发展和财富的增多，人们的欲望在膨胀，你争我夺，相互攻打，伪装欺骗之事开始出现并泛滥。为了约束人们的行为，贤明之人开始提倡仁义道德。接下来，人们连仁义也不要了，为了财富、欲望、名声，不惜坑害亲人朋友，寡廉鲜耻、损人利己、狡诈奸猾之徒比比皆是，而且过得比善良的人还好，社会风气每况愈下。为了制止这种恶劣风气，才智卓异之士开始创建社会制度，构建了上下等级，制定了烦琐礼仪，用以约束人们的行为。接下来时间久了，礼崩乐坏，上对下欺凌暴虐，下对上欺骗玩弄，诡诈之人坑蒙拐骗，势利之徒兴风作浪，于是人们拿起武器相互攻杀，社会陷入混乱，兵连祸结，好不容易结束乱世，强权人物便制定森严法律，来约束人们的行为。可见由大道到仁义，由仁义到礼仪，社会还是一个比一个败坏混乱。

老子的看法也许有一点偏激，但也不无道理，他的话应该引起我们的深思。这一章的讲述，充分地体现出老子的辩证思想。老子的这番言论，目光犀利冷峻，观点尖锐深刻。他以不容辩驳的语气和严谨的逻辑，把人们竭力推崇的仁义打翻在地，向社会和世人发出了沉痛的警告。仁义是儒家思想中的核心理念，然而老子却说："大道废有仁义。"也就是"大道"被废了之后，才会出现所谓的仁义，言下之意，人们本来就该彼此平等，和睦相处，互帮互助，彼此仁爱，共享社会资源，但是由于这个天经地义之事被人们的奸诈虚伪，阴谋欺骗所破坏，社会风气败坏不堪，尔虞我诈盛行，所以社会才不得不提倡仁义道德。反过来想，一个到处叫嚷仁义、颂赞仁义的社会，正是仁义道德，善良真诚，乐于助人等基本品德极度缺失的世界。当代著名的社会学家孙立平教授有一本书叫作《守卫底线》，书中提到了诸如"严禁用公款打麻将""中小学老师严禁奸污猥亵学生""严禁酒后驾驶机动车辆"等一些原本是天经地义的事情，但是这些字样却赫然出现在了一些单位和机构的明文条款里面，真是令人啼笑皆非，它揭示着人们"警惕这样一个严峻的事实——我们社会生活的底线，正在失守"。其实，在现实社会中，讲得最多的，恰恰是做得最少、做得最差的，正因为感到做得还不够好，所以才会有所提倡。

在春秋战国时期，孔子、孟子讲仁义，讲王道，讲得很多，而这正是针对当时"礼崩乐坏""人心不古"的混乱社会现实而提出的。老子对这一点，看得非常明白，要不是"大道"沦丧，人们又何必满口的仁义道德？"智慧出，有大伪。"聪明智慧出现之后，才有严重的虚伪，与我们现代人习用的含义有所不同，在这里"智慧"一词侧重指的智诈奸巧之意。老子看重的是人的纯朴状态，故而极力主张摒弃智巧。老子此言的出发点在于对人们奸巧之心的排斥，他所提出的伪恶由智巧而生的观点非常深刻。所以我们应该关注老子的批判指向，警惕那些调门高昂、机关算尽、诡计多端、装腔作势、虚饰浮夸之人，他们机巧的背后必有不可告人的险恶用心，因为老子已经看透了这类人，并教导我们说"智慧出，有大伪"。面对由智慧所产生的伪恶，应当用什么办法来解决呢？只有用天地之"大道"的规律做准则，示之于民众君王，示之于众人学习来改变人的自私、强欲虚伪的一面。从古至今，仁义、智慧、孝慈、忠诚都是为众人所推崇的。孔子的最高理想就是"仁义"，"仁"已经成为儒家文化中的核心思想和价值取向。然而老子却破天荒地指出，人世间的大"道"被人为地废弃了，人们才会制定"仁义"，制定了礼仪之后，就以此来规范人们的行为，区别好坏，区别贵贱，结果原本没有的虚伪、奸诈也随之而来。在老子的辩证思想——大道盛行之时，像仁义、孝慈这些东西自然存在于众人的行为中，人们在社会的行为中不缺乏仁义、孝慈，所以感觉不到它的存在，也就没了倡导的必要。国家陷于混乱，才有所谓的忠臣，只有当社会秩序大乱，大"道"缺失、仁义、慈孝泯灭的时候，人们才会由于缺乏这些仁义孝慈忠义的东西而大加倡导。"六亲不和，有孝慈；国家昏乱，有忠臣。"亲属之间不和睦，才会提倡所谓的孝敬、慈爱。国家陷于动乱，才会出现所谓的忠臣。在这里老子以冷静的思维，给我们提供了一个看待问题的独特视角，虽然这个视角观察到的现象让人后背发凉。人们常常会讲哪个儿女是孝敬的，其实很多情况下，并非是某些人孝敬，而是某些人不够孝敬，才使得一些原本平常的行为变成可值得推崇的"孝敬"了。设想如果每一个家庭中，父母都疼爱自己的孩子，很自然地教导养育儿女；孩子都孝顺自己的父母，很自然地伺候父母的起居，这个时候，谁的心中会有"父慈子孝"的概念呢！当社会上出现生不养，养不教的父母，当社会上出现冷淡虐待甚至是抛弃父母的不肖子，父母子女之间，本来很正常亲情，反而显得异常珍贵。

　　仔细想来，这样的社会，这样的家庭关系真是可悲，可悲到令人绝望。同样如果每一个臣子对国家和朝廷都是忠诚的，又何来的忠诚可言呢？"疾风知劲草，板荡识诚臣。"这是唐太宗在凌烟阁功臣题词中说到的。"板"与"荡"原是《诗经》中的两个篇名，因为叙说的是乱世之慨，所以后来就用"板荡"来指代大规模的社会动乱。如果是在无风无浪的太平盛世，又凭借什么判断哪个臣子是忠诚的呢？换个角度来看，有忠臣出现的时代，往往是乱世，譬如在宋末，那么多人都归降元朝了，可是文天祥呢？"人生自古谁无死，留取丹心照汗青。"他是宁肯死去，也不会为元朝统治服务的。再如陆秀夫，在宋朝大势已去之时，对年仅八岁的小皇帝赵昺说："德祐皇帝辱已甚，陛下不可再辱。"德祐皇帝就是赵昺的哥哥赵显，前一年在元军的追击之下，受惊而死。陆秀夫为了避免宋朝的皇帝再次遭受屈辱，毅然背着赵昺投海自尽，为大宋王朝在中国历史上勾勒下充满悲壮色彩的最后一笔。文天祥、陆秀夫是一种不幸，因为他们的出现，象征着一个王朝的末世，象征着一个国家的衰微。有人抨击"清官"政治，虽然道理各异，如此一来，清官的出现岂不是一种大不幸吗？清官本身没有错，他们的一身正气是值得肯定的。然而，他们作为一种榜样意义的存在，却说明了一个严重的问题，说明当时的官场腐化污浊到何等程度。如果说："疾风知劲草，板荡识诚臣"，那么反过来也可以这样讲，"劲草显疾风，诚臣兆乱世"。如此一个标榜清官的社会，岂不就是反映了官场风气败坏，官员腐化的社会现实吗？现实之中往往就是这样，调子唱得越高，实际情况却恰恰相反，这需要人们进行仔细的甄别，能够具有透过表象而看穿其本质的独到眼力。老子创造性地给"仁义""孝慈""忠贞"找到了根源。他并不是排斥仁义孝慈忠贞，而是看到了人类社会自身的局限性，他撕开了人世间仁义、孝慈、忠贞的面具，是希望向大"道"之下真正的自然、仁义、孝慈、忠贞复归。要深刻认识理解大道与仁义、智慧与虚伪、孝慈与纠纷、昏君与忠臣，相反相成，对立统一的辩证关系。

"绝圣弃智，民利百倍"，简单翻译过来，即抛弃聪明和智巧，人民就会百倍得利。因这一句话，两千多年来老子背上了愚民的骂名。类似这种被罩上愚民学说帽子的还有孔子《论语·泰伯第八》中的一句话："子曰：民可使由之，不可使知之。"这两句话一并被封建的统治者们大加利用，认为只有愚蠢的百姓才能被政府所摆弄。儒家学说也被按照当政者的意愿，越来越曲解化。其实，孔子的这句话，向来有第二种断句方式："子曰：民可，使由之；不可，使知之。"如此一断句，意义就天差地别了。于是这样的孔子理论，深深被政权初兴之时，勃发生命力的统治者所发挥。我们有理由相信，愚民并不是孔子的本来意愿。与孔子相同，老子的这句"绝圣弃智，民利百倍"，本意也绝非愚民这么简单。其实，此句与老子一生所倡导的"无为"如出一辙。老子认为，所谓圣人智士以及他们所宣扬的仁义智慧，是伪饰的谎言，扰民的行为；是榨取民众利益，导致六亲不和、盗贼蜂起、道德沦丧、世风败坏的根源。应该坚决彻底地杜绝和抛弃。在中国历史的阶级社会，不论是仁治、礼治、法治，都是建立在君主帝王的"圣贤之治"之上，实行的都是封建专制集权制度，（莫非王土的社会）"绝圣弃智"是对专制统治的否定，他认为人性本是纯真质朴，淡泊无为的。历史文化赋予人民知识和智慧的同时，也腐蚀了人的天性，从而产生出追名逐利，尔虞我诈的恶习。

老子说："大道废，有仁义"，天道被废弃了，才显示出仁义，春秋时期吴公子季札的故事可以很好地说明这个道理。季札是春秋时期吴国王室成员，因受封于延陵一带，又称"延陵季子"。他的祖先泰伯曾经被孔子赞美为"至德"之人。泰伯本是周朝王位继承人，但父亲太王有意传位给幼子季札以及孙子昌，于是泰伯就主动把王位让了出来，自己则以采药为名，逃到荒芜的荆蛮之地建立了吴国。数代之后，寿梦继承了吴国王位，他的四个儿子当中，以四子季札最有德行，所以寿梦一直有意要传位给他。季札的兄长也都特别疼爱他，认为季札的德行才干最适合继承王位，所以都争相拥戴他继承王位，但是季札坚守本心，坚辞不受。哥哥诸樊觉得自己的德行远在季札之下，一心想把王位让给他，但被季札婉言谢绝了。后来，诸樊当了吴王，但是他一直念念不忘弟弟季札，他留下遗言，让后人将王位依次传给了几位弟弟，这样最终就能传到幼弟季札的手里，以实现先王寿梦遗愿。就这样诸樊死后，余祭即位，余祭死后，夷昧继位，夷昧临终前，要把王位传给季札，季札却在这个时候离开了吴国，退隐于山水之间，每日躬耕劳作，以表明自己坚定的志节，这才彻底打消了吴人的念头，最后由夷昧之子僚即位。季札对吴王僚就像对待原来的吴王一样尊敬，诸樊的儿子光说："根据我父亲的意见，王位应当传给季札，如果按照嫡长子的继承法，我是嫡长子，也应当由我来继承，僚凭什么自立呢！"于是指使勇士专诸刺杀了僚，然后把王位让给季札。季札说："你杀了我的君主，我如果接受你的让位就是我和你共同篡位了。你杀死我兄长的儿子如果我又杀死你，就是兄弟父子相杀没完没了。"所以季札不但不接受王位，而且离开吴国到延陵隐居，终生不再回吴国。有道德学问的君子们，都因为他不好杀而称他仁，因为他不愿为王而称他义。季札不仅是一位圣德之人，还是一位出色的外交家，周敬王三十五年（前485）冬，楚国名将子期，进攻陈国，吴王派季札救援陈国，季札传言给子期，明确表达自己的反战态度。经季札调停，平息了一场战乱。周景王元年（前544），季札奉命出使鲁、齐、魏、郑、晋五国。在这次外交活动中，他同齐国的晏婴、郑国的子产及鲁、卫、晋等国的重要政治家会晤，高谈政事，评论时势，使中原与吴国通好。季札还是一位才华出众的文艺评论家。当年，他来到鲁国，欣赏了周代的经典音乐、诗歌、舞蹈。他当场结合当时社会的政治背景，对所见所闻一一做了精辟的分析和评价。如在《秦风》后就说："这是华夏的声音呀，能够吸收华夏文化必能强大，强大到一定程度就能到达周王朝鼎盛时那样了吧！"他能从乐声中预言秦国的未来，的确难能可贵。季札重信义。一次途经徐国时，徐国的国君非常羡慕季札佩带的宝剑，但难于启齿相求，季札因自己还要遍访列国，当时未予相赠。待他出使归来，再经徐国时，徐君已死，季札慨然解下佩剑，挂在徐君墓旁的松树上。侍从不解，他说："我内心早已答应把宝剑送给徐君，难道能因徐君死了就可以违背我的心愿吗？"此事传为千古美谈。季札之仁义，是其天性使然，本不需要借助"大道废"而彰显，但在春秋"礼崩乐坏""大道废"的背景下，其仁心义行才更彰明显著，更反衬出其所处时代的人心不古。

　　老子认为，不如抛弃这些看似文明的垃圾，使人民恢复到婴儿般无知无欲，宁静不争的自然状态，而孝慈、善良这些品德自然会在淳厚质朴的人性中得到复苏。统治者所谓宣扬"仁义"，不过是站在道德的制高点上设言施教，引导人们弃恶从善，来化解社会矛盾，但这是主观片面的。仁义与否只能以统治者的权力利益标准来衡量。因此仁义必然成为统治剥削和压迫人民的工具，这种仁义的本质就是吃人。"绝圣弃智"是对套在人民头上的精神枷锁的否定。"绝圣"不过是不要以所谓的仁义孝慈招摇过市，"弃智"不过是不要过于炫耀自己的能力政绩。如果一个人生而有"圣"有"智"，而过分地去夸大它于众，还不如没有它的好。因凡事过犹如不及。老子对上一段文所提到的社会弊病进行了深入细致的阐述，并提出了解决问题的方法。"圣"和"智"是人们所赞颂的才干。"巧"和"利"是人们所追求的聪明。这几样东西是天下人都想得到的，但正因为如此，才导致了社会上的纷争和战乱。这一段的讲述是紧承上一段内容的，既然是"大道废，有仁义；智慧出，有大伪"，那么统治者应当怎样做才是正确的呢？"绝圣弃智，民利百倍；绝仁弃义，民复孝慈；绝巧弃利，盗贼无有。"在《庄子》的外篇和杂篇中，他立场鲜明地反对"圣"与"智"，"仁"与"义"。《胠箧》一篇说："故绝圣弃智，大盗乃止；摘玉毁珠，小盗不起。"这与老子的提法是基本一致的，"不贵难得之货，使民不为盗"，而"摘玉毁珠"，正是与"不贵难得之货"相对应的，把珠、玉这些珍贵的东西都捣毁，敲碎，这样世界上只剩下石头、土块，到处都是，随处可取，也就没有人去偷盗了。

在《庄子》一书中，还将盗窃的行为分作"小盗"与"大盗"，对于"小盗"，只需要"摘玉毁珠"，就可以止住了，而"大盗"呢，则非要"绝圣弃智"不可。关于如何"使民不为盗"这一问题，《胠箧》一文进行了详细的论述。所谓"胠箧"，也就是撬开箱子的意思，指的就是盗窃的行为。篇中有这样一段话："圣人已死，则大盗不起，天下平而无故矣。圣人不死，大盗不止。虽重圣人，而治天下，则是重利盗跖也。为之斗斛以量之，则并与斗斛而窃之；为之权衡以称之，则并与权衡而窃之；为之符玺以信之，则并与符玺而窃之；为之仁义以矫之，则并与仁义而窃之。何以知其然邪？彼窃钩者诛，窃国者为诸侯，诸侯之门而仁义存焉。则是非窃仁义圣智邪？故逐于大盗，揭诸侯，窃仁义并斗斛权衡符玺之利者，虽有轩冕之赏弗能劝，斧钺之威弗能禁。此重利盗跖而使不可禁者，是乃圣人之过也。"上面这段话的意思圣人已经死了，大盗就不会再出现，天下也就会太平而没有变故了。圣人不死，大盗也就不会消失。即使重用圣人来治理天下，那么这也会让盗窃之徒获得很大的好处。给天下人制定斗、斛等器具来计量物品的多少，那么盗贼就会连同斗、斛一起盗走；给天下人制定仁、义来规范大家的道德和行为，那么盗贼就会连同仁、义一起盗走。怎么知道是这样的呢？那些偷窃腰带环钩之类小东西的人会受到刑戮和杀害，而窃夺了整个国家的人却会成为诸侯；诸侯之门方才有仁义之名，这不就是盗窃了仁义和圣智吗？所以对于那些追随大盗，高居诸侯之位，窃夺了仁义以及斗斛、秤具、符玺之利的人，即使有高官厚禄的赏赐也不可能劝勉，即使有刑罚杀戮的威严也不可能禁止。出现这些大大有利于那些盗窃之徒而不能禁止他们的情况，都是圣人的过错啊。这段话非常明确而深刻地指出了"绝圣弃智""绝仁弃义"的道理，圣、智、仁、义是因何而生的？是用来制约人的不轨行为的，可是这些理念和规范出来之后又怎么样了呢？是邪恶之徒将这些理念和规范也一同给盗走了，所谓仁义完全成了虚名，它不仅没有起到制约盗贼的作用，反而为盗贼所利用，让盗贼打着仁义的幌子来做龌龊的事情，这也就是所谓的"诸侯之门而仁义存焉"。

　　老子认为抛却聪明与智巧，以无为之礼来治国，才能治理好天下。汉文帝减轻刑罚，宽厚待人的事迹，就充分体现了这一点。秦朝因暴政而亡国，其暴政的一个重要内容就是严刑峻法。汉朝建立后，吸取秦亡教训，逐渐减轻刑罚。汉文帝更是对"秦律"中的弊端进行了改革。秦律规定，被判为臣妾的人，都没刑期，必须终生劳役。文帝下令重制法律，根据犯罪情节轻重，规定服刑期限；罪人服刑期满，免为庶人。秦律中还规定，罪人的父母、兄弟、妻子都要连坐，重的处死，轻的收入官府做奴婢。文帝则完全废除了这条刑律。此外，秦代有黥、劓、刖、宫四种肉刑，汉文帝下诏废除黥、劓、刖三刑，改用笞刑代替。关于文帝废除肉刑，需要讲一个故事——缇萦救父。齐国太仓令淳于公犯了罪，朝廷下令把他抓了起来，关押在长安的监狱中。淳于公没有儿子，只有五个女儿。他被逮捕的时候，不满地说："生孩子不生儿子遇到紧急情况，没有一点用处！"这时，小女儿缇萦听到父亲的话，感到非常伤心，就随着父亲来到长安。为了能救父亲，她向朝廷上疏说："我的父亲在齐国做官时，那里的人都称赞他廉洁奉公，现在触犯了法律，理应接受惩罚。我所哀伤的是，受了死刑的人，就再也不能活过来了，受了肉刑的人，肢体断了就再也不能接起来了，他即使想改过自新，也没有办法了。我情愿做官府的奴婢，来抵父亲应接受的刑罚，使他改过自新。"文帝看到缇萦所上之书、十分怜悯她的孝心，就下诏书："听说以前有虞氏只给罪犯穿上特定标志的衣服，以此来羞辱他们。这样就能起到警戒百姓的作用了。为什么能这样呢？因为当时政治清明到了极点。现在法令中有刺面、割鼻、断足三种肉刑，可是犯法之事仍不能断绝，这是什么缘故呢？不就是因为我的道德教化不明吗？我自己感到很惭愧。现在有人犯了过错，我们不给他受教育的机会而是轻率地予以惩罚，这样一来就算有人想改过自新，也没有机会了。"结果，文帝不但答应了缇萦的请求，释放了她的父亲，而且还下令废除了肉刑。文帝宽厚仁慈，许多官吏在断狱的时候也从轻处理，这样一来，狱事就简省了许多，人民所受的压迫比秦朝的时候显著减轻。汉文帝不但减轻刑罚，而且对于反对过自己的人，也表现出极大的宽容。有一次，济北王刘兴居听说文帝到了代地，于是趁机起兵造反，打算袭击荥阳。文帝得知后，立即从太原返回到长安，下令军队平反，同时，他还下诏说："济北王谋逆作乱连累了济北的臣民，这真是大逆不道。济北的臣民凡是在朝廷大军到来之前就自己停止反叛活动的，以及率部投降或献出城邑投降的，一律赦免，官爵与原来相同。"诏令一出，叛军内部开始不团结了，汉朝的大军很快就打败了济北叛军，俘虏了济北王。事后，文帝又宣布赦免参与造反的济北臣民。公元前174年，有人告发淮南王刘长擅自制定法令，把宫廷建造得跟天子的规格相同，并与棘蒲侯之子陈奇蓄意造反。文帝得知后，与群臣议论此事，大臣们都主张处死刘长。文帝不忍心，免了刘长的死罪，只是废了他的王位。南越王尉佗曾自立为武帝，文帝并没有派兵前去镇压，而是把尉佗的兄弟召来，给予丰厚的赏赐。尉佗听说后十分感动，于是取消了帝号，向汉称臣。大臣中有人直言敢谏，而且丝毫不留情面，但是文帝总能宽容采纳。还有一次，有大臣收受了别人的贿赂，文帝知道后，没有将他们交给执法官吏处理，而是从皇宫仓库中取出金钱，赐给他们，用这种办法让他们内心羞愧，反省自己。文帝一心致力于用恩德感化臣民，因此，天下富足，礼义兴盛。

《红楼梦》中的贾府，号称"钟鸣鼎食之家，翰墨诗书之族"，可实际上贾府的那些主子都做了什么光彩的事情呢？作者借柳湘莲之口毫不留情地一语点明："只有门口那两个石狮子是干净的。"这是多么严厉的讽刺啊！有个成语叫作"沐猴而冠"，"沐猴"也就是猕猴，猕猴带冠意味着什么呢？冠原本是象征着人间礼法的，可是却被猴子盗了去，头顶着冠来冒充人。如果没有这冠呢，大家一看，就知道它是猴子而不是人了，而现在呢，有了这顶冠，猴子也就有了一个护身符，将很多人都给迷惑了，大家都以为它是一个了不起的人物了。这顶冠，也就相当于老子、庄子所讲的圣、智、仁、义等礼法、规范，有了这些，其结果只能是让坏人打着一个冠冕堂皇的名号去做肮脏的事情。所以老子和庄子说，全不要这些，大家都回到最为原始的状态——按照天地之大道的规律去做人做事。老子的思想锋芒无疑是异常锋利的，它带给我们以深刻的反思和强烈的警醒。老子总结历史，因此主张"绝圣弃智"。在老子看来，人的本性是纯真质朴，淡泊宁静的，而社会文明在推动人类前进的同时，也使人类的天性被腐蚀掉了，于是产生了诸如争名逐利，偷盗欺诈的恶习。老子认为，如果抛弃社会生活当中的这些糟粕，使人民重返到最初那种无知无欲的天然状态，那么孝慈、忠贞、仁义等优良品德就会在人类纯朴的人性中得到复兴。"绝巧弃利，盗贼无有。""巧"，机巧诈取；"利"，利益。抛弃了所谓的机巧和自私自利的贪欲，自然不会有盗贼作奸犯科。"绝巧弃利"是对个体名利思想以及物质欲望的否定。"圣智、仁义、巧利"这三种东西全是文明的巧饰，不足以解决社会人心的矛盾，"绝学无忧"，是指抛弃"仁义"的说教，解除人民头上的种种精神枷锁。放弃成见，杜绝巧智，就会达到无忧无虑的状态。"少私寡欲"减少人们的投机取巧心思，以削弱对物质的欲望。老子希望圣王君主不要拿"仁义"来说事，对民众进行盘剥压榨，要废除那些虚仁假义，伤天害理，与民争利的做法。因此提出"见素抱朴""少私寡欲"的观念,这里的"圣"指：专治、人治的社会的统治者，如天子、帝王、君主。这里的"圣"和全书中的"圣人"概念完全不同。恢复自然本性、见素抱朴、少私寡欲。以上三句话作为格言还不够，所以要使人们在行动上有所遵循：保持纯朴，减少私欲，抛弃圣智礼法一类的学问，才能终身免于忧患。

　　老子认为人世间所有事物都是相反相成,对立统一的,主张"见素抱朴,少私寡欲",恢复人的自然本性，可收获百倍利益。为政者各施谋略，为了王霸之业、物质利益，到处征伐，所到之处，攻城略地，都以"仁义"为标榜，为老子所深恶痛绝，所以提出"绝圣弃智""绝仁弃义""绝巧弃利"的主张。因为以"仁义"为口号的社会，往往是尔虞我诈，社会中人弊病丛生。所谓"智贤之士"去卖弄他们的聪明才智，遗憾的是，人类平和宁静的生活终究被那些玩弄才智之士搅乱，不得安定。本章重点论述了人性及治国之"道"。大道兴隆，仁义、孝慈、忠诚等美德行于其中，自然不觉得有倡导的必要。倡导的时代，社会已经是缺德，人心不纯厚了。德行的表彰，正是由于他们特别欠缺的缘故，在动荡不安的社会情境下，仁义、忠诚、孝慈等美德，就显得如雪中送炭了。"绝仁弃义"则意为仁义本来是用于劝导人的善行，如今却流于矫揉造作。有人更剽窃仁义之名，以耀立于世。那些人夺取权力之后，摇身一变，俨然成为一代道德大师，把仁义一类的美名放在自己的口袋里，随意运用。庄子沉痛地说："为之仁义以矫之，则并与仁义而窃之。窃国者为诸侯，诸侯之门而仁义存焉。"这种情形已足以欺诈人民了。所以认为不如抛弃这些被人利用的外壳，而恢复人们大性自然的孝慈。老子视"文"为巧饰，认为其违反了人性的自然。巧饰流行，就形成种种有形无形的制约，拘束着人性。老子所流露的愤世之情，乃针对虚饰的文明所造成的严重社会危害的强烈不满。

第五十三章　圣人无为，故无败

原文：

　　将欲取天下而为之，吾见其不得已。天下神器，不可为也，不可执也。为者败之，执者失之。是以圣人无为，故无败，无执故无失。夫物或行或随，或歔或吹；或强或羸，或挫或隳。是以圣人去甚，去奢，去泰。

译文：

　　"取"，治理。"为"，强作妄为。"不得已"，是因任万物之自然，不敢于物先，迫而后动的，不得不这样去做的意思。治理天下这件事，应当以事物的自然之理，而不能肆意强作，悖理妄为。想夺取天下，拿来任意妄为，我看他永远也不会达到目的，如武王取天下，并非侥幸恃强，过分骄肆，贪功取胜，为荣贵而图享乐，而是因桀纣失道离德，涂炭生灵，民不聊生，在迫不得已的情况下才取得天下。如此深得民心。因"不得已"而为之。想要占有天下并用强力治理它，我看他是达不到目的的。"神器"是指天道人心。"为"，是任意强行。"执"，是把持的意思。天下的生灵与民众，都有情感和意识而非死物固体，都最为灵感。所以治国者不敢有丝毫侥幸强为的举动。倘若有悖理徇私，强作妄为之举，就违背了生灵的自然之性，即有感应。如此不但不能治理，反而越治越乱。所有事物都是不断地在大"道"中按自然规律运化的。如天道的运行，有春生、夏长、秋收、冬藏，若专执一分，固守一隅，把持越紧，反而越失"天下"这个神圣的东西，"政权"不可以随便去摆弄它，更不可以随便强行把持它。

　　"行"是行之于前。"随"是随之于后。"歔"是温暖。"吹"是寒凉。"强"是刚强。"羸"是劣弱。"载"是安载。"隳"是危殆。本段进一步申述"天下神器，不可为也。为者败之，执者失之"的道理。恣意妄为就会失败，用力把持就会失去，谁去摆弄它，谁就会失败；谁去把持它，谁就失天下。治理者若不顺其自然生存，而强行妄为，欲侥幸强行于前，必厌而弃之，侥幸前行者不能久执，又因此反之于后。我欲歔而温暖，寒凉者必厌而弃之，有意的温暖，又因此不能固守。我欲刚强于物者，羸弱者必厌而弃之。人为的

414

刚强又因此不能久持。我欲安载于物者，危殆者必厌而弃之，有为的安载不能久在，又反之于危殆。采取无为之道治国，所以不会失败，不强行用力把持，所以不会失去。由此可以说明强行强为的前行、温暖、刚强、安载是扰乱万物之性，乱人之德的。也说明强行执持，不但不能固守，反而会变为后随，寒凉、赢弱、危殆。万物皆因自性，各随其性，适其所用，咸自然也。

如阳性物刚燥，善行于前，阴性物柔静，好随从于后，狮、象居于热带而喜温暖，北极熊生于寒带而好寒冷，虎豹性烈好强而刚戾，羚羊性柔温静而慈善，牛马体重喜安处于平地，猿猴体轻好玩在树梢。"甚"是过分；一时行势，兴高采烈，骄傲自大，目中无人，气势汹汹，盛气凌人。"奢"是过费不节；偶然得利，假其富有，挥霍浪费，不惜货物。"泰"是平安无忧；时来运转，飞黄腾达，沉溺酒肉，糜烂色情，贪得无厌，醉死梦生。体察事物情理，智慧高明的圣人，体悟甚、奢、泰都是脱离了大"道"自然纯粹的本性，即失去了自我的天真本性，必会给自身造成不良的后果。意在告诫：一人食货利，众人遭贫穷，泰然享豪华，万民有祸殃。所以要不贪求分外的声色，能抛弃不义的货利，不贪过分豪华，循自然、务真诚、守本分，顺自然天道，附人情，故须抑制其甚，涤除其奢，抛弃其泰，恢复到自我纯朴的天真本性，与大道清静自然，真常平夷的状态，方可长治久安，故无败失之患。因此，明君不走极端，杜绝奢侈，永不过分强为。老子认为，理想的执政者，清静无为，为政应顺自然而为，因势利导，舍弃过度措施，除去酷苛政举，去掉极端、奢侈、过分的东西，以天道无为而治理，天下就必然太平。

体悟：

老子在文中断言强取强执天下的人，都不会得逞，正是反证了自己顺其自然的中庸态度的正确性。把天下当作个人、团伙的私有器物，是永远不会得到人民的拥护和爱戴的。在老子心中，世间一切强求之物，都不是真正意义上的得到，一切强求之事，不顺其自然有所作为，都不会实现。"将欲取天下而为之，吾见其不得已。"老子说：想要治理好天下却任意作为，我看他是达不到目的的。为什么这样说呢？"天下神器，不可为也。"因为天下是一个神器，对天下是不能够采取勉强的行为的。那么，如果有为呢？则"为者败之，执者失之"。对于天下，有为者必然会失败，把持者必然会失去。"是以圣人无为，故无败、无执故无失。"因此，圣人无心于为，所以不会失败；不予把持，所以不会失去。《孟子·公孙丑上》中所讲的"揠苗助长"的寓言，就是对这个道理所做出的最为生动的说明。孟子在这篇文章中还讲述道："非其君不事，非其民不使；治则进，乱则退，伯夷也。何事非君，何使非民；治亦进，乱亦进，伊尹也。可以仕则仕，可以止则止，可以久则久，可以速则速，孔子也。皆古圣人也，吾未能有行焉；乃所愿，则学孔子也。"

孟子讲述了圣人的三种类型：伯夷是治世则进，乱世则退，他所侍奉的一定是自己的君主，他所役使的一定是自己的子民，正因为如此，他才会"义不食周粟"，最终饿死在首阳山上；而伊尹呢，他的做法与伯夷大有不同，他不论自己遭遇的是治世还是乱世，都是一定要出来做出一番事业的，谁能够重用他，他就辅佐谁；那么孔子呢，他与伯夷和伊尹都不一样，完全是见机而行，仕、止，久、速，可谓往来随心，进退自如。孟子将伯夷称作"圣之清者"，将伊尹称作"圣之任者"，将孔子称作"圣之时者"，并且表示自己所愿意效仿的是孔子。孔子的做法突出地体现出"时"的特点，这个时，也就是时机，时宜的意思，孔子做事并不是强而为之，而是讲究机宜的，因此孟子才将他称作"圣之时者"，并且对孔子最为推崇。其实做事情的时候之所以不可强为，归根结底，还是因为事情有着自身固有的客观规律，这种规律是不以人的意志为转移的，而一旦强而为之，就意味着对这种规律的违背，往往就会像"揠苗助长"那样，产生欲速则不达一类的与自己的主观愿望恰恰相反的结果。乱作为必将失败，想占有必将失去。从处事角度来看，这个观点告诉我们，凡事不可强求。有些事情，条件不具备，时机不成熟，需要准备和等待，需要尊重现实而不是心气浮躁强行上马。不遵循事物的基本规律，硬推行，这必然会导致失败。

在老子看来，大多数渴望有所作为的人，其所为多半是违反"天地大道"的妄为，而这种妄为除了破坏事物的发展规律，导致事物向反面发展之外，基本没什么作用。比如有的企业不考虑自己的基础条件如何，一味快速扩张，结果由于财力不济，整合乏力，最终导致企业破产。还有许多家长在教育孩子的时候，为了使自己的孩子成为神童、天才少年，不惜违背教育规律，强迫孩子参加各式各样的补习班，结果天才没培养成，反而影响了孩子的全面发展。"烦恼皆因强出头"，人类痛苦和纷争的根源就在于欲求过度，假如大家都能遵循老子的教导，立身处世都能天真朴实，不强行不强为，人们的生活必定会幸福多多。何谓"强"，孟子曰：做事成功，要凭"天时、地利、人和"，三者缺一不可。三者都具备了，那么事情自然而然会向你想要的那个方向发展，天下也会自然而然地收入囊中；三者即使缺一，也是"强求"。远观秦始皇灭六国统一华夏民族，可谓天时地利俱得，可他久战征伐，使他失去了民心，这才是秦朝不过二世而亡的真正原因（人和）。吴三桂，明朝重臣，奉命镇守山海关，却"冲冠一怒为红颜"，打开长城大门放清军入关，算是为大清朝打下半壁江山的功臣。清王朝皇帝亦待其不薄，然而他利欲熏心，最终打起了"复明"的旗号反清，其实那个时候的百姓处在异族的统治之下，都很想恢复汉人的天下，因此吴三桂当时是有"人和"的最初条件的，但是他忽略了"天时"与"地利"的因素，因此最终只能走向失败。而自己本是一代枭雄，也被推入了万劫不复的深渊。

　　"天下"是神圣的东西，对待它不能凭自己的主观意愿，采用强制的办法。用强力施为的，一定会失败。南北朝时期的"侯景之乱"就很好地说明这个道理。南北朝时期，南方与北方长期对峙，而南朝和北朝各自的统治阶级内部也相互倾轧，矛盾重重，不断杀伐，使得国无宁日，民不聊生。就在山河破碎，生灵涂炭的时期，在南朝梁武帝太清二年（549）爆发了一场长达四年的叛乱，因这场叛乱的发动者是投降梁国的东魏将领侯景，故史称"侯景之乱"。侯景是北方怀朔镇人，羯族，是个反复无常的人。侯景生性野蛮，少时顽劣不羁，长大后骁勇善战，精骑善射。他曾参加过葛荣领导的六镇起义，先后投靠北魏权臣尔朱荣与东魏权臣高欢，成为北魏手握重兵的大将。547年，侯景与高欢之子高澄发生矛盾，于是，献上河南十三州投降了西魏。西魏丞相宇文泰接受了他的投降，但宇文泰深知侯景狡诈多变，便采取陆续接管的稳健策略，渐次接收侯景献给的十三州。同时又招侯景入长安，企图解除其兵权。这时东魏高澄派慕容绍宗率兵向侯景进逼。侯景在东西魏的夹攻下，转而向南方的梁朝投降。梁武帝萧衍想借助侯景之力恢复中原，就接纳了侯景，封他为大将军、河南王，没想到这竟是引狼入室之举。梁武帝派他的侄子萧渊明率军北上，以接应侯景，但由于萧渊明根本不懂军事，结果被东魏打得大败。萧渊明也被活捉。侯景被慕容绍宗打败后，驻守在寿阳（今安徽省寿县）。后来梁朝与东魏议和。打算用侯景换回萧渊明。侯景本有作乱之心，便暗中勾结一心想篡位的梁武帝之侄萧正德做内应。先前梁武帝无子，便以其弟萧宏之子萧正德为子，后来生下儿子萧统，便将萧正德送还萧宏，但萧正德认为自己应该继承大统，所以对梁武帝不满。侯景便以帝位相诱，勾结萧正德共同叛乱。梁武帝不知内情，还派萧正德为平北将军。侯景得到萧正德准备好的船只，因此顺利渡过长江，萧正德权欲熏心，迎侯景进入建康（今江苏省南京市），侯景集中兵力围攻建康中心台城，纵兵抢掠。又将北人被没为奴者，皆令放免并加以重用。侯景过江时，兵不过千，马不过百匹，而当时台城中尚有十万余人，甲士两万多，四方援军相继奔赴建康者三十余万。但援军无统一指挥，多持观望态度，宗室诸王停驻不前，只想保存实力以夺取皇位。台城被围一百三十多天，粮食断绝，疫病流行。结果在太清三年（549）三月，侯景攻陷台城。城破之时，城中只剩下三千余人。尸骸堆积，流血漂杵，惨不忍睹。侯景攻破台城后，把梁武帝萧衍囚禁起来。待控制朝廷后，马上杀掉萧正德，不久，八十六岁的老皇帝也被活活饿死。侯景先立萧纲为帝，不久将其废杀，又改立萧栋，很快也把他废掉了。公元551年，侯景自立为汉帝，大杀萧衍后代，萧梁政权瓦解。这时，侯景也日益暴露出其本来的凶狠面目，其用兵施政十分残酷，派人到处焚掠，视人命如草芥。为了镇压江南人民的反抗，侯景专以屠杀和酷刑树威。侯景嗜杀成性，在吃饭的时候杀人，本人仍谈笑风生，其酷刑有断手断足、割舌割鼻等。侯景的残暴统治激起了江南人民的强烈反抗，一些梁朝将领和地主土豪纷纷起兵反抗。同一年，侯景进攻占据江陵的萧绎受挫。公元552年，梁将陈霸先、王僧辩等乘胜顺江东下，再败侯景于建康。侯景乘船出逃，被部下杀死在船中。至此，危害江南四年之久的"侯景之乱"终于结束了。经过侯景之乱，建康这个南北各四十里，拥有二十八万人口的繁华都市，变成了一片废墟。侯景还曾分兵攻掠吴郡、会稽、广陵等地，一路烧杀抢掠，使富庶的长江下游地区"千里绝烟，人迹罕见，白骨成聚，如丘陇焉"（《南史·侯景传》）。江南民众对侯景的暴行无不恨之入骨，因此，侯景的尸体被运到江陵时，士民纷纷割其肉争食，又焚尸取灰，和酒而饮，以解心头之恨。侯景狼戾不仁，嗜杀成性，滥杀无辜，胡作非为，其统治之残暴，手段之残忍，令人发指。古语有言："多行不义必自毙！"侯景这个杀人屠夫，最后落得身死人手的下场，可谓死有余辜，最终亦遗臭万年。

所谓强弩之末，不能穿缟，任何事情都不能强求，应保有顺应自然规律之心态，"无为而无不为"。老子"无为而治"的哲学总纲是对"有为"之政所提出的警告。"有为"即以自己主观意志去做违背自然规律之事。把天下据为少数人私有，必然会招致失败。以强行暴力统治社会民众，将是自取灭亡。世间万物都有各自的禀性，其间差异是客观存在的。理智的统治者往往顺应自然，无为而无不为，不强制不苛求，因势利导遵循规律。为了证明以上的正确性，老子在这一章里继续深入论述了道家学说中朴素的相对论的概念。在现实的世界里，就是像老子所说的"或行或随；或歔或吹；或强或羸；或挫或隳"。因此老子希望人们去除自我心中的私欲杂念，就像我们现在众人所经常说的一样，不要"太极端了""太奢侈了""太过分了"。"甚、奢、泰"都是分别代表了不同的极端，极端的事物行为往往偏离正确的轨道很远，任其发展下去，就必然会误入歧途，似出轨的火车一样，最终酿成巨祸。在这里，老子并没有危言耸听，很多事物都是因为走极端的思想，或极端的作为而变得一发不可收拾。因此我们面对现实生活中许多"甚、奢、泰"的现象，如果能够真正做到"去甚""去奢""去泰"，那么，你就会轻松愉快地实现"无为而无不为"。

唐代诗人李商隐曾写下一句诗："历览前贤国与家，成由勤俭破由奢。"这句诗揭示的就是去奢的道理。东晋时期的吴隐之，就是一位尚俭去奢的典范。吴隐之，字处默、濮阳郡鄄城县人。家境贫寒，但品性孤高，且操守清廉，他入仕几十年，其间皇帝换了好几个，将相公卿也更换了许多。但是，吴隐之却能在仕宦生涯里一直身居要职。很多人都认为他运气好，其实主要原因是他能做到戒除贪欲，恪守操行，所以才能仕途顺畅且深受百姓爱戴。东晋隆安三年（399），朝廷任命吴隐之为龙骧将军，广州刺史。魏晋时期的广州北有五岭，南临大海，治所在今天的番禺，管辖现在两广的大部分地区。这里山清水秀，所产南珠等各种珍宝更是驰名中外，史称"一箧之宝，可资数世"。吴隐之接到任命后，立即携带家眷赶赴广州。他们一路跋山涉水，风餐露宿，这一日终于抵达了离广州二十里远的石门。石门这个地方有一泓泉水，据说凡是饮过此泉水的人，没有不陡起贪念的，所以人们称其为"贪泉"。贪泉臭名远扬，几乎没有人不知道它，当地居民又添油加醋，宣称只要喝上一滴贪泉水，心里就会燃起贪欲之火，连超脱尘世，仙风道骨的人也不能避免。对于这一传言，当时的人均深信不疑。自命清高的过客路过石门，远远避开贪泉，生怕玷污了自己的清名；利欲熏心的奸邪小人也假装成正人君子，一听到贪泉之名，就掩耳捂鼻。在一般人看来，岭南之所以贪污成风，就是因为这里有贪泉的缘故。吴隐之听到这个传说，一点也不相信，他对亲人说："不见可欲，使心不乱。岭南官吏贪污成风的缘由我已经明白了。"于是，他从容地走到贪泉旁边，伏下身来舀起一杯泉水，"咕咚咕咚"喝下肚去，就像痛饮美酒一样。喝完之后，他感觉除了甘甜可口之外，也没有什么特殊的感觉。吴隐之微微一笑，当即赐诗曰："古人云此水，一歃怀千金。试使夷齐饮，终当不易心。""歃"指的是用嘴吸饮。"夷齐"指的是伯夷、叔齐，此二人为殷商王族，商朝灭亡后，二人坚守节操，不食周粟，最终饿死于首阳山。全诗大意是：古人说这个泉水，只要一口沾唇就会陡起贪念，就想得到千金。假如伯夷、叔齐来到这里，不管怎么饮用，他们那忠贞之心也绝不会改变分毫！吴隐之一语道破了他喝贪泉水而不改变节操的真谛。因此，人贪与不贪，不在于喝没喝"贪泉"水，而在于自己的节操。果然，吴隐之在广州任职期间，不但没有变得贪婪，反而更加清廉了。尽管广州佳果终年不绝，但是他尽吃些蔬菜和鱼干，平时的生活十分节俭。最初的时候，当地百姓和官员还以为他故意装装样子，以显示自己的俭朴。时间一长，众人才知道他的的确确是个大清官，并没有演戏装样。由于吴隐之廉洁奉公，广州的贪腐之风很快就扭转过来了。朝廷为了嘉奖吴隐之，就升他为前将军。吴隐之不仅自己克俭去奢，还要求妻儿保持勤俭的节操，其感人事迹数不胜数，这里只举出其中一例。孝武帝时期，卫将军谢石闻得吴隐之的大名，特意奏请皇上让吴隐之做将军府的主簿。有一天，谢石听说吴隐之的女儿即将结婚，他知道吴隐之向来清廉俭朴，嫁女一定不会大肆铺张，更不会置办多少嫁妆，所以，特地派人将自家厨具、纬帐等，搬到吴隐之的家中，当使者到达吴隐之家门口的时候，刚好碰见一个小丫头，牵着一条狗往外跑，院子里寂静无声，什么动静也没有。他心里直纳闷，还以为走错了门，于是拦住小丫头问道："请问这是吴主簿的家吗？"小丫头回答："是呀！"使者又问："贵府小姐今天要出嫁吗？"小丫头回答说："是呀！"使者又用眼睛向院子里扫了一圈，大惑不解，便向小丫头说道："怎么府中如此冷清，什么都没有置办啊？"小丫头没等使者说完，便向他摆摆手说："对不起，我要出门卖狗去了！"使者急忙喊道："你去卖狗干什么？"小丫头冲他笑笑说："先前不是告诉您了吗？我家小姐今日要成亲，家里急等着钱用呢！"说完就跑了，使者大吃一惊，愣了一会儿，转身就跑回到将军府，向谢石和府中的官吏报告这桩"特大新闻"。吴隐之直至逝世，屡屡受到朝廷的褒奖和赏赐，并赐予显要的官职，廉洁的士大夫无不以此为荣。吴隐之凭着自己的清正廉洁，赢得了世人的尊敬。

老子主张圣人应避免那些极端的、奢侈的、过分的行为，做事要讲求适度。有则成语叫"网开一面"，讲的是商汤的故事。说是有一天，商汤在田野间散步，看见一个人在四面都张开了大网，他还说着这样的愿望："来吧，鸟儿们！飞到我的网里来。无论是飞得高的，还是低的；是向东的，还是向西的，所有的鸟儿都飞到我的网里来吧！"汤走过去对那人说："你的方法太残忍了，所有的鸟儿都会被你捕尽的！"汤一边说着，一边去掉了其中的三面网。然后祝愿说："哦，鸟儿们，喜欢向左飞的，就向左飞；喜欢向右飞的，就向右飞；如果你真的厌倦了你的生活，就飞到这张网上来吧。"后来人们就将汤的这一做法称为"网开一面"，意思是只在一面挂起网来，大家在借用这个成语的时候，表达的就是不要斩尽杀绝，而应当留有余地的举措。这实际说的也就是一种不走极端的原则。在儒家思想中，"中庸"是一个根本的理念，这个理念与老子去甚，去奢，去泰的思想是一致的。孔子曾说过，中庸作为一种道德，该是最高的了吧！可是人民离开中庸的道德已经很久了。

《论语·先进》一篇记载了孔子与其弟子子贡之间的这样一次对话，子贡问孔子，子张和子夏谁更优秀一些。这两个人也都是孔子的学生。孔子说，过犹不及，做得过度和做得不够都是一样的。什么叫作"过犹不及"呢？举一个很浅显的例子，在种庄稼的时候，种子一定要埋藏到适当的深度，埋得浅了，种子吸收不到充足的水分和养分；而埋得深了呢，种子又会难以破土，不论埋得浅，还是埋得深，种子都不能够进行正常的发育，这就是"过犹不及"的道理。落实到个人修养上，老子的思想会给我们很多启示，比如那些出身富贵之家的阔达之人，自己喜欢过着豪华奢侈的生活，事事讲阔气排场；而出身贫寒之家的人，由于过惯了苦日子，待人也往往刻薄寡淡，甚至近于无情。实际上这两种极端的生活方式都是不可取的，日常生活既不能太奢侈豪华，也不可过分俭朴，节俭朴素本来是一种美德，但是如果过分节俭，那就成了小气、吝啬的守财奴，节俭就走向它的反面，有损修养；谦虚也是一种美德，但如果过分谦虚，就会给人装腔作势、心机很重的感觉。尽心尽力去做事本来是一种美德，但是过于认真会使人心力交瘁并失去生活乐趣，看淡功名利禄本来是一种高尚的品德，但是如果过于清心寡欲，也就不会努力去做事，更不会对社会大众有所贡献了。

在为人处世上，什么事都不能过分，过分了往往会弄巧成拙。所以，一个人既要清廉纯洁，还要有容忍的雅量；既要精明认真，又不能求全责备；既要性情刚直，又不能矫枉过正。把握住这种合适的尺度，才算懂得高明的处世之道。在待人接物上，我们同样应该注意分寸。当责备别人的时候，不可太过严厉猛揭老底，要考虑到人家是不是能够承受得住。如果人家承受不了，当场翻脸，你不仅会好心办坏事，还可能与人结下仇怨，给自己今后带来麻烦。在教导别人的时候，不能要求太高，必须考虑到被教育者是不是能做到。如果人家根本就不可能做到，不仅你的努力白费，而且会给对方造成沉重的心理压力。应用到人际交往上，这个道理要求我们要与人保持适当的距离，不可太过疏远，也不可太过亲密。西方有一个刺猬理论，对此做过精彩阐释。说是有两只小刺猬共住在一个山洞里。这天天气异常寒冷，两只刺猬被冻得哆哆嗦嗦。它们为了取暖，拥挤在一起的时候，却感觉到了一阵刺痛，原来它们都被对方的刺扎伤了。于是它们又分开了，可分开后没多久又都冷得打起寒战来。经过几次磨合，它们终于找到了合适的距离，既能取暖，又不至于被扎伤。这就是刺猬理论，它提醒我们，人与人之间的交往也应该像刺猬一样保持适当距离。如果人与人之间的交际过于亲密，这时的个性差异就会明显起来，对立起来，就难免不发生碰撞、摩擦。如果距离过远，就会彼此疏离，相互帮不上忙。因此保持适当的距离，既能减少不必要的摩擦，使彼此少受伤害，又能相互借力，促进共同发展。不仅对于个人行为来说如此，对于一个组织的发展，乃至一个国家的建设来说，同样都要处理好适度这个基本问题。总而言之，我们在生活和工作中的方方面面都要讲求适度的原则，只有做得不失分寸，恰到好处，才会取得最为理想的客观效果。在这里老子隐晦地批判了施行暴政的后果，从反面论证了"无为而治"的合理性。首先老子指出强取天下是不可能获得最终成功的，因强权和暴力是违反"道"的。老子又以辩证的观点解释"无为"的重要意义。急功近利者急于取得天下，最终只能适得其反。"圣人"从没有掌握过天下，就谈不上失天下了。这就是老子常说的"雄雌""盈亏"和"阴阳"的关系，在本文中"行随""歔吹""强赢"和"载隳"说的都是这个道理。

世间万物由"道"主宰，所以"圣人"主张去除奢侈、极端和过分的行为，最终实现"返璞归真"。在处世方面老子主张以退为进，在治国理念上，老子主张无为而治，这两者是"道"在不同领域内的反映。理想的为政者，应当顺应自然而为，因势利导，舍弃过度措施，除去酷苛政举，无为而治，天下太平。总之，要坚守自然之"道"，做事适可而止。超过事物的限度就会使之向对立面发展变化，不会再是原来的事物了。"去甚、去奢、去泰"是正确的治国之道，因为"甚、奢、泰"都代表了不同的极端，偏离了正确的"自然之道"的轨道，任其发展就会误入歧途。这并不是危言耸听，很多历史事件、生活小事都是因为过度强行而变得一发不可收拾。因此，面对日常生活中的"甚""奢""泰"，一定要细心体察，去除自我的私心强欲，做到"去甚""去奢""去泰"，那样人生便会身心轻松，健康长寿。因世间的物性不同，人性各别，为政者要能允许差异性与特殊性的发展，不可强行，否则就变成削足适履了！所以理想的政治应顺其自然，因势利导，要舍弃一切过度的措施，去除一切酷烈的政举；凡是奢靡的行径，都不宜施张。

第五十四章　圣人之治为腹不为目

原文：

　　五色令人目盲；五音令人耳聋；五味令人口爽；驰骋畋猎，令人心发狂；难得之货，令人行妨；是以圣人为腹不为目，故去彼取此。

　　不尚贤，使民不争；不贵难得之货，使民不为盗；不见可欲，使民心不乱。是以圣人之治，虚其心，实其腹，弱其志，强其骨。常使民无知无欲；使夫智者不敢为也，为无为，则无不治矣。

译文：

　　缤纷的色彩，使人眼花缭乱；繁复的音乐，使人耳聋失聪，听觉不灵；鲜美的食物，使人口舌损伤，味觉迟钝；纵马驰骋围猎，令人内心疯狂；稀罕的财物，使人行为失常。大道玄虚幽冥，无声无色，无臭无味，此乃道之真体，为生化万物之根本。五色、五音、五味等虽出于道，却是粗浅而外在之枝末。人之心性若为外在之末所障蔽，则不能知其本，忘其本性人心。虽目能视，耳能闻，口能尝，实则盲、聋、爽矣。故不可逐于外在之末，而应体悟并抱守纯素清淡的内在之本。跑马行猎，使人神驰心狂。"驰骋"是纵横奔跑。"畋猎"是骑马狩猎。行妨是贼害。人的先天本性是虚静清明，无贪无欲的。狩猎之人，整日驰骋奔逐，放荡不羁，其心必狂，如此就失去了虚静清明之人的本性。难得之货是稀罕的财物，它最能诱人邪念，使人行为失常，勾人之心魂，使人行为不轨，做不仁不义、戕害国家民众，陷己伤人之事故。"为腹"是注重修持内在之德行。"为目"是忘本逐末，迷于外物，求其虚华。圣人但求安饱，不逐声色，所以他们抛弃前者而采取后者。得"道"的圣人总是注重内德的修养，只求安饱而不纵情声色，摈弃物欲的诱惑而安守内心宁静。面对外界的诱惑要有取舍，而不心神奔逐于外。因此，正确的态度应是重内德、重纲本、求实用。老子坚定地反对外在的声色贪欲。

　　"不尚贤"是指不人为地标榜贤才，不推崇奇才异能，免得人们争名夺利。崇尚贤才，是自然而然的。若刻意去标榜，有意去树立，必使人们争名逐利而不务实际，坐享其成，想入邪念，而不做实际贡献。贤名为形式障蔽，为投机者所用。不贵重珍品奇货，

423

免得人们贪心做贼；不显耀可能引发人们贪欲的东西，免得扰乱人们的心性。金玉珠宝是谓难得之货。本已珍赏，若再加提倡，必然促使人们去行盗。这说明人为地加尊于某种东西，必然导致不良后果。浓妆艳抹，卖弄媚姿，显其丽色，必惑人之贪欲性，乱人之平常心情，触人之邪念，诱人之弃行。同样之理，为政者若彰荣华，显富贵，扬虚名，倡奢靡，亦会惑乱民心，上行下效，弊病四起，紊乱纲纪，国政腐败，乱社会风气。

　　圣人治理天下，在于简化人们的头脑，填饱人们的肚皮，削弱人们私欲动向，强健人们的躯体。圣人以心地纯素，不留一物，性体圆明虚朗，不甘陷入虚华的尘网之中。他们恬淡无为、心虚意静、柔弱谦和、不与物争、敛华就实、神凝气聚、精全髓满，自然百病不生，身康体健。永使人们没有奸诈巧伪的心智，没有争夺财物私欲，使那些奸诈之人也不敢轻举妄动。若使人们保持纯朴的自然之性，不炫机智、不尚狡诈、返朴还淳、乐享天真，贤与贵贱相忘于德化之中，少数尚机诈者，自然不敢妄为。此乃以德化民之方，而非愚民之策。以无为的方式治理天下，没有治理不好的，因道的体性是"无"——无形无象、无声无息、不阴不阳、不上不下、空空洞洞、杳杳冥冥、似有非有、似无非无、一切皆无。然而万类咸仗，群生皆赖，无所不生，无所不造，无所不养。依此类推，人若法天地自然之"道"，使其体性合乎"大道"，虚无自然，无私无欲，无执无偏，恬淡无为，以"道"的"无为"原则修身治国，必可无所不治，无所不达，修身身康壮，治国国太平，都会收到最佳的效果和成就。老子主张"不尚贤，不贵货"，以达到"民不为盗""民心不乱"的目的。以"无为"的态度处理国家之事，天下就可以得到全面安全的治理。

体悟：

　　社会的繁荣，缤纷绚丽的色彩使人们眼花缭乱，嘈杂纷乱的声音使人听觉不敏感而失灵；多样丰盛的食物浓厚的味道使人的体质味觉受到伤害，人舌不知味；纵情于狩猎使人的内心放荡狂乱；稀有金玉珍宝的货物使人行不轨之事妨害德行。所以，得"道"的圣人只求维持基本生活生存需要，而不沉湎于感官的享乐，因此要有节制，要有所取舍。不要因物质诱惑而迷失自我，人性皆好欲，耳目口心均有所好，但是物欲很容易迷蒙人的耳目心智，因人的追求永无止境，因"人无尽水无味"，五色、五音、五味，都是为了满足感官需要，忽视内心的渴求，必然是心思枯竭，加速肉体败亡。故而，对物欲的喜好要有所控制。绚烂的色彩，纷繁的五音，虽然愉悦耳目，但过于迷恋其中，人就难以平静下来，从而意乱情迷，乱生是非，五味给人以营养，使人的身体机能得以维持正常运行，但饮食过度会使脾胃受到损伤，就会营养过剩以致肥胖，造成多种疾病,终使口味败坏。故"为腹不为目"。这一段老子说出了五个排比句："五色令人目盲；五音令人耳聋；五味令人口爽；驰骋畋猎，令人心发狂；难得之货，令人行妨。"这五个句子是层层递进的关系，前三句说的是人的感官，第四句就深入到人的心里，而最后一句更进一步地提到人的行为。"五色""五音""五味"也是几个这样的词。"五色"，指的是青、红、黄、白、黑这五种颜色；"五音"，指的是宫、商、角、徵、羽这五种乐音；"五味"指的是苦、甜、酸、咸、辣这五种味道。尤其指悦目的色彩，动听的音乐和可口的味道。我们或许会认为，在生活中拥有这么丰富的色彩，音乐和味道是一件很享受的事情，然而，老子说：缤纷多彩的颜色使人眼花缭乱；各种动听的声音使人听觉迟钝；多种鲜美的滋味令人口感麻木。从表面看，这话说得似乎很没道理，人们都为生活的单调而苦恼，哪还会因为生活的丰富多彩而不高兴呢？但只要我们深入一些去想想，就会发现老子所讲述的道理是非常实在的，因为过分地陶醉于声色之中的确是有害于健康的。

我们可以观察到这样一个事实：古代与现代相比，生产力可谓十分低下，能够将肚子吃饱就很不错了，至于美味，往往都是奢求。但这只是对于普通百姓而言的，至于那些达官贵人，就是另外一番情形了。在古代权力最大、财富最多的莫过于皇族，不是有这么句话吗，叫作"普天之下，莫非王土；率土之滨，莫非王臣。"也就是说，整个天下都是帝王一家所有，这就是所谓的"家天下"。天子拥有着"取之不尽，用之不竭"的广大财富，生活可以说是最为优渥的了，声色之想，口腹之欲的满足当然不在话下，然而查一查历史就会发现，自古以来君王大多寿命都不是很长，排除遭受谋害的那一部分，单就那些寿终正寝的君主来说，平均寿命也是很短的。诚然在古代人的平均寿命远没有现代人的高，但是古代人寿命低的最根本原因就是生活条件的恶劣。如果连吃饭穿衣都成问题，又哪里谈得上养生呢？至于缺医少药，更是极为常见的事。但是对帝王来说，并不存在这方面的问题，即使古代的医疗技术还不够发达，但至少在当时，帝王所能享有的应当是最佳的医疗条件。如此说来，帝王们的寿命应当是比较长的，然而实际上却并非如此。在中国两千多年间所产生的几百个皇帝中，活到70岁以上的帝王只有十几人。其实古代高寿的人并非罕见，比如唐代著名医学家孙思邈就活到了102岁，先秦时期大思想家，老子、孔子、庄子、孟子、墨子、荀子等人物都活到了七八十岁，只有韩非子，仅活了五十多岁，但他是被害而死的，并非自然死亡。这说明只要保养得宜，即使在古代，人也完全可以高寿。

而享有高寿条件的历代皇族的寿命却很令人失望。就拿最近的清朝来说，虽然出

天道：体悟老子

了一个中国历史上最高寿的乾隆帝89岁，但是短命的皇帝也没有少出，顺治帝活了24岁，咸丰帝活了31岁，同治帝活了19岁，光绪帝活了38岁，清王朝12个帝王中，有4位在40岁之前就死去了。再看一看乾隆帝的儿子们，乾隆共有17个儿子，有7人不到10岁就夭折了，长到成年的10个人中，还有四个只活了二十几岁，寿命在30岁以上的仅有6人，而活到70岁以上的仅有两人。乾隆时代是清王朝的鼎盛时代，在历史上以"盛世"著称。在这样的社会背景下，皇家自然更是富不可言，精神上的忧虑也很少，因为不必像王朝初创之时那样兢兢业业、如履薄冰，也不必像动荡的末代之时那样为江山如何保住而苦苦忧愁。那么，这些贵为金枝玉叶的皇子们却如此短命，问题出在哪里了呢？除了部分政治斗争中的人为因素外，恐怕就出在老子所说的"五色令人目盲"的道理上。老子生活在两千五百年前物质财富还相当贫瘠的时代，但是他已指出了过当的享受所给人带来的危害。近年来，有一种"富贵病"的提法，所谓"富贵病"，指的就是由于饮食营养过剩以及运动减少等因素而导致的高血压、糖尿病、冠心病、肥胖症等病症，因为这些病症高发于生活条件较为富裕的地区，所以称之为"富贵病"。几十年前很多中国人还因为吃穿而焦虑，现如今却已步入了初步富裕的小康社会，而与此同时，富贵病的多发也显示出一种堪忧的迹象。据统计，中国目前有高血压患者一亿多人，脂肪肝患者一亿多人，糖尿病患者七千万人之多，并且染患这些疾病的人数还在日益增加。另外，由于学生课业负担的加重和电视、电脑等电子产品普及，近视眼的发生率也呈现出逐年增高的趋势，这正体现了老子所说的"五色令人目盲，五味令人口爽"这句话。还有环境污染和生态破坏在疾病诱因中的比重也越来越大，而这种污染和破坏在很大程度上就是由人们的贪欲而引起的。这些都说明，人类在创造了前所未有的巨额财富的同时，也付出了相当高昂的代价。

游玩畋猎使人情绪高亢，难得之货奇珍异宝使人产生贪婪之心，诱使人心奸诈，行为不端，若是不加以控制，则容易因物欲横流而产生尔虞我诈、唯利是图之心，甚至铤而走险去犯罪获得，从而导致种种不良的社会恶果。况且，外在的声色之娱越过分，心灵就越空虚。人不吃饭会饿死，吃多了会被撑死。好色也是同理。腰缠万贯，每日不过三餐，夜寝不过六尺。只有摆脱外界的物欲迷乱生活，持守内心的安宁，才能保持心灵固有的纯朴。尽管有形世界风光无限，但过于注重色彩的斑斓，往往会迷失了心灵的家园。人的心灵有一定的承载度，执着于五色世界，忽略了精神世界，就会陷入人生的迷茫痛苦之中，体会寂寞孤独的可怕。故而修道之人力求"五根"清净，眼不妄视，耳不妄听，舌不妄尝，身不妄动，意不妄想的生存准则。老子在这里明确指出了物欲对人类社会的破坏与伤害的严重后果。他首先列举了色彩、声音、味道、狩猎，珍贵稀有之物对于人身心的种种伤害，从而引出了自己的观点，沉湎于感官上的享乐会导致人们的感触功能减退，使人们的品德行为偏离正道。老子说："是以圣人为腹不为目，故去彼取此。""为腹"和"为目"都是代指，"为腹"指的是追求吃饱、穿暖之类的基本欲望的满足；"为目"指的是追求声色犬马之类的奢侈欲望的满足。"去彼取此"，指的也就是去掉"目欲"而留取"腹欲"，换一种说法，也可以讲成"去奢取寡"，实际上，老子在这一章所倡导的观念就是寡欲。

老子说："不贵难得之货，使民心不为盗：不见可欲，使民心不乱。"统领者只有勤俭节约，与民休息，才能赢得民心，治理好天下。汉文帝清心寡欲，厉行节约，后继者汉景帝效法他的政策，终于开创了"文景之治"的盛世局面。汉高祖时期，天下刚刚经历完战乱，到处都是一片衰败残破的景象。据《史记·平准书》记载："天下既定，民亡盖藏，自天子不能具钧驷，而将相或乘牛车。"说的是高祖统一天下建立汉王朝以后，民穷财尽，毫无积蓄。当时天子竟不能用同一种毛色的驷马（骑），而将相有的只能乘牛车。汉文帝即位后，实行无为之治，以"慈""俭"为治政原则。首先确立宽厚的法治精神，废除"连坐"等严刑；接着"诏定赈穷、养老之令"保障百姓生活无忧。当然最重要的是多次下诏减轻赋税，轻徭薄役，施行节俭治国的政策。汉文帝的节俭是出了名的。他继承帝位的第二年，有人献上一匹千里马。他下诏连同送马的路费一并退还，同时又下了一道诏书宣布说：朕不接受任何名贵稀奇的奉献，要地方官员们通知四方，以后不要打主意奉献什么东西上来。古代皇帝住的宫殿，大都要修建又大又漂亮的露台，以供欣赏山水风光。汉文帝本来也想造一个露台，他找到了工匠，让他们算算该花多少钱。工匠们说："不算多，一百斤金子就够了。"汉文帝听了，说道："不要造露台了，现在朝廷的钱很少，还是把这些钱省下吧。"司马迁在《史记》中记载，汉文帝"即位二十三年，宫室苑囿狗马服御无所增益"。"宫室"就是宫殿建筑，"苑囿"就是皇家园林以及供皇室打猎游玩的场所，"狗马"即供皇帝娱乐使用的动物、设施等，"服御"即为皇帝服务的服饰车辆、仪仗等。这些都是皇帝们讲排场，显威严，享乐游玩必不可少的，皇帝们大都十分重视。然而，文帝当皇帝二十年，居然没有盖宫殿，没有修园林，甚至连车辆仪仗也没有增添。此外，汉文帝还十分关心百姓的疾苦，刚当皇帝不久，就下令：由国家供养八十岁以上的老人，每月都要发给他们米、肉和酒；对九十岁以上的老人，还要再发一些麻布、绸缎和丝棉，给他们做衣服。春耕时，汉文帝亲自带着大臣们下地耕种，皇后也率宫女采桑、养蚕。汉文帝去世前，曾颁下遗诏，痛斥了厚葬的陋俗，要求自己的丧事要一切从简。他明确要求："皆从瓦器，不得以金银铜锡为饰，不治坟，欲为省，毋烦民。霸陵山川因其故，毋有所改。"即按照山川原来的样子因地制宜，建一座简陋的坟地，不要因为给自己建墓而大兴土木，改变了山川原来的模样，据说后来赤眉军攻进长安，所有皇帝的陵墓都被挖了，唯独没有动汉文帝的陵墓，因为他们知道，汉文帝的陵墓里没有什么贵重的东西。北宋文学家吴垧在《五总志》里有这样的记载："汉文帝刘恒履不藉以视朝。"草鞋最早的名字叫"履"。草鞋材料为"不藉"。在汉文帝时期，已有了布鞋，草鞋主要是贫民穿，而汉文帝刘恒"履不藉以视朝"，就是说他穿着草鞋上殿办公，做出了节俭的表率。不仅是草鞋，就连他的龙袍，也只能称为"绨衣"。"绨"在当时就是一种很粗糙的色彩暗淡的丝绸。就是这样的龙袍，也穿了很多年。龙袍破了，就让皇后给他补一补，接着再穿。不仅汉文帝自己穿粗布衣服，后宫也是只穿朴素的服饰。当时贵族女子长衣拖地是一种时尚，而汉文帝为了节约布料，即使对自己最宠幸的妃子，也不准她买衣服的下摆拖到地上。宫里的帐幕、帷子全没刺绣，也不带花边。正是由于汉文帝勤俭节约和爱民如子，他才与其后继位的景帝共同创造出了"文景之治"的盛世。史家评论汉文帝时说"世功莫大于高皇帝，德莫盛于孝文皇帝"。

寡欲是中国非常古老的一个思想传统，不仅道家这样提倡，儒家也同样提倡。孟子曾说："养心莫善于寡欲。"而墨家也同样倡导节欲，节葬非乐等具有寡欲性质的主张。为什么这些先贤圣哲们不约而同地都强调寡欲呢？其原因概有两点：其一在于人类欲望的特殊性。欲望本是一种生物本能，在人的身上却与动物大有不同，一方面，因为人类世界较动物的世界更为复杂，相比于动物的单纯欲望而言，人类的欲望呈现出纷繁之状；另一方面，动物的欲望追求仅限于几种基本的生理欲望的满足，而生理欲望一般而言都是有限度的，不会产生过度膨胀的问题，人类欲望则不然，俗语说："人为财死，鸟为食亡"，这句话很好地表现出人的欲望与动物的欲望的区别，鸟为食奔逐，人则为财而争斗，食者为腹之欲，食量再大也是有限度的，有了一定的食物就可以满足；而财则是一种无限的欲望，人对财的追求是没有界限的，也就是说没有"满足"的可能，所以在于人类有贪得无厌之说，在于动物却不大可能出现这种情况，人们在形容某人贪婪的时候往往以虎、狼喻之，其实这是不大恰当的，人若贪婪起来，虎、狼又怎可比拟呢？而人类这种欲望的特殊性，就决定了人要常常遭受欲望得不到满足之苦（从一定意义上来讲，人的欲望永远都不会获得彻底满足的），而与此同时，又有一些人因为追逐欲望，而不择手段，这会带来罪恶与危害。这样如何正确处理欲望的问题就成为思想家们所必然要认真面对的一大人生困局。

既然人的欲望是没有止境的，是难以得到彻底满足的，那么也就要从逆向来找寻对策，约束人们的欲望之心，就如同孔子对颜回的称赞一样："贤哉！回也。一箪食，一瓢饮，在陋巷。人不堪其忧，回也不改其乐。贤哉！回也。"虽然身处贫苦，但是依然能够自得其乐，而无奢欲得不到满足的忧苦，如此一来，岂不人心自怡，而天下自安？当然这并非提倡大家都以苦为乐，不去谋求创造更多的财富从而改善自己的生活条件，而是说人们对待贫苦的生活，应当持有一种正确的态度。富贵虽然是人人都渴望的，但是若非以正常的途径得来，对于自己来讲也就全无所谓了，即如孔子所言："不义而富且贵，于我如浮云。"所谓"君子固穷，小人穷斯滥矣"，说的就是这个道理。

其二，寡欲主张的提出有着特定的时代背景。在古代社会，生产力还很低下，整个社会能够创造的财富很是有限，谈不上过多的积累，如果能够平均分配，一般的年景还是可以做到"无人不饱暖"的，可是在绝大多数的情况下，这种"无人不饱暖"的情状只是人们心中的一种理想罢了，几乎在每一个历史时期，都会有大批的人难以吃饱穿暖。其中，固然存在着个人的原因，但是基本的原因还在于社会分配制度的不均，豪强贵族们凭借既已占据的优势地位和手中掌握的暴力工具，分割了社会上的大量财富，他们占有的财富数量远远超出了日常生活的基本需要，而更多的是用来享乐，商纣王的"酒池肉林"就是最显著的说明。

孟子曾经讲过："五亩之宅，树之以桑，五十者可以衣帛矣；鸡豚狗彘之畜，无失其时，七十者可以食肉矣；百亩之田，勿夺其时，数口之家可以无饥矣。"也就是说，在社会生产稳定而有序的前提下，50岁的人才可以穿上帛制的衣服，也就是丝织品，而当时的大多数百姓还只能穿价格低廉的麻布衣服；70岁的人才能吃上肉，因为肉制品的成本要比素食的成本高很多，所以百姓们还普遍都吃不起肉；这里提到百亩之田，也就是说好好地种百亩之田，一家的几口人才能免于饥饿。孟子的这几句话表现了上古社会的这样一种事实，那就是普通百姓们想要吃饱穿暖还不是那么容易的事情，与此相应，"酒池肉林"又是怎样的一番场景呢？虽然纣王的奢侈可能是一个极端，但是这代表了统治阶层的一种奢豪纵欲的普遍取向。而这些思想家所一再强调的寡欲，主要就是说给这些贵族统治者听的，因为有机会读书，有机会受到教育的正是这些贵族们，从另一个角度来想，那些穷苦的平民连肚子都吃不饱，还一个劲儿地向他们鼓吹寡欲，又会有什么意义呢？

宋代的理学家曾提出"存天理，灭人欲"的主张，这里所言的"人欲"实际上指的是超出人的基本生理欲求的过分欲望。通过比照我们可以发现，其实"存天理，灭人欲"不过相当于是老子所言的"为腹不为目"的另一种表述而已。其实质也无非强调自己由来已久的寡欲观念而已，但是其字面表述却在一定程度上背离了其真正的内涵，一说"灭人欲"，让人听起来就好像是要把人的一切欲望全都灭绝掉，而这并非此语的本意，如果那样的话，人的所有欲望都被剥夺了，人又怎样生存呢？它说的是"灭人欲"，却又悄悄地给"人欲"来了一番特有的界定，指出"为目"者才是"人欲"，而"为腹"者，则划归为"天理"的范畴。这样的划分，虽然颇有可议之处，但还是存在着一定道理，因为它将"人欲"给纯粹化了，即如"人为财死，鸟为食亡"而言，这种界定将"为食"的一类归为"天理"，而为财的一类才称得上是"人欲"，它的可取之处是看到了人与动物的实质区别，但是它的提倡是倒行逆施的。为什么这么说呢？它将人的欲望与动物的欲望区分开来，却又将动物的欲望视作"天理"来肯定，而反过来要将人的欲望给灭绝掉，这实际上就相当于将人当作动物来要求了，人只要做到不冷不饿也就可以了，因为这是"天理"；可是如果你再想穿得漂亮一些，再想吃得可口一些，那对不起，这就属于"人欲"了，是人所不应当有的。既称之为"人欲"，却又主张"人欲"是人应当灭绝的欲望，这本身就蕴含着一种悖谬。如其所言，服饰文化和烹饪技艺的发展也就全都无从谈起了，因此这种提法是落后的。然而尽管如此，老子的"为腹不为目"也还是有着很大合理性。现如今时代和社会发生了翻天覆地的变化，人们的生活已经较为富贵，已经走过了孟子所描述的那种贫苦微薄的简陋状态。

应当意识到，生产力的发达和物质财富的丰盈都是相对而言的，时至今日，消除贫困仍是世界性的话题。所以说当前世界的物质财富还远远没有达到极丰富的程度。而即使将来有一天，我们的生活确实全都已经相当富裕了，寡欲的提法也并不会从此就失去意义，原因就是如前面的第一点所言，人的欲望是没有止境的，在任何时候，欲望的满足都是相对的，贪求奢欲，永远都是一种潜在的危害。老子是坚决排斥这种生活方式的，他所崇尚的是"为腹不为目"的实在生活。只有养成这样修养"清心寡欲，居功不傲"的生活习惯，才能够让人们的感官保持住为维持基本现实生存而服务的功能。缤纷多彩的世界，能够诱惑心动的实在太多，而欲望永无止境，难以得到满足。放纵内心的私欲，就会使行为放荡而无法自拔，终究会给人生带来严重后果。所以，得"道"的圣人抛弃物欲色权的诱惑，坚守人心的安宁，保持心灵固有的纯洁，不任贪心色权私欲膨胀，随时把握自己的内心"为腹不为目"。绚烂华丽的事物皆是表象，沉溺其中只会毁了自己的人生。巧伪多欲的生活，终会招致"目盲、耳聋、口爽、发狂、行妨"。人世间有杰出的领袖，也有平庸的政客。有成功者的神话，也有众多失败者的案例。更多的是平凡、平静生活的人生。"为腹"还是"为目"这是人生必须做出的选择。本段重点讲述了物欲横流的危害，恬淡无虑的养生之道，指出了"腹"与"目"之间的辩证关系，进一步阐释了老子返璞归真，以"道"为本的人生观。

老子明确指出了贪图享乐的害处，并要求我们返璞归真，追求宁静恬淡自我的生活，强调自我的心性修养。于成龙廉洁无私的人生事迹，就充分体现了老子的这一思想光辉。于成龙，字北溟，号于山，山西永宁（今山西省吕梁市离石氏）人，官职从支线一路攀升，在二十余年的宦海生涯中三次被举"卓异"，以卓著的政绩和廉洁奉公的人品，深得百姓爱戴，康熙帝赞誉，被称为"天下廉吏第一"。顺治十八年（1661）于成龙到广西罗城担任知县。他为官清廉，不久升任何州知州，直隶巡抚、江南总督等职。清代前期官员的俸禄极低，于成龙虽贵为封疆大吏，但每年的俸银不到十两，对那些挥金如土的大官僚来说，还不够一衣一餐之用，即使节俭使用，不搞排场，也只能勉强维持中下等的生活。但是于成龙只靠俸禄生活，一文不贪，因此，他的生活非常清苦。康熙二十六年（1687），康熙帝特地下诏，表彰于成龙的"廉名著文""一介不取"，并念其家清贫，赏银一千两、马一匹，以示鼓励。其实，于成龙除早年任罗城知县外，其余都是在富庶地区担任要职，要说想发财，真的很容易，但是他十分清廉，为官多年，从不带家属赴任，随身财物也仅是一个竹箱、两口锅，书籍文卷数十束，此外，便身无长物了。于成龙出任直隶巡抚，便立刻下令，严禁各级关系分贪火耗，并罢免了几个违反规定的州县官吏，震动了官场。直隶离北京较近，历来为朝廷所重视，八旗子弟势力较大。他们仗着特殊身份，常做一些危害地方、欺压百姓的事，于成龙对此做了很多工作。他编保甲、严连坐、锄豪强，还经常亲自或派人深入民间访案，凡有犯法者，一律严惩不贷。他还十分注重民间疾苦，每有灾荒，他都请求赈济，妥善安排。康熙帝称他为"天下第一清官"，并希望他能始终如一。于成龙虽为官多年，却没能奉养母亲，这一直是个憾事。他在就任江南、江西总督之前，母亲去世，他回乡葬母，然后赴任。按清代制度，沿途地方对他有接待职责，但他自雇一辆骡车，从不打扰地方，悄无声息地到达任所。任江南、江西总督期间，革除积弊、安定地方。为了了解民风，他经常微服出访。为了提倡清廉，他告诫部下："若一味爱钱，只恐子孙纵然会作文，字绝不会出人头地，更恐神鬼怨恨，生出瞎眼子孙，上长唱莲花落，要看字也不能够了，莫笑老夫迂谈。"江南风俗多尚奢丽，于成龙却常穿布衣。见长官如此，一些官史也不得不有所收敛。于成龙年事已高，但简朴如初，他每餐均是粗茶淡饭，常年以青菜佐餐，很少吃鱼肉。江南民众善意地给他起了一个绰号——"于青菜"。康熙二十三年（1684），于成龙卒于任上，终年六十八岁。于成龙死后，属下将军、都统和僚属收拾其遗物，只在一个竹箱里发现几件衣服，案头摆着一些饮食器皿，几罐盐豉。于成龙去世的消息传出，百姓罢市聚哭，家家绘像祭祀。康熙帝赐谥"清端"，高度概括了于成龙俭朴廉洁的一生。作为封疆大吏的于成龙，按理说，完全可以过上一种悠闲富足的生活，而且不必通过贪污方式，就能名正言顺地达到自己的目的。但是于成龙固守清贫，他追求的是精神层面的感觉，也就是老子所说的"为腹不为目"的不俗境界。

德才兼备方可谓"人才"，有才而无德之人，容易自恃其才祸国殃民，给社会及个人家庭造成不可挽回的损失。中国历史上的无德者大多数追名逐利，容易产生奸佞妄为的小人，成为社会发展进程中的障碍，有时候甚至会将社会发展进程引向歧途。"不尚贤"，是老子认为使用贤能固然是好事，但会使众人追逐名利，进而扰乱人的自然本性，因此主张不尚贤，不专门给予贤能之人特别大的权势地位，使众人削弱争夺名利的欲望。贤者越多，天下就越乱。历史上，每当遇上动荡年代，维持社会秩序的仁义、道德、伦理、规范必然会受到冲击而惨遭破坏。同时，也使乱世中产生了活跃的学术思想，豪杰纵横四海，人才辈出，而民生却一片凋敝凄惨的景象。作为一个心怀天下、学识渊博的智者——老子看到了太多劳苦民众的苦难，感叹世间，不必有缺少德行约束的野心家，乱世虽然成就了一小部分有才能的人，但使众多劳苦大众在战乱纷争的争斗中遭受太多的苦难。那倒不如大家都安居就业，安贫乐道，换来一片清明平静的世界。"贤"与"不贤"并没有确定的标准。大奸大恶，也可能像是贤人，如秦桧。所谓的贤者往往自负才智，睥睨一世；或机巧奸诈，巧为文饰；或结党营私排斥异己。争名夺利，勾心斗角是人性的卑劣所在。其实，对于贤才而言，不用"尚"也能得志。"尚贤"往往是"害贤"。而在欲海横流的社会，就物质而言，黄金珠宝往往引发偷盗之心，人难免做出铤而走险的事。

诱发欲望的东西越多，人心世界就混乱。两千五百年前老子的这种思想观点有可能已不适用于现代社会文明，他提出的"不尚贤"，常使民无知无欲，使夫智者不敢为也。等主张甚至有宣扬愚民思想的嫌疑。但在古代，这种思想做法不失为安居乐业的治国良策。晋朝开国皇帝司马炎深知欲使"国泰"必先"民安"的道理，他登基之初便下诏："为永保我大晋江山，现以无为之法作为统领万国的核心。"他的"无为之法"与老子所倡导的"无为而治"思路相同。同年司马炎又下五条诏书：一曰正身，二曰勤百姓，三曰抚孤寡，四曰敦本息末，五曰去人事。用以安抚百姓，使百姓不执成见，不生贪欲。如此"常使民无知无欲"，那些心怀抱负的"智者"便不敢恣意妄为。此"无为"之法，比直接铲除异己造成社会动荡更安定更有效。对于名利，权势，物质，众人都有占有心和支配欲，虽是有贤德者也难避免。司马迁说"君子疾没世而名不称焉，天下熙熙皆为利来，天下攘攘皆为利往"。人的欲望是永没有止境的，"名利本为浮世重，古今能有几人抛？"中国几千年文化主流是"儒、道、佛"，轻视物欲乐天知命的人生态度普遍生根于人民生存中。

宋代程明道"座中有妓，心中无妓"是后世儒者所赞扬的至高境界，乃至朱熹"世上无如人欲险，几人到此误平生"，似乎都是老子的"不见可欲，使民心不乱"的名言内容。一般来说，物质、利益与精神层面上的权力、情爱、财物都是众人在整个社会生活、生存过程中所追求的主体人生目标，欲望为人类的发展提供了最为强大的内在动力，同时也引发了社会上争名逐利的混乱局面。老子从源头上分析了诱惑人贪欲的弊端，认为是诱惑之物引起了人们的自私欲望，而这种欲望一旦被挑逗起来，就会一发而不可收拾。因此老子提出了解决方法，即"不尚贤，使民不争""虚其心，实其腹，弱其志，强其骨。常使民无知无欲，使夫智者不敢为也"。治国是"标新立异"好还是"真朴寡欲"好。老子选定了"真朴寡欲"的治国理论，使社会上风气"不尚贤""不贵货"，以达到"民不为盗""民心不乱""安居乐业"的目的。对于生活老子主张"为腹"不为"目"，即主张内心的清静恬淡处下不争，坚定反对外在的声色贪欲。他指出了物欲文明生活的弊害。他目击上层阶级的生活形态：寻求官能的刺激，流逸奔竞，淫佚放荡，使心灵激扰不安。因而，他认为正常的生活是：但求安保，不求纵情于声色之娱。老子想唤醒人们要摒弃外界物欲生活色、权、利的诱惑，而持守自我内心的安足，确保固有的人性天真。今日，都市文明的生活，我们可以普遍地看到人心狂荡的情景，想想老子的描述，令人感慨系之！名位足以引起人们的争逐，财货实足以激起人们的贪图。名位的争逐，财货的贪图，于是巧诈伪作的心智活动就层出不穷了，这就是导致社会的混乱与冲突的主要原因。解决的方法：一方面，要给人们生活安饱；另一方面，要开阔人们的心思。所谓"不知"并不是行愚民政策，乃消解巧伪的心智。所谓"无欲"并不是要消除人自然的本能，而是消解人贪欲的扩张。本章还蕴含了老子对于倡导物欲文明的批评。

第五十五章　静为躁君

原文：

　　躁胜寒，静胜热。重为轻根，静为躁君。是以君子终日行不离辎重，虽有荣观，燕处超然。奈何万乘之主，而以身轻天下？轻则失本，躁则失君。清静为天下正。

译文：

　　躁动能克服寒冷，安静能克服暑热。行为狂妄是谓轻躁。恣情纵欲是谓飘浮。稳重是轻浮的根本，镇静是躁动的主宰。行军征战以车载战械与军饷者为辎重。因此有道德的君子仁人，应事接物，一言一行，必守重静，终日远行，不敢轻躁妄动，不离精秣辎重，永不离开他的责任与担当。"荣观、燕处"是指声色、货利、荣贵、宴乐的胜境。此境最易使人失性动心。明君享有荣华富贵华丽的生活，显贵的地位权势，而不沉溺其中，皆超然不顾，能坦荡从容超然处之。为什么一个万乘大国的君主，反而把自身享乐看得比天下社稷还重呢？君子仁人处事接物都不可轻举妄动，恣情纵欲、贪享世情，轻浮就会失去制衡立身的根本，躁动就会失去主宰的地位。老子在这里论述的轻与重、动与静的辩证关系，主指为政者奢恣轻淫，纵欲自残，所以他沉痛地感叹："奈何万乘之主，而以身轻天下？"在老子看来，为政者应当静重，而不应轻躁。清静无为才可以长期统治天下。

体悟：

　　老子在这一章重点论述了为君之道。"奈何万乘之主，而以身轻天下？轻则失本，躁则失君。"他何以得出这样的结论呢？我们先来看看《老子》这本书的写作背景。《老子》这本书成于春秋时期，老子总结了西周以前社会动荡的原因，写成了这本书这段话。在西周晚期，从昭王到宣王的这几百年里，曾发生过多次动乱与战争，都是因统治者私欲轻率而急躁地发动征战，给国家和百姓带来了无穷的痛苦和灾难。他总结这些并指出了统治者不可轻率急躁。从人性来看，立身爱己是"有为"于天下的开始。修身养性无道又怎能担当天下危难的大任呢？若是没有超然出世的胸怀，而贸然谈关系天下的大业，正是失其轻重权衡之处。在老子看来，身为"万乘之国"的统治者，立身行事都应当静定稳重，而不应轻率躁动。如此才可以有效地治理国家，巩固和保持自己的统治地位。"兵者，国之大事，生死之地，存亡之道，不可不察也。"这是《孙子兵法》的开篇语，也是东周兵家至今的至理名言。这句话表达了历代兵家对战争的重视，而且在《孙子兵法》里也多次劝诚统治者"主不可以怒而兴师，将不可以慢而致战""修道而保法，故能为胜败之政"等要慎于用兵处世，不可轻率动用武力。这些思想与老子"轻则失本、躁则失君"的思想不谋而合。

"重为轻根，静为躁君。"重是轻的根本，静是躁的主宰。一棵大树能长得参天之高，是因为它在泥土下面有着很深的根基，而人们在建筑房屋的时候，首先也都一定要打下牢固的基础，即"重为轻根"的道理。在自然界，任何植物，如果根基不牢，都不会长成高大的植株；在建筑上，如果不打牢基础，无法建成辉煌高峻的楼宇；在政治上，一个国家如果没有安定的社会环境、雄厚的经济基础、强大的军事实力，不可能在列国竞争中胜出；在做人上，如果没有强大的人格魅力，没有深厚的人脉积累，没有牢固的事业基础，要想成功几乎是不可能的；在治学方面，要将学问做好，非得有深厚而广博的学习基础不可。针对这一点，苏轼讲过"博观而约取，厚积而薄发"，这说的也是"重为轻根"，"静"和"躁"是古人很重视的一对命题。老子认为，静是动的主宰，静能成事，动则无功。荀子在《劝学》中说，螃蟹有八只脚，前面又有两个坚硬锋利的螯。但可悲的是它连自己栖身的洞穴都没有，一辈子都是挤在蛇或鳝鱼的穴中过日子。螃蟹之所以如此，就是因为它的腿太多了。腿多了便于行走，所以它喜欢四处乱逛。由于浮躁好动，结果连个安身的洞穴都挖不好。蚯蚓虽然没有爪子，也没有牙齿，但由于专心安静地劳作，所以既能够上到地面，又能够钻到地的深处。螃蟹与蚯蚓的差别，正体现了静而受益、躁而无功的道理。故而我们在行为做事的时候，要戒骄戒躁，踏实沉稳，唯有如此，才能够把事情做好、做成功。真正想成为有所作为的人，待人接物时不可有急躁的个性，更不能有轻浮的举动。

如果急躁轻浮，往往会把事情弄糟，进而使自己受到困扰。如此缺乏主见和既定的人生目标，显得慌乱而盲目；另外，也缺乏实力和信心，言行暴烈，以致跟他接触的人物都会受到伤害；一个安静祥和的人，不仅是有主见的，而且是沉着和富有信心的。二者相较，孰优孰劣不言而喻。保持心情宁静，就会知道浮躁的人不仅太辛苦，而且会劳而无功。暴躁一定是不可能长久的，只有平静才是一种常态。因此，老子说"静为躁君"，静是躁的主宰。如果反过来，让躁来作为静的主宰，也就是一个人的所作所为完全被狂躁的情绪所左右，那么得到的结果将是多么糟糕。三国时代的蜀汉名将张飞，武艺非凡，但是脾气暴躁，《三国志》中记载："先主常戒之曰：'卿刑杀既过差，又日鞭挞健儿，而令在左右，此取祸之道也。'"刘备经常劝诫张飞，说他对部下的惩罚往往过重，经常鞭打自己的左右随从人员，这是非常危险的，会引祸及身。而张飞的结局果真如刘备所担心的那样，在发兵征讨东吴的前夜，张飞被部将张达和范强谋害，盖世英雄竟非战死沙场，而是在卧榻之上亡于小儿之手，岂不令人叹惋！然而陈寿对此评价说："飞暴而无恩，以短取败，理数之常也。"

再看一个事例，生活在非洲草原上的野马，有着一种致命的敌人，但是这种天敌不是大型的食肉猛兽，而是一种躯体非常小的吸血蝙蝠。这种吸血蝙蝠经常会对野马进行攻击，附着在它们的身上吸食血液，而遭受攻击的野马往往都会因此毙命。研究人员发现，蝙蝠所吸食的血量其实是相当微小的，远不足以导致野马的死亡，这也就是说，野马的死亡并非因为失血。那么造成野马死亡的直接原因是什么呢？不是别的，就是野马暴躁的性情。它们一旦遭到蝙蝠的攻击，就会立刻暴跳如雷，怒吼狂奔，企图甩开叮在身上的蝙蝠，但是蝙蝠丝毫不会受到其狂暴动作的影响，而只会牢牢地吸附在野马的身上，这样野马最终就会因精疲力竭而死亡。因此不论面临什么样的事情，我们首先都要保持一种虚静恬淡的心态。应该说轻躁这种思想都是动荡战乱失控的起因。在这里不得不解释一下"荣观"。有很多学者将"荣"理解为"草木茂盛"，进而将其解释为"众多"之意，这样解释也未尝不可。但也有另一种解释，"荣"在古时候有"飞檐"之意，大家都看得到"飞檐"，所以"荣观"就是众目睽睽的意思。在这里指统治者生活奢华，是众所周知的。"虽有荣观"是说统治者身居高位，享有繁华的生活，应保持内心的娴静，超越物质上的欲望，不沉溺于其中，做一个真正得道圣人。志士贤人始终戒慎恐惧，存有济世救人的道义。虽然处于荣华富贵之中，仍然恬淡虚无、超然物外，不改质朴本色，不受功名束缚，不为物质带累自己的内心，才是圣君志士贤人的处世之"道"。

那么"燕处超然"又是什么意思呢？《左传·襄公二十九年》中有这样一段话："夫子之在此也，犹燕之巢于幕上。"用燕筑巢于幕上，比喻处境危险。此处用"燕处超然"来比喻，对于各种情况都能超然处之。老子说："是以圣人终日行不离辎重，虽有荣观，燕处超然。""辎重"指的是行军途中用来运载各种装备的车；"荣观"指的是华美的房屋；"燕处"也就是安居的意思。这句话是讲圣人整天赶路，全都不会离开途中所用和各种装备，虽然享有优裕的生活，居处悠闲，但却不会沉溺其中，而是深知自己的责任。为什么"圣人终日行不离辎"呢？有这样一个用漫画形式来表达的寓言，画面上有很多匆匆赶路的人，每个人的身上都背负着一个很沉重的十字架，其中有一个人觉得背着这么重的十字架实在没有什么用处，他就想，将它变得小一些就方便多了。于是他就换了一个轻了许多的十字架携带着。后来他还是觉得很重，就又将十字架变小了很多。几次下来，他的十字架总算是很轻了，他为此而感到得意。然而有一天，他才发现自己犯的错误有多么严重。他们来到一条沟堑前面，要继续前行，就必须从这条沟堑上跨过去，但是沟堑的宽度仅凭脚的力量而不用任何工具是跨不过去的。不过没有关系，因为大家都是有准备的，每个人都携带了工具，也就是那个沉重的十字架。大家将十字架搭在沟堑的两端，十字架就变成了一座桥。人们都很顺利地踏着自己背负的十字架越过了沟堑的阻挠，成功地抵达了人生的彼岸。只有那个将十字架变小的人，他所携带的小小的十字架足够轻巧，然而要想搭在沟堑上面做桥梁，是根本不够的。他只能眼睁睁地看着同伴们都渡到彼岸，向前继续赶路，而自己呢，则只有被阻隔在沟堑的这一方，永远地在此徘徊，再不可能有所进步了。这个寓言的寓意是很鲜明的，那个十字架象征着人生之中为了不断地前进而为自己准备的各种资本，也就是老子所说的"辎重"，在平时，似乎携带那样沉重的"十字架"是没有什么用处而徒增苦恼的，然而在关键时刻，它的重要作用就会彰显出来，那就是在遇到人生路途上的沟堑的时候，是要依靠着它来越过的。如果无所准备，人生也就永远无法超越了。

"书到用时方恨少""白首方悔读书迟""少壮不努力，老大徒伤悲"，人、材、物、智、知等这些所阐明的不都是"圣人终日行不离辎重"的道理吗？君子不离辎重，言下之意就是时时刻刻备用的人、材、物、智、知。从消极的一面而言，我们都知道西方有一句名言，叫作"机遇只偏爱那些有准备的头脑"。我们都常谈论运气好坏，其实所谓的运气或者机遇，都是个人准备与时机的契合，没有准备天地人之间的常识规律知识，再好的机遇也不可能给我们带来财富与成功。在老子看来，不论是"天地之道"还是"人道"，成功都是自然而然的事情，你一切都准备了，时机也到了，自然也就顺理成章了。大自然的百花盛开也好，硕果累累也罢，都是树木的准备与天气变化形成的时机结合的结果。因为成功是一种自然而然的结果，所以获得成功也没什么可骄傲的，故而不可居功。天地孕育万物，何尝把万物据为己有。人也是一样的，即使靠天时地利获得了成功，也不可把成功看成自己的功劳。

老子强调："宜戒轻躁。"要求行事要谨慎稳重，否则就会失去"根本"。秦池酒厂由盛而衰的例子就让我们看清了清净稳重的重要性。秦池酒厂地处沂蒙山区，其前身是成立于1940年的山东临沂酒厂，长期以来，秦池酒场是一个年产量在万吨左右的县一级的小型国有企业。而到了20世纪90年代初，秦池酒厂发生亏损，一度面临着倒闭的危险。1992年年底，王卓胜临危受命，成为秦池酒厂的掌舵人。王卓胜敏锐地意识到在东北地区，白酒品牌的竞争尚存有一定的空隙，于是他运用成功的广告战略，顺利地打开了沈阳市场，从而为秦池酒厂赢得了新的生存空间。1994 年，秦池酒打入了整个东北市场；1995 年秦池酒又走向西安、兰州、长沙等重点市场，接连三年保持了销售额翻番的辉煌业绩。1995 年年底秦池酒厂扩张改制，成立了以秦池酒厂为核心的秦池集团，注册资金为 1.4 亿元。拥有员工 5600 多人，经过短短三年的快速发展，秦池酒厂的面貌可谓焕然一新。尽管秦池酒厂已经走出了困境，但当时中国白酒市场的竞争异常激烈。酿酒企业共有 37000 多家。白酒年产量为 700 万吨，这形成了典型的买方市场。在白热化的市场争夺战中，名牌大厂无疑占有特别明显的优势，很容易将众多的小品牌和小厂家远远甩开，成为市场竞争中的领军者。此时相对于一些知名的白酒品牌来讲，秦池酒还仅仅是一个无名小辈。而相对于那些早就将产品推至全国市场的大厂家来说，秦池酒厂还是一个小型的地方酒厂。因此，欲在风起云涌的市场浪潮中站稳脚跟，乃至更进一步，令企业向着更大、更强的方向继续大踏步前进，就必须迅速扩大品牌的知名度和壮大企业的生产规模，当然，想要实现这一目标并不容易。在这样一个关键的时刻，王卓胜做出了一个大胆的决定，那就是争夺中央电视台的广告标王。之所以说这一决定很大胆，是因为选择走这条路要承担很大的风险，据估标，1996 年度中央电视台广告标王的价码会是 6500 万元左右，而在 1995 年，秦池酒产量 9600 吨，实际销售 9140 吨，当年销售收入 1.8 亿元，利税为 3000 万元。这也就意味着如果要争夺广告标王，秦池酒厂所付出的代价就相当于其当年利税总额的两倍还多。1995 年 11 月 8 日，秦池酒厂终于以 6666 万元的天价击败了众多的竞争对手，夺得了 1996 年中央电视台的广告标王。这意味着秦池酒厂从此以后，走上了一条不归路。如果要获得盈利，秦池酒厂必须做到在 1996 年销售额和利润再翻一番。尽管有着前三年显赫的业绩做基础。但这仍然是一个巨大的挑战。如此艰巨的任务，秦池酒厂能够如期顺利地完成吗？人们拭目以待。事实证明，如此高昂的代价，秦池酒厂终究没有徒然地付出，它获得了超额的回报。夺得中央电视台的广告之王后，秦池酒厂利用成功的广告运作，由一个鲜为人知的无名小辈，一跃成为一个万众瞩目的大明星，使得自己在这一次华丽的转身之后赫然跻身于中国名酒之列。这样一来，来自全国各地的大小商家纷纷找上门来。秦池酒厂在非常短的时间里就建立起布满全国的营销网络。1996 年秦池酒厂的销售额达到 95 亿元，税利达到 2.2 亿元，远远超出了预期目标，秦池人形象地描述自家广告投入与销售收入的对比：每天开出一辆桑塔纳，赚回一辆奥迪。在取得喜人的业绩之后，秦池酒厂马上就要面临新的抉择。是继续争夺广告标王，还是放弃争夺标王，而将精力更多地投入产品结构的优化和产品质量的提升？虽然第二种选择更为稳妥，但是正所谓骑虎难下。秦池酒厂作为白酒行业的一匹黑马迅速杀出，笑傲疆场，无疑是以强大的广告投入做后盾的。如果在广告经营方面撒手，秦池酒刚刚建立起来，在消费者心中尚未得到稳固的品牌形象，无疑会因此大打折扣，这对秦池酒厂接下来的发展当然是非常不利的。面对这种尴尬。王卓胜决定再一次铤而走险，争夺1997年中央电视台的广告标王。之所以要用"铤而走险"这个词来形容，是因为这一年的标王价格已经远非前一年可比。其标价为3亿元左右。面对这样一个天文数字，秦池酒厂扔下了一个字"上"。1996年11月8日，秦池酒厂以3.2亿元的天价卫冕1997年中央电视台的广告标王。这一次就不是桑塔纳与奥迪的对比了，而是秦池酒厂每天要给中央电视台送出一辆奔驰。按照期望，给自己开回的应是一辆加长林肯。然而这一次的市场反响大不相同了，人们普遍对秦池酒厂的生产能力持怀疑的态度。不久之后又有了这样的传闻，秦池酒厂收购川酒进行勾兑，再装瓶出售。一时间，舆论哗然，秦池酒厂迅速跌入窘境。他们眼睁睁地看着每天开出一辆奔驰，可期待着开回来的加长林肯却迟迟不见踪影，甚至赚回来的钱连每天开回一辆奥迪都不够了。其实这并非全都是秦池酒厂的错，在当时白酒勾兑是被行业普遍接受和认同的做法，绝非造假。秦池酒的质量实际上并没有因为产量的急剧扩大而有所下滑。但是造假的现象并不是完全不存在，恰恰相反，是非常猖獗。但是假酒并不是出自秦池酒厂本身，而是来自其他很多对秦池酒进行仿造和冒名的不法商贩。这样一来，很多人就以假当真，误以为秦池酒的质量真的大不如从前了，而秦池酒厂还没有来得及澄清这一切，就已经被种种误传和谬论所淹没，迅速地沉沦了。1997年秦池酒厂的销售额和利税较前一年大幅下降，分别为6.5亿元和1.6亿元，全年利税仅相当于夺取标王之付出数额的一半。1998年的经营状况更是惨不忍睹。一颗冉冉升起的新星，又如此出人意料地迅速坠落了。当然，造成秦池酒厂失败的原因包括来自内部、外部的多个方面。但是轻率地把企业发展的重点放在广告投资上，而不注重产品本身的质量和研发，这是导致其失败的关键所在——轻品质，重广告："轻则失根。"

老子说："君子终口行不离辎重。"意思是得道的圣人是效法天地之道，有所承载有所担当的，终日不忘担负国家之重任而远行，如天地养育承载万物毫无怨言。圣人要有厚德载物的精神，"为世"于众生，挑起一切苦难与重担，永不可离开这种负重致远的责任。这便是"圣人终日行不离辎重"的本意。尤其是告诫那些身负人民期望的君主，有这样的心态，才是合于"道"的明君、良臣。在老子看来，"辎重"十分重要，不可舍弃。那么这重要的"辎重"在这里喻指什么呢？就是民众和国家利益。这就是《老子》这本书所阐述的为君之道的基本观点：国君要以国家和人民的利益为重，发动战争和颁布政令不可轻率急躁。这种思想的正确性在历史进程中被无数次证明了。在唐代，唐太宗就是在"民为重，君为轻"的思想指导下治理国家，才有了"贞观之治"的几十年太平盛世。老子以"轻"与"重"，"躁"与"静"这两对矛盾的辩证关系来阐述了清静无为侧重为人处世的根本观点。韩非子在《喻老》中以君主驾驭大臣的策略来解释这两对矛盾时说，把权术掌握在自己的手中就是"重"，反之就是"轻"；所谓"身轻天下"，是说他们不知修身养性，做事只图眼前功利，"权情利益"，不择手段不顾后果。因此失去了做人的根本，也失去了君主的地位。牢牢占据自己的位置就是"静"，反之 就是"躁"，这与老子在前一章中说的"驰骋畋猎，令人心发狂"的意思相吻合。

老子强调的"虽有荣观，燕处超然"，这是我们难以做到的，因为人的特性确实是太容易被舒适的享受所迷惑了。在高度紧张、竞争激烈的时代，许多富贵之人更是承受着常人难以承受的各种社会压力，许多人渴望着回归自然颐养身心。当他们看到深山里的平民粗茶淡饭、布衣斗笠、飘然安逸的样子，不由得会发出羡慕的感叹。而一个经常奔忙于交际应酬奢华宴饮的官员，见到过着逍遥悠闲，朴素清闲的生活的乡野人家，对他们的恬淡自适生活也会心向往之。由此可见，高官厚禄与富贵荣华的生活，其实并不是那么美好。既然如此，我们何苦要费尽心机去追求升官发财，过那种悠然自适的自我生活不是更好吗？真正修德悟道的高人，他们追求适其本性的生活和道德圆满，对于物质生活是富贵还是清贫，是不甚在意的。即使是身在陋室，依然可以感受白云出岫的自在，感受到鸢飞鱼跃的生机，感受到身心的舒适和对大道的体悟。庄子曾经对快意自适做过精彩的讲述，他说自得自适的人，并不是指那些享有高官厚禄的人，而是指那些出自本然的快意。无须凭借任何外在事物的人们。有人说享有高官厚禄的荣华富贵者才自得自适，这是一种误解，因为他们的快乐必须凭借外物，一旦没有了地位、财富，他们就什么快乐都没有了，甚至会愁苦不堪。这样的人，实际上已经在物欲名利之中迷失了自我的本性，还谈什么自得与自适。如果把他们沉溺于物欲中的快乐看成自得其乐，那就颠倒了本末。

要做到燕处超然，需要淡泊宁静的本然生活。宁静的心绪有利于发现人性的真正本源；安详、闲暇的气度有利于发现人性的真正灵魂；淡泊明志、谦虚和顺，有利于寻找到人生的真正乐趣。修道悟道，体察人生，再也没有比这几种方法更好的了。正如老子所述，虚静是万物的本性，恬静是人应有的本然生活，合乎本性的也是自然的，自然的境界就是最高的"道"的境界。如果人的内心维持这种真实的虚静的境界，即便没有音乐，生活也一样舒适愉快；不用焚香煮茶，照样能满室清香。困惑人生的一切烦恼，扰乱心灵的种种荣辱，都会在这种真实的感受中，在纯洁空灵的意境里，得以洗脱解除，进而获得逍遥自得的心境。一个人如果被物欲、权欲、情欲所困，终日蝇营狗苟，这种生命状态是很悲哀的。解脱这些虚妄之念的束缚，流连于人性的本然纯真，才会感到生命的真正可爱和自由，那种圣贤的崇高境界便会到来。很多人都认为，老子提倡的静是一种无色的静，修道必须到溪水淙淙的清幽之间，事实上，这种认识是错误的。在老子看来，那种在万籁俱寂之中的宁静并非真正的宁静，若能在喧闹的环境中保持人内心的平静，才是合乎人类本性的真正宁静。也就是说，在嘈杂繁乱的环境中，在物欲横流的社会里，在喧嚣浮躁的人世中，如果仍能保持一颗平静无波的心，才是真正的合乎道的虚静，才是"静是动的主宰"的要义。

　　一个人如果能把荣华富贵视为浮云，根本就不需要住到深山幽谷中去修身养性。禅宗有言，坐禅不一定去宁静的山中和水边，只要进入无心、无欲的境地，就算是在火中，也会一身清凉。修道也是如此。接下来老子问道："奈何万乘之主，而以身轻天下？"为什么万乘之国的国君还以轻率的态度来治理天下呢？这是对不负责任的统治者的严厉谴责。最后老子说："轻则失本，躁则失君。"轻率就失去了根基；浮躁也就丧失了主宰。老子主张主静、贵柔、无为而治，反对烦琐轻率的政令。老子所反对的是"轻"和"躁"，也就是在政令上轻举妄动。所谓轻重、静躁是相对而言的，应该有所侧重的是稳重和沉静。所以老子"戒骄戒躁"的告诫在今天看来仍有深刻的社会现实意义。针对为政者奢恣、轻淫、纵欲自残，老子沉痛地感叹，"奈何万乘之主，而以身轻天下"？在他看来，为政者应当静重，而不应轻躁。躁与寒、静与热、轻与重、动与静是互相依存的辩证关系，而不是孤立的，它说明矛盾是普遍存在的，在于一切过程之中。轻举会失去制衡的根本，躁动会失去主宰的地位。清静无为才可以统治天下。"万乘之主"须有"终日行不离辎重"的担当，须有"虽有荣观，燕处超然"的胸怀，只有这样才能做到"内圣外王"的最高境界。老子有感于当时的统治者奢恣、轻淫、纵欲自残，所以感叹地说："奈何万乘之主，而以身轻天下？"

第五十六章　希言自然

原文：

希言自然。故飘风不终朝，骤雨不终日。孰为此者？天地。天地尚不能久，而况于人乎？故从事于道者，同于道，德者，同于德，失者，同于失。同于道者，道亦乐得之；同于德者，德亦乐得之。同于失者，失亦乐得之。信不足焉，有不信焉！

译文：

少言寡语、少施政令是合乎自然规律的。阴阳造化之道的妙用，不牵强，不造作。在寂静恬淡之中，自然而然，因天时顺地利，"不言而善应，不召而自来，繟然而善谋"。是谓"希言自然"。狂风刮不了一个早晨，暴雨下不了一个整天。天地的运化者正常而不失调，则阴阳平衡，晴雨适当，这是天地正常的自然之道。是谁使它们这样呢？是天地。如阴阳失调，大旱大涝必作，定有暴风骤雨之异常。然而，大风、暴雨二者都不能长久，何况人呢？人若轻举妄动，私欲过甚，悖戾多端，胡作非为，亦如暴风与骤雨而不得终朝与终日。所以遵从于道的人，其言行就与道相同；遵从于德的人，其言行就与德相同。失道失德的人，道与德也就远离于他，他就得承担失去道德的后果。大千世界的万事万物，其性虽通于一，但人生情状不一，走向各异，其结果亦殊。故有从于道的，有从于德的，更有从于失道失德者。道虽虚无清静，不施言令，但人举心运念，从于道者，道仍以应之。行为与道相同，道也乐于容纳他；德虽无为自然，无有赏罚施惠之动机，但人言谈行事于德者，德亦以应之，同于德的人，德也乐于蓄养他；若人失道失德轻动妄为，虽用巧谋，以求治理，尚言教以彰法令，明玩技巧以求索，道则以失道失德而应之。失道失德的人，自然会得到失道失德的后果，终究会失败。在上者，对下民不体天地的好生之德与民争利，不怀真诚之意，而下民亦以此还报于上，如果君主们诚信不足，与民争利，众百姓自然也就不会再信任他们了。

体悟：

　　"希言自然"是说主观少言或不言，客观遵循自然规律，这一句话并不是单纯地在探讨言语多寡的问题，它主要是在论述一种执政方式——简化政令，遵循自然规律有所作为。这是本章在阐述的主要观点，也正是老子文都在探讨的问题——"无为"与"有为"的问题。所谓的"无为"并不是什么都不做，而是不能违背道"自然规律"去做。强为还不如不做，其实"无为"是一种理性的、积极的处世态度。"无为"就是淡然沉稳的态度，遵循自然规律"道"的准则去行事，去按"道"有所作为。而"有为"却是"无为"的对立面，是从主观出发，不顾自然规律地去强为，是一种功利性的、非理性的处世态度。"希言自然"尤其指统治者要少发号施令，相反应当遵奉无为而治的治国策略。下面的话，说的就是这样的意思。"故飘风不终朝，骤雨不终日。"什么是"飘风"呢？"飘风"就是吹得很猛烈的狂风。什么是"骤雨"呢？"骤雨"就是来势很迅疾的暴雨。"飘风"和"骤雨"气势汹汹、咄咄逼人，但是这样的狂风和暴雨是不能够持久的。因为自然界在某一时段蕴蓄的力量不是无限的，这与人体在一定时间内的体能是有限的道理是一样的。一个人如果慢慢地走路，可以走很长的时间，可如果很快地跑起来，则一定是持续不了太长时间的。老子此语意在强调人们的行为应当和缓，在做事情的时候不可操之过急，否则，很可能如饮鸩止渴，虽然一时缓解了口渴，但是生命却长久不了。"孰为此者？天地。天地尚不能久，而况于人乎？"老子设问：是谁造成的这种现象呢？是天地。伟大的天地进行暴风骤雨这样猛烈的运作都不能够持续长久，何况是普通的人呢？

　　清朝末年，面对衰微的国运，有识之士都意识到社会变革的必要性。然而对于变革的方式，人们的意见是有着很大分歧的，归结起来，大体可以分作两类：一类倡导温和改良；另一类则倡导迅疾的革命。例如，清末民初时的著名思想家严复就主张欲实现中国的富强当从教育入手，这是一个相当漫长的过程。据说，1905 年，孙中山先生在伦敦时曾与严复会晤，两人对中国的前途深入交换了彼此的看法，但是二人的意见是迥然不同的。孙中山提倡以暴烈的革命方式推翻清王朝的统治，从而迅速实现中国的振兴；而严复则对这种革命所可能取得的效果持不同的看法。最后，孙中山激动地握住严复的手说道："俟河之清，人寿几何？君为思想家，鄙人乃实行家也。"人们大多认为，面对当时已经陈腐不堪的中国社会，温和的改良方式是不可取的。后来，还是革命者以武装起义的方式颠覆了旧政权，结束了在中国运行了两千多年之久的封建帝制。然而中国社会的性质并没有因此获得实质性的改变。中国人民依然要在半殖民地半封建社会的泥潭中继续奋斗和挣扎。迅猛的革命，一时之间所取得的效果是非常显著的，但是欲实现中国社会面貌的根本转变，则远非用暴力推翻一个旧的政权就可以迅速完成的。革命固然迅速，然而其如暴风骤雨，不可能持久。老子说："飘风不终朝，骤雨不终日"。激进的革命仅仅是为了夺取胜利而采取的特别手段而已，革命结束后，应该转入持续而稳定的社会建设。美国以革命的形式实现了民族独立，而后经过100多年的发展，终于成为世界强国；老子文是要写给统治者、领导者看的，但是其高深的智慧具有很强很广的普适性，对于一般的管理者、普通人都有着莫大的启迪。"飘风不终朝"的思想告诉我们，做企业也好，做人做事也好，乃至人生与健康，社会方方面面的所有事情，都不要急于求成，否则就会适得其反。

人在社会中生存，既有物质性，又有主观意识，难免会具有"无为"与"有为"的双重标准。当然，人类社会能发展到如此地步，主要还是遵循自然规律"道"行事的结果。天地大自然有自己的运行准则，就是疾风骤雨等自然现象，天地就是以这些自然现象来激烈地阐述其规律的，但是无论狂风还是骤雨，都是不能长久的，自然的常态还是"无为"的。在人类社会也是如此，唯有"无为"才是常态，"有为"就像暴风骤雨（比喻暴政）那样是变态，是会伤害社会基础的行为。在我国的历史长河中，有很多朝代的兴起就是因为"无为"，具体就是政令减少，百姓可以休养生息，顺其自然而有所作为，国家经济也就发展起来了，这就是"希言无为"的好处。而也有很多朝代，国家灭亡，就是因为统治者不顾及自然规律，强行影响社会发展，恣意妄为。从主观出发的"有为"只会给社会带来经济衰退，百姓消极反抗。"故从事于道者，同于道；德者，同于德；失者，同于失"，所以，追求"道"的人，就与"道"同行；修德的人，所认同的是有德；失德的人，所认同的是无德。这里谈到的就是人的价值认同的问题。一个人的行为有着怎样的价值取向，决定于他的内心之中认同一种什么样的价值。所谓价值观，是指一个人对周围的人或事物的意义、重要性的总的评价和看法。诸多事物在人们的心中，其价值是不一样的，有轻有重，有主有次。价值观决定着人们对事物的评价，能帮助人们确定行为目标，并决定着人们的行为选择，是驱动人们行为的内部动力。

在老子看来，"道"在这个世界上具有最高价值，具有最深远最重要的意义。"道"应该是人类的最终追求，是人们的行为准则。认同这一点的人，"道"将与他同在。比如大思想家庄子，他对"道"高度认同。据《庄子·至乐》记载，庄子的妻子去世的时候，他的好朋友惠子前往吊唁。惠子想：庄子与他的妻子情深意笃，这会儿不知道有多悲伤呢，一会儿见到他可一定得好好安慰安慰。可令惠子相当意外的是，他见到庄子竟然分开两腿像个簸箕似的坐在地上，一边敲着盆子，一边唱着歌，显得非常快活。惠子感到十分不解，责问庄子说："你的夫人跟你一同生活了这么多年，为你养育子女，操持家务，现在她不幸去世了，你不伤心流泪也就罢了，竟然还敲着盆子唱歌，这岂不是太过分了嘛！"庄子回答惠子说："不是像你所想的那样。当她刚刚死去的时候，我何尝不是悲恸啊！可是细细想来，她最初是没有生命的，不仅没有生命，而且也没有形体，也没有气息。在若有若无、恍恍惚惚之间，变化而产生气息，又经过变化而产生形体，再经过变化而产生生命，如今又变化而死去。这种变化，就像春、夏、秋、冬四季轮回那样运行不止。现在她静静地安息在天地之间，而我却还要号啕大哭，岂不是太不通达于命运了吗？所以才止住而不哭了。"庄子鼓盆而歌的行为并非不为妻子的死去而悲伤，而是对于人的生死持一种通达的态度，是"道"的思想在人的生死观上的具体表现。因为庄子把"道"作为自己的行为准则，一切行为无不以"道"为旨归，因此我们把他归为道家学派的代表人物。简言之，一个人认同什么，他最终就是什么。同样，把"德"作为自己的价值观，追求成为一个道德高尚的人，那么他最终会达到自己的目的，成为这个世界的道德楷模。

举个最简单的例子，雷锋把社会主义道德作为自己的最高追求和行为准则，他在做事的时候，自然会想到舍己为人，并以助人为乐。由此他做了很多对社会、对人民有益的事情，成为那个时代的道德楷模。相应的，那些不认同道德的人，他们的行为自然不会合乎道德。这些人或为一己之私损人利己，或为一时感情冲动打架斗殴，或为满足自己的欲望欺男霸女。因为他们失去道德，去干那些不道德的事，所以他们就成为卑鄙小人、缺德之辈、无耻之徒。孔子说："不义而富且贵，于我如浮云。"富贵是人人都喜好的，但是得到富贵必须有一个前提，那就是要通过正义的手段，否则富贵根本就不值得一提。这就是孔子的义利观。对于某些人来说则是恰恰相反，他们不是唯义是举，而是唯利是图，在利诱面前，会将礼义廉耻抛得一干二净。孔子还说："君子固穷，小人穷斯滥矣。"意思是，君子在穷困的处境中，仍然会坚持自己高尚的操守，可是小人就不同了，小人不穷则可，一旦穷起来，就无所不为了。因此老子说："从事于道者，同于道；德者，同于德；失者，同于失。"一个人的表现如何，归根结底，取决于他秉持一种什么样的价值观、道德观、人生观。所以要以"无为"的态度来处世，以"希言"的方式来行事，守大"道"则得"道"之自然。守本性就不会失去自我。

本章进一步辩证地阐述了"无为"而治的政治思想。老子坚定地反对繁琐严苛的政治，主张无为而治。"希言"是最符合"道"顺其自然的本意，他又以"飘风""骤雨"来比喻违反"道"的行为，认为不遵守"道"的原则行事注定会失败。探讨了人生成败的原因，认为"得道"与"失道"是其中的关键因素。对于我们做人而言，一定要清楚的就是自己内心深处的最高价值取向是什么。要知道，人们的行为一般都是有着主观意图的，而一个人之所以这样做而不那样做，就是因为他的心中有一种价值观念在衡量着，到了最为关键的时候，一个人所秉持的最高价值取向就会明白无疑地体现出来，从而展现出一个人的本色。在个别的时候，为了保全自己心中的这种最高的价值，甚至会牺牲自己的性命。伯夷和叔齐出于维护自己所崇仰的"仁"的观念，宁可饿死在首阳山上。这在常人看来也许是相当愚蠢而可笑的做法，但是我们看孔子对伯夷、叔齐是如何评价的呢？子贡曾经问孔子："伯夷、叔齐何许人也？"孔子说："古之贤人也。"子贡又问："怨乎？"意思是他们心中有什么埋怨吗？孔子说："求仁而得仁，又何怨？"他们追求的是仁德，这还有什么可埋怨的呢？推而广之，我们可以说，一个人如果得到了他心中最高的价值期许，他也就完成了自我的实现，也就不会有所遗憾，在他人看来，尽管自己的行为可能是难以理解和值得认同的，但是自己已经对得起自己了。如果自己最高的价值追求是义，那么就会将义看得高于一切，为了维护义的最高原则，牺牲自己的生命亦在所不惜；如果自己最高的价值追求是利，那么在最为紧要的关头，一切都会以利的得失来进行衡量，就是所谓的"人为财死"；如果自己最高的价值追求是名誉，就会将名声看得比自己的生命，比所有的一切都重要。总而言之，面对重要的人生抉择，关键的不是要看外人的评价，而是要体察自己内心深处的真实想法，真真正正地做到行而无憾，无愧于心。

老子接着说："同于道者，道亦乐得之；同于德者，德亦乐得之；同于失者，失亦乐得之。"与"道"同行的人，"道"也会乐于得到他；认同有德的人，德也会乐于得到他；认同于失德的人，无德也会乐于得到他。这可以总结为一句话：一个人能够成为什么样的人，取决于他想成为什么样的人。在社会上，不同价值观的人的追求是不同的。比如，把功名作为最高价值的人会在艰难中创业，在万马齐喑时呐喊，在时代舞台上叱咤风云，在名利场外自甘于寂寞和清贫。船舷上，一个年轻的僧人面朝大海，合目伫立。船舱里闷热异常，乘客们纷纷挤到水池旁洗脸。他手拿毛巾，静静地等候在一边。终于轮到他了，又有一名乘客夺步上前，把他挤开。他面无愠色，退到旁边，礼貌地以手示意："请，请。"这是一种以退为进、以礼为先的追求，是一种不同于凡俗的对道的追求。这种追求，用谦让的真诚感化浮躁杂乱的灵魂，浑厚、深沉、博大、旷远，有深远的意境和丰富的内涵。最后老子又说道："信不足焉，有不信焉。"意思是，一个人不值得信任，才有不信任他的事情发生啊。这句话在这里又重复，由此可见，老子对人的信任问题是相当重视的。一个人如果失去了信用，就不足以立身；而作为统治者，如果失去了信任，则不足以立国。普通的人若在信任方面出了差错，或许危及的只是他个人，而统治者在信任方面出了问题，所危及的就广及天下了。因此，统治者必须以德信为治国之本，宁肯一时失利，也绝不可以失信于民。失去利益，尚可挽回；而失去信任，则将一往不复，它给自身带来的将是一种毁灭性的后果。统治者遵从于"道"，顺其自然，真朴寡欲，清静无为，才能得道；反之，就不能取信于民，终将走向失败。

　华罗庚 1910 年 11 月出身于江苏金坛的一个小商人家庭，12 岁小学毕业进入金坛县立初级中学，这时华罗庚就对数学产生了浓厚的兴趣。但是在初中毕业后，由于家境贫寒，华罗庚未能进入高级中学继续学习，而来到了黄炎培在上海创办的中华职业学校学习会计，因为这可以令他较快地获得一份能够养家糊口的职业。在这里学习了不到一年的时间，由于支付不起上海昂贵的生活费用，华罗庚只得辍学回家，帮助父亲料理杂货铺。尽管如此，华罗庚并没有放弃学习，而是悄悄地自学数学，他投入了大量的精力，对数学表现出了无比的执着。1929 年，华罗庚受聘为金坛中学的庶务员，也就是办理各种杂物的工作人员。遗憾的是，这年冬天华罗庚染上了严重的伤寒症，经过近半年的治疗，虽然病愈，但是左腿关节受到了严重的伤害，留下了终身的残疾，走路都需要借助手杖。然而可喜的是，在华罗庚染病之时，他的数学论文《苏家驹之代数的五次方程式解法不能成立的理由》在上海的《科学》杂志上发表，累积数年的勤苦耕耘终于收获了最初的甜美果实。也就是这篇论文，引起了当时担任清华大学数学系主任的熊庆来教授的注意，但是他并不知道论文的作者华罗庚是何许人也，向周围的人询问，大家也都没有听说过华罗庚这个人。后来，一位名叫唐培经的清华教员向熊庆来介绍了华罗庚的身世，他了解华罗庚，因为他也是金坛人，是华罗庚的同乡。熊庆来教授听闻华罗庚仅仅只有初中学历，一时非常感慨，他立即说道："这个年轻人真的不简单啊，应该请他到清华大学来才是。"这样，华罗庚受邀来到了清华大学，一边工作，一边学习。他用两年的时间走完了一般人需要八年能才能走完的道路，以自己原本初中的学历，很快被提拔为大学的助教，不久之后又转为讲师。尔后，他又受清华大学的推荐，远赴英国剑桥大学进行深造。这一年，华罗庚 27 岁。在剑桥大学的两年中，华罗庚并不像其他留学生那样汲汲于获取一个学位，而是集中全部精力去研究和攻克一系列的数学难题。很快地，华罗庚的研究成果引起了国际数学界的注意，成为一名颇受瞩目的青年数学家。1938 年，华罗庚回到祖国，此时的北平已经陷落于日军的铁蹄之下。清华大学联合北京大学与南开大学辗转南下，在长沙短暂停留之后，又来到位于中国大西南的昆明，组成了国立西南联合大学，华罗庚即受聘于西南联大，担任数学系教授。当时的昆明，不时地遭受着日军的狂轰滥炸。而作为中国

天道：体悟老子

最高学府之所在的西南联合大学更是日本打击的重点目标。同时，经济状况也十分令人担忧，国民政府大规模削减了教授的薪资，这迫使很多教职人员在授课之外还不得不另谋生路。例如，闻一多以给人刻字来获取微薄的收入，而华罗庚则要到中学去做代课老师。因此，在西南联大任教时期，他不仅生活条件极其恶劣，还时时有性命之忧。为了躲避空袭，华罗庚一家六口与闻一多一家八口合住在一间仅有 16 平方米的偏厢房里。后来实在拥挤不堪，然而华罗庚那点工资根本租不起住房，只好在西郊找了个牛圈，用最便宜的价钱，把牛圈上头用来堆草的木楼棚租下来，牛住在下头，华罗庚一家住在上头。这一住就是整整六年。然而，就是在这样极端艰苦的环境之中，华罗庚以超强的毅力钻研不辍，两年时间写出了二十多篇论文，并且完成了自己的第一部数学专著《堆垒素数论》。这部著作后来成为数学界的经典名著，很快被译成了多种外文出版，也奠定了华罗庚国际知名数学家的重要地位。抗日战争结束后，华罗庚先后赴苏联和美国访问，在美国，他担任鼎鼎有名的普林斯顿高等研究所的访问教授，后来又被伊利诺伊大学聘为终身教授。1949 年 10 月 1 日，中华人民共和国宣告成立，中国以一种全新的风貌展现于世界的东方，这唤起了华罗庚极大的爱国热情。他断然放弃了国外优厚的生活条件和有利的科研环境，克服了美国政府设下的重重阻挠，于 1950 年 3 月抵达首都北京。此后，华罗庚出任清华大学数学系主任，后来又受中国科学院院长郭沫若的邀请，筹建数学研究所，并成为第一任所长。与此同时，正当壮年的华罗庚，在学术上可谓是硕果累累，先后完成了多部专著，在解析数论、矩阵几何学典型群、自安函数学论、多复变函数论、偏微分方程高维数值积分等多个领域都取得了突破性的创建。而他也为新中国培养了众多知名的数学人才，其中就包括王元、陆启铿、龚升、陈景润、万哲先这样的数学大家。可以说，华罗庚先生就是新中国数学事业的奠基人。老子说："同于道者，道亦乐得之。"华罗庚以最为艰苦的条件，凭借自己超凡的努力和长期的巨大付出，终于将自己塑造成一位傲立于世界数学之林的卓越的科学家，为数学科学的进步和祖国科学事业的发展都做出了不可磨灭的伟大贡献。

希言，少言。"道"的最高境界就是自然而然，它本来就是那样的。所以要做到"贵言"。用于治国就是要少发号施令，做到清静无为不争处下，以不扰民、不与民争利为原则，确保民众安居乐业，才合乎自然之道。"言"，也指政令。狂风暴雨比喻暴政，以法律禁令捆绑民众，以苛捐杂税压榨人民，如此政令不会长久。政令繁多强加于民众，进而施行暴政，也会引起民众的反抗。"贵言"就是要统治者放弃严刑峻法，使民众不知道有统治者的存在，或"亲之誉之"，而不是"畏之侮之"。天地万物之间发生因果变化，人们处世也是如此。无须刻意把握，当然也不能完全不去把握。生命所本有的，只是自然的天性。它有千变万化，却仍然是它自己。只有静下来用心去体察，才能有所印证。这一章老子重点告诫统治者要遵循"道"的法则，行"不言之教"。统治者清静无为，不争处下，社会就会安宁；统治者恣意横行，民众就会起身反抗；统治者诚信不足，与民争利，人民就会不信任他。纵观古今中外的历史，因为施行暴政而亡的政权可谓比比皆是。历史是一面镜子，处处值得借鉴。统治者若能清静无为，不争处下，不政令繁多强加民众，社会风气就会清明淳朴，统治者与人民相安无事，长期稳定大局才可以长久维持。"希言"就是"少声"，即行"清净为无为"之政；以不扰民为原则，百姓安然畅适，这才合乎自然。若以法戒禁令捆缚民众，苛捐杂税榨取百姓，这就如同狂风暴雨般的暴政了。老子警诫：暴政是不会持久的。施政的后果，有如俗语所说的"同声相应，同气相求"。统治者如果清静无为，则社会当有安宁平和的风气以相应；统治者如果恣肆横行，则人民当有背戾抗拒的行为以相应；统治者如果诚信不足，则百姓当有不诚信的态度以相应。

第五十七章　天地不仁，圣人无常心

原文：

天地不仁，以万物为刍狗。圣人不仁，以百姓为刍狗。多言数穷，不如守中。

圣人无常心，以百姓之心为心。善者，吾善之；不善者，吾亦善之，德善。信者，吾信之；不信者，吾亦信之，德信。圣人在天下，歙歙焉，为天下浑其心，百姓皆注其耳目，圣人皆孩之。

译文：

天地无所谓仁慈，它把万物当作祭祀用过的刍狗而不顾惜，"不仁"是无心仁慈，无意偏爱。"刍狗"是用草扎成的狗，上古时所用祭天的祭祀品，人们对它并无爱憎。天地无情感、无意识，对万物无所谓仁慈和偏爱，纯任万物自运自化，自生自灭。《阴符经》云"天生天杀，道之理也"。亦是说天生万物并非因为爱，天杀万物亦非恨，而是自然运动变化之规律。天"道"运行，四时成序，阴阳消长，其中自有生杀之机；春夏到，阳长阴消，万物应时而生长；秋冬至，万物应时而收藏。此皆自然之道，而非有意作为也。圣人也无所谓仁慈，把百姓看作祭祀用过的刍狗而不怜悯。统治者法天地自然之道，治国理民，应以无心为仁，不以自我意志加天下。人若无私无为，内充道德，处之以柔弱谦恭，必得人钦崇而尊之；反之，如人内失其德，处之以骄肆强暴，必为人厌弃而辱之。

圣人无偏爱、无私情，开诚布公、替天行道，对王公贵族、庶民百姓一视同仁。政令过多反而会行不通，不如保持致虚守静，不言守中。对于这句话："天地不仁，以万物为刍狗；圣人不仁，以百姓为刍狗。"历来争议颇多，但联系老子全书的内容，我们不难看到，"天地不仁"包含了自然界中万物平等的思想，而"圣人不仁"则反映了人类社会中人人平等的思想。老子认为，在大"道"的眼中，人的生死荣辱不过和刍狗一样，没有什么特别之处。同理，在人类社会中，王侯将相与市井百姓也没有什么两样。他把世间万物都看成合理的存在，没有等级上的差别。"天地不仁"可视为老子的世界观；而"圣人不仁"则包含了老子人人平等的法治观念，统治者应该秉持的治世之道；"多言数穷，不如守中"，这也进一步说明了"无为"之道。天地对待万物无所偏爱，任其自然生灭。圣人对待百姓无一偏爱，任其自然生长于天地之间。言语太多会加速失败，不如坚守内心的虚静。

圣人没有私心，以百姓之心为心。有道的统治者无私心、无偏见，不固执个人之见；他大公无私、不贪名利，而以百姓之心为自己之心，以万民利益至上，能热爱百姓，处处为百姓着想，先天下之忧而忧，后天下之乐而乐。对万民百姓，善良的人，我以善心对待他；不善良的人，我也以善心对待他。这样可使不善者转变为善者，使众人同归于善。对于信实之人，我以诚信之心对待他；对于不信实的人，我也以诚信之心对待他，使不信实的人转变为信实之人，使社会中人同归于忠诚信实的社会。统治者在位，收敛自己的私欲，使天下人心归于混沌纯朴。"惵惵"是恐惧的意思。执政者在天下处处谦虚谨慎，含藏内敛，不露锋芒，与万民和光同尘，不能论尊卑、分贵贱，对大家一视同仁，平等看待，其内心与万民之心浑为一体。常人多专注于自己的耳目之见闻，限于个人真朴生活之利益，追求自己人心的所听所见。统治者使他们都恢复到初生婴儿之心，洁白纯素、无私无欲、无执无偏，天性自然纯真的社会状态。老子认为，理想的为政者没有私心，以众百姓之心为心，使人人向善守信，以致社会回到初生婴儿的状态。百姓都对圣人瞩目倾听，圣人把百姓像婴孩一样呵护。自然之"道"规律的存在是自然存在，有自己的运行规律法则，圣人都应效法于天地，无为而治而无所不为。

体悟：

"天地不仁，以万物为刍狗；圣人不仁，以百姓为刍狗。"老子为何突然有此惊世骇俗的言论，世人众说纷纭。有人甚至直言怒斥老子将礼义廉耻视为无物。其实老子的著述最大的特点就在于"仁者见仁、智者见智"，莫衷一是。此章激怒众人的焦点在于对"不仁""刍狗"的理解和解释。只有正确理解了这两个词语的含义，方可了解老子所要表达的本意。老子为道家代表，孔子为儒家代表，现世儒家思想作为我国的统治思想学说，我们都深受影响。"仁"作为中国儒家学派道德规范的最高原则，它是孔子思想体系的理论核心。儒家认为，能行恭、宽、信、敏、惠五者为仁。然而老子讲"道"时所说的"仁"并非儒家所推崇的仁爱。老子所言"天地不仁""圣人不仁"中的"仁"是偏爱的意思，即是说天地对于世间的万物，是无所谓仁慈，对于一切都一视同仁无所谓偏爱。因天地无所谓好恶，所以圣人也是如此，无论贫富贵贱，在天地和圣人眼中都是一样，都要平等对待。老子所说的"仁"与孔子所说的"仁"，

天道：体悟老子

虽然是一个字，但并不是一个概念，或者说它们并不具有相同的内涵，所以不要将老子所说的"天地不仁"和"圣人不仁"看作孔子的思想正向对立的观点。

在儒家学说中，"仁"是一个核心概念，内涵十分广泛，包括人与人之间的各种相互亲近的情感和行为；而在道家学说中，"仁"则只是一个普通的概念。儒家将"仁"看得极其重要，而道家则认为"道"是高于一切的核心。在这句话中，所谓的"仁"指的是有私心、有所偏爱的意思。老子说，天地是没有私心的，它将万物都视作刍狗。什么是刍狗呢？关于这两个字，有不同的解释：第一种解释是将刍狗看成两个词，刍指的是喂牲口用的草，狗也就是狗；第二种解释是将刍狗看作一个词，就是在祭祀的时候用草扎成的狗；还有一种解释，认为刍指的是牛羊，而狗指的是犬豕，也就是说，刍和狗分别指代吃草和吃谷物的家畜。有关"刍狗"，《庄子·天运》中进行了这样的解释："不仁者，不为仁恩也。刍狗者，结刍为狗也。犬以守御，则有弊盖之恩。今刍狗徒有狗形，而无警吠之用，故无情于仁爱也。言天地视人，亦如人视刍狗，无责望尔！"这段话明确指出，"刍狗"就是用草扎的狗。因为庄子继承了老子的道家思想，并且与老子所生活的时代相距也比较近，因此这种说法被大多数的人接受。

关于"不仁"作何解释，人们也有不同的看法。上一段已经说过，这里的"不仁"指的是没有私心偏爱的意思，但是也有人将其解释为没有仁爱，也就是说，天地对于万物是没有仁爱之心的，而圣人对于百姓也是没有仁爱之心的，这就意味着天地和圣人没有任何情感，任由万物和百姓自生自灭。但是只要我们对老子的思想做一番整体的观览就会发现，这样的解释是违背了老子的本意的。这里又涉及如何理解老子思想中的一个核心概念——"无为"的问题。此前的讲解中，我们很多次提到过老子所谓的"无为"，不是指什么都不做，而是指不妄为、强为，如果天地和圣人没有任何情感，任由万物和百姓生死存毁而坐视不管，那么也就相当于将"无为"理解成不作为了。而在老子的心中，圣人对待百姓是这样的态度吗？不是的，因为我们可以从老子文中找到相关的依据。老子说："圣人常无心，以百姓心为心。善者，吾善之；不善者，吾亦善之，德善。信者，吾信之；不信者，吾亦信之，德信。圣人在天下歙歙，为天下浑其心。百姓皆注其耳目，圣人皆孩之。"这段话用现代汉语讲述出来就是，圣人总是没有自己的意念，而是以百姓的意念来作为自己的意念。善良的，我善待他；不善良的，我也善待他，这样才可以得到善良，人人都能够行善；诚信的人，我信任他；不诚信的人，我也信任他，这样才可以得到诚信，人人都能够守信。圣人立身于天下，是小心翼翼的，致力于使天下人的心念归于浑然一体的状态。百姓都在关注着他，圣人将他们都看作纯真的孩童。另外，老子说："是以圣人常善救人，故无弃人；常善救物，故无弃物。"也就是说，圣人总是善于帮助人，所以没有被遗弃的人；总是善于使用物品，因而就没有被丢弃的物品。这两段话极为显然地表明，圣人对待百姓绝非麻木无情，不仅不是毫不作为，恰恰相反，是"以百姓心为心""为天下浑其心""善救人""善救物"的。所以说，"不仁"在这里并非指没有感情，没有仁爱之心，它的意思是：天地对待万物，圣人对待百姓，都是没有偏袒之私心的，这从"善者，吾善之；不善者，吾亦善之""信者，吾信之；不信者，吾亦信之""常善救人，故无弃人；常善救物，故无弃物"等话语中也可以体味出来，老子所讲的"不仁"，不是麻木不仁，而是一视同仁。

我们再回到"刍狗"这两个字，我们姑且就采取主流的说法，将其理解为草扎成的狗的意思。这种草扎成的狗是用来祭祀的。在古代，祭祀是非常隆重的大仪式。先秦时期尤其如此。人们为了表示对神灵的尊敬和崇拜，会在祭祀的时候陈列许多供品，供品之中最常见的一项就是食物，而食物中又以肉食为最。人们将用于祭祀的动物叫作"牺牲"，"牺牲"中最常用的就是牛、羊和猪这三种牲畜，而狗也属于较为常用的一种。但祭祀时也并非全都用真的牲畜，也有用草扎成牲畜的形状以代替的情况，这类似于在殡葬中不用真人而用人俑的情形。刍狗，就是用来代替真狗的一种祭品。老子说："天地不仁，以万物为刍狗。"那么，人们对待刍狗的态度是怎么样的呢？《庄子·天运》中有这样一段描述："夫刍狗之未陈也，盛以箧衍，巾以文绣，尸祝齐戒以将之。及其已陈也，行者践其首脊，苏者取而爨之而已。"意思是刍狗在用来祭祀之前，被装在竹筐里，盖着绣着图案的精美手巾，祭祀的人还要先进行斋戒再来接送它；可是等到祭祀过后，路上的行人会很随便地从它的头和背上踩过去，捡柴的人遇见了就会将它拿回去当柴烧了。在祭祀之前，人们尊重刍狗，因为它是用来献给神灵享用的；在祭祀之后，人们对刍狗毫不在意，因为那时它就只是一堆草而已了。人们对刍狗所持有的这样两种迥然不同的态度，并不出于任何偏爱或歧视，而只是视其自然的价值来施与相应的态度，这种态度完全是不偏不倚的。这就是人们对待刍狗的方式。因此，老子所说的"不仁"和"视之如刍狗"，着重强调的一个理念就是对万事万物，对每一个人都要平等视之，抛弃一切的偏见，而永远保持一颗公平的心。

现在大家经常会用"戴有色眼镜"来形容持有偏见的人，对于戴有色眼镜的人，事物在他的眼中也就不是原来的颜色了，有了这种"色变"看待事物就会出现误差，也就无法按照正常规律去办任何事了。"刍狗"即是用稻草扎成狗的形状，用来在祭祀活动中祭祀天地神灵。在祭祀活动中"刍狗"被认为是有灵魂的，人们在祭祀活动之前还要对"刍狗"进行精心的装扮并且侍奉它们。由此可见，老子口中将万物和众百姓比作"刍狗"并无侮辱之意，而是表达一种对事物平和、平等的心态，不因事物的外形而有偏见，一切都要顺其自然。本段末尾将重点重新拉回到治国之法。他认为"多言数穷，不如守中"。在治理国家的时候，频繁发布政令，朝令夕改，不但无法更好地治理国家，反而让人们困惑不解，使政令无法有效地施行，长此以往，众百姓对统治者愈加不信任，反而会加速一个国家的灭亡。不如"守中"保持虚静。但又不是教导人们不开口说话，而是应该开口的时候方才开口，口中所言句句皆为精华真理，不可不说，亦不可多说，更不要满口胡言乱语。这才是一个人行为做事乃至治理国家应该奉行的道理。

老子认为，在大"道"的眼中，人的生死荣辱不过和刍狗一样，没有什么特别之处。同理，在人类社会中，王侯将相与市井百姓也没有什么两样。在老子的世界，万物都看成合理的存在，没有等级上的差别，因为万物都是由"道"所创造出来的，"道"本身就代表了一种公平。其中就包括了老子的平等思想。"天地不仁"可视为老子的世界观，而"圣人不仁"则包含了老子人人平等的法治思想。老子认为，道是无为的，天地间的一切事物都是自然生死寂灭。世上并不存在什么神灵之类的主宰。天地只是自然的存在，不会对某物有所偏爱。"天地不仁"，本是自然之道。天地生养万物，本是无心，故无所偏爱。"以万物为刍狗"，并不是出于仁爱之心而生万物，而是任其生长消亡。从天地的立场，视万物与人类，何尝有分别、有偏爱呢？所以圣人所为也应无偏爱之心，而是效法自然，对待百姓。事实上，号召"仁义"救世者，不过徒托空言，以逞一己私欲。标榜"仁义"者，往往以自我为中心，以权代法使百姓遭殃，这其实是最大的不仁。历代帝王创业之时，以仁义为口号，等到身居皇位之后，便以百姓为"刍狗"，任其生死寂灭。为了说明"道"之公平，指出天地万物生灭变化，并不是有谁主宰，有意为之。万物秉承自然而生，乘虚而来还虚而去。要"执虚"和"守中"，反对躁动和多言。虚，并非不动，而是反对躁动，躁动则火灭。目的在于保持永恒的生命力。老子反对多言，多言即有为。他主张不言，不言即无为。这一思想贯穿他的全文。就治国而言，统治者要虚怀若谷，不可妄动扰民。政令烦苛，只会加速灭亡。在此基础上，老子提出了统治者所应该秉承的治世之道——"多言数穷，不如守中"，这也进一步说明了"无为"之道。

"圣人无常心，以百姓之心为心"，这句话生动地形容了圣人的人格形象。圣人与百姓一样有着自己的社会需求和世界观、价值观，在这个基础之上，肩负着为众百姓谋福祉，促进社会和谐发展的历史使命。而这个使命的立足点和出发点应该与"公"字形影相随，"以百姓心为心"。这与道来源于自然，服务于自然的道理是相同的。圣人"无心"体现在对社会应该持有的包容心态，收敛自己的欲望，不以个人的主观认识作为评判善恶的标准，不偏执于一端，让百姓的生存不受压制，充分地发挥聪明才智，做到有所为而有所不为。只有具备了这些条件，百姓才能"有心"，才能充分地实现自身的价值。假如圣人"有心"，让自己的欲望不断地得到满足，使百姓自由生活的环境被压制、压缩，被动地接受这些意志，那么，人们的生存环境、个性就会被压制，无从发挥，甚至受到伤害。百姓"有心"是社会生存的需要，生命活力是自然状态的生动体现，也是"常无欲，以观其妙"中"妙"的表现。"圣人无常心，以百姓心为心"并不是信手拈来的事情，需要突破现实中一些观念的约束。不以常人的世界观、价值观来划分社会成分，更是需要消除厚此薄彼的社会现象。对"德善""德信"者应该一视同仁，不能只听到少数人的声音。老子提出圣人没有像平常人那样的一己之私心，他以百姓的心为自己的心。既然以百姓的心，也即大家的心为自己的心，那么此行为也必然是完全异于常人的。老子在此便给出了进一步的解释，圣人往往会抑制自己的意欲，纯朴得像孩子那样，而且致力于使人们放弃自己聪明的耳目，也恢复到婴儿般的纯朴状态。正如我们从婴儿身上所看到的那样，善良和诚信正是纯朴的最典型的两个特征，因此圣人才致力于追求善良和诚信。

在对善的追求的过程中，圣人不同于我们的"善者吾亦善之，不善者吾无必要善之"，而是"善者吾善之，不善者吾亦善之"。这既是一种博大的情怀，也是一种智慧。其实，如果仔细分析的话，便会发现圣人的"不善者吾亦善之"的情怀是其"无常心，以百姓之心为心"的必然结果。作为普通人，我们善待别人是有条件的，也就是说，我们只会善待那些善待我们的人；而那些不能善待我们的人，我们就很难善待他们。之所以如此，是因为我们有一颗自我的私心，凡事都以自我为中心进行权衡。对我好的，我对他好；对我不好的，对不起，我肯定也不会对他好。而圣人则因为没有一颗自我的私心，所以也便不会以自我为衡量的标准了。对比一下，我们普通人的这种善终归还是自私而狭隘的。不过，对于圣人的这种"不善者吾亦善之"的情怀，我们普通人虽然做不到，但都会在内心深处承认，这是比自己有条件的善更为伟大的情怀。而也正是因为有这个心理基础，圣人才能够感召所有的人，和他一起向善。因此，老子所提出的这种圣人之善是伟大而有感召力的。在现实中，像老子这样提倡"不善者吾亦善之"的绝非孤例。比如，中国古代儒家思想一直提倡的以德报怨，显然同老子所说的"不善者吾亦善之"是一个道理。而以"无缘大慈，同体大悲"为精神的佛家则更是直言"慈悲没有敌人"，十分推崇宽恕的精神。从佛家对自我的态度的角度讲，佛教的宗旨便是了却俗世的自我。没有俗世的自我，自然俗世的一切也便与我无关了，也就无所谓别人善待我还是不善待我了。而从对众生的态度来讲的话，佛家一直是持一种悲悯态度的。别人侮辱我或是欺负我，对我并无损伤（因为无我，也就无所谓对我的损伤了），只是他犯下了罪孽，将来要承担因果。

唐代摩诘居士王维便具有"以一切众生病，是故我病"的情怀，别人伤害他，他不仅不愤恨，反而悲悯对方的无知，默默祈请佛力唤醒对方早日回头，不再自误误人！还有，基督教也同样提倡的是一种"不善者吾亦善之"的精神。《圣经》里耶稣鼓励人们"爱你的仇人"，爱你们的仇敌，善待恨你们的人："诅咒你的，要为他祝福；凌辱你的，要为他祷告。"而德国哲学家叔本华也曾经说："如果有可能的话，不应该对任何人有怨恨的心理。"这些世界最博大的宗教和最高深的思想都提倡老子的"不善者吾亦善之"的做法，显然不是偶然的。其实，各种道理，如果往高了说，如同佛家所说的那样，这个宇宙整体本质上是一体的，善待别人便是善待自己，伤害别人也是伤害自己。这听起来或许有些过于形而上了，那么我们下面就从形而下的角度分析一下。如果说对于那种圣人的无我之善的情怀无法理解的话，我们不妨从比较现实的角度来理解一下这种善。从现实的角度讲的话，"不善者吾亦善之"也是一种智慧。因为对于别人的不善，如果心怀愤恨，最终对自己的伤害比别人还要大。经常在影视作品中看到一些子女长大后替父母报仇的例子，这些作品的逻辑往往是小孩躲过劫难，然后拜在高人门下，苦练武功，最后在成年时武功练成，手刃往往已经老了的仇人。结尾时，复仇成功者往往表现出一副痛快淋漓的样子，而观众也会跟着复仇者感到一番快意。但是，被杀的仇人固然付出了代价，又有谁去想过，这个孩子的一生也因为复仇这件事毁了。一个人从小就生活在仇恨中，生命和心灵因此变得扭曲，错过了生命本该拥有的美好。他的损失其实比那个被他杀掉的仇人要大得多，因为仇人只是在一瞬间丢掉了性命，并且往往还是一条已经衰老的性命。而复仇者则是将自己最美好的许多年的光阴搭进去了，更有甚者干脆连性命都搭上了。

因此，西方有谚语云："为了你的仇敌而怒火中烧，烧伤的是你自己。"现代医学也认为，仇恨心理能造成长期性的高血压和心脏病，伴你度过痛苦的一生。你的怨怒充满心间，报复充满四肢，内心和四肢也便缺乏对善和美的向往与追求，事业将遥遥无期。三国中的一代豪杰周瑜，一世英雄，竟然因为诸葛亮的一气愤恨而死。这虽然是一种文学描写，但也是有医学上的依据的。可见，因为别人不善待自己便去恨别人，是不划算的。有这样一个故事，令人很受启发：有一个中年人，每天上班都要路过一个报摊。他因为没有看报纸的习惯，所以从来不买报纸。但是，他却每天都要微笑着跟报摊的主人打个招呼。这个报摊的主人看他从来不买报纸，便有些懒得搭理他了，于是每次对他的招呼总有些爱答不理的，但中年人却似乎不以为然，依旧每天微笑着和他打招呼。一次，一个朋友来看望中年人，他们好几次一起走过那个报摊。中年人同样每次都要和报摊主人打个招呼。报摊主人每次都是爱答不理的。这样几次之后，这个朋友便忍不住对中年人说道："你难道没看出那个人那副样子，你为什么还要跟他打招呼呢？"这中年人却不以为然地说："我的行为本身是好，我为什么要根据别人的态度来调整我自己呢？"显然，故事中的中年人便是一个懂得"不善者吾亦善之"的智慧的人。只要你自己心怀阳光，阴霾的外在环境便伤害不到你。另外，"不善者吾亦善之"不仅可以使你避免伤害，实际上还能够对你大有帮助，人心都是肉长的，他伤害了你，你反而善待他，他怎么会没有一点感触呢？林肯参加美国总统竞选时，遭受了敌手的许多攻讦甚至诬陷，但其上台后，对于那些有能力的对手，不计前嫌，委以重任。所谓一个好汉三个帮，林肯之所以最终能够建立一个团结而有效率的政府，并取得打败南方反动势力，废除美国农奴制的伟大成就，其原来的对手感恩戴德，死命效忠便是一个重要原因。

总之，"不善者吾亦善之"既是一种博大的情怀，又是一种深沉的智慧，他提醒我们要更好地去处理生活中的事情。当然，这并不容易做到，而你一旦做到了，受感动的可能不只是对方，还包括你自己。圣人应当认真听取民众的意见，坦诚接受民众的监督，自己没有私心，处处为他人着想，无论善与不善，信与不信都加以同等对待，心善则意诚对待一切。不像宗教宣称"信我者永生"，似乎是不信者就不能永生。对于陷入困境的坏人，也要加以救治，以此为感召，使天下人都讲究诚信，使本善的人性，自会觉悟。这是"德善"也是"至善"。诚善是"道"的根本，是人立身处世的基础，以诚善为本，可积大德，社会风气就不会朝坏的方向发展，个体的生命就更容易升华。打着建功立业的口号，追逐政治利益的最大化，满足于生理的欲望与心理的奢求，不是最好的生存之道。关心民间疾苦，与民同乐，必须去掉那些极端的、过分的措施，否则，就会使事物走向另一个极端，结果就会丧失民心，丧失天下。这是因为天下是天下人的天下，为大家共同所有。这段老子重点阐述了爱民之道，这也是老子重要的政治理想。文中所谓的"圣人"，实际上就是老子心目中最理想的统治者，按照老子的设想，统治者和众百姓都应该是质朴无华的人。

老子提出圣人没有自己的私心，以百姓之心为心。而其具体表现，便是做到常人难以做到的两件事：一个是"不善者吾亦善之"；二是"不信者吾亦信之"。前面已经对"不善者吾亦善之"进行了解读，下面我们再来解读一下"不信者吾亦信之"。同"不善者吾亦善之"一样，"不信者吾亦信之"首先是一种博大的情怀。可以说，"不信者吾亦信之"乃从自己的利益进行考量，信任是因为相信别人不会给自己带来损失，不信任则是担心别人的失信给自己造成损失。而圣人根本没有私心，也便无所谓自己的利益了，自然也便没必要根据对方的可信或不可信而决定自己是否该信他了。我们知道，圣人没有私心，但其却有一颗"公心"。对于整个社会来说，显然是需要诚信的，一旦没有，可以说一切都会乱套。因此，拥有一颗"公心"的圣人便会为了社会整体而去维护这种诚信。而圣人之"不信者吾亦信之"正是其维护社会整体诚信的手段。因为这种行为必然会起到一种很好的示范作用，从而维护这种整体的诚信。正如老子所说，圣人的心正像是婴儿那样的，婴儿显然不会对别人的信与不信有所判断，别人假意递给他东西，他便会当真；别人作势打他以吓唬他，他便会哭起来。当然，老子所说的这种圣人情怀，对于我们普通人来说似乎是太高远了。但是，其实"不信者吾亦信之"并非一种可望而不可即的情怀，也是一种非常实用的人际关系技巧。我们知道，一个人要想做成一番事业，离不开别人的信任与支持。而要想取得别人的信任，便要首先自己做到诚信，"不信者吾亦信之"，正是一种展示自己诚信的最有力的示范。同时，一个人想要做一番与众不同的事业，必然得有与众不同的胆识，"不信者吾亦信之"正是一种与众不同的胆识。

来看一则例子。1900年八国联军攻占北京后，京城的许多皇亲贵族都随慈禧西逃。因为十分仓皇，这些人的金银细软都没来得及收拾，只随身携带了山西票号的银票，一入晋，就赶忙跑到票号兑换银两，但此时大多数的山西票号设在北京分号的银子都被劫掠一空，甚至连账簿也被付之一炬。没有账簿，就失去了依据，真假难辨，并且这些达官贵人通常取银数额巨大，其人数又多，搞不好便要面临巨大损失。山西票号要求储户拿出存银的折子，不管数目多大，一律立刻兑现。显然，山西票号的这种行为正是老子所说的"不信者吾亦信之"的行为，毋庸置疑，就当时情况而言，这样做是冒了巨大的风险的。但是也正是因为此行为，山西票号的信誉就此如日中天。随信誉而来的是巨大的回报。此后，从朝廷公侯到普通百姓都纷纷将积蓄放心地存入山西票号，连朝廷的大笔官银都交给山西票号收存汇兑。由此可见，山西票号之所以能够在三年的时间里经营成巨大的金融商业帝国，地处内陆的山西商人之所以能够在中国商界一度首屈一指，并非偶然。不过总体而言，对于这种"不信者吾亦信之"的行为，大部分人仍然是持怀疑态度的，因为这毕竟太冒险了。但是不要忘了，人都是有尊严和良心的，当你真正以一颗坦诚的心去面对别人的时候，别人是不会无动于衷的。因为当你把你的信任给予一个本来没有信誉的人的时候，你所给予他的不仅是信任，而且还有尊严。而一个人之所以没有诚信往往是因为没有了尊严，别人既然不信任我，我也没必要讲诚信了。在上面所说的山西票号的消息发布出去之后，兑现了数千万两的白银，但最后等账目整理出来，核对出入的时候，发现只有区区几百两的误差，可见也没有人趁机浑水摸鱼。只要你给了别人信任和尊严，别人往往便会更珍惜这份信任和尊严。

还有一个故事，也很能说明这个问题。当初汉高祖刘邦一路向咸阳进发，途中为减少兵力损失，在进攻城池的时候多采用招降的方式，收编了许多投降的秦朝将士。当他们继续进军时，那些投降的秦朝将士纷纷议论，你自己可能并不被刘邦信任，没准儿会被杀死。刘邦知道这件事情后，便亲自从投降的秦军中挑选了几百名将士，让他们担任负责守护自己安全的亲兵。这一下，那些投降的将士便对刘邦死心塌地了。另外，"不信者吾亦信之"这句话还提醒我们，对于那些曾经失去过信誉的人，我们要心存宽厚，要给他们改正的机会。下面这个故事可以给我们以启发。古时候有一个小和尚，颇得方丈宠爱，方丈将毕生所学悉数教授于他，对他抱有很高的期望。但是没想到这个小和尚在一个夜里动了凡心，偷偷下了山，从此出没于花街柳巷，放浪形骸。二十年后的一个深夜，小和尚看到外面皎洁的月光，忽然忏悔了，于是快马加鞭地赶往寺里请求师父原谅。方丈却因为当年所受的打击太大，不愿再收他为弟子，对他说"要想佛祖饶恕你，除非桌子上开花。"小和尚一听，失望地离去了。但是，第二天方丈走出佛堂时，只见佛桌上开满了大簇的花朵。方丈瞬间大彻大悟，连忙下山寻找弟子，却已经晚了，心灰意冷的小和尚觉得自己此生再无希望，重新又堕入荒唐的生活中，而佛桌上的花也只开放了短短的一天。方丈临终遗言：这世上，没有什么歧途不可以回头，没有什么错误不可以改正。总之"不信者吾亦信之"是一种胸怀，也是一种为人处世的智慧，同时还是一种胆识，不妨在生活中适当地试一下，也许你会对它有更为清晰的认识。不过需要指出的是，在对有诚信的人施以信任时，你最好要向其暗示，让他知道你其实已经明白自己可能受骗，但依然愿意信任他。让他明白，你所施与他的，不仅是信任，还有尊严，这才是老子这项智慧的精髓所在。

统治者应该没有自己的私心杂念，而是把百姓的意愿作为自己的意愿，即所谓"圣人无常心，以百姓心为心"。"圣人"对待任何人的态度都是一样的，不夹杂任何成见。在这样的统治之下，老百姓又回到了婴儿的纯朴状态，天下就会大治，人心就会安宁。然而我们从这段言简意赅的叙述中也可以看到后来孟子所提出的"民贵君轻"思想的雏形。所以人的道德修养，都要效法天地之心，才能达到浑厚质朴不争处下的人生观。求道的人看重德行，德行是生命的根本，贵在诚善。求道者达到圣人的境界，即为得道。老子说，圣人没有私心，以百姓心为自己的心；不仅善待善良的人，而且善待不善良的人；不仅信任诚信的人，而且信任不诚信的人；百姓都追求耳聪目明，圣人却想使他们回到婴孩般纯真的状态。这就是圣人的治国之道，圣人的理想。"天地不仁"和天地虚空都是老子"无为"思想的引申，天地"无为"，万物反而能够生化不竭。"无为"的反面是强作妄为，政令烦苛（"多言"）将导致败亡的后果。这是老子对于扰民之政所提出的警告。他认为天地间的一切事物都依照自然的规律（"道"）运行发展，其间并没有人类所具有的好恶感情或目的性的意图存在。老子在这里击破了主宰之说，更强调了天地间万物的生长之理。"人道"法"天道"的基本精神，企图消解外在的强制性与干预性，使人们的个性及差异性获得充分的发展。最理想的治理者，收敛自我的成见与意欲，不以主观定是非好恶的标准，破除自我去体认百姓的需求，而敞开彼此隔阂的通路。

第五十八章　以正治国

原文：

以正治国，以奇用兵，以无事取天下。吾何以知其然哉？以此：天下多忌讳，而民弥贫；人多利器，国家滋昏；人多伎巧，奇物滋起；法令滋彰，盗贼多有。故圣人云："我无为，而民自化；我好静，而民自正；我无事，而民自富；我无欲，而民自朴。"

译文：

以清静无为之道治国，"正"端正、贞固。执政者要遵循自然天道的规律，顺从人性世间伦理常情，简单平易，正直无为之理来治理国家。以机智诡奇之法用兵（"奇"，诡诈、怪异）。但用兵打仗却与治国相反，要采用虚虚实实、真真假假、声东击西的诡诈之术争胜。应该尽量不去骚扰百姓，以不扰攘百姓自立自主去治天下，要想让天下太平，统治者须自安分守己，不可妄生事端、天下大乱皆因不知足，以致妄生事端。要想天下太平，执政者要靠清静无为，必须知足安分守己，不可妄生事端，强有为来扰乱庶民，与民争利。只有这样人民才能安居乐业，四海宁静，天下太平。我是怎么能知道以无事能取得天下太平的呢？就由以下的根据才知道：执政者禁令越多，强有为与民争利，百姓就越贫穷；执政者计策权谋越多（这里"利器"指权力昏用），致使上下颠倒，是非混淆，横施天下，导致国家越混乱；人们的智诈技巧越多，反常的事物就越多，邪恶的事件就会层出不穷，豪奢精奇之事端也就越多；法令越烦苛森严，盗贼反而越多。君主施政，令繁则奸出，禁多则民困。禁令繁多，必妨民事，使民不能尽其生发。民不能尽其生发，如束手足必然贫困无自拔。这里的"利器"指执政者以自我德行、权势、智能应遵循自然天道，顺人性之常情，总国家之纲纪，持权柄治国理民。

庄子曰："彼圣人者，天下之利器也，非以明示天下。"是说：圣人德行、权势、智能，只可内含自修，使民潜移默化，而不可昭昭炫示。如彰示于众人，那不仁者必窃之，致使上下颠倒，是非混淆，横施天下，导致国家权势昏用。民众最宜同处在浑厚朴实的淳风之中。器机者，是民在生息中之所必需。《周易·系辞》说："包牺氏没，

天道：体悟老子

神农氏作，斫木为耜，揉木为耒，耒耨之利，以教天下，盖取诸《益》……服牛乘马，引重致远，以利天下，盖取诸《随》。重门击柝，以待暴客，盖取诸《豫》。断木为杵，掘地为臼，臼杵之利，万民以济，盖取诸《小过》。弦木为弧，剡木为矢，弧矢之利，以威天下，盖取诸《睽》。上古穴居而野处，后世圣人易之以宫室，上栋下宇，以待风雨，盖取诸《大壮》。"由此可知，从古到今，器械技能按民之所需而出于自然。因机智出，技巧生，非正常而并没有实用价值的古怪奇物、珠宝玉石之珍奇随之滋生，民必然会放弃常朴生存而务求机巧生存，滥用资力。此谓：人多机巧，奇物滋起。教民内修道德，外行仁义，知天理之当然，晓人性之常规，举止皆符于天理人情。

故《论语·为政》中说："道之以政，齐之以刑，民免无耻；道之以德，齐之以礼，有耻且格。"民如慎修其德于内，谨行仁义于外，根本不会违法乱纪。相反，人如内心失去道德，必外无仁义之行，他就不怕犯法，法令越严，相应盗贼越多。此谓："法令滋章，盗贼多有。"故圣人说：我无为，民众就自然顺化；我好静，民众就自然纯正；我无事，民众就自然以道而行。取法天地生长万物的自然无为之德，不悖理循私，而事事顺乎天理，应乎人心，不作不强为以感天下之民众。因此，天下之民众皆安居乐业而自化。此谓"我无为而民自化"。人君戒除贪欲之心，不好事、不妄为，不求荣华富贵、不劳民力、不妨民事。民能尽力耕而自食，织而衣裳，乐其俗，安其居，美其服，丰衣足食。此谓"我无事而民自富"。能取法自然无为之道的清静体性，虚心恬淡，自然而然，事事物物必顺自然之天理，各得其所，各有所用，各有所适。鸟不教而自在空中飞；兽不驯而自在山上跑；鱼不学而自在水中游；人不教自然父慈子孝。此谓"我好静而民自正"。老子主张"无为、无事、无欲"反对为政者的恣意妄为，扰攘民众，与民争利。我不贪婪，人民自然朴实。

体悟：

因个人的自尊心理，众多学者历来都认为，儒家学说是真正有利于国家政治的学问，道家思想则与统治者的心理、自尊格格不入。事实上，老子倡导的"无为而治"是完全可以被政治家们所借鉴的。本文中，老子将"无为"思想引入了政治领域，试图通过"有为"和"无为"的对比来凸显"无为而治"的意义。老子在本章开篇就提出了"以正治国，以奇用兵，以无事取天下"的执政纲领，主张执政者应以清正廉洁、大公无私的贞正心态治理国家，老子把"正"解释为"无为""无欲"，使善政，不用权术谋略去使政，占有掠夺侵犯别人，而是以善道得助。有修养、有能力理解实施"无为而无不为"，深知要聪明、耍手段、到处钻营、强有所为，结果会一无所有必然失败之理。在军事领域，他主张出奇制胜。《孙子兵法》也强调了"兵者，诡道也""避实而击虚""以正合，以奇胜""不战而屈人"的战术思想名言警句。这个"奇"字不但指用兵如此，即使经商、创业、做人也要"出奇制胜"。上面一段话用到个人身上，就是要"以正做人，以奇做事，以无事创业"。老子把这看成遵循"道"的表现，历史上以少胜多、以弱胜强的战例都说明了这一道理。老子并不是绝对反战，相反，他认为军备一定要充足，因为有了足够的军事武力，才可以维持国家之间的道德与和平。人需要自卫，不去伤害人，也不能让别人伤害自己。这就是"不高亦不卑，不贱亦不贵"的人格独立精神。"人不犯我，我不犯人。人若犯我，我亦犯人。"

真正的智慧勇武在于以最小的代价换取最大的劳动成果。从古至今，政权的争夺都是通过武力来完成的，而老子却主张"以无事取天下"，有道德学问，又无心于取天下的人，反而会受到推崇。真正的仁德，靠的不是"以奇用兵"，不是"以兵强天下"，而是"以无事取天下"，使天下归心。这是中国几千年来的基本治国理念。这不仅是政治策略的成功，也是教化百姓的成功，而最高的原则就是道德，就是对人民无所求。"以奇用兵""不战而屈人"则可以最大限度地减少战争带来的苦难与祸患。在这方面，"弦高犒师""围魏救赵"都是极为经典的事例，在一定程度上体现了老子的"无为而无所不为"之道。我们重点分析一下老子所说的"以正治国，以奇用兵"的思想。在这里，对于治理好国家的关键，老子将其落在了一个字上，便是"正"。何为"正"呢？老子给出了解释，他从正反两面进行了阐释。老子先是指出，天下的禁忌越多，百姓动辄得咎，无所适从，便不能安心干活，生活便会贫困，朝廷中大人物的权谋越多，为政者钩心斗角，国家便会混乱；人们的智诈机巧越多，邪恶的事就会层出不穷；法令过于严苛，束缚人们的生活自由，盗贼就会越来越多。可见，法律严酷苛刻，禁令繁多，朝廷中的权谋越多，人们的伪善机巧就越多，便是不"正"。而接下来，老子则又借圣人之口论述了好的政治是什么样子的，即我无为而治，人民便自然变得顺化；我喜欢清静，人民自然会端正思想和道德；我不去用政令和战争骚扰人民，人民便自然会幸福安康；我不放纵自己的欲望，人民便自然朴实淳厚。显然这是又从正面论述了自为"正"。可以看出，所谓的"正"即是一种无为、清静，为政者不放纵欲望，不骚扰百姓的统治政策。

接下来，让我们看一下"以奇用兵"的含义。我们知道，老子是一个反战主义者，但是同时我们也知道，老子所生活的那个时代，正是一个天下失"道"，群雄逐鹿的时代。在政治上，周王室大权旁落，只相当于一个二流诸侯国。同时，群雄争霸，连年战争，大国不断蚕食小国。由于卿大夫势力强大，各国内部动乱也时常发生，权力更替频繁，

天道：体悟老子

弑君现象屡见不鲜。据史书所载，春秋时期的 242 年间，有 43 名君主被臣下或敌国杀死。52 个诸侯国被灭，有大小战事 480 多起，诸侯的朝聘和盟会则达 450 余次。其间，先后出现齐桓公、晋文公、宋襄公、秦穆公、楚庄王五个霸主，史称"春秋五霸"。到春秋末期，经连年吞并，140 多个诸侯国只剩下了 20 多个。可想而知，这完全称得上是一个弱肉强食的黑暗时代。在这样的时代背景下，老子虽然是反战的，主张清静无为的政治，但是，那只能是他的一种政治理想。而对这样一个残酷的现实，老子并没有一味地闭上眼睛，假装看不到。其实老子对于战争还是有所关注的，比如老子云："兵者，不祥之器，非君子之器，不得已而用之。"可以说，这句话总体上道出了老子对于战争的态度，并非盲目地反对，而是认为不得已时才用罢了。并且在很多章节中，老子都直接对用兵的策略进行了探讨，而本章中老子所言的"以奇用兵"则可算是老子对用兵的一种总括性思想。所谓"奇"，意思与"正"相反，在《孙子兵法》中，便有"以正合，以奇胜"的战术思想。另外，不仅在此章中，在其他章节中，老子对于自己的军事思想还有一些更为具体深刻的论述。

古往今来的军事家们，无不贯彻了老子的"以奇用兵"的原则。李靖是隋末唐初的名将，他出身于官宦世家，是隋朝大将韩擒虎的外甥。他的祖父李崇义曾任殷州刺史，获封永康公；父亲李诠在隋朝做官，做到赵郡太守。生于这样一个家庭，李靖从小耳濡目染，既能文又能武，且有大志向，他曾对父亲说："大丈夫要是能在恰当的时候遇到明主，一定要立功报国，干一番大事业。"有一次，他与舅父韩擒虎谈论兵事，舅父对这个外甥的用兵之才很是欣赏，抚摸着他的头说："可以与我讨论孙、吴之术的人只有你呀！"李靖在隋朝历任长安县功曹、殿内直长、驾部员外郎。官职虽然卑微，他的才名却流传于隋朝公卿之间，隋朝军事家，左仆射杨素曾抚着坐床说："此人（李靖）不可能一直身居低位！"隋朝大业末年，李靖任马邑郡（今山西省朔县东）丞。这时，反隋暴政的农民起义不断，以河北窦建德，河南翟让、李密，江淮杜伏威、辅公祐等领导的三支义军为主，严重威胁着隋朝的统治。而身为隋朝太原留守的李渊也在暗地里招兵买马，寻找机会。李渊的举动被李靖察觉，于是李靖打算前往江都告发此事。但刚刚到了京城长安时，关中就已经陷入混乱，因道路阻塞而没能成行。不久，李渊在太原起兵，迅速攻占了长安，俘获了李靖。李靖为自己壮志未酬而感愤不已，临刑前大声疾呼道："公发兵起义，本来是为天下除暴安良，不是为了谋篡皇位，能以一己之私怨斩杀壮士嘛！"李渊、李世民父子十分赞赏他的才识和胆气，因而赦免了他。不久，李靖被李世民召入幕府担任三卫之职。唐武德元年（618）五月，李渊建唐称帝，李世民被封为秦王。为了平定割据势力，李靖一路跟随秦王，屡建军功。武德四年（621），正当唐军对王世充开战时，盘踞在江陵的后梁萧铣政权派水军沿长江而上，企图攻取唐朝峡州、巴、蜀等地，被峡州刺史许绍击退，于是萧铣率军退守至安蜀城及荆门城。为了消灭萧铣这一割据势力，唐高祖李渊派赵王李孝恭征讨，身为长史的李靖亦随军出征，总管军事。那时正值秋季汛期，江水泛滥，波涛汹涌。众将领见状，都主张先停兵，等洪水退后再进攻。但李靖摇摇头说："用兵贵在神速，我们刚刚调集兵力，萧铣还不知道，因而全无防备，我们不如趁机杀他个措手不及。到时候，即便他们知道我们来了，也只能仓皇应战，萧铣必为我们所擒获。"果然如李靖所言，萧铣见江水大涨，且三峡路险，认为唐军必定不会进攻，于是放松了警惕，撤除了防备。没想到李孝恭听从了李靖的意见，率领两千多艘战船沿长江顺流而下，一举攻下萧铣的荆门、宜都二镇，十月就抵达夷陵城（今湖北省宜昌市）下。萧铣听说唐军已经大军压境，十分惊慌，即刻征兵，但所征的军士都在长江、五岭以南，路途非常遥远，一时难以调集过来，于是只能依靠现有的残余军队应战。与此同时，萧铣的得力干将林士弘正率领数万精兵驻扎在清江。李孝恭大兵一到，就命令向林士弘的部队大举发动进攻，李靖急忙劝他说："林士弘可不比旁人，此人英勇善战，是萧铣手下一员骁将，不可小觑。现在敌军刚刚失去荆门，急欲夺回失地，如果现在攻打林士弘，他们必将奋力反击，拼死抵抗，取胜艰难。对我们来说，最好的办法是先驻扎在清江南岸，以逸待劳，等敌军士气低落后，再趁机发起攻击，从而一举打败敌军。"李孝恭听后不以为然，一意孤行，指挥部队攻打林士弘。结果正如李靖所料，李军被林军打得落花流水，损失惨重，李孝恭这才为当初没有听李靖的话而懊悔不已。萧铣军队取得胜利后，便四处劫掠，不肯放过任何东西，陷入一片混乱。李靖见状，趁机挥兵攻击，大败敌军，并乘胜直奔江陵城，进入江陵外城缴获了敌军大量船舰。但李靖命士兵将这些舰艇全部随意放在长江中。唐军的士兵迷惑了，有人问："这些都是我们的战利品呀。应当充分为我们所用，为什么将它们都丢弃呢？"李靖笑了笑，答道："萧铣领地众广，南到五岭以南，东到洞庭湖。我军如果趁机深入敌人腹地，城池久攻不下，敌人的救兵从四面八方包抄而来，夹攻我们，到那时进攻不是退也不是，有这么多的船舰又有什么用呢？不如就放弃这些船舰，让它们沿江顺流而下，敌人的援军看到必然认为江陵已被攻陷，就不敢轻易进攻我们，而是会派探子前来侦察。这一去一回至少十天半个月，我军取胜的机会就更大了。"果然，萧铣的援兵看到从上游漂流下来的船舰，迟疑不决，不敢贸然行动。紧跟着李孝恭命李靖率五千轻骑兵为先锋，乘胜直抵江陵城。林士弘大败后，萧铣在江南大力征兵，但唐军进攻神速，以迅雷不及掩耳之势深入敌军腹地，萧铣准备不充分，只得仓皇应战，而江南的救兵也没有赶到。

天道：体悟老子

李靖率领前锋到达后，李孝恭率大军紧跟其后，萧军腹背受敌，困在城中，进退不能，江陵城中的粮食很快便吃光了。萧铣无奈之下，只得开城投降。李靖以奇用兵得到众将的广泛认同。萧铣投降的消息很快传到京师，唐高祖听后十分高兴，诏封李靖为上柱国、永康县公，李靖少时的宏愿终于得以实现，以奇用兵使李靖在唐高祖时期获得了最高声誉。

老子阐述了关于用兵的五个原则。

一、夫慈，以战则胜，以守则固。天将救之，以慈卫之。（原六十七章）

二、善为士者，不武。善战者，不怒。善胜敌者，不与。善用人者，为之下。是谓不争之德，是谓用人之力，是谓配天古之极。（原六十八章）

三、用兵有言："吾不敢为主，而为客，不敢进寸，而退尺。"是谓行无行，攘无臂，扔无敌，执无兵。（原六十九章）

四、祸莫大于轻敌，轻敌者几丧吾宝。（原六十九章）

五、抗兵相加，哀者胜矣。（原六十九章）

由此可以看出，老子虽然反战，但是其对于军事战争的策略还是相当有研究的，老子当时是周王朝的国家图书档案馆馆长，肯定能够看到不少兵书。事实上，其军事思想和姜子牙的军事思想类似，许多学者认为老子对姜子牙所著的《六韬》有深入的研究。而在这里，老子将其治国思想与用兵思想放在一起论述，也可以是一种不得已而为之。因为无为而治，乃是一种对国内百姓的治理。但是，如果其他国家发动战争侵略本国，无为而治就显然不够了，这时候便需要以军事行动来对抗，保卫家国。对此，老子又提出了以奇谋战胜的总体军事策略，意即尽量以最小的代价获得胜利，以便尽量少地影响百姓的生活。因此，"以正治国，以奇用兵"可以说是老子对于自己的"无为而治"思想的进一步补充。

具体到我们普通人的现实生活，"以正治国，以奇用兵"的思想内容本身并无太大的用处，不过这种思维方法还是可以给我们以启发。老子一向崇尚大道至简，无论为政，还是做人，老子都提倡清静无为，但是谈到军事战争时，他的态度便不一样了，他主张的不是简单，而是诡诈、复杂。这便提示我们在思考问题时，不可僵化，要根据事物的性质来决定我们的思维方法，既不要一味地将问题考虑得复杂，也不要一味地将其简单化，而是要具体问题具体分析。举个例子，在做一件事情时，我们就应该尽量将问题想复杂点，将问题成功与失败的各个方面都考虑周到。对过程可能出现的各种情况都要有所预测。但在做人时，我们就应该简单一些，不要刻意将人与人之间的关系想得过分复杂，而是坚持一种简单的为人处事原则。老子又以"天下多忌讳，

466

而民弥贫；人多利器，国家滋昏；人多伎巧，奇物滋起；法令滋彰，盗贼多有"等弊端来做反例，认为天下的混乱来自执政者的"有为"。统治者越是对民众强加导向，干涉民众自愿生存的方式，就越会适得其反。只有做到"无为""好静""无事""无欲"，才能使天下百姓得到最大的自我发挥，达到根本上的社会自然、平等及快速发展与治理。

　　老子认为，"法令滋彰"是违背"无为"的做法，其后果必然是"盗贼多有"，这就指出了"有为"的弊端。在中国历史上，越是法令严苛的时代，国家就越混乱，社会上的盗贼也就越多。汉武帝重用酷吏而使国家混乱的事迹，就很好地证明了这一点。汉武帝刘彻在位时期，社会繁荣，国力强盛。但是随着社会升平日久，官场的腐败现象越来越严重。汉武帝为惩治腐败，开始任用一批酷吏，大施严刑峻法，为政残暴。然而，任用酷吏，不但没有纠正官场的腐败现象，反而使社会秩序越来越混乱。重用张汤，是汉武帝酷吏政治形成的标志。张汤长期担任长安吏，因为他对周阳侯有恩，所以被推荐做了丞相史，后来又升为御史。汉元光五年（前130），汉武帝委派张汤审理陈皇后巫蛊案。张汤初试锋芒，诛杀涉案人员三百余人，深得武帝的赏识，事后升迁为太中大夫。元朔三年（前126），汉武帝又升他做了廷尉。张汤善于逢迎，他一遇到可疑的案子，就向汉武帝奏明。只要是汉武帝认为正确的，他就按照汉武帝的意思办事，并由廷尉公布定为成文的法规，以颂扬汉武帝的英明睿智。如果奏事遭受谴责，张汤就随机应变，认错谢罪，依照汉武帝的心思，一定要举出贤能的佐理官员和办事属官。张汤主管太尉衙门期间，培养出一批善用权术的酷吏，有名的如王温舒、咸宣、尹齐、杜周等。酷吏嗜杀成性，以杀人行威而治。王温舒年少时就曾杀人埋尸。后来，王温舒因诛杀盗贼的功劳被提拔为广平都尉。在广平任职期间，王温舒逮捕郡中豪绅，连坐千余家，他上书汉武帝，请求将这些人轻则处死，重则灭族。汉武帝同意了，王温舒遂大肆捕杀，流血十余里。监狱里的犯人多得整个冬天也杀不完（汉朝执行死刑定在冬季），王温舒急得顿足叹道："冬季延长一个月，我方能把罪犯全部杀光啊！"然而，这个杀人魔头深得汉武帝的赏识，很快又被提为河内太守。汉武帝重用酷吏的做法引起了许多朝臣的不满，汲黯就是其中的一个。他曾多次当着汉武帝的面指责张汤，而且经常在朝廷上与张汤争论不休。丞相公孙弘褒扬张汤，但是大儒董仲舒指责公孙弘助纣为虐。这样，朝廷上渐渐形成了一支反对酷吏的力量。汉武帝自然不能容忍臣子挑战自己的权威。在汉武帝的授意下，公孙弘先后把董仲舒、汲黯排挤出朝廷。自此以后，天下之事都由张汤裁决，而张汤培养出来的酷吏纷纷出任要职，布满三辅，诸郡国，酷吏政治迅速在全国推广开来。酷吏当政，虽然可以收一时之效，使社会出现短暂的"路不拾遗"局面，但是也严重破坏了社会秩序。司马迁在《酷吏列传》中说到，自王温舒以严酷手段治政之后，郡守、都尉、诸侯等大都效法王温舒，结果吏民越来越轻视法令，盗贼越来越多了。由于酷吏肆意屠戮，天下百姓不堪朝廷与地方豪强的压迫，纷纷起来反抗，举行暴动。这些农民武装，多的有数千人，少的也有数百之众，他们自举旗号，攻城略地，释放囚犯，抢走官府府库中的兵器，诛杀当地官吏，社会出现多次大的动乱。对于百姓的动乱，汉武帝不惜派出重兵四处围剿，还委派钦差大臣出任监军，负责处死那些剿杀暴民不力的官吏和将领。同时，汉武帝又制定"沉命法"，规定凡是未能及时发现暴民，或是镇压暴民不力的，一律都要处死。此后，官军对百姓进行疯狂的屠杀，一时间尸横遍野，血流成河，成千上万的无辜百姓惨死于官军的屠刀之下。汉武帝以酷吏大兴诏狱，肆意诛杀，公卿大臣担心遭受灭顶之灾，只得庸庸碌碌，保位为上，不敢对皇帝的意见有任何异议。从此之后，西汉统治逐渐走了下坡。

　　本章老子主要论述了他的"无为而治"的政治主张，通过自己对社会现象的观察和思考描绘出了他的"治国蓝图"。在老子看来，社会上出现混乱局面的根本原因是统治者过多地用统治手段干扰了原本应该正常的社会秩序，所以老子提出"以无事取天下"的观点。"吾何以知其然哉？"我为什么说政治、军事以及治国处世的原则，就是这三句话呢？原因下面有所阐述。第一"天下多忌讳，而民弥贫"，这是历史的现实，也是老子的总结。"天下多忌讳"就是在政治上有太多禁忌，这也不能干，那也不能做，动辄得咎，多禁忌，等于在天下设了很多陷阱，陷民于罪，使人民不敢说心里话，不敢批评，怎么能不抱怨呢？所以，当社会政令繁多时，以致于民众什么都不敢做，不能做就会直接导致物质和精神上的贫困，以致心灵的荒芜，却处处谎言连篇，使人们痛苦而备受折磨。第二"民多利器，国家滋昏"，利器，不仅指杀人的武器，还泛指机巧的器具。"人多伎巧，奇物滋起"，众人多将机巧的思想用于社会争论财富，就会出现越多的对抗争斗等事物，这是不利于社会稳定与发展大局的。第三"法令滋彰，盗贼多有。"法令越多，盗贼越多。刘邦入关，只与关中父老"约法三章"，即"杀人者死，伤人及盗抵罪"。仅此而已，却很快稳定了初入咸阳时的混乱，法令越多，越彰显，说明社会越动乱。前面这几句话，是对"以正治国，以奇用兵，以无事取天下"的注解与阐述。多忌讳，多利器，多伎巧，多法令，这一切都是"有为"，社会越乱，问题就越多。应该持"无为"的态度，天下就会清静而有道，社会自然也会安定。

　　古人云："我无为而民自化，我好静而民自正，我无事而民自富，我无欲而民自朴。"好的统治者能够清静无为，人民自然受到感化走上正道，好的统治者没有私欲，不要花样，不搅扰干涉民众自立生存，社会自然富裕，天下自然太平，民众也会纯朴厚道。

老子这样的治国思想并不被历代多数的统治者所看好，但是"无为而治"的思想通常会在每个朝代建国之初发挥巨大的作用，著名的"约法三章""萧规曹随"等故事就是在这种思想的背景下发生的。他坚定地主张执政者应"无为、无事、无欲"，反对执政者的恣意妄为、扰攘民众、与民争利。这是老子针对乱世进行冷静观察和深刻思考得出的结论，统治者所谓的"有为"，就是社会动乱不安的根源。因为执政者常自以为是社会中的特殊角色，而依一己的心意擅自厘定出种种标准，肆意作为，强制推行。老子的不干涉主义与放任思想是在这种情境中产生。当时"无为"思想的提出，一方面是要消解管理集团的强制性；另一方面是激励人民大众的自觉性、创造性。

第五十九章　善为道者

原文：

古之善为道者，非以明民，将以愚之。民之难治，以其智多。故以智治国，国之贼；不以智治国，国之福。知此两者亦稽式。常知稽式，是谓玄德。玄德深矣，远矣，与物反矣，然后乃至大顺。

译文：

（"明"，机智巧诈，侥幸炫耀。）

（"愚"，浑厚淳朴，真诚自然。）

从前善于传道的人，不是使民众机巧伪诈，而是使民众纯朴淳厚。道为天地之始。天地有始，日月往来，阴阳升降，寒暑交替，四时成序，万物自然而然生存，有条不紊地自生自灭。并未尝明彰法制、禁令，亦没有任何名教、法规。所以"道"的纯厚朴素之性，行无为之政，真诚自然地去为万物服务。不教民众玩弄心机、机巧、尔虞我诈，而是以人本性纯真朴素，真诚无妄引导民众，使民众返璞归真，去妄想存诚，养其本来良知良能，以德化民风，使君民默化在浑厚的淳风之中。"非以明民，将以愚之"，即是此意。人民之所以难治，是因为他们机巧、心智太多，正是因为聪明过头而虚伪。人为什么难以治理呢？是因为治国者以己为是、以己为然，内不充实道德。上对下以心机智巧伪诈，欺哄于众民；下者必此心机智巧欺瞒于上，上下相欺，国纲社会必乱，伦理必乖，其贼害国民必不浅。

善以"道"治国者，顺物自然，内心真诚，外行持以"和光，同尘"，不逆于理，不违背于"道"。含其辉，韬其明，无事、无为、无欲，天下自然太平，其福莫大于此。以心机智巧之理治国，不但不能成功，反而遭贼祸害。不以心机智巧之理治国，体无为，顺自然，随民情，又简又易，有福于社会民众，何乐而不为呢！所以用智巧心机治国，是国家的祸患；不用智巧心机治国，是民众的福德。认识这两种治国方式的差异，此两者为治国平天下的法则。既然已知，不以心机智巧治国为准则，就应永恒持守，须臾不离，存诚不妄想。这就合于清净自然真藏之"道"的体性。自然真藏之"道"的体性是无名相、无头绪，"视之不见，听之不闻，搏之不得"。其用为德，德之用其易无穷，不可测度，能够顺应时势而做取舍，故称"玄德"，又深又远，与有形有象的事物相反。万物以私利为快，昭昭察察以自明，而"玄德"以处其厚，不处其薄，居其实，不居其华，长而不宰，为而不恃，功成不居，此为"玄德"之妙用。道本虚无自然，德合自然无为之体。以此理民，民之不理，以此治国，国无不治，故称"大顺"。经常使用这个法则指导人们做人做事，就叫作"玄德"。这种"玄德"精神宏远，它与万物同归真朴，然后才能顺应自然之"道"而"无为而无所不为"。老子针对人攻心斗智，争私欲，竞相伪诈的时弊而矫枉，主张治国必须使民风淳朴，万物返璞归真。这样就无往而不利，达到自然而然的境界。

体悟：

老子曾经从很多层面剖析过"善为道者"的含义，"善救人""抱一为天下式""知其雄，守其雌"，都是有道之士的处世原则。老子推崇的智慧是一种最普通的规律性准则智慧，"知人""善言""善结"已经属于很难得的自觉地遵守自然规律的智慧，其实恬淡无为的大"道"才是真正的智慧，它散发着一种看似暗昧的光辉。因为"道"是深邃而幽暗的，所以它体现出的智慧并不像常人所说的聪明那么简单，它通常表现为"大智若愚"。老子提倡"无为而治"，无论高低贵贱，人人都要遵循"道"的精神来为人处世，所以主张"绝圣弃智"。在这一理论的指导下，既然广大民众要"弃智"，那么统治者、当权者当然不能例外，而且要成为人民的表率、楷模。老子认为片面地强调所谓的"仁、义、礼"是不合顺其自然之"道"的。正如鲁迅在《狂人日记》中所言，满纸的仁义道德，其字里行间却都写着"吃人"的字义。

社会安定太平的唯一办法是人类不要聪明，朴实自然。如果人人都以智巧来伪饰自己，要小聪明、玩手段，只会适得其反。对民众来说，如果教以聪明和虚伪，不仅祸害自身，还会祸及国家。如果民众都是大巧大伪，那整个国家就要迅速败亡。所以老子说："以智治国，国之贼；不以智治国，国之福。"可见老子的本意是要使民众抛弃小聪明，获得顺自然而为的智慧；抛弃虚伪、险恶自私，复归真诚善良；淡化对物欲的迷恋，加强对道德的修养。物欲横流，人心败则尘世乱，民众没有了道德的底线，没有了人心善良的本性。那么人人都会为了利益而舍命，却绝不会为了尊严与道义而轻生。一旦走到这一步，天灾人祸必接踵而来，根本没有讨价还价的余地。"我无为而民自化"是老子对政治思想的精辟论述注解。因而他所说的"愚"并非指是非不明，正邪不分的愚蠢和蒙昧，其实说的是在无欲无求状态下所呈现出的纯朴诚实与自然，

天道：体悟老子

"弃智"也并非真正的抛弃智慧，而是去除一切做作与浮夸。不使民众为机巧而伪饰，指引民众不要耍小聪明，不玩手段，而顺天时"无为而无不为"。

本章与"绝圣弃智，民利百倍"的观点是相近的、一致的，他又一次阐述了"无为而治"的政治思想。不过，在本章中这种观点则更具体化了，老子明确指出："以智治国，国之贼；不以智治国，国之福。"所谓"不智"，结合老子在前面所说的"古之善为道者，非以明民，将以愚之。民之难治，以其智多"，其实就是"愚"的意思。由此可见，老子所提倡的便是一种"以愚治国"的理念。可以看出，这里不同于其他章节中的"有为"和"无为"，老子从"智"与"愚"的角度探讨了治国的策略。先说"智"，我们都知道，虽然世人都崇尚智巧，也即聪明，但老子却一直反对人们利用聪明损人利己的行为。老子声称："绝圣弃智，民利百倍。""绝巧弃利，盗贼无有。"之所以抱持这种观点，是因为对于个人来说，智巧使私欲鬼迷心窍，忘记了大"道"之德，丢掉了自己的本性。正是因为世人都丢弃了自己顺其自然的本性，自恃聪明想方设法去强争妄为，必然导致人与人之间尔虞我诈，互相算计，到头来谁也得不到好处，后果都是伤害。而对于一个治国者而言，一个统治者总是靠弄智巧、耍权术去治理人民，则人民为了避免受到其智巧权谋的伤害，也会采取相应的措施来应对。"道"高一尺，"魔"高一丈。如此，必然导致全国上下都充满着欺诈，丧失诚实、信任、公正，那么，国家社会必然混乱。

对于老子的这种观点，继承了老子主要思想的庄子，在《庄子·胠箧》中做了进一步的阐述。在文章中，庄子明确指出，断绝圣人摒弃智慧，大盗就能停下来；弃掷玉器毁坏珠宝，小的盗贼就会消失；焚烧符记破毁玺印，百姓就会朴实浑厚；打破斗斛折断秤杆，百姓就会没有争斗；尽毁天下的圣人之法，百姓才可以谈论是非和曲直。搅乱六律，毁折各种乐器，并且堵住师旷的耳朵，天下人方能保全他们原本的听觉；消除纹饰，离散五彩，粘住离朱的眼睛，天下人才能保全他们原本的视觉；毁坏钩弧和墨线，抛弃圆规和角尺，弄断工倕的手指，天下人才能保有他们原本的智巧。因此，"最大的智巧就好像是笨拙一样。"削除曾参、史鳅的忠孝，钳住杨朱、墨翟善辩的嘴巴，摒弃仁义，天下人的德行方才能混同而齐一。人人都保有原本的视觉，那么天下就不会出现毁坏；人人都保有原本的听觉，那么天下就不会出现忧患；人人都保有原本的智巧，那么天下就不会出现迷惑；人人都保有原本的秉性，那么天下就不会出现邪恶。那曾参、史鳅、杨朱、墨翟、师旷、工倕和离朱，都外露并炫耀自己的德行，而且用来迷乱天下之人，这就是圣治之法没有用处的原因。庄子打了个比方，说弓、箭、戈等东西一多，飞鸟就遭殃；钓、饵、网等东西一多，水中的鱼便混乱；栅、网、陷阱等东西一多，林中的鸟兽便慌张；懂得欺诈、狡猾、奸佞的知识越多，世人就越来越迷惑。如此，世人便只知道追求外在的知识，而忽略了保守自己具有的天性；只知道批评别人的过错，不知省察自己。

在否定了“以智治国”之后，老子提出了自己的见解，那便是以“愚”治国。老子一向对“愚”是情有独钟的，他在前面文章中曾言：“我愚人之心也哉，沌沌兮，俗人昭昭，我独昏昏；俗人察察，我独闷闷。”可见，在他眼中，“愚”是比“智”高明的，所谓“大智若愚”。这里，谈到“愚”在治国过程中的作用，我们首先要对“愚”的意思做一番辨析。“愚”在现在的意思往往是和“蠢”联系在一起，是笨人、干傻事、可笑事的代表，谁被冠以此称呼，便是遭到了别人的侮辱、蔑视。但其实，现在的这种意思是后来延伸出来的。在早期，“愚”的本义是心在一定范围内，意识守中，不跑太远，其实便是纯朴自然之意。另外，“愚”又引申为本分、本职之意。由此可见，老子所说以“愚”治国，并不是要人们愚蠢，而是要人们不要想太多，从纯朴浑厚为人处世，不必用心机过多耗费精神，同时每个人都应安守自己的本分。显然，如此一说，便立刻明朗了。一个国家如果能够每个人都纯朴浑厚自然，不去胡思乱想，安于自己的本分，国君安于职守，按大道治理国家；官员爱惜民众，秉公执法；商人诚信无欺，安分经商；农民不违农时，勤奋种田；士兵努力守边，如此一个国家怎么会不安定，人民怎么会不幸福呢？显然，老子所说的“不以智治国，国之福”的内在道理就在于此。

具体到现实生活中，老子所提倡的以“愚”治国的策略其实可以运用到任何一个团队中去。一个团队，如果其领导者总是想用自己的智巧去驾驭属下，结果只能是使属下心怀鬼胎，总想着如何去对付上司，不会安分地做好自己的本职工作。相反，如果一个领导者能够借用一种“愚”的手段去管理自己手下的部属，则每个人都会安于本分，各司其职，这个团队才会发挥出每个人最大的效能。但是，在现代的一些企业中，许多领导因为担心员工消极怠工，于是制定出各种规章制度来约束自己的员工，甚至有的干脆在办公室安装摄像头来监督自己的员工。这些手段往往只能使员工也变得更为狡猾，没有了内心的创造热情，并想出刁钻的办法去应付差事、应付领导、消极怠工，最终并不能实现企业根本要求——高品质、高效能的企业文化。在世人眼里总是以为聪明胜过愚，强悍胜过柔弱，精明胜过憨厚，而老子却认为事实恰恰相反，天下之所以混乱，正是因为世人运用了智慧投机取巧，因而巧诈百出。

老子提出“愚”的思想，想使百姓回到“纯朴”的状态。北宋大文豪苏轼治理密州的事迹，就集中体现了老子的这一思想。北宋熙宁七年（1074），苏轼出任密州太守。密州在山东东部，当时地方荒僻，而且多灾害，一些百姓为求生存，不得不落草为寇，四处偷窃。在苏轼之前，密州几任太守都曾试图改变这一局面，均成效不大。苏轼才来密州的时候，当地就发生了严重的蝗灾和旱灾，不但粮食歉收，财用匮乏，而且盗贼四起，百姓苦不堪言。再加上当时王安石施政不当，赋税沉重，密州呈现一派衰败景象。在这种"岁凶民贫"的境况下，苏轼决定亲躬救灾，励精图治，救密州百姓于水火之中。苏轼上任不久，即驱车去乡间视察灾情，他看到沿途的百姓捕捉田地里的蝗虫，便下车向他们了解情况。这时，走过来几名小吏，他们看到新任太守来到这里，连忙向苏轼说道："这小小的蝗灾，何必苏大人亲临呢？"有人甚至还无耻地编造谎言道："蝗虫可以'为民除草'，没有什么可怕的！"听到这糊涂透顶的话，苏轼非常愤怒，他斥责在场的官吏道："蝗灾不是灾祸，那什么是灾祸呢？"继而进一步说道："面对蝗灾，你们坐视不理，于心何忍啊？"说完，他亲自下田灭蝗，在场的百姓深受鼓舞。回到府衙，苏轼立即写了一份奏议上报朝廷，请求神宗免除密州百姓的秋税。同时，他还鼓励百姓下田灭蝗除卵，取得了明显的效果。经过一年的努力，密州的灾情基本得到控制，百姓的负担有所减轻，社会秩序也明显好转起来。因密州盗患严重，百姓不堪其苦。为了从根本上解除盗患，苏轼向朝廷上奏了一篇《论河北京东盗贼状》，指出治盗必须与治事、治吏相结合，除掉盗贼产生的根源，才能真正消除密州的盗患。苏轼根据盗贼的出没规律，很快制定出一套捕捉盗贼的方案，他先是命衙吏乔装成百姓，调查盗贼的聚集场所，然后派兵将他们一网打尽。捉住一部分盗贼后，苏轼亲自详加审问，凡是能够主动认错，且没有犯下大罪的，就劝其改邪归正，并帮助他们重建家业。这样，那些因贫困而落草的盗贼纷纷投降官府，并主动向官府提供线索抓住了不少"凶残之党"。对于罪大恶极的盗贼，苏轼则杀一儆百，以树立政府威严。苏轼治盗的时候，表现出了机敏、智慧的一面。据《宋史》记载，苏轼到密州时，密州出现了一帮盗贼，四处劫掠，百姓深受其害。为此，安抚司派了数千"悍卒"前来剿匪，苏轼诗中说"磨刀入谷追穷寇"，指的就是这件事。但是，没想到这些朝廷派来的"悍卒"竟然比盗贼更加残暴，他们甚至用禁物设赃，诬陷无辜百姓，借机到百姓家中劫掠。百姓平日受够了盗贼的欺负，这时又遭受官兵的压榨，愤怒不已，纷纷起来反抗，结果杀了不少官兵。官兵见状，惊慌失措，纷纷畏罪潜逃，沿途又大肆烧杀一番，与盗贼无异。百姓云集到州衙门口，向苏轼申诉这件事。苏轼说道："这件事情一定不是真的。"那些作乱的官兵听到苏轼的这句话，顿时失去警惕之心，并不急着逃跑。苏轼趁机派人把这些散兵召集起来，迫使他们服法认罪，苏轼便依法把他们处斩了。苏轼的这一举措深得民心，得到了百姓的拥护。在捕捉盗贼的同时，苏轼渐渐认识到，王安石主持的"新法"弊害颇大，这也是促成"盗患"严重的重要原因。王安石的新法规定,官府应根据田地中青苗的数量征税,但是密州旱情严重,多数青苗都没长成熟,根本没有收获庄稼。但是当地官吏仍旧依照新法行事,很多农民被逼无奈,只好做了盗贼。苏轼了解到这一情况,主张根据实际情况降低赋税,甚至减免赋税。再如王安石主张在产盐地区设置盐官,向盐户低价收盐,再将盐税加入卖价,出售给商人。密州是北宋重要的产盐地,官府压低盐价,密州的盐商破产者甚多,他们就与盗贼勾结,劫掠过往客商财物,于是苏轼上书元老重臣文彦博,揭发了新法的种种弊端。没过多久,朝廷知道新法害民,便下令纠正弊政。经过一段时间的治理,密州的盗贼减少了很多,贼患也逐渐消除了。苏轼在密州任内还经常对贫苦百姓伸出援手,纠正当地不合风化的行为,如救活弃婴的故事,早已成为千古美谈。有一次,苏轼与通判刘庭式一起沿着城墙挖野菜,两人在一丛枸杞旁边发现了一个弃婴。苏轼小心地把弃婴抱起来,抱回府衙抚养。苏轼知道这是因为百姓生活贫困,养不起刚出生的婴儿,所以人们才会在野外发现弃婴。于是,他立即下令州府的官员,到野外去寻找看看还有没有弃婴。没过几天,州府中就收养了近四十名弃婴。苏轼把弃婴分配到各家抚养,官府按月分发抚养费。这样,在两年的时间里,苏轼竟救活了数十名弃婴。后来,苏轼被贬黄州的时候,听说当时湖北、湖南一带有"溺婴"的恶俗,许多婴儿刚生下来就被扔到盆中溺死了。苏轼于是把抚养弃婴的经验传授给鄂州太守朱寿昌,并建议他依法禁止溺婴的行为,并在黄州动员当地百姓捐钱捐米救助婴儿。经过两年的治理,密州不但盗患消除,而且百姓富足、社会安定、民风淳朴。苏轼在密州任内表现出的美德不但令当地百姓感激,也让后人敬佩不已。苏轼治理密州,努力治理灾荒和匪患教导民众纯厚朴实,这正是"善为道者"的典范。

　　老子所生活的时代烽烟四起,计谋诡诈百出,危机四伏,无处苟安。而世人以诡诈求生存的同时,又给整个社会带来更多的相互诡诈,使社会不得安宁,这反过来又促使人们寻求更为诡诈的计谋来求得财富、权力、荣耀。趋利避害是世人求生的本能,众人如都这样的求生存只会给社会民众带来更严重的后果,使人们远离"道"的准则。因此老子主张天下众生回归纯朴,只有顺应自然大"道"准则才是天下大众的福祉所在。否则天下众人就会尔虞我诈、不择手段地去争夺财富、权力、荣耀。用"道",用憨厚质朴与智巧心机来治理社会国家,这两种治国理民方针是相对立的法则,后果也大不相同。老子文中多次以"海"来形容个人学问和道德上的修养,希望人们能够要像海洋一样,包容一切。"是以欲上民,必以言下之。"要想做统治者,身居高位,那就要说话不刻薄,态度谦逊。"必以言下"的谦虚态度表示人民才是国家的主人。"欲先民必以身后之。"想领导民众,就必须把本身的利益放在众人后面,就是"后其身而身先"的道理。有了好处、利益，先给予民众，然后再考虑自己。假使遇到困难，就要先于民众去面对，这就是领导原则，也是领导人的道德。

有道的圣人，领导民众就能做到"处上而民重"，他虽然身居高位，民众却感觉不到压力，站在众人面前，大家都不觉得他占了先，也没有妨害大家。"是以天下乐推而不厌"，因此古代历史上的圣君明王，天下归心，那是自然而然来的。"以其不争"，因为得道圣人内心无求，从来不与人争，利益由别人先得，坏事由自己来面对，所以世上没有人和他争。这是有"道"者在政治上的领导哲理和领导艺术。与之相反，如果权力、利益等只有统治者才能得到，百姓却不断地受到权力的侵扰，难以安居乐业，那就谈不上天下大治。如果任用缺乏道德修养的人来治理国家，那他就会不择手段、无所顾忌、为所欲为。因为缺乏道德修养，却又私欲旺盛，那就会用严厉的手段，掌控权力、物质、精神及思想，一切都想掌控，扰民不断。一切灾祸，都源于道德上的缺失。一切扰民的举措都源于统治者的私欲旺盛。道德缺失则私欲旺盛，私欲旺盛则万民不宁，天灾人祸也就接连不断。

本章重点论述谦下卑弱的道理，运用到治国之道之理，以江海为百谷之王比喻说明善于身居低位的重要性。高居民众之上，剥削压迫、作威作福，必然成为民众的沉重压力和负担，进而激化官民阶级矛盾，造成社会国家动乱，因此统治者一定要好生安抚民众，把自身放在众百姓的后面，做到谦恭卑弱，才能"处上而民不重，处前而民不害"，即"不知有之"的最高境界。这样就自然而然地处于"莫能与之争"的有利领导地位。老子针对人类社会攻心斗智，竞相伪诈的时弊而矫枉，主张治国必使民纯朴，用智巧心机治国，是国家的祸害，不用智巧心机治国，是国家的福德，认识这两种治国方式的差异，就是治国的法则、准则。经常按照这个法则、准则去执行，就叫作"玄德"。这种"玄德"精深宏远，它与万物同归真朴，然后才能顺应自然之"道"的规律与法则去造福民众。本章强调为政在于真朴。老子认为政治态势的好处常系于统治者的初心和做法。统治者若是真诚质朴，才能引导出良好的政风环境，有良好的政风环境，社会才能趋于安宁太平；如果统治者机巧狡猾，自然就会产生败坏的政风。政风败坏，人们就会互相伪诈，彼此贼害，而社会将永无宁日。基于这个观点，老子期望统治者导民于真朴。老子感知于乱世的根源莫过于大家攻心斗智，竞相伪饰，因此呼吁人们扬弃世俗价值的纷争，使众人返璞归真。本章的立意被后人普遍误解，以为老子主张愚民政策。其实老子所说的这个"愚"乃真朴的意思。他不仅期望人民真朴，更要求统治者首先应以真朴自砺。这里的"愚"是真朴，是理想统治者的高度人格修养之境界。

第六十章　小国寡民

原文：

　　小国寡民。使有什伯之器而不用；使民重死而不远徙；虽有舟舆，无所乘之；虽有甲兵，无所陈之；使民复结绳而用之。至治之极，甘其食，美其服，安其居，乐其俗。邻国相望，鸡犬之声相闻，民至老死，不相往来。

译文：

　　（什伯：十、百之意）。（器：军械）。（徙：迁移）。

　　（舟舆：战车）。（甲兵：披甲戴盔，全副武装的士兵）。

　　国家要小，民众要少。要立大国，创霸业，必然会发动战争，互相兼并，互相残杀，给天下民众带来灾难。天下有"道"，各安本分，国小就小，民少就少，应根据各自国情治理，互不侵犯，和谐相处，则不会有战事。没有战事，刀枪铠甲则无用武之地。使民众各安本分，不贪身外之物，自立、自强、自觉生存。不因分外贪求领土而争战。虽有战车和战船，亦无处用；虽有甲兵，亦无所陈。让民享受淳厚朴素的天然之乐，相似于上古时代结绳记事那样的淳朴之风。

　　各自根据各地所处的地理、地貌、气质、物产，享用自生的特产粮食就感香甜可口，身穿自制的服装自觉舒适美好，居于自建的房舍就感到心安理得，自处实行自己的风土民俗就感到自乐。这就是一种自给自足、自娱自乐的自治体。在这种自治体中，没有贫富的人格等级之别，没有贵贱的人格高低之分，各尽所能，各得其所，人与人之间和睦相处，国与国之间都相安无争抢之事。只听到鸡鸣狗叫的自然之音，永无战马嘶鸣之声，国与国无争，天下太平，万民各自康乐互无相求之事。老子认为，小国寡民，没有强暴，没有欺诈，民风淳朴，生活恬淡。如天下民众都过着自立、自足、自乐和宁静平凡的生活，任何人也就没有必要冒死远徙谋生了。

天道：体悟老子

体悟：

　　"小国寡民"是《老子》政治思想的核心，是老子对心目中理想的国度、社会和人群组织形式的具体表述。很多人望文生义，据此简单地批评其为保守、复古与倒退等，用这样的言论，未免有些无知、极端和可笑。"小国寡民。使有什伯之器而不用；使民重死而不远徙；虽有舟舆,无所乘之；虽有甲兵,无所陈之"真的是一种"乌托邦"式理想化的状态吗？当然不是，即便按照"21世纪现代世界观"的要求，在当今世界也不难找到鲜活的例证。以大家公认的发达国家瑞士等很多西欧小国家为例，在那里，手工制作钟表的技艺以家庭为单位世代相传，各种小作坊用最擅长制作的零部件互相配套、协作，多数人习惯于家乡传统的宁静生活，不喜欢"什伯之器"之类的奢侈品及争斗激烈的社会环境；也不会轻易乘舟舆"远徙"，至于"甲兵"更是与他们无缘。许多北欧小国的情形都与瑞士相似，他们并没有丢掉传统，而是"甘其食，美其服，安其居，乐其俗"，却仍得以享受安静、和平、舒适的幸福生活。无论是GDP，还是人均可支配收入水平，这些小国始终居于世界最前列。由于国小民寡，军队对于他们从来都不是政治延续的必要工具，所以不必热衷于对付"大规模杀伤性武器"，也不必去到处掠夺资源、输出文化与宗教，这恐怕就是"不争"和"道法自然"的一种实践和表达形式吧！类似的例子还有很多，比如马尔代夫和一些中东小国家等，虽然苛刻的学者们仍可以找出很多他们"小国寡民"以外的幸福原因，但不可否认的事实是，在全世界二百多个国家中，多数都是安详宁静的小国和寡民。

　　老子用寥寥数语勾勒出他所认为的一种理想社会。从老子的描述可以看出，他心目中的理想社会比较关键的有三个：第一,国家不存在战争；第二,人民物质生活丰富；第三，人们精神上纯朴自然，简单快乐。仔细分析，我们会发现老子所提出的三个关键条件，其中的第三条，即人们内心的纯朴自然，简单快乐乃最为核心的条件。因为，战争之所以发生，说到底是因为人内心的欲望和冲动，想要掠夺更多的财富，想要使自己获得更大的权势。而所谓的物质丰富也没有一定的标准，如果内心欲望很多，即使拥有了很丰厚的物质生活，可能仍然感到不满足。而一旦内心安闲恬适，知足常乐，即便物质生活稍微差一点，也同样能够过得舒心快乐。为进一步分析这一点，我们不妨以东晋大诗人陶渊明所幻想出来的世外桃源为例来进行分析。东晋诗人陶渊明曾经虚构过一个名叫《桃花源记》的故事，说东晋太元年间，武陵郡有个以打鱼为生的人。有一天，他沿着溪水划船，忘记了路的远近。他走到一片陌生的水域，忽然遇到一片桃花林，生长在溪流的两岸。桃林有数百步宽，其中没有其他树，花朵鲜艳，青草美丽，坠落的花瓣纷繁交错。渔人感到很惊奇，继续往前走，想看林子尽头是什么。结果他发现林子尽头是溪流的源头，源头旁边是一座小山，山上有一个小洞，隐约能够从洞中看到一些光亮。渔人于是离开船，从洞口进去。洞内开始比较狭窄，一个人只能勉强通过，而越往前走则越开阔。走着走着，突然前面一片光亮，呈现出了一大片开阔地，这里土地平坦宽阔，房屋整整齐齐，有肥沃的田地、幽美的池塘、茂密的桑竹。田间小路也交错相通，村落间可以互相听到鸡鸣狗叫之声。接着，他也看到了一些人，这些人来来往往在田间耕种劳作，男女的穿着打扮，和桃花源外的世人差不多，而老人和小孩都逍遥快乐。桃花源里的人见到渔人，大吃一惊，问渔人从哪里来，渔人回答了他的问题后，便有人邀请渔人到自己家里去，摆酒杀鸡做饭来款待他。村中的人听说有这样一个人，全都来凑热闹，并和渔人交谈。渐渐地，渔人便了解了这里的情况。原来这些人的祖先在秦朝时，为了躲避战乱，带领着自己的妻子儿女及乡邻来到这与世隔绝的地方，再也没有出去，就此和外面的人断绝了来往。桃花源里的人还好奇地问渔人现在外面是什么朝代，他们竟然不知道大汉王朝的存在，更不必说魏和晋了。渔人把自己所知道的事一一告诉了他们，村中的人都很惊叹惋惜。其余的人又各自把渔人请到自己家中，都拿出酒食来款待他。渔人待了几天以后，告辞离去了。渔人离开时，一路上做了标记，但回头试图根据路标重新寻找桃花源时，再也找不到了。

其实，仔细对比的话，会发现陶渊明所虚构的"桃花源"便具有老子理想社会的影子。在"桃花源"内，没有战争，甚至都没有政府，人们自然也不用缴纳赋税。同时，根据他们对渔人的招待也大致可以看出，人们的物质生活水平也是不高不低，大致小康水平；而这里的人明显是纯朴自然、简单快乐的。因此可以说，"桃花源"便是老子在理论上所勾勒的理想社会的具体形象化。但是，可以想象，这样一个社会之所以能够维持了几百年，其中一个最为关键的因素便是这里的人们内心清心寡欲、知足常乐。试想，如果有人私欲膨胀，不满足于自己的既得，内心产生狡诈的念头，便会打别人的主意。这样，"桃花源"内势必现出偷盗劫掠，恃强凌弱之事，也会出现凌驾于众人之上的强权势力。如此一来，这里便会出现一个政府维持其统治秩序，继而，人们便需要缴纳赋税，甚至接受统治者的盘剥乃至压迫。显然，"桃花源"也就和外面的世界一样了！其实，这里想要说的是，老子的理想社会，说到底还是要以个人的清心寡欲、知足常乐为前提。如果个人不能够做到简单快乐的生活，所谓的理想社会也就不可能存在。而反过来说，如果一个人内心能够保持一种快乐简单的思维，乐天知命，随遇而安，不强争强为，不耍弄机巧，即使在不那么美好的社会中也能够过得快乐充实。

简而言之，这番分析所要启示大家的便是，人生要学会简单快乐的生活。让我们来进一步分析一下当代人的生活，应该说，如今之世，因为人类文明的进步，国际相互制约的政治秩序，加上 20 世纪两次世界大战的血的教训，战争已经很少了，至少大规模的战争很难再打起来。同时，因为步入现代以来的几次工业革命乃至信息革命，人类的物质生活已经达到了前所未有的富足，甚至普通人都能享受到以前的达官贵人乃至帝王才能享受到的生活。应该说，老子所说的理想社会的前两个关键因素已经普遍地实现了，但是我们现代人快乐吗？答案显然是否定的，焦虑、困惑、空虚已经是现代人挥之不去的精神顽疾，在和平和物质丰富的年代，人们普遍并不感到快乐。原因何在？其实就在于人们内心失去了简单，不再纯朴自然，欲望总是在蠢蠢欲动，想攫取更多的物质财富，想获得好的名声。总是认为自己活得不如别人精彩。总想跟别人攀比一番，按照别人的标准来规划自己的生活。无孔不入的广告总是在不断刺激我们的神经，暗示我们要挣到更多的钱，去购买更多更好的商品，殊不知我们想要的东西已经远远超过了我们本来所需要的。我们时刻关注股票走势，为大盘的起落而喜悲，先不说赚钱赔钱还不一定，即使是赚了一点钱，我们为此增添了多少烦恼和焦虑，丧失了多少平静和快乐。况且这焦虑和烦躁本身还可能导致我们生病，说不定挣到的那点钱还不够我们因生病所花费的医药费呢。我们时刻将手机带在身上，一刻都不离开它，似乎随时都有多大的事情要发生似的，试问以前的人们连电话都没有该怎么过。实际上这根本都是不必要的，身上随时带着手机只能使我们随时被"打扰"，使我们时刻被定于这个繁杂的社会网络之中，使我们时刻处于复杂之中。

另一个方面，这也从侧面说明了已经失去了独处的能力和心境，害怕自己独处，渴望被人打扰。试想，如果我们能够在没必要时便不将手机带在身上，我们必将会多一些时间思考或回忆自己的往事，看一看路边的风景，天空的白云，总之多一份闲适和趣味。诸如此类，让我们就从这些具体的细节做起，找回我们简单快乐的人生！放眼世界全局，当我们今天回过头来去审视"小国寡民"思想的时候，不难发现其中的奥秘与合理性，"人性规律"统治的科学性、常见性、安全性。还应注意的是，老子所说的"国"与今天的"国家"概念，有很大区别，它是建立在分封制上的邦国体制，如俄国、美国等大国的联邦制，它们的各个州都保有相当大的独立性，因地发展。我们来谈谈"使民复结绳而用之"，这大概是老子试图使"历史倒退"最有说服力的证据了，这样简单的说法定义让很多人难以接受和认同。虽然老子的言论不可避免存在两个时代的差别和局限性，但毕竟他是举世公认的圣贤和天才。结绳记事的语言的确原始，但这种方法表达却有着语言和文字无法比拟的优点、优势；它就事论事，绝不传播虚假信息；也绝不会故弄玄虚。老子看到总结了充斥人世间的谎言，弄虚作假、夸大其词、恐吓威胁、争权夺利、强掳与征战，伪装与欺骗，希望我们找到一种真实可靠的信息和可信任的思想与传播方式，所以他选择"结绳记事"绝非希望复古或倒退，深层动因在于他希望人人都能说老实话，办老实事，做老实人，互相用最纯真、纯朴自然的方式来沟通。在 21 世纪的今天，互联网新时代，信息爆炸的速度越快，能说真话所占的比例就越小（为了私欲），对于返璞归真的"道"，现代人似乎正在渐行渐远。

　　老子的另一个论点是："老死不相往来。"如用直接的语言翻译这句话，意思就是人们从生到死互不来往。连我们的小孩都知道，亲戚朋友总要串门聊天的，至少娶媳妇、嫁闺女、繁殖后代，总要见面往来的。既然老子文讲的是"道"，我们不妨本着"道"的精神去思考。如果人与人之间互相需要，相互合作，又互不干涉，何须彼此走来走去呢？所谓"老死不相往来"，就是人类个体与群体高度自由，又高度统一的理想状态，近乎现在说的共产主义高度发达与高度文明的社会。现代人倒很乐于"互相往来到老死"的，但抛开利益圈和关系网的编织，往来之中的真实与自然人性的朴实又所剩多少呢？老子描绘了他的"理想王国"——"小国寡民。使有什伯之器而不用；使民重死而不远徙；使民复结绳而用之。甘其食，美其服，安其居，乐其俗。"这些都反映了我国古代原始社会自由自在的生活方式或场景。在那战火纷飞的春秋战国时代，广大民众都处于水深火热之中，对战争和尔虞我诈的厌倦自然而然地令他们梦想着回到返璞归真的年代。春秋时代的各国诸侯无不努力开拓自己的疆土，增加自己的人口财富，天下的争端因此而起，战争由此而生。老子厌倦了战争，于是他追根溯源，指出消除战争的根源及方法，停止开拓。舟车有利于交通，也带来危险；武器能够保证安全，也带来灾难；文字有利于交流，也造成纷争；技术进步，即使具有价值，却仍然可能造成贫穷、黑暗，以致邪念滋生，盗贼蜂起。不要总和他人比较，否则就会心理失衡、精神抑郁。真正的幸福和心灵的宁静分不开，就是老子所说的"甘其食，美其服，安其居，乐其俗"。在享受物质生活的同时，不远离内心的质朴和宁静。

　　"小国寡民"是老子的理想国模式。在这个国度里，地域不广，人口不多，但是人人富足，统治者清心寡欲，不轻易发动战争，也不干涉老百姓的各自生活。五代十国时期，李昪治下的南唐，就是对小国寡民的真实写照。李昪本是南吴主徐温的义子。顺义十年（927），徐温去世，李昪掌握了南吴政权的大小事务。十年之后，李昪篡夺南吴大权，即皇帝位，国号大唐，史称南唐。登上皇位后，广施仁政，爱护百姓，积极为广大民众谋福利。为了稳固自己的统治，实现国富民安，李昪制定了一套以老子思想体系为指导的基本国策来保境安民。在他看来，南唐的力量与中原政权的实力相差悬殊，不宜与之正面交锋，因此其与周边国家和睦相处，万不得已时才抵御外敌的攻击。李昪即位初期，江淮地区连年丰收，南唐积累了大量财富。这时，群臣都建议他趁北方混乱之机，迅速出兵北伐，光复原来唐朝的领土，李昪却说道："我自幼在军旅中长大，经常看到战乱给劳苦大众带来巨大灾难。现在能使百姓富足、安定，我已经心满意足了，还奢求什么呢？"在南唐的周边国家中，吴越民丰物阜，统治者很昏庸，然而李昪一直与之和平相处。有一年，吴越国发生了大火灾，宫室和府库都被烧光了，兵器铠甲也全部被烧毁。这时大臣们都建议李昪"趁火打劫"，一举灭掉吴越国。可是李昪非但不答应，反而派人到吴越去慰问，还送去大量救济物资。这样两国之间的关系比以前更好了。对于李昪不用兵的行为，很多大臣都表示不满，尤其是冯延巳，他甚至还当着李昪的面讽刺道："田舍翁怎么能成大事呢！"李昪听到后，却不生气，仍旧坚持自己的主张，一心一意地实行保境安民的政策。因为没有战争的巨大消耗与需求，百姓也得到好处，一是生活安定，二是赋税较轻。在创造了良好外部环境的同时，李昪也在处理内政方面多有建树。李昪勤于政务，尽量减轻百姓赋税。他还派使者到各地去调查记录各户农田的肥瘠情况，然后分出等级纳税，百姓们对这一举措十分称赞。自此之后，江淮一带调兵和征收赋役时，就以土地的肥瘠为标准，这就避免官吏从中剥削，大大减轻了百姓的负担。李昪治理南唐，之所以采取保境安民的政策，除了担心战争给百姓带来灾难外，还得益于他对当时形势的准确分析。当时朝臣宋齐丘和冯延巳都建议李昪消灭弱小的吴国和闽国，李昪就对他们说道："吴越的钱氏父子总是奉事中原政权，发兵攻打，只怕会召来中原的军队，到时我们很难占到便宜；闽国地势险要，土地贫瘠，即使发兵攻打取得胜利，恐怕也得花半年以上的工夫，这势必导致劳民伤财，而且当地人好作乱不好治理，因此不宜攻取。总之正如孟子说的那样：燕人攻打齐国，惊扰了四周的邻国；即便仅仅得到尺寸之地，也会为天下人所唾弃。我不想落这么个结果。"正是由于李昪实行了保境安民的政策，加上他无为而治，所以南唐才成为五代十国时期经济和文化最为发达的地方。李昪作为一国之君，对江淮一带经济的发展做出了重要贡献。

老子认为，寡民小国，没有强暴，没有欺诈，民风淳朴，生活恬淡。如果天下国民都过着这样和平宁静的生活，也就没有必要冒死远离家乡去外地谋生计了。本章讲治国之道，阐述了"小国寡民"的政治理念，目的是避免统治者对民众的压榨和盘剥，以及战争给民众带来的伤害。这种理想给我们以美好的启迪，令人向往，在这小社会天地里，社会秩序无须强制力量来维持，单凭人性纯良的本能就可相安无事。在这样的社会里，没有战乱的祸难，没有重赋的逼迫，没有暴戾的空气，没有凶悍的作风，民风淳朴、诚实、文明污染被隔绝，故而人们没有焦虑、不安的情绪，也没有恐惧、失落的感受。这种单纯质朴的人生，实是老子理想化的社会描绘。

第六十一章　柔之胜刚，欲歙固张

原文：

天下莫柔弱于水，而攻坚强者莫之能胜，以其无以易之。弱之胜强，柔之胜刚，天下莫不知，莫能行。是以圣人云："受国之垢，是谓社稷主；受国不祥，是为天下王。"正言若反。

将欲歙之，必固张之；将欲弱之，必固强之；将欲废之，必固兴之；将欲取之，必固与之。是谓微明，柔弱胜刚强。鱼不可脱于渊，国之利器不可以示人。

译文：

天下的任何东西没有比水更柔弱的。水在方为方，在圆为圆。染红则红，染蓝则蓝，去高就下，顺其自然。可谓柔弱之至，然而攻克冲击坚强的力量没有什么东西能胜过水。水斩关夺道，决堤冲坝，穿石毁物，无坚不摧，无所不至。水这种性能没有任何东西能代替它。水至柔性弱，却可战胜任何坚固而强大的东西。然而天下的人莫不知"柔弱"的妙用，很少有人以此修身、治国、行万事。弱能制强、柔能克刚。天下没有人不懂这个道理，却很少有人去实行。"垢"是屈辱。"不祥"是灾患。因此，有道之人说："能承担起国家的屈辱，才配做国家的君主；能承担起全国的灾患才有资格做天下的君王。"这好像是在说反话，是在胡说八道、颠倒黑白。其实，这才是符合实际的至理名言，是颠扑不破的真理。老子是以水为例，论述弱能胜强之理。

"歙"是合拢、收缩，"歙"当收敛、封闭讲。"张"放开、放大，作敞开讲。如果将要收缩合拢，则首先要张开放大。"弱"当卑贱、懦弱讲。"强"是旺盛、壮大之意。如果将要削弱它，必须暂时壮大它。"废"是破烂、抛弃意。"兴"是发达、繁茂之意。如果要废弃它，必须暂时兴举它。"夺"是掠取之意。"与"是赠给之意。如果想要夺取它，必须在开始先给予它。事物如此之变化，它并非有意造作以及人为的诈术，而是天地运化过程中有升沉变迁。万物兴亡，成毁起伏，盛衰离合，是自然规律而已。大自然的阴阳运度、阴极生阳、阳极生阴、阴阳更替、周而复始地向反方向发展。那么大自然中的事物仍然遵循这一运动法则，盛极必衰，衰极必胜；合久必分，分久必合。既然如此，我们为人处世在茫茫人海之中，我们还需要以此理在反方向观察一个人。"微"是细小、暗昧。"明"是显著之意。"微明"是自然之道在事物中的微妙、玄机。事物向反方向发展，在冥冥之中运动，使我们不知不觉，但最后的后果是很明显的，因此说"是谓微明"。柔弱中隐含着潜在的刚强，这叫作深沉的预见，柔弱能够战胜刚强之理。体悟事物向反方向发展的智慧，此为处身治国之"利器"。权势禁令、国家赏罚权谋不能随便向众人炫耀，此智慧内敛不可炫耀，彰示于人，这种情理犹如鱼在水中，离水即死之理。若将此"利器"彰示于天下，横暴愚顽的小人得之，必徇私舞弊，相诈逞狂，贬正败贤。这不仅祸国殃民，戕害民众，而且会因此身败名裂。

体悟：

水是老子所推崇的一个近乎完全符合于"道"的行为典范。对于水来说，似乎一切都可以轻易地对其产生影响，但是却又没有什么可以真正地影响其本性，故而一切祸患都不可能加诸其身。水之所以为水，正是以其善于因地、因时、因物变化而变化的特质保证了其品性的永恒。老子说"上善若水"，孔子说"智者乐水"。它在流动的时候，忽高忽低遵循着一个原则随势而行；声势浩荡、永不停息、永不枯竭、滴水穿石，广阔的含蓄就像"道"；流向万丈深谷时，不以低微为耻，从容落下；在平川时意态安详，含而不露；盛满了，就自动溢出流走，不去争夺高下之分；老子所强调的依旧是"弱之胜强，柔之胜刚"的观点，并又一次以水为例，向人们讲述"守柔处弱"的智慧。对此，我们都相当熟悉了，因为在前面的章节里我们已经不止一次地探讨过"守柔处弱"的智慧，这里我们不再重复了。老子的另一句并非其论述重点的话倒是值得我们探讨一番，那便是"天下莫不知，莫能行"，在逻辑上，这句话只是对世人的一种无奈的慨叹，认为人们虽然都明白"弱之胜强，柔之胜刚"的道理，但具体到现实生活中，却都不愿意"守柔处弱"，往往为了一时痛快而争强好胜、自我张扬。这句话说出了另一个普遍的真理，那便是"知易行难"，即懂得道理是容易的，而要具体去做却很难的。

关于以上这一点，下面这个故事便是形象的注解：唐朝诗人白居易年轻时接触佛教后，觉得很好，决心去学佛。他听说鸟窠禅师的佛法高深，便专程前去拜访。见到鸟窠禅师后，白居易诚恳地问道："我刚接触佛学，您能不能先总括性地告诉我一下佛法的大意？"鸟窠禅师于是便淡淡地道："诸恶莫作，众善奉行。"白居易一听大笑起来，然后不以为然地说道："这个连三岁小孩都知道！"鸟巢禅师平静地说道："虽然三岁的小孩也说得出，但八十的老翁未必能够做到。"白居易一听，顿时服膺，便施礼退下了。这个故事典型地说明了"知易行难"的道理，的确是如此，要知道一个道理往往是容易的，关键在于能不能落实在行动中。事实上，不仅老子如此说，《尚书》中同样有言："非知之艰，行之惟艰。"几乎所有的道理都是如此。随便举例，我们知道，有句话叫"寸金难买寸光阴"，是告诫大家要珍惜时间，这个道理可以说人人都随口背得出来，但是具体到日常生活中去，有多少人真正去珍惜时间呢？还有句话叫"少年不努力，老大徒伤悲"，念过两天书的人无不知晓并认可，但是又有多少人因此在年轻时就发奋努力了呢？另有，"骄傲使人落后，谦虚使人进步"，也是众所周知的格言，想必也没人有异议。但是，人们一旦取得一点成功，仍旧能够保持谦虚的人是非常稀有的。因此，历来取得大成就的人总是非常少的，而平庸者则永远是多数。总之，各种各样的道理被人们反复讲，讲透了也讲滥了，但是，能有几个人能将其落实到自己的行动中！古往今来，那些能够取得成就的人，并不是因为他们懂得多，而是因为他们积极地行动。让我们来看下面这个故事：一天，古希腊大哲学家苏格拉底在上课结束时，宣布要给大家布置一个课后作业。他笑呵呵地说："我的作业是这样的，要你们将手臂先尽量向前甩，然后再尽量向后甩。"说完苏格拉底向学生们做了示范。学生们看了以后，都嘻嘻哈哈地笑起来，觉得这太容易了，怀疑老师是在和他们开玩笑。但是，苏格拉底接着说道："从今日开始，每个人每天都要这样将手臂甩动300下，大家能够做到吗？"学生们不知道老师葫芦里卖的什么药，异口同声地回答说："能！"一个月过去了，苏格拉底把学生召集到一起，严肃地问："上次规定的每天甩动手臂300下的事，谁做到了呢？"90%的学生举起了手臂。两个月过去了，苏格拉底再次询问甩手臂的情况，这时举手回答的只有80%的学生了。转眼间，一年时间过去了，苏格拉底又向学生们问道："同学们，每天甩动300下手臂的事，你们谁一直坚持在做呢？"这时，众多的学生，你看着我，我看着你，都没有说话，整个大厅里只有一个人举起了手臂。这个人就是大哲学家柏拉图。从这个故事中，我们便可以窥见柏拉图取得了不起成就的关键是他了不起的行动力和持之以恒的毅力。进一步而言，古往今来的成功者都是如此，正是因为他们能够积极行动并能坚守如初，才使他们最终获得了常人所不能获得的成就。现在成功学研究表明，一个人要想获得成功，行动力比思考力更为关键。所有的成功者都不可能事先将计划制订得完美无缺才去付诸行动，恰恰相反，他们总是先付诸行动，然后克服过程中的困难，最终抵达成功。

　　一个人之所以一事无成，不一定是这个人不够聪明，能力不够强，多半是因为太"聪明了"，将困难提前都预见到了，结果不敢行动。观察现实，也可以发现一个有趣的现象，即取得成功的往往并非那些最聪明、学历高的人，而是那些敢于去做事，意志坚定、目标清晰的人，如果了解一下我们周围的那些民营企业家，你就会发现这些人往往不是学历最高的那部分人，高学历的人往往在为他们打工。这看似奇怪，其实并不奇怪，下面这个故事便能做出解释：20世纪80年代，一位智商颇高且毕业于名校的青年，毕业后决心"下海"。有朋友告诉他炒股票能发大财，他便决定炒股，但在开户时，他犹豫了："炒股有很大的风险啊，先等等看吧。"又有朋友建议他到夜校兼职讲课，他觉得也很不错，但要上课时，他又犹豫道："讲一堂课才20块钱，前途不算大啊。"就这样，两三年过去了，他一直也没有下海去创业，所以一事无成。这天，他路过乡间，看到一片苹果园。看到这些在阳光下闪闪发亮的苹果，他由衷地感叹道："上帝赐给了这个主人一块多么肥沃的土地啊！"正在锄草的主人一听，回答道："那你就来看看上帝是怎样在这里耕耘的吧。"总之，无论做什么事，成功的起点是计划，但成功的关键却是执行计划。曾听一位游泳教练谈及教学，称教一个人游泳，别的都不重要，唯一重要的便是先让他下水，这正形象地给行动力做了一个注解，行动力，就是先"下水"再说。

另外，在涉及一个集体的时候，人们往往将行动称作执行力，即一个团队战略意图贯彻实施的能力。关于此，日本软银集团总裁孙正义曾说过这样一句话："三流的点子加一流的执行力，永远比一流的点子加三流的执行力要好。"以此强调执行力的重要性。其实通俗点说，执行力即是无条件服从的能力。关于执行力的一个经典的范例便是美国西点军校的士兵对军官问话的回答。其校训规定，士兵在回答军官的问题时，只能从四个选项中选择其一，分别是：1.报告长官，是！2.报告长官，不是！3.报告长官，不知道！4.报告长官，没有任何借口！这种规定看似苛刻，却大有深意，其目的是培养西点每一个学员强大的执行能力，以使他们从意识深处养成不去寻找任何借口，全力以赴执行任务的习惯。只有集体的战略意图具体落实到每个个体的行动上，整个集体才会有效地运转，并最终实现战略目标。近年来执行力在企业中越来越受到重视，大部分公司都专门设立了执行总监，执行总经理，执行总裁等职务，社会上新出现的许多专门的执行力培训机构也说明了这一点。

水善于净化万物，但把水的这种善于自居下位、卑微谦和的性格融入自身生命之中，并加以运用就不是一般人所能做到的了。柔能克刚，是自然界的一条法理。但是，这一条自然法则放到人世间，却总是不被众人所看好。现实社会，到处都是争强好胜的例子，人人喜欢自作聪明，并显露自己刚强优势的一面，这并不符合天地的处世之道。"受国之垢，是谓社稷主；受国不祥，是为天下王。"所以圣人说，作为社稷的主人，要想成就功业，就要担负民众的痛苦，承担全部的责任。如果能做到"受国不祥"，担起全国的灾祸，那就是天下之王了。老子所说的柔弱，是柔中带刚，弱中有强，有韧性，有原则。所以对于"柔弱似水"的理解，不能停在字面上，应有所深入地体会句意。老子认为，天下没有什么比水更柔弱，但正是它的柔弱，才胜过了一切坚强之物，恒定而永不更改。老子认为，为政者就应该像水一样，甘愿处于卑下柔弱的位置，对国家实行"无为而治"。这种卑下柔弱的品德从表面看起来，好像处于被动和劣势，却往往占据主动，处于优势。因此作为君王也应像水一样，承担国家的一切屈辱和灾难，好像地位最低，却可以永远保持统领地位。一般来说，统治者都高高在上，但老子却认为，真正的君王，应该能够承受天下的屈辱和灾祸。这就如同他所提及的"百谷王"，甘居百川下流，以其柔弱的品性谦和地容纳一切，做到扰之而不浑，澄之而不清。他的这一说法打破了一切常规，不能用已有的观念去揣度，然而这也是"道"的所在。水看似柔弱，但滴水可以穿石，洪水可以决堤。君主应该像水那样，承担一切屈辱，似乎地位低下，实能保持在上。老子通过观察自然现象，总结出事物之间的对立关系，相反相成地实行柔道，也就是无为而治原则。"大成若缺""大盈若冲""大巧若拙""明道若昧""上德若谷""大象无形"等，都是对这一原则的具体表述，充分体现了老子的朴素辩证法思想，也就是对立统一规律。

在中国历史上，有许多以柔道处世、以柔道治国的成功事例，这些事例早就证明了柔道比刚道更富有优势。东汉光武帝刘秀，从始至终贯彻柔道的原则，他不仅在为人处世上以柔为主，在政治、军事诸多方面也都体现出这种精神，他把老子的无为而治（柔道）发挥到了一个很高的境界。刘秀二十八岁时，与兄长一起聚众起义，反抗王莽的统治，并加入绿林军中。王莽得知后，特命大司空王邑、大司徒王寻前去围剿。面对强大的敌人，刘秀决定避敌主力，放弃阳关，率领部属退到了昆阳，取得昆阳大捷。昆阳大战后，刘秀、刘縯兄弟的威名日盛，这就引起了绿林军中一群义军将领的嫉妒，他们向汉朝宗室，更始帝刘玄进谗言，说倘若刘縯不除，终究会成为大患。刘玄听后，果然杀死了刘縯。当时，刘秀正在父城，他听到兄长被杀的消息，十分伤心，痛哭了一场，然后立即动身前往宛城，他见了刘玄，没有再问刘玄，只讲自己犯下的"过失"。刘玄想试探刘秀是否出于真心，于是谈起了昆阳之战的胜利，并说刘秀立下了大功。刘秀心里明白刘玄的意图，一点也不自夸自傲，而是把功劳归于诸将，刘玄心里非常满意。回到住处，刘秀逢人便主动示好，绝口不提哥哥被杀之事。他不穿孝服，如往常一样吃饭，与平时并无两样，毫无异常。刘玄见到这种情况，反觉得自己有些对不住刘秀，从此更加信任他，并任命他为破虏大将军，还封他为武信侯。其实刘秀一直忍着兄长被杀之痛，数年以后，他想起这件事，还经常流泪叹息。但是他心里很明白，自己当时还没有能力与平林、新市两股起义军抗衡，所以只好隐忍不发。这样刘秀既保全了自己，使自己免受灾祸，同时又在起义军中赢得了同情和信赖，为他日后创建大业创造了基础条件。刘玄进入洛阳之后，打算派遣一位亲近且有能力的僚属去安抚河北一带，刘秀知道这是一个发展自己势力的大好机会，就托人在刘玄面前推荐自己。刘玄同意了刘秀的请求，便任命他为大司马，并命他立即动身前往河北。刘秀来到河北后，每到一个地方，一定要接见当地的官吏，废除王莽时期的苛政，恢复汉朝的制度，并释放狱中在押的囚犯，还去慰问饥民。刘秀的所作所为均顺应了民心，所以官民都很喜悦。

刘秀刚到河北的时候，兵少将寡，地方上的官吏很轻视他，没有多少人听从他的命令。但刘秀能够广募人才，收揽了如邓禹、冯异、寇恂、姚期、耿纯等一批贤能之士，他利用这些贤能之士招兵买马，很快壮大了自己的力量。刘秀又联合信都、上谷、渔阳等地的官僚集团，取得他们的支持，这样在河北立稳了脚跟。刘秀在经营河北期间，以德服人，以怀柔无为而治，民心都归向了他，统治也较为稳定。刘秀之所以施行"怀柔"之治的政策，是因为他懂得"柔能制刚，弱能制强"之理。即使在治军的时候，他也以宽柔的"德政"去收揽军心，很少像其他人那样，以刑杀立威。这一点在收编铜马义军时表现得最为突出。当时，刘秀招降了铜马义军，并封这支义军的主帅为列侯，但是刘秀的部将担心义军不听指挥，认为他们不是真心实意地归顺刘秀。而铜马义军的将士心也十分不安，他们害怕得不到汉军的信任而被杀害。在这种情况下，刘秀为安抚军心，就下令汉军各自归营，自己则一个人骑马来到铜马义军营房，帮助他们一起操练军队。铜马义军的将士看到这种情况，纷纷议论说："肖王（刘秀）如此推心置腹地相信我们，我们怎能不为他效命呢？"待到操练完毕，刘秀才把义军的将士分配到各军营之中。铜马义军对刘秀的做法十分感激，都亲切地称他为"铜马帝"。25年，刘秀的势力已经十分强大，又有同窗好友自关中捧赤伏符前来求见，建议刘秀称帝，以兴复汉室，并说刘秀称帝是"上天之命"。刘秀再三推辞，汉军诸将都认为这是众望所归，所以一再请求刘秀称帝。终于，刘秀答应了众将的请求，正式称帝，定年号为建武，称帝之后，刘秀就开始进行统一全国的战争，而他的主要敌人是推翻新莽的义军。此时刘秀仍旧坚定地贯彻以柔道之策的思想平定天下，这对他迅速消灭敌对势力、安抚民众、治理太平盛世起到了非常关键的作用。

最后这段主要讲了事物的两面性和矛盾相互转化的辩证关系。在事物的发展过程中，当到达一个极端或顶峰时，就会向它的相反方向发展。这一段前八句是老子对于事物发展具体表现的分析，它贯穿了老子所谓的"物极必反"的辩证法思想。他用歙与张、弱与强、废与兴、夺取与给予这四个矛盾的对立统一体来论述其主张。老子选择居于柔弱的事物能够驾驭刚强的事物。张开往往是闭合的一种征兆或者说前期动作，事物总是处于不断对立转化的状态中，当事物发展到某一个极限，必然会向相反的方向转化。譬如月圆的时候，便意味着即将月亏，月亮圆满便是月亮亏缺的征兆。人们常说："冬天来了，春天还会远吗？"冬天就是春天的征兆。这句话也被后世引申扩展为计策权谋之道。世事常常处在因果循环之中，强大之时，正是走向衰亡的开始。人生也是如此，需要时时注意。忘记了自己所处的位置，必然会蒙蔽灵魂，走向失败。从微弱、渺小的地方，能看出大道理，就是从微而明。他认为柔弱的东西极富柔韧性，它生命力旺盛，所以能够长久。通过对自然万物以及人情世故的深入观察，在柔弱与刚强的对立之中，老子断然提出了"柔弱胜刚强"的道理。内敛的事物往往富有韧性，生命力旺盛发展的空间也较大。相反，表面刚强的事物，因为过于张扬外露，往往失去发展的前景，因而不能持久。

水是鱼生存的根本所在，鱼离开水就不能生存。治国者应该顺应这一自然之"道"，不可以用利器、强权来威吓民众，否则便要自招祸害，国破家亡。"国之利器"指严刑峻法。王弼说："示人者，任刑也。"统治者用严刑峻法来惩罚民众，就是利器示人，是"刚强"的表现。老子认为这种逞强是不会长久的，因此他说"柔弱胜刚强"。做事要小心谨慎，懂得前因后果，主张统治者采用"无为"，以柔和宁静来治理国家天下。事物通常包含着对立统一的两个方面，根据物极必反的道理，这两个对立面在一定条件下互相转化。无论是做人还是做事及治国，老子都主张"知强守弱"，永远使自己处于一个低调和弱势的位置，这样就能够伸缩自如，为自己赢得更大的生存与发展空间。老子不厌其烦地列举了很多做事的策略，其目的是阐明相反相成的道理。在老子看来，万事万物都是相反相成的。太极图对此有最为鲜明的体现：阴与阳共同构成了一个整体，而又你中有我，我中有你，既相互区分，又相互包含；既相互对立，又相互转化。老子对这样的道理有着充分深刻的认识，所以才提出了上述的种种"将欲反之，必固正之"的处事手段。而这种相反相成的思想原理在人类生活中的很多方面都得到了具体的应用，三十六计中的"欲擒故纵"就是由此而来。在古代典籍的分类上，许多人把老子列入兵家甚至是阴谋家之列。之所以如此，主要是因为老子思想里存在不少这样看上去像阴谋诡计之类的观点。许多军事家、政治家乃至经商的人，都从中得到启迪，把欲取先予的思想运用到战场上、政治斗争以及商业经营之中，并由此创造了欲擒故纵、声东击西、以退为进、以守为攻、置之死地而后生、以屈求伸等诸多谋略性、方法性斗争技巧。但是，这样理解老子，多半是对老子的误解。作为一个

第六十一章 柔之胜刚，欲歙固张

目光深远、智慧卓异的大哲学家，老子更多的是想向人类阐述大道，解读自然、社会、政治统治及人生的基本规律，至于这些阴谋诡计，应当不在他的考量范围内。

至于人人从他的大道思想里引申出来的道术以及谋略，那只是后人的理解而已，许多并非老子的本意。我们都知道，文学界有一名言，叫作"有一千个读者，就有一千个哈姆雷特"，这就是读者见仁见智的问题，读者从文本中悟出来的东西，有时已经远远偏离了作者的意图。把老子视为兵家或阴谋家，正是这个缘故。综观《老子》全书，我们会发现，老子非常喜欢从反面看问题。究其本意，不过是要阐述他一如既往的观点，也就是告诫我们，要保持柔弱，知雄守雌、退让谦卑收敛无为的状态；不要强行作为，肆意扩张，过于强势，巧取豪夺。在这里，老子强调的是，深入理解大道，秉持大道的德行，最终会获得胜利，并能战胜那些表面上看上去扩张的、强大的、兴盛的、争夺的势力。至于后人把他的这番言论，奉为韬略兵法，那是后人的理解，其实与老子本意干系不大。不过，自然与社会中的许多现象证明老子的观点确实是正确的。比如，大自然中，水最柔弱，但是水滴穿石，坚硬的石头挡不住水滴的力量；在植物世界里，草很软弱，在狂风过后，许多高大树木干断枝折，而野草则安然无恙；在人类社会中，政治权力、军事力量是最为强势暴烈的力量，宗教与思想则是无形的存在，但是拥有强大军政势力的国家、组织或集团，能持续几百年已经很了不起了，而宗教和思想却能轻易穿越数千年的历史，经久不衰，并能代代传承。历史上，强大好战的波斯王朝被弱小的希腊击败，骄横不可一世的罗马帝国被散沙般的蛮族淹没，无不印证了老子的观点，柔弱胜刚强。正因如此，许多人才把老子的思想往军政斗争领域落实，以求得竞争的胜利。

因为老子揭示的是规律性的东西，把它落实到实践中，往往能收到令人满意的效果，历史上把老子的思想引入斗争并获得胜利的事例屡见不鲜。比如，西晋末年，石勒对王浚的擒杀，使用的就是欲擒故纵之计。当时，幽州刺史王浚图谋篡逆，而石勒也同样心怀不轨，为了进一步扩张自己的势力，就想趁机除掉王浚。但是王浚的势力很强，石勒若强行攻取，恐怕一时难以得胜。于是，石勒就派遣王子春向王浚进献了大批财宝，并且扬言有意尊王浚为天子。石勒的假意逢迎，使得王浚忘乎所以，以为自己真的没有敌手，天下完全运转在他的手掌心里，从此就开始放纵起来，对石勒更是毫不戒备。而石勒则趁幽州发生水灾之际兴兵讨伐，被蒙蔽的王浚还以为石勒是来拥戴他称帝的，没有进行任何作战的准备，结果被杀了个措手不及。其实，不仅在中国使用此计的战例比比皆是，在国外，这一计策也被应用得十分娴熟。第二次世界大战中，希特勒先与斯大林签订了《苏德互不侵犯条约》，与苏联相互勾结，秘密商议苏德两国共同瓜分波兰领土。而后希特勒却悄悄撕毁协议，悍然出兵东进，使得仓促应战的苏联在战争之初遭受了极为惨重的损失，甚至首都莫斯科都险些被德军攻占。

老子着重批判了自满、炫耀和逞强的行为，统治者若有这种行为，则必将导致败亡。老子多次以辩证法来论述"知其雄，守其雌"和"曲则全"的重要意义及道理，深入分析了"柔弱胜刚强"的重要意义。歙与张、弱和强、废与兴、夺和予，这些看似对立的关系，其实又存在着密切的因果联系。在失去之前，必定要先拥有，不拥有就谈不上失去之理。人们常说的"希望越大失望就越大"和"置之死地而后生"，说的就是这个道理。老子正是通过观察别人看不到的微小之处，"见微知著"，发现别人不愿意承认其存在的道理；从收敛与扩张、削弱与增强、废弃与兴举、夺取与给予的辩证关系，指出了"物极必反"、弱能胜强之道理。又讲述了鱼不能离开水，治国之策利器不能随便示众人知道之理。本段由自然事物阐发统治谋略，重点讲述治国之道，说明事物的两重性和矛盾双方互相转变的辩证关系。"物极必反""盛极而衰"是自然界运动变化的自然规律，以此告诫人们特别是统治者要有所警觉。任何事物的发展都会走到某个极限，此时，它必然会向相反的方向变化。

老子以水为例，说明柔能克刚的道理。屋檐下点点滴滴的雨水，由于它的坚定性、持续性、经过长年累月可以把一块巨石穿破；洪水泛滥时，冲毁桥梁，任何坚固的东西都抵挡不了，所以老子说柔弱是胜过刚强的。由此可知，老子的"柔弱"，并不是通常所说的软弱无力的意思，而是其中含有无比坚忍不拔的性格。以水来说明柔弱的作用。水性趋下居卑，老子又阐扬卑下屈辱的观念，卑下屈辱乃"不争"的思想引申出来的，而"不争"思想即是针对占有欲而提出的。将欲歙之，必固张之，即是说在事物发展的过程中，张开来是闭合的一种征兆。老子认为事物处于不断对立转化的状态，当事物发展到某个极限的时候，它必然会向相反的方向运转，好比花盛开的时候，它就要萎谢了（花朵盛开是即将萎谢的征兆）。月亮圆满的时候，它就要亏缺了（月亮圆满是即将亏缺的征兆）。这是老子对于事态发展的一个分析，亦即是道家"物极必反""势强必弱"观念的一种说明。不幸的是这段文字普遍被误解为含有阴谋的思想，而韩非是造成曲解的第一个大罪人，后来的注释家也很少能把这段话解释得清楚。

第六十二章　莫能与之争

原文：

江海之所以能为百谷王者，以其善下之，故能为百谷王。是以欲上民，必以言下之；欲先民，必以身后之。是以圣人处上而民不重，处前而民不害。是以天下乐推而不厌。以其不争，故天下莫能与之争。

译文：

最低处，百川皆归，自然而然，江河湖海之所以能为百谷之王，是因为它居于最下游、最低处。同样的道理，圣人要想统领民众，必须心口一致，言辞行为上表示谦卑，应谦虚处下。能在人上者，是因为他的谦恭自卑、虚心接物，想要成为民众的表率，必须把自身的利益放在民众之后。正因为圣人懂得这些道理，君王圣人居于上，而老百姓不感到负担繁重，圣人居于前，而老百姓不感到有所妨害。所以天下百姓乐于拥戴，永不会厌恶和抛弃。因为他处于下自然而然，而非有意去争，所以天下没有人能和他争。

体悟：

老子论述"无为而治"的政治思想，"不尚贤，使民不争"是"无为"思想中的主题内容。老子认为，春秋时期礼崩乐坏，社会道德沦丧，完全由于人的争权夺利、贪欲之心。如果人都能遵循"大道"的精神，做到无欲无求，那么"万物将自宾""万民将自化"。不过，儒家所提倡的"礼"恰恰是老子所不屑的、不可认知的，被老子认为是争斗的根源之一。其实孔子与老子都反对战争，这种"和为贵"的生存观念根植于我们中华民族的心灵深处，因此，我们常说："忍一时风平浪静，退一步海阔天空。""道"始终效法自然，甘愿"为天下式，为天下溪，为天下谷"。不处下，何以居上？因此江河湖海成为百川之王就得益于其虚怀若谷的平常心态。老子文中多次以"海"来形容个人学问、道德上的修养，希望人们能够像海洋一样包容一切。本章老子再次强调了"处下"的智慧。我们在前面的章节中已经知道，"处下""无为""不争""守柔"

天道：体悟老子

等思想都是老子反复强调的重要观点。在本章节中老子进一步说明了"处下"所带来的效果，那就是"处下"能够使自己居于万民之上；进一步延伸，把自己的利益放在所有人的后面，自己则可以成为万民之先。

同时，"天下莫能与之争"。事实上，老子所说的这个断言也是得到了事实证明的。孔子，是一个十分谦卑的人。他本人学富五车，广收天下门徒，其中既有颜渊、曾点、子游、子夏这样的大学问家，也有冉有、子路这样的达官贵人，更有子贡这样的外交家和商人。应该说，孔子本人虽然在仕途上一直不得志，但他自身的价值在当时已经被间接体现出来了。虽然他完全可以表现得张扬一些，但他非但没有一丝一毫的张扬，反而始终表现得比任何人都谦虚，甚至说出"三人行，必有我师焉"这样谦卑的话，他认为三个人中间，便必有一个可以作为自己的老师。关于这一点，恐怕连一个普通人都不太服气，认为别说是三个人，就是三十个人，也未必有我的老师吧。但是孔子却是如此认为的；并且，他不仅是说给大家听的，在现实中也是这么做的。虽然许多人都千里迢迢地来向孔子求教学问，但他自己还经常不远千里去拜访有名望的人，请教问题。据说有一次，他竟然向一个小孩子请教问题，学生们觉得不解并感到不好意思。孔子却说："不懂就问，这有什么耻辱的呢？"可见他是发自内心的谦卑。他本来自甘处于所有人之下，结果后世所有人都将其摆放在高高的位置上顶礼膜拜，就连帝王在他的塑像前也得行三跪九拜之大礼，丝毫不敢怠慢。这正如老子所说的"圣人欲上民，必以言下之"。另一方面，孔子之所以受到人们崇拜，不仅是因为谦虚，还因为他为了百姓不受战乱之苦，不畏艰难、百折不挠地奔波于各国之间，为推行仁政而努力。这可以说是将自己的利益放在了天下人的后面，正因如此，后世人将他放在了所有人的前面，这则体现了"欲先民，必以身后之"。

不仅中国的圣人如此，西方的圣人也同样如此，苏格拉底便是例子。苏格拉底是西方著名的思想家、哲学家，被认为西方哲学的奠基者，和柏拉图及亚里士多德并称为"古希腊三贤"。但是苏格拉底本人却非常谦卑。凯勒丰是苏格拉底的老朋友。有一天，他特意跑到特尔斐神庙，向神请教一个问题：世上到底还有谁比苏格拉底更聪明？神谕显示：没有谁比苏格拉底更聪明。凯勒丰于是很高兴地告诉苏格拉底这件事，可是他从苏格拉底脸上看到的不是欣喜若狂，而是茫然和不安。苏格拉底不认为他是最聪明、最有智慧的人。于是，一向爱好用事实来求证的苏格拉底决定寻找一位智慧、声望超过他的人，来推翻神的定论。他首先找到一位政治家，这位政治家一向自以为知识渊博，便和苏格拉底侃侃而谈。交谈之下，苏格拉底看清了政治家自以为是而其实无知的面孔。他想，这个人虽然不知道善与美，却自以为无所不知。而我却认识到自

494

己的无知，看来我似乎比他聪明一点。苏格拉底又找到一位诗人，发现诗人出于天赋，的确能够吟出优美的诗句，但同时他发现这位诗人却因此目空一切。苏格拉底觉得这个人只看到自己的才能，却看不到自己的无知，并不比自己聪明。接下来，苏格拉底又向一位技巧纯熟、远近闻名的工匠讨教，想不到工匠自恃名声在外，得到人们的赞扬，便像诗人一样狂妄，这种狂妄同样湮没了他的智慧。到最后，失望而归的苏格拉底最终悟出了神谕：神之所以说自己最聪明，不是因为自己脑袋比别人聪明，知道得比别人多，而仅仅是因为他知道自己的无知。

总而言之，古今中外那些受到人们尊崇，被人们摆放在高位并顶礼膜拜的圣人，恰恰是将自己放在低于所有人的位置上，将自己的利益放在所有人的后面。不过，我们虽然达不到圣人那样的境界，但是至少可以借此得知言行的标准应该是谦卑而不张扬，考虑自己利益的时候也该想一想其他人。虽然姿态放不到最低，但至少知道了我们的姿态应该尽量放低。而不要因为自恃有钱有权或者有才而飞扬跋扈，那样只会使我们在别人眼中成为愚蠢而自大的人，得不到别人的尊重和信赖。总之，一个人如果总想将自己摆在高位，结果反而不被大家认同；一个人总考虑自己的利益，结果会失去人心。而恰恰是降低自我社会地位，甚至不惜故意卖个破绽逗大家一笑，反而能得到大家由衷的敬意和拥护。其实，自甘处下不仅仅是一种良好的品德，也是一种博大的胸怀和发自内心的自信。只有拥有博大胸怀的人目光才更长远，而不受世俗眼光的影响，勇于以自己的价值观念来决定自己的行为；只有具有自信的人不担心自己因为一时的处下而遭到别人的轻视，从而置自身于下的位置。相反，那些时时惦记着要使自己高高在上的人则是心胸狭窄和自卑之人。因为心胸狭窄，所以生命没有格局，也就只能看到一时一地的得失，从而斤斤计较于此，而看不到一时一地之外更为高远的地方；因为自卑，所以才时时不敢使自己的言行背离众人的眼光，生怕自己一不小心便被人瞧不起了。

作为统治者，只有亲近民众，了解民情，体察民间的疾苦，为百姓排忧解难，才能受到百姓的爱戴，得到百姓的拥护。老子的民本思想为历朝历代所推崇，是国家繁荣稳定的法宝。唐太宗李世民谦下退让、体恤民情，正是他爱民如子，才深受后人的尊崇。隋朝末年，隋炀帝奢侈腐化、残暴无道，天下百姓纷纷起来反抗，终于导致隋朝的灭亡。唐朝建立之后，鉴于隋亡的历史教训，统治者一直比较注重爱护百姓。唐太宗李世民继位后，经常说一句话："君者舟也，庶人者水也，水则载舟，亦能覆舟。"意思是说百姓既能拥护朝廷，也能颠覆朝廷，所以要十分重视百姓的力量。贞观元年（627），益州大都督窦轨上奏朝廷，说居住在山林里的獠人造反，请求朝廷派兵讨伐。

唐太宗听了以后，不以为然地说到：獠人居住在山林之中，并以山林为险阻，他们就像老鼠一样，时不时地跑出来盗窃，这已经成为他们的风俗了，身为地方官员，如果能够以恩惠和信任来安抚他们，他们自然就会归顺朝廷，哪里还用得着派兵讨伐呢？如果朝廷官员把老百姓当作渔猎的对象，那么朝廷就会被认为是禽兽，还怎么谈得上为民父母呢？唐太宗终究没有答应窦轨的用兵请求。唐太宗经常与大臣讨论百姓与治国的关系。唐太宗对侍从大臣说："为君之道，必须先存百姓，如果损害百姓以奉养其身，争名争利，就像割下大腿上的肉来填饱肚子一样，虽然肚子饱了，但是自己却因失血过多而死了。因此，如果想安定天下，必须先修养身心。"在这里，唐太宗强调，先存百姓是为君的第一要务，若不顾百姓死活而先使自己的团队安逸，国家可能很富裕，君王藏有金山、官员有银库，但是供养官僚的百姓却已经不堪忍受了。正是因为唐太宗心里有着"存百姓"的理念，所以他在位期间极力安抚百姓。唐太宗认为，天下历经战乱之后，就应让百姓休养生息。唐太宗说："治国与养病一样。病人感觉到病情好转时，就要好好地保养，如果不能保养好，就会殒命。治国也是同样的道理。现在天下刚刚安定，君臣应当兢兢业业、谨慎行事，如果骄奢淫逸，国家就会败亡。"为此，唐太宗一再向群臣表示要实行轻徭薄赋、劝课农桑等措施，以实行清静无为抚民的方针。贞观元年（627），山东发生大旱，唐太宗下令免去该地全年租赋。不久，关内也发生大旱，蝗虫四起。唐太宗走进村庄察看粮田的损失情况，看到蝗虫在禾苗上面，就捉了几只蝗虫，然后振振有词道："百姓把粮食当作身家性命，而你却吃了它，这是害了百姓。百姓有罪，那些罪过全部在我身上，你如果真有灵性的话，你就吃我的心吧，不要再降罪给百姓了。"唐太宗就要把蝗虫吞下去，周围的人忙劝道："皇上不能吃啊，恐怕吃了要生病的！"唐太宗说道："我正希望它把百姓的灾难转移给我一个人，为什么要逃避疾病呢？"说完马上就把蝗虫吞到肚里去了。面对灾害，老百姓经常有卖儿卖女买粮的，唐太宗命令国库拿钱，将这些孩子赎回，把他们还给各自的父母。唐太宗不但在灾年减免赋税，即使在平常年份，他也十分注意轻徭薄赋。有些官吏喜欢聚敛邀功，唐太宗说："税纳逾数，皆系枉法。"对于超额完成税收的官吏，唐太宗不但不奖励他们，而且有的还施予惩罚。他还下令停建亭台楼阁，释放宫人。对于必须建设的工程，唐太宗也不允许滥用民力，所以唐初所有工程的工期一般都比较宽松。此外，唐太宗还裁并州县，精减吏员，完善府兵制，节约了财政开支，从而减轻了农民的负担。正是由于体察民情，轻徭薄赋，使百姓得到了实惠，所以百姓的生产积极性大大提高了，社会生产状况也迅速得到好转。到贞观后期，社会经济已得到了复兴和发展，唐朝的统治也得到了巩固。

　　总之，"处下"不仅是一种智慧，同时也是一种胸怀，试着朝这个方向去做，你便是在优化你的人生。"天之道，损有余而补不足"，无名朴素的大道始终默默无闻，却又无时无刻不在关注着世间百态与天地万物，"道"常常居于低调的位置，所以四方宾服，百川归流。"是以欲上民，必以言下之。"要想做统治者，身居上位，就要说话不刻薄，态度谦逊。中国帝王自称"寡人"，意思是寡德之人，也是表示谦卑之意。这种由"必以言下"的谦虚态度，表示人民是国家的主人。"欲先民，必以身后之。"想领导人民，就必须把本身的利益放在后面，就是"后其身而身先"的道理，有了好处，先让与民众得利，剩下的自己再拿去。遇到困难，就先于人民去面对、去承担，这就是领导与被领导的原则，也是领导人的道德准则。在我们的生活中，竞争无处不在，如何在竞争中永远立于不败之地，是一个彰显大智慧的主题。在这个竞争激烈的新时代，我们时时刻刻都在经历与他人在形貌美丑、财产贫富、知识博寡、地位高低等方面的比较，这都是竞争。在各式的竞争中，有胜利者也会有失败者，有得而复失者也有失而复得者。老子并不反对竞争与战争，他只是不在意一时一地的成败。"道"是深邃的、永恒的规律，这就好像一门艺术，非有大智慧而不能把握。

　　"不争"一词在《道德经》中出现过九次，出现的频度仅次于"无为"，可见老子对于"不争"这门艺术的重视程度非同小可。"天下莫能与之争"这句话在全书中也出现过两次。前有"夫唯不争，故天下莫能与之争"，前者是从我们自身修养的角度出发的，阐述以道当作为人处世的准则，从而完善自身修为，以致无人触及；后者是从他人角度立论，同样强调"道"在人们生活中的巨大作用。老子始终认为争强好胜者不能长久。在老子文中，老子对于"不争"思想的强调可谓十分频繁，如"夫唯不争，故天下莫能与之争""是为不争之德""天之道，利而不害；圣人之道，为而不争"等，还有很多。由此我们也不难看出老子对"不争"思想的重视。老子认为，天地间的"道"是清静无为的，一切都应顺其自然，人间所有事物都要顺应"道"，人间便同样是清静无为、顺其自然。如此，该属于你的自然会得到，而不属于你的你去争，便违反了"天道"，其结果往往是徒劳的。不仅如此，强争还可能给自己带来灾祸，历史上许多事情都已经证明了这一观点。汉高祖刘邦死后，吕后掌权，为了掌控汉朝江山，她先是对刘姓皇族大开杀戒，接着大肆分封吕姓家人为王。但她的努力都是徒劳的，在她死后，刘姓宗室集团和功臣集团结成联盟，共同诛灭了吕姓藩王。齐王刘襄发难于外，周勃夺取北军于内，杀尽吕氏专权的所有男女成员，史称"周勃安刘"。吕姓藩王被灭以后，这些元老功臣们开始讨论让谁继承帝位。在经过一番争论后，代王刘恒被选中。之所以选他，一方面是因为在刘邦仅剩的三个儿子中，齐王刘襄因其舅势力过大，功

天道：体悟老子

臣们都担心再来个吕氏专权；而淮南王刘长则"家母恶"，因此两人被否决。另一方面，便是因为代王刘恒从小就没有荒淫之举、骄矜之态，以"仁孝宽厚"于世。于是，功臣们派人前去请代王前来，继承皇位，是为汉文帝。从这里我们可以看出，吕氏专权处心积虑去争夺皇位，结果不但没有争到，反而搭上了自己家族老小的性命。而代王刘恒并没有争夺皇位，却因为"仁孝宽厚"被拥立为皇帝。这个故事典型地证明了老子所说的"以其不争，故天下莫能与之争"的深刻道理。

老子这里所说的"争"，是一种强行，是一种条件不成熟的情况下的妄为。比如，国家的实力并不强大，而君主则强出头想当霸主，不论是外交的纵横捭阖还是战争的四处征伐，必然会严重损耗国家的力量。如此，一旦强敌压境，或者其他力量联合起来，就有可能招致国破身亡的悲剧。春秋历史上争霸的宋襄公，现代史上发动"一战""二战"的德国，还有当代侵吞科威特的伊拉克，都是如此。国家如此，企业也是如此，在实力不济的情况下，与对手打价格战，或者进行疯狂的广告宣传，企图霸占市场，通常都会耗尽企业财力，以失败或破产告终。前些年的爱多集团，还有争夺标王的秦池古酒，都是败在强争上。个人也是如此，在组织机构中一旦有较高的职位空缺，许多人都会"争取"。不少人在平时工作中，一没有表现出过人的才智，二没有做出过什么贡献，而是走歪门邪道，上蹿下跳，出于私心谋求高位，这种人跳梁一时，往往终成小丑，成为人们的笑柄。历史上因争权夺利招来杀身之祸的例子举不胜举，现实生活中更是随处可见，不可不引以为戒。现代人们在教育自己的子女的时候，总希望孩子聪明、刚强，富于竞争力，没有一个希望自己孩子笨拙退让、柔弱不争。但是，孩子养成强争的习惯，就能终身获得幸福吗，以老子眼光来看，恐怕收获的痛苦更多。在这个社会里，人人都想以自己的聪明才智来出人头地，都想在千万人中鹤立鸡群、独占鳌头。这是世人认可的成功的标志，也是人们工作学习的动力。但从另一个角度看，这也成了人们精神苦闷的根源。古人说得好，人们往往是"聪明反被聪明误"，一切"烦恼皆因强出头"。需要说明的是：所谓不争，并不是拒绝，而是一切顺其自然，做自己该做的事情，不过多地考虑得失，不处心积虑地争夺。如此，该做的事你做好，结果自然就是好的；而你应该做的事没有做好，却妄图得到好的结果，只会使你失望。举个例子，在现实生活中，有的上司总想制造自己在下属眼中的权威，得到下属的尊敬。于是，他总是板起一副面孔，对下属颐指气使、挑剔工作。这样做便会在下属眼中有权威吗？恐怕效果恰恰相反，其在下属眼中反而面目可憎，甚至滑稽可笑，很可能被免费赠予一个外号。相反，一个上司只要能够清楚地知道自己和下属的工作分工，勇于担当自己该承担的责任，并在工作上给下属做出表率，自然而然地，下属便不可能不对其产生敬重。

我们知道，有的人因为很在意自己在别人眼中的形象，于是在做事情乃至走路的时候，总是很在意别人的眼光，希望自己能够在别人眼中留下一个好的印象。这样的人往往在别人眼中会显得没有个性，甚至假惺惺的。其实，只要自己能够诚实、守信，对人友好、做事认真，何必担心自己会给别人以坏的印象呢？自然而然，别人便乐意亲近你、和你交朋友了。

"以其不争，故天下莫能与之争"的道理在商业领域也有很大的应用价值。我们知道，商业领域是竞争最突出的领域。但是，最强有力的竞争反倒是老子所说的"不争"。有的企业一心想跟别人竞争，眼睛总是牢牢地盯在对手事业上，而忘记了提升自己的产品品质、创新成果及服务质量特色、降低成本，其结果肯定是一败涂地。而只有那些表面上并不关注对手，闷声致力于创新和发展企业的硬实力，才能获得消费者的青睐，从而赢得竞争的胜利。老子认为，人类痛苦和纷争的病根就在于刚强过了分、私欲过了头。低调、谦和、处下、柔弱才是大道，它会促使人在默默之中积累起成功的力量，会使人在社会中获得最广泛的认可和支持，最终到达成功的彼岸。更为重要的是，这样的成果没有人能从你手中夺走，而且你能在成功的同时收获自由自在的幸福。整部《老子》都十分重视"不争"，因为它是"清静无为"的重要环节，是老子认为维护社会秩序的关键。他指出大国与小国之间应当谦卑处下，并把"谦卑处下"引入统治者的为政之道。历史上绝大多数统治者都用严刑峻法来管理社会和百姓，而老子却提出作为一个君王应该谦卑处于，要像海纳百川一样宽宏大量地去接纳一切的存在。世人习惯向往高处，居人之下为世人所不齿，而老子却甘愿做百川而处下，谦和地包容一切的存在，不做任何争辩。由于不用任何方式与人争抢，故而没有人可与之一争高下，这也正是道的精妙所在。老子认为，为政者应该处下居后，才能对众百姓宽宏包容，就像居处下游的江海能包容百川那样。有道的圣人，领导人民就能做到，"处上而民不重"——他虽然身居高位，人民却感觉不到压力，站在众人前面，人民并不觉得他占了先，也没有妨害大家。

我们知道，在商业领域，竞争是谁也躲不开的事，商业的成功，实际上就是竞争的胜利。不过，真正高明的竞争，并非死盯着对手，而恰恰是埋头做自己的事情，似乎压根就没有竞争对手的存在。这正是老子所言的"以其不争，故天下莫能与之争"的境界。这里，我们来看这个利用这种理念取得胜利的商业案例：著名的日用消费品企业宝洁公司。宝洁公司始创于 1837 年，总部位于美国俄亥俄州辛辛那提，目前是世界上最大的日用消费品公司之一。宝洁公司全球雇员近十万人，在全球八十多个国家设有工厂及分公司，所经营的产品畅销 160 多个国家和地区，其每年在全球的销售额高达几百亿美元，曾在《财富》杂志评选出的全球 500 家最大工业和服务业企业中排第 86 位。毋庸置疑，这是一个十分优秀的企业。我们也知道，在日用消费品这种技术"门槛"不高的领域，竞争是相当激烈的。而宝洁能够获得目前的市场地位，显然不可能绕过这种激烈的竞争。不过，与众不同的是，宝洁所进行的竞争乃通过一种"不争"的方式来实现的。我们都知道，在现代商业竞争中，许多企业为了能够更好地把握市场，赢得先机，往往会将目光紧盯着竞争对手，不遗余力地调查对方的战略动态、细微的价格变动、营销策略等等，以做到知己知彼、百战不殆。但是，宝洁公司却采用了完全不一样的策略，即他们自称的"当对手关注我们的时候，我们在关注消费者"。正是这种不盯住竞争对手的言行而专注于用户需求的企业理念，使宝洁做到了"不争而善胜"。宝洁公司里有这样一个信念，就是世界上每一个买宝洁产品的女性都是他们的"老板"。而了解他们的"老板"的需求和消费体验、被视为宝洁公司的重中之重。宝洁的研发中心为更加深入地了解消费者的需求，在开发产品的同时，对顾客也进行了广泛的接触。他们全面地观察顾客的态度与行为、生理与精神上的需求——与头发相关的各类产品、渴望的方式、顾客们的生活方式。这些产品都有特定的市场定位。2000 年，宝洁公司曾花费将近 2000 万美元，对 70 万个女性顾客进行了长期的跟踪调查。按照不同的年龄、种族和生活方式的不同，他们把这些消费者进行归类，其目的是想知道她们如何交流彼此的美容经验，并了解她们在美容产业里得到了什么；更为重要的是——还缺什么，以此作为产品开发的参照。一句话，宝洁公司专注于女性的真正需求。此外，宝洁公司还对消费者购物时的购物环境和购物体验很重视。比如他们通过调查发现，面对令人眼花缭乱的日用品，有 64% 的消费者在柜台前没有耐心挑选对她合适的护肤品。由此，宝洁公司判断，需要使购买的过程更简单、清楚以打动人心。宝洁公司与零售商进行了沟通协调，想出种种办法使消费者的挑选过程更有针对性，能更快地找到自己想要的产品。他们还通过为零售商设置先进的头发、皮肤及颜色设计分析仪器，对他们的顾客进行特别需求的研究。除了了解消费者的需求和消费体验，宝洁公司将精力全用在产品研发和品牌维护上。我们知道，所谓品牌，本质上便是一个承诺，它的基础在于联系。当品牌强大，顾客会与它建立感觉和经验的联系。当顾客正在购买、使用、感受宝洁产品时，宝洁的品牌总能在顾客所能看到、听到、触摸到或闻到的地方出现。品牌推广活动在顾客身边打转，消费者便能充分地感受到特定产品给她的效用，并且相信它是可靠的、令人愉快的。当宝洁做到这一切时，消费者就会把它作为自己的品牌，给予信任并购买，成为她们生活中的一部分。正是通过这种对于产品的研发和服务方面的孜孜不倦的努力，宝洁的品牌赢得了女性消费者的信任。宝洁以其"不争"赢得了竞争的全面胜利。

"是以天下乐推而不厌"，因此，古代历史上的圣君，天下归心，那是自然而然的。"以其不争"，因为圣人内心无求，从来不与人争，利益由众人先得，坏事由自己来承担。所以世上没有人和他争。这是有道者在政治上的领导哲学和领导艺术。与之相反，如果权力、利益只有领导者才能得到，而百姓生存却不断受到侵扰，难以安居乐业，那就谈不上天下大治。如果用缺乏道德修养的小人来治理国家，他就会不择手段，无所顾忌、为所欲为。因为缺乏道德上的修养，却又私欲膨胀，他就会用严厉的手段，为掌控物质、精神及思想的一切方面而扰民不断。一切灾祸，都源于道德上的缺失。一切扰民举措都源于统治者的私欲膨胀。道德缺失则私欲膨胀，私欲膨胀会使万民不安宁，天灾人祸也就不断。"圣人"为政谦让居下，不与民争利，正因为"圣人"不争，天下才没有人与他争。本章论述了治国之道的谦下卑弱之道理，老子以江海为百谷之王的比喻说明善于身居低位的重要性。高居众民之上，剥削压迫，作威作福，必然成为人民的沉重压力和负担，进而激化阶级矛盾，造成社会动乱不安。因此统治者一定要安抚民众，把自身放在老百姓的后面，做到谦下卑弱，才能"处上而民不重，处前而民不害"，达到"不知有之"的最高境界。老子深深感到那些居于上位的人威势凌人，对民众构成很大的压力；那些处在前面的人，见利争先，对人民构成很大的损害，因此唤醒统治者应处下退让，这就是前面一再论述过的"不争"思想。

第六十三章　大者宜为下

原文：

　　大邦者下流，天下之牝，天下之交也。牝常以静胜牡，以静为下。故大邦以下小邦，则取小邦；小邦以下大邦，则取大邦。故或下以取，或下而取。大邦不过欲兼畜人，小邦不过欲入事人，夫两者各得其所欲，大者宜为下。

译文：

　　天下大乱，每因大国恃其强盛，欲吞并四海，独霸一统，扩张土地，有本钱欺凌小国，以致兴兵开战、万民遭殃、神鬼不安。欲得天下太平，首先大国、强国要主动安守本分，取法水性，去高就下，虚心谦让，能以此交于天下各国，天下各国必来投归而相处。大国要像处于江河下游那样，使天下百川交汇于此，自居于雌柔地位。牝阴性主静，牡阳性主动，阴阳相交，阴性主静，阳性主动，牝必能制胜于牡，这是天地阴阳相交的自然之力。由于沉静居下的缘故，所以大国对小国谦下，就可以取得小国的信任，小国本没有威胁大国的力量，本应安分守己，谦虚谨慎，安其小而从其大，本着真诚之心，以静处下，必能取得大国的抚爱和庇佑。

　　大国以谦下取得小国的信任，小国以谦下见容于大国，大国不要妄想统治小国，小国不要妄想奉承大国，这样大国小国都能达到各自的愿望。所以，有的以处下的态度占据主动，有的以善于处下的态度占据主动。大国尤其应当谦下才好，效法牝静虚心自下，这样才能取得小国的归顺和拥戴。小国应以安分居下而取得大国的容纳庇佑。总之，有两个愿望："大国的目的欲想小国都归顺臣服，小国的目的不受大国、强国的侮辱欺凌，国土得以完整，百姓得以安宁，各得其所，故大者宜为下。"大小国都效法牝静，虚心谦下，定能达到两者的各自愿望，但最重要的是大国首先虚心谦下，对小国抚之以恩德，视天下如一家，大小同等。天下安危，主要由大国决定。

体悟：

　　在我们实际生活中，会遇到品德或者才能强于我们的人，也会有不如我们的人，在与形形色色的人物交往过程中，有些人会很好地处理社会上各种纷繁复杂的矛盾和关系，有些人则会在茫茫人海中迷失方向、寸步难行、丢掉自我，老子的"清静无为"既是一种治国理念，又是一种处理人际关系的行为准则，这是一种科学的处事方式，是一种人生的道德观。儒家认为谦和是上天赋予人的本性，是每个人与生俱来的；道家学说强调人性顺其自然，反对矫揉造作，主张"无为"，所以认为谦逊是人们符合"天道"的一种优秀品格，也承认它是人们与生俱来的本性，这是儒家道家相通之处的一个具体表现。中华传统文化正是如此，各种思想学说都在相互借鉴、相互促进中不断发展完善。在我们的现实社会生活中，老子主张的"处下"就是使我们自己处在卑弱的位置，这符合道的规律与原则。天下河流，因为保持谦卑柔弱的姿态，都往低处流，因此能够汇成大海，容纳一切，这是谦虚之德。山不觉得自己高，也不自我崇拜，所以它有着独立不移、顶天立地的形象精神。以山、海来比喻，是说为人处世的态度与方法。不傲慢，要谦虚，这也是为人处世的修养标准。若是太过分谦虚，就会让人们觉得做作、虚伪。

　　"牝以静胜牡，以静为下。"海能容纳百川，无论清浊好坏，都具有慈祥安静的一面，有母性的特征。因为它安静、柔弱、谦下，故能战胜刚强，战胜一切困难和动乱。如果人们行事谦卑，甘居下位，处于天下柔慈的位置，就能得到天下的归附。当然、老子的"处下"并不是"示弱"，因为他主张"知其雄，守其雌"，在此基础上实现"清静无为"。老子教导我们遵循"道"而行动，所以"处下"是与众人交往的最佳选择。"处下"是对所有人的要求，地位尊贵的人也不能例外。"大者宜为下"乃老子对统领者提出的一种殷切期望。他认为只要大国做出谦下忍让的态度，小国自然会效仿，对大国更会谦下忍让，主动归附。如此，各国之间便能够和平相处，人民便会安居乐业了。老子之所以会提出这样的观点，与他当时所处的社会环境是密不可分的。春秋时期，可以说是中国历史上的第一个乱世。当时，周王室大权旁落，沦落为一个只相当于二流的诸侯国。因此，天下失去中心，于是各诸侯国之间群雄争霸、连年争战，大国不断蚕食小国。在这种连年征战的局面之下，百姓们饱受战争蹂躏，痛苦不堪。而老子作为一个"以百姓之心为心"的哲人，自然悲悯天下苍生。他在关注玄之又玄的宇宙大"道"的同时，也始终将目光投注到社会政治层面，发表了诸多政治方面的主张，诸如"无为而治""以无事取天下""绝圣弃智，绝仁弃义"等。不过，总结可以发现，这些都是老子从一个统领者如何治理内部社会的主张，期望统领者不要用政令、徭役、战争等手段来干扰民众生产生活。

仔细想一下，便会发现，其实这种主张并不完备。因为，一个君主可以不去主动发动战争，进而使民众不受战争的折腾。但是，他却无法阻止别人发动战争来进攻他的国家。在这样的情况下，老百姓便不可避免地陷入战争之中了。正是考虑到这一点，老子在这里又进一步提出了这种"大者宜为下"的观点。这种观点其实便是老子对统领者处理国际关系的一种期望，即他希望大国能够不自恃其大，而是主动表示出一种谦下忍让。如此，小国自然更不会主动找碴儿了，更会表现得谦卑忍让。如此一来，天下自然就太平了。当然，这毕竟只是老子提出的一种政治主张而已，各国的统领者能不能听从就无能为力了。事实上，根据春秋战国时期群雄争霸、战争不断的历史事实来看，老子的这种主张会起到一定的作用，可能避免一些战争的爆发。但从整体来看，显然这只能是一种带有理想色彩的政治见解。虽然老子的"大者宜为下"的政治见解，并未成为春秋战国时期的主流政治哲学，但其高超的政治智慧依旧是不可否认的，被后人认同的。

可以说，老子的这种见解，抓住了两个国家之间保持和平共处的关键。即使是到现代，两个国家之间能够保持和平，其关键也在于大国能够首先保持一种谦下忍让的风范。事实上，春秋战国时期，如同孔子的仁政也没有得到统领者的青睐一样，老子的这种"大者宜为下"的国际关系主张也不可能得到实施。因为在那样一个失去秩序、弱肉强食的时代，众多诸侯国彼此虎视眈眈，即便没有伤人之心，也不可能没有防人之心。在这样一种彼此间充满怀疑和不信任的整体氛围中，拥有强大的实力才是生存的可靠保障，将别人消灭了，自己才会真正安全。所以，管仲、商鞅、李斯这样的法家人物；苏秦、张仪这样的纵横家；白起、廉颇、孙膑这样的军事家才是最受欢迎的。一旦这样的乱世结束，一种稳定的秩序建立之后，彼此之间建立了基本的信任之后，"大者宜为下"的主张还是具有相当实用的价值，不失为一种处理国家关系的高超的政治智慧。下面这个故事便能体现这一点。汉高祖刘邦死后，吕后掌权。当时的匈奴单于冒顿看汉朝由一个女人掌权，便不把她放在眼里，肆意挑衅。冒顿派人下书给吕后，无礼地称："你死了丈夫，我死了妻子，我们都不快乐，没有让自己高兴的方法，干脆我们俩凑合成一对吧！"面对一国的掌权者，说这种话显然是极其无礼的。但是吕后考虑到刘邦时期多年的战争已经使国家穷困，人民疲敝，天下亟须休养生息，和匈奴开战是极不明智的，于是强压怒火，忍受着屈辱给匈奴回了信，在信上吕后平心静气地回复冒顿道："我已经年老衰弱，头发和牙齿都掉落了，走路也不方便。"婉言谢绝了冒顿的"好意"，并且还赠送车马给冒顿，以表达谢意，最终化干戈为玉帛。匈奴看到本是强大一方的汉朝还如此忍让，便自愧失礼，派遣使者前来汉朝认错。

其实这样的例子还有很多，我们知道，自汉代以来，中原朝廷对周边国家往往都是采用和亲的政策以维持睦邻友好。所谓和亲，就是将公主或者宗室之女嫁给少数民族首领，并赠送大量财物。而中原朝廷以强大的一方却做出这种略微有些屈辱的事情，实际上便是老子"大者宜为下"的政治智慧的体现。事实也证明，这的确是一项有效的换取和平的政治策略。"大者宜为下"的智慧不仅适合于国与国之间，而且具有更为普遍的意义，实际上是老子一向强调的"守柔""处下"观点的实质反映。关于这一点，《老子》许多章节都进行过强调。如称："江海之所以能为百谷王为者，以其善下之，故能为百谷之王。是以欲上民，必以言下之。""坚强处下，柔弱处上。"应该说，老子的这种观点得到了中国古人的普遍认同，那些身在高处的人，往往都能够主动将自己放在低处。我们都知道，君王应该是天下最有权势的人，但是他们却以孤独、寡、不谷这样卑下的词汇来称呼自己。诸葛亮以自己的聪明才智辅佐刘备，从没有立锥之地到建立了蜀汉江山，可以说是建立了赫赫功勋，但仍然自称为"南阳野人"。周公是历史上著名的政治家，为了尊敬贤能，吃饭时如有客人来访，也要放下手中的筷子，吐出嘴里的饭，恭敬地款待他们。

孔子的学生告诉他说："老师，有人笑话你那么大的学问，还什么都要问。"孔子不以然，说道："不懂就问，这难道不应该吗？"并且，不只是中国人，国外的不同文化背景下的伟大人物，同样也不约而同地表现出了一种"处下"的风范。我们再来看一个与大科学家爱因斯坦有关的故事。晚年的爱因斯坦已经功成名就，他的邻居，一个十一二岁的小女孩常常到他家里去。孩子母亲对女儿的行踪感到奇怪，询问之下，孩子告诉她："别人告诉我说那里住着一位非常有名的数学家，所以我在做数学作业遇到困难时就去请教他。他也很乐意帮助我。他对所有的问题都解释得很清楚，还说有什么困难问题都可以去找他。"孩子母亲感到女儿的这种冒失不妥，连忙去向爱因斯坦道歉，爱因斯坦却真诚地说："事实上，我很希望您的女儿能够常来。因为我在谈话中从这孩子身上学到的比她从我这儿学到的还要多呢！"古今中外那些伟大的人物身上都表现出了一种令人感动的谦卑和"处下"的风范。而这也恰恰成就了他们的事业，因为这种"处下"的做人格调使得他们具有包容一切的胸怀，能够吸纳一切对自己有益的力量，从而推动自己的事业。

正如老子所说的，大海居于最低的地方，故能成其大，伟大自甘居于低位，反而成就其在人们心中的高度。相反，那些将自己看得很高的人则往往遭到人们的鄙视，古往今来，多少自视伟大、将自己看成大众救星的人，最终都成为历史的笑柄。具体到我们普通人的现实生活之中，虽然我们未必是"大者"，但是学会"处下"的智慧，对于我们的为人处世肯定也有十分现实的意义。结合你自己的体会，自负而咄咄逼人的人，你会喜欢他吗？人同此心，因此做人低调、谦卑一些必然会使你赢得更多的赞许和信任，前进的路上获得更多的支持。在我国历史上，能够居高位而不盛气凌人、掌大权却仍能礼贤下士的人，往往能够得到更多人的拥护和爱戴。"处下"的品质还包括感恩，因为在每个人成功成长的道路上都有很多人在为之付出，所以要从内心感谢每一个帮助过、拥护过自己的人。当然，光有"处下"的理念是不行的，还应该有实际行动，老子是想要求我们将这种理念行为运用到治理国家和个人奋斗的实际行动中去，"处下"并不是真正的示弱，因为他主张"知其雄，守其雌"，在此基点上通过"清静无为"去实现"牝以静胜牡"和"柔弱胜刚强"。

老子提出国与国之间要相互谦让、相互容忍。尤其是大国要谦让无争，有庇佑小国之心。我们可以把它看作中国最早的有关处理外交关系的原则。春秋时郑国大臣子产谋求在诸侯国之间生存，倡导国与国之间谦让的事迹，就是老子这一思想在外交和政治领域的集中体现。郑国是春秋初期分封的诸侯国。春秋初期，郑庄公在位的时候，郑国一度十分强大。但是，随着齐、楚、晋等国的崛起，郑国的实力不断削弱，后成为晋国的附庸。后来郑国大夫子产主持国政，他为了保全郑国，不断在强国面前维护郑国的尊严，谋求与大国交往时的平等地位。子产出身于郑国公室，他的父亲子国是郑穆公之子。子产执政的时候，郑国君弱臣强，大族争利，而晋、楚两大强国又把郑国夹在中间，可谓是内忧外患，形势非常严峻。这时，晋国大夫范宣子把持晋国的朝政，他强迫诸侯增加朝贡。郑国是小国，无法承受这一负担，子产便寄书给子西，要他转告范宣子，他说："您在晋执政，四周的诸侯没有听说您的美德，却听说您增加了需缴纳的贡品，我对这种情况感到很迷惑。我听说掌管国家政事的君子，不担心自己纳入的财礼不丰厚，而担心没有好的名声。当诸侯们进献的财礼都集聚到晋国宫室的时候，诸侯就会有二心了。如果这些财礼被您私自占有，那么晋国内部就会不团结。诸侯怀有二心，晋国就要受到损害；晋国内部不团结，您的家族就要受到损害。为何这样贪恋财物呢？"接着，子产又说道："美好的名声，是传播美德的种子；美好的德行，是国家的根基。有了根基才不至于败亡，不应当致力于此吗？有了好的德行就会快乐，这样的快乐才能长久。《诗经》上说：'快乐啊君子，他们是国家的基础。'这是因为君子有美德吧！天帝在你的上面，不要让你的心态不纯正。这是告诉人们要有好的名声！因宽厚的态度来发扬美德，那么好的名声就会载着美德四处传播，因此远方的人来归附，近处的人得到安宁。是要让人们对您说：'您确实养活了我'，还是让人们对您说：'您榨取我们来养活自己呢？'大象因为有象牙导致丧命，这是因为象牙值钱的缘故呀！"范宣子读完子产的信，心悦诚服地下令"轻币"，减轻了各诸侯国的贡赋。为了维护郑国的尊严，子产不但与大国据理力争，而且敢于痛击他们的无礼行为。周襄公三十一年（前542），子产陪郑简公访问晋国，晋平公以遭鲁丧为由迟迟不肯会见。子产知道这是晋人故意无礼怠慢，遂下令破坏郑国使馆的墙壁，让车马停进去。晋国知道了，便派士文伯来责问。士文伯责备子产说："敝国由于政事和刑罚没有搞好，到处是盗贼，无奈诸侯们屈驾来问候寡君，因此命令官吏修缮宾客的馆舍，加高它的大门，加厚它的围墙，使宾客使者不必为安全担心。现在您拆毁了围墙，虽然您的随从能够自行戒备，但别国的宾客怎么办呢？由于敝国是诸侯的盟主，才修缮馆舍围墙，以接待宾客，如果把它们都拆了，我们用什么来满足宾客的要求呢？我们国君派我前来请教。"子产听了士文伯的话，借势进行了一番义正词严的辩驳，他说："敝国国土狭小，处在大国的中间，大国向我们索取贡物也没有一定的时间，所以我们不敢安居，只有悉数搜寻敝国的财物，用它来参加朝会。碰上贵国国君没有空闲，因而不得见，又没有得到命令不知道朝见的日期。我们不敢贸然前去进献财物，又不敢把它们露天存放。如果进献，这些东西就是贵国君王府库中的财物，但是不经过陈列贡品的进献仪式，我们是不敢进献的。如果把礼物放在露天里，又怕天气干湿无常而腐烂生虫，从而加重敝国的罪过。我听说文公从前做盟主的时候，宫室低矮狭小，没有宫殿和台榭，却把接待诸侯的馆舍修得十分高大，如同今日贵国国君的寝宫一样。仓库和马厩都得到修缮，司空按时平整道路，泥瓦匠按时粉刷馆舍房间。诸侯宾客到来，甸人点起庭院中照明的火烛，仆人检查巡视客舍是否还有问题，车马在专门的存放地，宾客的随从也都有人代替，管理车辆的官员给车轴加油。"打扫房间的、饲养牲口的，各自照看自己分内的事，朝中的官员们拿出自己的东西来招待宾客。文公从不让宾客们耽误时间，可以没有简省礼仪，忧宾客之忧，乐宾客之乐，出了事就亲自前去察看，指教宾客们不懂的地方，体恤宾客们的不足之处。宾客到来就好像回到了家里一样，非但没有灾害，不怕有人抢劫偷盗，而且也不用担心干燥或潮湿，现在铜鞮宫方圆数里，却让诸侯宾客住在奴仆住的房子里，大门容纳不了车辆进出，又不能翻墙而入。盗贼公然横行，对于大灾瘟疫又没有任何防治措施，宾客觐见没有一定的时间，接见命令也不知何时发布。如果不拆毁围墙，就没有地方存放礼物，罪过就要加重。斗胆请教您，您对我们有什么指示？虽说贵国国君遇上鲁国的丧事，可这也是敝国的忧伤啊。如果能让我们献上财礼，我们会把围墙修好了再走，这是贵国国君的恩惠，我们哪敢害怕辛劳？好一番铁齿铜牙，子产通过古今对比，一方面把晋国今不如昔的现状指出来，让晋人不敢自大；另一方面指责了晋人的无礼。晋平公听到这番话之后，不得不承认："我实在亏于德行，用奴仆居住的房舍来招待诸侯，这是我们的罪过啊。"于是，晋平公派士文伯前去道歉，承认自己不通达事理。晋平公接见了郑简公，提高了礼仪的规格，宴会和礼品也格外丰厚，然后让郑简公回国。晋国接着就修筑了接待诸侯的馆舍。在与大国的交往中，面对大国的刁难，子产据理力争，从而使郑国赢得了大国的尊重，这正体现了老子本章所要表达的思想。

施行"无为"之道的另一种方法就是"不争"，就好像流向低处的水，万物争相处上，水却甘于处下，因为有水的谦让和无争，才有花的芳香和参天大树的直入云霄。人世间诸事往往是大而欺小、强而凌弱，老子坚定地提出应该遵循道的原则，以大海一样的胸襟谦卑地容纳一切。在老子那个诸侯争霸的春秋的时代，国家强大就喜欢穷兵黩武，兼并弱小的国家，造成对抗冲突不断，双方都会因战争遭受重创，于是老子主张大国与小国之间应当以谦卑处下的态度进行交往，这样才能保持一种社会和谐的状态，大小国家能否和平相处，关键在于大国，所以一再强调大国首先要谦下，不可以强大而凌辱、欺压、侵略小国。本章讲统领者的道德修养，要保持一种谦下包容的心态，要爱护他人。国家之间主动处于谦卑的位置，以平和、柔韧为准则，必定友好相处、共同发展。本章开头和结尾一再强调大国应谦下包容，不可自恃强大而凌弱小。"谦下"以外，老子还说到雌静，雌静是针对躁动而提出的。躁动则为贪欲所驱使而易产生侵略的行为。老子感叹当时各国诸侯以力相尚，大动干戈，因而呼吁国与国之间应当谦虚并容。特别是大国，要谦让无争，才能赢得小国的信服。

第六十四章　民之轻死

原文：

民之饥，以其上食税之多，是以饥。民之难治，以其上之有为，是以难治。民之轻死，以其上求生之厚，是以轻死。夫唯无以生为者，是贤于贵生。

译文：

明王圣君治理天下，随物自然而无为。但有的执政者，贪其享乐，奢侈不节，只求宫廷豪华，征民役而修宫室，盗耳目以求声乐，民众之所以陷身于饥荒之中，是因为统治者所征收的赋税太重，因此陷于饥荒。众百姓为什么难以统治？是因为执政者多事妄为政令烦苛、任意强为、好大喜功，因此难以统治。民众之所以不怕死，是由于执政者贪图名利、享受奢靡，这种不良风气引领民众贪求名利、追求享乐，甚至为求名求利甘冒生命危险，冒死反抗。只有清净恬淡而不贪求奢厚的人，才比奉养奢厚又贪生的人高明，恬淡世情，"外其身而身存"，不刻意有所作为，不求生，反而长生。

体悟：

老子在这里指出了劳苦大众和统治者之间的生存矛盾，历史上最初之所以会有赋税，是因为君主忙于治理国家而无暇顾及自己的生计，所以民众才会捐出物资，以便其能安心治理国家。这本是一种维系君与民之间和谐关系的互助妥善的方式，但是由于后来的君主贪图养生享乐，使其成为国家动荡的导火索。夏、商、周三个朝代的平民需要缴纳的赋税大约是收入的十分之一，至春秋战国时期民众负担进一步加重，赋税高达三倍以上。秦国建立以后，所征收的赋税几乎是西周的二十倍之多，使百姓食不果腹，所以秦朝灭亡就毫不意外了。老子明确坚定地指出："繁重的赋税与严酷的法令是国家动乱的最主要根源，如果不能从根源上解决这一问题，君与民之间的矛盾只会越来越多，而且演变得更为激烈，甚者可以导致亡国。"所以老子在这里对统治者发出了严重的警告：刻意地追求财富与养生不一定就能长寿，贪恋享受聚敛钱财只会造成时局的动荡与不安宁，只有性淡自然，不刻意去求生，不以养生保命为重的人，才比那些刻意在乎财富生命的人更为高明。人民群众难以治理是因为统治者为了争夺土地，扩大疆域称王称霸，造成民穷财尽，所以难以治理。由此可见，老子提出"无为之治"是针对社会现实的良药。国家难以治理的原因，正是由于统治者过于有为，不断征伐，建造宫室，劳民伤财，才使民众难以治理。

老子指责为政者欲求太多，要求过分，使民众陷于饥荒的境地；政令繁多，赋税过重使民众无所依从，社会秩序难以维系。社会税收财富要真正用于谋求社会福利，民众安居乐业，而不能落入一小部分人的腰包。由民之饥、民之难治到民之轻死，并不仅仅是税负繁多的问题，还包括社会财富的不合理使用问题。只有这样的君王统治者才会使国家长治久安，老子对统治者的苛政表示强烈不满，并提出了这样的警告，世人总想成为强者，因为强者可以高高在上、为所欲为，但灾祸往往在其为所欲为的时候就悄悄而至，劳苦大众的反抗和难以治理，从来都是因为统治者贪婪无度所造成的。老子认为统治者对百姓征收赋税过重，政令过多，穷奢极欲往往会造成"民之饥""民之难治""民之轻死"的结果。如果仔细分析的话，老子所说的话又具体分为一定的层次，从百姓这里来讲，"民之饥""民之难治""民之轻死"三者其实是一个逐渐递进的过程。正因为负担过重，所以不得不忍受饥饿，于是百姓便会怨声载道，也就难以统治了。如果所受的压迫更重，实在无法生存了，便会暴力反抗，即使面对着杀头的危险也不畏惧。统治者的穷奢极欲不仅会使百姓无以为生，还会败坏社会风气，使奢靡享乐的习气形成一种风尚，百姓也乐于追名逐利，甚至不惜铤而走险。而从统治者的角度来讲，则可分作两个层面，统治者之所以对百姓造成压迫，一方面是出于自我享受的考虑，即穷奢极欲所造成的对百姓的压榨。

当民众被逼迫到无路可走的境地时，就会像被围困的野兽一样，不畏惧死亡而进行反抗。隋朝末年，隋炀帝杨广统治残暴，骄奢淫逸，连年大兴土木，不断对外用兵。繁重的徭役、兵役，使得田地荒芜、民不聊生，社会矛盾迅速激化起来。大业五年（609），长白山（今山东省章丘市东北）有"狂寇"数万。大业六年（610），北方的雁门（今山省西代县）和东都洛阳，先后爆发了农民暴动。这些暴动虽然很快就被镇压，但是成了隋末农民起义的先声。次年，隋炀帝下令在国内征兵百万，准备东征高丽。同时，他又强征黄河南北一带的百姓负责转运粮草和军械。在征伐高丽的过程中，车牛往者不返，士卒死亡过半，耕稼失时，田地大多都荒废，这给北方的百姓带来了巨大灾祸。同年，邹平（今山东省邹平市北）百姓王薄在长白山聚众起义，自称"知世郎"，作《毋向辽东浪死歌》反对隋炀帝东征高丽，发动民众反抗隋朝暴政。此后，广大农民为逃避征役，纷纷加入王薄起义军中。随后，平原（今山东陵县）刘霸道、漳南（今河北省故城县东）孙安祖和窦建德、渤海（今山东省阳信县西南）高士达、韦城（今河南省滑县东南）翟让、章丘（今山东省章丘市西北）杜伏威等相继起兵反隋。这一年，起义军主要活动于今天的山东、河北、河南之间，聚集在山林川泽，参加者主要是逃避征役的贫苦农民。大业九年（613），隋炀帝第二次对高丽用兵，贵族杨素之子、礼部尚书杨玄感，趁着隋炀帝东征高丽，国内兵力空虚的机会，联合一批贵族子弟于黎阳（今河南省浚县北）起兵，进逼东都。隋炀帝与杨玄感之间的厮杀，极大地削弱了隋朝的统治力量，义军势力趁机不断壮大。翌年，隋炀帝第三次征伐高丽的时候，义军已分布各处，道路隔绝，官军已经无法按期集中了。从大业十一年（615）开始，隋炀帝停止对高丽用兵，开始把大部分军队用于镇压农民起义军。隋炀帝还命令在郡县城郭、驿站、村庄的周围修筑城堡，强迫农民居住在城堡里，使其断绝与外界尤其是义军的联系。同时，隋朝统治者对起义军和普通百姓进行了疯狂的大屠杀。隋将樊子盖镇压起义军时，把汾水以北的村庄全部烧光，并将俘虏来的起义军全部杀掉。另一名隋将王世充镇压江南刘元进起义军时，把诱降来的起义军三万人全部屠杀了。隋朝统治者的暴行，激起更多的农民起来反抗，次年全国起义军的数量不下百余支，人数也达到百万。起义军攻陷了许多郡县，消灭大量官军。隋炀帝急忙征调杨义臣镇压河北起义军，自己则亲自率领禁军到达江都，镇压南下江淮的起义军。在抗击隋军主力的过程中，起义军损失惨重。为了团结各支力量，推翻隋朝统治，义军开始由分散走向集中，逐步形成了瓦岗军、河北夏军和江淮吴军三支主力。

在大业十二年（616），瓦岗军的创始人翟让说服了曾参与杨玄感反隋的贵族李密也加入了瓦岗军。他说服附近的小股起义军聚集到瓦岗军周围。瓦岗军攻破了要塞金堤关，攻下了荥阳（今河南省郑州市）诸县。隋炀帝得到消息，立即任命张须陀为荥阳通守，令其率兵两万前去镇压。李密说服翟让还击。翟让率兵列阵以待，李密则率领骁勇、常何等人在荥阳大海寺北设下埋伏，在那里大败隋军，斩杀了张须陀。这是瓦岗军在河南境内取得的第一个大胜仗，为义军在中原地区的发展奠定了基础。大业十三年（617）二月，瓦岗军占领兴洛（后改洛门）仓，开仓赈济饥民，受到广大农民的拥护。留守东都的越王侗急忙下令隋将刘长恭和裴仁基等人分兵两路，准备在兴洛仓合击瓦岗军。瓦岗军得到消息后，先是击溃了刘长恭所率的两万五千步骑，不久又招降了裴仁基。这时，翟让推李密为瓦岗军首领，号魏公。赵魏以南（今河北中部及南部），江淮以北的各起义军并入瓦岗军。瓦岗军迅速发展到数十万人，几乎控制了河南全境。不久瓦岗军成为河北、山东各路起义军的盟主。四月，瓦岗军攻东都，将二十余万隋军困于孤城之中。在河北地区，大业十二年（616），张金称、高士达率领的义军先后被官军镇压。另一名义军首领窦建德收编两部余众，义军的势力得到很大的恢复，很快发展到十余万人。窦建德率领所属义军，基本上消灭了隋朝在河北的武装力量。窦建德兵锋所至，隋朝官吏"以城降之"。次年正月，窦建德在乐寿县（今河北省献县）郊建立政权，自称长乐王，署置百官，改元丁丑。

在江淮一带，七月，隋炀帝到达江都（今江苏省扬州市）时，李子通占据海陵（今江苏省泰州市），左才相占领淮北，杜伏威屯聚六合，从三面威胁江都。隋炀帝大惊，急令宿卫精兵八千进行围剿，双方互有胜负。次年正月，又遣宿卫精兵征讨江淮一带实力最强的杜伏威义军。杜伏威以逸待劳，在江淮大败隋军，又乘胜攻破高邮（今江苏省高邮北市），占领历阳（今安徽省和县），很快控制了淮南各县，江淮间其余的反隋武装多来归附。大业十三年（617）六月，瓦岗军在东都外消灭隋军主力，东都告急。七月，隋炀帝抽调"江淮劲卒"和"燕地精兵"奔赴东都，涿郡留守薛世雄率领燕地精兵三万南下进攻瓦岗军。当行至河间（今属河北省）时，薛世雄下令在七里井驻扎下来，准备会合河间诸县先行镇压窦建德部义军。窦建德获得消息，立即率领大军从各城中撤出，向南转移，然后趁薛世雄毫无防备之机，选出敢死之士两百八十人夜袭隋军。三万隋军猝不及防，很快就溃散了。薛世雄只带着数十骑逃回涿郡。此后，窦建德控制河北的大部分地区。同年八月，瓦岗军攻下黎阳仓，开仓赈济饥民。隋炀帝遂命江都通守王世充率洛阳附近诸郡兵与东都留守兵十余万人讨伐瓦岗军。王世充在洛水两岸布置军队，与瓦岗军展开激战。双方交锋数次，王世充都战败了。有些隋将也投降了李密。这时，洛阳城内缺粮，城中的军民饿死了很多。而河北、山东、河南及江淮流域也均被起义军占领，隋朝的统治土崩瓦解，隋炀帝直接控制的区域也越来越小了。这样的形势对瓦岗军是非常有利的。在这个关键时刻，瓦岗军内部却产生了矛盾，翟让等人建议只留少许军队围困洛阳，而李密则极力主张在洛阳城下与隋军主力长期鏖战，最终众人听了李密的命令，瓦岗军的主力被钳制在洛阳一带。在各地义军反隋的同时，朔方（今内蒙古白城子）梁师都、马邑（今山西省朔县）刘武周、金城（今甘肃省兰州市）薛举等地主官僚也纷纷起兵，割据一方。五月，隋朝的太原留守李渊也从晋阳起兵，七月，李渊趁隋军与瓦岗军大战的机会进入关中。十一月，攻克长安。大业十四年三月，宇文化及等人在江都发动兵变，杀死隋炀帝，隋朝宣告灭亡。五月，李渊在长安即帝位，国号大唐。这时，留守东都的隋越王侗也在洛阳继位，改元泰，史称皇泰主。隋炀帝死后，李密率领瓦岗军大破宇文化及的军队，但瓦岗军的实力也受到很大损失。盘踞在东都洛阳的王世充趁此机会，于九月偷袭并打败了瓦岗军。不久，瓦岗军归顺李渊。后来，李渊又消灭王世充、刘武周、窦建德、杜伏威等人，逐渐统一全国。隋炀帝的亡国就是老子所说的"民之饥""民之难治""民之轻死"的结果。

另一方面，则是统治者出于自我膨胀的成就感对百姓所造成的伤害，比如对内频繁颁布政令，或者对外发动战争等。如此皇帝本人往往赢得了文治武功的美名，而实际上百姓则受到了极大的痛苦。在中国历史上，汉武帝是一个大有作为、极有个性的皇帝。但是，殊不知，他的雄才大略、大有作为正是建立在百姓的痛苦之上的。我们都知道，汉武帝最为后人所称道的政绩便是北击匈奴、开疆拓土的赫赫武功，这使得汉王朝国威远扬。但是，在国威远扬的背后，是百姓的不堪其苦。在汉武帝之前的文帝、景帝执政时期，汉朝对北边的匈奴采取的政策主要是和亲与安抚，在战争上则是防御为主，在遭受侵略时会发动小规模战争反击。这些政策虽然有些软弱，结果却换来了汉朝经济的快速发展和百姓的安定生活，史称"文景之治"。而汉武帝登基后，一改原来的对外政策，对匈奴采取了强硬的政策，多次与匈奴展开大规模战争。尤其是在元狩四年（前119）汉武帝以卫青、霍去病为统帅率领10万精锐骑兵出击漠北，铲除匈奴王庭。虽然这次战役的结果是彻底击败了匈奴，解除了汉朝北方的边疆，但是作为胜利方的汉朝在这场战役中损失了数万精锐骑兵，出征的战马也损失了10万匹；并且，因为这次进军距离漫长，途中要跨越渺无人烟的荒漠，10万大军的补给成为大问题。为了解决这个问题，汉武帝下诏，征集全国24万马匹和50万壮丁，用于为出征大军提供后勤保障，可谓是倾全国之力。而彻底击垮匈奴后，因为经过与匈奴的连年战争，汉朝在文景时代积累下来的国库耗费一空，人力物力的消耗几近汉朝能够承受的极限。虽然汉朝的国威远扬，但国力却受到了极大削弱。

如果说与匈奴作战还是情势使然，迫不得已的话，汉武帝在击败匈奴后所发动的一系列战争就纯粹是出于欲望膨胀了。在击败匈奴后，好大喜功的汉武帝便产生了骄傲自大的情绪。为进一步开疆拓土，他接连又对东北、西南和南方不断发动征服战争。汉朝先是出兵灭掉了朝鲜，将朝鲜半岛中部和北部纳入了中国的版图，又出兵灭了西南的夜郎国，将汉朝的版图扩展至云贵高原，此外还收复了秦末脱离中国统治的南方百越地区，将岭南地区重新纳入了中国的版图。这些战争虽然极大地开拓了汉朝的疆域，却给民众造成了沉重的负担；并且，随着这些赫赫武功的建立，汉武帝个人也更加飘飘然起来，觉得自己有理由生活得奢侈一些。他不断修建壮丽的宫殿，还进行了规模浩大的泰山封禅和多次出游巡幸，一路上兴师动众，沿路百姓不堪其苦，耗费无度，使汉朝的国库越发空虚。为了解决财政危机，汉武帝则大肆压榨百姓。一方面，他任命擅长理财的桑弘羊主管国家财政，推行盐、铁、酒的国家专卖，以此将高额的利润归入国库；另一方面，他又对所有商人硬性征收高额财产税，一时间逼得许多商人走投无路、家破人亡。同时，他还推行所谓的"均输"和"平准"政策，其实就是政府经营商业，与民争利，这些措施虽然增加了朝廷的收入，缓解了汉朝的财政危机，但对商人阶层造成了沉重打击，对西汉商业的发展十分不利。汉武帝强硬的对外政策和讲求排场的个人生活给百姓带来了深重的灾难。在汉武帝晚年，不堪其苦的百姓在许多地方发动了农民起义，其规模可观，且绵延不绝，甚至堪比秦末农民起义，只是最终被镇压了下去。后来汉武帝认识到了自己的错误，颁布了轮台罪己诏，表示要与民休息，停止对匈奴用兵，社会才趋于安定。

汉武帝死后，继位的汉昭帝继续推行汉武帝后期的做法，实行与民休息的政策。针对汉武帝末年因对外战争、封禅等所造成的国力损耗严重、农民负担沉重、国内矛盾激化的情况，进行了适当的变革。在内政上，汉昭帝多次下令减轻人民负担，减免赋税。在对外方面，他也一改汉武帝时对匈奴的敌对政策，在加强北方戍防的同时，重新与匈奴和亲，以改善双方的关系，从而使得汉武帝时期的大规模战争停止下来，这有助于国内的经济恢复与发展。另外，因武帝实行盐、铁、酒的专卖引起天下议论，汉昭帝专门召开"盐铁会议"，对汉武帝时这方面政策进行讨论，最终取消了对酒的专卖，而保留盐铁专卖。通过这一系列得当的内外措施，汉武帝后期遗留的矛盾基本得到了控制，西汉王朝衰退趋势得以扭转。史称"百姓充实，四夷宾服"。从汉武帝和汉昭帝的对比可以看出，汉武帝雄才大略，大刀阔斧，从后世的眼光来看，他的确是一位了不起的皇帝。但是对当时的百姓来说，他却是痛苦的根源，可以想见，他在民间是遭受唾骂的。而汉昭帝本身没有做出什么惊天动地的壮举，但是其治下的百姓生活无疑要幸福得多。这便是典型地证明了"无以生为，贤于贵生"的道理。因为一个统治者，一旦想有所作为，以满足自己物质方面的欲望，或者总想张扬自己的生命力，其结果必然是对别人的生存造成压迫，使别人的生命力受到抑制。总之，一个人过于"有作为"未必是好事，而一个人无所作为则未必是坏事。具体到对老子的"无以生为，贤于贵生"的道理的运用，应该说是极其丰富的。

首先，在一个企业中，一个领导者未必是越有作为越好。一个领导者自己有着过多的想法，总想强势地实现自己的意志，其结果往往会压缩了下属发挥能动性的空间。因此，一个看似不那么"有作为"的领导，往往能够使得整个团队做出出人意料的成绩。日本著名企业家松下幸之助曾无意中对一个企业高管说："我每年都要批准他人的很多决定，实际上只有40%的决定是我真正认同的，余下的60%是我有所保留的，或者仅仅觉得还过得去的。"这位管理人员听后非常吃惊。因为在他看来，如果松下不同意办某件事，一口否定就是了，大可不必如此。但松下则认为，对于那些自己认为还算过得去的计划，自己宁愿在实际执行过程中加以修正，使其更加符合自己的预期，也不愿因此拒绝员工的建议，他觉得这会挫伤员工的积极性。松下幸之助在这里正是刻意地抑制自己的意志，给员工以更多的发挥空间。其次，许多家长教育自己的子女时，往往过于强调自己的意志，以为自己是为子女好，便习惯将自己的意志强加给子女。这样做的结果往往造成子女表面上做个"乖孩子"，实际上内心则更加叛逆，远没有表面上看对子女"放任"的父母的教育效果好。还有在与同事、朋友相处的过程中，也同样如此。如果一个人总是过于在乎自己，总想充分展现自己的生命力，彰显自己，即使这个人十分优秀，也往往不受大家欢迎，原因就在于他太强势了。相反，一些性情温和、恬淡无欲的人，即使平庸一些，往往更受欢迎，原因便在于他不过多作为，也就不会因为锋芒毕露而对人构成一种压力。

有为难治，老子在这里警告统治者：由于执政者横征暴敛、厚奉自养、政令烦苛、强作妄为，使百姓不但陷于饥饿，而且动辄得咎，这就迫使人民不畏生死进行反抗。只有重视别人的生命，才能保全自己，平治天下。"无以生为"之所以"贤于贵生"，是因为它符合自然之道，因为"反者道之动也"。也就是有德之人，不贪心多欲，以道德为本，以无为之法处事，才是长生久视之道。"五色令人目盲，五音令人耳聋，五味令人口爽，驰骋畋猎令人心发狂，难得之货令人行妨"，这样不但不能养生，还会速亡，不仅会耳目不灵，还会导致神志混乱，对生命与社会都有危害。统治者不能正确"贵生"，就会危害百姓、社会，造成"民之饥，民之难治，民之轻死"。如果认为放纵自我、追逐名利、私欲、物质享受就是"贵生"，那还不如"无以生为"。"贵生"既是个人的事，也是社会的事，因为人是社会的主体，社会由人构成。如果社会上人人都追求自利而不顾别人，那么奔走天下的都是利益之徒了。财货可以用来养生，但并不等于"生"，如果为了追求财货而伤害生命，那就是本末倒置了。和谐的宇宙秩序，人应效法自然，遵道而行事，才是养生治国之根本。对于人来说，自然就是顺应生命，生存的本身，应舍弃繁琐的修饰。生命生存需要物质，但过于看重物质就适得其反，这就是"无以生为"要"贤于贵生"的道理。如果社会上人人都追求简单自然的生活风气，那就不会有那么多的贪腐行为存在了。因为没有谁不吝惜自己的生命，一旦命悬一线，民众就会铤而走险、揭竿而起。祸乱的根源在于统治者的"有为"和无度，只有不刻意求财、求生，杜绝奢靡无度的享乐，才能真正做到无所不为。本章讲治国之道，主旨是反对虐政。统治者横征暴敛，再加上政令烦苛、贪得无厌，就会造成民众之饥荒，生活困苦无以为生，使百姓动辄得咎，这是社会矛盾的根本原因。到了这种地步，民众自然会从饥饿与死亡的边缘中挺身而出，不惧死亡了！因此，老子坚定反对残酷盘剥和刑杀镇压的虐政，提出了淡泊名利、清静无为的治国策略。

第六十五章 治大国烹小鲜

原文:

治人事天,莫若啬。夫唯啬,是谓早服;早服谓之重积德;重积德则无不克;无不克则莫知其极;莫知其极,可以有国;有国之母,可以长久;是谓深根固柢,长生久视之道。

治大国,若烹小鲜。以道莅天下,其鬼不神;非其鬼不神,其神不伤人;非其神不伤人,圣人亦不伤人。夫两不相伤,故德交归焉。

译文:

"啬",俭约。教天下众民,遵循人伦的自然常情,六亲和睦,长幼有序,上慈下孝,朋友有信,夫唱妇随,勤躬耕织,以求衣食。使民众各遂其生,互不交争,安然相处,此为治人之义。虔诚谨言,遵循天理,存心养性,不敢有丝毫伤的天害理之心,是为事奉上天之义。常人以为治民和奉天是两回事,其实不然,无论是治民或奉天均须以啬。"啬"就是收敛神气,节制私欲,不敢见景忘真,肆意妄为。治理国家,保养身心,没有比"啬"更好的了,做到了"啬"就是及早顺从自然规律之理。"治人事天"莫过于此。("早服"早做准备:尽早服从自然规律事理)。常人行事,临渴掘井,遇寒制衣,所以事事被动。"治人事天"虽以遵循天理,顺从自然,纯全本性,收敛神气,虔心真诚。但最起码的是预先知未来要生存需要,向往须臾不离,行持不辍。只有这样才会治国处人必灵,事天必立,预先知身心未来后果。

久而行之,顺从自然之理,进而不断积蓄"德",使之深厚;自然全其天地之大德。深积厚养天地之大德,不但能"治人事天",而且可做到无所不可、无所不为的境地。而且莫知其限量,"德"深厚了,无往而不胜,就没有谁知道力量到底有多大,重积德之妙用不知其限量,而天下国家无有不在道德浑化之中,没有谁能知道力量有多大,就可以担负保有国家的重任。由此可知,治国之本,是深积无限量的浑厚之德,必可长治久安,根深蒂固,任何力量也左右不了、任何事情也不摆脱其道,保有国家的根本,就是用这个大"道",可以长久存在。无论治理国民或事奉上天,事先均须心地纯一,真诚不虚，素养重积浑厚之德，以此为本，则民无不顺、事无不理、国无不治，并能稳固长久。

小鲜，是小鱼的意思。治理大国，就好像煎小鱼那样不可随意翻腾。大国民众风俗有殊，三教九流，其皆各异。若一一检点，必难办到。有道君王，欲治者，无论大小，均以投之于釜，掌握好火候。不要轻举妄动，而能一心一意，文烹武炼，使火候不过、不及。先后缓急得宜，则鱼虽熟，其形大小自然齐全，不会被搅烂。治国者，如不知此道，姿情纵欲，妄用机智，其政察察，法令滋彰。犹如烹鱼之在釜，不慎火候，胡乱搅动，鱼肉不待熟而溃散，愈搅愈混，愈治愈乱。

"莅"是临的意思。"鬼"是不务正业，祸国殃民的顽昧之徒。"神"是神通广大之意。天地之间的一切事物都由道生、德蓄。故万物无不尊"道"而贵德。圣君以清静无为、虚无妙道、顺天地无所不为的好生之德统领天下、治国理民，不但贤士君子能尽其为，辅国安民，而那些顽昧刁民也不会兴妖作圣、玩弄神通，并不是那些刁顽者没有神通，是因为有道者可以一正压百邪。若圣君以道统领天下，视百姓如手足，爱万民若骨肉，对众生不怀伤害之意，那些刁顽在圣德的感化之下便不会胡作非为、扰国乱民，圣君体天地好生之德，亦不伤害民国，两者均不伤民，其道同德合，这样鬼怪、神明、圣君与众人互不伤害，所以彼此都以德相待，相安共处，各守人心。此段之意是说以大道之法统领天下，仁者、不仁者，智者、顽昧者，正者、邪恶者，都能在圣德的感召下，其以德互交，互不相伤，同为国民效力。遵循而行，天下太平。

体悟：

"啬"就是"简"，本义是指对自己俭省，对众人厚道，物质上不浪费，精神上更节俭。"治人事天，莫若啬"就是说不管做什么事情，能用最简单朴实的方法去解决，就不要用复杂的方法。为人处世以及祭祀天地，都要节俭，不浪费人力物力，以爱惜精神积蓄力量财富。这样做就可以节省大量的精神力量。如果每次都用最简单朴实的方法去做事，这就意味着不断地向"道"的要求趋近，越是趋近于"道"，自身的能力就会越强大，就会像神仙一样神通广大、法力无边、不可限量。能让这样的人去担当国家社稷的大任，维护国家利益。这就是国家长治久安的根本"大道"。"治人事天，莫若啬"是老子在本段论述的中心思想，其意思乃无论治理家还是修身养性，最好的办法便是"啬"，指老子的三宝之一"俭"。我们知道，人和动物的一个最大的区别，便是动物的欲望是有限的，而人的欲望是无限的。一头牛一旦吃饱了就躺下来心满意足地反刍了；狮子一旦捕获了一头鹿，饱餐之后便会安闲地躺下来晒太阳；鸟儿只要搭起一个简陋的窝巢，便知足地每天以此为家；老鼠仅仅在地下打个洞便觉得是天堂了。可以说在吃、住、性这些基本的生理需求方面，动物大多都只求最基本的满足。但是人类却不同，人类不仅要吃饱，还要吃好，讲究"食不厌精"，对食物的味道要求越来越高，要变着花样，甚至要吃濒临灭绝的各种珍稀动物，去吃需要别人冒着生命危险去悬崖上摘来的"燕窝"等营养品。甚至在应酬中不乏天价宴席。在住的方面，不仅要求房子安全、冬暖夏凉，而且还是大房子，要比别人的气派。

　　人类不仅在这些基本的生理需求方面远远高于动物，人类还有与生存无关的许多需求，比如总想拥有尊贵的地位，想要和有名望的结交亲戚，占有稀有而珍贵的艺术品，等等。总之，人类的欲望可以说是无止境的，没有餍足的时候，不然也不会有那么多的本来已经身处高位，已经拥有用不完的财富的人还因为争权夺利而丢掉性命了。老子清醒地看到欲望的无止境，通过满足欲望的崇尚节俭、知足常乐，认为这样反而能够得到幸福。老子的观点是深刻的，但也并非孤立，事实上，除了老子，无论是儒家圣贤、佛教戒律，乃至基督教，都告诫我们要节俭，要克制自己的欲望，因为节俭不仅是钱财的问题，而是追求个人修为的基本路径。我们都知道，一个人要想追求真理，最基本的一点便是要内心平静，所谓静生定，定生慧。而要做到静，首先便要摆脱欲望的纠缠，一个人内心有欲，便会蠢蠢欲动。浮躁不安，自然无法进行修行。正是因为如此，老子提出修身养性之理，首先要节俭。对于治理国家的统治者来说，节俭与否就不只是他个人的事情了。如果他个人私欲膨胀，想要过更为奢华的生活，住更华丽的宫殿，占有更多的美女，那便会对人民征收更多的税收，要人民服更多的徭役。如此人民必然生活艰难、怨声载道，国家必然不能安定。

　　更进一步，有的统治者在对内横征暴敛的同时，仍不满足，还想占有别国的珍宝、美女、土地，那么战争便来了，这个国家就更不安定了。相反，如果统治者能够克制自己的欲望，崇尚节俭，那么，国家对民众的征敛必然比较少，对民众的骚扰也会比较少。同时，各级官僚也会效仿，不会因追求奢侈的生活而过度盘剥人民。如此人民生活便会安定幸福，社会风气自然变好了。正是因为这个机理，老子认为，一个人修身的道理用到治国上，便可以治理好国家，因为说到底，修身便是克制欲望。治国，最关键的地方也在这里。关于这个道理，"文景之治"便是一个典型的案例。不过，老子在这里所要强调的"啬"，所指的不仅仅是生活上的节俭，还包括更为广阔的意义。联系老子在其他章节的思想，除了提醒我们要"啬其欲"之外，老子还要求我们在诸多方面保持"节俭"。如老子所提出的"无为之益""我无为则民自化。"这是提醒我们"啬其为"。"塞其兑，闭其门"和"民之难治，以其智多，故以智治国，国之贼；不以智治国，国之福"这是提醒我们"啬其智"。"知者不言，言者不知。"这是提醒我们"啬其言"。"勇于敢则死，勇于不敢则活。"这里强调的则是"啬其勇"等。这里的"啬"，实际上包含了老子在其他章节所提出的诸如"清静无为""守柔处下""藏拙守愚"等思想，其总体上便是要求我们在克制自己欲望的同时也克制自己的精力、思虑、行为等。要尽量少地运用自己的眼、耳、口等器官，不去关注纷繁芜杂的事情，不去说太多无谓的话；尽量少运用自己的智力，不去思虑过多的东西，卖弄智巧；不要妄为，一切顺其自然，不强为强争；等等。总之，便是保持一种恬淡安适的心境，顺其自然。

如此，如老子所言，"夫唯啬，是谓早服"，意思是早作打算，而其原理则是通过在精神、欲望、智力等方面的节约节用，提前预知危险的存在并避开。具体到我们的现实生活中，应该说，老子的这种"啬"的智慧对我们是具有非常现实的意义的，先不说追求人生大"道"，就比较现实的层面而言，"啬"的智慧对解决我们现代人过于焦虑的状况是很有帮助的。过多的劳作消耗了我们的体力，过多的追求分散了我们的精力；过多的娱乐消解了我们的意志，过多的言说耗散了我们的心气；过多的欲望残害了我们的身心，唯有节制自己，守护精气神，才能长保健康。当然，如果你有权有势，节欲惜用，不仅能使你常保富贵，基业常青，事业光大，也能促进与他人及至社会的和谐，而至福德绵长。本段论述了处事的两个关键点。一是方法。尽量剔除繁杂的琐事，集中主要精力坚定做自己的事。二是精力。一个担当大任的人没有超人的体魄、充沛的精力是不可能承担大任的，没有博览群书，文明其精神，追求于完美愿望更是不可能承担大任的。可见，行事"无为"而修身于"有为"，这才是承担大任的基础，这才是求生之道。本段提出了"啬"的治国养生蓄力之法。在一般人看来，"啬"可不是什么值得炫耀的性格特点，但是在老子看来，"啬"则是非常好的养生蓄力的方法。在这里的"啬"实际上不完全是我们通常意义上所理解的"吝啬"，它不仅仅是对自身拥有的物品的爱惜怜惜，更多的是指精神上、心理上的积蓄。

在这里，老子认为精神上的积蓄就是"德"的积蓄。作为统领者，"德"的积蓄可以使家国长治久安；作为具体的个人，"德"的积蓄可以使自己长生不老。"夫唯啬，是谓早服。"只有真正做到了"啬"，才算是及早做好准备。表现在修道上，就是不浪费生命的精神活力，及早保持人生的精气神，如道家所说："一粒金丹吞入腹，始知我命不由天。"服，顺从之意，现在吃药也叫"服药"，道家的修持方法之一叫作"服气"。"早服，谓之重积德。"老子讲"玄德"，是指深远的道德。这里的"重积德"是指"道"的运用，在生活中及早做好准备，以多积聚德行。"德者，得也。"深藏厚蓄，以积德作为生命的根本。国有大德必能大得。"重积德则无不克。"德行积聚得多了，做起事来则会无往而不利，必定具有无穷无尽的力量。担当国家大任，没有超人的体魄、充沛的精力是不行的。"无不克则莫知其极。"因为做起事来无往而不利，所以在众人看来，找不到他有任何能力，究竟为何原因把事情做得那么好？"莫知其极，可以有国。"一般人看不出"莫知其极"的道理在哪里？认为就可以"有国之母，可以长久"。这个"国之母"，就是万物生生不息的根源自然之道，符合自然之道加以运用，按道的规律被牢牢把握治理国家的这一根本，就可以维持国家的长治久安。

　　道家的处世哲学是如何养生积蓄精力、精神，行事"无为"而修身于"无所不为"，如何更大地发挥自身的最大价值。老子认为积蓄精神（掌握万事万物规律）厚藏体力根基，才能长生久视、治国安邦。这一段主旨是"啬"，是行善积德。修身养性，为人处世，都要领悟"啬"的原则。"啬"就是"简"，不用机智权谋，因为那是小聪明，不是大智慧，用来用去到最后只会害人害己。做到"啬"就可以行善积德，所谓积德，不是搞形象工程，强行改造自然，不以任何政绩炫耀于民。而是清静无为，不排除异己，不争不占财富，不挥霍，不与民争利。炫耀名利、权势，追逐与欲望的满足，只会社会风气、道德败坏，举国遭殃，根深蒂固，是"长生久视"的基本要求。"长生久视"是道家标榜的"长生不死"，与"天地同体，日月同寿"。要凝心静气，不可妄动杂念，才能取得最好的效果。全世界大多数宗教，在探寻生命之源的时候，都不是说今生可以不死，而是说人可以脱离尘世，等待来生或到天堂去。只有道家提出现世可以不死，永生不老，即"长生久视"的观点。"根深蒂固"，要表现在为人处世上，就是做事不草率、不任性、不冲动，不妨慢一点，必须慎重，对一件事情，要知道前因，更要考虑后果。做到了"根深蒂固"，才能做到"长生久视"。治国成事必须抓住道德的根本：本固而目长，根深而叶茂，才能国泰民安。说到底是俭啬之道，就是老子所说的三宝之一。俭啬就是爱惜自身，收敛精气神，积聚实力，以立于不败之地，遵循自然规律之道理。这一小段重点论述治国之道，阐述清静无为、两不相伤的道理，老子认为治国之道在于顺应自然，清静无为，而不是政令烦苛、压榨盘剥、扰民害民、与民争利。以"道"治国，鬼神和圣人都不会伤害人民，民众自然也可以安享太平。

　　老子用"烹小鲜"比喻治大国之道，即遵从社会自然秩序，不能朝令夕改，要学会按自然规律无为之理，不要扰民，否则国家就会出乱子。意思是治理大的国家，就好像在烹小鱼一样，不能随意翻动它，不要常常去变动政策规划，否则会将一条鱼煎得破碎不堪，众百姓会因政策规则变来变去而难以适应、备受煎熬。烹，烹调、烧制。这里的"烹"是用小火、文火，慢慢熬炖；大火叫"炒"，是武火、强火。调治"小鲜"就要用小火，道理就像"治人事天，莫若啬"，一点点慢慢烹制，不能老是去翻动它。

天道：体悟老子

处理事情要谨慎小心，要慢一点儿，不能匆忙大意。治大国要像煎烹小鱼一样，这是老子坚定地按自然规律"无为"做事原则的一个具体的阐述。大国由于地广人多，多文化、多思想、多风俗、多教派，事情太复杂，在执政过程中会有很多困难，地广就有可能政令不通，国家行政力量达不到；人多就可能会思想复杂，意见不一，素质不齐；事太杂可能就会有经济、政治、社会问题层出不穷，国事、家事、天下事牵扯杂乱不断。在这样的情况下，治理国家得像煎小鱼一样，不能常去翻动，不能用行政手段常去搅扰百姓，则民心自安定，政府有信誉，社会才能安稳，天下才能太平。如果朝令夕改，政出多门，忽东忽西，民众思想混乱，不知所从，就会导致民怨沸腾，社会动荡，进而灾祸滋生，国家就永无宁日。"治大国，若烹小鲜"是《老子》流传的最广、影响最大的几句话之一，不仅被中国两千多年来的历代君王引以为治国箴言，甚至曾在1987年被美国政府写入国情咨文中。这句话之所以受到如此推崇。是因为老子以一个传神的比喻形象而准确地道出了治理国家这件世代存在的大事、难事的关键。

在这里，老子用煎烹小鱼这样一件极小的事来比喻治理国家这件极大的事，两件事本来看似不可同日而语，但经老子这么一提示，两者内在的规律的确是非常相像。煎烹过小鱼的人都知道，小鱼骨脆肉薄，想要将它煎好，首先火不能太猛，所谓"猛火煎蛋，慢火煎鱼"。其次则是切忌频频翻动，否则小鱼则会散架、破碎、不成形了。可以看到，这两点也恰恰是治国的关键，治理一个国家时，也恰恰是不能一味任性而行，不尊重客观事实和规律，使用过于刚猛的政策治国；并且也非常忌讳朝令夕改、忽左忽右地瞎折腾，令众百姓无所适从。这便是老子所言的"治大国、若烹小鲜"的基本含义。我们知道，《老子》中曾多次谈及他的政治主张。比如老子提出："常使民无知无欲，使夫智者不敢为也。为无为，则无不治。""绝圣弃智，民利百倍。""无为而无不为，取天下常以无事；及其有事，不足以取天下。""其政闷闷，其民淳淳；其政察察，其民缺缺。"总体上来看，对于治理国家的主张便是无为而治，即反对统治者过多地使用智力，制定烦琐严密的法令去约束百姓，出台过多的政令去侵扰、折腾众百姓。因此"治大国若烹小鲜"只是以一种更为形象的方式表达了老子的无为而治的政治主张。事实上，本段后面的"以道莅天下"便是对老子"治大国若烹小鲜"的补充，进一步点明了他的观点。以"道"治天下，即无为而治。只不过，"治大国若烹小鲜"显然更为形象具体，给统治者指出更可具操作性的治国策略。

不过，老子作为东周的一个文化大师，只是提出了治国策略，并没有亲自掌舵，实践自己的政治主张。为了进一步理解老子的这种治国策略，我们不妨以另一位和他持同样观点的政治人物的治国策略为例，来更真切地感受老子的这种政治主张。这个政治人物便是商朝名相伊尹。实际上。老子的"治大国，若烹小鲜"虽然以比喻精妙、流传广泛，但它并非第一个将治国比作烹饪的人，第一个如此做的乃伊尹。伊尹是辅佐商汤打败夏桀建立商朝的第一个谋臣，是中国历史上第一个贤能相国，因为他要比孔子早一千三百多年，因此被称作元圣人。传说伊尹的父亲是个厨艺高明的奴隶厨师，伊尹自小便学会了一手高超的烹饪技艺，但在学习烹饪的同时，伊尹勤学上进、喜欢思考，深爱治理国家之道。后来商族首领汤知道了他的才能，便将他请到自己身边当谋臣。据说有一次，商汤向其请教治国之道，伊尹便借用自己擅长的烹饪来打比方，他说："做菜既不能太咸，也不能太淡，要调好佐料才行；治国恰恰如同做菜，既不能操之过急，也不能松弛懈怠，只有恰到好处，才能把事情办好。"伊尹所言正是老子"治大国，若烹小鲜"的观点。违反这一治国之道往往会导致国家倾覆的危险后果。关于这一点，历史上不乏其例。秦始皇兼并六国后，在政治、经济、文化上取得了一系列重大成就，在军事上也是所向披靡。这个帝国不可谓不强大，但是因维持庞大的官僚机构和庞大的军队，并进行多次大规模的战争，修筑万里长城与阿房宫等大型工程，秦朝对人民征敛过重。过于严酷的法律对知识分子的残忍打击，使人民"苦秦久矣"，最终引发大规模农民起义，加上六国贵族的响应，秦经二世便亡了。

　　另一个典型的例子是隋朝。我们知道，隋朝同样非常短命。但是这个短命王朝相当伟大，因为往前算的话，可以说自东汉末年至南北朝，中国便一直未曾出现过一个强有力的稳定的统一政权，尤其自"五胡"入华以来，中国在长达两百多的历史中处于分裂状态。隋朝建立之后，其强盛在中国乃至世界历史上都是空前绝后。隋朝不但疆域辽阔、经济繁荣、文化昌盛，而且士兵强锐、所向披靡，小国莫不臣服，这也为后来唐朝的强大兴盛奠定了基础。但是，正是因为这些赫赫功绩，使统治者忘乎所以，对百姓役使过导致民怨沸腾，最终亡国。总结秦朝和隋朝这两个例子可以看出，治理国家时统治者不能凭借自己的主观欲望任意而行，哪怕你的政令不是出于自己的享乐，而是有利于国家的强盛，只要你的政令不遵循客观规律，过分骚扰人民，便有亡国的危险。因为这种做法正像是用过于猛烈的火去煎鱼，最终只能是将鱼煎煳、煎碎。具体到比较现实的层面，老子的"治大国，若烹小鲜"其实不仅可以应用于治国，还可以作为一种普遍的管理学智慧。可以说任何一个团队，包括一个协会、一所学校、一个企业，都可以利用这种"烹小鲜"的智慧。作为一个团队的首领，对于一个团队的管理，首先，应该做到顺应规律，不强求、不妄为；其次，则是不能反复无常。拿一个企业来说，如果领导者急功近利，不管市场和生产规律，强行制定不现实、冒进的生产和销售目标，结果便只能导致企业的挫败；或者在制定公司的战略时对产品缺乏定位，今天要走高端路线，明天又要多管齐下，抓住中低端消费群众，最后只能导致什么路线也没走成。因此，一个企业大的原则和定位轻易是不能变的，只能因时间推移、市场演变和外界环境的变化而做出相应的小调整和小改变。企业只要抓住了大的原则，制定了大的基本规章制度，使企业有了一个正确的基本的运行轨道，在通常情况下，就应当坚持"以不变应万变"。只要基本的东西是正确的、较为完善的，就不要轻易地去翻动它。

更进一步，无论是顺应规律，还是不来回折腾，其背后深层次的道理便是要保持冷静，不急不躁，这就是老子所说的"静为躁君"的道理。一个人只有保持冷静才能够清晰地看到宏观的局面，看到事情的规律，并判断出自己该走的路线，才能够静下来关注事情的细节。说到细节，我们知道，其实"烹小鲜"除了火不能太猛，不能翻动太多，还有重要的一点，便是要在细节上下功夫。因为烹饪小鱼除了在火势、翻动率上的功夫外，还需要在准确地掌握火候、恰当地放调料等细化的功夫上做到位了，才能使鱼味道鲜美。同样在管理的过程中，能够沉静下来在细节上下功夫也是至关重要的。关于这一点，丰田汽车公司的社长丰田英二的一句话颇为典型：丰田汽车最为艰巨的工作不是汽车的研发与技术创新，而是生产流程中技术工人对每一根绳索不高不矮、不偏不倚，没有任何偏差的摆放和操作。总之，"治大国，若烹小鲜"，在现代管理学上具有十分现实的意义，如果全部展开，还可以有更为细化的论述，这里我们就点到为止吧！老子主导的以"道"治国，"道"代表了事物的性质和未来的发展变化规律。他的这些思想对后世影响很大。纵观历史，历朝历代开国初年都采取这样一些同样的政策，例如汉朝、唐朝初期，民生疲敝，于是黄老思想在统治阶级中占主导地位，采取轻徭薄赋、休养生息等"无为而治"的措施发展生产，恢复经济从而步入繁荣新时期。

"鬼"按照现代观点是指一些不确定性因素，例如旱灾、饥荒、洪水、地震不实行为等，属于外因不可抗力，佛道两家都认为"魔由心造，妖自人兴"。真正的"魔"，在于人心内、在于思想，是心理作用。所谓的"妖"，也大多是阴谋家玩的把戏，通过人的恐惧心理起到控制行为的作用。大多数朝代的灭亡大致分为这样几种：外族入侵，如两宋；权臣篡位，如曹魏；农民起义，如明朝；等等。而农民起义常常伴随旱灾饥荒。那么一个王朝的灭亡是不是由旱灾饥荒导致的呢？很显然是不能成立的，一个王朝从建立到灭亡不知要经历多少旱灾饥荒，如按照这个逻辑这个王朝早就灭亡多少次了。所以老子说"非其鬼不神，其神不伤人"就是说不是天灾不起作用而是它造成的危害还动摇不了民心，为什么呢？因为有"道"。这样的统治者如果实行"无为而治"，即使发生天灾也动摇不了民心，统治者就能不断得到维护。相反，如果统治阶级妄为，过分强制老百姓这样那样，宣扬官本位论权、拜金主义高人一等，就会失去民心，到了那个时候，原本不会造成伤害的天灾就会成为导致王朝灭亡的导火线。如秦朝刑法严峻，赋税徭役过重，惹得民怨沸腾，结果大泽乡的一场大雨就使六国联军都打不败的秦国灭亡了。再如成吉思汗的子孙纵横亚欧大陆，所向无敌，可是蒙古人对被统治民族实行严重的歧视政策，于是一句"莫道石人一只眼，扰动黄河天下反"的谣言就揭开了空前绝后的帝国覆灭的序幕。所以，一旦"以正道莅天下"，注重道德与诚信，那些鬼神之类的就一点儿也不灵验了。"鬼"都不灵了，也就没有人来捣乱了。

"治大国，若烹小鲜"是中国流传很久、很广、很通俗的，它是老子治国非常有代表性的语言。唐玄宗在《御注道德真经》中对这句话加以评述道："烹小鲜者不可挠，治大国者不可烦。烦则人劳，挠则鱼烂矣。"中国历史上有很多帝王将相都信奉这一道理，并在很多时期实践了这一道理，成功与失败的关键在于是否能把这个道理运用得恰到好处。对"度"要有个深刻认识。老子所说的"鬼和神"不是有神论的鬼神，他只是借用鬼神的问题来说明"道"的作用。若能够以"道"来治理社会，那么各种妖异存在的"鬼"就不再显得变幻莫测了。在老子看来，关键问题不是有没有鬼神，而是能否遵守"大道"。以"道"的规则来治理民众，则众百姓受"德"泽，他们都各遂其生，相安无事。统治者采取清静无为的政治观点，对民众不施政令、不加干涉、不用酷刑，使民众自然而然地自我生存生活，不受伤害。归根到底，还是讲"人"的问题。达到清静无为的地步，天下太平，彼此互谅，互不伤害，和谐共存。这就是"无为之道"，也是庄子所说的"天地与我同根，万物与我一体"。佛家称之为"空"，即"天地同根，万物一体"，其实都讲"自然之道"的道理。这样，不但是鬼不灵了，神也不能伤人。最后天地生养万物之德回到本位，"夫两不相伤，固德交归焉。"自然之"德"回归本身，天下之人从此也就和谐共处了。老子提出"啬"这个观念，并非专指财物上的，乃特重精神上的。"啬"即是培蓄能量，厚藏根基，充实生命力，他还提出了发人深省的警句："根深蒂固，长生久视之道。"本章还排除一般人所谓的鬼神作用的概念，说明祸患全在人为。人为量度得当，祸患则无由降生。

第六十六章　道用之不足既

原文：

　　执大象，天下往。往而不害，安平大。乐与饵。过客止。道之出口，淡乎其无味，视之不足见，听之不足闻，用之不足既。

　　为学日益，为道日损。损之又损，以至于无为。无为而无不为。

译文：

　　"大象"，即道，因道大无法比拟，故假借"大象"来描述。若能执守修持无所不能的自然之道，天下的品物万类，无不宾服与归往。"不言而善应，不招而自来"的万事万物的自然规律之"道"，不仅一一归往与不相害，而能平安康泰。谁掌握了自然"大道"，天下众生都会归附他，人皆归向。利欲的美色、动听的乐音、爽口的厚味、香鼻的肴馔，不过只能引人注其耳目，快利口鼻，犹如过客暂且逗留一时。唯有纯粹、素朴、清静、无为的自然之"道"，虽淡而无味，视而不见，听而不闻，但它的功能及作用是无所不能的，理解它、运用它，作用却无穷无尽，任何事物都不能和道相比。老子认为"道"虽无形，但作用无穷无尽，凡得道者，人皆归往。君王统治天下，常常以不扰攘百姓、清静无为的方法为治国之本。

体悟：

　　这一章老子再一次论述了"道"的作用和影响。在《老子》中"道"的作用和影响被多次提及，看似重复，实则是层层深入，不断展开论述，它歌颂了"道"的伟大能量。老子创建了"道"的学说，并反复描述"道"，但"道"究竟是什么样的东西，老子也尚未找到合适的表达方式，所以使"道"的学说很玄妙。"道"看不见、听不到、摸不着，用感官无法感知，但它又实际存在，它对万事万物的影响和作用是无穷无尽的。懂得了宇宙万物之道，则无往而不利，从大处着眼、小处着手，就能"往而不害"。"乐与饵"只能供人们短暂地享受，诱惑人心，好听好吃好玩的东西在那里，路过的人会停下来。世上一切物质的东西，只要使人感到舒服快乐，人人都会受到诱惑，但不能长久。"大道"虽然平凡无奇，但它在人间于平凡中见伟大，可以终身受用。"乐与饵"可以理解为当时的"仁义礼法"，"过客"指那些平庸无能、争权争利的官员。老子在这里告诫统治民众的官员们不要沉迷于声色犬马之中，应该追求自然质朴的"大道"。统领者执政、治国、做事都应该按照事物的自然发展规律去行事，这样才能保持社会的安定与可持续发展。

　　"执大象，天下往。"这个"大象"，不是指动物中的大象，而是"道"的一种代指。为什么用"大象"来指代"道"呢？老子说"大象无形"，意思是最大的形象看上去反而无形，"道"正是这种无形之象。从老子的论述来看，这句话是说给国家统治管理者的。作为领导人，如果掌握了治国大道，天下的人就会自动归附。其实，大道至简，统治者只要不胡乱作为，不扰乱众百姓生活，不为私利残害百姓，给百姓安定的生活环境、自由的发展空间，老百姓自然会创造自己的生活，安居乐业。商朝末年，纣王残暴无道，对外大举征伐，在内大事兴作，搞得民不聊生、怨声载道。而当时的西伯侯姬昌，也就是后来的周文王，勤于政事、礼贤下士、广罗人才；经济上爱惜民力，重视农业生产，促进经济发展；在社会生活上，倡导笃仁、敬老、慈少的风气，声名远播，以至"天下三分，其二归周"。商周两国统治者的治国方略截然不同。西周执大象"顺道而为"，商朝则背道而驰。所以天下民众乃至贵族，纷纷西行归周。西周国力大盛，最终灭掉商朝。周文王的做法，正是老子所谓的"执大象，天下往"。不仅国家，任何一个组织或企业，要想发展壮大，必须掌握组织管理的客观规律。在企业管理上，谁都知道人才的重要性。但是，许多企业为招不到、留不下人才而苦恼。其实，这是没有把握人才流动的规律。关于这一点，日本著名的企业管理顾问酒井正敬提出了这样一条法则，他说："在招工时用尽浑身解数，使出各种方法，不如使自身成为一个好公司，这样人才自然而然会会集而来。"其实，酒井正敬正是老子"执大象，天下往"这一思想在企业管理上的具体体现。

　　老子具有无上大智慧，往往能见人所未见。在许多人看来，众人归附已经达到目的，但老子却不这么认为，他比常人看得更远更清。他认为，即使天下的人都来归附，天下也不一定就是太平安定的，人多是好事，但人多了更容易滋生矛盾和斗争。大家很熟悉"三个和尚没水吃"的故事，很多的人聚拢到一起，往往并非好事儿，而是会彼此掣肘，反而不利于行动。另外，西方还有一个阿尔布莱特法则，说的是将一群聪明人收编进组织以后，结果往往会变成集体性愚蠢。人多了，人人都自以为是、唯利是图、争名夺利，必然导致天下大乱。故而，他在人民归附之后，又提出了"往而不害，安平太"的观点。也就是说，天下来归，众人也不会相互妨害，而是大家都会安居乐业，其乐融融。要做到这一点是很难的，但对老子来说却是轻描淡写。他认为对于统治者而言，只要执守大道，就不会出现人多混乱的现象，而是来归附的越多，大家所得到的利处就越大。可见达成这种天下之人都来归附，并共同创造太平盛世的局面，必须做到的一个前提就是统治者的所作所为一定要符合于"道"。这道出了一个普遍的历史规律，也就是"得道者多助，失道者寡助。寡助之至，亲戚畔之；多助之至，天下顺之"。统治者只有使自己的作为合之于"道"，才能够使得天下人真心归顺，才能够将天下治理好。

老子说："执大象，天下往。"掌握大道的人，天下就会向他归顺；反之，违反大道的人，必定会被上天所厌弃。商汤灭夏的故事可以很好地说明这个道理。夏桀是中国历史上著名的暴君。他不修国政，骄奢淫逸，滥杀无辜，残暴不仁。在其统治时期，多次举兵讨伐周围小国，使原本臣服于夏的诸小国都背离了夏朝。夏桀为了加强周围诸国的控制，曾多次举兵讨伐有施氏，有施氏自知抵御不过，为避免灭亡，便选了一名叫妹喜的绝色美女，献给夏桀。夏桀看到这位倾国的美女后就罢兵而归，终日与妹喜厮守在一起，寸步不离，从此不再理政。为了讨好妹喜，夏桀在国内大征民夫，特意为妹喜修建了一座宫殿，因此宫高大无比，看上去就像要倾倒下来，所以叫"倾宫"。倾宫有琼室、瑶殿、象牙嵌的走廊、白玉雕的床榻。夏桀整日和妹喜在宫中寻欢作乐，荒淫到了极点。夏桀别出心裁，在倾宫的边上挖了一条河，河里全部注满了酒，他把这条河叫作"酒池"，在酒池旁边还修建了一座完全用肉堆积而成的山，称为"肉林"。夏桀的荒淫无度让忠臣贤士寒心，老百姓怨声载道。夏桀手下有个叫关龙逢的臣子，听到老百姓的愤怒声音，觉得大事不妙，便向夏桀进谏说："天子谦恭而讲究信义，节俭又爱护贤才，天下才能安定，王朝才能稳固。如今陛下奢侈无度，嗜杀成性，弄得百姓都盼望您早些灭亡。陛下已经失去了民心。"夏桀认为自己的统治永远不会灭亡。他说天上有太阳，正像我有百姓一样，太阳会灭亡吗？太阳灭亡，我才会灭亡。百姓恨死他了，咒骂他说："你这个太阳啊！什么时候灭亡？我们愿意与你同归于尽！"夏桀还重用佞臣，排斥忠良。有个名叫赵梁的小人，专投夏桀之所好，还教其如何享乐，如何勒索、残害百姓，得到了夏桀的宠信。天下百姓对夏桀的统治深恶痛绝，没有人再愿意为夏桀这样的荒淫暴君卖命出力，夏统治集团内部也分崩离析、矛盾重重。正当夏朝日渐衰弱时，在黄河下游，有一个诸侯国渐渐强大起来，这就是商。商的国王叫汤，汤据说是帝喾后代契的子孙，为商部落首领。汤非常贤良，他以仁义治国，以礼貌待人，百姓都说遇到了一个明君，周围的诸侯也都和他相处和睦。商汤礼贤下士，得到了贤人仲虺和伊尹的辅佐。汤首先治理好内部，鼓励商国的人民从事农耕，饲养牲畜。同时团结与商友善的诸侯、方国。汤经常率领仲虺和伊尹出外巡视四周。商汤采取"宽以待民"的政治策略无为而治，以笼络民心，扩大自己的影响力。遇到哪个方国有灾有难，就主动救济，归顺商国的诸侯很快就增加到四十多个，商汤的势力也越来越大。此外，汤积极网罗人才，收集有关夏桀政权的情报信息，为灭掉夏朝积极做准备。而夏桀越来越骄奢淫逸，统治也越来越腐朽，民心尽失。汤于是决定讨伐夏桀。在讨伐桀之前，伊尹给汤献上一计，叫汤不要向夏进贡，看看桀会作何反应。这一年汤没有像往年一样，向夏进贡大量的财物。桀知道此事后，认为汤要造反，马上派兵攻打汤，却没能得到诸侯的响应。汤见桀已完全陷于孤立，立即动员自己的所有力量讨伐夏桀。出兵前，汤举行了誓师大会，并作了一篇《汤誓》，在大会上宣读，汤说："众兵士，我率你们去攻打夏桀，我不是发动叛乱，而是因为夏桀犯下的罪太多了，现在上天命令我去惩罚他啊！"汤在伊尹的辅助下，先攻灭了夏桀的党羽韦国、顾国，击败了昆吾国，然后直逼夏的重镇鸣条（今山西省安邑县西）。夏桀得到消息，带兵赶到鸣条。两军交战，夏桀登上附近的小山顶观战。忽然天降大雨，夏桀又急忙从山顶奔下避雨。夏军将士，原来就不愿为夏桀卖命，此时，也乘机纷纷逃散。夏桀无法止住，只得仓皇逃入城内。商军在后紧追，夏桀不敢久留，匆忙带上妹喜和珍宝，登上一艘小船，渡江逃到南巢（今安徽省巢县）。后被汤追上俘获。这时夏桀还不知悔悟，他狠狠地说："真后悔啊，当时没有把汤杀死在夏台监狱里！"汤将夏桀和妹喜放逐在卧牛，夏桀养尊处优惯了，在这荒僻山乡，无人服侍，自己又不会劳动，不久就活活饿死了。汤在消灭了夏桀、推翻了夏朝统治之后，定都于亳，建立了商王朝。夏桀倒行逆施，逆天而行，终至身亡国灭，实在咎由自取；而"汤武革命，顺乎天道又应乎人道"（《易·革·彖辞》），桀亡汤兴，"道"之所在，势固必然。"执天道，天下往。"

汉朝初年的政论家贾谊《过秦论》中提出了这样一个问题："且夫天下非小弱也，雍州之地，崤函之固，自若也。陈涉之位，非尊于齐、楚、燕、赵、韩、魏、宋、卫、中山之君也。锄耰棘矜，非铦于钩戟长铩也；谪戍之众，非抗于九国之师也；深谋远虑，行军用兵之道，非及向时之士也。然而成败异变，功业相反，何也？试使山东之国与陈涉度长絜大，比权量力，则不可同日而语矣。然秦以区区之地，致万乘之势，序八州而朝同列，百有余年矣；然后以六合为家，崤函为宫；一夫作难而七庙隳，身死人手，为天下笑者，何也？"这段话的大意是说，秦朝时起义的陈涉，他带领着一群拿着农具的民夫，几年之间就能够将强大的秦朝给推翻了，陈涉这支农民起义军的力量和当初东方各国的实力比起来简直是不可同日而语，可是以往崤山之东的各国那么强盛，都被秦国一一灭掉了，而统一之后，秦朝正可谓空前雄强，可是却灭亡在一伙乌合之众的手中，这是什么原因呢？贾谊给出的答案是："仁义不施，而攻守之势异也。"当年秦国扫灭六国，是合于国家统一之大势的，而后秦国暴敛无度，是逆道而行，这就是秦国统一前后攻守之势大有不同的根本原因。老子的话语很简单，但是却道出了维持统治长盛不衰的核心奥秘：顺道者昌，逆道者亡。道理就是如此简单，可是实践起来并不容易，而真正做到的人，就会成为优秀的领导者。"道清静无为"，它表面上看似平淡无奇，但正像他所说的"大方无隅，大器晚成，大音希声，大象无形"那样，正因为"大道"无所不为用之不尽，所以我们才有平淡无奇的感觉，这也是事物两面性互相转化的一种体现。

　　在这里，老子对容易引起人们沉迷的外在感受，包括财货、权势、情欲等妨碍身心的事物加以摒弃和超越，而突出精神上的淡泊宁静、纯朴自乐。"淡而无味"才是真正的"味"，是一种"大味""至味"，是"无味之味"。本段论述了"道"的平淡而无穷，隐含言外之意，读之余音徐歇。"道"不像音乐和美食，可以刺激人的感官，引起太多的诱惑，进而形成欲望，而是无味、无形、无声，却用之不尽。遵循"道"的规律，就可以使天下人前去投靠而不相伤害，过上和平安定的生活。因此可以认为本段是对于"道"的称颂，使人在平淡的叙述里不知不觉感受"道"的伟大、高远、含蓄、深沉。老子的这种看法也是对"无"和"有"的关系所做的进一步解释。"万物生于有"，所以看上去是很具体的，容易被我们理解和辨识，"有生于无"深邃空灵，说出来"淡乎其无味"，正如《老子》开篇所说的那样"道可道，非常道"。我们现在人去思考、去认知，也可以这样去解答，"无"就是精神层面的思考、思想、思路，计划也就是没有做事情前的所有想法就是"无"；"有"就是物质层面去理解万事万物。"无"转换于"有"，"有"转换于"无"。老子的"无为"实际上既是一种境界，更是一种策略。说它是一种境界，意思是说"无为"是脱离了感性认识上升到理性认识的一种状态。说它是一种策略，意思是说"无为"是人们在有所作为之前的一种保存实力的方法。老子说："乐与饵，过客止。"音乐与美食，能够诱使过路的人为之停住脚步。音乐和美食代表着一般的吸引人、诱惑人的东西，可是"道"呢？"道"如果说出来，却淡得没有味道，看不见，听不到，这跟音乐、美食等很容易让人着迷的事物是很不相同的。然而，"道"却是用不完的，也就是说"道"的作用是无限的，不像其他许多实用的东西，用处也许很多，但它总有用尽的时候，总会有一个限度。这句话说明了"道"所具有的两方面的基本性质，一方面是不可感知，也就是所谓的寡淡无味，看不到、听不见、摸不着；另一方面就是用之不尽。

　　老子告诫我们，动听的音乐和可口的食物诱惑人心，使人迷失在声色口腹之欲中。

第六十六章　道用之不足既

同样，权势能诱惑人的权力欲，美色能打动人的色欲，名声能使人沽名钓誉，金钱能激起人的贪欲。为了种种欲望，一个人必然会与他人拼命争夺，这将会给自己带来危险。当有人把这些欲望视为生活目的的时候，人就会迷失自我，在追求这些欲望、实现这些想法的时候，生活可能会跌宕起伏，或登上事业的巅峰，或跌落人生的谷底，可能会追随者众，也可能会众叛亲离。总之，这样的生活很刺激、很过瘾，显得轰轰烈烈、波澜壮阔。而道则与之相反，它平淡无味，你可以说它很乏味。但是，正像无味的水一样，它滋养着人的生命，涵养着自然的万物，永恒而伟大。真正得道的人，不会被种种欲望所左右，他们会纯朴守真，享受生命的自由。《庄子》中有这么一个故事，说庄子在濮水旁边钓鱼，楚王派了两个大臣来看他。这两位大臣看到庄子悠闲自在地钓鱼，便对他说："我们大王想请您到楚国去，他想拜您为相，和他一起治理国家。"庄子听后，一点反应都没有，过了好半天，才回过头来回答说："听说楚国有一只神龟，活了三千年才死。你们的国王把它用布包起来，放在竹盒里，然后藏在庙堂之上。我想问问两位，如果你们是这只神龟的话，是愿意死掉后骨头被供奉在庙堂之上让人敬奉呢，还是愿意活着在泥泞里爬行？"那两位使臣毫不犹豫地说："当然愿意活着泥里爬。"庄子听后，对他们说："请你们回去告诉大王吧，我情愿摇着尾巴在泥里爬，那样更自在！"一个有道之士，宁可穷困而死，也不愿踏进权贵们尔虞我诈的地方，因为他明白，如果走进去，不仅可能招致杀身之祸，而且个人的声誉一辈子也洗刷不清。

历史上，有多少人因为权力而趋炎附势、为虎作伥，但最终有好结果的能有几人？相反，像庄子、陶渊明这样淡泊名利的人则彪炳史册。那些真正的得道者，既不被物欲所蒙蔽，也不被空虚寂寞所困扰，身心自在，心情悠然。面对权势，得道者做出了这样的选择。同样，在人际关系上，得道者也是崇尚平淡的。所谓"君子之交淡如水，小人之交甘若醴"，就是道家对人际关系的睿智断言。有一次，孔子问桑雽："我在周游列国的过程中，遭受了很多的屈辱和磨难，亲戚、朋友和弟子都越来越疏远和离散了，这是什么原因呢？"桑雽举了一个例子，林回在逃亡的时候，连价值千金的璧玉都没有带，却带着孩子，有人说，那璧玉多贵重啊，小孩子能值几个钱？而且带着孩子是多大的拖累啊。林回说到，价值千金的璧玉跟我是以利益相合的，而这个孩子跟我却是与天性相连的。桑雽由此引发说，以利益相合的，一旦遭遇危难就会相互抛弃，而以天性相连的，则不论发生什么，都会彼此照顾、永不离弃。所以啊，君子之间的交往平淡得像清水一样，小人之间的交往却甜蜜得像美酒一样。君子间往来淡泊，但心里却是亲近的；小人之间往来密切，心地却是疏远的，一旦利益关系不存在了，友情也就断绝了。可见，判断人际关系好坏的标准，绝不能仅仅看表面上的冷热程度，而

531

天道：体悟老子

应当看维护着那种交往关系的实质是什么？只有当这种交往符合于内在的"道"，而不是依凭于外在之物的时候，它才能够长久。因为外在之物是容易变化的，是短暂的，在这种基础上建立起来的人际关系，也会随着外在境况的变化而变化；而"道"则是恒久的，就像桑雽所讲的那样："夫以利合者，迫穷祸患害相弃也；以天属者，迫穷祸患害相收也。"人际交往，只有取之于天属之"道"，方能同甘共苦，相濡以沫，生死与共，不离不弃。

老子认为，大到治国，小到为人处世，过多地采取措施，有时会产生相反的效果。"静能胜动，寒能胜热，无能胜有。"可见，"无所为"正是为了"有所为"，有时候"无所为"本身正是一种"有所为"。如果我们能深刻了解"无为"的深刻妙用，自然能获得更大的成功和效果。仁义礼法之治犹如"乐与饵"，不如行守自然无为的大"道"——虽然无形无迹，但能使民众平居安泰。

第六十七章　道知者不言

原文：

　　知者不言，言者不知。塞其兑，闭其门；挫其锐，解其纷；和其光，同其尘，是谓玄同。故不可得而亲，不可得而疏；不可得而利，不可得而害；不可得而贵，不可得而贱，故为天下贵。

译文：

　　大道是天地之始，万物之本，其妙用无穷，只可意会，言语无法表达清楚。此谓"知者不言"，有智慧的人不夸夸其谈。书不尽言，言不尽意，言语能表达出来的是粗浅的，有形的事物之末，而不是微妙玄通的"天地之始"。此谓"言者不知"，夸夸其谈的人没有智慧。（"兑"是口，"门"是眼、耳、鼻）。既知"微妙、玄通"始物之妙，用言语无法表达清楚，就应"塞兑静"。老子用"无欲观其妙"就是此意。天地之始，万物之本的造化机制，口不能言，目不能视，耳不能听，鼻不能闻。故老子说"视之不见名曰夷，听之不闻名曰希，搏之不得名曰微，此三者不可致诘，故混而为一"。此段是教我们要堵塞欲念的通道，关闭欲念的门径，静养天性，清静六根，断诸邪障，塞住知欲的孔窍，关闭知欲的门户。（"锐"刀剑之锋刃，"纷"纷纭杂乱）人们因贪名逐利，自知、自见、自伐、自矜、自是，机智炫露，似同刀剑之锋利，与接为构，日以心斗，互为交争，致使社会不能清静。修身者，必以不自知、不自见、不自伐、不自矜、不自是为最有能力，应含光韬晦，慎养自然天真。"挫其锐"是，挫折欲望的锐气。人因私欲过度，致使"忧若神仙，流浪生死，长沉苦海，永失真道"，是谓"解其纷"，解决众人纷扰的纠纷。"光"，智慧、德行。"尘"，尘世、俗情。此段是说修身者素日不可炫露己德，以己为是，应取圣人无常心，以百姓心为心，方而不割，廉而不刿，直而不肆，光而不耀，众物各自发挥，如同火照火，水入水，混为一体，是谓"和其光"，收敛成功耀眼的光芒。不能树己身而异于人，不能以己之高洁而弃丑陋。无人我之分，贤愚之介，如同尘土，此谓："同其尘。"混同于众百姓尘世之间。常言道，虎离山遭擒，鱼脱渊即枯，君失民必倾。故唯有和光同尘，方是安身立命之所。

天道：体悟老子

（"玄"是深远不测的意思）这就达到了浑融一体的玄妙境地。与物能"和其光，同其尘"，就是和深远不测的无极大道同为体用了。

达到玄同大道的人，已经摆脱了亲疏、利害、贵贱，挫去了锋芒，解脱了纷争，收敛了光耀，混同了尘世，这就是深奥玄妙的"同一"境界。正因为很多人不能进入这个境界，所以才会产生远近和亲疏，才会有利益和损害，才会分出高贵与低贱。所以只有真正的智者才是天下最尊贵的人。老子认为，智者通过自我修养、排除私欲、不露锋芒、超脱纷争、含蓄光耀、混同尘世、不分亲疏、不分利害，不分贵贱、玄妙齐同、豁达宽广，自然会得到天下众人的尊崇和爱戴，成为天下所推崇的圣君名主。

体悟：

"知者不言，言者不知。"有智慧的人大多是沉默寡言，多说话的人大半没有智慧。其实老子的意思是说话要三思后行，过过脑，深思熟虑，不要夸夸其谈，废话连篇。"知者不言，言者不知"历来被我中华民族奉为处世之道。本章中老子所提出的一种重要智慧是"知者不言，言者不知"。实际上，这种观点乃老子一贯的宇宙人生观的反映，是《老子》中"道可道,非常道；名可名,非常名"观点的进一步延伸。真正懂得"道"的人，往往不是逢人必讲的，而反过来，逢人必讲的，往往并不懂得"道"。关于此，庄子也持相同的看法，并在《庄子·知北游》《庄子·外篇·天道》中对此问题进行了详细的阐释。在《庄子·外篇·天道》中，庄子说道：世人所珍视的大道，是文字的记载；文字的记载不外乎语言。但是，有的意义是不可以用语言来表达的，有的用语言无法表达出来。以语言文字流传下来的东西往往并无多大价值。我之所以不珍惜它，是因为他们所看重的东西并不是世界上最真实、最珍贵的东西，那些真正珍贵的东西往往是只可意会不可言传的啊。眼睛看得见的是形体和颜色，耳朵听得到的是声音，人们竟然试图通过这些媒介来了解大道，那是做不到的。因此，那些形、色、声、名根本无助于人们了解真正的大道。

在《庄子·知北游》中，庄子则直言："辩不若默，道不可闻；道不可见，见而非也；道不可言，言而非也。"庄子同样是假借寓言的形式指出：不知晓是深奥玄妙，知晓是浮泛浅薄；不知晓处于深奥玄妙之道的范围内，知晓却刚好与道相违背。简单说，不知晓就是真正的知晓，知晓就是真正的不知晓；道不可能听到，听到的就不是道；道不可能看见，看见了就不是道；道不可言传，言传的就不是道。要懂得有形之物之所以具有形体，正是因为产生于无形的道，因此大道不可以称述。因此有人询问大道便随口回答的，其实他是不知晓"道"的。就是询问大道的人，也不曾了解过道。道无可询问，问了也无从回答。无可询问却一定要问，这是在询问空洞无形的东西；无从回答却勉强回答，这是在说对大道并无了解。内心无所得却期望回答空洞无形的提问，像这样的人，对外不能观察广阔的宇宙，对内不能了解自身的本原，所以不能越过那高远的昆仑，也不能遨游于清虚宁寂的太虚之境。庄子最后又总结出——至言去言。需要指出的是，对于"知者不言，言者不知"的解释，也有一种观点认为，可直接解释为"智者不言，言者不智"。即认为真正有智慧的人往往是少说话的，而只是没有智慧的人才往往自以为知道很多东西而夸夸其谈的。

不过，这里的"知"无论是解释为"知道的人"还是"有智慧的人"，其差别不大，其总归要告诉我们的观点就是不要说那么多话。关于不要去说那么多话的智慧，可以分作几个层次来讲。首先，如上面所言，宇宙间真正高深的道理不是用语言所能表达的。因此，即使有人感悟到了，也无法用语言传递给别人。因此，现实中那些夸夸其谈、坐而论道的人所讲的肯定不是真正的道。曾经有人说过一个形象的比喻，说每个人的知识都是一个圆圈，圆圈外面的部分就是每个人的未知部分。因此，一个人的知识越多，其圆圈的周长就越大；同时，其所接触的未知世界就越大，也就更感觉到自己的无知，这就是为什么越是有学问的人越谦卑和沉默的缘故。相反，那些一知半解的人总是急于表现自己的学问，这种人往往显得浅薄浮躁，遭人暗地里嘲笑。民谚云"一瓶子不满，半瓶子晃荡"，说的就是这个道理。

少说话的另外一个层面便是，有些事你心里明白便可以了，不要说出来。想必生活中经常会遇到这样的情景，有些事情只能心里明白，但不能说出来；一旦说出来，便可能会引起不好的后果。比如，在一个特定的形势、场合、背景下，尽管有些事你心里知道，但是不该说的就不说，说了反而不好，甚至还会带来祸害。或者是有人私下里向你打听一些有关别人的私人信息；或者是有人不怀好意地询问你对别人一些行为的看法，试图和你一块儿背后挖苦别人，这时候便是你运用"知者不言"的智慧的时候了，假装没看见、没听见，或者装傻充愣，这才是真正的"智者"。相反，那些不知轻重，不知什么该说什么不该说，毫无顾忌地拿起什么说什么的人，表面上似乎比别人多知道些东西似的，其实是真正的"不智者"。现实中，因为不懂得适时沉默，因此给自己带来麻烦，乃至带来灾祸的人，可谓数不胜数。

不要说那么多话的第三个层面，则是考虑说话的效果。想一下便不难明白，一个说话多的人，相比于一个沉默寡言的人，其所说话的分量肯定是不一样的。话说得越多，分量自然会减轻。因此，一个真正想影响别人的人，往往不是通过语言多少去教导别人，而是通过自己的行为去影响别人的。孔子曾言："其身正，不令而行；其身

天道：体悟老子

不正，虽令不从。"说的便是身教的问题。正因如此，中国古代的那些父母在子女面前，总是尽量展现出孝敬、诚实、守信的品格和行为，其目的便是将这些品格暗暗地传给自己的子女。古代一些名将在打仗时往往与士兵一起吃苦，其目的则是向士兵传达想要取得胜利，就要同甘共苦的意思。显然，这些以身示范的教育比口头的说教效果要好得多。之所以施行不言之教，除了考虑说话的效果之外，还有一个原因，便是许多东西用语言是表达不出来的，只能是靠不言之教来表达。

关于此，《庄子·逍遥游》中所讲的故事形象地说明了这一点。列子是战国时期的一个传奇人物，据说他能乘风而行，轻虚缥缈，微妙无比，一飘就是半个月，非常自在。于是，有不少人想拜其为师，却从来没有人学会过。谁也不知道为什么。有一位叫尹生的人，听说列子有乘风之术，很羡慕，就带上干粮找到了列子。尹生每天和列子住在一起，帮列子打柴做饭，一连住了几个月，为的是有机会向列子请教乘风的技艺。但是尹生向列子探问过十多次，列子总不开口。尹生便感到很生气，认为列子心胸狭窄，不愿传授给他人，便告别列子回家去了。列子也没有一句挽留的话。尹生回来后，回想起自己的这番经历，觉得不对头。因为他早在见到列子之前就已经听说了他的事迹，据说饥者求食，他将仅有的一碗饭分与一半；寒者求衣，他将身上的夹层衣剥下一层；别人丢东西怀疑他，他也并不怨恨。由此可见，列子不是个心胸狭窄的人，乘风之术他绝不会秘不传人。对于自己的求问不作答，必有他的道理。想到这里，尹生便后悔自己太轻率了，于是他又重整行装，二次拜见列子。列子见尹生又回来了，便奇怪地问："你走了才几天，怎么又回来了？"尹生跪拜说："学生先前怨恨先生不肯教授乘风之术，所以才离去。但后来一想，先生不授肯定自有道理。此次消除了怨恨之心，特地向先生请罪，望先生能再次接纳。"列子一听便长叹一声道："你在这里待了几个月，我每天都向你传授。你要回去，我以为你已经领会了大道的奥妙，所以任你离去了。没想到你不但没有领会，而且还没入门，实在令人遗憾！"尹生一听，感到十分迷惑："先生几个月都未发一言，怎么说天天向我传授？""唉，既然你如此不敏，我就只好以口传授。"列子说道："乘风之术本来就无法用语言来传授。用语言传授，表面上似乎说得很清楚，实际上却离道会越来越远，只有默默不语才能慢慢领会。当初我跟随老桑先生学习乘风之术，三年时间里，老桑先生没有说过一句话，我虚心静气，安养精神，三年后我能做到心不敢念是非、口不敢言利害的境界，直到这时，老桑先生才斜眼看了我一次。我又修炼了两年，达到了心敢念是非、口敢言利害的境界。这时，老桑先生才破例向我笑了一次。我又休养了两年，能够做到随心所欲而心中无是非、随口所言而言中无利害，这时，老桑先生才让我与他并肩而坐。我又休养两年，能够放纵心思，任其驰骋，放纵口舌，任其闭张，而对于所思所言的内容我则浑然不知。既不清楚我的是非利害是什么，也不清楚别人的是非利害是什么。不知道究竟老桑先生是我的老师，还是我是老桑先生的老师。甚至我的体内身外都好似没有区别了。感觉眼睛像是鼻子，鼻子又像是嘴，心凝结在一起，骨肉都消融了，随风飘荡，或东或西，好像是没有知觉的树叶一样。弄不清楚到底是我乘风而飘荡，还是风乘我飘荡。而你在我门下学艺不过几个月，就有这么多的怨愤，这怎么行呢？怨愤是由彼此之间的界限产生的，之所以有怨愤，乃因为觉得别人对不起自己。这样就在自己和别人之间划出了一条界限，怨愤越大，这种界限也就越深；界限越深，自己和他物就越难以融合；难以融合，则气不能容纳你的身体。大地不能托载你的双足，要乘风而行也就无从谈起了。"

　　总之，"知者不言，言者不知"所要提示我们的便是，首先，真正高深的道理往往是语言难以表达的，只能通过心去领悟。因此，说得天花乱坠的人，往往并非真正的高人。而我们则要避免成为那样的人。其次，许多东西知道了便可以了，不必非要说出来，一旦说出来，往往只能说明你的不智。最后，便是提示我们要想让别人听从自己，话说得再好，都不如通过默默的行动去影响别人，是很有效的。"知者"之所以"不言"，正呼应了"道可道，非常道"，皆在探寻一条使人生通往和谐的"大道"。老子主张"塞其兑，闭其门"。少言寡语，当然不是完全不说话，而是不说废话，要言之有物，符合事实才好。从这一点来看，他是主张"出世"的原则。这是做人的最高艺术，就是不高不低、不好不坏、平安一生、与世无争最为幸福，这不仅是统治人民的原则，也是老子对理想人格的表述。

　　在《道德经》全书中反复论述了"无为"学说，他在这一章提出了"挫其锐，解其纷；和其光，同其尘"的观点，就是把尖锐的棱角磨平，把内心私欲、妄念去掉。把外露的闪光收起，不显露特别之处。一个人锋芒外露，就容易遭受挫折。看问题过于主观，坚持自己的意见就会片面，容易引起是非纷扰。阳光照射，必有照不到的阴暗面，只有懂得"负阴抱阳"、对立统一的规律，才能"用其光，复归其明"。人世间的纷繁复杂也是如此，超脱现实生活是不可能的，只有消除成见，无论好坏都因势利导，这就是"同其尘"。老子眼里的理想人格形态，是"挫锐""解纷""和光""同尘"，最后达到玄妙的境界，也就是"道"的境界。

　　"玄同"就是要消除自我的蒙蔽，化解一切隔膜，超越人伦关系的束缚，以豁达的心态度对待人世间的一切人和事。他把"道"的特征规律引申到人生上来。这就为世人指出了一条在现实社会中安身立命、成功的平安之路，即不露锋芒，欲无所强求，

天道：体悟老子

顺势化解矛盾而不是引起纷争，与人世间的一切事物和谐共处但自己不受污染，从而用简单之法修炼自然之道。由"和其光，同其尘"引出来的成语"和光同尘"被很多人理解为一种消极的处世原则。如果我们把自己放在一个争权、争利、争霸的环境中，你就会觉得"和光同尘"这种境界的高深妙用之处。"韬光养晦"在我们历史上，因奉行此道而保全自己性命的大有人在。"小隐隐于野，中隐隐于市，大隐隐于朝"，"大隐"之人就是把内心融合于它的对立面——朝中，并在一种看似不和谐的环境中得以长存。在老子看来，人间的亲疏远近、尊卑贵贱都是由于人们不得此"道"（不理解\不认识这一自然规律）而引起的。人世间本是一个浑融的整体，只因"大道废"，才有了善恶、美丑的分别，而在这些对立中保持原初的和谐，才是为人处世之正道。真正的"智者"是不会徒劳地对人们进行强行说教的，而是通过自我修养，排除私欲的干扰，不露锋芒，超脱纷争，韬光养晦，混同尘世，不分亲疏、利害和贵贱，豁达大度对待世间一切人和事，这样就能达到所谓"玄同"的境界。

做到最平凡，不容易亲近，也不会被疏远，不会特别蒙利，不会特别受害。没有亲疏，没有利害，没有得失贵贱，永远处于包容和谐之中，而不高明也不卑下，既不骄傲也没有自卑，永远是中和自然大道。实际上我们可以看到，这是老子对统领者寄予的希望，他希望统领者也能够是这样的"智者"。这种统治才合于"大道"，才是最宝贵的。这样自然就会得到天下众人的尊崇拥护而长久。理想的人格形态是"挫锐""解纷""和光""同尘"而到达"玄同"的最高境界。"玄同"的境界是消除自我的固弊，化解一切封闭隔阂，超越于世俗偏狭的人伦关系之局限，以开阔的心胸与无所偏执的心境去对待一切人和物。总之，"知者不言，言者不知"所要提示我们的便是，首先，真正高深的道理，往往是语言难以表达的，只有通过内心去领悟。因此，说得天花乱坠的人往往并非真正的高人。而我们则要避免成为那样的人。其次，许多东西知道了便可以了，不必非要说出来，一旦说出来，往往只能说明你的不智。假装不敏，装傻充愣，反而是最聪明的做法。最后，便是提示我们要想让别人听从自己，话说得再好，都不如通过默默的行动去影响别人有效。

第六十八章　宠辱若惊

原文：

　　宠辱若惊，贵大患若身。何谓宠辱若惊？宠为下，得之若惊，失之若惊，是谓宠辱若惊。何谓贵大患若身？吾所以有大患者，为吾有身；及吾无身，吾有何患？故贵以身为天下，若可寄天下；爱以身为天下，若可托天下。

译文：

　　"宠"是指偏爱，褒扬。"辱"是指责罚、贬斥。受到偏爱，褒扬或责罚、贬斥就会惊慌失措。什么叫"宠辱若惊"？其实受宠并不是光彩而是低下的。得宠和失宠就惊慌失措，叫作宠辱若惊。得宠就感到惊喜，受辱就感到惊惧、惊慌、恐惧不宁，像大祸临头一样。这就叫作宠辱若惊。所以宠辱都是对自己身心安宁的扰动。什么叫作"贵大患若身"？是因为把自己看得太重。如果不把自己的名利地位、虚荣等看得太重，而能淡然处之，不当回事，还有什么惊慌失措的必要和大祸临头的感觉？大道无情，天地不仁，本无宠辱。加之人们的宠辱全是私欲之所致，如能保持静心无欲的天真本性，宠辱不必理会，哪有若惊的现象？所谓遇宠辱而感惊慌者，是因为人们把自我虚荣的名声看得太重的缘故。

　　我们之所以有大患，就是因为我们有身体的感受；假使我们没有身体，那我们还有什么祸患呢？所以爱惜自己的身心，感受并以此态度去爱惜天下的人们。只有以虚静淡欲自守，忘乎贵贱，超脱繁缛，也只有这样的人，才能将天下委托给他。故上篇中说："故不可得而亲，不可得而疏，不可得而利，不可得而害，不可得而贵，不可得而贱，故为天下贵。"老子论述宠辱对人身的危害，提出了贵身、爱身的主张，认为把宠辱看得比生命还重，是人生最大的祸害。

体悟：

　　"宠"，几千年来在信任、提拔、表扬、奖励、赏赐、吹捧、赞颂等方面获得极致的展现，所以众人都喜宠惧辱，求荣避耻成为我们人生观的重要组成部分。众人皆认

天道：体悟老子

为人得宠则荣，名利双收，受辱则贱，而无名利可图。于是代表荣宠的赏赐和溢美之词迅速蔓延，同时给社会带来越来越多的危害，因为有名利之心，必生贪欲之念，有贪欲之念，必招大患。在历史的变迁过程中，吉凶祸福，瞬息万变。一宠一辱，座上客与阶下囚的距离往往只有一线格、一瞬间。然而这两种命运的后果都无法让世人觉醒，众人都没有太多的办法丝毫不为这一宠一辱或一辱一宠所刺激，于是仍旧在争荣避辱中挣扎沉沦，在你死我活不安宁的人生中经历"宠辱若惊，贵大患若身"。无论得宠或者受辱，都感觉惊恐不安。重视自身就像重视祸患一样。得到宠幸则会感到意外，因而战战兢兢、诚惶诚恐；受到侮辱，会觉得伤自尊，变得愤怒。这两种情况都会使独立的人格受到影响。宠则得意，辱则失意。

在日常生活中，人们对于宠辱毁誉总是看得太重，甚至看得比自身还重。在老子看来，因荣辱得失而改变自我，是因为太看重名利得失，或惊恐不安，或欣喜若狂，种种失态，全是内心的欲望使然。有荣辱观念是因为以自身为贵，就是以大患为贵；以自身为贵必然生名利之心；有名利之心，必生贪念；有了贪念，必有大患。患，即心外之物成串。外物成串，身岂能不累，心岂会安宁？为了身外之物不择手段，祸患能不产生吗？我们现实的人生，甘于淡泊、知足常乐的毕竟很少。在人际关系交往上，不因荣辱而保持道义的，实在太少。"势利之交，难以经远。士之相知，温不增华，寒不改弃，贯四时而不衰，历坦险而益固。"而世人荣辱成败、是非得失，往往极为介怀，故而"身宠亦惊，身辱亦惊"，真要做到宠辱不惊，很是不易。那是经历富贵生死、脱胎换骨之后才有的境界。受辱而惊，是谁都不愿意的。那么受宠呢？获得丰厚的物质回报或精神奖励则会令人趾高气扬，到处炫耀。只有世间高人，如老子之列，才能做到宠辱若惊而求无为，爱惜自身的纯净人格尊严而不为身外之物的权欲所累，更致力于超脱于"宠辱"的自我。老子解释了何谓"宠辱若惊"："宠为下，得之若惊，失之若惊，是谓宠辱若惊。"

老子说，得宠是卑下的，这乍听起来令人难以理解，因为受宠是被别人看重的表现啊，怎么会是卑下的呢？原因就在于关系双方地位的不平等。所谓"宠"者，是一种上对下的关系，而下对上，无论怎样爱戴，都不能叫作"宠"。在古代，"宠"又特别用于皇帝对他人的赏爱，还有一个与"宠"很相近的词叫作"幸"，皇上去某地，或者宠爱某人，就叫作"幸"，而"宠""幸"二字也经常连用。我们可以很明显地体察到，受宠获幸是被动的，只有地位在上者对自己给予青睐，才能够得到宠幸。说到底，得宠是一种接受施与的关系，一谈到施与，也就有失平等了。谈及"宠幸"，在古代用到这一词语最为频繁的也就是皇帝的那些嫔妃们。皇帝往往有着数量众多的妃子，但是不大可能对每一个嫔妃都平等待之，其中必然有某些人得宠，而又有某些人失宠，还有某些人既得宠又失宠。由此，得宠者荣耀加身，而失宠者则会成为冷宫怨妇。当年杨贵妃受到唐玄宗的宠幸之后，杨氏一家都受到封赏。杨贵妃的父亲追封为太尉和齐国公，叔叔擢升为光禄卿，母亲封为凉国夫人，大姐、三姐和八姐分别封为韩国夫人、虢国夫人和秦国夫人。族兄分别封为寺卿、御史和右丞相。白居易在《长恨歌》中写道："姊妹弟兄皆列土，可怜光彩生门户。遂令天下父母心，不重生男重生女。"杨家一时荣耀无比。而到马嵬驿兵变之时，杨国忠被杀，杨贵妃被赐死，一家人多数落得可悲下场。

一荣一辱，荣辱真是天差地别，但是这荣辱皆不由己。白居易还在诗中写道："后宫佳丽三千人，三千宠爱于一身。"这说明后宫嫔妃众多，而得宠者实为寥寥，一个人得宠的背后，是三千佳丽的遭受冷落。极少数的得宠者是幸运的，然而绝大多数的失宠者则是十分不幸的。与白居易同时期的诗人元稹有一首题作《行宫》的诗，诗中写道："白头宫女在，闲坐说玄宗。"这些宫女在自己最为美好的青春时节被送进宫掖，可是入宫之后得到的是什么呢？我们可以从白居易的一首名作《上阳白发人》的诗中窥见一斑："未容君王得见面，已被杨妃遥侧目。妒令潜配上阳宫，一生遂向空房宿。宿空房，秋夜长，夜长无寐天不明。耿耿残灯背壁影，萧萧暗雨打窗声。"这些当年"脸似芙蓉胸似玉"的如花少女，只得在禁闭的宫中日复一日空虚寂寥地枉然度过自己宝贵的一生。她们固然不愿就这样毫无意义地令自己"红颜老白发新"，可是她们对此是无可奈何的，因为她们是没有条件施宠于人，自身只是可怜地等待着他人宠幸的被动者，她们的命运是掌握在别人手中的，这就是老子所讲的"宠为下"深刻的现实意义。

老子提倡处世，看淡世俗荣耀与耻辱。在《庄子·徐无鬼》中，有这么一段话。徐无鬼靠女商的引荐得见魏武侯，武侯慰问他说："先生一定是极度困惫了！为隐居山林的劳累所困苦，所以方才肯来会见我。"徐无鬼说："我是来慰问你的，你对于我有什么慰问？你想要满足嗜好和欲望，增多喜好和憎恶，那性命攸关的心灵就会弄得疲惫不堪；你想要废弃嗜好和欲望，退却喜好和憎恶，那么耳目的享用就会困顿乏厄。我正打算来慰问你，你对于我有什么可慰问的？"武侯听了，怅然若失，不能应答。老子讲的是"宠辱若惊"，而实际上要告诫我们的是"宠辱不惊"。为什么应当做到"宠辱不惊"呢？因为宠和辱都是外在的，无论是得到了宠爱还是遭受了侮辱，都只意味着他人对待你的态度而已，于你本身并没有什么改变，而对你最为重要的是什么呢？不是别人对你的看法如何，而是你自身所具有的真实价值的高低。一个人最高的满足不是从外获得的，而是得自于自己的内心。美国人本主义心理学家马斯洛有一个十分著名的"需求层次理论"。在这一理论中，人的需要由低到高分为生理的需要、安全的需要、归属与爱的需要、自尊的需要和自我实现的需要这样的五个层次。经分析可以发现，在这五个需要层次中，前四种需要大体上是通过外在的关系而获得的。而最高层次的自我实现的需要则源于内在的体验。

什么叫作"自我实现"呢？"自我实现"说的不是自己想要拥有多少财富，或者其他的什么东西，然后自己获得了，实现了自己的目标，这不叫作自我实现，这只是满足了自尊。那么，真正的自我实现是什么呢？它指的是当一个人自身的潜能得到极大发挥的时候，在内心深处所感受到的生命的满足感。马斯洛为此特别提出了"高峰体验"。所谓"高峰体验"，指的是一种发自心灵深处的战栗、欣快、满足而超然的情绪体验。马斯洛认为：处于高峰体验的人具有最高程度的认同，最接近自我，更深刻地说，是最接近其真正的自我，达到自己独一无二的人格或特质的顶点，自我的潜能发挥到了最大限度。另外，获得了"高峰体验"的人，或者说，达到了自我实现的人，会更少地关注物质财富和地位，他们更可能去寻找生命的自在意义。通过马斯洛的理论来反观老子对于宠辱的敝弃，就可以更加明了，为什么说宠和辱都是不值得大惊小怪的。《菜根谭》中说："宠辱不惊，闲看庭前花开花落；去留无意，漫随天外云卷云舒。"这句话，可以说深得老子思想的精髓。毁誉不动于心，荣辱不劳其神，拥有淡定自若、豁达泰然的心态和境界的人生观，这才是天下之人应具有的人格。

老子在这里论述了人格尊严以及个人修养的问题，重点论述了"宠"与"辱"对众人的危害。人们无论得宠还是受辱，这对他们自身的人格来说都是一种贬低。受辱自然会伤害人的自尊；而得宠则会使人对于这意外的殊荣感到诚惶诚恐、战战兢兢，这无形中就丧失了原有的独立人格。人有七情六欲以及生老病死，人有大的祸患，是因为人有身体。有了身体，就有了自我。有了自我，因为利益相关，分别心也就出现，烦恼随之而来。身在富贵，安享尊荣，若是保养过分了，反而会伤害身体。所以应该避免享乐而伤身。身处贫贱，奔波劳禄，过分贪求利益，也会损害身心健康，应该避免因逐利而累己。只有到了忘我的境界，不贪不念，无身无我，不以己身为贵，才不会受外因拖累、制约、束缚，使自我超越功利、荣辱、得失，乃至生死。到那时，哪里还有祸患呢？"故贵以身为天下，若可寄天下；爱以身为天下，若可托天下。"一个人如果心怀天下百姓，为百姓之事不辞劳苦，就可以把天下交付给他，因为他会以天下百姓事为重。一个人，如果爱惜天下和爱惜自身一样，就可以把天下托付给他。以爱己之心爱天下之民，必然会分权于民，权不与民争利，会让更多福利于民。

老子认为，贵身的人"为腹"而不"为目"，只求生存，生活安稳。而不追求声色、娱乐、财货，这样的人才不因荣辱毁誉而使自身受到损害，才可以担当天下的大任。

而多数人总是十分看重自己的宠辱毁誉，有时甚至会把外在的宠辱看得比自己生命还重要。在老子看来，大患来源于人的身心感受。"吾所以有大患者，为吾有身"，因此要想防止大患，就应当先重视自己的身心，即"贵身"。与"宠辱若惊"相并列，老子又讲了"贵大患若身"。何谓"贵大患若身？吾所以有大患者，为吾有身，及吾无身，吾有何患？"什么叫作"贵大患若身"呢？我之所以有大患，是因为我有身体，如果没有了这个身体，我又会有什么祸患呢？乍看起来，这说的似乎是废话，一个人连身体都没有了，还会有什么大患小患的？可再一琢磨，老子说的并不是那么回事儿，为什么呢？因为一个人是不可能没有身体的，没有了身体，这个人又如何存在呢？其实，这里的"无身"并不是指没有身体的意思，而是指"忘我"，是忘掉自己身体的存在。庄子在《逍遥游》中说："至人无己，神人无功，圣人无名。"这里所提到的"无己""无功"和"无名"，就相当于老子所讲的"无身"。在老子看来，"至人""神人""圣人"，能达到物我两忘的境界，进入这一境界后，也就无所谓荣辱、无所谓有患与否了。

世人之所以会产生那么多嗜好和烦恼，都是因为把自我看得太重。所以，古人告诫我们："不复知有我，安知物为贵。"又云："知身不是我，烦恼更可侵。"意思是说："假如已经不再知道有我的存在，又如何知道物的可贵？假如能明白连身体也在幻化中，一切都不是我所能掌握所能拥有的，那么世间还有什么烦恼能侵害我呢？"这个说法，是对老子大道的领悟，堪称至理名言。中国现代著名哲学家冯友兰先生指出：中国传统哲学是关于人生境界的学问，人生境界由低到高可以分为四种，即自然境界、功利境界、道德境界和天地境界。处于自然境界的人，做起事来，"可能只是顺着他的本能或其社会的风俗习惯。就像小孩和原始人那样，他做他所做的事，然而并无觉解，或不甚觉解。这样，他所做的事，对于他就没有意义，或很少意义。"处于功利境界的人，"可能意识到他自己，为自己而做各种事。这并不意味着他必然是不道德的人。他可以做些事，其后果有利于他人，其动机则是利己的。所以他所做的各种事，对于他，有功利的意义。"处于道德境界的人，就会考虑到社会的利益，会"正其义不谋其利"，所做的各种事情都是符合社会道德的。处于天地境界的人，就"不仅是社会的一员，同时还是宇宙的一员"，这种境界已经超越了道德。

生活在道德境界的是贤人，而生活在天地境界的人则是圣人，也可以叫作至人、神人，这样的人就已经是无身、无己、无功、无名的了。而成为圣人，正是人生的最高成就，也是哲学所要完成的最为崇高的任务。换一种角度说，天地境界也就是"道"的境界。最后老子说道："故贵以身为天下，若可寄天下；爱以身为天下，若可托天下。"所以啊，像重视自己的身体一样在意天下的人，才可以将天下交付给他；像爱惜自己的身体一样爱惜天下的人，才能够将天下委托给他。《庄子·让王》一篇中有这样一个故事，韩国和魏国争夺边境上的土地，子华子就拜见韩国的昭僖侯。昭僖侯正为此而忧心如焚、寝食难安。子华子对昭僖侯说："如今让天下所有的人都来到你面前来书写铭誓"，誓语说："如果左手抓取东西，那么右手就被砍掉；如果右手抓取东西，那么左手就被砍掉。不过抓取东西的人一定会拥有天下。君侯会抓取吗？"昭僖侯说："那我当然是不会抓取的。"子华子说："很好！由此来看，两只手臂比天下更为重要，而人的自身又比两只手臂重要。韩国比起整个天下，实在是很微小的。如今两国所争夺的土地，比起韩国来又更是微不足道的了。你又何苦愁坏了自己的身体，损害着自己的生命而去担忧那边境上的弹丸之地呢？"昭僖侯听了这话，豁然开朗，欣喜地说道："说得好！劝我的人那么多，还从没有一个人说过如此高明的言论啊。"于是，昭僖侯果断放弃了与魏国的边境争执。

其实，人世间事物变幻无常，不论官位、财富、权势都是如此，即使是自己的四肢躯体也属于上天赋予我们的形体，假如我们超越一切物相来看客观世界，不论是父母兄弟等骨肉至亲，还是天地间的万物都和我属于一体。一个人能洞察出物质世界的虚伪变化，又能认清精神世界的永恒价值，才可以担负起救世济民的重大使命，也只有这样才能摆脱人世间一切困扰你的枷锁。老子所倡导的"贵身"，就是希望我们能够爱惜自己的身心健康——生命，尊重自己的天然人格，而轻视那些自身之外的荣辱。他进一步指出一个人只有珍爱自己的身心健康——生命，才有可能以同样的态度去珍视周围的一切生命，也只有这样的人，才能承担起治理天下的大任。由此我们得出的结论是：不计较自身的宠辱，才能获得至高无上的人格尊严，能以天下为"大身"的人，才能为天下解除"大患"。老子提倡"贵身"，就是让人们都能看重生命与人格的重要性，爱惜自己的羽毛，对于荣辱之类的外界之物淡然处之，做到无私无欲，清静无为，知足、不辱、不争、处下，知止不殆。

这一章论及了荣辱贵贱、得失的辩证关系，说明过分看重"自我"会引发不测之灾、丧身之祸。对于统治者而言，只有把人民群众的生存利益看得和自己一样重要，才能得到人民群众的爱戴。这是老子的贵民爱民思想。老子说的："何谓贵大患若身？吾所以有大患者，为吾有身；及吾无身，吾有何患！"这一问一答，老子的答词是陈述的语句，并不是价值判断的语句，而答词的重点应是落在"身"字。老子只在于说"身"是一切的根源，大患的渊源也来自"身"。从上下文看来，老子很明白地表示；如果"贵身"，自然可减除许多外患（外患的由来都在于"为目"——纵情纵欲的贪求）；如果"贵身"，自然会漠视外在的宠辱毁誉。这样的人才能担当大任。

第六十九章　独异于人

原文：

　　绝学无忧。唯之与阿，相去几何？善之与恶，相去若何？人之所畏，不可不畏。荒兮，其未央哉！众人熙熙，如享太牢，如春登台。我独泊兮，其未兆；如婴儿之未孩；傈傈兮，若无所归。众人皆有余，而我独若遗。我愚人之心也哉。沌沌兮。俗人昭昭，我独昏昏。俗人察察，我独闷闷。澹兮其若海，飂兮若无止。众人皆有以，而我独顽且鄙。我独异于人，而贵食母。

译文：

　　我们在天地万物之间，如不知万物之规律本性，不通人世间喜、怒、哀、乐，七情六欲人之常情则难以生存。欲通万物之本性，必以进享。既知如此，本经要讲"绝学"者何谓？如单学一科、独进一门，虽自感有进有益，实是难察天地万物之妙用，似锥指地，不能复得天地万物之大全、万事万物之总体。悟精微奥妙之理，观运化至极之妙用，通阴阳消长之情理。只要绝弃虚妄荒诞之学说，才能没有烦忧，持守大道规律的清静之体，才能明晓万事万物之理。老子以前讲的："常无欲，以观其妙""复命曰常、知常曰明""前识者之华，而愚之始也""为学日益，为道日损。损之又损，以至无为，无为而无不为""学不学，复众人之所过"，均与"绝学无忧"命皆相通。（"唯"是谦逊柔和的应声。"阿"是怠慢愤怒的回答。）出口以谦让柔和而应于人，人皆得好感而结善缘；以怠慢愤怒而回答人，人皆因反感而种恶恨。唯与阿同出于口，然而因"唯"而得结善缘，因"阿"而会种恶感，其结果相距天壤。

　　善美与丑恶，又相差几多？我们的身体一动一静的微妙之变，确为善恶的因由，动之于"唯"结善缘得吉庆；动之于"阿"结恶缘遭祸殃。真可谓"差之毫厘，失之千里"。故天地人间的事物无不以此而畏惧，人亦不能脱离这种运化自然大"道"的规律，众人都畏惧的就不能不畏惧，故亦应畏之。荒是杂草丛生，"央"是中心。常人失了性体的根本（人性的自然规律）流荡身心，迷于七情六欲，好像是杂草丛生，荒芜了人性，不知万物的核心、人性人心的准则规律。这些风气留存久远，自古以来就是如此，到现在也还没有结束，似乎永无止息。"熙熙"是嬉戏和悦之意。"乘乘"是似同驾车快然自如之意。众人都是一副兴高采烈的样子，好像参加太牢般丰盛的宴席，于世情之内，似春天登高台，极目四望，自感得意。唯独我恬淡无欲无为，心地未有一点贪念，犹如初生的婴儿和无智的孩子一样，无识无知，疲乏懒散，无忧无虑，无精打采，因不服从于潮流而显得没有归属感，似乎无家可归的游子。

众人皆有充足的准备以为得意有余，而我呢？却感到空虚而失落，只有一颗愚笨的心啊！众人都精明机智似乎清醒明白，各炫才华，而我却好像昏昧不明这么糊里糊涂，像愚人的心地一样，笃厚真诚、纯粹素朴。常人对大小事务各显聪明、各逞机智，而我认为事物与我同体，闷闷然如无贵贱上下之分。常人因脱离了人心人本，贪享世味，追求功名利禄，无边无际，不能自止，常人都舍真逐伪，愈逐愈迷愈深，认世情有为，而我似愚顽者，没有作为，并以为功名利禄皆为幻妄。我和常人不同，常人忘本逐末，贪享世味，失去了人心本来天然的本性，只顾枝梢表面的感受。我只遵循和抱持自然之大道。我贵养的是人心本根，人性本来的心渊性海。我与众不同，推崇哺乳的母亲——自然之"大道"，关键在于我懂得了天地自然之大"道"。我所以重的是生民之本啊！

体悟：

本篇言辞虽多，但老子想要表达的思想用四个字即可概括：自甘淡泊。自甘淡泊是一种境界，它可以支配我们在物欲横流、强欲人生的时代里，多一丝淡定，多一份平和。总是有人以此标榜自己，但常常是标榜的人多，做到的人太少。本章在文字风格上与其他章节有所不同，他以诗的语言对自己甘守无为之道的心境做了自我表白。在老子看来，贵与贱、善与恶、是与非、美与丑之间的种种差别都是人们按照传统世俗观念、自己的眼光、主观的定义，其实这并不符合自然规律的大道。"绝学无忧"这句话，不仅它在《道德经》中的位置有争议，更为重要的是有关其含义的争议，焦点就在这个"绝"字上。其一可解为弃绝，另一可解为超绝。那么，到底哪一种解释符合老子的本意呢？其实这一点也不难辨析，因为从前面所提到的"绝圣弃智""绝仁弃义""绝巧弃利"等句子来看，"绝"都是与"弃"互用的，也就是说"绝"的意思也就是"弃"；并且，从老子一贯的思想立场来看，很显然，老子从没有表述过拥有了超绝的学问就可以免去忧烦一类的观念。所以，"绝"字在这里也应当解释为弃绝之义。但是这样来阐说也并非圆满无缺，因为"绝学"还可能是另外一种指向，那就是"道"。"道"者，正是一种超绝的学问。如果一个人真正地领悟了大"道"，将一切都看得通达了，还会有什么值得烦恼忧愁的呢？这样解释也是未尝不可的。不过，如果将这一句放在"绝圣弃智"之中，从文义的连贯角度来看，则似乎将"绝"字理解为弃绝的意思更为妥当。

如此来讲，"绝学无忧"所要说的就是抛弃掉了知识也就不会有所烦忧，如何来理解这句话呢？人世间有着各种各样的烦恼，烦恼的来源各不相同，其中有很大的一部分是由知识所引起的。我们知道，动物没有知识，也没有智慧，但是动物们也没有烦恼。人类与动物相比，拥有了知识和智慧，但人也就因此有了烦恼。据《圣经》记载，人类始祖亚当和夏娃，在没有偷吃禁果之前，生活在伊甸园中，整天过着无忧无虑的快乐生活。但是，自从夏娃受到蛇的诱惑，吃了禁果——智慧之果后，拥有了智慧，能够辨别出是非，判断出善恶，区分出男女，便被上帝逐出伊甸园。他们不仅要为吃穿操劳，而且要面对夫妻关系、家庭关系、人际关系，生出无穷无尽的烦恼来。这个故事，实际上也就说明了智慧和烦恼是一对双生子，他们相伴而生，不可分割。而且，知识越多的人，烦恼也就越多。大诗人苏东坡本是个聪明人，可是仕途坎坷、人生蹉跎，他感慨不已，写下这样一首诗："人皆养子望聪明，我被聪明误一生。唯愿孩儿愚且鲁，无灾无难到公卿。"他的这个想法，正是对老子"绝学无忧"思想的形象化说明。

《西游记》中，炼就了一双火眼金睛的孙悟空可以一眼即辨出伪装变幻的妖怪，可是肉眼凡胎的唐僧却看不出，但看得出妖精的孙悟空却往往因此给自己惹来麻烦。这在"三打白骨精"一段有典型的体现。孙悟空摘桃回来，见到了来给唐僧送斋饭的村姑，他一眼就认出那是一个妖怪所变，他朝妖怪劈脸就是一棒，那妖怪留下了一具假尸体，而自己则化作一缕轻烟逃跑了。悟空本是除妖，可这在一旁的唐僧看来，纯粹是误杀好人，因此对他很是不满。师徒继续赶路，见到了一个拄着拐杖的老妇人，悟空认出又是刚才那个妖怪变的，又是当头一棒，妖怪还是留下了一具假尸体，再次脱身逃走。这次唐僧不由分说，立即就念起了紧箍咒，而且一口气念了二十遍。在悟空的苦苦哀告之下，唐僧方才收起咒语。不多时，前面又出现了一个老翁，声称前来找他的妻子和女儿，悟空见又是那妖怪变的，好不恼火，急欲上前去打，却害怕再被师父误解，于是先悄悄唤来了众神，让他们在空中为自己做证，然后才过去把那妖精打死了。这次妖精是真的被打死了，地上只留下一堆骷髅。试想，如果孙悟空不识得那妖怪，又如何会遭受唐僧的紧箍咒之苦呢？文艺复兴时期的意大利科学家布鲁诺因信奉哥白尼的日心说，在饱受牢狱之苦后，更是被施以火刑。他看到了地心说的谬误，可其他人却看不到。其实，老子的这句话也是要倡导人们返回知识尚未开化的蒙昧时代的人的真诚，人们都没有知识的心机，对事物也就不会有什么高低贵贱之分了，就像管宁对待金子那样，如果人们根本就分辨不出金银铜铁之间的价值大小，又有谁会去争抢它们呢？如此一来，岂不是没有了烦恼？如果人们头脑中根本就没有什么"日心"还是"地心"的概念，又哪里会有这般纷争呢？布鲁诺又何须为科学与真理而献身呢？

作为一种思想，"绝学无忧"自有其价值在。但是，在存在竞争的社会里，领导者或统治者抱持这种态度，极有可能会给自己、给国家带来灭顶之灾。由于传统政治哲学的原因，古代中国一直在民间推行愚民政策，在没有外敌入侵的情况下，确实有利于统治。但是，1840年以后的中国历史彻底颠覆了这种"绝学无忧"的思想。因为民智不开，统治者自己也变得愚昧起来，只是后来国人猛醒，才使中华国脉得以延续。而我们都是以自己的主观态度为标准来看待人世间万事万物的，都按自己的主观态度，必然会导致整个社会价值判断的混乱。善与恶、美与丑等概念都不是绝对的，而是相对形成的，这种价值判断因人、因时、因地而变，故显得反复，混乱不堪，大家各执己见、任意妄为，于是老子发出了"唯之与阿，相去几何？善之与恶，相去若何？"的质问，这也是他对于人类价值观的一种理性思考，意即奉献与呵斥，相差有多少呢？善良与邪恶，相差又有多少呢？问的是相差有多少，实际表达的意思是差不了多少，这就又提到了相对性的问题。

老子说："天下皆知美之为美，斯恶已；皆知善之为善，斯不善已。故有无相生，难易相成，长短相形，高下相倾，音声相和，前后相随。"在这个世界上，事物之间的差别很大，但其中又蕴含着很大的一致性。从自然界而言，高峻的山峰与平坦的土地乍看上去，区别很大，但是从土壤和岩石的构成成分上看，没有太大的差别。如果你从更高层面上看，山石和土壤共同构成了地球的岩石圈，它们同属一个圈层。从人类社会上看，世界上存在那么多的国家和民族，又有不同的历史进程。但是，在马克思看来，所有国家的历史都是沿着原始社会→奴隶社会→封建社会→资本主义社会→社会主义社会发展变化的。你看，这一切能有多大差别。在治理国家或者处理事情的时候，许多人觉得自己比别人高明。但是，站在一定的高度来看，相差无几。看这个故事，梁惠王在会见孟子的时候说："寡人对于国家，也可以算得上尽心尽力了，河内地区发生饥荒的时候，就将河内百姓迁徙到河东，而将粮食运往河内，但是河东也同样有着饥荒的现象。看一看邻国的政治状况，那些国君都没有像寡人这样用心的，可是邻国的百姓没有变少，寡人的百姓却没有增加，这是怎么回事？"孟子答道："大王喜好战争，就让我用战争来比喻。军鼓响起，双方白刃相接，在这个时候，有些士兵丢掉铠甲和武器，只顾逃跑，有的跑出了一百步，有的跑出了五十步。跑出了五十步的士兵嘲笑那些跑出了一百步的，这可不可以呢？"梁惠王说："这当然不行，只不过没有跑一百步罢了，但都是逃跑啊！"孟子说："既然大王知道这个道理，那也就不用期望百姓多于邻国了。"孟子的意思是，梁惠王虽然自以为对国家是尽心尽力的，可实际上只做了一些浮浅的表面文章，与其他的国君相比，也不过就是逃跑了五十步与一百步之间的差别罢了，实际上做得都不怎么样，而使自己国家的百姓多起来，令国家的实力强大起来，最为根本的还是要施行仁政。

　　孟子讲的"五十步笑百步"这个比喻，与老子所问的"唯之与阿，相去几何？善之与恶，相去若何？"所蕴含的道理是一样的。这种"相去几何"，一种是程度大小的差异，一种是表与里的差异。清朝灭亡之后，在北京大学授课的辜鸿铭依然留着辫子，这引起了学生们的嘲笑，而辜鸿铭对学生们正色说道："我头上的辫子是有形的，你们心中的辫子却是无形的。"这一句话，令原本嘻嘻哈哈的学生瞬间全部静默起来。是的，头上有形的辫子，如果想剪掉的话，拿起剪刀来就剪掉了，可是那心中的无形的辫子呢，如果想剪，哪里会有那样一把利落的"心剪"呢？鲁迅先生有过这样的比喻："中国大约老了，社会上事无大小，都恶劣不堪，像一只黑色的染缸，无论加进什么东西去，都会变成漆黑的。"表面上看来，民国成立之后，中国的变化真可谓是翻天覆地。然而，这些都只是表面上的新鲜而已，中国人的骨子里却依然腐旧得很，那头上的辫子不见了，可心中的"辫子"却还牢牢地长着。

　　《菜根谭》云："烈士让千乘，贪夫争一文，人品星渊也，而好名不殊好利：天子营家国，乞人号饔飧，位分霄壤也，而焦思何异焦声？"意思是一个重视道义，舍得把千乘大国拱手相让的人，与一个贪得无厌连一文钱也要争夺的人，在本质上并没有什么不同。皇帝治理国家，乞丐叫讨三餐，从地位上说，他们有天地之别，但皇帝的焦思苦虑和乞丐的哀求乞讨，痛苦情形又有什么差别呢？"唯之与阿，相去几何？善之与恶，相去若何？"老子提示我们，看事物要透过表象看其实质，只有这样才能认清事物的真面目，而不为其纷乱的表象所迷惑。在 2500 年前的春秋战国时代，世俗之人往往因追求权力、财富、名誉地位等所谓的"善"与"美"而背离自然规律的人性正道，老子看到世人都纵情于声色犬马、功名利禄，处在这一纷乱的尘世，还有谁去关注人心呢？于是心灵都荒芜了，像无边的荒漠。众人追逐的是"权势名利"，正是由于"权势名利"的役使，才使众人荒芜了人心。人心不古，社会纷乱，道德没落，阴谋诡计畅行无阻，善良无为的人却总被欺压。老子以自身的修为观念与世人进行对比。他正话反说，认为被私欲所制约的众人都是为私欲充满欢乐，拥有权势财富并且智慧超群的，若在一个永远向前推进的超时空，我该如何以自处呢？众人都在汲汲于权势名利，有所收获就沾沾自喜，似是享用祭品，似是陪伴帝王登上了春台观看景致。

天道：体悟老子

这些愚蠢的人啊，尽管时时遭受剥削和压迫，反而醉生梦死，不知何为幸福，何为自由，何为自然人心。世上的人都认为自己了不起，拼命追求权势名利，什么都想占有，越多越自豪。大家都在对权势名利精打细算，我却像傻子一样，少私寡欲，好像什么都不在乎，内心沉似大海，遨游于宇宙之间包容一切尘垢。而只有我自己混混沌沌、愚昧不化、随缘而遇、随遇而安、淡泊明志、宁静致远，超越于世俗的约束。众人喧闹时，他自己总是独自思考，凭纯朴自然的本性，从自然规律的大"道"中汲取养分，体察人生之自然本性人心，以求得精神的升华。

老子说道："人之所畏，不可不畏。"众人都畏惧的，就不可不畏惧。这句话的深意在哪里呢？在于随顺。显然，老子的思想是超脱豁达的，在很多地方与常人的见解是不同的。但是这种差异并不需要时时处处都表现出来，在许多情况下还是要有所收敛的。"荒兮，其未央哉！""荒"是很辽远的样子，"未央"，就是没有终了。这句话是说，诸如"唯之与阿""善之与恶"之类的差别与争辩，是永远没有尽头的。这是一种意味深长的慨叹。明朝崇祯年间，有人拿着一幅画来请当时的高僧苍雪大师题字，画面上有一棵松树，树下有一块大石头，石头上摆着一方棋盘，棋盘上面疏疏落落地布了几枚棋子。除了这些，再没有其他东西了。苍雪大师略一观瞻，即深会其意，提笔写道："松下无人一局残，空山松子落棋盘。神仙更有神仙着，毕竟输赢下不完。"人世如棋局，输赢下不完。这就是老子之叹："荒兮，其未央哉！"《菜根谭》中说："遍阅人情，始识疏狂之足贵；备尝世味，方知淡泊之为真。"何谓"疏狂"？"疏狂"就是豪放，不受拘束。何谓"淡泊"？"淡泊"就是恬淡素朴，不看重名利。众人在参加盛大的宴席时，欢喜得不得了。但是得"道"之人呢？他们不是这样的，他们对这些完全没有反应。范仲淹在《岳阳楼记》中说："不以物喜，不以己悲。"自己的心态已经超越了世俗的价值，因此也就无所谓悲喜了。庄子在妻子死去之后能够宁静怡然地鼓盆而歌，这不是因为他对自己妻子的情感很淡薄，而是因为他已经做到了对于生死的达观。

"天下熙熙，皆为利来；天下攘攘，皆为利往。"这就是众人熙熙攘攘的状态。但是得"道"之人就全然不同了，他对于名啊、利啊，持有的是什么样的态度呢？就像一个还不会笑的婴儿一样。长大了一些的孩子，听到了有趣的事情就会哈哈笑起来，可是很小的婴儿，你对他讲再好笑的笑话，他也不会笑的，因为他听不懂，在他最为朴素的头脑中，全没有笑话的概念。这体现了老子"见素抱朴"的观点，如果人们能够保持最朴素的思想，粗茶淡饭与享用太牢盛宴又有什么差别呢？这样，大家就不会因为餐食不佳而苦恼，也不会因为享用太牢而兴奋不已了，更不会这样患得患失、忽悲忽喜了。老子继续讲述得道者与众人的不同："众人皆有余，而我独若遗。"众人都有很多富余的东西，可是唯独我好像什么都不够，为什么这样说呢？庄子曾说："吾生也有涯，而知也无涯。"我的生命是有限的，但知识是无限的，众人追求的是功名、是财富、是有形之物，因此会有丰盈之状；而老子追求的，是知识、是"道"、是无形之物，因此总是匮乏的，是永远也不会丰盈的。接着，老子感叹道："我愚人之心也哉！"意思是，我真是愚人的心思啊！老子以前说的："大直若屈，大巧若拙，大辩若讷。"同样，这个"愚"，非乃真愚，而是"大智若愚"。

柏拉图在《理想国》中有一个关于洞穴的寓言，这个寓言是用来形容苏格拉底的处境的。他说，人类社会如同一个黑暗的洞穴，在这个洞穴里面，人们的手脚都被绑住，坐在椅子上看前面的墙壁，墙壁上有什么呢？有很多影像，这些影像是椅子后面的道具通过光线投射到墙壁上的。影像中展现出很多的故事，大家都在很认真地看着，以为影像里发生的事情全是真实的。然而，有一个人就产生了异端的想法，他在心里质问道："这些难道是真的吗？"于是，他就想办法将绑住他的绳子弄开，然后跑到椅子后面去探看。这一看，他恍然大悟，原来墙壁上的那些影像都是骗人的。他没有就此打住，而是继续寻找光线的来源，终于他寻到了洞口，见到了外面光明的世界，而这里发生的事情也是真实的。他感到非常快乐，但是他又想到有这样的快乐怎么可以独自一个人占有呢，应该和同伴分享才对。然而，当他从外面光明的世界再赶回黑暗的洞穴之中，就看不清里面的道路了，因此行动起来十分笨拙。他对那些同伴讲，你们看到的那些都是骗人的，外面另有光明的世界，真理在另一方土地上。可是那些同伴根本不相信他，嘲笑他在这种假的地方都站不稳，跌跌撞撞的，怎么能找到更为光明和真实的地方，是在说谎。这个找到光明的人就是苏格拉底。然而，这种发现光明的人在现实社会中会屡屡碰壁的。美国作家房龙有一本名著叫作《宽容》。在这部书的序言里，他也讲述了一个寓言。在寓言中，一个为同伴寻找幸福的新世界的先驱者因为受到同伴的敌视而惨遭不幸。文章开头这样写道："在宁静的无知山谷里，人们过着幸福的生活。"有一天，那个先驱者说："我已经找到一条通往更美好的家园的大道，我已经看到了幸福生活的曙光。"可是他的同伴是怎样回答他的呢？同伴们说："他已经丧失了理智。"结果，这个先驱者就被同伴用石块砸死了。

老子对这一点看得非常明确，他说："沌沌兮！俗人昭昭，我独昏昏。俗人察察，我独闷闷。澹兮其若海；飂兮若无止。众人皆有以，而我独顽且鄙。"我就是这么一副混混沌沌的样子啊。世人都是那样明白清楚，唯独我是这样糊里糊涂。世人都是那么严苛明察，唯独我是这么大大咧咧。我这种情怀啊，是那么辽远，就像大海一样；又是那么漂泊，好像无处止息。众人都有一副本领可以依靠，唯独我是如此顽劣而又鄙陋。这是一种多么鲜明的对立啊。然而，老子对自己的表现感到很坦然，他明确地讲出："我独异于人，而贵食母。"我不是与众人都不同吗？但我并不以此为不然，而我想要的，恰恰就是与众人不同。我与众人不同最为根本的地方在哪里呢？在于我所看重的是民生之本，我看重的是万物的本原，是最为博大精深的"道"。人们都见到了苹果是往地上掉的，而只有牛顿发现了万有引力定律；人们都知道资本家对工人的剥削和压榨，而只有马克思揭示出了剩余价值规律；人们都做过梦，而只有弗洛伊德创立了精神分析学说。老子之言，即如此类。这就是伟人与常人的不同之处，常人只看到事物的表象，而伟人却能看到表象之下所隐含着的事物的本原。最后一句"我独异于人，而贵食母"，正是说明得自然规律的大"道"者于世俗众人为纵情权贵货利在价值取向上的差别。由此可以看出老子高尚的精神境界和独立的人格标准。老子是在寻找人生的根本，阐述"和其光，同其尘"的道理及"无为而无所不为"的规律。在老子看来，贵贱善恶、是非美丑种种价值判断都是相对形成的。人们对于价值判断，经常随着时代的不同而变换，随着环境的差异而更改。世俗价值的判断，如风飘荡。所以老子感慨地说："相去几何！"世俗的价值判断固然如此混淆，但岂可任意而行？不然。众人所戒忌的，也不可不警惕，不必特意去触犯！老子又说明他在人生观的态度上，和世俗价值取向的不同：世俗的人，熙熙攘攘，纵情于声色犬马；而老子则甘守淡泊，淡然无系，但求精神的提升——人世太平无争。

附 录

《天道：体悟老子》读后感言
李殿仁

经典从来非臆造，认知还靠细钻研。
不增不减求真谛，亦有亦无随自然。
顺理通玄寻大道，含章抱朴泻长川。
佳篇宏论谈今古，便把天人合一传。

感悟《天道：体悟老子》
傅强年

志怀高远胆气豪，敢登高峰万里眺，
体悟老子著《天道》，尊道贵德乐逍遥。

感悟"仙风道骨"
傅强年

慎独凡尘静若仙，风云禅道得善缘，
仙风道骨谁人有？豁达心胸纳百川！

金年华
刘志豪

创业四十年，人权人格先；
旗帜企业心，众人私欲难。
品质差异宝，特色树百年；
生存择业难，管理用人艰。
意坚成万事，孙武思想全；
老子人权天，自然美心田。

跋
"天道"酬勤活水来

武和平

　　沿京都中轴线北行，但见燕山如黛、蓝空如洗，全无了身后的喧嚣繁华。忽闻有潺潺水声，眼前现出一处幽静之所，古色古香的楼宇掩映于茂林修竹之中，奇石异花的路畔升腾着氤氲之气，汩汩的泉流伴着游客同享温热的欢声笑语。这里就是京北著名的国家级 4A 旅游景区——小汤山龙脉温泉度假村。

　　度假村的主人刘志豪，河南省获嘉县人士。20 世纪 90 年代初即到此开拓创业，三十载斗转星移，至今已开发成为颇具规模集养老、康复、医养和健身于一体的游览居住之所。刘志豪告诉我：小汤山不愧为中国温泉之乡，不仅人杰地灵，而且文化底蕴深厚。他介绍道，当年康熙皇帝曾在此驻跸，留下过临幸华章。郭沫若也作过"冬日迎春、朔风孕暖"的佳句。我知道志豪先生下海前也为国家干部，且为饱学之士。自幼家学传承随伯父熟读《孙子兵法》，加之酷爱国学，因而将传统文化作为龙脉的根魂。不仅"以人化物"建起龙泉阁、龙脉大酒店等具有龙图腾文化的标志性建筑；而且还"以物化人"，让员工学国学、习太极，搞起了孙子兵法培训中心，请一批名臣宿将到此摆阵演武。奥运期间接纳外国运动员，组织起龙脉杯书法大赛……由此曾获"北京市敬老、爱老、为老服务示范单位"的荣誉称号。与此同时他还著书立说、笔耕不辍，先后出版了《全赢战略》《中原民俗格言》等著作。

　　志豪先生已年过七旬，我惊奇于他仍精力充沛、健步如飞，不仅龙脉的业绩求新求变，而且不断开疆拓土、锐意进取。先后在海南、河南、广西兴办旅游景区，我询问他功成名就为何不颐养天年，他却笑而不答。近日他突然送我厚厚一摞书稿，封面"天道"二字赫然入目。品读之后，原来是一本详尽诠释老子《道德经》的书。全书条分缕析、旁征博引，颇具心得体味。我对老庄之学研究不深，如此鸿篇巨制，竟让我读得饶有兴趣，如食甘饴。原来，刘志豪先生的"经"解与众不同，贯注了老子哲学中

554

的"大道至简",他将复杂问题简单化,将深奥的理念变为浅显的比喻,将宏大叙事变为小而精的道理,将抽象的概念变为形象的故事,将难解的词语变为趣味的知识,将凝重的表达变为有温度的话语,将枯燥的古文变成大白话,将过往的深入深出变得深入浅出、平易近人。仅此一项便是功德无量,因为这样能使众生获益。全书体例清晰,各章相对独立,但又前后呼应,构成严密的逻辑关系。每章又分出原文、译文和体悟,层次分明;释疑中鞭辟入里,论证时有理有据。读之雅俗共赏,人人均可获益。

读之思之,我读出了一个奋斗者的足迹和作者的心路历程。没有一定的社会阅历、没有深刻的哲理思考是决计难成此书的。只有劳其心、履其险、砺其志,方能成其业、发其文、畅其言。龙脉最初的定位,之所以不在繁华之地,而在燕山之麓,岂不正是天人合一、返璞自然的理念吗?龙脉不建大而豪奢的洋房,代之以大量中低档公寓,适合于中下层市民的烟火气,不正符合"不试图生产适合所有人"的"长尾理论",也正是"不争,是争也"的哲理吗?龙脉在"燕山雪花大如席"的寒冬,偏偏搞出热带雨林的椰风海韵,让孩子和父母乐此不疲,不正是"无为而无不为"的反向营销的理念吗?龙脉在喧嚣中找到了宁静,在高楼林立中找到了世外桃源。让清泉洗去一身尘埃,使人在温润中感受到亲和与幸福,不正是老子"敬天爱人,天人合一"的境界吗?龙脉正逐步成为京北集养老、康复、医养、健身为一体的养生福地,不正是坚持本业不变而发展多样产品的"差异化"营销战略即"以不变应万变"吗?

党的二十大报告指出:中华优秀传统文化源远流长、博大精深,是中华文明的智慧结晶,是中国人民在长期生产生活中积累的宇宙观、天下观、社会观、道德观的重要体现,同科学社会主义价值观具有高度契合性。

老子的主题思想"道""德"就是作而不辞、为而不争、生而不有、为而不恃、利而不害、功而不居、圣人不积,这就是毛主席提出的"大公无私、为人民服务"。

《道德经》是中华优秀文化中的瑰宝,是我们取之不尽、用之不竭的宝藏——在新时代的风起云涌中让龙脉之龙扶摇腾飞。问"道"那得清如许,"天道"酬勤活水来!

是为跋。

武和平

2022 年 11 月 12 日

后　记

　　本书是我 70 多年的生存体会和阅读《老子》的体悟。老子的理论体系是可辨、可论、可以解释清楚和确切真实可信的，是人类现实的体现。

　　本书用了 6 年时间进行编写，我大量阅读与研究了近百种有关老子的著作，有简本《老子》、通行本《老子》、楚简《老子》、帛书《老子》、《道德经古本篇》、《简帛老子》等，《老子》原文不分章节，后世学者为了方便，分了 81 章进行解读。本书通释重组了《老子》的 5000 字，用天地之道（大道）、人类最佳生存之道（大道），编撰成 69 篇，概"天之道，利而不害，圣人之道，为而不争"，欣然高尚其事，力求传之将来，供广大社会民众理解与运用于生活和工作当中。

　　本书编撰过程中，得到北京大学历史系徐凯教授，北京市原市长王安顺先生，国防大学原政委李殿仁将军，中国军事科学院战略研究部原部长、中国孙子兵法研究会原会长姚有志将军，中国老子同道会会长张云程先生，公安部宣传局原局长武和平先生，中国诗词文化国际交流协会会长傅强年先生共同多次修改、指导。得到了徐平女士、张丙录先生、刘琼珺女士、刘曈玥女士、孙振洲先生、刘丽女士的大力支持、修改、校正，在此一并表示衷心的感谢！

刘志豪

2023 年春，于北京